narr STUDIENBÜCHER

Carsten Sinner

Varietätenlinguistik

Eine Einführung

Prof. Dr. Carsten Sinner lehrt am Institut für Angewandte Linguistik und Translatologie der Universität Leipzig.

Bibliografische Information der Deutschen Nationalbibliothek

Die Deutsche Nationalbibliothek verzeichnet diese Publikation in der Deutschen Nationalbibliografie; detaillierte bibliografische Daten sind im Internet über http://dnb.dnb.de abrufbar.

Dischingerweg 5 · D-72070 Tübingen

Gedruckt auf chlorfrei gebleichtem und säurefreiem Werkdruckpapier.

Internet: http://www.narr-studienbuecher.de
E-Mail: info@narr.de

Printed in the EU

ISSN 0941-8105
ISBN 978-3-8233-6790-1

Inhaltsverzeichnis

Vorwort

Dieses Lehrbuch ist natürlich nicht ohne Hilfe anderer entstanden.

Meinem Bruder Stefan, meiner Familie und meinen Freunden und Freundinnen danke ich für ihre Unterstützung und vor allem für ihre Geduld.

Ich danke Ragab Abdelaty, Elisenda Bernal, Jenny Brumme, Yvette Bürki, José Ramón Carriazo Ruiz, Ginette Castro, Ernani Chaves, Darko Čuden, Christoph Gabriel, Diana García Couso, María José García Folgado, Alfonso Gallegos Shibya, Sybille Große, Susy Gruss, Mario Helm, Maren Huberty, Bettina Kluge, Holger Lenz, Esteban T. Montoro del Arco, Christine Paasch-Kaiser, Ognjen Puhača, Uli Reich, Bernardo Riffo, Beatrice Schmid, Peter A. Schmitt, Jakub Urbanik, Nikola Vuletić, Katharina Wieland, Edward Wornar, Oded Yechezkel, Matthew Youlden und Alfonso Zamorano Aguilar für nützliche Hinweise und die vielen manchmal sehr langen Gespräche, die es mir erlaubt haben, die Dinge aus immer wieder neuen Blickwinkeln zu sehen. Cristiane Roscoe Bessa, Marcos Bagno und Orlene Carvalho danke ich für ihre Gastfreundschaft in Brasília und die fruchtbaren Debatten über Varietäten und Übersetzung. Oded Yechezkel, Nir Ferber und Amir Kedan danke ich für die Hilfe bei den Arbeiten in Tel Aviv und die Gespräche über Variation in Raum und Zeit (und Dr. Who!). Nicht mehr danken kann ich meinem lieben Kollegen Andreas Wesch, mit dem ich seit den ersten Gedanken zu diesem Projekt bis kurz vor seinem Tod lange Gespräche über seine Vorstellungen von der diatonischen Ebene und über „das Problem mit den tertiären Dialekten" geführt habe. Für Literatur bzw. Literaturhinweise stehe ich in der Schuld von Kristina Bedijs, Ginette Castro, Franz Lebsanft, Claudia Polzin-Haumann, André Thibault und Harald Völker. Den Studierenden meiner Seminare zur Varietätenlinguistik an der Humboldt-Universität zu Berlin, der Universität Leipzig und der Universidad de Concepción danke ich für die Diskussionen, Fragen, Ideen und das Lösen (und Kommentieren) unterschiedlicher Arbeitsaufgaben zu varietätenlinguistischen Aspekten, die schließlich in diese Einführung eingegangen sind.

Meinen MitarbeiterInnen Christian Bahr, Òscar Bernaus, Martina Emsel, Elia Hernández Socas und Encarnación Tabares Plasencia ebenso wie meinen Promovierenden Héctor Hernández Arocha, Jana Neuhaus und Alexander Stimman bin ich für interessante Debatten sowie kleine und große Hilfestellungen im Laufe der Arbeit an diesem Buch zutiefst verbunden. Helga Sinner, Maren Huberty und Gerda Haßler danke ich für die kritische Lektüre einzelner Kapitel und nützliche Anmerkungen. Jürgen Freudl danke ich sehr herzlich dafür, dass er bei der Suche nach einem Autor für die Realisierung dieses Buches an mich gedacht und dann an mich geglaubt hat. Kathrin Heyng und Karin Burger danke ich für die abschließende Betreuung des Projekts.

מוקדש לחברים שלי. ולציפי.

1. Einleitung

Eine Sprache ist kein Monolith. (Seidl/Wirth 2008)

1.1 Ziele und Probleme

Varietätenlinguistische Fragestellungen haben im deutschsprachigen Raum in den letzten Jahren in Forschung und Lehre in den muttersprachlichen und fremdsprachlichen Philologien zunehmend an Bedeutung gewonnen, und ihre Bedeutung für die Theorie und die Praxis, etwa für den Fremdsprachenunterricht (vgl. bereits Hensel 2000, Baßler/Spiekermann 2001a und 2001b) ist auch kontrovers diskutiert worden. Von der wachsenden Popularität zeugen neben einer ständig wachsenden Zahl von Veröffentlichungen, in deren Titel explizit Termini wie *Varietäten* oder *Varietätenlinguistik* genannt werden, auch die Aufnahme varietätenlinguistischer Schwerpunkte in die sprachwissenschaftlichen Module vieler Bachelor- oder Masterstudiengänge, die Erwähnung varietätenlinguistischer Ausrichtung oder Kompetenzen in Stellenausschreibungen an Fachhochschulen und Universitäten und nicht zuletzt die Einrichtung von Professuren für Varietätenlinguistik. Varietätenlinguistische Ansätze sind offensichtlich *en vogue*. Dabei ist Ähnliches zu beobachten wie zuvor bei anderen Forschungsansätzen oder -paradigmen, etwa dem Boom von Arbeiten unter dem Blickwinkel der Interkulturalität und zuletzt auch im Zusammenhang mit „neuen" Ausrichtungen wie der Transferwissenschaft oder Lebenswissenschaften, bei denen es sich häufig um die Zusammenfassung bereits existierender Arbeitsbereiche handelt. Dieser Trend führt auch dazu, dass manchmal alter Wein in neuen Schläuchen angeboten wird. So werden dann auch Studien oder Publikationen mit dem Etikett *Varietätenlinguistik* versehen, die dieses bei kritischer Betrachtung nur bedingt verdienen. Bemerkenswert ist die Breite an Themen, die heute der Varietätenlinguistik zugeordnet werden, sowie auch die – variierende – Zuordnung der Varietätenlinguistik zu unterschiedlichen Arbeitsbereichen in der Sprachwissenschaft selbst. Als Denkanstoß hierzu soll eine sicherlich mit Absicht provokant formulierte Frage dienen, die in einer Debatte auf dem 7. Internationalen Kongress zur hispanistischen Linguistik in Leipzig im Jahr 2009 gestellt wurde: *Kann man außer bei einem rein theoretischen, absolut formalen Blick auf die Dinge eigentlich irgendwo in der Sprachwissenschaft heute noch etwas machen, bei dem man es nicht früher oder später mit der Varietätenfrage zu tun bekommt?*

Eine Einführung in die Varietätenlinguistik kann sich nicht nur mit denjenigen Bereichen auseinandersetzen, die bei einer kritischen Analyse aus Sicht des Verfassers in ihren Aufgabenbereich gehören, und nicht nur eindeutig varietätenlinguistische Modelle betrachten, sondern muss auch diejenigen Bereiche berücksichtigen, die nur manchmal als Teil der Varietätenlinguistik dargestellt werden, und sollte auch Modelle vorstellen, die nur in manchen Philologien oder nur aus manchen Perspektiven als varietätenlinguistische Ansätze verstanden werden. Dies ist hier im Rahmen des (vom Umfang her) Möglichen versucht worden.

Angesichts der Flut an Veröffentlichungen und immer weiter reichenden Spezialisierungen in den letzten Jahren musste eine Auswahl getroffen werden. Damit geht immer die Gefahr einher, ein Thema nicht so eingehend behandelt zu haben, wie dies manche LeserInnen vielleicht erwartet hätten, oder manche Aspekte gar ganz zu vernachlässigen. Bei der Auswahl des präsentierten Materials wurde zwar Sorge getragen, jene Modelle, Definitionen und Erscheinungen zu berücksichtigen, die als besonders relevant, bemerkenswert oder diskutabel erschienen. Es wurde insbesondere versucht, diejenigen Ansätze einzubringen, welche die Diskussion in einer bestimmten Richtung weitergebracht haben oder die bestimmte Positionen in prägnanter Weise repräsentieren, auf den Punkt bringen oder als Vertreter einer Gruppe von ähnlichen Ansätzen angesehen werden können. Diese Auswahl kann aber natürlich nur subjektiv sein und ist auch nicht als geschlossen zu interpretieren. Insbesondere wurde vermieden, ein Modell oder einen Ansatz als *besser* oder *schlechter* darzustellen: Diese Einführung versucht, die Ansätze nachvollziehbar darzustellen, dabei aber keine präskriptive Position einzunehmen. Es ist dafür bei der Bearbeitung einzelner Ansätze zu beachten, dass es für manche Fragestellungen keine endgültige, ultimative Antwort darauf geben wird, was nun „richtig" sei. Die LeserInnen sollen vielmehr in die Lage versetzt werden, sich ein eigenes Urteil zu bilden und die Entwicklungen unterschiedlicher Positionen der Auseinandersetzung mit den Varietäten der Sprache nachzuvollziehen. Daher werden aus dem Bemühen um eine historiographische Aufarbeitung der Varietätenlinguistik heraus auch inzwischen überholte Modelle und widerlegte Auslegungen erfasst, die aus ihren Entstehungszusammenhängen heraus als Produkte ihrer Zeit verstanden werden müssen.

Bei der Arbeit mit dieser Einführung sollte darum berücksichtigt werden, dass die Widersprüche, die sich zwischen den Herangehensweisen oder Perspektiven unterschiedlicher Autoren oder Modelle ergeben können, nicht zugunsten einer bestimmten Haltung aufgelöst werden, auch wenn dies in manch einer der auf dem Markt befindlichen Einführungen in die Sprachwissenschaft oder in Teilbereiche der Sprachwissenschaft durchaus übliche Praxis ist. Dasselbe gilt auch für Widersprüche oder unterschiedliche Tendenzen oder Präferenzen beim Gebrauch der Terminologie in verschiedenen Philologien, verschiedenen Sprachen oder Ländern. So könnte etwa allein eine Aufarbeitung der sehr stark divergierenden Auffassungen zu dem, was unter *Register* zu verstehen ist, oder der Frage, wie der Terminus gebraucht wird, mehrere Bände füllen.

In den Aufgaben zu den einzelnen Kapiteln finden sich darum immer wieder auch Fragestellungen, die ein Erkennen der kontrastierenden Positionen und eine kritische Auseinandersetzung mit divergierenden oder sich widersprechenden Aussagen ermöglichen sollen. Damit wird der für viele Studierende mitunter verunsichernden (und zu Recht frustrierenden) Erfahrung Rechnung getragen, dass je nach Verwendung der einen oder der anderen Einführung in der studienbegleitenden Lektüre, in der selbstständigen Unterrichtsnachbereitung oder bei der Prüfungsvorbereitung, andere Informationen, augenscheinlich anderes „Wissen" vermittelt bzw. aufgenommen werden. Zugleich wird dabei auch ein disziplinhistorischer Blick auf die Varietätenlinguistik bzw. die Berücksichtigung varietätenlinguistischer Aspekte in der Sprachwissenschaft versucht. Lösungsvorschläge zu einigen der Aufgaben finden sich unter www.narr.de/narr-studien buecher/varietaetenlinguistik.

Zwei aus varietätenlinguistischer Sicht grundsätzlich interessante Bereiche wurden bewusst ausgelassen: die Betrachtung des Umgangs mit varietätenlinguistischen Fragen in der Lexikographie und in der Fremdsprachendidaktik. Sie wären angesichts der für die verschiedenen Sprachen sehr unterschiedlichen Gegebenheiten in diesem Rahmen nicht in befriedigender Form zu behandeln gewesen. Die Lexikographie wurde ausgeklammert, weil eine umfassende Darstellung eine ausführliche Auseinandersetzung mit der Geschichte der Lexikographie der verschiedenen Sprachen, mit den existierenden lexikographischen Werken und mit den Traditionen der Markierungen erforderlich machen würde. Die lexikographische Forschung ist sich über zwei wesentliche Aspekte einig: einerseits die geringe Aufmerksamkeit, die man der lexikographischen Markierungspraxis bisher gewidmet hat, und andererseits die darauf zurückzuführende Vielfalt der diasystematischen Markierungssysteme und die fehlende Kongruenz der verwendeten Marker (Quirós García 2010: 317). Selbst eine nur exemplarische Betrachtung für nur eine Sprache erschien angesichts der kaum möglichen Übertragbarkeit nicht sinnvoll. Bereits zwischen den großen plurizentrischen Sprachen Deutsch, Englisch, Französisch und Spanisch ist z. B. die Lage hinsichtlich der Verfügbarkeit von lexikographischen Werken für bestimmte Varietäten oder hinsichtlich des Umgangs mit der Diatopie vollkommen verschieden. Ähnlich vielfältig und auch in Zeit und Raum sehr stark divergierend ist die Lage im Bereich der v. a. schulischen und universitären Fremdsprachenlehre bzw. -didaktik.[1] Die Traditionen der Berücksichtigung nationaler Varietäten z. B. ist für das Deutsche, Englische, Französische, Spanische grundlegend unterschiedlich, und aufgrund der Bedingtheit der Inhalte von Lehrplänen und Lehrwerken durch ministerielle Vorgaben sind selbst innerhalb eines Sprachraums mitunter stark divergierende Tendenzen der Berücksichtigung der diasystemtischen Dimensionen und neuerdings auch des Umgangs mit der Plurizentrik konstatierbar. Für kleinere oder seltener als Fremdsprache gelernte Sprachen ist die Situation wiederum mitunter völlig anders, was auch mit der geringeren Vielfalt an Lehrmaterial zu tun hat. Die notwendige Differenzierung der Lehre im Kontext der Mutterländer der Sprachen, etwa durch Migranten in deutschsprachigen Umfeld oder im fremdsprachlichen Umfeld - z. B. durch Studierende an einer Universität in Vietnam - macht eine Auseinandersetzung mit der Diasystematik noch komplexer. Nach Grünewald/Küster (2009: 23) reiche es im Fremdsprachenunterricht nicht aus, die Normsprache zu erwerben, „eine gewisse Kenntnis der diatopischen, diastratischen und diaphasischen Gliederung" der erlernten Sprache sei notwendig, „um nicht nur eine schriftsprachliche, eher distanzorientierte, sondern auch eine mündliche, näheorientierte kommunikative Kompetenz aufbauen zu können". Allerdings bleibt es insgesamt gesehen für den Unterricht schwierig, „die Balance zu halten zwischen einer übertriebenen und die Schülerinnen und Schüler verwirrenden Hereinnahme sprachlicher Varietäten einerseits und einer bewussten Limitierung

1 Sowohl in der schulischen als auch in der universitären Fremdsprachenlehre und selbst in der lexikologischen Lehre wird den diasystematischen Markierungen lexikographischer Werke i. d. R. wenig Aufmerksamkeit beigemessen.

andererseits“ (Leupold [4]2007: 261). Einige wesentliche Arbeiten zu diesen Fragestellungen sind in den Literaturangaben am Ende des Kapitel aufgenommen.

Ein Problem stellt bei Überblicksdarstellungen dieser Art die Anordnung einzelner Themen in der Gesamtgliederung dar. So kommt z. B die Auseinandersetzung mit diatopischen Varietäten nicht ohne eine Betrachtung von terminologischen Fragen aus; diese spielen jedoch wiederum auch im Zusammenhang mit der Plurizentrik eine Rolle oder werden im Zusammenhang mit unterschiedlichen Varietätenmodellierungen berührt. Somit kommen dann zur diatopischen Reichweite auch andere Aspekte wie Prestige, Status, Ausbau usw., die aber in anderen Kapiteln eher zu berücksichtigen sind. Um ständige Wiederholungen ebenso wie permanente Querverweise zu vermeiden, wurde darum in Kauf genommen, dass manche Schlüsselbegriffe und grundlegende Fragestellungen, die aus Gründen der Kapitelgliederung nicht gesondert betrachtet werden konnten, nicht unbedingt bei ihrer ersten Erwähnung ausführlich behandelt werden. Die Einführung ist als Gesamtwerk konzipiert, und manche Aspekte finden die ihnen gebührende Abdeckung nur bei einer Lektüre aller Kapitel.

Da sich die in der Varietätenlinguistik angewandten Methoden aus anderen Disziplinen speisen oder mit den in anderen linguistischen Teildisziplinen zur Anwendung kommenden Methoden decken (↗ 1.2.2), wurde auf ein Methodenkapitel verzichtet; es werden aber gelegentlich entsprechende Hinweise gegeben.

Bei den Beispielen und den Aufgabenstellungen wurden neben dem Deutschen mit dem Englischen, Spanischen und Französischen vorrangig die im deutschsprachigen Raum am häufigsten gelernten bzw. studierten Sprachen berücksichtigt. Außer bei den englischen Beispielen wurden i. d. R. Erklärungen angefügt, um das Verständnis zu erleichtern. Bei den Beispielen und Aufgaben zu romanischen und slawischen Sprachen wurde angesichts der recht hohen gegenseitigen Verständlichkeit der Sprachen innerhalb ihrer Familien davon ausgegangen, dass z. B. spanische Beispiele auch von Studierenden des Französischen oder Italienischen betrachtet werden können oder das Tschechische oder Sorbische auch für Studierende anderer slawischer Sprachen zugänglich sei dürfte; es sei hier dennoch ausdrücklich darauf hingewiesen, dass nicht alle Aufgaben bearbeitet werden müssen, um die gelesenen Kapitel nachzubereiten.

1.2 Zur Verortung der Varietätenlinguistik

1.2.1 Perspektiven

Zur Einordnung der Varietätenlinguistik gibt es sehr unterschiedliche Perspektiven, und eng damit verknüpft ist auch die Antwort auf die Frage, seit wann es die Varietätenlinguistik gibt. Fragt man danach, seit wann sich Autoren mit sprachlicher Variation und Varietäten auseinandergesetzt haben, so wird man feststellen, dass die Anfänge des Interesses an derartigen Aspekten, je nach Sprache unterschiedlich, viele Jahrhunderte zurückliegen (↗ 2). Sucht man jedoch Informationen nach den Anfängen der wissenschaftlichen Disziplin, so findet man in den Einführungen in die Sprachwissenschaft und in die Soziolinguistik stark divergierende Angaben, etwa Hinweise darauf, dass die Anfänge der Forschungsrichtung in den 1950er Jahren zu suchen seien, dass es die Varietätenlinguistik seit dem 19. Jahrhundert, seit den 1960er oder seit den 1970er Jahren gäbe, oder sogar die Ansicht, dass die Grundlagentexte der Varietätenlinguistik aus den 1990er Jahren stammen usw. Vielfach wird übersehen, dass manche Autoren sich nur auf bestimmte Forschungsbereiche beziehen, wenn sie von den Anfängen varietätenlinguistischer Arbeit sprechen; Löffler ([3]2005: 162) z. B. setzt die Varietätenlinguistik im Kontext einer Auseinandersetzung mit der Rezeption der Ansätze Bernsteins in einer Übersicht über die „Sprachbarriere-Linguistik" (s. u.) in den 1980er Jahren an, während Berruto (2004: 193) schreibt, die Varietätenlinguistik im heutigen Sinne sei unter diesem Namen Anfang der 1980er Jahre in die Romanistik eingeführt worden; unter anderem Namen muss sie in anderen Disziplinen also bereits existiert haben.

Diese Vielfalt der Sichtweisen ist unmittelbar damit zu erklären, was die jeweiligen Autoren unter Varietätenlinguistik verstehen. So wird Varietätenlinguistik mitunter als synchron-vergleichende Untersuchung von Sprachen zur Bestimmung von innersprachlichen Unterschieden und Abgrenzung von Varietäten verstanden und somit neben anderen Ausrichtungen wie Sprachtypologie, Arealtypologie und Universalienforschung als Teildisziplin der Vergleichenden Sprachwissenschaft angesehen. Einige Autoren setzen Sozio- und Varietätenlinguistik gleich, womit eine entsprechende Zuordnung der Anfänge durch den Bezug auf die Soziolinguistik determiniert wird. Löffler ([3]2005: 18) weist die Gleichsetzung zurück, wenn er davon spricht, dass sich die Soziolinguistik „von der beinahe synonym gebrauchten ‚Varietätenlingustik' [sic] [...] als Erklärungswissenschaft mit ihren inzwischen etablierten ‚Parametern' wie Gruppe, Alter, Geschlecht, Identität, Loyalität u. a. immer noch deutlich abheben" lasse. Bemerkenswert ist, dass derselbe Autor dann aber an anderer Stelle schreibt: „Durch die Schwerpunktverlagerung von der anfänglichen Schichtsprach-Problematik hin zur gesellschaftlichen Sprachvielfalt überhaupt ist die Soziolinguistik fast deckungsgleich mit der Varietätenlinguistik geworden. Man könnte beide Disziplinen auch als Sprachwirklichkeits-Forschung bezeichnen" ([3]2005: 80). Dieser Widerspruch ist symptomatisch für die Situation in den unterschiedlichen Disziplinen, die sich auf die eine oder andere Art mit sprachlicher Variation und Varietäten auseinandersetzen. Andererseits wird die Varietätenlinguistik häufig als Teil der Soziolinguistik angesehen, und entsprechend finden sich in jüngeren Einführungen in die Soziolinguistik bzw. in neueren Auflagen solcher Einführungen eigene Kapitel zur Varietätenlinguistik. Hier kann exemplarisch wieder die Einführung in die germanistische Soziolinguistik von Löffler ([3]2005) genannt werden, wo sich, trotz der (wie eben gesehen wiederum widersprüchlichen) Gleichsetzung von Sozio- mit Varietätenlinguistik durch diesen Autor unter acht Kapiteln eines findet, das explizit „Varietäten(linguistik) des Deutschen" heißt. Die Klassifizierung der Varietätenlinguistik als Aufgabenbereich der Soziolinguistik hat zumindest in einigen Fällen offenbar mit einer Gleichsetzung der Varietäten- mit der *Variations*linguistik v. a. Labovscher Prägung zu tun. Daher wird bei einigen Autoren neben der Varietäten- auch die Variationslinguistik als soziolinguistischer Teilbereich identifiziert (↗ 1.2.2), während sie bei anderen praktisch mit der *Sozio*linguistik – mit der dann meist die Soziolinguistik Labovscher Prägung gemeint ist – gleichgesetzt wird (s. Bagno 2007: 28). Neuerdings findet sich die Soziolinguistik sogar als Teilbereich der Varietätenlinguistik klassifiziert (s. Becker 2013). Die Gleichsetzung lässt sich möglicherweise als Resultat der Zusammenfassung der beiden sprachwissenschaftlichen Subdisziplinen als *Varietätenforschung* bei manchen Autoren (s. Löffler [3]2005: 5) erklären. Sie hat zudem sicher auch mit recht unterschiedlichen Auffassungen zur Bedeutung der Konzepte *Variante* und *Varietät* zu tun, die sich in sprachwissenschaftlichen Arbeiten finden lassen (↗ 1.3). In diesem Zusammenhang ist darauf hinzuweisen, dass in manchen Sprachen weder praktisch noch terminologisch eine Unterscheidung zwischen Varietäten- und Variationslinguistik gemacht wird. Im Spanischen z. B. wird diese Differenzierung bisher v. a. von in der Fremdsprache schreibenden, eigentlich deutschsprachigen oder in der deutschsprachigen Tradition ausgebildeten Autoren und Autorinnen gemacht, was aber von MuttersprachlerInnen des Spanischen nicht zwangsläufig nachvollzogen wird (s. die so zu erklärende Kritik des Gebrauchs von *lingüística variacional* durch Romera 2006). Die Arbeit mit fremdsprachigen Texten erklärt sicher auch, warum die Unterscheidung gelegentlich auch im deutschsprachigen Raum als unnötig zurückgewiesen wird. Eine Erklärung ist letzlich im Umkehrschluss, dass in manchen Sprachen die im Deutschen mögliche terminologische Unterscheidung zwischen Varietät und Variation nicht gegeben oder zumindest für Nichtmuttersprachler nicht evident ist, wie das Beispiel von engl. *variety* zeigt, das man sowohl im Sinne von dt. *Vielfalt, Variation* als auch im Sinne von dt. *Art, Sorte, Varietät* verstehen kann.

1.2.2 Labov & Co.: Variationslinguistik vs. Varietätenlinguistik

Nachdem man sich in der Sprachwissenschaft sehr lange – bis Mitte der 1960er Jahre – kaum für die Variation in der Sprache und somit auch nicht für ihre Varietäten interessiert hatte, kam es dann zu einer verstärkten Auseinandersetzung mit der Heterogenität der Sprache und der Inbezugsetzung von Sprachgebrauch und gesellschaftlichen Bedingungen und Umständen; dies führte zur Herausbildung der Soziolinguistik bzw. der Sprachsoziologie (s. Dittmar 1997: 19–80; zu den methodologischen Paradigmen v. a. 70–80). Es erfolgte, verstärkt seit den 1970er Jahren, eine „Art ‚Wiederentdeckung' der Heterogenität der Sprache" (Nabrings 1981: 9), nachdem man Einzelsprachen lange als homogene Strukturen betrachtet hatte. Dies spiegelt sich auch in der verstärkten Berücksichtigung von Begrifflichkeiten wie *Soziolekt, Dialekt, Sondersprache, Stilschicht* und *Gruppensprache* wider. Diese neue Ausrichtung brachte eine klare Infragestellung der strukturalistischen und generativistischen Homogenitätspostulate und eine deutliche Abkehr von ihnen mit sich. Wesentlich war v. a. die Kritik an den dominierenden Positionen der von Noam Chomsky begründeten generativen Sprachwissenschaft. Diese beurteilte sprachliche Variation als vernachlässigenswert und ließ sie entsprechend unbeachtet, da man in vereinfachender Weise von einem idealen Sprecher und einem idealen – und das impliziert: variationsfreien – Sprachsystem ausging (Chomsky 1965) (↗ 3.13). Die Auseinandersetzung mit der sozialen Bedingtheit von Sprache – besonders auch in den Debatten im Zusammenhang mit der sogenannten Defizithypothese Bernsteins – führte zu einer verstärkten Suche nach den Gründen für die Wahl bestimmter sprachlicher Formen, zu der Frage nach der Verbindung der Wahl bestimmter Realisierungen mit der Situation, den an der Kommunikation beteiligten Personen, der Bildung der Sprecher usw. und somit zum Versuch der Verknüpfung sprachlicher und außersprachlicher *Variablen* (↗ 1.3). Um die Beschränkungen der Homogenitäts- und Synchronieforschung der strukturalistischen Sprachwissenschaft zu überwinden, forderte z. B. Mattheier (1980: 200), dass durch ein Zusammenspiel von Dialektologie, Sprachwandelforschung und Sprachsoziologie eine Neuausrichtung der Linguistik erfolgen müsse, welche unter dem Namen *Variationslinguistik* die entsprechenden Methoden zu konzipieren habe.

Basil Bernstein vertrat in seinen Publikationen seit den späten 1950er und in den 1960er Jahren die Auffassung, Sprachverhalten sei soziokulturell bestimmt, und klassen- bzw. schichtenspezifisches Sprachverhalten werde über die familiäre Prägung weitergegeben. Die These Bernsteins besagte, vereinfacht gesagt, dass die sozioökonomische Unterteilung der Gesellschaft – manche Autoren sprechen hier von Unterteilung in Schichten, andere von Unterteilung in Klassen (↗ 5.3) – einer entsprechenden Differenzierung des Sprachverhaltens der Personen in dieser Gesellschaft entspricht. Seine sogenannte Defizithypothese besagt, dass die Angehörigen der sozialen Mittel- und Oberschichten eine bestimmte Form – bei Bernstein ist die Rede von *Varianten* (s. Bernstein 1971c: 99) – der Sprache benutzen, die sich von der der Arbeiterschicht bzw. der Unterschicht unterscheide. Während erstere einen elaborierten Kode verwendeten, sei für letztere der Gebrauch eines restringierten Kodes charakteristisch. Mit Kode ist dabei ein System von Organisationsprinzipien gemeint, auf dem die von einer sozialen Gruppe gebrauchte Sprache basiert (Littlejohn/Foss 2008: 318). Die Annahme der sprachlichen Determiniertheit des Denkens wurde von Kritikern zurückgewiesen, weil sie einer Form des Sozialdarwinismus Vorschub leiste.

Vereinfacht gesagt sei der elaborierte Kode der Mittel- und Oberschichten Grund für die besseren kognitiven Leistungen und daher auch Ursache des größeren schulischen und gesellschaftlichen Erfolgs der Kinder dieser höheren Schichten, während der restringierte – defizitäre – Kode der Unterschichten weniger ausdrucksreich sei, weniger Abstraktion und Ausdrucksfähigkeit erlaube und daher die kognitive Entwicklung, *ergo* den schulischen und infolgedessen den gesellschaftlichen Erfolg beeinträchtige. Als Charakteristika des restringierten Kodes wurden gemeinhin einfache Syntax mit geringer Junktion und viel Parataxe, wenige Adjektive und Adverbien, wenig umfangreiche Lexik und wenige Fachbegriffe, Abweichungen von der (normativen) Grammatik und geringe Kohäsion und Kohärenz benannt. Dem gegenüber sei der elaborierte Kode charakterisiert durch anspruchsvolle Syntax mit hypotaktischen Konstruktionen, eine große Breite an Adjektiven und Adverbien, umfangreichen und thematisch sehr differenzierten Wortschatz mit vielen Fachbegriffen, (im Hinblick auf die Norm) sehr korrekte Grammatik und hohe Kohäsion und Kohärenz. Restringierter Kode gehe einher mit einer stark strukturierten Vorhersagbarkeit der Rede, während elaborierter Kode geringe strukturelle Vorhersehbarkeit mit sich bringe. Die Folge des Gebrauchs des restringierten Kodes seien geringere Chancen des gesellschaftlichen Aufstiegs, so dass sprachliche Divergenz – die sprachliche Defizienz der Unterschicht – sich als sprachliche und zugleich soziale Barriere auswirke.

Bernsteins sehr polemisch diskutierten Positionen wurde in der Nachfolge deutlich widersprochen, und die nach dem britischen Autor auch Bernstein-Hypothese genannte Sicht auf sprachliche Variation wurde, insbesondere durch die innovativen Arbeiten des US-amerikanischer Soziolinguisten William Labov in den 1960er und 1970er Jahren, widerlegt. Labov hatte in den frühen 1960er Jahren eine in der Fachwelt aufsehenerregende Untersuchung zum Dialektwandel vorgelegt, in der er nachgewiesen hatte, dass zwischen der Aussprache bestimmter Diphthonge durch Fischer auf der Insel Martha's Vinyard und ihrer Einstellung gegenüber den Touristen vom Festland ein enger Zusammenhang bestand (Labov 1963). Bestimmte Sprecher, die den Zustrom von „Fremden" auf die Insel ablehnten, näherten sich durch ihre Aussprache an die auf Martha's Vinyard von den älteren Generationen gesprochene Varietät an, um sich dadurch von den Festlandamerikanern sprachlich abzugrenzen.

In einer nachfolgenden Studie zur sozialen Stratifizierung des Englischen in New York bewies Labov anhand von Daten, die er durch eine sehr innovative Erhebungsmethode in drei von unterschiedlichen sozialen Schichten frequentierten Kaufhäusern durch Fragen an das dort arbeitende Personal gewonnen hatte, dass die Realisierung des Phonems /r/ in postvokalischer Position mit der sozialen Schicht der Verkäufer bzw. ihrer Anpassung an den Sprachgebrauch der Kunden in Zusammenhang stand (Labov 1966a).

Anders als Bernstein sah Labov die Divergenzen der Sprache der unteren Schichten nicht als Defizite - gegenüber einer Standardnorm, der die Sprache der bildungsnäheren höheren Schichten näher kommt - an, sondern hob hervor, dass es darum gehen müsse, die Sprache der niedrigeren Schichten in ihrer Andersartigkeit zu erfassen und als eigene, nicht minderwertige Systeme mit eigenen Formen des Sprachgebrauchs anzusehen und zu analysieren. Entsprechend spricht man, in direkter Kontrastierung zu Bernsteins Ansatz, auch von der Differenzhypothese. Labov hatte aufgrund linguistischer Analysen nachgewiesen, dass die Sprache der unterprivilegierten schwarzen Bevölkerung US-amerikanischer Städte keinesfalls als restringiert bezeichnet werden konnte und dass das *African American Vernacular English* nicht als Substandard des Englischen stigmatisiert werden dürfe, sondern vielmehr als eine eigene Varietät des amerikanischen Englisch anzusehen sei (s. u. a. Labov 1972a).

Die Herangehensweise Labovs - Nutzung von natürlichen, spontan produzierten Sprachdaten und minutiöse Koppelung sprachlicher Realisierungen an außersprachliche Variablen bei Verarbeitung großer Datenmengen - wird i. d. R. als *Variationslinguistik* bezeichnet und hat ebenso wie die Veröffentlichungen Bernsteins die Herausbildung der Soziolinguistik gefördert. Dies verdeutlicht, warum die mitunter vorgenommene Gleichsetzung mit Varietätenlinguistik von manchen Autoren als nicht gerechtfertigt angesehen wird. Dass eine Gleichsetzung möglicherweise nicht angebracht ist, zeigt auch der Umstand, dass die Variationslinguistik - auch als soziale Dialektologie, korrelative Soziolinguistik, quantitatives oder Labovsches Paradigma oder Soziolinguistik im engeren Sinn bezeichnet (s. Schlobinski 1987: 26–27, Dittmar 1997: 51ff.) - v. a. hinsichtlich der Verbindung der Untersuchungsbereiche der Soziolinguistik und der Semantik von Bedeutung ist, da, wie Rost-Roth/Zwengel (2004: 548) anmerken, die Beziehungen zwischen Äußerungsformen und Bedeutung und ihre Korrelation mit sozialen Faktoren ihren zentraler Untersuchungsgegenstand darstellen. Die Notwendigkeit der Durchdringung des terminologischen Durcheinanders wird deutlich, wenn man Äußerungen wie die von Fedders (1993: 2–3) betrachtet, der erklärt, in einer *Variationslinguistik*, die sich die Erkenntnisse der strukturalistischen Sprachwissenschaft zunutze mache, nehme die *Variablenlinguistik* eine zentrale

Rolle ein; mit *Variationslinguistik* ist hier die Untersuchung von Varietäten, mit *Variablenlinguistik* die Labovsche Herangehensweise gemeint!

Wie etwa Spiekermann (2010: 343–344) darlegt, ist die in der Tradition der klassischen Arbeiten Labovs quantitativ-empirisch ausgerichtete Variationslinguistik - im Sinne der Untersuchung und theoretischen Modellierung der Variation - innerhalb einer Sprache seit den 1960er Jahren in der Linguistik etabliert und ist dadurch charakterisiert, dass auf Grundlage von Ergebnissen datenorientierter Untersuchungen Theorien über ein System von sprachlichen Ausdrucksformen entwickelt werden. Besondere Bedeutung erlangte in diesem Zusammenhang die Arbeit mit den sogenannten Variablenregeln. Die v. a. auf Labov zurückgehenden, u. a. von D. und G. Sankoff und Cedergren weiterentwickelten Variablenregeln stellen ein in der soziolinguistischen Forschung fest etabliertes Forschungsparadigma dar, das jedoch - nicht nur aufgrund seiner Komplexität - immer wieder auch kritisiert wurde.[2] Wie Klein (1976) darlegt, knüpfte Labov mit der Formulierung von Regeln zur Inbezugsetzung (Korrelierung) von sprachlichen und außersprachlichen Variablen prinzipiell an gewisse Vorstellungen der generativen Transformationsgrammatik an. Es handelte sich um eine Formalisierung von damit statistisch prozessierbarem Auftreten bestimmter sprachlicher Erscheinungen - linguistischer Variabeln - in Abhängigkeit von bestimmten nicht sprachlichen Fakten - extralinguistischen Variabeln. Ein bereits klassisches Beispiel ist der von Labov untersuchte Zusammenhang zwischen sozialen Variablen und der Realisierung von velarem oder apiko-velarem Nasallaut im unbetonten Auslaut wie bei engl. *working*: [ɪŋ] vs. [ɪn]. Neben dem selteneren Auftreten von [ɪn] bei Gerundium als bei Partikeln und Progressiven aufgrund bestimmter historischer sprachlicher Entwicklungen wurde beobachtet, dass die apiko-velare Realisierung bei der Arbeiterschicht eher auftritt als bei Sprechern der Mittelschicht und bei Frauen eher als bei Männern, darüber hinaus u. a. auch grundsätzlich eher in informeller als formeller Sprache (s. Labov 1972b: 238).

Die Berücksichtigung der gesellschaftlichen Aspekte der Sprache und somit der soziolinguistischen Variation in der Sprachwissenschaft ist in drei Wellen zu sehen (s. Eckert 2012). Die erste setzt mit den quantitativen Studien der Variation von Labov (1966a) ein; in Arbeiten dieser Ausrichtung wurden die Regelmäßigkeiten der sozioökonomischen Stratifizierung linguistischer Formen mit größerer regionaler und ethnischer Differenzierung und weiterer Verbreitung von Nichtstandardformen am unteren Ende der sozioökonomischen Hierarchie herausgearbeitet. Die eher ethnographisch arbeitenden Studien der zweiten Welle setzen sich mit der sozialen Wirkung von umgangssprachlichen und Standardformen als Ausdruck lokaler Identität oder positiven Klassenbewusstseins auseinander; eines der wesentlichen Werke dieser zweiten Welle ist die Studie von Milroy (1980) zur phonologischen Variation in den von ihr untersuchten sozialen Netzen in Belfast. Die Autorin konnte zeigen, dass die in der Arbeiterschicht typischerweise engmaschigen sozialen Netze im Sinne gesellschaftlicher Vernetzungen der Individuen die lokalen Normen stärken und dass der Gebrauch markierter sprachlicher Formen mit der Art der sozialen Netze eines Individuums korreliert; dabei kann der Gebrauch lokaler und standardferner Formen auch sehr positiv konno-

---

2 S. von diesen Autoren die folgenden Arbeiten zu Variablenregeln: Sankoff/Sankoff (1973), Cedergren/Sankoff (1974), Sankoff/Labov (1979), Sankoff (²2005).

tiert sein. Die Arbeiten der ersten und zweiten Welle analysierten sprachliche Erscheinungen bezüglich ihrer definierenden Funktion als Charakteristika lokaler oder regionaler Dialekte und sahen die Bedeutung von Varianten als Identitätsmarker an, die in direktem Zusammenhang mit der sie verwendenden Gruppe zu sehen sind. Die dritte Welle baut auf ihnen auf und konzentriert sich auf die Analyse der sozialen Bedeutung der Variablen; ihre Autoren, etwa Eckert, gehen davon aus, dass eher bestimmte sprachliche Stile mit Identität verknüpft sind als die sprachlichen Variablen selbst, wobei sprachliche Variablen zu bestimmten sprachlichen Stilen beitragen. Über die Dialekt-basierten Herangehensweisen der früheren Studien hinausgehend wird davon ausgegangen, dass sprachliche Variablen innerhalb der „geschichteten" Gemeinschaften zu suchen sind. Soziale Bedeutungen von Variablen werden als ausschlaggebend angesehen, und so werden nicht etwa nur linguistisch interessante - etwa im Hinblick auf Sprachwandel als relevant angesehene - sprachliche Variablen untersucht sondern jegliches sprachliches Material, das stilistischen und somit gesellschaftlichen Zwecken von Sprache dient. Es handelt sich also um eine Abwendung von der Untersuchung von Variation als Widerspiegelung sozialer Identitäten und Kategorien hin zur Analyse des Sprachgebrauchs, durch den sich die Sprecher innerhalb eines sozialen Umfelds positionieren und darstellen. Variation wird also als essentielles Charakteristikum von sprachlicher Praxis angesehen (Eckert 2012: 88, 91, 93–94). Ein Beispiel ist der Gebrauch von charakteristischen Erscheinungen des *African American Vernacular English* durch weiße männliche Jugendliche zum Ausdruck von Männlichkeit (s. Bucholtz 1999, Cutler 1999, Eckert 2012: 94 und ihre Literaturangaben; ↗ 5.4.2, 2.7.7). Die dritte Welle der Untersuchung soziolinguistischer Variation sieht Sprecher nicht als passive und gefestigte Träger von Varietäten[3] sondern als stilistisch handelnde Personen, die in einem lebenslang andauernden Prozess zur Selbstdarstellung und Unterscheidung von Anderen sprachliche Stile entwerfen und gestalten. Diese Aspekte sind im Zusammenhang mit der Frage des Idiolekts genauer zu betrachten (↗ 5.3).

In der Nachfolge von Labov und Sankoff setzten sich auch deutsche Autoren verstärkt mit den Variablenregeln auseinander, die zunehmend Aufnahme in den Kanon der in der soziolinguistischen Forschung angewandten methodologischen Paradigmen fanden (vgl. Klein 1976, Dittmar 1997: 43–80). Klein schlägt als Lösung für die Erfassung der großen Breite an Varietäten eine Varietätengrammatik vor, die direkt auf die Ideen von Labov sowie Suppes (1972) zurückgeht und in einer Reihe von Untersuchungen der Heidelberger Forschungsgruppe „Pidgin-Deutsch" erstmals angewandt wurde (Klein 1976: 31; s. z. B. Heidelberger Forschungsgruppe „Pidgin-Deutsch" 1975).[4] Mit dieser Herangehensweise sollte erreicht werden, neben phonetischen und morphosyntaktischen Aspekten auch lexi-

---

3 Gemäß der in der US-amerikanischen Sprachwissenschaft üblichen Praxis spricht Eckert (2012) in diesem Zusammenhang von *dialect* im Sinne von *language variety*, also nicht lediglich in Bezug auf diatopische Varietäten, sondern für jegliche Art von Varietät (↗ 1.3).

4 Albrecht (1986: 82) schreibt, jede noch so knappe Darstellung der sprachlichen Varietät sei ohne eine Darstellung der Varietätengrammatik unvollständig. Dies ist für die Gegenwart und eine Einführung wie die vorliegende m. E. unzutreffend. Das schon in den 1980er Jahren deutlich spürbar zurückgehende Interesse an der Zusammenführung der spezifischen Regeln der einzelnen Varietäten einer Sprache in einer Varietätengrammatik (Albrecht 1986: 82–84) hat sich als Trend so weit fortgesetzt, dass sie heute praktisch kein Thema mehr ist.

kalische Elemente und z. B. bestimmte Besonderheiten im Anredeverhalten oder die Regeln des Rederechts (im Sinne der aktiven Beteiligung der Kommunikationspartner in der Kommunikation) zu charakterisieren, die Varietäten einer Sprache in ihrem Verhältnis zueinander zu beschreiben und ihre Bedingtheit durch außersprachliche Faktoren wie soziale Schicht aufzuzeigen (Klein [2]2005: 1163–1164). Es handelt sich nicht um ein Varietätenmodell sondern um eine Modellierung einer der organisierten Beschreibung von Varietäten dienenden Grammatikkonzeption. Danach könnte man eine formale Grammatik – z. B. die Generative Grammatik – als stabile Vergleichsgrundlage heranziehen, indem der zugrundeliegenden gemeinsamen Grammatik Wahrscheinlichkeitswerte zugewiesen werden. Alle Varietäten, die man beschreiben möchte, hätten entsprechend dieselbe Grammatik und dieselben Regeln; sie unterschieden sich dann lediglich durch die Wahrscheinlichkeit, mit der diese Regeln angewandt werden (Klein [2]2005: 1164). Damit wäre es zumindest theoretisch möglich, alle noch so feinen Unterschiede zwischen den Varietäten eines Varietätenraumes herauszuarbeiten. Auch in diesem Ansatz wird jedoch nicht geklärt, wie viele dieser Unterschiede vorliegen müssen, um anhand von vorliegendem Sprachmaterial zwei oder mehr Varietäten als solche voneinander zu unterscheiden (↗ 1.3, 3.5.1 zum Problem der Messbarkeit des Abstands zwischen Varietäten und zur Willkürlichkeit der Festlegung des Mindestabstands, um von zwei unterschiedlichen Varietäten zu sprechen).

Bemerkenswert ist wiederum, dass auch im Zusammenhang mit der Beschreibung der Variation und der Darstellung der Nutzung der Variablenreglen Labovs regelmäßig nicht von *Variations*linguistik, sondern von *Varietäten*linguistik die Rede ist bzw. diese Auseinandersetzungen unter der Rubrik *Varietäten*linguistik veröffentlicht werden. So ist die „Varietätenlinguistik" betitelte Arbeit von Ammon/Arnuzzo-Lanszweert (2001) im Wesentlichen eine Auseinandersetzung mit der Analyse sprachlicher *Variation* zur Darstellung bzw. Beschreibung von Varietäten, und die Autoren schreiben auch in ihren Schlussbemerkungen explizit, dass die *Methode der Beschreibung sprachlicher Variation* u. a. vom jeweiligen Untersuchungsziel abhänge (2001: 814). Ganz offensichtlich ist die Schwerpunktsetzung der Autoren bei der jeweiligen Herangehensweise entscheidend für den Terminologiegebrauch.

In diesem Band wird Varietätenlinguistik als sprachwissenschaftliche Auseinandersetzung mit Varietäten aufgefasst, in dem Verständnis, dass für die Beschreibung und Abgrenzung der Varietäten wiederum die unterschiedlichen Varianten zu betrachten sind, die in ihrer Summe die Varietäten ausmachen. Es wird also davon ausgegangen, dass variationslinguistische Fragestellungen eine Rolle in der Varietätenlinguistik spielen (können), aber nicht mit ihr identisch sind. Zu den wichtigsten Aufgaben- oder Anwendungsbereichen der Varietätenlinguistik gehören somit (vgl. die von Klein 1977 bei der Bestimmung der Hauptprobleme der Beschreibung sprachlicher Variation und die von Lüdtke/Mattheier 2005 formulierten primären Forschungsfragen zur Sprachvariation):

1. Die Beschreibung der Varietäten, und zwar
   a. der im Sprecherwissen vorhandenen Varietäten bzw. der Varietäten innerhalb eines Varietätenraumes (↗ 1.3);
   b. der Beziehungen dieser Varietäten zueinander;
   c. der Relationen zwischen den Varietäten eines Varietätenraumes mit denen anderer Varietätenräume;

   d. der Verknüpfung dieser Varietäten mit bestimmten außersprachlichen Faktoren bzw. die Beschreibung der Varianten, die eine bestimmte Varietät ausmachen, und ihre Analyse im Hinblick auf die außersprachlichen Variablen, mit denen sie verknüpft sind. An diese Fragestellung schließt die nächste Aufgabe direkt an:
2. Die Untersuchung der Herkunft bestimmter Varietäten unter Berücksichtigung ihrer Herausbildung, Tradierung und Umgestaltung, also auch ihre kausale Herleitung bzw. Zurückführung auf bestimmte meist außersprachliche Faktoren, wie z. B. Entstehen von Varietätengrenzen durch historische Ereignisse, mangelnde Verkehrsverbindungen aufgrund von landschaftlichen Gegebenheiten (wie Moore oder Berge) oder durch Etablierung von Bistumsgrenzen usw.; eng verknüpft mit dieser Perspektive ist die Untersuchung von Sprachwandel und seinen Ursachen.
3. Die Frage nach der Bewertung und dem Status von Varietäten: Sprecher und Gruppen von Sprechern bewerten und kategorisieren Gesprächspartner oder andere Sprechergruppen auf Grundlage der von ihnen benutzten Varietäten, denn Varietäten werden nie neutral gesehen sondern, bewusst oder unbewusst, wertend oder einordnend wahrgenommen bzw. nach verschiedenen Kriterien und Kategorien klassifiziert; andererseits sind Varietäten z. B. nach ihrem offiziellen oder inoffiziellen Status in einer Gesellschaft (etwa als Amtssprache, Schulsprache), nach ihren Gebrauchsbereichen usw. differenzierbar.

Zu unterscheiden wäre also eigentlich (i) die Auseinandersetzung mit den Merkmalen, die etwa in der Sprache einer bestimmten sozialen Gruppe oder in einer bestimmten Situation zu erwarten sind, und mit der Inbezugsetzung ihres Gebrauchs mit extralinguistischen Faktoren (Auseinandersetzung mit Variation, Punkt 2) und (ii) die Beschreibung oder Differenzierung bestimmter Systeme unter Zuhilfenahme der Betrachtung der in ihr auftretenden sprachlichen Merkmale sowie ihres Status (Auseinandersetzung mit Varietät(en), Punkte 1 und 3). Es wird klar ersichtlich, dass etwa bei der linguistischen Beschreibung von *Varietäten* (Punkt 1) die Betrachtung der – wiederum zum Teil an extralinguistische *Variablen* geknüpften – *Varianten* (Punkt 2) unabdingbar ist, und dass bei der Frage nach den Funktionsbereichen von Varietäten nach sozialen, politischen, ideologischen usw. Aspekten gefragt werden muss, womit die soziolinguistischen Aspekte natürlich ebenfalls eine Rolle spielen können. Zum besseren Verständnis dieser Fragestellungen soll nachfolgend die einschlägige Terminologie genauer betrachtet werden. Die Differenzierung der Aufgabenbereiche zeigt deutlich, warum es – wie in 1.1 dargelegt – praktisch unmöglich ist, in diesem Rahmen die in der Varietätenlinguistik angewandten Methoden zu berücksichtigen. Einige Beispiele sollen dies verdeutlichen: Für die Untersuchung syntaktischer Aspekte sind linguistische Methoden erforderlich, pragmatische Besonderheiten machen die in der wissenschaftlichen Pragmatik erprobten Methoden notwendig; in empirischen Untersuchungen angewandte statistische Beweisverfahren sind in Arbeiten zur Statistik – etwa in den Sozialwissenschaften – nachvollziehbar; bei der Erforschung von Sprachattitüden auf Grundlage von Interviews könnten die wesentlichen Themenkomplexe durch Anwendung der *Grounded theory* ermittelt werden. Diese Einführung kann die Breite einschlägig relevanter Methoden weder eingehend noch exemplarisch erfassen.

1.3 *Variation, Varietät, Variable, Variante, Varianz*

Variation wird heute generell als Eigenschaft natürlicher Sprachen angesehen, unterschiedliche materielle Ausprägungen zu erzeugen. Dabei ist, so Lüdtke/ Mattheier (2005: 15), zwischen der Variation des Sprechens und der Variation der Sprache zu unterscheiden. Man versteht unter Variation bzw. sprachlicher Variation in der Sprachwissenschaft also allgemein die Möglichkeit unterschiedlicher Realisierungen von bestimmten sprachlichen Einheiten in einer konkreten sprachlichen Äußerung; Variation bedeutet somit, dass unterschiedliche *Varianten* zum Ausdruck *einer* Bedeutung bzw. *eines* Inhalts (einer Invariante, s. Iturrioz/Skopeteas 2000) existieren. Diese Variation kann nun wiederum in Abhängigkeit von linguistischen oder extralinguistischen Faktoren stehen. Man spricht etwa in der Phonologie von *kombinatorischer Variation,* wenn die lautlichen Realisierungen – Phone – eines Phonems an die lautliche Umgebung gebunden sind. Dies ist der Fall der vokalisierten Variante [ɐ] des /r/-Lautes im Auslaut im Deutschen, die in komplementärer Distribution zu den drei bzw. einer der drei möglichen Varianten des konsonantischen /r/-Lautes im Anlaut steht. Der konsonantische /r/-Laut im Silbenanlaut, kann – meist landschaftlich bedingt – als gerolltes [ʁ], gerolltes alveolares [r] oder als stimmhafter Reibelaut [ʀ] realisiert werden kann. Da die Realisierungen der Varianten, die in freier Variation stehen (also Allophone[5] darstellen), jedoch Rückschlüsse auf die Herkunft eines Sprechers zulassen, kann es dazu kommen, dass Sprecher in bestimmten Kontexten eine bestimmte Aussprache vorziehen oder vermeiden, wie etwa beim gerollten *r* im Deutschen. Dabei kämen dann extralinguistische Faktoren als Auslöser zum Tragen. Ebenso sagt man, dass Variation vorliegt, wenn sich etwa durch Sprachwandel die Aussprache eines Lexems oder eine Verbkonjugation verändert hat. Dabei wird unter *Variation* mitunter sowohl die Divergenz der Formen oder Realisierungen, also gewissermaßen der sprachlichen Zustände, als auch der Prozess, der dazu geführt hat, verstanden. Damit wird deutlich, warum die Analyse der Variation sowohl in der Sprachgeschichte und der Vergleichenden Sprachwissenschaft als auch in der Soziolinguistik eine Rolle spielt und die Auseinandersetzung mit Varietäten je nach Schwerpunkt anderen Bereichen der Sprachwissenschaft zugeordnet wird.

Die Linguisten sind sich, auch wenn sie z. T. unterschiedliche Terminologie verwenden, weitgehend darüber einig, dass Einzelsprachen – oder, in der Terminologie von Coseriu (1980a), historische Sprachen bzw. in diesem Sinne zur genaueren Präzisierung des polysemen Ausdrucks *Sprache* vielfach auch *Gesamtsprachen* (s. u.) – in unterschiedliche *Varietäten* aufgegliedert sind.[6] Dittmar (1997: 175) etwa versteht unter *Sprache*

---

5 Krefeld (2010: 56–57) weist darauf hin, dass man zwar freie Varianten in der Phonetik als *Allophone* und in der Morphologie als *Allomorphe* bezeichnet, dass aber für freie Varianten etwa in der Syntax kein entsprechender Terminus existiert; auch für pragmatische Varianten wie bei den Grußformen – etwa it. *buon giorno* oder *bon dì* ‚guten Tag', die abgesehen von der Frequenz und diatopischen Konnotation des in Norditalien häufigeren *bon dì* identisch sind – vermisst er einen entsprechenden Terminus.

6 Spiekermann (2007: o. S.) spricht davon, die deutsche Sprache zeichne sich dadurch aus, „dass sie in eine Vielzahl unterschiedlicher Varietäten aufgesplittert ist". Der Gebrauch des Verbs *aufsplittern* erweckt fälschlicherweise den Eindruck, ein ursprünglich monolithischer Block „deutsche Sprache" sei aufgesplittert worden oder habe sich im Laufe der Zeit aufge-

> eine Menge von 'Varietäten', (=verschiedene Sprachgebrauchssysteme) [...], deren Eigenschaften in einem mehrdimensionalen Raum - beispielsweise als Schnittpunkte historischer, regionaler, sozialer und situativer Koordinaten - festgelegt ist. Die Beschreibung eines Varietätenraums ist wesentlich an die Beobachtung sprachlichen Verhaltens und sprachlicher Regelhaftigkeit gebunden.

Dies setzt aber voraus, dass ein bestimmtes sprachliches System bereits als Sprache identifiziert wurde; tatsächlich wird *Varietät* ja auch verwendet, wenn man sich hinsichtlich des Status des Systems nicht festlegen will oder kann. Wesch (1998: 11) setzt klar voraus, dass unterschiedliche Sprachen nicht Varietäten sind, wenn er definiert, dass Varietät für ein sprachliches Subsystem steht und somit Oberbegriff für Dialekt, Soziolekt und Register ist; damit sei es ein relationeller Begriff, der stets in Bezug auf eine bestimmte historische Sprache zu sehen sei. Deutlich wird im Zitat von Dittmar auch, was unter *Varietätenraum* zu verstehen ist, ein Terminus, der sich in der Varietätenlinguistik zwar immer wieder findet, aber nur selten präzisiert wird. *Varietäten* definiert Dittmar dabei auf Grundlage der Aussagen von Fishman (1971) und Hudson ([1]1980) als „Menge sprachlicher Strukturen (Phonologie, Morphologie, Syntax, Semantik, Lexikon, Pragmatik) [...], die relativ zu außersprachlichen Faktoren (z.B. Alter, Geschlecht, Gruppe, Region, historische Periode, Stil etc.) in einem Varietätenraum geordnet sind" (Dittmar 1997: 177).

Allerdings wird immer wieder darauf hingewiesen, dass in der Linguistik keine Einigkeit darüber besteht, was *genau* unter *Varietät* zu verstehen sei und wie eine Varietät abzugrenzen ist (s. dazu z. B. Nabrings 1981, Steger 1988, Dittmar 1997, Baßler/Spiekermann 2001a, Löffler [3]2005).[7] Wie Berruto (2004: 189) hervorhebt, ist eine zufriedenstellende strenge Definition des Terminus *Varietät* problematisch. I. d. R. geht man davon aus, dass sich eine sprachliche Varietät dadurch auszeichnet, dass, wie er es formuliert, bestimmte Realisierungsformen des Sprachsystems in vorhersehbarer Weise mit bestimmten sozialen und funktionalen Merkmalen kookkurrieren (gemeinsam auftreten). Wenn eine Menge von bestimmten kongruierenden Werten sprachlicher Variablen (also der Realisierungen bestimmter Formen, die in der betreffenden Sprache variieren) zusammen mit einer bestimmten Menge von Merkmalen auftreten, die Sprecher bzw. Gebrauchssituationen kennzeichnen, könne man von einer sprachlichen Varietät sprechen (Berruto 2004: 189).

---

splittert, womit die Existenz des Deutschen als Gesamheit von Varietäten chronologisch auf eine Phase eines einzigen, einheitlichen Deutschen ohne Unterschiede gefolgt sei, was aber nicht zutrifft; zudem muss dadurch auch die Überdachung von Varietäten anderer historischer Sprachen - im Fall des Deutschen etwa des Niederdeutschen - zwangsläufig falsch interpretiert werden; diese sind nicht etwa durch Absplitterung von einem (deutschen) „Kern" zu einer Varietät des Deutschen geworden sondern durch die *Überdachung* durch die deutsche Standardsprache (↗ 3.5.1 zur Frage der Überdachung).

7 Dies gilt in besonderem Maße für die angloamerikanische Linguistik bzw. Soziolinguistik. Viele der Debatten über die Unterscheidung von *variety* und *language*, *variety* und *dialect*, *variety* und *style* usw. in der englischsprachigen Sprachwissenschaft sind mit der sehr breiten Interpretation des Terminus *dialect* verknüpft. Die Klagen über den laxen Umgang mit der Terminologie und die Problematik einer „sauberen" Grenzziehung zwischen Varietäten sind darum in der Soziolinguistik angloamerikanischer Tradition besonders häufig und bis heute aktuell. S. hierzu etwa Hambye/Simon (2004), die aus diesem Grund eine sehr enge Definition von *linguistic variety* vorschlagen, um diese dann in ein neues Modell der Beziehungen zwischen *varieties* und *style* integrieren zu können. Die Vielzahl der v. a. US-amerikanischen Ansätze kann in diesem Rahmen nur erwähnt werden.

Varietät, so definieren Lüdtke/Mattheier (2005: 15) etwas knapper, aber prinzipiell in derselben Blickrichtung, sei „eine im Sprecherwissen verankerte Zusammenziehung von Variationsbündeln zu einer übergreifenden, in sich relativ geschlossenen Einheit". Mit *Variations*bündel ist dabei, vielleicht etwas missverständlich ausgedrückt, die Inbezugsetzung von Variantenbündeln gemeint, also, wie oben bereits gesehen, der Realisierungen bestimmter sprachlicher Einheiten aus jeweils mehr als einer möglichen Variante in einer konkreten sprachlichen Äußerung. Die Autoren berühren die Frage nach der Abgrenzung der Varietäten voneinander nur am Rande, wenn sie davon sprechen, dass es sich bei Varietäten um *relativ* geschlossene Einheiten handle. Die Sprecher würden aufgrund des Sprecherwissens bestimmte gemeinsam auftretende sprachliche Erscheinungen bestimmten Gebieten oder Sprechergruppen zuordnen oder als strukturelle Einheiten begreifen. Die Varietäten stünden dabei in der Gesamtsprache in bestimmten Bezügen zueinander, die gemäß Coseriu (1988a) als Varietätengefüge oder Architektur von Varietäten zu verstehen seien (↗ 3.6). Im Zusammenhang mit dem Sprecherwissen wäre hier auch auf die an Gumperz (1975) anschließende Auffassung zu verweisen, wonach von der Existenz von Varietäten nur dann auszugehen ist, wenn sie von den Sprechern als solche auch wahrgenommen werden (vgl. Dittmar 1997: 176–177); nach der Wahrnehmung der Varietäten durch die Sprecher fragen die perzeptive Dialektologie (↗ 4.6) und die perzeptive Varietätenlinguistik (↗ 4.6).

Lüdtke/Mattheier (2005: 15), die die Frage der Kontaktprozesse zwischen Varietäten und Standardsprache betrachten, glauben, dass der Gegensatz zwischen Variation auf der einen und *Varietäten* (und *Standardsprachen*) auf der anderen Seite grundlegend sei, da Variation eine Sache des Diskurses, der sprachlichen Äußerungen sei, während Varietäten (und Standardsprachen) als mehr oder weniger systematische Sprachen (oder Leitvarietäten) in Erscheinung treten (↗ 4.2.2).

Ammon (1995: 1) erläutert, dass eine Sprache eine Menge von *Sprachsystemen* umfasst bzw. mit dieser Menge identisch ist. Er weist darauf hin, dass man gelegentlich auch von *Subsystemen* spreche, was er allerdings ablehnt, da dies impliziere, dass die Sprache insgesamt ein System sei (was sie i. d. R. in einem anderen Sinne als dem der strukturellen Linguistik sei). Eher bilde jedes dieser Subsysteme für sich ein System im linguistischen Sinne. Er erinnert daran, dass man in bestimmten Zusammenhängen anstatt von *Subsystem*en lieber von *Existenzformen* oder *Varietäten* der Sprache spreche. Dazu sagt er (1995: 1–2):

> Den letztgenannten Terminus [Varietäten] bevorzuge ich [...], weil er am besten zur Terminologie der linguistischen Variation paßt [...]. Bei diesem Ansatz wird eine Sprache, sagen wir La (L = lingua), als Menge von Varietäten la, lb, ..., ln gesehen: La = {la, lb, ..., ln}. Beispiele solcher Varietäten sind dann Dialekte („dialektale Varietäten"), Standardvarietäten (oft auch mißverständlich „Standardsprachen"genannt) oder „Umgangsvarietäten" (ebenfalls meist „Umgangssprachen" genannt). Die konsistente Bezeichnung als „X-Varietäten" drückt aus, daß es sich eben nicht um ganze Sprachen, sondern nur um Bestandteile, Elemente ganzer Sprachen handelt. Von dieser Sicht der Dinge aus stellt sich dann die Frage, aufgrund welcher Kriterien ent-

> schieden werden kann, ob zwei beliebig herausgegriffene sprachliche Varietäten la und lb zur selben Sprache La oder zu verschiedenen Sprachen La und Lb gehören.[8]

Zur Beantwortung dieser Fragen schlägt er vor, aus der Vielfalt möglicher Antworten zwei Gruppen von Kriterien „herauszupräparieren": (1) die *Überdachung* (oder *Nichtüberdachung*), also die Möglichkeit, dass eine der beiden Varietäten, z. B. la, die andere, also lb, überdacht oder nicht überdacht; oder (2) den Grad der linguistischen *Ähnlichkeit* (oder aber umgekehrt der linguistischen *Distanz*) zwischen den beiden betroffenen Varietäten (Ammon 1995: 2; zur Überdachung, ↗ 3.5.1). Es handelt sich bei der Überdachung um ein zwangsläufig asymmetrisches Verhältnis, da bei Überdachung von lb durch la ausgeschlossen ist, dass umgekehrt lb auch la überdacht; zudem werden stets Nonstandardvarietäten durch Standardvarietäten überdacht, womit la Standard- und lb Nonstandardvarietät sein muss, da Standardvarietäten nicht überdacht werden können und Nonstandardvarietäten nicht überdachen können. Dies entspricht, so Ammon (1995: 2), auch der in der einschlägigen Fachliteratur - Kloss (²1978: 60), Chambers/Trudgill (1980: 10–14) - vertretenen Auffassung. Eingängig ist die Erläuterung von Ammon/Arnuzzo-Lanszweert (2001: 815), die von *Varietät* in Opposition zu *Gesamtsprache* sprechen (↗ 3.7):

> Eine Gesamtsprache G_a ist die Menge aller ihrer Varietäten V_{a1}, V_{a2}, …, V_{an}, also $G_a = \{V_{a1}, V_{a2}, \ldots, V_{an}\}$. Beispielsweise ist die italienische Gesamtsprache die Menge der Varietäten: *italiano comune, italiano regionale, italiano popolare, toscano,* [sic] etc.[9]

Berruto (2004: 188–189) schreibt, dass die verschiedenen Spielarten, Sprechweisen oder Existenzformen einer historisch-natürlichen Sprache als *Sprachvarietät* oder einfach *Varietät* bezeichnet werden könnten, was er mit einer langen Reihe von Beispielen illustriert: *Cockney*, der Dialekt von Lorsch im hessischen Ried, die Computersprache, die Sprache der Jugendlichen, das Regionalfranzösische von Bordeaux, das Gastarbeiterdeutsch, das *italiano popolare*, das *BBC English*, das *Pitcairnese*, die *Media Lengua* im zentralen Ekuador, das Standardspanische, das *patois* von Nendaz im Schweizerischen Wallis, das *Russenorsk* an der norwegischen Küste bis hin zum Idiolekt, all dies seien Varietäten. Einer kritischen Betrachtung halten aus Sicht mancher Autoren nicht alle diese Beispiele stand. So wird bestritten, dass Standardsprachen oder Idiolekte eigene Varietäten seien (s. Bagno 2007, ↗ 3.2, 4.2.2). Zur Beurteilung mancher seiner Beispiele bedarf es weiterer Erklärungen; so etwa dazu, was unter *Computersprache* zu verstehen ist - die von Computerfach-

---

8 Manche Autoren sprechen auch von *Standardsprachen*, um auf Sprachen Bezug zu nehmen, die eine Standardvarietät haben; der Terminus wird oft Fishman folgend gebraucht, um nicht *Sprache* oder *Dialekt* zu sagen, somit werden auch Sprachen als Varietäten bezeichnet (s. u.).

9 Die Autoren sind allerdings der Auffassung, dass auch denkbar sei, dass eine Gesamtsprache G_b aus nur einer einzigen Varietät bestehe; z. B. sei „dies denkbar bei sehr kleinen isolierten Stammessprachen, die keine Varietätendifferenzierung aufweisen, oder bei kleinen Sprachgemeinschaften mit nur einer Standardvarietät, die alle Dialekte ‚aufgesogen' hat" (Ammon/Arnuzzo-Lanszweert (2001: 815). Abgesehen von dem fragwürdigen Gebrauch von *Stamm* - ein Ausdruck, der nie im Zusammenhang mit kleinen europäischen bzw. ‚westlichen' Sprachgemeinschaften, aber oft mit Varietäten auf anderen Kontinenten gebraucht wird - erstaunt an dieser Aussage, dass hier von der Möglichkeit einer durch Aufsaugen der *diatopischen* Varietäten entstandenen, nur noch aus einer Varietät bestehenden Gesamtsprache ausgegangen wird, ohne nach den anderen diasystematischen Varietäten zu fragen. Eine solche auf einen Standard reduzierte „Ein-Varietäten-Gesamtsprache" ist allerdings dann *nicht* denkbar, wenn man von der unbedingten Existenz zumindest der diaphasischen Varietäten ausgeht (↗ 5).

leuten oder auch die von computerinteressierten Laien gebrauchte Fachsprache? Weitere Bedeutungen wie ‚System von Befehlen für den Computerprozessor' oder ‚Programmiersprache' fallen aus, da es sich nicht um natürliche Sprachen handelt. Im Fall des *Russenorsk*, das als *Pidgin* angesehen wird, wäre die Möglichkeit der eindeutigen Zuordnung entweder zu Norwegisch oder zu Russisch als *historische Sprachen* zu hinterfragen, besteht es doch zu unterschiedlichen Anteilen aus sprachlichem Material der slawischen Sprache Russisch, der germanischen Sprache Norwegisch sowie anderen Sprachen zugeschriebenen Bestandteilen und ist weder dem Norwegischen noch dem Russischen als historische Sprachen „zuzuordnen", wie das in der Aufzählung von Berruto (2004) jedoch vorausgesetzt wird (↗ 7.2.4). Andere Autoren berücksichtigen in ihren Definitionen von *Varietät* diese Zuordnung nicht. So schreibt Bagno (2007: 47), eine Varietät sei *eine von vielen Arten und Weisen, eine Sprache zu sprechen* (womit er die Frage der Schriftlichkeit nicht erwähnt), und es könnten so viele Varietäten bestimmt werden, wie dies in Übereinstimmung mit den jeweils zugrundegelegten sozialen Faktoren - wie Herkunftsort, Alter, Geschlecht, soziale Schicht, Bildungsgrad usw. - möglich sei. Als Beispiele für Varietäten gibt der brasilianische Sprachwissenschaftler die folgenden:

a. die Art, wie in der Peripherie der Stadt São Paulo wohnhafte Männer zwischen 18 und 25 mit weniger als vier Jahren Beschulung sprechen;
b. den Sprachgebrauch über 60 Jahre alten analphabetischen Bäuerinnen im Landesinneren des Bundesstaates Paraíba im brasilianischen Nordosten;
c. die charakteristischen sprachlichen Merkmale von im (wohlhabenden) südlichen Rio de Janeiro wohnhaften Männern über 40 Jahre mit abgeschlossener Universitätsausbildung und einem Einkommen von über zehn Mindestgehältern (Bagno 2007: 47).

Tatsächlich nennt Bagno im dritten Beispiel lediglich die *charakteristischen sprachlichen Merkmale* dieser Männer aus der südlichen Zone Rios, also nur einen Teil der *Varianten*, die von diesen Personen gebraucht werden, was ganz eindeutig etwas anderes ist als die Gesamtheit der sprachlichen Varianten, die eine Varietät ausmachen. Es ist nicht ganz klar, ob er dies tatsächlich so meint oder ob, wie in den ersten beiden Beispielen, die Gesamtheit der Varianten (und nicht nur die charakteristischen Merkmale) als Varietät angesehen wird. Tatsächlich finden sich derartige ungenaue oder widersprüchliche Darstellungen in der Literatur sehr häufig, was nachvollziehbarerweise auch immer wieder zu Missverständnissen und falschen Interpretationen führt. Bei diesen von Bagno genannten, zugegebenermaßen als Extrembeispiele anzusehenden Fällen wird einerseits die Breite der möglichen Varietäten ersichtlich, bei genauerer Betrachtung wird zudem aber auch das Problem deutlich, die für die Unterscheidung sich näher stehender Varietäten erforderlichen Variablen zu bestimmen. Zu fragen wäre hier nämlich nach den Gründen für die von Bagno angesetzten Kriterien, weshalb etwa bei den Landarbeiterinnen die Altersgrenze bei 60 Jahren oder die Beschulungszeit der Männer aus São Paulo bei unter vier Jahren angesetzt wird (und nicht etwa unter fünf oder unter drei). So gesehen stellt sich dann auch die Frage, ob nicht bereits einige charakteristische Merkmale - wie der dritte Fall suggeriert - reichen würden, um von einer eigenen Varietät zu sprechen (womit das dritte Beispiel möglicherweise doch absichtlich genau so formuliert wurde).

Es ist also einerseits nicht klar, welche Menge und welche Typen sprachlicher Merkmale erforderlich sind, um von einer eigenständigen Varietät sprechen zu können: Reicht etwa schon eine einzige sprachliche Variable? Tatsächlich handelt es sich hierbei um eine schon klassische Fragestellung, die auch in die Geschichte der Dialektologie eingegangen ist (↗ 4.2, 4.3). Andererseits können die in signifikanter Weise mit sprachlichen Merkmalen kookkurrierenden sozialen, situationsspezifischen bzw. funktionalen usw. Faktoren dermaßen breiten und mannigfaltigen Charakters sein, dass die Isolierung und Aufzählung der unterscheidenden Merkmale nicht immer leicht ist (Berruto 2004: 189). Der Auffassung, dass eine einzige Variable schon zur Differenzierung von Varietäten ausreiche, ist z. B. Ammon:

> Eine Varietät muss bei der Auswahl von Varianten aus den sprachlichen Variablen mindestens eine der beiden folgenden Bedingungen erfüllen:
> (i) über wenigstens eine für sie spezifische (einzelne) Variante verfügen, oder zumindest
> (ii) eine spezifische Kombination von Varianten aufweisen. (Ammon 1995: 64)

Die Kombinationsmöglichkeiten der Lexeme *Aprikose/Marille* ‚Prunus armeniaca' und *Steigerung/Versteigerung* ‚Auktion' illustrieren den zweiten Fall: *Marille* ist typisch für Österreich, *Versteigerung* für Deutschland, so dass *Versteigerung* und *Marille* in keinem der deutschsprachigen Länder kombiniert würden (s. Ammon 1995: 65, allerdings mit einem Darstellungsfehler in der Tabelle). Das Problem der Übertragung von theoretischen Modellen auf die sprachliche Wirklichkeit ist, dass die sprachlichen Systeme keineswegs so sauber und deutlich getrennt sind, wie dies etwa die strukturalistischen, idealisierenden Sprachbeschreibungen naheliegend erscheinen lassen (Ammon 1995: 63), so dass die Entsprechungen zwischen sprachlichen Variablen und sprachlichen Systemen keineswegs passgenau herzustellen sind (vgl. Abb. 1.1). Selbst bei der Annahme, dass bereits eine einzige Variable mit unterschiedlichen Varianten als ausreichend anzusehen ist, um zwei Varietäten zu unterscheiden, wäre zu hinterfragen, inwiefern diese Varianten dann tatsächlich auch durchgängig bzw. von allen Sprechern durchgängig entsprechend realisiert werden.

Abb. 1.1. Idealisierende Annahmen bei der Bildung sprachlicher Variablen (V1 bis V4) und von sprachlichen Systemen (S1 bis S4) (Ammon 1995: 63)

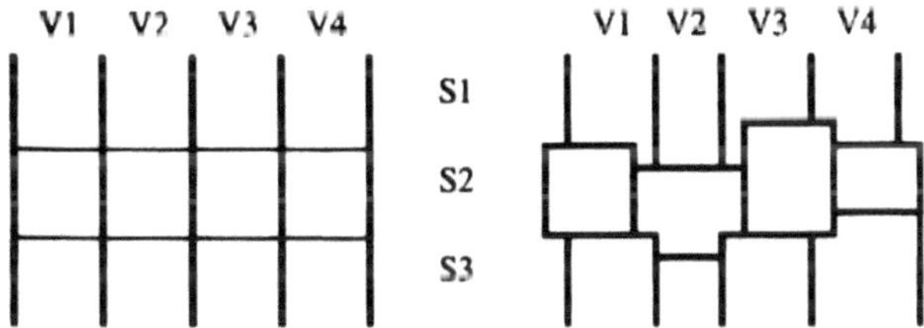

Als Illustration für dieses Problem der Bestimmung der Art und der erforderlichen Anzahl von sprachlichen Merkmalen, um von unterschiedlichen Varietäten sprechen zu können, soll hier der Fall einer Variablen mit zwei Varianten im Arabischen von Damaskus dienen. Im damaszenischen Arabisch existieren zwei Varianten für das Phonem /q/ – also eine Aussprachevariable (q) –, der im gesprochenen Standard verwendete stimmlose uvular (mit dem Zäpfchen) gebildete

Verschlusslaut [q] und der umgangssprachliche, stimmlose, glottal gebildete Verschlusslaut (Kehlkopfverschlusslaut) [ʔ]. Nach einer Studie von Daher (1998) ist es wahrscheinlicher, dass Männer [q] verwenden, während Frauen eher [ʔ] realisieren, weil bestimmte Werte bzw. Konnotationen an diese Varianten geknüpft sind bzw. mit ihnen verbunden werden, die von Frauen und Männern unterschiedlich stark vertreten oder angestrebt werden. Zudem ist eine lineare Korrelation mit dem Bildungsstand zu beobachten und der Gebrauch von [q] ist bei höherer Bildung eher zu erwarten. Wenn hier von Wahrscheinlichkeit die Rede ist, heißt dies also, dass – egal in welcher Bildungsschicht – nicht alle, die die Variante [q] gebrauchen, männlichen Geschlechts sind, und dass nicht nur Frauen [ʔ] verwenden. Rein statistisch gesehen ist aber die Wahrscheinlichkeit höher, dass die eine Variante von Männern und die andere von Frauen realisiert wird. Somit ist klar, dass *statistisch* gesehen die Varianten der Variable (q) geschlechtsspezifisch variieren, die Variable also statistisch gesehen als geschlechtsdifferenzierend anzusehen ist, dass sie aber nicht etwa zwei Varietäten des damaszener Arabisch eindeutig differenzieren. Erst im Zusammenspiel mit anderen, möglicherweise aber ebenfalls nicht eindeutig und durchgängig *einem* Geschlecht zuzuordnenden Varianten wäre es dann vielleicht möglich, das Vorliegen von geschlechtsspezifischen Varietäten zu bestimmen (↗ 5.6). Die Frage nach der erforderlichen Menge von Variablen zur Differenzierung von Varietäten wird in der Literatur immer wieder behandelt, und besondere Aufmerksamkeit kommt ihr im Zusammenhang mit der Diskussion um die Messbarkeit des sprachlichen Abstands von unterschiedlichen Varietäten zu, wenngleich auf immer wieder darauf verwiesen wird, dass es nicht möglich ist, eine Anzahl von erforderlichen Elementen festzulegen (s. etwa Linke et al. 2004: 346; ↗ 3.5.1).

In der Überblicksdarstellung wird deutlich, dass unter *Varietät* sowohl nicht selbstständige Untersysteme von Sprachen als auch vollständige sprachliche Systeme verstanden werden. Dufter/Stark (2002) fragen im Zusammenhang mit diesem grundsätzlichen Problem, ob es somit gerechtfertigt wäre, den Ausdruck *Varietät* zu gebrauchen für „tout ensemble d'éléments linguistiques ayant des conditions d'usage particulières (et propres à lui seul)" (2002: 83) ‚jegliches Bündel sprachlicher Elemente, das (nur ihm eigene) besondere Gebrauchsweisen aufweist', oder ob man nicht stets unterscheiden müsste zwischen diatopischen (und ‚vollständigen') Varietäten und allen übrigen Varietäten. Konsequenterweise fragen sie nach dem theoretischen Status, der den Varietäten einer Sprache zuzuweisen ist: ob es sich um autonome funktionelle Systeme oder lediglich Traditionen des Sprechens handelt (2002: 85) (↗ 3.6.1, 6.2). Tatsächlich werden die diatopischen Varietäten, auch wenn dies vielfach nicht explizit gesagt wird, i. d. R. anders „behandelt" als die anderen Varietäten. Diese werden als Soziolekte, Stile, Register usw. den diatopischen Varietäten insofern stets untergeordnet, als die diatopischen Varietäten vollständige Systeme darstellen, die ihrerseits in Varietäten diaphasischer oder diastratischer Art untergliedert werden können, während diastratische und diaphasische Varietäten sozusagen lediglich „Ausschnitte" der diatopischen Varietäten sind (↗ 4, 5). Dasselbe gilt für die in manchen Modellen zusätzlich eingeführten diamedialen bzw. diamesischen Varietäten (↗ 6.1), nicht aber für die diachrone (historische) Ebene. Auch darum ziehen es manche Autoren vor, von Sekundärvarietäten zu sprechen, wenn es sich nur im weiteren Sinne um eine Menge von kookkurrierenden Erscheinungen mit soziolinguistischer Relevanz handelt, während andere es zurückweisen, Stile oder Register als Varietäten zu verstehen, die in einer engeren Varietätendefinition nicht eingeschlossen wären (s. Androutsopoulos 1998: 591, vgl. Auer 1989). Auf die diachrone Dimension ist gesondert einzugehen, da wohl nicht von einer diachronen Varietät auszugehen ist, sondern von einer Dimension, die alle Varietäten eines Diasystems zu einem bestimmten Zeitpunkt umfasst (↗ 6.2).

In der Varietätenlinguistik wird *Varietät* heute meist im Zusammenhang mit einer Reihe verwandter Wörter gebraucht, mit denen der Ausdruck etymologisch verwandt ist: *variieren, Variable, Variante, Varianz* und *Variation*, allesamt aus dem lat. *variāre* ‚(sich) verändern, mannigfaltig machen' zu lat. *varius* ‚mannigfaltig, bunt, abwechselnd, verschiedenartig' (vgl. Pfeifer 1995 und Kluge 1999 *s. v. Variante* und *variieren*). *Variante* wird für die einzelne sprachliche Einheit und *Varietät* für das System verwendet. Sprachliche *Variablen* können (wie die aus der Mathematik bekannten Variablen *x, y, z* usw.) unterschiedliche Werte annehmen: die sprachlichen Varianten. Ammon (1995: 61–65) illustriert dies anhand des Beispiels der Variable APRIKOSE mit den Varianten *Aprikose* und *Marille*, wobei erstere in Deutschland und der Schweiz, letztere in Österreich in den jeweiligen Standardvarietäten gelte. Baßler/Spiekermann (2001: 205) erklären es anhand der Bedeutung ‚unter der Erde wachsende essbare Knollen', die sie als Variable fixieren und deren zugehörige Ausdrucksvarianten sie auflisten: *Kartoffeln* als standardsprachliche Variante, *Herdäpfel* in Dörfern um Freiburg, *Bodabire* am Bodensee, *E(r)pel* im Ruhrgebiet, *Nudeln* und *Tüften* nördlich von Berlin usw. Die abstrakte Variable schreibt Ammon in Großbuchstaben, um eine Verwechslung mit der im gegebenen Beispiel identischen konkreten Variante zu vermeiden. Deutlicher werden die Beispiele, wenn man als Variable die lateinischen Namen einsetzt: Solanum tuberosum mit den Variablen *Kartoffeln, Krummbeeren, Tüften* usw., Prunus armeniaca mit den Variablen *Aprikose* und *Marille* usw. Baßler/Spiekermann (2001) unterscheiden in Anschluss an Steger (1988) zusätzlich zwischen Ausdrucks- und Inhaltsvarianten: Neben den erwähnten Ausdrucksvarianten könnte man umgekehrt Inhaltsvarianten bestimmen, etwa ‚Gewächs, das unter der Erde heranreift, nicht roh, sondern nur gekocht, gebacken oder gebraten essbar ist, nach dem Garen eine unterschiedliche Konsistenz haben kann' gegenüber ‚Nachtschattengewächs' im Fachverständnis bei Biologen. Andere Autoren sprechen auch von semasiologischen und onomasiologischen Varianten (s. Ammon 1995).

Wie Ammon hervorhebt, haben die Varietäten einer Sprache gemeinhin mehr Konstanten – also konstante, nicht variierende sprachliche Einheiten – als Varianten (ähnliche Überlegungen finden sich bei Quirk et al. 1972, ↗ 3.4.3). Als Sonderfall der sprachlichen Konstanten sind die Benennungen für Sachspezifika anzusehen, die es nur an einem Ort, in einer Region oder Nation gibt und für die es entsprechend an anderen Orten keine eigenen sprachlichen Ausdrücke – Varianten – gibt. Während manche Autoren der Auffassung sind, dass diese Benennungen als Spezifika der jeweiligen Varietäten anzusehen sind, vertreten andere Autoren, darunter Ammon (1995), die Haltung, dass dies nicht statthaft sei. Dies ist sehr gut nachvollziehbar, da dann auch alle spezifischen Eigennamen, Flurnamen, Ortsnamen und dergleichen als Spezifika bestimmter Varietäten (in Ammons Beispiel bestimmte nationale Varietäten) anzusehen seien, was aber in der Tat unüblich ist (zu nationalen Varietäten, ↗ 4.2.2). So benennt man andere Nationen betreffende Gegenstände oder Sachverhalte, wenn man über sie spricht – etwa als Österreicherin in einer Äußerung über deutsches Essen –, i. d. R. mit den Namen, die diese in ihrer Herkunftsnation haben; es liegt auf der Hand, dass man dann nicht anstelle einer eigenen Variante eine aus einer anderen Varietät nehmen kann, hat doch diese keinen Ausdruck für den entsprechenden Gegenstand oder Sachverhalt.

Bei der Lektüre einschlägiger Veröffentlichungen ist unbedingt die terminologische Vielfalt zu beachten. So ist etwa der Gebrauch von *Variante* besonders häufig auch in der in der Varietätenlinguistik etablierten Bedeutung von *Varietät* zu finden, und in manchen wissenschaftlichen Texten werden *Variante* und *Varietät* gar alternierend in derselben Bedeutung gebraucht, was nicht unbedingt zur Klarheit der Aussage beiträgt (s. z. B. Hirschfeld 1999: 110–111). Als Alternativen für *Varietät* sind gerade in älteren Texten auch noch andere Bezeichnungen zu finden, etwa *Differenzierungen* neben *Varietäten* (etwa bei Schönfeld 1985; vgl. Braun 1998: 10–11). In manchen anderen Sprachen – und manchmal auch in deutschen Übersetzungen aus diesen Sprachen – finden sich noch andere terminologische Überlappungen. Im Spanischen etwa – so bei Mayoral (1997: 13) – wird *variación* mitunter neben dem Terminus *variedad* sowohl für den Zustand – Existenz unterschiedlicher Varianten für eine Variable etwa in einer bestimmten sozialen Gruppe – gebraucht wie für den Prozess, durch den es unter bestimmten Bedingungen zu einem Wechsel zwischen unterschiedlichen Varietäten kommt; *variación* als Prozess wiederum wird auch in Zusammenhang mit der Veränderung von Varietäten – also Sprachwandel – betrachtet. Die Zurückweisung des Ausdrucks *variety* im Englischen durch manche Autoren ist wohl auch darauf zurückzuführen, dass in der angloamerikanischen Linguistik synonym zu *(language) variety* auch der Ausdruck *dialect* gebraucht wird, um jedwede Varietät zu bezeichnen (vgl. Anm. 2). Angesichts der Traditionen des Gebrauchs der entsprechenden Formen in anderen Sprachen – etwa dt. *Dialekt,* frz. *dialecte,* it. *dialetto,* span. *dialecto* –, um auf regionale bzw. diatopische Varietäten Bezug zu nehmen, kann dies leicht missverstanden werden. Hudson, der den Gebrauch von *variety*, ähnlich wie Berruto (2004), als „a set of linguistic items with similar social distribution" (1996: 22) definiert, ist der Auffassung, es sei angesichts der vielen mit dem Ausdruck verbundenen Schwierigkeiten vorzuziehen, ganz auf seinen Gebrauch zu verzichten und „to focus instead on the individual linguistic item" (Hudson 1996: 68; vgl. Berruto 2004: 189).

Es ist allerdings zu berücksichtigen, dass der Gebrauch von *Varietät* in der Sprachwissenschaft seit längerem immer wieder gerade auch dann zu finden ist, wenn man damit Ausdrücke wie *Dialekt* oder *Sprache* vermeiden möchte (↗ 4). Der Ausdruck *Varietät* wird etwa im Bereich der Soziologie der Sprache und der Soziolinguistik häufig verwendet, da es sich, wie bei Fishman (1975) dargestellt, um eine wertfreie Bezeichnung handelt. Der Ausdruck Varietät wird also gebraucht, um sich bezüglich der zu erforschenden Erscheinung neutral auszudrücken, ist es doch für eine unvoreingenommene Betrachtung der zu beschreibenden Erscheinungen besonders wichtig, dass *Varietät* im Gegensatz zu *Dialekt* nichts über den linguistischen Status im Verhältnis zu anderen Varietäten aussagt. Mit Formulierungen wie „die Varietät des Slowakischen von Nitra" oder „die in Witten gesprochene Varietät des Deutschen" wird nicht zwangsläufig impliziert, dass die an diesem Ort gesprochene Varietät, um es mit den Worten Ammons (1995) zu sagen, „spezifische

Varianten" oder „eine spezifische Kombination von Varianten" aufweist, die etwa von direkt angrenzenden Orten zu unterscheiden wären. Vielmehr kann dadurch ohne Rückgriff auf andere, möglicherweise wertend wirkende Ausdrücke auf die an einem Ort x gesprochene Varietät v Bezug genommen werden, ohne z. B. den Ergebnisse einer linguistischen Analyse vorwegzugreifen.

Weitere in der einschlägigen Literatur gelegentlich verwendete Ausdrücke sind *Varianz, Variabilität* und *Lekt.* Bei *Varianz* handelt sich um keinen varietätenlinguistischen Terminus im engeren Sinn; meist meinen die Autoren und Autorinnen, die ihn gebrauchen, ‚Vorliegen von Abweichung gegenüber der Standardnorm' oder ‚Gebrauch von (sprachlichen) Varianten' und somit dasselbe, was andere Autoren wie z. B. Ammon (1995) unter *Variation* verstehen (s. Hirschfeld 1999: 112). *Variabilität* findet sich gelegentlich als alternativer Ausdruck für *Variation* im Sinne der grundsätzlichen Eigenschaft der Sprachen, bestimmte sprachliche Einheiten in einer konkreten sprachlichen Äußerung unterschiedlich zu realisieren. Wesch (1998: 12) definiert Varianz als Synonym von Variabilität als „Tatsache, daß für einen bestimmten Teil der sprachlichen Struktur mehr oder weniger zahlreiche und voneinander abweichende Möglichkeiten der Versprachlichung zur Verfügung stehen".

Varietäten schließlich werden in Anlehnung an das Suffix *-lekt* in *Dialekt* oft auch als *Lekte* bezeichnet (↗ 3.6). Dies ist sicher auch auf den Umstand zurückzuführen, dass damit je nach Bezug analog zu *Dialekt* in recht einfacher Weise, und leichter, als dies mit dem Ausdruck *Varietät* möglich ist, fachsprachliche Komposita gebildet werden können, etwa *Gerontotolekt* ‚Varietät alter Menschen', *Sexo-* bzw. *Genderlekt* ‚geschlechts- bzw. genderspezifische Varietät', *Xenolekt* ‚mit Ausländern gesprochene Varietät', *Technolekt* ‚fachsprachliche Varietät' usw. Problematisch ist dabei mitunter die fehlende Transparenz einzelner Termini, ob etwa *Xenolekt* die *mit* oder *von* Ausländern gesprochene Varietät ist oder ob z. B. *Chronolekt* auf eine bestimmte historische Stufe einer Varietät oder auf altersspezifische Varietät abzielt. Es stellt sich in diesem Zusammenhang die Frage, welche Varietäten grundsätzlich unterschieden werden können. Es herrscht in der Literatur weitgehende Einigkeit darüber, dass mindestens an geographische Gebiete gebundene (diatopische oder auch horizontale), an soziale Gruppen gebundene (diastratische oder vertikale) und an Situationen gebundene (diaphasische) Varietäten unterscheidbar sind. Dagegen wird über die Abgrenzung weiterer Varietäten, insbesondere der *diachronen* und *diamesischen* bzw. *diamedialen* Varietäten und der vorangenannten untergeordneten Varietäten (wie *Gerontolekte* oder *Xenolekte*), vielfach debattiert (↗ 3.6). Darüber hinaus wird in der wissenschaftlichen Auseinandersetzung mit Varietäten eine immer länger werdende Liste von Varietäten betrachtet oder zumindest genannt, was auch mit dem bereits erwähnten Fakt zu tun hat, dass das Varietätenproblem derzeit zu einem zunehmend beachteten Aspekt in der sprachwissenschaftlichen Forschung gehört. Bei einigen der Varietäten stellt sich, wie im Laufe dieses Bands mehrfach zu sehen sein wird, die Frage nach ihrer Abgrenzung; in einigen Fällen hat die Nennung von immer neuen ‚Varietäten' schlicht damit zu tun, dass die Autoren den Terminus *Varietät* auch dann verwenden, wenn von *Variation* die Rede sein müsste. Dies wird sehr deutlich bei Endruschat/Schmidt-Radefeldt (2006: 222–223; ↗ 5.1): Die Autoren sprechen z. B. von *diaevaluativer, diafrequentativer* und *diaplanerischer Varietät* und meinen damit offensichtlich Variation im Hinblick auf Bewertungen (aufgrund bestimmter Wertvorstellungen, Konventionen usw.), hinsichtlich der Häufigkeit von Varianten oder bezüglich des Vorliegens von sprachplanerischen Aktivitäten.

Zum Weiterlesen:

Aus disziplingeschichtlicher Sicht sind für das Verständnis der Debatten um Variation Bernstein (1971a, b, c, 1972) und Labov (1972a, b, auf Dt. 1976, 1978; 1999) lesenswert. Einen Überblick aus germanistischer Sicht gibt Ammon (1995), auf Frz. s. Völker (2009). Zur Varietätengrammatik s. die kompakte Darstellung von Klein ([2]2005 engl., [1]1988 dt.). Die Variablenregeln stellen Ammon/Arnuzzo-Lanszweert (2001) auf Dt. übersichtlich dar. Grundlagen der Soziolinguistik vermitteln Dittmar (1997), Löffler ([3]2005), Veith ([2]2005), Meyerhoff ([2]2011); eine sehr vollständige Übersicht findet sich in dem Handbuch von Ammon et al. (2004–2005). Zum Sprachwandel s. Croft (2000), Wegera/Waldenberger (2012); ein Klassiker ist Keller ([2]2003). Überblick über linguistische Methodologie geben Brons-Albert/Marx (2010), Meindl (2011) und diverse Kapitel in Althaus et al. ([2]1980) und Bd I, 2 des LRL (2001). Spezifischere Anleitungen stellen Dittmar ([3]2009) zur Transkription und Lemnitzer/Zinsmeister ([2]2010), Bubenhofer (2006–2011) dar. Für das Verständnis der Ansätze empirischer Studien s. Atteslander ([12]2008), Diekmann ([6]2012) oder Flick et al. ([3]2012), auf Linguistik ausgerichtet Meindl (2011). S. Hausmann (1989) zur diasystematischen Markierung in allgemeinen einsprachigen Wörterbüchern vor; einschlägige Beiträge zur Markierung finden sich in Hausmann et al. (1989) und Hartmann/James (2001), umfassende Literaturangaben bei Gómez/Carriazo (2010). Zur elektronischen Lexikographie s. Haß (2005), Fuertes-Olivera/Bergenholtz (2013). Zu Varietäten in der DaF-Lehre s. Muhr (1993), Hirschfeld (1997, 1999), Baßler/Spiekermann (2001a, b), Bettermann (2010), in der L2-Lehre z. B. Vila (1993), Meißner (1995), Rickford (1996), Laackmann (2004), Wieland (2006b), Martín/Díez (2001), Keller (2007), Seidl/Wirth (2008), Osório/Deus (2008), Bieswanger (2008), Frings/Schöpp (2011), Geeslin et al. (2013).

Aufgaben

1. Analysieren Sie die Definitionen von *Varietätenlinguistik* in Einführungen in die Sprachwissenschaft und in die Soziolinguistik, in einschlägigen Handbüchern und sprachwissenschaftlichen Lexika und vergleichen Sie die jeweils genannten Aspekte und Kriterien.
2. Vergleichen Sie die Themenbereiche in Einführungen in die Soziolinguistik seit den 1970er Jahren mit späteren Publikationen dieser Art und entsprechenden Arbeiten aus den letzten Jahren, z. B. Schlieben-Lange (1973), Löffler ([1]1985, [2]1994, [3]2005), Dittmar (1997), Veith ([2]2005). Welche Veränderungen, Schwerpunktverschiebungen und Ergänzungen lassen sich feststellen, und welche thematischen Überschneidungen mit den Kapiteln zur Varietätenlinguistik in neueren Arbeiten stellen Sie fest?
3. Welches sind die Termini für *Variations-* und *Varietätenlinguistik, Variation, Varietät, Variante, Variable* in der bzw. den von Ihnen studierten Sprache(n) und wie werden sie, im Vergleich zum Deutschen, verwendet?
4. Informieren Sie sich über die unter 1.3 erwähnten Beispiele für Varietäten von Berruto (2004: 188–189) und versuchen Sie eine Klassifizierung der unterschiedlichen Erscheinungen hinsichtlich der Ihrer Meinung nach relevanten Kriterien wie z. B. soziale Herkunft der Sprecher, zeitliche Zuordnung, Status, Stabilität, Verschriftlichung usw.

5. Vergleichen Sie die beiden folgenden Definitionen von *Varietät*:

   „Con il termine di ‹varietà› si intende un insieme di forme linguistiche (lessicali, morfologiche, sintattiche, foniche, ecc.) riconoscibile, e riconosciuto in quanto tale dai parlanti" (Grassi/Sobrero/Telmon 1997: 161).
   ‚Unter dem Terminus *Varietät* versteht man eine als solche erkennbare und von den Sprechern anerkannte Gesamtheit sprachlicher (lexikalischer, morphologischer, syntaktischer, phonetischer usw.) Formen.'

   „Con tale nozione [=varietà] si intende un'entità linguistica definita da un insieme di tratti (testuali, sintattici, lessicali, fonetici) che cooccorrono sistematicamente con carratteristiche legate al parlante o alla situazione comunicativa. Ognuna di queste varietà è quindi strettamente correlata a parametri extralinguistici, in gran parte riconoscibili dagli stessi parlanti" (D'Agostino 2007: 110).
   ‚Unter *Varietät* versteht man eine sprachliche Größe, welche durch eine Menge von (textuellen, syntaktischen, lexikalischen, phonetischen) Merkmalen definiert wird, die in systematischer Weise gemeinsam mit Charakteristika auftreten, die an Sprecher oder Kommunikationssituation gebunden sind. Jede dieser Varietäten korreliert somit eng mit außersprachlichen Parametern, die größtenteils von den Sprechern selbst erkannt werden können.'

6. Welche unterschiedlichen Varietäten der von Ihnen studierten Fremdsprache(n) sind Ihrer Ansicht nach im Fremdsprachenerwerb zu berücksichtigen? Formulieren Sie Ihre Überlegungen unter kritischer Berücksichtigung der Prinzipien für eine plurizentrisch orientierte DaF-Didaktik von Muhr (1993).
7. Welche der im Literaturverzeichnis angegebenen Titel sind bezüglich der von Ihnen studierten Sprache(n) relevant?
8. Erklären Sie die Auffassung von *Variante* und *Invariante* bei Iturrioz/Skopeteas (2000).

2. Vorwissenschaftliche Wahrnehmung von Varietäten

Der vortheoretisch beobachtenden Erfahrung und entsprechend auch der vorwissenschaftlichen Auseinandersetzung mit Sprache ist bekannt, dass eine Sprache in Abhängigkeit von diversen Aspekten verschieden gesprochen oder geschrieben wird. Dies verwundert nicht, ist es doch augenfällig, dass es innerhalb einer Sprache oder innerhalb einer Sprachgemeinschaft Unterschiede gibt (vgl. Berruto 2004: 188; Klein 1976: 29). Die wissenschaftliche Befassung mit sprachlichen Varietäten setzte v. a. mit der Dialektologie und der diachronen Sprachbetrachtung ein und wurde dann im Laufe des 20. Jahrhunderts in verschiedenen linguistischen Unterdisziplinen und Ausrichtungen zu unterschiedlichen Zeitpunkten mit mehr oder mit weniger Interesse betrachtet. Die wissenschaftliche Auseinandersetzung und somit auch die Disziplingeschichte wird in mehreren Kapiteln behandelt (↗ 3, 4 u. a.); die vorwissenschaftliche Betrachtung soll nachfolgend nur anhand einiger Beispiele illustriert werden. Zu unterscheiden ist zwischen epi- und metasprachlichem Diskurs, also zwischen impliziter und expliziter Auseinandersetzung mit Varietäten, die häufig mit ihrer Bewertung einhergeht. Unberücksichtigt bleibt hier das episprachliche, intuitive Bewusstsein. Dieses kann sich z. B. lediglich in der Verwendung oder Nichtverwendung bestimmter sprachlicher Mittel, in der indirekten, nicht theoretisierenden, ggf. nicht präskriptiven Bewertung, kurzum, in den Spracheinstellungen (auch *Sprachattitüden* genannt) äußern. Die Einstellung eines Sprechers zu einer Sprache oder zu einer Varietät hat ein bestimmtes Verhalten zur Folge, etwa im Hinblick auf die Bevorzugung einer Sprache A gegenüber einer Sprache B in bestimmten Kontexten in mehrsprachigen Gesellschaften. Beispiele für die – messbaren – Folgen solcher Sprachattitüden sind der Gebrauch oder Nichtgebrauch der spanischen Sprache durch katalanischsprachige Autoren oder der Rückgang der Übersetzungstätigkeit in die katalanische Sprache zugunsten von Übersetzungen in die spanische Sprache zwischen dem 16. und 18. Jahrhundert (s. Wittlin 2003). Die Berücksichtigung der epi- und metasprachlichen Aspekte ist für das Verständnis der Entwicklung der Varietäten selbst ebenfalls von Bedeutung und somit auch von großer Bedeutung für die Sprachgeschichtsschreibung, die sich in jüngerer Zeit zunehmend für die Varietäten der Sprache interessiert (vgl. Brumme 2002; ↗ 6.2).

2.1 Fernão de Oliveira (1536)

Ein sehr frühes Beispiel für die Auffassung, dass Sprachen aus verschiedenen Varietäten bestehen, ist aus der Geschichte der Auseinandersetzung mit der portugiesischen Sprache überliefert. Das Verständnis der portugiesischen Sprache als sprachliche Ganzheit mit innerer Variation findet sich bereits bei Fernão de Oliveira (1507–ca. 1581), dessen unter dem (umstrittenen) Titel *Grammatica da lingoa-*

gem portugueza veröffentlichten *anotações* ‚Anmerkungen, Notizen' von 1536 als erster Text metasprachlicher Reflexion über das Portugiesische gelten (Maia 2001: 37–38; vgl. Buescu 2000). Der Autor reflektiert über die Sprache der guten und der schlechten Menschen:

> A lingoagem e figura do entendimento [...] os bos falão virtudes e os maliciosos maldades [...]. (1536: [3])
> ‚Sprache ist eine Figur des Verstehens. Und die Guten sagen Tugendhaftes und die Gemeinen sagen Boshaftigkeiten'.[1]

Derartige Gleichsetzung von guten bzw. moralischen oder schlechten bzw. nicht tugendhaften Charaktereigenschaften und der Sprache finden sich in anderen Texten aus vorwissenschaftlichen Zeiten (↗ 2.2) ebenso wie Überlegungen etwa zu sprachlichen Unterschieden zwischen Männern und Frauen aufgrund von vermeintlichen charakterlichen oder intellektuellen Unterschieden zwischen den Geschlechtern. Bis in moderne Zeiten waren Positionen wie die von Baldassare Castiglione (↗ 2.3), der Ende des 15. bzw. Anfang des 16. Jahrhunderts bereits die Auffassung vertrat, dass Frauen vollkommene Wesen sind, die natürlich dieselben geistigen – und somit auch sprachlichen – Fähigkeiten wie Männer haben, eine Ausnahme. Nicht nur in der Renaissance war es eine verbreitete Auffassung, dass Frauen minderwertig oder wie Kinder seien, wie zurückgebliebene Männer oder fast wie Tiere, weshalb auch ihre Sprache als minderwertig oder kindlich galt (↗ 5.6). Fernão de Oliveira überdenkt die Veränderlichkeit der Sprachen und den Anteil, den die Menschen selbst daran haben:

> E e manifesto que as linguas Grega e Latina primeiro forão grosseiras: e os homẽs as poserão na perfeição q[ue] agora tem. (1536: [7–8])
> ‚Und es ist klar, dass das Lateinische und das Griechische zuerst ordinäre Sprachen waren, und die Menschen gaben ihnen die Perfektion, die sie jetzt aufweisen'.

> hũa mesma nação e gente de hũ tempo a outro muda as vozes e tambem as letras (1536: [11])
> ‚eine Nation und ein Volk verändert über die Zeit die Wörter und auch die Buchstaben [= Laute]'.

Im Zusammenhang mit den veralteten Wörtern setzt er sich mit dem Umstand auseinander, dass alte Leute diese oft noch kennen, zielt also auf die zeitliche Veränderlichkeit ab:

> [...] antes de nos hũ pouco os nossos pays tinhão alghũas palauras q[ue] ja não são uouidas como cõpẽgar que queria dizer comer o pão cõ a outra viãda e nemichalda o qual tanto valia como agora nemigalba segundo se declarou poucos dias ha hũa velha q[ue] que por isto foi pregũtada dizẽdo ella esta palaura: e era a velha a este tẽpo q[u]ãdo isto disse de çento e dezaseis ãnos de sua idade. (1536: [49])
> ‚einige Zeit vor uns hatten unsere Eltern einige Wörter, die man nicht mehr hört wie *compengar*, was das Brot zu den anderen Speisen essen bedeutete, und *nemichalda*, was so viel bedeutete wie heute *nemigalba* [‚Krümel, Brosamen'], wie vor wenigen Tagen eine Alte sagte, die man danach fragte und die dieses Wort sagte, und diese Alte war zu dem Zeitpunkt, als sie dies sagte, 116 Jahre alt.'

---

1 Diese und alle weiteren Übersetzungen sind, so nicht anders angegeben, von mir.

Den Alten und der Landbevölkerung würden veraltete Wörter noch korrekt erscheinen:

> [...] se estas ou e quaesquer outras semelhantes as meteremos em mão dhũ homẽ velho da beyra; ou aldeão não lhe pareçerão mal. (1536: 50)
> ‚wenn wir dieses oder irgendein anderes ähnliches Wort einem alten Mann aus der [Provinz] Beira oder einem Dörfler geben, so wird es ihm nicht schlecht erscheinen'.

Im Zusammenhang mit dem Sprachwandel, der an der Sprache und dem Sprachgefühl der Alten erfassbar werde, spricht Oliveira auch über Neuerungen in der Sprache und geht dabei auf die Bedeutung der Dauer und Häufigkeit ihres Gebrauchs für ihre Anpassung an die Sprache und schließlich ihre Akzeptanz auch durch die gebildeten Sprecher ein. Damit bringt er das (soziale) Kriterium der Bildung ins Spiel:

> Verdade he que não ha cousa tam aspera que o uso não abrande [...] com serem mais velhos sejão tambem mais usados e amendados e o uso delles seja aprouado por aquelles que sabem (1536: [51])
> ‚Tatsache ist, dass keine noch so schroffe Sache nicht durch den Gebrauch abgemildert würde [...] wenn sie älter sind, werden sie auch mehr benutzt und verbessert und ihr Gebrauch wird von den Wissenden gebilligt werden'.

Oliveira erwähnt auch den Aspekt der Spezialisiertheit von Sprache und das Sprechen über Fachgebiete und nennt neben der Sprache bestimmter Berufsgruppen auch wieder den Gegensatz von Stadt und Land und die Frage der Kenntnis sprachlicher Neuerungen:

> [...] porqu[ue] os homẽs falão do do q[ue] fazẽ: e por tanto os aldeãos não sabẽ as falas da corte: os çapateiros não são entendidos na arte do marear nẽ os lauradores dantre douraminho entendem as novas vozes q[ue] estano vierão de Tunez com suas gorras. (1536: [43])
> ‚denn die Menschen sprechen über die Dinge, die sie machen, und darum kennt der Dörfler die Sprechweisen des Hofes nicht, die Schuster wissen nichts über die Kunst der Seefahrt und die Bauern aus Entre Douro und Minho verstehen die neuen Wörter nicht, die in diesem Jahr zusammen mit ihren Mützen aus Tunesien kamen'.

Auf die Besonderheiten in der Sprache der Spezialisten geht er noch genauer ein, erwähnt die Unterschiede zwischen der Sprache der Jungen und der Alten und die zwischen dem (sprachlich eher konservativen) Norden und dem (sprachlich eher innovativen) Süden und hebt hervor, dass neben den von allen gebrauchten Elementen manche Besonderheiten nur in ganz bestimmten Gruppen von Personen verwendet würden:

> E esta particularidade ou se faz ãtre offiçios e tratos como os caualeiros q[ue] tẽ hũsvocablos: e os lauradores outros: e os cortesãos outros: e os religiosos outros; e os mecanicos outros: e os mercadores outros: ou tãbẽ sefaz ẽ terras esta particularidade porq[ue] os da beira tem hũas falas e os d'alentejo outras: e os homẽs da estremadura são diferentes dos antre douro e minho: porq[ue] assi como os tẽpos assi tãbẽ as terras crião diversas cõdições e cõçeitos: e o velho como tẽ o entender mais firme cõ o q[ue] mais sabe tambẽ suas falas são de peso e as do mançebo mays leves. (1536: [52])
> ‚Und diese Besonderheit findet sich bei den unterschiedlichen Berufsständen oder in den Umgangsformen, etwa bei Edelleuten, die bestimmte Wörter benutzen, und

> den Bauern, die andere gebrauchen, und die Höflinge andere, und die Mönche andere, und die Mechaniker andere, und die Händler andere; diese Besonderheiten finden sich aber auch zwischen den unterschiedlichen Gebieten, denn die Leute der Beira haben ihre Mundarten und die im Alentejo die ihren, und die Leute der Estremadura sind anders als die zwischen Douro und Minho, denn so wie die Zeiten schaffen auch die Gebiete unterschiedliche Bedingungen und Begriffe, und die Sprache des Alten, der mit all dem, was er weiß, mehr versteht, wiegt auch schwerer als die der unerfahrenen Jünglinge'.

V. a. die Unterscheidung von veraltetem und modernem Sprachgebrauch bzw. dem bisherigen Sprachgebrauch und sprachlichen Neuerungen - und somit der diachronen Schichtung des Wortschatzes - spielt in der vorwissenschaftlichen Betrachtung der Sprachen immer wieder eine wichtige Rolle, da im Zentrum der Auseinandersetzung mit Sprache immer wieder der vermeintliche Sprachverfall und die Frage nach dem Sprachwandel stand. Im Falle des hier betrachteten Portugiesischen wird die Auseinandersetzung mit Archaismen z. B. als kennzeichnend insbesondere für das 18. Jahrhundert in Portugal angesehen (Mühlschlegel 2000: 30). Oft sind die Betrachtungen zur diachronen Divergenz dabei auch verknüpft mit der Auseinandersetzung mit der diastratischen und v. a. der diaphasischen Differenzierung der Sprache (↗ 3.6). So ist das der Fall, wenn der portugiesische Autor Monte Carmelo 1767 zwischen *termos antiquados* ‚antiquierten Termini' und *termos antigos* ‚alten Termini' differenziert, wobei er mit ersteren die bereits völlig außer Gebrauch geratenen Archaismen meint, mit letzteren die Formen, die in bestimmten Gesellschaftsgruppen oder Situationen noch eingeschränkte Verwendung finden. Die Auffassung, dass die Sprache eine Gesamtheit von Varietäten ist, findet sich im Hinblick auf die portugiesische Sprache in den vorwissenschaftlichen Texten wohl am deutlichsten bei Argote (1725), der *dialectos* als unterschiedliche Weisen, dieselbe Sprache zu sprechen, ansieht. In einem Kapitel zu den *dialectos* des Portugiesischen nennt er - neben „dialectos locaes" ‚lokalen Dialekten' und „dialectos de tempo" ‚zeitlichen Dialekten' auch *dialectos de profissão* (Argote 1725: 297), womit er die Sprache von Lyrik und Prosa meint (s. Mühlschlegel 2000: 24 und Schäfer 1993).

Als weiterer Schwerpunkt der vorwissenschaftlichen Auseinandersetzung, die ebenfalls mit dem Sprachwandel oder der Frage des Sprachverfalls verknüpft war, ist die Differenzierung zwischen gutem und schlechtem Sprachgebrauch auszumachen, etwa die Unterscheidung zwischen der Sprache der guten Autoren oder der Angehörigen des Hofes im Kontrast zur Sprache des *Vulgus*, des ungebildeten Volkes, und damit auch immer die Suche nach den Behütern der „richtigen" Sprache. Um ebensolche Aspekte geht es auch in anderen zeitgenössischen Werken wie dem berühmten *Diálogo de la lengua* von Juan de Valdés von 1535 über die spanische Sprache. Angesichts fehlender Literatur, an der man sich auf der Suche nach der *guten* Sprache orientieren könnte, schlägt Valdés vor, das Spanische der Sprichwörter (als Repräsentation der tradierten Sprache) und die Sprache des spanischen Hofes (als authentischer Gebrauch der spanischen Sprache) als vorbildliche Sprache zu nehmen, an der sich die Grammatiker orientieren sollten. Auch bei Valdés bilden Erläuterungen zur diasystematischen, v. a. zur diachronen Einstufung von Wörtern und zu ihrer Frequenz einen Schwerpunkt bei der Rechtfertigung bestimmter Optionen, und auch die diastratische Orientierung erweist sich für die Begründung des exemplarischen Sprachgebrauchs in besonderer Weise als richtungsweisend (Aschenberg 2000).

Wird diese Auseinandersetzung über die *gute* und die *schlechte* Sprache und die Schichtunterschiede in den Ausführungen Oliveiras ebenso wie bei Valdés bereits deutlich erkennbar, so ist dies noch viel deutlicher in einem im Zusammenhang mit dem französischen Sprachpurismus immer wieder zitierten Text aus der Geschichte der Auseinandersetzung mit der französischen Sprache, den *Remarques sur la langue françoise* von Vaugelas von 1647.

2.2 Claude Fabre de Vaugelas (1647)

Der französische Autor Claude Fabre de Vaugelas (1585–1650), Gründungsmitglied der *Académie française* 1635, veröffentlichte 1647 die *Remarques sur la langue françoise* ‚Anmerkungen zur französischen Sprache', einen Kommentar zu etwa 500 Wörtern, Ausdrücken und grammatikalischen Konstruktionen, der zu einem Standardwerk seiner Zeit wurde. Im Anschluss an Vaugelas verfassten weitere Autoren Beobachtungen über die französische Sprache und griffen damit in ihre Normierung ein. Vaugelas erkannte, zumindest ansatzweise, bereits die Existenz einer sozialen Sprachschichtung und war sich wohl des differenzierten Sprachgebrauchs in Frankreich bewusst (vgl. Ayres-Bennett 1987, 2004, Batteux 1999). Er schlägt vor, die Grammatik bzw. die Sprache auf eine Varietät auszurichten: auf das von den achtbarsten Mitgliedern des Hofes gesprochene Französisch, das noch um das Französische der Werke einiger ausgesuchter bedeutender Autoren zu ergänzen sei. Dies sei der *bon usage*, der gute Sprachgebrauch, dem der *mauvais usage*, der schlechte Sprachgebrauch der niedrigen Schichten, des gemeinen Volkes gegenüberstehe:

> Il y a sans doute deux sortes d'Vsages, vn bon & vn mauuais. Le mauuais se forme du plus grand nombre de personnes, qui presque en toutes choses n'est pas le meilleur, & le bon au contraire est composé non pas de la pluralité, mas de l'élite des voix. & c'est veritablement celuy que l'on nomme le Maistre des langues, celuy qu'il faut suiure pour bien parler, & pour bien escrire en toutes sortes de stiles, si vous en exceptez le satyrique, le comique, en sa propre & ancienne signification, & le burlesque, qui sont d'aussi peu d'estenduë que peu de gens s'y adonnent. (1647: *Préface* [II])
> ‚Es gibt zweifellos zwei Arten des Sprachgebrauchs, einen guten und einen schlechten. Der schlechte ist bei der Mehrheit der Personen zu finden und ist in praktisch jeder Hinsicht nicht sonderlich gut; der gute Sprachgebrauch dagegen wird nicht von der Mehrheit der Sprecher verwendet sondern nur von der Elite. Und er ist aus diesem Grund das wirkliche sprachliche Vorbild, dem man folgen muss, um gut zu sprechen und in jeglichem Stil gut zu schreiben, wenn man vom satirischen, dem komischen Stil in seiner eigentlichen und ursprünglichen Bedeutung und dem burlesken Stil absieht, die aber so wenig verbreitet sind, dass nur wenige Personen sie betreiben'.

Bon usage definiert er wie folgt:

> C'est la façon de parler de la plus saine partie de la Cour, conformément à la façon d'escrire de la plus saine partie des Autheurs du temps. Quand il dis la Cour, i'y

> comprens les femmes comme les hommes, & plusieurs personnes de la ville où le Prince reside, qui par la communication qu'elles on auec les gens de la Cour participent à sa politesse. (1647: *Préface* [II])
>
> ‚Das ist die Art und Weise, in welcher der achtbarste[2] Teil des Hofes spricht, und sie entspricht wiederum der Art, in welcher der achtbarste Teil der Autoren unserer Zeit schreibt. Mit Hof sind hier Frauen wie Männer gemeint, und viele Personen aus der Stadt, in der der König [= Ludwig XIV.] residiert, welche durch den Austausch mit dem Hofstaat dessen höfliche Art übernommen haben'.

Der *bon usage* wird also dadurch legitimiert, dass er die Norm der Herrschenden darstellt, und ihm steht der *mauvais usage* gegenüber, die Sprache des gemeinen Volkes. Wir finden hier, in gewisser Weise, auch die Unterscheidung zwischen gutem Sprachgebrauch der tugendhaften und schlechtem Sprachgebrauch der unmoralischen Menschen wieder, die bei Fernão de Oliveira aufgezeigt wurde, wenn man bedenkt, dass die Lebensart des Hofes - somit der obersten Schichten - ja bei Vaugelas ebenfalls als moralisch und die der niedrigen Schichten als sittenlos und verroht empfunden wurden.

2.3 Sperone Speroni (1542)

Ist in Texten wie denen von Fernão de Oliveira oder Vaugelas von den unterschiedlichen Varietäten *einer* Sprache, die von unterschiedlichen Schichten, an unterschiedlichen Orten usw. gesprochen werden, die Rede, so finden sich in anderen Texten aus der gleichen Zeit auch Auseinandersetzungen über *pro* und *contra* des Gebrauches von Varietäten, die klar als unterschiedliche Sprachen identifizierbar sind. Insbesondere wird über die Frage des Gebrauchs von Latein oder der Sprachen des Volkes debattiert und in diesem Zusammenhang auch immer wieder darüber, welche Varietät an die Stelle des Lateins treten kann bzw. wie die Volkssprache zu entwickeln sei, um bestimmte Funktionen des Lateins zu übernehmen oder als Literatursprache zu fungieren. Tatsächlich ist die Frage der Rollenverteilung zwischen klassischen Sprachen und den Sprachen des Volks eines der wichtigsten Motive in der Auseinandersetzung über Sprache in der Renaissance. In moderner sprachwissenschaftlicher Terminologie ausgedrückt geht es hier um die funktionale Verteilung von Sprachen in mehrsprachigen Gesellschaften - um die Domänen, ↗ 3.5.2 -, um den Status von Sprachen, um die Legitimität des Gebrauchs von Sprachen außerhalb des familiären Umfeldes und insbesondere auch um den *Ausbau* von Dialekten zu Standardsprachen (↗ 3.5.1).

Das wohl bekannteste Beispiel für die Debatte um diese Fragestellungen ist die sogenannte *Questione della lingua* ‚Sprachenfrage, -problem' des Italienischen, im Wesentlichen der Streit um eine einheitliche Literatur- und Kultursprache in Italien, aus der v. a. im 16. Jahrhundert eine lange Reihe unterschiedlicher sprachhistorisch sehr wichtiger Werke hervorgegangen ist. Ein wesentliches Werk, das eigentlich erst im 16. Jahrhundert auch über Norditalien hinausgehend größere Beachtung fand, ist Dante Alighieris *De vulgari eloquentia* ‚Über die Redegewandt-

[2] Diese „partie plus saine" des Hofes beschreibt Vaugelas an anderer Stelle seines Werkes als den „unverdorben" gebliebenen Teil des Hofstaates.

heit in der Volkssprache' (wahrscheinlich 1303–1305). Das Werk, in dem der Autor den Wert der Volkssprache gegen das Latein als Sprache der Gelehrten verteidigt und die Möglichkeiten einer italienischen Volkssprache darlegt, ist aus mehreren Gründen - wie Fehlen der notwendigen Terminologie in der Volkssprache und angestrebte Leserschaft auch außerhalb Italiens - auf Lateinisch verfasst. Aufgrund seiner methodischen Herangehensweise und der richtungweisenden Ansichten zu den Möglichkeiten der Ablösung des Lateinischen durch die von der Bevölkerung gesprochene Sprache kommt Alighieri eine Vorreiterrolle nicht nur in der italienischen Sprachwissenschaft zu. In dem sprachphilosophischen Traktat geht es um die Frage, welche Möglichkeiten es für den Gebrauch der Volkssprache - anstelle der Sprache der Gelehrten, Lateinisch - in der Dichtung gibt. Im Prolog dieses unvollendet gebliebenen Werkes stellt der Autor die Volkssprache, *volgare*, als die natürliche, von Gott gegebene Sprache dar, die als Muttersprache der Menschen dem Lateinischen als künstliche, starre Sprache überlegen sei. Im weiteren Verlauf des Werkes stellt Dante den italienischen Varietätenraum dar und identifiziert die verschiedenen diatopischen Varietäten, um dann anhand verschiedener Kriterien - v. a. aufgrund ihrer Charakteristika und ihrer Verbreitung - herauszuarbeiten, warum er sie als ungeeignet für den Gebrauch als überregionale Volkssprache erachtet. Anschließend stellt er dar, wie eine solche überregionale, ‚ideale' Volkssprache aussehen könnte, die sich aus den Varietäten aller italienischen Städte zusammensetzen sollte. Nur die besten Dichter sollten sich jedoch seiner Auffassung nach dieser idealen Volkssprache bedienen.

Auch die „klassische" *Questione della lingua* im Italien des 16. Jahrhunderts geht der Frage nach der Rolle der Varietäten in dem noch immer durch das Lateinische dominierten Varietätengefüge nach. Es handelt es sich um die lebhafte Auseinandersetzung mit der Frage, ob und in welchen Kontexten das Lateinische durch die Volkssprache abgelöst werden könne, insbesondere aber auch mit der Frage, welche Varietät(en) zu verwenden sei(en), wenn man sich nicht des Lateinischen bediente und wie diese Varietät(en) aussehen sollte(n). Dabei sind zwei Haupttendenzen der Argumentation zu unterscheiden, die wiederum in je zwei Untergruppen differenziert werden können: die Orientierung an einem archaischen oder einem modernen Sprachsystem und die Bevorzugung eines gesamtitalienischen oder eines an der toskanischen Varietät orientierten Systems. Anders als noch Dante schreiben die Autoren bereits in volksssprachlichen Varietäten unterschiedlicher Ausprägung. Wesentliche Autoren sind hier etwa Baldassare Castiglioni - mit dem 1528 in Venedig erschienenen *Il libro del cortegiano* - und Giangiorgio Trissino (*Il castellano,* 1529) mit einer modern-gesamtitalienischen Ausrichtung als Verfechter der *lingua cortegiana* ‚höfische Sprache', Pietro Bembo als Verfechter des archaischen Toskanisch, Niccolò Machiavelli, der in dem 1524 oder 1525 geschriebenen, 1730 gedruckten *Discorso o dialogo intorno alla nostra lingua* wie Giovan Battista Gelli und Claudio Tolomei das moderne Toskanisch und Florentinisch favorisierte, und Girolamo Muzio, der eine *lingua composita* ‚zusammengesetzte Sprache', eine archaisierende Literatursprache bevorzugte, die sich als *lingua italiana* aus den Volkssprachen ganz Italiens zusammensetzen sollte.

Ein bekanntes und in der Geschichte der Sprachwissenschaft sehr folgenreiches Beispiel der im Rahmen der *Questione della lingua* entstandenen Arbeiten ist der

Dialogo delle lingue ‚Dialog über die Sprachen' von Sperone Speroni von 1542, der auch andere Autoren zu vergleichbaren Werken zu bzw. in anderen Sprachen inspirierte, z. B. die *Défense et illustration de la langue française* von Joachim Du Bellay (1549). Es handelt sich um eine fiktive Unterhaltung zwischen mehreren Personen, darunter Bembo und Lazaro, die zeitgenössische Persönlichkeiten darstellen: Pietro Bembo (den auch Castiglioni in *Il libro del cortegiano* auftreten lässt) und Lazzaro Bonamico. In diesem Werk wird u. a. der Gedanke entwickelt, dass man das Toskanische von einer noch nicht mit einer normativen Grammatik versehenen Volkssprache zu einer regel- bzw. normgeleiteten, stabilen, „wirklichen" Sprache machen könnte. Bembo, der diese Möglichkeit einer gepflegten Volkssprache vertritt, glaubt, man solle sich an literarischen Modellen wie den Werken von Boccaccio und Petrarca orientieren. Lazaro dagegen verteidigt die Rolle des Lateins und ächtet den Gebrauch der Volkssprache. Zwischen diesen Extremen ist wiederum die Position eines dritten Konversationsteilnehmers, eines Höflings, einzuordnen, der die Theorie Baldassare Castiglionis vertritt, wonach man die toskanischbasierte Volkssprache für den Einfluss anderer Regionen und anderer Sprachen öffnen solle. Weitere Ansichten werden durch einen Schüler eingebracht, der ein Gespräch zwischen zwei weiteren Personen, einem Griechischlehrer und einem aristotelischen Philosphen, referiert: Der Lehrer verteidigt die Untrennbarkeit von Begriff und Wort (also Inhalt und sprachlicher Form), während der Philosoph wünscht, man würde den Dialekt in der Ausübung der Spekulation (als philosophische Denkweise zum Erkenntnisgewinn) gebrauchen, um nicht wertvolle Zeit für das Erlernen der Wörter zu verschwenden, was zu Lasten der Zeit gehe, die man für die Debatte der Dinge selbst habe.

Der folgende Auszug illustriert die durch die Figur Lazaro vertretene Haltung, wonach Latein für die Bildung, für Gespräche unter Gebildeten, für die gute Literatur sei, während die Volkssprache, *volgare*, nur für den Alltag tauge, für die Gespräche auf dem Markt oder um sich an das Dienstpersonal zu richten. Es handelt sich um eine klare funktionelle Zuordnung der Bereiche, für die der Gebrauch der einen oder der anderen Sprache als angemessen oder geeignet erscheint:

> Onde se l'huomo è in piazza, in uilla, ò in casa col uolgo, co'contadini, co'servi, parli volgare, & non altramente: ma nelle schole delle dotrine, & tra i doti, cue possiamo, & debbiamo esser huomini, sia humano, cioè latino il ragionamento, & altretanto sia detto della scritura: la quale farà uolgar la necessità, ma la elettione latina, massimamente quando alcuna cosa scriuemo per desiderio di gloria: la quale mal ci può dar quella lingua, che nacque, & crebbe con la nostra calamità, & tuttauia si conserua con la ruina di noi. (Speroni 1546: 107–108).
>
> ‚Wenn der Mensch auf dem Markt, auf dem Land oder im Haus mit dem Volk, mit Bauern und Dienern zusammen ist, spricht er in der Volkssprache und nicht anders; in den Schulen der Gelehrten aber, und unter den Gelehrten, wo wir wirkliche Menschen sein können und sollen, dort sei das Denken dem Menschen gerecht, also lateinisch. Dasselbe gilt auch für das Schreiben: Aufgrund von Notwendigkeit wird es in der Volkssprache erfolgen, aber in lateinischer Sprache vor allem, wenn wir eine Sache mit dem Ziel der Herrlichkeit schreiben; diese ist in jener Sprache kaum gegeben, die mit unserer elenden Existenz zusammen geboren wird und wächst und gleichwohl zu unserem Verderb erhalten bleibt.'

Durch den regen Kontakt anderer europäische Länder mit Italien gelangten die Ideen der *Questione della lingua* z. B. nach Frankreich, Polen-Litauen oder nach Skandinavien, wo dann auch die humanistische Sprachendebatte darüber entbrannte, in welchem Maße die profanen Volksidiome etwa im Vergleich zu den etablierten Schriftsprachen meist sakralen Ursprungs die „Würde" (*dignitas*) beanspruchen dürften, kulturelle Funktionen zu erfüllen (vgl. Henschel 2009: 3382, Osterrieder 1994: 210 und Vulpius 2005: 117–172). Natürlich ging es dabei dann um die Rolle, die die jeweiligen Volkssprachen - wie Polnisch, Ruthenisch, Weißrussisch usw. in der Slawia, Schwedisch oder Dänisch in Skandinavien usw. - einnehmen könnten und welche Rolle dem Lateinischen, Griechischen oder Altkirchenslawischen zukommen sollte.

Zum Weiterlesen:

Zu Sprachattitüden s. sehr konzis Vandermeeren (1996). Eine gute Einführung in die Frage des metasprachlichen Diskurses im Zusammenhang mit der *Questione della lingua* gibt Ellena (2011). Zu Dante Alighieri s. Prill (1999), zu Vaugelas Ayres-Bennett (1987, 2004). Da varietätenlinguistische Fragestellungen vielfach bereits in frühe Grammatiktraktate Eingang gefunden hatten, empfiehlt sich die Lektüre einschlägiger Werke zur Geschichte der Grammatik der von Ihnen studierten Sprache(n), etwa Linn (2006) zur Geschichte der englischen Grammatiken. Lesenswerte Übersichten über die Geschichte der Sprachwissenschaft und der sprachphilosophischen Betrachtung stellen Arens (1974) und Coseriu (2003) dar; Einzeldarstellungen finden sich in Auroux et al. (2000–2006).

Aufgaben

1. Welches sind die wichtigsten Autoren der italienischen *Questione della lingua*? Prüfen Sie, welches die von ihnen jeweils vertretenen Positionen sind.
2. Debattieren Sie auf Grundlage von Scotti-Rosin (2002) die Wertigkeit der Volkssprache in Valdés' *Diálogo de la lengua* (1535) und Barros' *Diálogo em louvor da nossa linguagem* (1540).
3. Stellen Sie aufgrund von Einführungen in die Sprachgeschichte oder Arbeiten zum Sprachenstreit bestimmter Sprachen (wie Vulpius 2005: 117-172 zum Ukrainischen) die Geschichte der Emanzipierung der slawischen, skandinavischen, germanischen oder anderer Volkssprachen kurz dar und arbeiten Sie diesbezügliche Haupttendenzen heraus.
4. Prüfen Sie, welches die ersten bekannten Texte in der von Ihnen studierten Sprache oder über diese Sprache sind, in denen eine Auseinandersetzung mit der Sprache bzw. mit ihrer Grammatik erfolgt. Wird in diesen Arbeiten die Variation in der Sprache, werden verschiedene Varietäten der Sprache erwähnt? Suchen Sie die relevanten Stellen heraus und vergleichen Sie sie mit den Textauszügen aus Oliveira, Vaugelas und Speroni.
5. Für das Deutsche ist auch für das 19. Jahrhundert eine mit der italienischen *Questione della lingua* vergleichbare Debatte über Sprache aufgezeigt worden, in der die enge Beziehung zwischen Sprache und sozialer und politischer Identität anhand der an Muttersprache und Nationalsprache gebundenen Werte nachvollziehbar sei. Vergleichen Sie diese Betrachtungen, z. B. anhand der Darstellung von Stevenson (2002), mit den bei Oliveira, Vaugelas und Speroni behandelten Fragestellungen.
6. Analysieren Sie Martin Luthers *Sendbrief vom Dolmetschen* (1530) im Hinblick auf Äußerungen zu Varietäten der Sprache und klassifizieren Sie diese.
7. Welche Positionen vertritt Pier Paolo Pasolini in seinem Aufsatz *Nuove questioni linguistiche* von 1964?

3. Varietätenlinguistische Modelle

Wie eingangs bereits festgestellt wurde, setzen einige Autoren den Beginn der Varietätenlinguistik mit dem der (Labovschen) Soziolinguistik an. Auch wenn man die beiden Herangehensweisen nicht gleichsetzen kann, stellen doch die 1960er Jahre tatsächlich das Jahrzehnt dar, in dem die eigentliche Modellierung des Varietätengefüges in der Sprache einsetzte. Zwar hat es auch schon früher Forschung zu Varietäten gegeben, dabei ging es den Autoren aber nicht um eine Darstellung des Varietätenraumes per se, sondern um die diachrone Entwicklung oder allenfalls um die Einbettung des von ihnen behandelten Objekts – etwa eines Dialekts – in die Sprache (zur Dialektologie ↗ 4). Dies trifft im Prinzip auch auf das in 3.1 aufgeführte Modell von Moser (1960) zu, das sozusagen einen Übergang von der Betrachtung einzelner Varietäten zu einer Sicht des Sprachganzen markiert. In diesem Kapitel sollen einige Modelle der Gliederung der Sprache vorgestellt werden; manche davon können nur in der historischen Rückschau als Varietätenmodelle oder varietätenlinguistische Modelle bezeichnet werden. Vollständigkeit im Sinne einer Berücksichtigung aller existierenden Modellierungen ist in diesem Rahmen nicht zweckmäßig und angesichts der Vielfalt der Herangehensweisen und Auslegungen nicht möglich. Daher geht es nachfolgend einerseits um die exemplarische Betrachtung verschiedener in ihrer Ausrichtung divergierender Ansätze und andererseits um eine Berücksichtigung besonders folgenreicher Versuche der Modellierung des Varietätenraums.

3.1 Moser (1960)

Der Germanist Hugo Moser fasst in einem 1960 erschienenen Artikel verschiedene in den 1950er Jahren diskutierte Modelle und Überlegungen zur Situierung der Umgangssprache zusammen, also zu einem aus Sicht vieler Autoren nicht greifbaren, terminologisch nicht transparent gemachten oder gar unwissenschaftlichen Ausdruck (↗ 4.1). Zu diesem Zwecke muss sich Moser notwendigerweise mit der Gliederung der Sprache als Ganzes auseinandersetzen und kommt zu einer vierstufigen Differenzierung der Sprache. Er unterscheidet a) soziale Schichtung, b) räumlich-horizontale Schichtung, c) stilistische Stufen und d) Gruppen- und Sonderformen. In Tabelle 3.1 ist Mosers Schema zur Gliederung der Sprache und damit zum Aufzeigen der Position der Umgangssprache – zur besseren Übersichtlichkeit in leicht veränderter – Form wiedergegeben. Obwohl es Moser hierbei im Prinzip gar nicht um eine Modellierung des Varietätenraumes, sondern um die Einbettung der von ihm betrachteten Umgangssprache ging, ist sein Ansatz dennoch als exemplarisch für die ab den 1960er Jahren einsetzende ganzheitliche Betrachtung der Sprache und Klassifizierung aller sie ausmachenden Varietäten anzusehen.

Die Viergliedrigkeit findet sich in vielen später formulierten Überlegungen zur Differenzierung von Varietäten wieder. Während diese Gliederung des „Sprachganzen" häufig – explizit oder implizit – aufgegriffen wurde, fand v. a. die Klassifizierung der Umgangssprache als landschaftlich begrenzte Sprache Kritik, etwa bei Bichel (1973), der andererseits aber den Gedanken Mosers befürwortet, wonach die Hochsprache einer Epoche immer auf die Umgangssprache der Gebildeten zurückführbar sei (Bichel 1973: 117).

Tab. 3.1. Gliederung der Sprache nach Moser (1960)

A. Sozial-vertikale Schichtung	I. Volkssprache = *Grundsprache*	II. Zwischenschicht Umgangssprache: *Erhöhte Volkssprache* *Gesunkene Hochsprache* (Halbmundart)	III. Hochsprache *Schrift- (hist. auch Schreib-)sprache, Hochlautung; beides: Einheitssprache*
B. Räumlich-horizontale Schichtung	Mundarten: *Klein- und Großmundarten*	Umgangssprachen (hist. auch Verkehrssprachen): *örtliche klein- und großlandschaftliche Umgangssprachen, überlandschaftliche dt. Umgangssprache*	Gemeinsprache (hist. auch landschaftliche Hochsprachen, Schreibidiome, Schreibsprachen)
C. Stilistische Stufen	Gehobene Mundart Alltagsmundart Gossenmundart	Gehobene Umgangssprache Alltags-(umgangs-)sprache Slang Gaunersprache	Gehobene Hochsprache Durchschnittshochsprache
D. Gruppen- und Sonderformen	Fachsprachen a. Berufsfachsprachen: *Handwerker aller Art, Bauern, Weingärtner, Schäfer, Hirten, Fischer, Jäger, Kaufleute, Juristen usw.* b. Wissenschaftliche Fachsprachen: *Fachwissenschaft, Technik*		
	Sondersprachen a. erhöhte Sondersprachen: *Religion, Dichtung, Politik* b. Standardsprachen (Klassensprachen) c. Spiel und Sport d. Jargon e. Verhüllende Sondersprachen: *Rotwelsch, Zigeunerisch*		

Das Modell wurde insbesondere hinsichtlich der Zuordnung der Umgangssprache kontrovers diskutiert. Der von manchen Autoren kritisierte Gedanke, Umgangssprache zwischen Volks- und Hochsprache anzusiedeln, kann als Schlussfolgerung aus den Ansichten in den Debatten zur Zeit der Abfassung des Modells gesehen werden (vgl. Holtus/Radtke 1984: 1–4). Auf die Frage der Verortung der Umgangssprache ist noch genauer einzugehen (↗ 4.1). Der hier auftretende Gebrauch des Terminus *Hochsprache* wird in der Sprachwissenschaft immer häufiger zugunsten des vermeintlich wertneutraleren *Standardsprache* aufgegeben.

3.2 Catford (1965)

Catford (1965b) nennt Sprache zur Verdeutlichung der Opposition bzw. Überordnung zu Varietäten *whole language* bzw. *total language*. Er unterscheidet innerhalb der Sprache *sub-languages* bzw. *varieties*, die er wiederum in *Idiolekt*, *Dialekt*, *Register*, *Stil* und *Modus* differenziert (s. detaillierte Beschreibung unten):

> THE concept of a 'whole language' is so vast and heterogeneous that it is not operationally useful for many linguistic purposes, descriptive, comparative and pedagogical. It is, therefore, desirable to have a framework of categories for the classification of 'sub-languages', or *varieties* within a total language; that is, *idiolects*, *dialects*, *registers*, *styles* and *modes*. (Catford 1965b: 83)

Whole language sei zu verstehen als ein unermessliches Inventar grammatikalischer, lexikalischer, phonologischer und, in manchen Fällen, graphematischer Formen zusammen mit anderen relevanten Informationen wie relative Frequenz von Formen usw. Von all diesen könne gesagt werden, dass sie Charakteristika der Sprache ausmachen (Catford 1965b: 83). Innerhalb dieser (theoretischen) Gesamtheit an Merkmalen könnten nun Unterordnungen oder Untergruppen (*sub-groupings, sub-sets*) von Merkmalen bestimmt werden, die für bestimmte Varietäten der Sprache charakteristisch seien. Aus der Reihe der englischen Lexeme *arthropoda, ashet, bedight, caitiff, cannot, can't, outwith, triploblastic* ließe sich z. B. *arthropoda* ‚Arthropoden, Gliederfüßer' und *triploblastic* ‚triploblastisch, dreikeimblättrig' dem wissenschaftlichen Englisch - konkreter, der Fachsprache der Zoologie - zuordnen. *Ashet* ‚ovaler Teller, Platte zum Servieren von Gerichten' und *outwith* ‚außerhalb' seien charakteristisch für (geschriebenes oder gesprochenes) schottisches Englisch. *Bedight* ‚aufputzen, schmücken' und *caitiff* ‚Schuft, armer Schlucker' seien veraltet und normalerweise allenfalls in mehrere Hundert Jahre alten Texten zu finden. *Cannot* sei für die meisten Sprecher des Englischen eine eher geschriebene als gesprochene Form und *can't* erschiene zwar auch in der geschriebenen Sprache, unterscheide sich aber von *cannot* dadurch, dass es vorrangig in Situationen auftrete, in denen ein größerer Grad der Nähe zwischen dem Schreiber und dem Leser bestehe (Catford 1965b: 83–84). Eine *language variety* ist für Catford demzufolge ein *sub-set* formaler bzw. grundlegender Merkmale, das mit einem bestimmten soziokulturellen Merkmal korreliert.

Für eine allgemeine Definition von Sprachvarietäten beschränkt sich Catford auf die Berücksichtigung situationeller Korrelate - also der situationellen Merkmale bzw. Bedingungen -, welche Konstanten in Sprachsituationen darstellen:

a. Sender (die sprechende oder schreibende Person, bei Catford der *performer*);
b. Adressat (der Hörer bzw. Leser);
c. das Medium, in dem ein Text dargeboten wird (gesprochen oder geschrieben).

Catford geht davon aus, dass diese drei Elemente in allen Sprachsituationen konstant sind, und zwar sogar bei Ausnahmesituationen wie Selbstgesprächen (in denen Sprecher und Hörer identisch sind), Ausfall der Übertragungswege (z. B. bei Unterbrechung einer Radiosendung, wodurch der Hörer vom Sprecher zwar angenommen, aber de facto nicht vorhanden ist) usw. Die Externalisierung des Textes verlaufe unvermeidlich über eines der möglichen Medien. Es seien zwei Arten von Varietäten zu unterscheiden:

1. Varietäten, die für einen Sender oder eine Gruppe von Sendern mehr oder weniger als dauerhaft gelten können;
2. Varietäten, die dahingehend mehr oder weniger vorübergehend sind, dass sie sich mit Veränderungen der Äußerungssituation verändern.

Die mit den dauerhaften Eigenschaften des Senders bzw. der Sender zusammenhängenden Varietäten unterscheidet Catford wie folgt:

a. Idiolekt als mit der Senderpersönlichkeit zusammenhängende Varietät;
b. Dialekt als mit der Herkunft oder Zugehörigkeit des Senders in der geographischen, zeitlichen oder sozialen Dimension zusammenhängende Varietät, ihrerseits zu unterscheiden in

i. Dialekt im engeren Sinn - er spricht von „*Dialect (proper)*" - oder geographischer Dialekt als mit der geographischen Herkunft des Senders zusammenhängende Varietät; Beispiele sind „'American English', 'British English', 'Scottish English', 'Scots Dialect'" (1965: 85).
ii. Zeitlicher Dialekt (auch: Chronolekt, ↗ 6.2) - bei Catford „*État de langue* or *Temporal Dialect*" (1965: 85) als mit der zeitlichen Dimension des Senders oder des produzierten Textes zusammenhängende Varietät: „'Contemporary English', 'Elizabethan English', 'Middle English'".
iii. Sozialer Dialekt als mit sozialer Klasse oder Status des Senders zusammenhängende Varietät wie z. B. „U and non-U"[1] (1965: 85).

Die in Abhängigkeit von der unmittelbaren Äußerungssituation veränderlichen Varietäten unterscheidet Catford in

a. Register als mit der sozialen Rolle des Senders im weiteren Sinne in der Äußerungssituation zusammenhängende Varietät wie „'scientific', 'religious', 'civil-service'" (1965: 85);
b. Stil als mit der Anzahl und Art der Adressaten und der Art der Beziehung des Senders zu ihnen zusammenhängende Varietät, wie z. B. „'formal', 'colloquial', 'intimate'" (1965: 85).
c. Modus (*mode*) als mit dem Medium, in dem der Sender operiert, zusammenhängende Varietät (schriftlich vs. mündlich).

Durch Unterdifferenzierungen oder Verschmelzungen von Kategorien könnte diese Liste von Varietäten noch ergänzt werden. So wäre etwa eine weitere Differenzierung des Modus durch sekundäre Modi möglich, z. B. eine telegraphisch übermittelte schriftliche Nachricht - bei Catford *'telegraphese'* - als Unterform des geschriebenen Modus (in anderen Modellen wird dies eher als *Kanal* aufgefasst; ↗ 6.1.2). Eine Verschmelzung mehrerer Kategorien ergäbe eine übergeordnete *super-variety*, etwa ein durch Gebrauch von Merkmalen aller genannten Varietäten charakterisiertes poetisches Genre als Übervarietät (Catford 1965: 85). Alle Varietäten einer Sprache teilen nun bestimmte (z. B. grammatikalische, lexikalische, phonologische) Merkmale, haben also einen gemeinsamen *Kern*. Jede Varietät weist zudem noch weitere spezifische Merkmale (grammatikalischer, lexikalischer, phonologischer usw. Art) auf, die als formale - manchmal auch grundlegende - Kriterien oder Markierungen (*marker*) dieser Varietät fungieren. Catford (1965: 86) zufolge haben viele Sprachen einen Standarddialekt oder literarischen Dialekt, der zumindest in der geschriebenen Form von einem Ort zum anderen sehr geringe Variation aufweist; ein solcher Dialekt könne dann als *unmarkiert* angesehen werden. Bagno (2007: 19) weist diese Position zurück: Die Norm einer Sprache - in seinem Fall des brasilianischen Portugiesisch - sei kein Standarddialekt, keine Standardsprache oder Standardvarietät im Sinne der Norm, da niemand „die Norm" spräche oder schreibe, es aber keine Sprache, keine Varietät, keinen Dialekt ohne Sprecher gäbe.[2]

Die Markierungen der Idiolekte als Varietät eines Individuums könnten z. B. von der Frequenz her bemerkenswerte idiosynkratische Merkmale sein, etwa die

1 Später wird die Erläuterung der Abkürzung ergänzt: „U = Upper class" (⁵1978: 85).
2 Die manchmal zu findende Gleichsetzung von *Norm* und *Standard(varietät)* stellt diezbezüglich ein Problem dar, wenn unterschiedliche Ansätze verglichen werden sollen (↗ 4.2.2).

besonders häufige Verwendung bestimmer Lexeme. Ein Idiolekt kann sich im Prinzip ständig verändern - z. B. durch Erwerb neuer Lexeme, Annahme einer „neuen" Aussprache usw. - und kann im Laufe des Lebens wesentliche Veränderungen durchlaufen. Catford (1965: 86) hebt jedoch hervor, dass bei erwachsenen Sprechern i. d. R. von einer relativen Unveränderlicheit des Idiolekts auszugehen ist.

3.3 Stewart (1962/1968)

Das von William A. Stewart 1962 vorgestellte, 1968 in überarbeiteter Form publizierte und seinerzeit häufig diskutierte Varietätenschema wurde von vielen Autoren als anregend und nützlich angesehen. Es wurde zwar auch darauf hingewiesen, dass es der Ergänzung und Berichtigung bedürfe (so von Kloss 1977: 232), der Ansatz wird jedoch bis in die Gegenwart verwendet und anderen Überlegungen zugrundegelegt (z. B. Mioni 2004: 314–315). In seiner Typologie der Sprachvarietäten bewertete Stewart verschiedene Varietäten menschlicher Sprachen im Hinblick auf ihre Standardisierung, ihre Autonomie, ihre Geschichtlichkeit und ihre Muttersprachlichkeit[3] (s. Tab. 3.2). Es ist gut nachzuvollziehen, was Stewart unter *Kunstsprache* versteht (etwa Esperanto) oder was er mit *klassische Sprache* meint (z. B. Altgriechisch). Ebenso ist offensichtlich, woran er denkt, wenn er von *Standardsprache* spricht (an eine Sprache mit etabliertem Schrifttum, etablierten bzw. präskriptiven Normen, klarer Differenzierung zu anderen Sprachen und einer muttersprachlichen Sprechergemeinschaft - wie z. B. Isländisch, Russisch oder Suahili). Zu *Kunstsprache* wäre anzumerken, dass der Autor nicht zwischen reinen Projekten, nur für begrenzte Kommunikation gebrauchten Systemen (wie heute Ido und Interlingua) und Esperanto unterscheidet. Angesichts der Entwicklungen in den letzten Jahrzehnten, in denen einige - durchweg zweisprachige - Personen mit Esperanto als einer ihrer Muttersprachen aufgewachsen sind, wäre zu debattieren, ob die Einstufung von Stewart noch immer Bestand hat. Da er Muttersprachlichkeit als Gebrauch durch eine *nicht isolierte Sprechergemeinschaft* auffasst - „use of the linguistic system by an unisolated community of speakers" (1968: 536) –, wäre zu klären, inwiefern man die Sprecher des Esperanto als Sprechergemeinschaft ansieht und ob von Isoliertheit die Rede sein kann (s. Corsetti 1996, Bergen 2001, Lindstedt 2006; vgl. Wood 1979 und Stocker 1996). Die Frage der Geschichtlichkeit ist nach einer nun über 100 Jahre währenden fortdauernden Ausdifferenzierung der Sprechergemeinschaft, der Weiterentwicklung der Sprache und der Ausfüllung neuer Kommunikationsbereiche sicherlich ebenfalls anders zu beurteilen (s. Blanke 2009, 2010). *Pidgin* und *Kreolsprache* wiederum sind als heute etablierte sprachwissenschaftliche Termini nachvollziehbar. *Pidgin* als in Sprachkontaktsituationen entstandene, in ihren Strukturen gegenüber den Sprachen, aus denen sich ihr sprachliches Material speist, stark reduzierte und auf bestimmte Kommunikationsbedürfnisse bzw. -situationen (typischerweise Han-

[3] Wie Kloss (1977: 232) richtig bemerkt, wäre das eng. *vitality* für „use of the linguistic system by an unisolated community of native speakers" in der deutschen Fassung in Fishman (1975) besser nicht als *Vitalität,* was Lebenskraft impliziert, übersetzt worden, sondern als *Muttersprachlichkeit,* da es darum gehe, ob eine Sprache als lebende Sprache von Muttersprachlern gesprochen werde.

delskontakte) beschränkte Varietät, die zu rudimentärer Verständigung ausreicht und sehr begrenzte Funktionalität hat, ist sicher hinsichtlich der Bewertungen nicht in Frage zu stellen. Die Evaluierung der Kreolsprachen durch Stewart dagegen ist ihrer Zeit geschuldet. Vom heutigen Standpunkt aus ist klar ersichtlich, dass es eigentlich keinen Grund gibt, Kreolsprachen gesondert zu behandeln, da sie je nach ihrem Status in eine der ersten drei Kategorien eingeordnet werden können und von anderen muttersprachlichen Varietäten lediglich aufgrund der historischen Entstehungsbedingungen unterscheidbar sind. Deutlich erkennbar ist dies, wenn man die Kreolsprache Papiamentu betrachtet. Sie ist standardisiert und von anderen Sprachen klar unterscheidbar, erfüllt in gewisser Weise auch das Kriterium der Geschichtlichkeit im Sinne Stewarts (s. u.); historisch betrachtet ist sie aber in einer Sprachkontaktsituation aus mehreren Sprachen entstanden.[4]

Tab. 3.2. Bewertung verschiedener Sprachvarietäten (Stewart 1962/1968, hier vereinfacht und angepasst nach Fishman 1975 und Kloss 1977)

Merkmale				Art der Varietät
Standardisierung	Autonomie	Geschichtlichkeit	Muttersprachlichkeit	
+	+	+	+	Standard
-	+	+	+	Volkssprache
-	-	+	+	Dialekt
-	-	-	+	*Creole* [Kreolsprache]
-	-	-	-	*Pidgin*
+	+	+	-	Klassische Sprache
+	+	-	-	Kunstsprache

Im Hinblick auf die Autonomie - „the function of the linguistic system as a unique and independent one" (Stewart 1968: 535) - wäre anzumerken, dass die kreolistische Forschung deutlich gezeigt hat, dass Kreolsprachen linguistisch gesehen keine Dialekte der Ursprungssprachen darstellen, sondern angesichts ihrer Verschiedenheit v. a. in Morphologie und Syntax eigene - *autonome* - Diasysteme aufweisen. Etwas erklärungsbedürftiger ist das Verständnis Stewarts von *dialect* und von *vernacular*, in der Fassung des Modells in Fishman (1975) übersetzt als *Volkssprache*. Unter *vernacular* sind bei ihm nicht standardisierte Sprachen zu verstehen, die jedoch in drei Typen unterscheidbar sind (hier im Wesentlichen nach Kloss 1977: 232–233):

1. Sprachen, Sprachen, in denen es kein Schrifttum gibt oder in denen das einzige Schrifttum volkskundlicher Art ist und örtliche Varietäten möglichst getreu wiederzugeben sucht;

[4] Auch Kloss (1977: 235) weist darauf hin, dass kein logischer Grund besteht, Kreolsprachen als gesonderte Kategorie aufzuführen, da alle anderen Kategorien auf die Funktion, diese aber auf die Art der Entstehung verweise und jede Kreolsprache zumindest potentiell zu einer Volkssprache (in Stewarts Terminologie) werden könne. Einige könnten auch Standardsprachen werden bzw. wie Sranan, Tok Pisin oder Papiamentu - er schreibt dies 1977 - im Begriff sein, es zu werden. Teilentkreolisierte Kreolsprachen wiederum könnten zu Dialekten werden. Papiamentu z. B. wird von einigen Autoren inzwischen tatsächlich als *Vollsprache* - im Sinne von Kloss' Terminus *Abstandsprache* (s. Kloss 1977: 235) und in Abgrenzung zu Sprachen, die nicht in allen Funktionsbereichen gebraucht werden (können) und somit wohl Stewarts *Standardsprache* entsprechend - anerkannt (s. Eckkrammer 1996a). Zum Papiamentu s. die Darstellungen von Eckkrammer (1996a, b) und Kramer (2004).

2. Sprachen, in denen es zwar diverses Schrifttum gibt, jedoch mehrere unterschiedliche regionale schriftsprachliche Systeme nebeneinander existieren. Kloss führt hierfür den Ausdruck *Ausbaudialekt* ein (s. 1976: 312; ↗ 3.5); Beispiele für diese Kategorie sind die verschiedenen verschrifteten regionalen Varietäten des Nordfriesischen oder, so Kloss (1977: 233), die verschiedenen verschrifteten Dialekte des Rätoromanischen;
3. Sprachen, für die in einem bzw. mehreren Ländern eine Standardform existiert, deren Sprecher an einem Ort bzw. einer Region außerhalb dieser Länder diese Standardform nicht - oder nicht mehr - beherrschen. Kloss (1976: 317) spricht hier von „dachlosen Außenmundarten", also von nicht durch einen Standard überdachten dialektalen Varietäten einer Sprache (↗ 3.5). Als Beispiele für diese Kategorie zählt Kloss (1977: 233) die deutschsprachige Bevölkerung im südbrasilianischen Rio Grande do Sul, Sprechergruppen des Albanischen in Griechenland und des Flämischen in Nordfrankreich, welche die deutsche, albanische oder niederländische Hochsprache (↗ 3.1) i. d. R. nicht beherrschen. Bei einer Klassifizierung der Varietäten eines Landes würden sie daher folgerichtig als Volkssprachen einzuordnen sein.

Die Abgrenzung zu *Dialekt* wäre in diesem Modell, wie Kloss (1977: 233) hervorhebt, durch eine Negativdefinition zu vereinfachen: Eine muttersprachlich gesprochene Varietät, die weder eine Standardsprache noch eine Volkssprache ist, könne damit als Dialekt bezeichnet werden. Ganz deutlich wird dadurch bei diesem Varietätenmodell, dass neben linguistischen Kriterien soziolinguistische Kriterien und insbesondere der Zugang zu institutionalisierter Bildung in der Muttersprache - also z. B. das Fehlen von Beschulung in albanischer Sprache in Griechenland - eine Rolle spielen. Die Handhabung der in der Theorie nachvollziehbaren Unterscheidung von Dialekt und Volkssprache ist in der Praxis weniger einfach, da auch der sprachliche Abstand und das Sprachbewusstsein der Sprecher eine Rolle spielt und die Außensicht allein häufig auf Kriterien wie linguistischer Abstand und institutionelle Anerkennung aufbaut, das Sprachbewusstsein der Sprecher jedoch vielfach nicht berücksichtigt wird.

Dialekte liegen Stewart zufolge vor, wenn eben *keine* Autonomie konstatiert werden kann („A linguistic system which is heteronomous in terms of another, autonomous system will constitute a dialect of that system", 1968: 535). Für die Zuordnung einer Varietät zur Kategorie *Dialekt* legt Stewart zwei Merkmale zugrunde. Erstens wäre dies der Umstand, dass ein Sprachsystem sich im Laufe der Zeit - tatsächlich oder vermeintlich - durch „normale" Entwicklung herausgebildet hat („The linguistic system is known or believed to be the result of normal development over time", Stewart 1968: 536), also aus einer historischen Vorstufe hervorgegangen ist (und somit nicht Kreolsprache sein kann). Anzumerken wäre hier, dass das Kriterium, wonach eine Sprache nicht in einer bestimmten Kontaktsituation aus mehreren Sprachen hervorgegangen sein darf, etwas fragwürdig ist, wenn man bedenkt, dass man genau genommen nicht weiß, welche Sprachen - bzw. historische Vorstufen von Sprachen - möglicherweise in grauer Urzeit durch Kreolisierung entstanden sind.[5] Das zweite Merkmal, das Stewart

[5] Außerdem könnte dieses Kriterium auch als willkürlich angelegt kritisiert werden, z. B. hinsichtlich der Unterscheidung von unterschiedlichen Graden der Auswirkung von Sprach-

historicity ‚Geschichtlichkeit' nennt, zielt ab auf Aspekte wie Status als Nationalsprache, Bewusstsein der Sprecher um das Vorliegen einer Sprache – z. B. als eine Gruppe einendes Element mit einem eigenen Namen[6] – und geht somit offenbar über ledigliches Vorliegen einer *langen* Geschichte der Existenz als Sprache weit hinaus (vgl. Kloss 1977: 234): „What gives a language historicity is its association with some national or ethnic traditions" (Stewart 1968: 536). Wie Kloss (1977: 235) zu Recht unterstreicht, ist hier Geschichtlichkeit sicher weniger relevant als *Geschichtstiefe*, denn natürlich hat jede Varietät eine Geschichte.

Kloss (1977: 234) fragt, ob es überhaupt nötig und sinnvoll sei, in Stewarts Schema Dialekte als besondere Rubrik aufzuführen, da ja jede Standardsprache gewissermaßen die Gesamtheit der ihr zugeordneten Subsysteme symbolisiere. Er räumt aber ein, dass die Beantwortung dieser Frage je nach der Natur der Aufgabe, für die das Schema eingesetzt werde, unterschiedlich ausfallen kann. Derselbe Autor stellt aber auch fest, dass bei Erarbeitung eines Sprachprofiles eines Landes die Nichtberücksichtigung der Dialekte eine große Lücke verursacht. Das Modell von Kloss beinhaltet im Vergleich zu dem Stewarts wesentliche zusätzliche Unterscheidungen hinsichtlich des Ausbaus der Varietäten (↗ 3.5).

In Stewarts Modell von 1962 ist noch die Kategorie der *marginal languages* enthalten, im Sinne von nicht stabilen Ausgleichs- oder Annäherungssprachen, als „tools of private communication between very limited numbers of individuals who are frequently in contact but who know no language in common" (Stewart 1962: 20). Kloss (1977: 236) glaubt, dass die in der überarbeiteten Fassung des Modells von 1968 weggefallene Kategorie der *Behelfssprachen*, wie er sie nennt, in das Modell unbedingt wieder aufzunehmen sei. Er illustriert sie mit dem Fall der Varietät, die im Umgang „des weißen Pflanzers in Afrika mit anderssprachigen Landarbeitern" entsteht, und mit der „Mischsprache, die sich im Spiel zwischen Kindern verschiedener Muttersprache im Vorschulalter bilden kann" (Kloss 1977: 236) (↗ 7.2).

3.4 Halliday, Gregory, Quirk et al.

Die Arbeiten von Halliday et al. (1964), Halliday (1978), Gregory (1967, 1980), Gregory/Carroll (1978) und Quirk et al. (1972, 1985) lassen sich als miteinander stark in Bezug stehende bzw. aufeinander aufbauende Ansätze der Modellierung des Varietätenspektrums durch verschiedene britische Sprachwissenschaftler verstehen. Sie sollen daher als ineinandergreifende Folge von Ansätzen und konzeptuelle Weiterentwicklungen in einem Abschnitt vorgestellt werden.

---

kontakt. Die Entscheidung, dass starke Beeinflussung durch Substrat oder Superstrat kein Grund für Anzweifeln von Geschichtlichkeit sein soll, Kreolisierung dagegen schon, wird fragwürdig, wenn man z. B. die Debatte darüber berücksichtigt, ob das brasilianische Portugiesisch, genauer gesagt, die *variedades populares do português brasileiro*, nur auf Sprachkontakt zwischen Portugiesisch und autochthonen amerikanischen sowie europäischen und afrikanischen Sprachen oder möglicherweise doch auf Kreolisierungsprozesse in den Frühzeiten der Kolonialisierung Brasiliens durch die Portugiesen zurückgeht (vgl. zur Debatte Holm 2004 und Lucchesi 2006 und die dort jeweils verzeichnete Literatur). Hier kommt der bereits erwähnte Hinweis Kloss' (1977: 234), teilweise entkreolisierte Kreolsprachen könnten zu Dialekten werden, zum Tragen, da das *português brasileiro popular* in diesem Sinne als solche anzusehen wäre.

6 Dies wäre vergleichbar mit Coserius *historischer Sprache* (vgl. Coseriu 1980a, ↗ 3.6.1).

3.4.1 Halliday et al. (1964), Halliday (1978)

Halliday et al. (1964) entwarfen einen Rahmen für die Beschreibung sprachlicher Variation, der in der Nachfolge - explizit oder implizit - in eine lange Reihe von Darstellungen und Modellen von Variation und Varietäten eingegangen ist. Die Autoren unterschieden wie Catford (1965, s. o.) zwei Dimensionen, eine, die mit dem Sprecher in einem bestimmten *language event* zu tun hat (also damit, *wer* oder *was* er ist), nämlich die *dialects*, und eine, die mit dem Gebrauch der Sprache durch den Sprecher in konkreten Situationen verknüpft ist und die heute meist als *Register* bezeichnet wird. Es soll hier daran erinnert werden, dass in der angelsächsischen Tradition *dialect* nicht als geographisch begrenzter ‚Dialekt' verstanden werden darf, sondern im Sinne von ‚Varietät' zu verstehen ist und etwa auch *social dialects* umfasst (↗ 1.3). Die theoretische Differenzierung dieser Zweiteilung wird dann in Halliday (1978) umgesetzt, wo *dialect* auf die Varietäten gemäß der Sprachnutzer und *register* lexikogrammatische Varietäten gemäß der Situation seien, die in Abhängigkeit von drei Parametern differieren bzw. variieren: *field*, *tenor* (anfangs auch als *style* bezeichnet) und *mode*. Dittmar (1997: 208–209) nennt hierfür die deutschen Termini *diskursives Sprachgebrauchsfeld*, *Diskursstil* und *Diskursmodus*. Diese Parameter werden im folgenden Abschnitt in der Ausrichtung von Gregory näher dargestellt. Wie Wunderli (2005: 69, vgl. bereits 1992) darlegt, bestehe der Vorteil des Ansatzes darin, mit den Registern ein solides Instrument zur Betrachtung der kommunikativen Dimension der Sprachvarietäten sowie eine brauchbare Klassifikation der diaphasischen Phänomene zu liefern; Mangel des Ansatzes sei seine rein taxonomische Natur - dass es also ein einheitliches Modell zur Kategorisierung nach bestimmten Kriterien darstelle –, die es unmöglich mache, Übergangsphänomene adäquat darzustellen (↗ 5.1).

3.4.2 Gregory (1967, 1980), Gregory/Carroll (1978)

Gregory präsentierte 1967 eine für die Auffassung von Varietäten und die Darstellung von Variation sehr einflussreiche Synthese unterschiedlicher Herangehensweisen, für die das Rahmenmodell von Halliday et al. (1964) und das Modell Catfords (1965) sehr wesentlich waren. Diese Darstellung wurde in ähnlicher bzw. erweiterter Form in Gregory (1980) und Gregory/Carroll (1978) wieder aufgenommen. Es wird die Auffassung vertreten, dass sich ein Bezugssystem, das zum Verständnis und zur Beschreibung von sprachlichen Varietäten dienen soll, mit denjenigen konstanten Faktoren der situationellen Umstände sprachlicher Sachverhalte auseinandersetzen muss, die beständig mit der Variation in der Sprache in Bezug gesetzt werden können. Diese Faktoren seien in zwei Hauptgruppen zu unterscheiden: einerseits diejenigen, die zu den begründeterweise als anhaltend bzw. bleibend („reasonably permanent") anzusehenden Charakteristika des Sprechers in der sprachlichen Realisierung gehören, anderseits diejenigen, die mit dem Gebrauch der Sprache durch den Sprecher in diesen Realisierungen zusammenhängen. Der Ansatz Catfords ist in dieser Hinsicht praktisch deckungsgleich. Diese beiden Haupttypen der Sprachvarietät seien *dialect* und *diatypes* (Gregory 1976: 182–184, Gregory/Carroll 1978: 4). Gregory (1967: 182) ist der Auffassung, dass für die Analyse sprachlicher Varietäten unbedingt die kontextuellen Beschreibungskategorien, die Varietäten innerhalb einer Sprache, im Hinblick auf diejenigen sprachlichen Formen bestimmt werden müssen, die regelmäßig mit den kategorisch beschriebenen situationellen Eigenschaften korrelieren. Gregory (1967) schlägt daher verschiedene Kategorien für die Unterscheidung von *dialectal varieties* (Tab. 3.3) und *diatypic varieties* Varietäten (Tab. 3.4) vor. Allerdings ist mitunter darauf hingewiesen worden, dass Gregorys Modell eine klare Zuordnung zu *dialect* oder *diatype* nicht immer ermöglicht. Genauer zu betrachten bzw. eines Kommentars würdig wäre hier sicher auch die Klassifizierung von *British English* und *American English* als *dialect*. Vgl. hierzu die Frage die Klassifizierung nationaler Varietäten plurizentrischer Sprachen (↗ 4.2.2). Mit *range of intelligibility* nimmt Gregory Bezug auf die gegenseitige Verständlichkeit von Sprechern unterschiedlicher Varietäten, wobei er die Divergenzen zwischen *standard dialect* und *non-standard dialects* in den Mittelpunkt stellt (vgl. die Positionen Bagnos, ↗ 3.2).

Tab. 3.3. Kategorien für die Unterscheidung von *dialectal varieties* (Gregory 1967, aufgenommen in Gregory/Carroll 1978)

	Situational categories	**Contectual categories**	**Examples of English varieties (descriptive contextual categories)**	
user's	individuality	idiolect	Mr X's English, Miss Y's English	dialectal varieties: the linguistic reflection of reasonably permanent characteristics of the *user* in language situations
	temporal provenance	temporal dialect	Old English, Modern English	
	geographical provenance	geographical dialect	British English, American English	
	social provenance	social dialect	Upper Class English, Middle Class English	
	range of intelligibility	standard/non-standard dialect	Standard English, non-Standard English	

Mit *field of discourse*, *mode of discourse* und *tenor of discourse* sind hier die drei zentralen Dimensionen der Varietät in den Modellen von Halliday et al. und Gregory gemeint, die sich im Prinzip alle auf die Rolle beziehen, die der Sprecher bei der sprachlichen Handlung einnimmt. *Field of discourse* ist die Folge der Absichten des Sprechers, „worum" es ihm bei seiner sprachlichen Realisierung geht, welche Erfahrung er versprachlicht, was mit seiner Sprache bewirkt oder erreicht wird – dazu gehört u. a. auch die Kontaktaufnahme –, und beinhaltet entsprechend auch das in der Sprache behandelte Thema wie etwa Wetter, Krankheit oder Nachrichten (s. Gregory/Carroll 1978: 7); Gregory (1967: 186–188) spricht in diesem Zusammenhang von der *purposive role* des Sprechers. *Mode of discourse* ist die sprachliche Widerspiegelung des Zusammenhangs zwischen der Sprache und dem Medium, über das sie übertragen wird. In einer ersten Unterscheidung geht es hier um die Differenzierung zwischen schriftlich oder mündlich (dies entspricht der Darstellung bei Catford 1965; ↗ 3.1). Der Vergleich zwischen einem Gespräch und einem Gespräch in einem Roman oder einem Theaterstück, zwischen spontaner und nicht spontaner Rede, zwischen etwas, das geschrieben wurde, um gesprochen oder gelesen zu werden, zeigt aber, dass diese Unterscheidung komplexer ist als die bloße Gegenüberstellung von Schriftlichkeit und Mündlichkeit (Gregory/Carroll 1978: 8; zu fingierter Mündlichkeit, ↗ 6.1.4). Die Beziehung zwischen Sender und Adressaten ist der für die Kategorie *tenor of discourse* relevante situationelle Faktor. Der jeweilige *personal tenor* beruht auf Beziehung zwischen der gebrauchten Sprache und der Art und dem Grad der Nähe einer Beziehung zwischen den Kommunikationsteilnehmern. Betrachtet man die Beziehung im Hinblick auf die persönliche Achse, geht es hier also um das Kontinuum zwischen extremer Förmlichkeit und extremer Informalität; die Art der Beziehung des Senders zum Empfänger sowie der persönliche *tenor of discourse* sind dann die hier von Gregory angesetzten allgemeinen Kategorien. Zusätzlich gibt es Variation, die darauf zurückgeht, was der Sprecher mit der Sprache *tut*, und zwar in einem anderen Sinn als bei den unter *field* genannten *Absichten*, denn für den *functional tenor* ist es z. B. relevant, ob der Sprecher *lehrt*, *Werbung macht*, *Kontrolle ausübt* usw. (Gregory/Carroll 1978: 8).

Tab. 3.4. Kategorien für die Unterscheidung von *diatypic varieties* (Gregory 1967, aufgenommen in Gregory/Carroll 1978)

	Situational categories	**Contectual Categories**	**Examples of English varieties (descriptive contextual categories)**	
user's	purposive role	field of discourse	Technical English, non-Technical English	diatypic varieties: the linguistic reflection of recurrent characteristics of the user's *use* of language in situations
	medium relationship	mode of discourse dialect	Spoken English, Modern English	
	addressee relationship	tenor of discourse		
	(a) personal	personal tenor	Formal English, Informal English	
	(b) functional	functional tenor	Didactic English, non-Didactic English	

Der Terminus *diatypische Varietäten* hat in der wissenschaftlichen Auseinandersetzung inzwischen zu Gunsten des Terminus *Register* deutlich an Akzeptanz verloren (Brumme/Espunya 2012: 9). Zum besseren Verständnis ist hierzu anzumerken, dass bei Gregory (1967) *diatypic variety* und *register* nicht identisch sind. *Register* ist in seinem Modell eine *weitere* Kategorie sprachlicher Variation: „the varieties according to use of which a text may be regarded as an instance" (Gregory/Carroll 1978: 9). Die Differenzierung wird dadurch verdeutlicht, dass viele Texte hinsichtlich *field*, *mode* oder *tenor* grob übereinstimmen, etwa „'sermons (field, mode, tenors)', '*personal* (field and tenors) *conversations* (tenor and mode)', '*cooking* (field) *recipe* (tenors) *books* (mode)'" (Gregory/Carroll 1978: 9). Tatsächlich verstehen Gregory/Carroll *register* im Sinne Hallidays als

> configuration of the semantic resources that the member of a culture typically associates with a situation type. It is the meaning potential that is deployed in a given social context. It thus represents the semantic options and combinations of semantic option that are 'at risk' under particular environmental conditions. (Halliday 1975: 26)

Register werden also auf Grundlage der Unterschiede in Grammatik, Lexik usw. zwischen zwei sprachlichen Realisierungen (Texten) wie etwa einem Wetterbericht oder einem Gespräch über das Wetter zwischen Unbekannten an einer Bushaltestelle bestimmt.

Die auf die vorgestellten Ansätze zurückgehende Modellierung einer Unterscheidung sprachlicher Variation bzw. Varietäten je nachdem, ob sie mit dem Sprecher oder dem Gebrauch zusammenhängen, ist in der Linguistik und in verwandten Disziplinen wie der Übersetzungswissenschaft (↗ 1.3) bis heute anzutreffen. So unterscheiden Hatim/Mason (1990) zwischen *user-related variation* und (unter Verweis auf Halliday et al. 1964) *use-related variation*, wobei letztere von ihnen mit *register* gleichgesetzt wird. Bei anderen Autoren findet sich das *user-use*-Modell vielfach ohne Herkunftsangaben oder mit Verweis auf spätere Darstellungen, so bei Bartoll (2012: 157) lediglich mit Verweis auf Hatim/Mason (1990).

Die Differenzierung zwischen *standard dialects* und *non-standard dialects* sei v. a. im Kontext von Sprachen nützlich, die in vielen verschiedenen und sich unterscheidenden Gemeinschaften gesprochen werden und die nicht immer *gegenseitig verständlich* seien. Der in diesem Zusammenhang gebrauchte englische Terminus ist *inter-intelligibilty*, manchmal auch *mutual intelligibility*. Damit wird ein Kriterium genannt, das auch im Zusammenhang mit der Unterscheidung von Sprache und Dialekt immer wieder zur Sprache kommt (↗ 4.2.1). Ein *standard dialect* stehe nicht notwendigerweise mit bestimmten sozialen oder geographischen Gegebenheiten in Zusammenhang und sei auch nicht lediglich eine Frage des Akzents. Der Ausdruck *standard dialect* sei erforderlich, um das zu bezeichnen, was - etwa von Abercrombie (1955) - auch als universelle, also *allgemeingültige* Form einer Sprache bezeichnet worden ist, also die Menge an semantischen, grammatikalischen, lexikalischen und phonologischen Strukturen, aufgrund derer Benutzer z. B. des Englischen in der gesamten englischsprachigen Welt in verständlicher Weise miteinander kommunizieren können (s. Gregory/Carroll 1978: 6). Eine solche *Menge an Gemeinsamkeiten* ist auch im folgenden Modell sehr bedeutsam.

3.4.3 Quirk et al. (1972, 1985)

Quirk et al. stellen 1972 ein Varietätenmodell des Englischen mit sechs *variety classes* vor (s. Abb. 3.1). Der *common core* ‚gemeinsamer Kern' ist dabei in dem Sinne zu verstehen, dass alle auch noch so entfernten Varietäten der Sprache doch einen Anteil an grammatikalischen und anderen Eigenschaften aufweisen, der allen Varietäten der Sprache - also hier des Englischen - gemeinsam ist. Dieser Ansatz entspricht dem der *Konstanten* bei Ammon (1995) (↗ 1.3). Jede der Varietätenklassen ist hierbei durchgängig und in gleicher Weise mit den anderen Klassen verknüpft, wobei die Klassen im Modell in einer hierarchisch gedachten Anordnung aufgelistet sind. Unter *varieties according to region* verstehen die Autoren geographische Varietäten (die sie auch als *dialects* bezeichnen). In jedem geographischen Dialektgebiet seien nun je nach Bildung und sozialem Status wieder bedeutsame Unterschiede festzustellen, *variation according to education and social standing*, wobei die entsprechenden Varietäten der am wenigsten gebildeten Sprecher am ehesten mit dem lokalen Dialekt zu identifizieren seien, während die Varietäten der gebildetsten Sprecher sich am nächsten an ein alle Dialektgrenzen übergreifendes Englisch annähern würden. Formen, die dagegen eher mit fehlender Bildung als mit regionaler Varietät assoziiert würden, würden auch *substandard* genannt. Der *educated speech,* per Definition die Sprache der Bildung, werde im Falle des Englischen implizit als Standard angesehen, wobei es sich, anders als bei anderen Sprachen, um eine nicht institutionalisierte Erhebung zum Standard aufgrund des hohen Prestiges handle. Die *varieties according to subject matter* hängen von dem jeweils behandelten Thema ab. Dabei gehen die Autoren davon aus, dass jeder Sprecher ein Repertoire entsprechender Varietäten besitzt und dass diese wiederum auch durch die hierarchisch höher liegenden Varietätenklassen bestimmt würden. So setze ein wohlgeformter Satz der Rechtssprache per se eine *educated variety of English* voraus. Die vom *subject matter* bestimmten Varietäten werden im Englischen in wissenschaftliche Texten mitunter auch als *register* bezeichnet, wenngleich die Autoren hervorheben, dass dieser Terminus auch für andere Varietätentypen gebraucht würde (tatsächlich sprechen Quirk et al. 1972 sowohl von *classes* als auch von *types of variety*).

Abb. 3.1. Varietätenklassen und *common core* des Englischen (Quirk et al. 1972: 13)

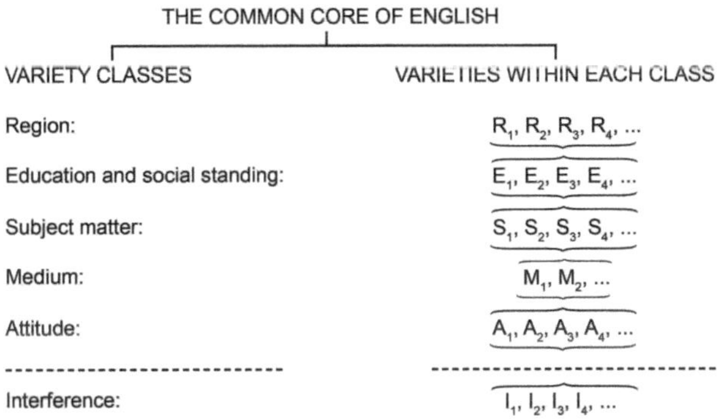

THE COMMON CORE OF ENGLISH

VARIETY CLASSES	VARIETIES WITHIN EACH CLASS
Region:	$R_1, R_2, R_3, R_4, \ldots$
Education and social standing:	$E_1, E_2, E_3, E_4, \ldots$
Subject matter:	$S_1, S_2, S_3, S_4, \ldots$
Medium:	$M_1, M_2, \ldots$
Attitude:	$A_1, A_2, A_3, A_4, \ldots$
Interference:	$I_1, I_2, I_3, I_4, \ldots$

Die einzigen *varieties according to medium,* welche von den Autoren berücksichtigt werden, sind die durch Schreiben oder Sprechen bestimmten Varietäten. Quirk et al. (1972) beschränken sich hier auf die Hervorhebung der Tatsache, dass es v. a. um die Unterschiede gehe, die durch die Einpassung der gesprochenen Sprache in den graphischen Kode entstehen. *Varieties according to attitude* stehen den Autoren zufolge wie die beiden vorangehenden Varietäten allen Sprechern ungeachtet der von ihnen üblicherweise verwendeten regionalen oder nationalen Varietät zur Verfügung. Sie werden in der Wissenschaft vielfach als *style* bezeichnet, wobei der Ausdruck ebenso wie *register* den Nachteil hat, in unterschiedlichen Bedeutungen gebraucht zu werden. Es handelt sich um die Wahl des Sprachmaterials durch die sprechende oder schreibende Person aufgrund ihrer Einstellung zu Hörer oder Leser, aufgrund des jeweils behandelten Themas oder der Kommunikationsabsicht. Damit ergeben sich prinzipiell Überschneidungen zu der hierarchisch höher angesiedelten *variety according to subject matter*; der hier wesentliche außersprachliche Faktor sei aber den Autoren zufolge die Einstellung, die den Ausschlag gebe für die Positionierung zwischen einerseits *stiff* ‚steif', *formal* ‚formell', *cold* ‚kühl, kalt', *impersonal* ‚unpersönlich' und andererseits *relaxed* ‚entspannt', *informal* ‚informell', *warm* ‚herzlich', *friendly* ‚freundlich'. Quirk et al.

(1972: 25) fassen diese in einer fünfgradigen Unterscheidung der *varieties according to attitude* zusammen, die zwischen zwei extremen Polen *streng* und *vertraut* eine formelle, eine unmarkierte normale und eine informelle Varietät ansetzt:

(rigid) – FORMAL – normal – INFORMAL – (familiar)

Die sechste Klasse, *varieties according to interference*, sind die von Nichtmuttersprachlern verwendete Varietäten einer Sprache, die durch die Einflüsse durch ihre Muttersprache zustande kommen (↗ 7.2.3). Wie die Autoren feststellen und in der Graphik durch eine gestrichelte Linie verdeutlichen, ist diese ,Varietätenklasse' auf einer anderen Ebene als die ersten fünf anzusiedeln. Tatsächlich besteht genau darum der wesentlichste Unterschied des Modells in der überarbeiteten Fassung von 1985 in der Reduktion um eben diese sechste Klasse (Quirk et al. 1985: 16):

> Any use of language necessarily involves variation within all five types, although for purposes of analysis we may abstract individual varieties (a related set of variation within one type).
> (a) region
> (b) social group
> (c) field of discourse
> (d) medium
> (e) attitude

Aus den *variety classes* werden in der Neufassung also *types of variation;* damit wird die 1972 alternierend zu *class* gebrauchte Bezeichnung nun durchgängig verwendet. Innerhalb dieser *types of variation* werden wiederum *individual varieties* als verknüpfte Gruppierung von Variation innerhalb eines Typs von Variation (im Sinne von Varietät) unterschieden. Dies zeigt zudem deutlich, dass die Autoren terminologisch nicht zwischen *variation* und *variety* unterscheiden. Aus der Klasse *education and social standing* wird 1985 der Typ *social group*, der nun neben Bildung und sozioökonomischer Schicht auch die ethnische Zugehörigkeit umfasst. Aus der Klasse *subject matter* wird der Typ *field of discourse*, wobei die Anzahl von Varietäten, die ein Sprecher beherrscht, von seinem Beruf, seiner Ausbildung und seinen Interessen abhänge. Somit wird das Modell auch terminologisch an das Modell von Gregory angepasst.

V. a. im angelsächsischen Raum ist diese Unterteilung von fünf wesentlichen Dimensionen der Variation – meist unterschieden nach den Bezügen *Region, soziale Gruppe, Register, Medium, Formalität* – zur Beschreibung von Varietäten verbreitet. Wie Lüdtke/Mattheier (2005: 29) feststellen, ist diese Unterteilung nur auf den ersten Blick völlig anders als die in der Nachfolge von Flydal und Coseriu unterschiedene Varietätenarchitektur (↗ 3.6). Ein im angelsächsischen Raum ebenfalls stark rezipiertes Variationsmodell entwirft Biber (1994), der aber nicht Varietäten sondern die situationellen Parameter der Variation klassifiziert. Die Zusammenfassung der möglichen Parameter zur Beschreibung von Varietäten von Aarts (1999) zeigt sehr gut die Fortführung der wesentlichen Positionen der angelsächsischen Tradition, in denen die *user-use*-Modellierung von Halliday et al. und die bei Gregory ebenso wie Quirk et al. (1972, 1985) zu findenden Positionen deutliche Präsenz haben und je nach genauer Ausarbeitung oder Interpretation der Modelle zur Bestimmung der einzelnen Klassen oder Typen angesetzt werden. Sprachvariation habe zu tun mit sozio-situationellen Aspekten des Sprachgebrauchs und den Charakteristika des Sprachverwenders (soziale, regionale Herkunft), mit dem gebrauchten Medium (gesprochen, geschrieben), den Absichten (Unterhalten, Informieren usw.), der Sorgfalt bei der Formulierung (ediert, nicht ediert), dem Grad der Formalität, der als für die Situation angemessen angesehen wird (formell, familiär), und natürlich den persönlichen Präferenzen (idiosynkratische Ausprägungen). All diese Parameter, so Aarts, interagieren und führen zur Produktion bestimmer Varietäten.

3.5 Kloss (1952, 1967 u. a.)

3.5.1 Abstandsprachen und Ausbausprachen

Einen wesentlichen Impuls zur Betrachtung der Varietäten von Sprachen stellen die Überlegungen von Heinz Kloss zu Abstandsprachen und Ausbausprachen dar. Der 1952 erstmals publizierte Ansatz fand international v. a. nach der Veröffentlichung eines Artikels in englischer Sprache 1967 Beachtung. Kloss gebrauchte in diesem englischen Beitrag die deutschen Termini mit dem Hinweis darauf, dass es nicht an ihm wäre, englische Bezeichnungen vorzuschlagen (Kloss 1967: 29). Tatsächlich haben sich die deutschen Termini dadurch auch in der englischen linguistischen Fachsprache etabliert.

Abstandsprache ist ein linguistisches, *Ausbausprache* ein soziologisches Konzept: Mit *Abstandsprache* wird ausgedrückt, „dass das betreffende Idiom als Sprache aufgrund seines Abstandes anerkannt wird, wobei natürlich nicht an räumlich-geographischen, sondern an sprachimmanenten, sprachkörperlichen Abstand gedacht ist" (Kloss [2]1978: 25). *Idiom* verwendet Kloss dabei in dem Sinne, in dem in der Varietätenlinguistik heute i. d. R. von *Varietät* gesprochen wird, um keine Wertung hinsichtlich des Status vorzunehmen. Die Bezeichnung *Ausbausprachen* dagegen könnte wie folgt umschrieben werden: „Sprachen, die in diese Kategorie gehören, sind als solche anerkannt, weil sie aus- oder umgestaltet wurden, damit sie als standardisierte Werkzeuge literarischer Bestätigung dienen könnten" ([2]1978: 25). Eine Sprache ist also eine *Abstandsprache* aufgrund linguistischer Sonderstellung oder *Ausbausprache* aufgrund sozialer Verselbstständigung etwa durch gezielte Sprachpolitik und Sprachplanung. Damit setzt Kloss die Erkenntnis um, dass manche Varietäten als Sprachen angesehen werden, weil sie von ihrer Substanz her sehr anders als alle anderen Systeme sind. Dies bringt er zudem mit einem vielfach für die Klassifikation als Sprache angeführten Argument, der Verschriftlichung, in Zusammenhang: Manche Idiome würden als Sprache bezeichnet, „weil sie von jeder anderen Sprache in ihrer Substanz, ihrem ‚Sprachkörper', so verschieden sind, dass sie auch dann als Sprache bezeichnet werden würden, wenn es in ihnen keine einzige gedruckte Zeile gäbe" (Kloss [2]1978: 24) Ausbausprachen dagegen würden, sozusagen im Umkehrschluss, nicht als Sprachen, sondern nur als Dialekte angesehen werden, wenn sie nicht „das Ausdrucksmittel einer vielseitigen, besonders auch eine beträchtliche Menge von Sachprosa umfassenden Literatur geworden" wären (Kloss [2]1978: 25). Für Kloss sind Baskisch und Albanisch zweifellos Abstandsprachen, „zwei Idiome, die keiner der großen in Europa verbreiteten Sprachfamilien (romanische, baltische, germanische, slawische, keltische, finnisch-ugrische Familie) angehören" ([2]1978:

24). Weitere Beispiele sind das Friesische als germanische Abstandsprache, Okzitanisch und Sardisch als romanische Abstandsprachen, das Bretonische in Frankreich als keltisches Beispiel und Kaschubisch und Sorbisch (er unterscheidet nicht zwischen Nieder- und Obersorbisch) als slawische Abstandsprachen.

Manche Sprachen sind in diesem Modell nun gleichzeitig Abstand- und Ausbausprache, während andere nur Abstand- oder nur Ausbausprache sind. Man kann also, so Kloss, Auch-Abstandsprachen, Auch-Ausbausprachen, Nur-Abstandsprachen und Nur-Ausbausprachen differenzieren. Dies lässt sich gut nachvollziehen, wenn man berücksichtigt, dass die sogenannten Hoch- oder Kultursprachen immer auch ausgebaut sind (und somit also gewissermaßen *auch* Ausbausprachen sind): Polnisch etwa ist ganz eindeutig eine Abstandsprache, als Kultursprache aber natürlich auch durch Ausbau gekennzeichnet, ohne dass dieser erforderlich wäre, um das Polnische als *Sprache* zu identifizieren. Dagegen werden das Slowakische in seinem Verhältnis zum Tschechischen, das Makedonische in seinem Verhältnis zum Bulgarischen und das in Nordwestspanien gesprochene Galicisch in seinem Verhältnis zum Portugiesischen häufig als Nur-Ausbausprache bezeichnet. Das Galicische sei mit dem Portugiesischen so eng verwandt, dass der Status der Sprache nur durch Ausbau erreicht worden sei (↗ 3.3 zur Koexistenz verschiedener schriftsprachlicher Systeme). Allerdings sind manche Autoren auch der Auffassung, dass der sprachliche Abstand zwischen Galicisch und Portugiesisch sehr wohl groß genug wäre, um das Kriterium des sprachlichen Abstands anzusetzen. Derartige vermeintliche Widersprüche in der wissenschaftlichen Diskussion zeigen, dass linguistischer Abstand kein eindeutiges Kriterium darstellt: Ist es bei isolierten Sprachen wie dem Baskischen leicht, linguistischen Abstand zu den umliegenden Sprachen zu konstatieren, so wird dies ungleich schwieriger, wenn man genetisch verwandte Sprachen, etwa die Mitglieder der slawischen oder der romanischen Sprachfamilien, untereinander abzugrenzen versucht. Bei diesen wird man nicht umhin kommen festzustellen, dass das Abstandskriterium dann eine Frage der Graduierung ist und gewissermaßen nach Messung verlangt: Der linguistische Abstand zwischen Polnisch und Russisch, Polnisch und Slowakisch, Polnisch und Obersorbisch ist nicht gleich groß, ebenso wie der zwischen Spanisch und Portugiesisch, Spanisch und Galicisch, Spanisch und Katalanisch oder Spanisch und Italienisch nicht gleich groß ist. Kloss stellte für die Messung des Abstands Kriterien auf, die im Laufe der Jahre von anderen Autoren ergänzt bzw. verändert wurden. Messbar sei etwa die Divergenz der Grammatik im weiteren Sinne (Morphologie und Syntax), die etwa Niederländisch und Afrikaans trenne, Unterschiede des Lautstandes oder die Differenz der Lexik zwischen zwei Sprachen. Auch die Verständigungsmöglichkeit - in Grad, Richtung (von einer Sprache A zu einer Sprache B, umgekehrt oder in beide Richtungen) oder nach Gesprächsebenen - sei messbar.

Die Frage der Gewichtung der einzelnen tatsächlich messbaren Abstandskriterien und die Umsetzbarkeit der Messung (die so nie realisiert und daher immer wieder bezweifelt oder kritisiert wurde, s. Schmidlin 2011: 18) erschwert die Klassifizierung von Varietäten im Hinblick auf ihren Abstand jedoch.[7] Dies wird be-

7 Interessante Ergebnisse liefert in dieser Hinsicht die Dialektometrie (↗ 4.5); ein neuer Ansatz ist das *Automated Similarity Judgment Program*, das durch automatisierte Berechnungen die

sonders deutlich, wenn man die Frage der Messbarkeit der linguistischen Divergenzen in Zusammenhängen betrachtet, in denen es um die Klassifizierung von Varietäten geht, bei denen Kriterien wie Historizität, Schrifttradition, Etablierung eigener Literatur(en) usw. (noch) keine Rolle spielen und daher die linguistischen Divergenzen besonders relevant erscheinen. Das ist der Fall bei den vielen in Neuguinea im Laufe des 20. Jahrhunderts neu entdeckten Varietäten oder bei der Vielzahl der Sprachen der indianischen Ureinwohner in Mexiko (↗ 4.2.1). Bei der Klassifizierung der Varietäten auf Neuguinea war z. B. ein Ansatz, Varietäten als Dialekte einer Sprache anzusehen, wenn sie mindestens 81 % des Grundwortschatzes gemeinsam hatten; andere Forscher waren im Hinblick auf den anzusetzenden Prozentsatz weniger anspruchsvoll, wodurch sie zu wesentlich anderen Klassifizierungen gelangten. Kritiker warfen ein, die Etablierung von Prozentsätzen sei grundsätzlich willkürliche Festlegung. Die Fragwürdigkeit der Orientierung am Wortschatz wird deutlich, wenn man Sprachen wie Hindi und Urdu betrachtet, die im Grundwortschatz weitgehende Übereinstimmung aufweisen, in spezielleren Bereichen wie Wissenschaft, Religion, Verwaltung - dem „Wortschatz für die höheren Ebenen des geistigen Lebens“ (Kloss 1987: 303) - aber sehr verschiedene Lexik haben. Die Messbarkeit wird sich auch dann als fragwürdig herausstellen, wenn man Sprachen betrachtet, in denen wesentliche Fachwortschätze durch gezielte Reformen der Fachwortschätze einer anderen Varietät „distanziert“ werden. Dies kann man in jüngerer Zeit für das Kroatische im Verhältnis zum Serbischen beobachten (↗ 4.2.1). Der linguistische Abstand kann also zur Ergänzung anderer Kriterien, die man zur Differenzierung von Varietäten als Sprachen heranzieht, forciert werden.

So gesehen ist die Unterscheidung in große, mittlere und kleine linguistische Ähnlichkeit, bzw. umgekehrt große, mittlere und kleine linguistische Distanz, die Ammon (1995: 2) neben der Frage der Überdachung als Kriterium für die Bestimmung der Eigenständigkeit von Sprachen bzw. Varietäten anführt, als äußerst unscharf einzuschätzen und tatsächlich nur als theoretische Überlegung, nicht jedoch als praktische bzw. anwendbare Methode anzusehen. Zugleich erklären solche Beispiele, warum der Ausbau als zusätzliches Kriterium zum Abstand eine so große Rolle bei der Wahrnehmung des Status einer Sprache spielt. So ist der linguistische Abstand zwischen Slowakisch und Tschechisch - zwei als Sprachen angesehene Varietäten - vergleichsweise geringer als der vieler anderer Varietäten, deren Status als Sprache umstritten ist. Slowakisch ist für Kloss im Bezug auf das Tschechische, von dem es sich soziologisch verselbstständigt habe, eindeutig eine Ausbausprache. Andere Kriterien, im Wesentlichen das des Ausbaus und das der Historizität, sind also bei der Wahrnehmung und Klassifizierung einer Varietät als Sprache oder Dialekt ebenfalls wesentlich. Der Umstand, dass das Galicische von manchen Autoren trotz des inzwischen erfolgten Ausbaus nach wie vor nicht als Sprache angesehen wird, hängt wohl im Wesentlichen damit zusammen, dass der Ausbau erst vor kurzem erfolgt ist und somit das Kriterium der Historizität anders als beim Slowakischen noch nicht gegeben ist (↗ 4.2.1).

---

phonetisch-lexikalischen Distanzen der Sprachen der Welt untereinander vergleicht; s. die Beschreibung des Projekts bei Müller (2010: 175–179) sowie Müller et al. (2010).

Eine weitere terminologische Unterscheidung in Kloss' Modell betrifft die zwischen Normal- und Ausbaudialekt:

> Dort wo weder sprachwissenschaftliche noch soziologische Gründe gegeben zu sein scheinen, den Status einer Sprachform als **bloßer ‚Dialekt'** in Frage zu stellen, können wir von einem ‚Normaldialekt' sprechen. Der Normaldialekt steht in sprachsoziologischer Hinsicht am einen Ende eines Kontinuums, an dessen anderem Ende die Ausbausprache steht. (Kloss [2]1978: 56)

Daneben gibt es Zwischenstufen zwischen einem Normaldialekt und einer Ausbausprache, die mitunter auch als *Halbsprachen* oder *Kulturdialekte* bezeichnet wurden, und für die Kloss den Terminus des *Ausbaudialekts* einführt. Er meint damit diejenigen dialektalen Varietäten, welche über die Domänen (↗ 3.5.2) hinausgehend gebraucht werden, die Dialekte normalerweise besetzen. Ein Dialekt wächst durch Eroberung dieser Anwendungsbereiche über den Status eines Normaldialekts hinaus, ohne dadurch schon als Ausbausprache gelten zu können. In Deutschland sind Normaldialekte im schriftlichen Gebrauch im Wesentlichen auf Belletristik und im mündlichen Gebrauch v. a. auf Rundfunkunterhaltung begrenzt und treten dabei v. a. in der fingierten Mündlichkeit auf (↗ 6.1.4). Als typischer Ausbaudialekt gilt dagegen das Schwyzerdeutsch, das z. B. auch in Verhandlungen in Vertretungskörperschaften, bei kirchlichen Amtshandlungen, in Rundfunksendungen usw. oder im Schulunterricht mit Schulanfängern gebraucht wird. Von Ausbaudialekten abzugrenzen sind nationale Varietäten plurizentrischer Sprachen (hier: das Standarddeutsche der Schweiz; ↗ 4.2.2).

Ergänzt wird das konzeptuelle Gerüst Kloss' durch die erwähnten *dachlosen Außenmundarten* (↗ 3.3), die häufiger als andere Dialekte zu Ausbaudialekten werden. Während ein Dialekt i. d. R. durch die Schriftsprache beeinflusst wird, womit sich die Divergenz zwischen Dialekt und der ihn überdachenden Hochsprache (↗ 3.1) verringern kann, weichen die dachlosen Außenmundarten vielfach sehr stark von der sozusagen zugehörigen Schriftsprache und den von ihr überdachten Dialekten ab. Es sind Dialekte, deren Sprecher in der Schule

> nicht die ihrem Dialekt linguistisch zugeordnete, gleichzeitig aber in einem anderen Lande, dem ‚Kernland' der Sprachgemeinschaft, als Amts- und Schulsprache verwendete Hochsprache zu erlernen Gelegenheit haben, so daß diese Mundarten gleichsam ohne das schützende Dach dieser Hochsprache bleiben und somit den Einwirkungen einer unverwandten Hochsprache stärker ausgesetzt sind als ihre ‚überdachten' Schwestermundarten. (Kloss [2]1978: 60)

Zusätzlich zu den Beispielen in 3.3 kann hier die in Lietzan/Giazza in der oberitalienischen Provinz Verona gesprochenene deutsche Varietät, das Zimbrische, erwähnt werden; in ihrem Fall hatte das Hochdeutsche als Bezugspunkt bei Einsetzen der Orientierung am Italienischen als Hochsprache keinerlei Relevanz.

Ergänzend zu Kloss' Modell prägte Munske (1983) den Terminus *Abbau*. Ein Beispiel für den Abbau des Abstands aus der Semantik ist das ostniederdeutsche *geel*, das ursprünglich zwei Bedeutungen hatte, ‚gelb' sowie ‚hässlich'. Unter dem Eindruck von dt. *gelb* wird die zweite Bedeutung aufgegeben, was zu einer semantischen und somit einer allmählichen strukturellen Annäherung des Niederdeutschen an das Deutsche beiträgt. Aufgrund von außersprachlichen Faktoren (wie politischen Entwicklungen oder sozio-historischen Zusammenhängen) wird die Entwicklung einer Varietät so beeinflusst, dass sie durch Sprachwandel ihre sprachgeschichtliche Selbstständigkeit verlieren und in ein untergeordnetes Verhältnis zu einer anderen Varietät treten kann, deren Subsystem sie dadurch wird.

In diesem Zusammenhang ist der von Kloss vorgeschlagene Terminus *scheindialektalisierte Abstandsprache* zu erwähnen: eine Varietät, die von ihren Sprechern fäschlicherweise für den Dialekt einer anderen Varietät gehalten wird. Diese Ansicht ist bei manchen Sprechern des Niederdeutschen - bzw. *Platt* - im Verhältnis zum Deutschen zu beobachten oder bei manchen Sprechern des Okzitanischen, die ihre Varietät als Dialekt des Französischen einschätzen. Diese rein laienlinguistische, über gefühlsmäßige Zuordnung nicht hinausgehende Haltung kann bei zugleich vonstatten gehendem Abbau durch Überdachung bzw. Überwölbung zu einer tatsächlichen Dialektalisierung führen, also aus einer Varietät A einen Dialekt einer eigentlich nicht verwandten Varietät B machen. Ein ursprünglich rein funktionales Verhältnis der funktionalen Überdachung einer Varietät L (für engl. *low*) durch eine Varietät H (für engl. *high*) in einem Diglossieverhältnis (↗ 7.1) wird also durch den sprachlichen Abbau der Varietät L zu struktureller Überdachung: Varietät L wird zu einem Dialekt von Varietät H. Die Unterscheidung in funktionale Überdachung durch eine strukturell nicht enger verwandte Varietät und strukturelle Überdachung durch eine strukturell (möglicherweise infolge struktureller Annäherung) enger verwandte Varietät wird bei manchen Autoren auch unterschieden in *Überdachung* und *Überwölbung*. Muljačić (1989: 259) erklärt die Differenzierung der Verhältnisse zwischen zwei Varietäten sehr prägnant:

> Die terminologische Opposition *überdacht* – *überwölbt* beruht hier meines Erachtens auf der bewußten Unterscheidung der zwei Phänomene: *Überdachung* (durch eine ‚verwandte' Sprachform) : *Überwölbung* (durch eine ‚nicht engstverwandte' Sprachform.

Bei der Arbeit mit Texten zu Ausbau und Abstand und der Frage der Überdachung geht, ist stets zu beachten, dass die jeweils verwendete Terminologie und die Abgrenzung der einzelnen Termini trotz des normalerweise erfolgenden Bezugs auf Kloss von Autor zu Autor stark divergieren können.

3.5.2 Ausbauphasen und Ausbaukriterien

Eine wesentliche Frage, mit der sich Kloss auseinandersetzt, betrifft die nach dem Mindestgrad des Ausbaus, der als hinreichend zu betrachten ist, um von einer Ausbausprache sprechen zu können ([2]1978: 32). So wie im Hinblick auf Abstand die Messbarkeit praktisch nicht gegeben ist, handelt es sich bei Ausbau ebenfalls um keine zweifelsfrei anzusetzende Größe. Bei unterschiedlich großen Sprachgemeinschaften könnte nämlich derselbe Grad des Ausbaus möglicherweise unterschiedliche Auswirkungen haben und bei einer einer sehr kleinen Sprachgemeinschaft könnte auch der zu erlangende Mindestausbaugrad nicht ausreichen. Mehrere Voraussetzungen müssen Kloss zufolge unbedingt erfüllt werden, um eine Varietät als Ausbausprache ansehen zu können:

- regelmäßige Verwendung der Varietät in nicht nur belletristische Texte wiedergebender Presse für einen erheblichen Teil der Sachprosa-Beiträge;

- sie muss Unterrichtsfach und -sprache der ersten Schulklassen sein und ein Teil der verwendeten Schulbücher müssten in ihr verfasst sein;
- regelmäßiger und häufiger Gebrauch in Vorträgen („Zusprachetexte") und auch Niederschrift dieser Texte in dieser Varietät; vgl. Kloss ([2]1978: 32).

Für die Entwicklung mündlich gebrauchter Varietäten zu Schriftsprachen – und damit auch Ausbausprachen – sieht Kloss drei Hauptaufgaben als erforderlich an: (i) Vereinheitlichung der Rechtschreibung; (ii) Vereinheitlichung der Sprachformen (Morphologie, Lexikon) zur Schaffung einer Schriftsprache für die werdende Hochsprache; (iii) Ausbau (Stilmittel, Anwendungsbereich). *Stilmittel* sind dabei v. a. die Ausdrucksmittel im lexikalischen Bereich und in der Syntax, *Anwendungsbereich* zielt ab auf (a) Literatur (Belletristik, Dichtung und Literatur); (b) Sachprosa (Zweckprosa im Unterschied zu Fachprosa, Kunstprosa); (c) Schlüsseltexte (übersetzte Grundtexte mit weltanschaulichem Inhalt) sowie (d) Entfaltungssphäre („Zusprachetexte"). Sachprosa ist bei ihm als elliptische Behelfsbezeichnung für alle nicht-dichterische Prosa zu verstehen, beinhaltet also nicht nur informative Sachbücher im engeren Sinne sondern auch „gedankliche Äußerungen, von der gefälligen Betrachtung bis zur schneidend-scharfen Analyse" ([2]1978: 38). Sachprosa umfasst für ihn v. a. (a) Jedermannsprosa, Alltagsprosa, volkstümlich-anspruchslose Buch- und Zeitschriftenprosa; (b) Gebrauchsprosa, Fach-Zweckprosa oder Zweckprosa (Rechtswesen, Verwaltung, Militär, Technik, Wirtschaft, Geisteswissenschaften und Naturwissenschaften, Schulbücher für weiterführende Schulen) und (c) wissenschaftliche Prosa oder Forscherprosa (Bücher und Zeitschriften über Originalforschungen, Lehrbücher auf Hochschulniveau), die im Schrifttum mit der Fachprosa gleichgesetzt wird. Die Sachprosa trage wesentlich dazu bei, dass eine Varietät als Sprache angesehen werde. Dies gilt allerdings wohl v. a. für die in der jüngeren Geschichte ausgebauten Sprachen. Eine Ausnahme, so sieht es Kloss selbst, stellt das Okzitanische dar, das v. a. aufgrund seines wesentlichen Beitrags zur Dichtung von vielen Autoren als Sprache angesehen wurde, obwohl es viele andere Kriterien, die dafür normalerweise herangezogen werden, nicht bzw. nicht mehr erfüllte.

Der Ausbau einer Varietät wird nach Kloss in mehrere Entwicklungsstufen oder Ausbauphasen unterschieden. Dabei spielt es eine wesentliche Rolle, in welcher Ausgangssituation sich die Varietät befindet. Kloss differenziert dabei wie folgt: Die Bevölkerung oder ihre Oberschicht (a) schreibt und liest bereits eine Sprache, zu der die eigene Varietät im Volksempfinden im Dialektverhältnis steht; (b) schreibt und liest eine nicht zur mündlichen Erkennbarkeit verwandte oder unverwandte Sprache; oder (c) schreibt und liest bisher weder die eigene noch andere Varietäten. In Abhängigkeit davon können sich einzelne Phasen verkürzen oder wegfallen. Die Phasen sind die folgenden:

Vorphase (Unverwickelte Komik: Niederschrift von Volksliedern, Rätseln, Sprichwörtern und dergleichen)

1. Phase (Lyrik: humoristische Dichtung, Lustspiele und Erzählungen; Dialoge in Romanen und audiovisuellen Medien)
2. Phase (Schauspiel: ernste über Dialogteile hinausgehende Prosaerzählungen, Verserzählung, Epos, kleinere Zeitschriftenaufsätze, beginnendes Sachschrifttum)
3. Phase (Ausbau des Schrifttums: Lehrbücher für Eingangsstufen, kleinere Aufsätze wie Nachrufe, Heimatforschung; volkstümliche Zeitschriften, Predigten, audiovisuelle Medien teilweise schon mit Zweckprosa)

4. Phase (Lehrbücher über alle möglichen Wissensgebiete; größere Forschung zur Heimatkunde, anspruchsvollere Zeitschriften, längere Vorträge in den Audiomedien)
5. Phase (Größere Originalforschung auf verschiedenen Wissensgebieten; Verwendung in amtlichen Schriftstücken, Wirtschaftsleben, Zeitungen usw.)

Für die unterschiedlichen Bereiche verwendet man heute in der Soziolinguistik den Terminus *Domänen*. Dabei handelt es sich um ein soziokulturelles Konstrukt, das man unter Berücksichtigung der Institutionen und der Bereiche, in denen in einer Gesellschaft eine bestimmte Varietät verwendet wird, von den Gesprächsthemen, der Beziehung zwischen den Gesprächsteilnehmern, dem Kommunikationsort herleitet, also etwa die Domänen ‹Familie›, ‹Freundeskreis›, ‹Religion›, ‹Arbeit› (vgl. Fishman 1964, s. bereits Ferguson 1962). Beim Ausbau von werdenden Hochsprachen geht Kloss zufolge im Bereich der Dichtung und Erzählung das geschriebene dem vorgetragenen Wort voran, während es in der Sachprosa umgekehrt sei, wo Vortragstexte vor den Publikationen stünden. Die Phasenfolge könne zudem umgestoßen werden, wenn etwa politische Ereignisse in die sprachkulturelle Entwicklung hineinwirken. Mit dem Hinweis auf die mögliche Verschiebung der Bedeutung der Kriterien und Phasen greift Kloss der Entwicklung der neuen Medien sozusagen voraus. Die neuen Medien haben zwar die Möglichkeiten der öffentlichen Verwendung einer Sprache erweitert und das Publizieren auch in kleineren Sprachen erleichtert, an der grundsätzlichen Abfolge der Phasen hat dies inhaltlich jedoch nichts verändert. In Kloss' Darstellungen wird eine Vielzahl von Aspekten berücksichtigt, die in späteren Modellen der Normierung und Normalisierung bzw. Standardisierung und Implementierung von Varietäten eine Rolle spielen (s. u.). Kloss' Darstellung soll hier ebenso wie die Position Haugens (↗ 3.5.3) exemplarisch für eine ganze Reihe unterschiedlicher Sichtweisen auf Stationen der Entwicklung von Varietäten zu Kultursprachen und das Vorgehen beim Ausbau verstanden werden. Es handelt sich nur um ein Modell unter inzwischen einer ganzen Reihe von Ansätzen, die hier nicht betrachtet werden können. Die Modelle von Kloss und Haugen haben die wissenschaftliche Diskussion besonders befruchtet und vorangetrieben; Details aus ihren Ansätzen finden sich in vielen modernen Darstellungen wieder und wirken bis heute nach.

Die Schaffung eines Schriftsystems oder die Vereinheitlichung der Rechtschreibung und der Sprachformen zur Schaffung einer Schriftsprache als dem anschließenden Ausbau einer Varietät vorausgehende Schritte erfolgen heute i. d. R. im Rahmen von Prozessen der Sprachplanung. Dies geschieht meist unter Einbeziehung von Linguisten, die Argumente für und gegen bestimmte mögliche Lösungen geben oder diese gar selbst bestimmen müssen, um z. B. aus mehreren Varianten eine herauszugreifen oder eine bestimmte Varietät zur Standardvarietät zu machen. Diese Statusveränderung gibt einer Varietät den Status als *prima inter pares*, darum werden Ausbausprachen von manchen Autoren als legitimierte Sprachen bezeichnet (s. Bourdieu 1982).

3.5.3 Exkurs: Sprachplanung

Die Frage der Sprachplanung ist mit der Frage des Ausbaus von Sprachen eng verknüpft und wird i. d. R. auch damit in Bezug gesetzt. Daher soll in diesem Kontext auch auf die Sprachplanung eingegangen werden, die ja zur Veränderung des Status von Varietäten beitragen soll. Es gibt verschiedene Modelle der Sprachplanung mit jeweils eigener Terminologie zur Darstellung der Art und Weise, wie Varietäten zu Ausbausprachen (gemacht) werden. Zu den wichtigsten gehört das in der US-amerikanischen Sprachwissenschaft entstandene und in der deutschsprachigen Sprachwissenschaft vorherrschend angeführte Modell Haugens; über die Romanistik ist auch das in der katalanischen Soziolinguistik entstandene Modell der sprachlichen Normalisierung verbreitet worden (s. Bochmann et al. 1993 bzw. Brumme 1993).

Einar Haugen stellte 1964 ein an Kloss und andere Autoren anschließendes Modell der Sprachplanung vor, das er 1983 abänderte. Aufgrund der Veränderungen finden sich in der Literatur unterschiedliche Darstellungen des Modells und differierende Terminologie; dem wird in der Darstellung von Haugens Matrix der Sprachplanung in Tabelle 3.5 Rechnung getragen. Als wesentliche Aspekte bzw. Schritte der Entwicklung einer Varietät vom Dialekt zur Sprache – „from 'dialect' to 'language', from vernacular to standard" (Haugen 2003: 421) – sieht Haugen: (a) Wahl der Norm: Auswahl einer Varietät, die Standard sein soll bzw. Lokalisierung der Norm (b) Kodifizierung bzw. Standardisierung, d. h. Entwicklung eines Schriftsystems, Kodifizierung der Orthographie, Fixierung der Regeln der Grammatik; diese Kodifizierung setzt die Wahl der Norm voraus; (c) Stabilisierung, Entwicklung und Ausbau zur Herbeiführung von Akzeptanz durch Gesellschaft und Implementierung durch Sprachpolitik, Diffusion durch Bildung usw.; (d) Implementierung bzw. Ausführung, Elaboration: Anpassung der normativierten Sprache an Bedürfnisse der Sprachgemeinschaft, funktionelle und stilistische Entwicklung.

Tab. 3.5. Matrix der Sprachplanung nach Haugen

	Form (Methodenplanung)	Funktion (Sprachkultivierung)
Gesellschaft (Statusplanung)	Auswahl (a) Problembestimmung (b) Lokalisierung der Norm	Übernahme / Entwicklung, Stabilisierung, Diffusion
Sprache (Korpusplanung)	Kodifizierung	Ausbau / Elaboration, Entwicklung, Implementierung

Viele Autoren sind wie Coulmas (1985: 67) der Auffassung, die erste Aufgabe sei die Entscheidung für eine Varietät, die die Funktion einer nationalen oder regionalen Sprache erfüllen solle, nicht aber die Schaffung einer solchen Varietät. Allerdings ist das in der Realität nicht immer tatsächlich so bzw. nach dieser Auffassung nicht gut nachvollziehbar. So ist etwa im Fall des Baskischen nicht *eine* der existierenden diatopischen Varietäten ausgewählt worden, sondern man hat mit dem sogenannten *euskera batua* ‚Geeintes Baskisch' seit den 1960er Jahren auf Grundlage *mehrerer* baskischer Varietäten – *goi-nafarrera* ‚Hochnavarresisch', *nafar-lapurtera* ‚Navarro-Labortanisch' und *gipuzkera* ‚Gipuskanisch' – eine Standardsprache tatsächlich erst geschaffen. Zusätzlich zu der gegebenen Unterscheidung von vier Phasen der Sprachplanung führt Coulmas die Unterscheidung in Statusplanung und Korpusplanung – Standardisierung, Erweiterung oder sonstige Beeinflussung von Lexikon, Grammatik und Orthographie – ein, zwei Ebenen, die parallel zu der von Haugen eingeführten Terminologie verlaufen, sich jedoch nicht mit ihr decken. Die Veränderung des Status einer Varietät in einer Gesellschaft sei u. U. nicht realisierbar, wenn nicht zuvor durch Korpusplanung die Voraussetzungen dafür geschaffen worden seien, und umgekehrt würde fast jede Korpusplanung auf Statusveränderung abzielen (Coulmas 1985: 80). Cooper ergänzt 1989 das zweigleisige Modell Haugens noch durch die Spracherwerbsplanung.

Im Hinblick auf viele der sprachlichen Situationen der Welt, so auch Europas, ist der amerikanische Ansatz der Sprachplanung als unzureichend angesehen worden, zumal er die offizielle, politische Seite überbewerte. *Planung* verweise zu sehr auf planende Instanzen, Ämter und Gesetze, obwohl ja auch soziokulturelle Prozesse gemeint seien, die sich der katalanischen Soziolinguistik folgend besser durch Ausdrücke wie *Standardisierung* ausdrücken ließen. Diese vertritt die Auffassung, am besten erfasse das in den 1960er Jahren von Lluís Aracil geprägte Konzept der *Normalisierung* die Gesamtheit der Prozesse, um die es gehe. Der aus dem dem politischen Sprachgebrauch stammende Ausdruck zielt auf den Versuch der Auflösung der Diglossiesituation (↗ 7.1) ab. Normalisierung umfasst zwei komplementäre Vorgänge, Normativierung oder Normierung der Sprache (die Haugens Wahl eines Sprachmodells und ihrer Kodifizierung entspricht) und Normalisierung der Sprache im engeren Sinne, d. h. Erweiterung ihres Anwendungsbereiches. Normalisierung wird insgesamt verstanden als „Herstellung eines ‚normalen' Zustands, also einer Situation, in der jeder Mensch sein ganzes Leben in seiner eigenen Muttersprache führen kann" (Bossong 2008: 102).

3.6 Flydal (1952) und Coseriu (1955 u. a.)

3.6.1 *Historische Sprache* und *Dialekt*

Coseriu setzte sich mehrfach ausführlich mit der Unterscheidung von Sprache und Dialekt auseinander. Er distanzierte sich von der von manchen Autoren vertretenen Auffassung, Dialekte aufgrund der gegenseitigen Verständlichkeit von Sprachen abzugrenzen (wie dies z. B. Georg von der Gabelentz vorgeschlagen hatte), da diese Verständlichkeit auch bei Portugiesisch und Spanisch oder Dänisch, Schwedisch und Norwegisch gegeben sei, die unbestritten den Status von Sprachen besitzen. Auch das z. B. von Meillet vertretene Kriterium des Sprachbewusstseins der Sprecher sei nicht anwendbar, da Sprachbewusstsein auch mit Ideologie verknüpft sein könne. Tatsächlich gibt es zahlreiche Beispiele dafür, dass Sprecher von Varietäten, die aus linguistischer Sicht *eine* Sprache darstellen, diese als verschiedene Sprachen (mit entsprechend unterschiedlichen Namen) ansehen (↗ 4.2.1).

Coseriu vertritt die Ansicht, dass die Unterscheidungsschwierigkeiten im Wesentlichen darauf zurückzuführen sind, dass die Opposition Sprache vs. Dialekt primärsprachlich ist, es sich also um eine Opposition handelt, die in den Sprachen selbst zu finden ist und nicht mit der fachsprachlichen Opposition von Sprache und Dialekt übereinstimmt (Coseriu 1980a: 107). In der primärsprachlichen Opposition sei es möglich, dass Sprache Dialekt umfasse und, so der Autor, „sogar verschiedene Formen eines Dialekts (z.B. 'Sprache einer Ortschaft', 'Sprache eines Stadtviertels', 'Sprache der Kinder', 'Sprache der Frauen' usw., auch innerhalb ein und desselben Dialekts)" (Coseriu 1980a: 108). Es sei aber nicht möglich, dass Dialekt umgekehrt auch Sprache bedeute. Um dieser primärsprachlichen Opposition Rechnung zu tragen, führt Coseriu den Terminus der *historischen Sprache* ein (s. u.). Ein weiterer Grund der Unterscheidungsschwierigkeiten ist für Coseriu darin zu sehen, dass Dialekt ein relationeller Begriff sei. Obwohl ein Dialekt nicht per se weniger systematisch ist als eine Sprache und „an sich betrachtet" ebenfalls eine Sprache sei, erhalte man stets nur in Bezug auf eine Sprache seinen Sinn – daher die automatische Frage nach der Sprache, zu der ein Dialekt gehört: Dialekt von was, von welcher Sprache? Sprache dagegen sei umgekehrt nicht auf einen Dialekt zu beziehen und diesbezüglich autonom. Schließlich betreffe die Opposition Sprache vs. Dialekt nicht die Substanz der Varietäten an sich, sondern ihren historischen Status. Wie eine Sprache sei auch ein Dialekt ein Gefüge von Traditionen des Sprechens (↗ 3.6.1, 6.2), ein vollständiges Sprachsystem. Ob eine Varietät also eine Sprache oder ein Dialekt sei, ist nicht auf die materielle, substantielle Beschaffenheit zurückzuführen sondern hinsichtlich ihres historischen Status, d. h. im Hinblick auf das Verhältnis eines Sprachsystems zu einer historischen Sprache zu beantworten. Eine Varietät, Sprache oder Dialekt, *werde* historisch, ein Dialekt könne historisch zu einer Sprache werden und umgekehrt könne eine Sprache aufhören, eine eigenständige Sprache zu sein und zu einem Dialekt einer anderen historischen Sprache werden. Ein Sprachsystem als Gefüge von sprachlichen Traditionen könne also grundsätzlich sowohl *Sprache* als auch *Dialekt* genannt werden, wobei dies zugegebenermaßen nicht dem allgemeinen Sprachgebrauch im Deutschen entspricht.

Die Notwendigkeit des Terminus *historische Sprache* erklärt Coseriu damit, dass man in der Struktur der Sprache drei Ebenen unterscheiden könne, nämlich (a) die universelle Ebene des Sprechens (also in etwa „Sprache allgemein", z. B. *jemand spricht*); (b) die historische Ebene der Sprachen, also der historisch gewordenen Traditionen des Sprechens der Gemeinschaft (z. B. *jemand spricht deutsch*) und schließlich (c) die individuelle Ebene der Texte bzw. der Rede (z. B. *Yvette spricht über Grammatik*). Man spricht also nie eine „ganze" historische Sprache, da diese immer durch ihre Varietäten realisiert wird:

> Sie wird nicht als solche und nicht unmittelbar im Sprechen realisiert, sondern einzig und allein durch jeweils eine ihrer im diatopischen, diastratischen und diaphasischen Sinn bestimmten Formen. Niemand kann (gleichzeitig) die *ganze* italienische oder die *ganze* englische Sprache sprechen, das Englische bzw. das Italienische ‚ohne Adjektive' (z. B. ein Italienisch, das weder toskanisch noch römisch noch mailändisch usw. klingt, weder umgangssprachlich noch gehoben usw., weder familiär noch feierlich usw., oder aber ein Italienisch, das gleichzeitig toskanisch, römisch *und* sizilianisch, umgangssprachlich *und* gehoben, familiär *und* feierlich, usw. wäre). (Coseriu 1988a: 284)

Wenn wir von *Sprache* sprechen, die z. B. unterschiedliche Dialekte hat, beziehen wir uns auf die historische Ebene der Traditionen des Sprechens. *Historische Sprache* ist nun, so Coseriu (1980a: 109)

> ein Gefüge von historischen Traditionen des Sprechens, das eben als "autonome" Sprache von seinen eigenen Sprechern und von den Sprechern anderer Sprachen anerkannt wird, was sich normalerweise dadurch äußerst, daß ein solches Gefüge

> durch ein adiectivum proprium bezeichnet wird, wie z.B. "deutsche Sprache", "englische Sprache", "französische Sprache". Eine historische Sprache ist also eine Sprache, die schon als solche von anderen Sprachen historisch abgegrenzt ist, der dieser Status historisch zuerkannt wird.

Das heißt, dass ein Dialekt nur durch diesen Status der Unterordnung unter eine Sprache als solcher angesehen wird. Ein Dialekt ist dagegen nicht per se weniger als vollständiges System anzusehen. Er hat, wie eine Sprache, „Regeln", nach denen die Sprecher ihn benutzen und auch wissen, was man in diesem Dialekt sagen kann und was nicht. Manche Autoren, wie Albrecht (2005: 231), sind der Auffassung, der Terminus der historischen Sprache sei irreführend (↗ 3.6.2), dennoch hat er sich in vielen Philologien in unterschiedlichen Sprachen durchgesetzt.

Die Zuordnung Dialekt – Sprache erfolgt nun, so Coseriu (1980a: 110), „entweder vor dem Vorhandensein einer Gemeinsprache oder beim Vorhandensein einer Gemeinsprache". Das heißt, dass die Konstituierung der Gemeinsprache nicht etwa zur Herausbildung der Dialekte führt, die nach seiner Auffassung als traditionelle Sprachsysteme schon vor der Gemeinsprache existieren. Tatsächlich ist hier jedoch anzumerken, dass sich neue Dialekte auch nach der Etablierung einer Gemeinsprache herausbilden können. Die Zuordnung erfolgt v. a. aufgrund äußerer Kriterien wie der schon erwähnten Haltung der Sprecher (etwa dem Bewusstsein der Sprecher verschiedener Varietäten, die gleiche Sprache zu sprechen) oder aufgrund von konventionell festgelegten, inneren – d. h. sprachlichen – Kriterien wie z. B. objektiv feststellbaren Ähnlichkeiten. So darf es nicht verwundern, wenn unterschiedliche Sprachwissenschaftler bei der Ermittlung der Zugehörigkeit bestimmter Varietäten als Dialekte zu anderen Varietäten zu unterschiedlichen Schlüssen kommen und die Zahlen der Dialekte und Sprachen je nach den angelegten Kriterien divergieren. Dies verdeutlichen z. B. die sehr unterschiedlichen Ergebnisse bei der Zählung der in indigenen Sprachen Mexikos: Einige Autoren sprechen von 28 Sprachen, manche von 60 und andere gar von über 400 (↗ 4.2.1). Existiert eine Gemeinsprache, so werden Varietäten aufgrund ihrer Ähnlichkeit mit ihr zusammen mit der Gemeinsprache selbst einer bestimmten historischen Sprache zugeordnet. Das illustriert Coseriu am Beispiel der romanischen Sprachen. Romanische Varietäten, die der Gemeinsprache des Italienischen näher stehen als der Gemeinsprache anderer romanischer Sprachen wie Französisch oder Spanisch, würden dann als Dialekte des Italienischen angesehen. Ist die Ähnlichkeit am größten zur spanischen Gemeinsprache, gelten sie als Dialekte des Spanischen usw. Gut nachvollziehbar ist die Konsequenz dieser Dynamik im historischen Rückblick, denn wäre auf der Pyrenäenhalbinsel nur eine Gemeinsprache entstanden, so würden wir etwa die katalanischen, spanischen und portugiesischen Varietäten als Varietäten einer einzigen Sprache rechnen (zur Unterscheidung von Sprache und Dialekt, ↗ 4.2.1).

3.6.2 Die Architektur der Sprache

Für die in vielen Philologien – in Deutschland v. a. in der Romanistik – vertretene Auffassung von Varietätenlinguistik sehr wesentlich ist die von Coseriu seit den 1950er Jahren gemachte Unterdifferenzierung der historischen Sprachen, die in eben dieser Form aber auch für diatopische Varietäten per se Geltung hat. Coseriu ist der Auffassung, dass es in einer historischen Sprache wenigstens drei Arten der inneren Verschiedenheit gebe: (a) *diatopische* Unterschiede (von gr. *διά* ‚quer durch' + gr. *τόπος* ‚Ort'), also Unterschiede im Raum, (b) *diastratische* Unterschiede (von gr. *διά* ‚quer durch' + lat. *stratum* ‚Schicht'), also Unterschiede zwischen den sozial-kulturellen Schichten und (c) *diaphasische* Unterschiede (von gr. *διά* ‚quer durch' + *φάσις* ‚Ausdruck'), d. h. „Unterschiede zwischen den Modalitäten des Sprechens je nach der Situation desselben (einschließlich der Teilnehmer am Gespräch" (1980a: 111). Coseriu zufolge gibt es

> Unterschiede der geographischen Ausdehnung einer Sprache, d. h. *diatopische* Unterschiede, die Lokaldialekte und Regionalsprachen konstituieren. Solche Unterschiede umfassen im Gegensatz zur herkömmlichen Auffassung von Mundart oder Dialekt, die diatopische, diastratische und diaphasische Differenzierungen ungetrennt beläßt, nur Unterscheidungen, die sich räumlich feststellen lassen, und die unabhängig von Sprachschichten funktionieren. (Coseriu 1973b: 38)
>
> Unterschiede zwischen den sozial-kulturellen Schichten einer Sprache, d. h. *diastratische* Unterschiede, die sprachliche Ebenen wie Hochsprache, gehobene Umgangssprache, Volkssprache charakterisieren. (Coseriu 1973b: 38)
>
> Unterschiede zwischen verschiedenen Sprachstilen, d. h. *diaphasische* Unterschiede, die synphasische Ebenen wie gebräuchliche Umgangssprache, feierliche Sprache, familiäre Sprache, Sprache der Männer, Sprache der Frauen, poetische Sprache, Prosasprache usw. voneinander unterscheiden. (Coseriu 1973b: 39)

Coseriu übernimmt die Termini *diatopisch* und *distratisch* erstmals 1957 von Leiv Flydal (1952)[8], der von Saussure ausgehend zwischen diachronen (also historischen), diatopischen (geographischen) und diastratischen (schichtspezifischen) Dimensionen der Variation unterscheidet. Flydal sieht den Sprachstil nicht als eigene Varietätendimension an. Die Struktur der Sprache und die sogenannten Extrastrukturalismen (etwa Archaismen, Provinzialismen, Vulgarismen) bilden, so Flydal, gemeinsam die Architektur der Sprache, die er als systematisches Ganzes versteht, das aus zusammenhaltenden Elementen besteht:

> *Struktur und Extrastruktralismen* bilden eine Gesamtheit, die [...] wir hier *Architektur der Sprachgesamtheit* oder einfach *Architektur der Sprache* nennen, wobei wir unter *Architektur* nicht die architektonische Anordnung der Teile eines Ganzen verstehen, sondern ein systematisches Ganzes, das aus zusammenhaltenden Teilen besteht, in denen der gegenseitige Zusammenhalt weniger stark ausgeprägt ist als der zwischen den verschiedenen Teilen der Struktur insgesamt. (Flydal 1952: 245, meine Übersetzung)

Coseriu übernimmt von Flydal nicht den Terminus *diachron,* fügt dafür den Termini *diatopisch* und *diastratisch* dann u. a. in einem 1958 gehaltenen und wesentlich später veröffentlichten Beitrag (Coseriu 1981) den Terminus *diaphasisch* (zu-

---

8 Wie Coseriu selbst verschiedentlich anmerkt, wurden die von Flydal übernommenen Termini von anderen Autoren sowohl ihm selbst als auch seinem Schüler Rona zugeschrieben, von anderen Linguisten in Anspruch genommen oder ganz ohne Angabe von Quellen gebraucht (s. Coseriu 1980a: 111, Anm. 3). Bemerkenswert ist, dass die wesentliche Publikation von Flydal immer wieder, wie bei Coseriu irrtümlich geschehen, auf 1951 datiert und mit der bei Coseriu ebenfalls nicht korrekt angegebenen Paginierung verzeichnet wird, was zeigt, dass kaum jemand den Beitrag Flydals wirklich konsultiert hat.

erst in der Form dia*phatisch*) an (s. ebenso Coseriu 1955 bzw. 1975).[9] Zu ergänzen ist die wohl mitgedachte und in den Veröffentlichungen auch entsprechend berücksichtigte, aber nicht explizit erwähnte zeitliche Perspektive, die i. d. R. als *diachrone* Variation angefügt wird; Ammon geht davon aus, dass Coseriu die diachronen Unterschiede vermutlich absichtlich weggelassen habe (s. die Kommentare in Ammon/Arnuzzo-Lanszweert 2001: 799).

Abb. 3.2. Schema der historischen Sprache (Coseriu 1980a: 114)

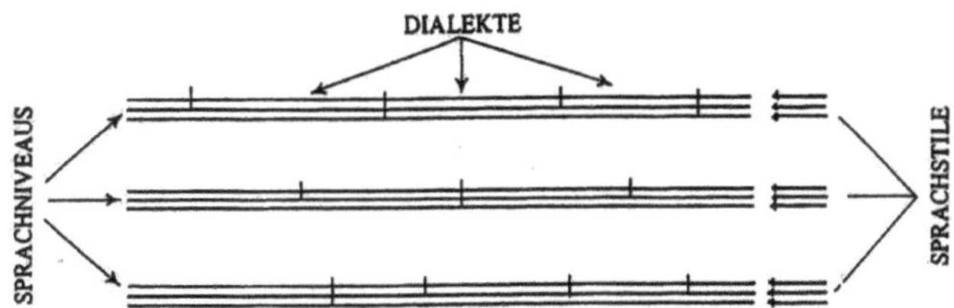

Diesen diatopischen, diastratischen und diaphasischen Unterschieden entsprächen im Hinblick auf die Homogenität, also die sprachlichen Gemeinsamkeiten, die *syntopischen*, *synstratischen* und *synphasischen* Einheiten. Syntopische Einheiten entsprächen dem, was man üblicherweise als Dialekt bezeichne, synstratische Einheiten könne man Sprachniveaus und die synphasischen Einheiten Sprachstile nennen.[10] Ein Dialekt als syntopische Einheit sei ein vollständiges selbstgenügsames System, wogegen die synstratischen Einheiten, die Sprachniveaus, und die synphasischen Einheiten, Sprachstile, jeweils nur partielles System seien. Ausnahme hiervon sei nur gegeben, wenn in einer Sprachsituation ein Dialekt zugleich als Sprachniveau oder Sprachstil fungiert. Dies kann z. B. in mehrsprachigen Gesellschaften der Fall sein, etwa in einer Gesellschaft, in der unterschiedliche Varietäten in einer Diglossiesituation koexistieren (↗ 7.1). Für *Sprachniveau* findet man in der Literatur häufig auch *Soziolekt*, für *Sprachstil* auch *Register*. Die Relation zwischen dem Sprecher und den das Sprechereignis beeinflussenden Faktoren (Geschlecht, Alter, Sprecher-Adressat-Beziehung usw.) nennt Coseriu Angemessenheit; ein Sprachstil kann somit als angemessene Technik des Spechens in dreierlei Hinsicht angesehen werden: bezüglich (i) des Sprechers bzw. der Sprecher-Adressat-Beziehung, (ii) der Sprechsituation und (iii) des behandelten Gegenstands (Albrecht 1986: 75). Das Verhältnis von Dialekt, Sprachniveau und Sprachstil sieht Coseriu (1980a: 112) als

9 Gelegentlich findet sich in der einschlägigen Literatur, auch in Einführungen, die Information, Coseriu habe den Terminus *diaphasisch* von Flydal übernommen bzw. Flydal habe diesen geschaffen (vgl. etwa Endruschat/Schmidt Radefeldt 2006: 207); dies trifft nicht zu.

10 Eine Diskussion dieser in der Wissenschaft sehr unterschiedlich aufgenommenen und mitunter sehr polemisch debattierten Aspekte erscheint in diesem Rahmen nicht sinnvoll. Es sei exemplarisch auf die Feststellung von Ammon/Arnuzzo-Lanszweert (2001: 799) verwiesen, wonach es sich um abstrakte, theoretische Begriffe handle und letztendlich offen bleibe, wie man dieses „syn" empirisch feststellen solle, da sich z. B. *synchron* „kaum sinnvoll auf einen einzelnen Zeitpunkt im strengen Sinne beziehen" (2001: 799) könne. Inwiefern diese Kritik gerechtfertigt ist und das Problem z. B. ebenso für syntopische Einheiten gilt, kann hier nicht entschieden werden, die Kritik wäre aber auszuführen und genauer zu begründen.

orientiert an, denn ein Dialekt könne als Sprachniveau und ein Sprachniveau als Sprachstil funktionieren, aber nicht umgekehrt:

Dialekt → Sprachniveau → Sprachstil

Eine regionale Form der historischen Sprache könne z. B. in einer bestimmten Gegend zugleich als volkstümliches Niveau fungieren (während die Gemeinsprache in den übrigen Niveaus gebraucht werde) und ein in diastratischer Hinsicht volkstümlich markiertes Sprachniveau könne in diaphasischer Hinsicht etwa als „familiärer Stil" gebraucht werden. Dazu könne auch eine historische Sprache in einer anderen Sprachgemeinschaft als Sprachniveau fungieren (sich also sozusagen genauso wie ein Dialekt verhalten, der mit der historischen Sprache alterniert); Beispiel ist das Deutsche in Oberschlesien oder in Chile, das von den Deutschsprachigen neben dem Polnischen bzw. Spanischen in bestimmten Situationen im Sinne eines Sprachniveaus gebraucht wird. Coserius Schema der historischen Sprache findet sich in Abb. 3.2.

Wesentlich ist der Hinweis, dass all diese Unterteilungen der historischen Sprache nur in der schematischen Übersicht derart trennscharf unterschieden werden können bzw. derart deutlich getrennt sind und in der Sprache selbst vielmehr in einem Kontinuum angelegt sind. Man habe also verschiedene ineinander greifende Niveaus, in jedem Niveau z. T. zusammenfallende Sprachstile, und in Niveau und Stil jeweils Unterschiede im Raum und ineinandergreifende syntopische Einheiten, also primäre, sekundäre und tertiäre Dialekte (Coseriu 1980a: 114, ↗ 3.6.3):

> Die diatopischen, diastratischen und diaphasischen Unterschiede treten in der historischen Sprache miteinander kombiniert auf: für jede Mundart [Dialekt] kann man Sprachstufen [Sprachniveaus] und Sprachstile feststellen; für jede Sprachstufe mundartliche und stilistische Unterschiede, usw. [...] Gerade diese Gestaltung von Mundarten [Dialekt], Sprachstufen [Sprachniveaus] und Sprachstilen nenne ich die *Architektur* einer historischen Sprache. (Coseriu 1976: 28-29)

Der Terminus der *Architektur der Sprache* stammt, wie gezeigt, ebenfalls von Flydal (1952) (s. o.).[11] Albrecht (2005: 231) kommentiert den Ansatz Coserius wie folgt:

> Mit dem etwas irreführenden Terminus *historische Sprache* ist eine Sprache gemeint, die im Laufe der Geschichte einen Namen erhalten hat, mit dem sie von den eigenen Sprechern und den Sprechern anderer Sprachen benannt wird: *Deutsch, Englisch, Französisch.* Historische Sprachen dieser Art sind noch nicht einmal in ihren standardisierten Formen völlig einheitlich, zumindest nicht aus linguistischer Sicht; sie sind recht vielfältig, wenn man alle Ausprägungen, in denen sie auftreten, mit in Betracht zieht. Mit ‚Architektur' ist das Gefüge sämtlicher Ausprägungen (Varietäten) einer ‚historischen Sprache' gemeint, das von Fall zu Fall recht unterschiedlich aussehen kann [...].

---

[11] Die Adäquatheit des Terminus *Architektur* wurde polemisch diskutiert und manche Autoren ziehen andere Ausdrücke vor, so Wesch (1998: 15), der der Auffassung ist, *Architektur* suggeriere etwas Statisches, warum er *Diasystem, Varietätengefüge* oder *Varietätenraum* vorzieht, letzteres das Schlagwort, unter dem Koch/Oesterreicher (1990) Coserius Varietätenmodell um die Dimension Nähe- und Distanzsprache erweitern (↗ 6.1) (vgl. Jacob et al. 2012: 10).

Wunderli (2005: 66) erklärt, dass Coserius Varietätenklassifikation taxonomischen Charakter habe, dass sich dies aber mit der sprachlichen Realität nicht vertrage, z. B. weil diastratische Einheiten sich mehr oder weniger fest bestimmten sozialen Schichten oder Gruppen zuordnen lassen müssten. Er weist darauf hin, dass die von Coseriu in der Erklärung der diaphasischen Unterschiede (s. o.) erwähnten *Hochsprache* und *gehobene Umgangssprache* sich nicht durch die sie verwendenden sozialen Gruppen, sondern vielmehr durch spezifische Verwendungskontexte unterscheiden. Im Hinblick auf *gehobene Umgangssprache* und *Volkssprache* wiederum gibt er zu bedenken, dass es zwar Sprecher gebe, die das eine oder andere Register nicht beherrschten, dass sich aber die Mehrheit der Sprecher kontextabhängig beider Register bedienen könne (Wunderli 2005: 66). Bemerkenswert ist auch die folgende Aussage Coserius:

> Auch diejenigen sprachlichen Unterschiede, die – in ein und derselben soziokulturellen Schicht – für bestimmte 'biologische' Gruppen (Männer, Frauen, Kinder, Jugendliche) und Berufssparten charakteristisch sind, dürfen dabei als 'diaphasisch' gelten. (Coseriu 1988a: 289)

Damit würde die heute bei vielen Autoren der diastratischen Ebene zugeordnete Sprache von Frauen, Männern, Kindern, Jugendlichen als soziale Gruppen genau wie die auch heute meist als diaphasisch klassifizierten Technolekte (bzw. Berufsjargons) als diaphasisch angesehen (↗ 5.4, 5.6, 5.7.4).

In dem von Flydal begründeten und von Coseriu ausgebauten Varietätenmmodell bezeichnet man die Unterschiede, die zwischen Elementen unterschiedlicher Varietäten einer *historischen Sprache* feststellbar sind, wie z. B. süddeutsches [laʃt] vs. norddeutsches [last] *Last*, als *Differenzen*. Diese Differenzen treten außerhalb der Struktur einer funktionellen Sprache auf, also außerhalb der Coseriu zufolge nach einheitlichen Prinzipien strukturierten Varietäten, deren Oppositionen wie in *sein* [zain] / *Schein* [ʃain] widerspruchsfrei beschreibbar seien (Albrecht 2005: 230–231).

3.6.3 Primärer, sekundärer und tertiärer Dialekt

Ein v. a. in der Romanistik und der Sprachkontaktforschung viel beachteter Ansatz Coserius ist die Unterscheidung von primären, sekundären und tertiären Dialekten. Coseriu (1980a: 113–114) erklärt bzw. definiert diese wie folgt:

a. *Primäre Dialekte*[12] sind diejenigen Dialekte, die so alt sind wie die Gemeinsprache selbst – d. h. wie derjenige Dialekt, der die Grundlage der Gemeinsprache darstellt –, die also vor der Konstituierung der Gemeinsprache existierten. Für das Spanische gibt Coseriu als primäre Dialekte das Astur-Leonesische, das Navarro-Aragonesische und das Kastilische (Letzteres wurde zur spanischen Gemeinsprache); alle sind aus dem Vulgärlatein hervorgegangen und sprachhistorisch gesehen sozusagen „Schwestervarietäten"; er ergänzt diese Reihe später durch das Judenspanische (s. Coseriu 1981. 14).

12 Wesentlich ist die klare Abgrenzung dieses Terminus von dem Gebrauch des Terminus *primary dialect* bei Ferguson (z. B. 1959), der in *primary dialects* die regionalen Varietäten bzw. Standards mit einschließt.

b. Durch die diatopische Differenzierung der Gemeinsprache können neue *sekundäre* Dialekte entstehen. Im Fall des Spanischen sind das Andalusische, das Kanarische und die verschiedenen Formen des Amerikaspanischen solche sekundären Dialekte (des Kastilischen als spanische Gemeinsprache).
c. Innerhalb der Gemeinsprache - im Beispiel Coserius innerhalb des Kastilischen als Gemeinsprache - lässt sich, so Coseriu, eine Standardsprache unterscheiden, die „sozial-kulturelle Norm" der Gemeinsprache. Coseriu nennt diese Stufe das „Exemplarische" der Sprache. Dieses Exemplarische könne sich nun selbst wieder differenzieren, d. h. in verschiedenen Gegenden unterschiedlich realisiert werden. Diese Differenzierung ließe neue diatopische Unterschiede und zugleich neue syntopische Einheiten entstehen, *tertiäre Dialekte*. Ein solcher tertiärer Dialekt wäre im Beispiel die andalusische Form des exemplarischen Spanisch (der spanischen Standardsprache), das in Andalusien anders realisiert wird als z. B. in Madrid).

In der Sprache verkörpern diese schematisch darstellbaren Unterteilungen der historischen Sprache ein Kontinuum (Coseriu 1980a: 114). Das Modell idealisiert sprachliche Verhältnisse und berücksichtigt eine Reihe von Problemen zumindest nicht explizit. Die Differenzierung von primären zu sekundären und von sekundären zu tertiären Dialekten etwa ist idealisiert, da sie zusätzliche Faktoren wie den Sprachkontakt, das Aufeinandertreffen eines primären mit einem sekundären oder tertiären Dialekt, den Kontakt eines sekundären mit dem tertiären Dialekt eines anderen sekundären Dialektes, das Aufeinandertreffen mehrerer tertiärer Dialekte usw. nicht berücksichtigt. Coseriu erläutert andernorts, dass auch die Gemeinsprachen Dialekte sein können, deren Grenzen mit denen der entsprechenden dialektalen Systeme übereinstimmen und sogar die Grenzen der untergeordneten dialektalen Systeme überschreiten können, wie dies im Falle des Spanischen in den zweisprachigen Gebieten Spaniens der Fall sei (Coseriu 1981: 11–12); auf das Spanische in den zweisprachigen Gebieten Spaniens und auf Sprachkontakt geht er aber nicht explizit ein. Bei der Expansion des Spanischen auf der Iberischen Halbinsel und in Amerika gab es aber natürlich Sprachkontakte.

3.6.4 Aufnahme des Modells von Coseriu

Die von Coseriu auf Grundlage von Flydal (1952) vorgenommene und mit der Zeit erweiterte und verfeinerte Varietätenmodellierung wurde v. a. in der Romanistik, nach und nach und in unterschiedlichen Ausprägungen auch in anderen Philologien rezipiert und weiterentwickelt. Das bei Coseriu dreigliedrige[13] Modell findet sich vielfach genau so wieder, es wurde aber auch um die bei Flydal gegebene diachrone Ebene, eine diamesische Ebene bzw. um einen ganzen Katalog anderer diasystematischer Ebenen ergänzt oder z. B. durch Zusammenfassung der diatopischen und der diastratischen Ebene verändert (s. Nabrings 1981, Haensch 1982, Wesch 1998, Berruto 1987; ↗ 3.7, 5.1, 6.1.4). Endruschat/Schmidt-Radefeldt (2006: 204–210) sprechen gar von einer *offenen Liste der Varietäten*. Während in der Romanistik auf der Grundlage des Modells von Coseriu i. d. R. an der „Zuverlässigkeit" oder Angemessenheit der Annahme eigener diachroner Varietäten gezwei-

13 Auf Coserius Umgang mit der diachronen Perspektive wurde unter 3.6.3 hingewiesen.

felt wird, da ja alle Varietäten historisch angelegt waren, sind bzw. sein können, hat man in der Germanistik vielfach die viergliedrige Dimension angenommen (s. Nabrings 1981, Spiekermann 2010), in der die diachrone Variation neben den drei Ebenen Coserius gleichwertigen Rang hat. Zu ihr werden dann auch generationelle Sprachunterschiede gerechnet, die in den auf Coseriu fußenden dreigliedrigen Modellen i. d. R. in der Diastratie verortet werden (↗ 6.2). Bemerkenswert, da forschungsgeschichtlich irreführend, ist die v. a. in der germanistischen Literatur wiederholt geäußerte Sicht auf die Herkunft der Termini bzw. der „klassifizierenden extralinguistischen Parameter", wie in der Aussage, sie würden „seit Nabrings (1981) mit Bezug auf Coseriu (1952/ 1975) als *diatopische* (räumliche), *diastratische* (schichtenspezifische), *diachrone* (zeitliche) und *diaphasische* (situative) Dimension der Variation bezeichnet" (Dittmar/Schmidt-Regener 2001: 521).

Es finden sich aber auch in der Romanistik Modelle, die Coserius dreigliedriges Modell bzw. seine Terminologie mit anderen Ansätzen verquicken (↗ 3.12). Mit der Erweiterung des Coseriuschen Modells um die Ebene von Mündlichkeit und Schriftlichkeit bzw. von Nähe- und Distanzsprachlichkeit bei Koch/Oesterreicher (1985 u. a.) ist eine weitere Ebene dazu gekommen, deren Status zu klären ist (↗ 6.1.2). Tatsächlich wird heute weniger über die genaue Anzahl der Varietäten als über die Zuordnung unterschiedlicher Varietäten in die mittlerweile als Überkategorien angesehenen Kategorien debattiert, seien dies nun drei, vier (mit der diachronen Perspektive) oder gar fünf (mit der Ebene Schriftlichkeit/Mündlichkeit). Einige Autoren beurteilen das Modell Coserius sehr kritisch oder verschmelzen es mit anderen Modellen. Wunderli (1992) z. B. verbindet die Perspektiven von Halliday bzw. Gregory, Coseriu und Berruto (↗ 3.7) zu einem eigenen Ansatz (↗ 5.1). Andere Autoren beanstanden nur Einzelaspekte. Krefeld/ Pustka (2010) erachten die Relation zwischen den Varietäten in dem Modell als fragwürdig und verweisen auf die Notwendigkeit der Betonung der Rolle der Sprecher für die Abgrenzung von Varietäten, welche nicht per se als Einheiten vorlägen, sondern sozusagen „im Kopf der Sprecher existieren" (↗ 4.8). Lüdtke (1999: 448) kritisiert den Gebrauch des Terminus *Gemeinsprache* im Sinne von sekundärem Dialekt (und somit auch Kolonialdialekt) („Das Kastilische ist zur spanischen Gemeinsprache geworden", Coseriu 1981: 113), da dies die notwendige begriffliche Unterscheidung nicht adäquat widerspiegle. Er bezeichnet daher zur Vermeidung von Verwechslungen – aber ausdrücklich ohne voreilige Lösungsvorschläge anbieten zu wollen – im Zusammenhang mit der Koineisierung des Spanischen in Amerika *Gemeinsprache* grundsätzlich als *sekundären Dialekt*, das Resultat der Ausbreitung des europäischen Standards (Nordkastilisch) als *tertiären Dialekt* (Lüdtke 1999: 449; zu Koiné, ↗ 7.2.2).

3.7 Berruto (1980, 1987, 1993a, 1993b)

Der Ansatz des italienischen Sprachwissenschaftlers Gaetano Berruto (1987 usw., in Teilen bereits 1980) kann als Reaktion auf die taxonomischen Ansätze von Autoren wie Coserio, Halliday bzw. Gregory usw. angesehen werden und als Versuch, die auf Grundlage der statischen Modelle in der Praxis nicht herzustellende Varietätendifferenzierung anders anzugehen. Sein ausdrücklich nur zur exemplifizierenden Darstellung der Architektur[14] des Italienischen angelegtes Modell soll grundlegende Probleme der Abgrenzbarkeit der Varietäten dadurch „lösen", dass von einem Kontinuum der Varietäten ausgegangen wird. Durch die Annahme des Kontinuums will er vermeiden, eigentlich unbedingt zu differenzierende Varietäten als eine einzige homogene Varietät darzustellen. Andere von Berruto betrachtete Ansätze der Darstellung des italienischen Varietätenraumes stimmen vielfach nur im Hinblick auf die extremen Pole des Kontinuums und die definitorischen Parameter überein, während sie sich (oft aus terminologischer Hinsicht) über die Übergangsbereiche zwischen den Varietäten uneinig sind. Neben der Annahme des in der italienischen Soziolinguistik ebenso wie etwa in der Kreolistik häufig zugrundegelegten Kontinuum-Gedankens vertieft Berruto die (ebenfalls kontrovers diskutierte) Vorstellung von der sprachlichen Vereinfachung als Parameter zur Varietätenklassifizierung (↗ 5.8). Unter Kontinuum versteht man vielfach - wie Mioni/Trumper (1977) - eine Gesamtheit von Varietäten, von denen zwei extreme Varietäten leicht auszumachen sind und zwischen denen eine Reihe von Zwischenvarietäten liegen, die langsam von einer der beiden Extremvarietäten in die andere übergehen (Berruto 1987: 27). Der Begriff ist auch in der Dialektologie von Relevanz, wenn es darum geht, die Inadäquatheit der klassischen strukturalistischen Auffassung von *System* zur Beschreibung der diatopischen Varietäten aufzuzeigen (↗ 4). Allerdings lassen sich grundsätzlich verschiedene Typen von Kontinua ausmachen, wie Berruto (1978: 29–30) selbst aufführt: 1) ein *allgemeines Kontinuum* aus einer Gesamtheit von nicht diskreten - nicht klar voneinander abgrenzbaren - Varietäten ohne eine Ausrichtung (auf bestimmmte Pole); 2) ein *Kontinuum mit Polarisierungen*, das aus einer Gesamtheit von orientierten, nicht diskreten Varietäten besteht, die über progressive Differenzierungen von einem Extrem zu einem anderen Extrem übergehen; 3) ein *Kontinuum mit Verdichtungen*, das aus einer Gesamtheit orientierter, aber nicht polarisierter und nicht diskreter Varietäten besteht, in dem die einzelnen Varietäten im Verlauf des Kontinuums in bestimmten Aspekten Übereinstimmungen haben (Verdichtungen), und zwar in der Art, dass die wichtigsten Verdichtungen aufeinandertreffen können, aber nicht an den Extremen des Kontinuums; 4) ein *Gradatum aus Varietäten*, die zumindest teilweise differenzierbar sind.

Berruto zufolge liegt es in der Natur der Sache, dass die diatopische Differenzierung Grundlage jeder anderen Differenzierung sei, warum es i. d. R. angebracht sei, sie auszuklammern, um die anderen Varietätendimensionen besser zu erfassen (Berruto 1987: 9, 19). Fundament des Varietätenraumes ist also die diatopische Dimension, die als grundlegend angenommen und in der graphischen Darstellung des Modells nicht abgebildet wird (s. Abb. 3.3). Auf dieses diatopische Fundament setzt Berruto in drei Achsen die anderen Varietäten, von denen prinzipiell bei allen diatopischen Varietäten auszugehen sei: *asse diastratico* = diastratische Achse; *asse diafasico (Sottocodici Registri)* = diaphasische Achse (untergeordnete Kodes, Register); *asse diamesico* = diamesische Achse. In dieses System platziert er zwischen Peripherie und Zentrum neun ihm besonders relevant erscheinende Varietäten des Italienischen, die um weitere Varietäten ergänzt werden können (1987: 20). Unterhalb der Standardvarietäten wird Substandardität

[14] Berruto (1987: 20) lehnt sich terminologisch explizit an die deutsche Varietätenlinguistik an.

angesetzt. Die auf das Italienischen bezogenen Termini werden hier vereinfachend annäherungsweise übersetzt; eine genaue Betrachtung ist ohne eine ausführliche Auseinandersetzung mit dem Italienischen hier nicht möglich:

> 1. it. standard letterario = literarisches Standardit.; 2. it. neo-standard (≅ it. regionale colto medio) = it. Neustandard (≅ regionales mittleres gebildetes It.); 3. it. parlato colloquiale = gesprochenes umgangssprachliches It.; 4. it. regionale popolare = regionales, volkssprachliches It.; 5. it. informale trascurato = informelles, nachlässiges It.; 6. it. gergale = it. Argot; 7. it. formale aulico = formelles, gehobenes It.; 8. it. tecnico-scientifico = technisch-wissenschaftliches It.; 9. it. burocratico = Verwaltungsit.

Das Modell unterscheidet ein Zentrum, in dem die tendenziell einheitlichen, standardisierenden, normativierenden und normalisierenden Faktoren angeordnet sind, die sozusagen den „einheitlichen Kern" der Sprache ausmachen, und eine Peripherie, die die tendenziell nicht einheitlichen, „entnormalisierenden" und von der Standardnorm abweichenden Fakten enthält und einen instabilen, fluktuierenden Bereich darstellt, in dem Sub- und Nonstandard des Italienischen zu finden wären (1987: 20).

Abb. 3.3. Varietätenmodell von Berruto (1987: 21)

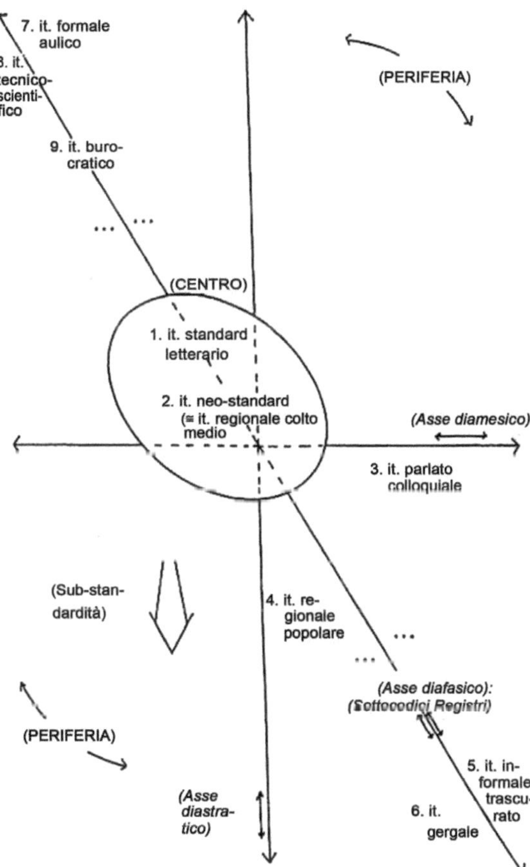

Diese Unterscheidung erlaubt es, so Berruto, die agierenden Tendenzen zu berücksichtigen, die zum Zentrum hin standardisierende, einende bzw. vereinheitlichende Wirkung und zu den Rändern hin zentrifugale, die Differenzierung verstärkende und zu Divergenzen in den Gebrauchsnormen führende Wirkung haben können. Die Pole der Achsen sind nicht verzeichnet: Die diamesische Achse bewegt sich zwischen den Polen *scritto scritto* ‚geschriebene Schriftsprache' und *parlato parlato* ‚gesprochene Sprechsprache', die sich schon bei Nencioni (1976) finden (↗ 6.1). Die Diastratie bewegt sich zwischen den Polen *alto* ‚hoch' und *basso* ‚niedrig'; die diaphasische Ebene liegt zwischen den Polen *formale-formalizzato* ‚formell-formalisiert' und *informale* ‚informell'. Die diaphasische Dimension – unterschieden in Register und untergeordnete sprachliche Kodes – ist zumindest teilweise auch mit der sozialen Stratifizierung der Sprecher verknüpft, und zwar in dem Sinn, dass die am oberen Extrem gelegenen Varietäten weitestgehend auf Gruppen von Sprechern beschränkt sind, welche am oberen Ende der sozialen Leiter zu finden seien, während die am unteren Ende angeordneten Varietäten nicht auf den Gebrauch durch bestimmte Gruppen eingegrenzt seien. Das technisch-wissenschaftliche Italienisch werde nur von bestimmten, genau definierbaren Sprechern gebraucht, während das informelle, nachlässige Italienisch ein Register sei, das im Prinzip allen Italienischsprechern zur Verfügung stehe. Das Modell Berrutos wurde zwar im Bereich der Italianistik vielfach kommentiert, ist aber insgesamt weniger stark rezipiert worden, was wohl v. a. mit der deutlichen Ausrichtung auf den italienischen Varietätenraum zu erklären ist. Wunderli (2005: 69) weist darauf hin, dass die privilegierte Stellung der diatopischen Dimension im Falle des von Berruto betrachteten Italienisch korrekt sein möge, sich aber nicht generalisieren und z. B. nicht auf das britische Englische übertragen ließe. Er macht deutlich, dass das Modell insbesondere im Hinblick auf die Möglichkeit, in der Peripherie auch ephemere – vergängliche bzw. flüchtige – Phänomene wie Telegraphenstil, *foreigner talk*, *baby talk* (↗ 5.8) usw. aufzunehmen, wertvoll ist, betont aber, „daß alle diese Varietäten keine *a priori* gegebenen Entitäten darstellen und daß sie nicht scharf ausgrenzbar sind" (2005: 72).

Vielmehr habe man es mit einer Art Fokalisierung der Kondensationszentren (bei Berruto: *addensamenti* ‚Verdichtungen', s. o.) zu tun, die auf einem Bündel unterschiedlicher mehr oder weniger charakteristischer, mehr oder weniger obligatorischer Züge beruhten und bei denen es um Prototypen von Varietäten gehe.

In späteren Publikationen stellt Berruto den italienischen Varietätenraum etwas anders dar, ohne jedoch die Darstellung von 1987 zu revidieren (1993a: 11–12). Der diatopischen Varietät wird weiter fundamentale Bedeutung zugemessen:

> Die nativen Varietäten der Italiener, d. h. die Varietät der Sprache, die jeder Sprecher in der Primärsozialisation lernt, sind immer sozio-geographisch determiniert: ein Italienisch einer bestimmten sozialen Schicht mit einem bestimmten Grad regionaler Markierung – oder, immer seltener, aber in einigen Regionen des Landes noch in relevanter Art und Weise, ein Dialekt. (Berruto 1993a: 10, meine Übersetzung)

Bemerkenswert ist der Umgang mit der diamesischen Variation, denn tatsächlich erläutert der Autor anschließend, dass es zwischen den Varietätendimensionen immer eine Beziehung gebe, die sich derart darstelle, dass eine innerhalb der anderen agiert, und zwar die Diastratie innerhalb der Diatopie, die Diaphasie innerhalb der Diastratie und die Diamesie innerhalb der Diaphasie.

Abb. 3.4. Einbindung der Varietätendimensionen in Berrutos Varietätenmodell (1993a: 11)

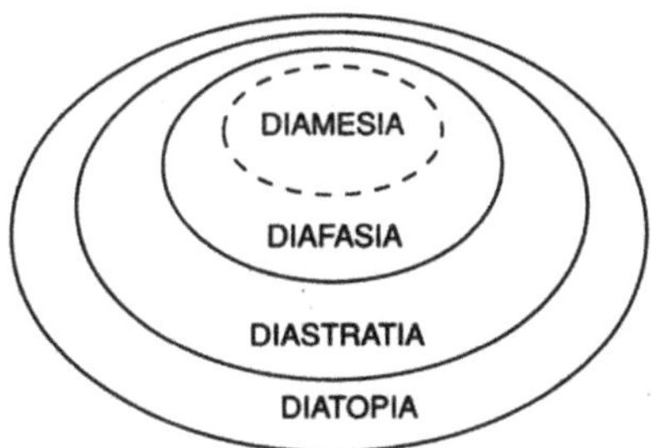

So erwerbe ein Italiener seine soziale Varietät des Italienischen der eigenen Region, innerhalb derer er dann verschiedene Register erlerne, die für verschiedene Situationen adäquat seien, innerhalb derer er die grundlegende Dichotomie zwischen gesprochen und geschrieben lerne (s. Abb. 3.4). Ist 1987 die Rede davon, dass die Opposition geschrieben-gesprochen quer durch die Diaphasie und die anderen Dimensionen hindurch gehe, so ist sie nun unter- bzw. innerhalb der anderen Dimensionen angeordnet. Die anschließende Erklärung über die Hierarchien erweitert - ohne dass dies so aufgezeigt würde - unmittelbar die Darstellung bei Coseriu (1980a: 112, ↗ 3.6.2):

> Andererseits entspricht dies einer gut bekannten soziolinguistischen Hierarchie, nach der diatopische Varietäten auch als diastratische Varietäten fungieren können, diastratische Varietäten auch als diaphasische Varietäten fungieren können und diaphasische Varietäten auch als diamesische Varietäten fungieren können, aber nicht in umgekehrter Richtung. (Berruto 1993a: 11, meine Übersetzung).

Der Bezug auf Coseriu (1980a: 112) und die dort gegebene Kette *Dialekt* → *Sprachniveau* → *Sprachstil* (↗ 3.6.2) ist offensichtlich; die Erweiterung der Kette wird als Teil der „bekannten soziolinguistischen Hierarchie" präsentiert, obwohl es eine Erweiterung Berrutos ist. Trotzdem schreibt Berruto dann wiederum:

> Die Unterscheidung zwischen Gesprochenem und Geschriebenem nimmt in der Sprachvariation eine besondere Position ein, da es sich nicht wirklich um eine neben den anderen existierende Dimension handelt sondern vielmehr um eine Opposition, die entlang der anderen Variationsdimensionen läuft und gleichzeitig von diesen gekreuzt wird. (Berruto 1993b: 37, meine Übersetzung)

Auf Mündlichkeit und Schriftlichkeit ist noch genauer einzugehen (↗ 6.1). Wie Wunderli (2005: 72) anmerkt, ist die sprachliche Wirklichkeit durch Unbestimmtheit und Unschärfe charakterisiert, welche auf die ständig wechselnde Positionierung der Sprecher im Varietätenraum und „in" den einzelnen Dimensionen zurückgeht; ein Instrumentarium zu ihrer Beschreibung muss entsprechend flexibel sein, was er dem Modell Berrutos auch zugesteht, wenngleich er zu dem Schluss gelangt, dass der Preis dieser Flexibilität der Verlust jeglicher Konturen der Varietäten (bis hin zu den Idiolekten) und ihrer Grammatiken sei. Die Ausweglosigkeit der Beschreibung sei bisher nicht überwunden.

3.8 Chaudenson (1984, 1989), Chaudenson et al. (1993)

Ein in der französischen Sprachwissenschaft sehr einflussreiches Modell ist der von Chaudenson (1984, 1989) und Chaudenson et al. (1993) vorgestellte Ansatz auf Grundlage der Hypothese des *français zéro* ‚Nullfranzösisch' (oder FØ-Hypothese). Der Name ist übernommen aus der Indogermanistik, wo ein *degré zéro* ‚Nullgrad' eine Variante ist, die mit der Variablen übereinstimmt (dies illustriert das Beispiel der Variablen APRIKOSE mit den beiden Varianten dt. *Aprikose* und öst. *Marille* von Ammon (1995: 61–65), ↗ 1.3). Das *français zéro* wird durch die Gesamtheit der Variablen repräsentiert, die das Französische ausmachen und die je nach Zeit und Ort durch unterschiedliche Varianten ausgefüllt werden. *Français zéro* steht somit gekürzt für ‚aus der Gesamtheit der Variablen des Französischen bestehendes statistisches Modell' (s. Chaudenson et al. 1993: 6). Die FØ-Hypothese geht davon aus, dass in einer Situation der Einsprachigkeit Variation nicht das gesamte System der Sprache berührt, sondern i. d. R. auf bestimmte „Variabilitätsbereiche" beschränkt ist. Diese könnten durch eine Betrachtung einer größtmöglichen Anzahl von (muttersprachlichen) Varietäten des Französischen empirisch nachgewiesen werden. Die Variabilitätsbereiche seien die Schwachpunkte des linguistischen Systems des Französischen, die dann eine Art der „Selbstregulation" auslösen. Die invarianten Bereiche dagegen, die den „harten Kern" der Sprache darstellen, wären normalerweise nur betroffen, wenn es durch außergewöhnliche soziolinguistische Phänomene (wie Sprachkontakt) zu wesentlicher Beeinflussung der Transmission und des Gebrauchs des Französischen komme, welche die Möglichkeiten der Selbstregulierung des Französischen überschreite (s. Chaudenson et al. 1993: 6–7). Davon abzuleiten ist, dass wesentliche Veränderungen der Sprache langfristig nur durch das Zusammenspiel extra-, inter- und intrasystemischer Faktoren ausgelöst werden, wobei Sprachkontakt wesentliche Voraussetzung ist. Diese Hypothese sei trotz der alleinigen Anwendung auf das Französische als universell anzusehen (s. Chaudenson et al. 1993: 10). Extrasystemische Faktoren sind soziolinguistische Faktoren wie normativer Druck, Grad des Kontakts mit der Norm und Sensibilität bezüglich der Norm, Sprachkontaktsituationen, Status der Sprache, Art des Erst- und Zweit- bzw. Fremdsprachenerwerbs usw.; bei den intrasystemischen Faktoren handelt es sich v. a. um selbstregulierende Prozesse (optimalisierende Restrukturierungen, etwa die Regularisierung von Formen im Sinne einer Regulierung *unregelmäßig* → *regelmäßig* usw.); mit intrasystemischen Faktoren sind v. a. Interferenzen (im Sinne struktureller und semantischer Beeinflussung durch Elemente anderer Sprachen) gemeint. Zu unterscheiden sind mehrere Konstellationen der Entwicklung der Varietäten:

1. Endogene Entwicklung, bei der häufig sprachliche Substrate eine Rolle spielen: Frankreich, Belgien, Schweiz, Aoste-Tal, Tahiti usw.;
2. Exogene Entwicklung, Diaspora 1: als Resultat von Migration aus Frankreich: Akadien, Québec, Louisiana, Nordafrika;
3. Exogene Entwicklung, Diaspora 2: als Resultat von Migration aus einer durch Migration aus Frankreich hervorgegangenen Gemeinschaft (Diaspora 1): Ontario und Westkanada, Neu-England, Missouri;

4. Gemischte Fälle (D1 und D2): Französisch-Créole-sprachige Länder, Neu-Kaledonien usw. (Chaudenson et al. 1993: 12–13)

Die Entwicklungsszenarien erlauben zugleich die Klassifizierung der jeweils resultierenden Varietäten. Variation ergibt sich auf drei Ebenen und kann entsprechend erfasst werden: (1) *interlektal* (oder *panlektal*), durch den Vergleich der lokalen Varietäten des Französischen; (2) *intralektal*, durch die Betrachtung verschiedener Varianten in einer Varietät und der Inbezugsetzung zu soziologischen Charakteristika der Sprecher; (3) *idiolektal*, durch Betrachtung individueller Abweichungen. Chaudenson et al. (1993: 16–22) stellen im Zusammenhang mit den Überlegungen zur Variation des Französischen unter den extrasystemischen Faktoren eine Typologie vor, die zwar nicht die Varietäten selbst, sondern die extralinguistischen Umstände ihrer Existenz fokussiert, hier aber aufgrund ihrer Überlappung mit anderen soziolinguistisch ausgerichteten Varietätenmodellen kurz vorgestellt werden soll. In Abhängigkeit der Kombination der Faktoren ‹status› (zusammengesetzt aus den Einzelfaktoren *Status* – als einzige Amtssprache oder nicht usw. –, *Gebrauch* – als offizielle Sprache, in Verwaltung, Recht usw. – und *Funktionen*) und ‹corpus› (als Summe der Einzelfaktoren *Erwerbsart*, *Typen der Kompetenz*, *Sprachproduktion* und *-konsum*) ergibt sich eine Typologie von vier Typen A bis D, die wesentliche Situationen der Existenz des Französischen in den zur *Francophonie* zählenden Ländern skalar repräsentiert (s. Tab. 3.6).

Tab. 3.6. Klassifikation der Frankophonie-Situationen (Chaudenson et al. 1993: 19)

STATUS	+	+	–	–
CORPUS	+	–	+	–
TYPE	A	B	C	D

Frankreich repräsentiert z. B. Typ A; viele Länder Afrikas, in denen das Französische Staatssprache ist, aber nur von geringen Anteilen der Bevölkerung gesprochen wird, wären Typ B; Louisiana, wo das Französische keinerlei Status hatte, aber von Teilen der Bevölkerung als einzige Muttersprache gesprochen wurde, sei Typ C gewesen, und zu Typ D, wo das Französische weder bezüglich Status noch im Hinblick auf Corpus präsent ist, sei die zum zweisprachigen Staat Kanada gehörende kanadische Provinz Neufundland zu rechnen. Das Modell wurde auch auf andere Sprachen angewandt, so von Wesch (1998) auf das Spanische.

3.9 Löffler (1985)

Heinrich Löffler (1985) versucht mit dem von ihm Sprachwirklichkeitsmodell genannten soziolinguistischen Varietätenmodell, die von der (älteren und neueren) germanistischen Varietätenforschung behandelten Varietäten des Deutschen zusammenfassend darzustellen (s. Abb. 3.5). Mit dem von ihm selbst eingestandenen „etwas verwirrenden Eindruck" (1985: 88) beabsichtigt der Autor, „die Komplexität und Relativität jedes Einteilungsversuches der Sprachwirklichkeit optisch anzudeuten".[15]Kreise und Striche sollen anzeigen, dass die Sprachwirk-

[15] Die leicht vereinfachte Graphik der Neuauflagen ist nur geringfügig übersichtlicher. Nicht korrigierte, zum Teil sehr auffällige Fehler beweisen, dass das Kapitel zur Varietätenlinguis-

lichkeit ein übergangsloses Kontinuum darstelle (bzw. fließende Übergänge aufweise), dass alle Klassifizierungsversuche eine Frage des Standpunktes seien und grundsätzlich immer nur unzureichend sein könnten und sich die Unterscheidungskategorien überschneiden würden.

Abb. 3.5. Sprachwirklichkeitsmodell (Löffler 1985: 87)

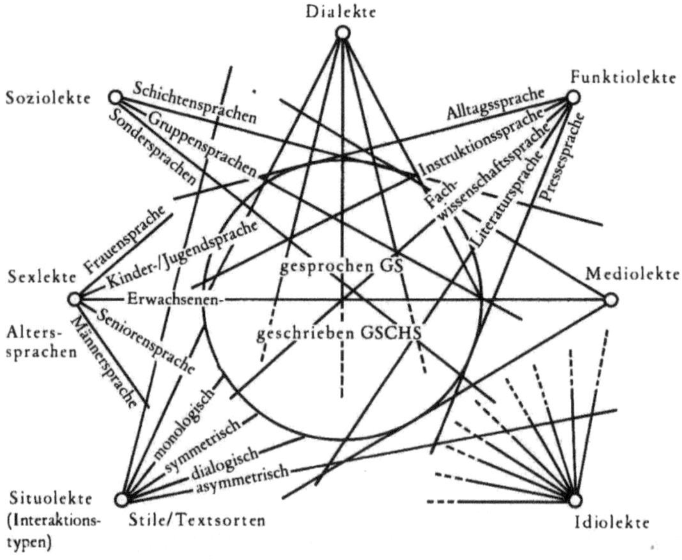

Varietäten, so ergänzt Löffler später (s. [3]2005: 79), „in Anspielung an das Suffix -lekt in Dialekt auch ‚Lekte' genannt" (↗ 1.3), könne man als „gebündelte Textexemplare ansehen, deren sprachliche Merkmale in der Hauptsache von Redekonstellationstypen oder sozio-pragmatischen Bedingungen wie Individuum, Gruppe, Gesellschaft, Situation, Funktion geprägt sind". Die sechs äußeren Ecken, so schreibt der Autor (der sich hier wohl verzählt hat, da es eigentlich sieben ‚Ecken' sind), sollen sprachliche Großbereiche – hier also Lekte – darstellen, die sich nach Medium (Mediolekte), Funktion (Funktiolekte), arealer Verteilung (Dialekte), Sprechergruppen (Soziolekte), Alter und Geschlecht (Sexolekte, Alterssprachen) und Interaktionstypen bzw. Situationstypen (Situolekte) unterscheiden (Löffler 1985: 88). Aus „Sexolekte, Alterssprachen" wird in der Überarbeitung „Kinder-, Erwachsenen, [sic] Alten-Sprachen; Sex(o)lekte, Genderlekte" ([3]2005: 80). Von jedem dieser Haupttypen – die „siebte Ecke" der Idiolekte wird hier nicht berücksichtigt, was die Zählung erklären könnte – gehen Strahlenbündel aus, die weitere Unterteilungen der Lekte symbolisieren, welche sich gegenseitig überlagern und überschneiden. Für alle Einteilungen gelte, dass es letzlich sprachliche Merkmale sein müssten, durch welche die Lekte voneinander unterschieden würden. Während die Varietäten an den sprachlichen Formen bzw. Erscheinungen zu erkennen seien, sollte die Klassifizierung außersprachlich sein, sich also aus dem Bereich der Interaktion und der sozialen Konstellation herleiten. Bemerkenswert ist der Hinweis, wonach man schon „in

tik in der Neuauflage offenbar nicht wesentlich bearbeitet wurde, warum hier, soweit nicht anders angemerkt, auf die Erstauflage Bezug genommen wird.

vorsoziolinguistischer Zeit" Varietäten - nämlich „Gemeinsprache, Fachsprache, Schulsprache, Wissenschaftssprache, Predigt, Nachrichtensprache" - unterschieden und benannt habe und Alltagssprache, weil sie ‚alltäglich' sei, eine der zuletzt entdeckten Varietäten sei (Löffler 1985: 88).

3.10 Dittmar (1997)

Dittmar schlägt zu einer Bestandsaufnahme der Varietäten Ordnungsdimensionen vor: *Person, Raum, Gruppen, Kodifizierung, Situation* und *Kontakt*. Zudem erwähnt er eine *historische Dimension*, die er aus pragmatischen Gründen - „darüber wäre ein eigenes Buch zu schreiben" (1997: 180) - vernachlässigt. Jeder dieser Dimensionen ordnet er ein *geborenes charakteristisches Merkmal* zu (Tab. 3.7). Darunter versteht er eine ausgezeichnete Eigenschaft der Dimension, die als den Zuordnungskriterien gemeinsames Merkmal zu verstehen ist.

Tab. 3.7. Varietäten und ihre Ordnungsdimensionen (Dittmar 1997: 179–180)

1. Ordnungsdimension PERSON
   geborenes Merkmal: einmalige individuelle Identität
   Varietäten: individuelles Repertoire (Idiolekt)
   Lernervariatät (Lernerlekt)
2. Ordnungsdimension RAUM
   geborenes Merkmal: lokale Identität
   Varietäten:
   - lokale Varietät
   - regionale Varietät (Dialekt)
   - städtische Varietät (Urbanolekt)
   - überregionale Varietät (Umgangssprache, Regiolekt)
3. Ordnungsdimension GRUPPE
   geborenes Merkmal: (Werte-)Konflikt
   Varietäten:
   - schichtspezifische Varietät (Soziolekt)
   - geschlechtsspezifische Varietät (Sexolekt oder MW-Lekt)
   - altersspezifische Varietät (Gerontolekt, Jugendsprache)
   - gruppenspezifische Varietäten (Argot, Rotwelsch, Slang, Obdachlosensprache...)
4. Ordnungsdimension KODIFIZIERUNG
   geborenes Merkmal: normative Korrektheit
   (schriftlicher, mündlicher Gebrauch)
   - Standardvarietät
   - Standardnahe Umgangssprache
5. Ordnungsdimension SITUATION
   geborenes Merkmal: Kontext-/Musterwissen
   Varietäten:
   - Register
   - Stile
   - Fachsprache (?)
6. Ordnungsdimension KONTAKT
   geborenes Merkmal: Macht (politische, militärische, wirtschaftliche, kulturelle)

Varietäten:
- Pidgin
- Kreolsprachen
- Dialekte prestigebesetzter Weltsprachen außerhalb des Mutterlandes

3.11 Hambye/Simon (2004)

Hambye/Simon (2004) entwerfen ein Modell der Beziehungen zwischen *linguistic varieties* und *styles*. Dies leiten sie wie folgt her (Hambye/Simon 2004: 399–400):

> We hypothesise that linguistic varieties are abstract models of speech and thus have the status of social constructs. This means that they constitute particular social representations [...], which the French sociolinguistic tradiction calls *représentations linguistiques* [...], and are thus part of the speaker's *imaginaire linguistique*.

Durch diese linguistischen Repräsentationen assoziieren die Sprecher soziale Gruppen oder Kategorien, und diese Assoziation gibt ihnen eine spezielle soziale Bedeutung, die daher dann auf diese *speech models* projeziert werden kann.

Abb. 3.6. Beziehungen zwischen *varieties* und *styles* (Hambye/Simon 2004: 400)

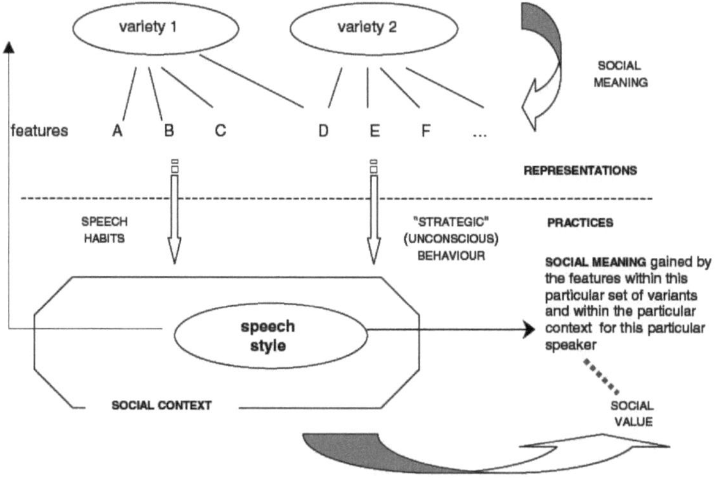

Ihre Vorstellung von *varieties* und *styles* bilden die Autoren in dem in Abb. 3.6 gegebenen Modell ab. Nicht alle dieser *speech models* haben im *imaginaire linguistique* der Sprecher klare Konturen: Die Modelle können sich z. B. auf formelle Rede oder *baby talk* (↗ 5.8.2) beziehen. Nach dieser Sicht sind Varietäten relativ definierte Modelle des Sprechens, die mit sozialen Gruppen assoziiert werden, welche auf sozialer oder geographischer Grundlage unterschieden werden (Hambye/Simon 2004: 400). Beispiel ist das Französische Belgiens, dass mit bestimmten sozialen Bedeutungen und Werten assoziiert werde. Selbst wenn diese Varietät in den Repräsentationen der Sprecher keinen präzisen sprachlichen Gehalt habe, so würden sie dennoch bei der Elaborierung ihres *speech styles* oder bei der Einschätzung anderer Sprecher darauf referieren. Ausdruck findet dies auch darin, dass die sprachlichen Elemente, die als typisch für diese Varietät angesehen werden, wie etwa der Gebrauch von *septante* statt *soixante-dix* ‚siebzig', eine soziale Bedeutung haben, die mit dem mit dieser Varietät assoziierten Wert verknüpft ist. Sprecher würden in ihren sprachlichen Realisierungen Varietäten nicht als vorgeformte Gesamtheit von Varianten wählen, sondern „produzieren" einen Stil, indem sie auf Grundlage ihrer üblichen Sprachverhaltens sowie aufgrund von strategischem, kreativem sprachlichen Handeln Bündel von Varianten kombinieren (Hambye/Simon 2004: 400–401). S. Krefeld/Pustka (2010) zur Unterscheidung von Varietäten und ihrer Verankerung „in den Köpfen" der Sprecher (↗ 4.8).

3.12 Krefeld (2010)

Der Ansatz von Krefeld (2010) illustriert jüngere Modellierungen sprachlicher Variation. Das Modell vermittelt eine Sicht auf die Dimensionen der Variation, die angesichts der Zuordnung der einzelnen Klassifizierungskategorien als Verschmelzung der jeweils dreigliedrigen Ansätze Coserius und Flydals, wie sie auch bei Nabrings (1981) nachvollziehbar ist, der Erweiterung des Modells bei Koch/Oesterreicher (1990 u. a.) und der nach *user* und *situation* unterscheidenden Ansätze bei Halliday und Gregory (↗ 3.4) interpretiert werden kann (s. Tab. 3.8).

Tab. 3.8. Dimensionen der Variation (Krefeld 2010: 59)

<table>
<tr><th colspan="3">Dimensionen der Variation</th></tr>
<tr><td rowspan="5">außersprachlich</td><td rowspan="3">sprecherbezogen</td><td>regional oder diatopisch</td></tr>
<tr><td>sozial oder diastratisch (diagenerationell, diasexuell)</td></tr>
<tr><td>kompetenzbedingt als L2 erworben</td></tr>
<tr><td>situationsbezogen</td><td>stilistisch oder diaphasisch</td></tr>
<tr><td>historisch zeitlich</td><td>diachronisch</td></tr>
<tr><td>innersprachlich</td><td>medial-prozessual</td><td>mündlich/schriftlich oder diamesisch</td></tr>
</table>

Krefeld stellt die in der Übersicht genannten Kriterien als sprachvergleichend und universal fundiert vor und erklärt, dass sie einer „etischen" Außenperspektive im Gegensatz zu einer „emischen" Innenperspektive entstammen, die auf eine beliebige Einzelsprache gerichtet werden könne. Die gemäß dieser oder anderen Dimensionen markierten Varietäten seien die elementaren Einheiten, mit denen die Varietätenlinguistik operiere (Krefeld 2010: 58). Das Modell ist auch im Zusammenhang mit den Überlegungen zur perzeptiven Varietätenlinguistik von Relevanz (↗ 4.8).

3.13 Generative Grammatik und Varietäten

In der Generativen Grammatik hat man sich wie schon im Rahmen der strukturellen Sprachwissenschaft kaum für Variation oder die Varietätenproblematik interessiert. Vielmehr wurde sprachliche Variation in der strukturellen und generativen Linguistik im jeweils engeren Sinn nicht selbst zum Untersuchungsgegenstand gemacht, „sondern eher als Störfaktor ausgeblendet", damit die Erkenntnis des eigentlich interessierenden Gegenstandes nicht behindert würde (Ammon/Arnuzzo-Lanszweert 2001: 799). Der mexikanische Sprachwissenschaftler Fernando Lara vertrat in einem Vortrag in Leipzig 2008 gar die Ansicht, der Generativismus habe mit seiner Abkehr von der Untersuchung der Variation und der Ablehnung der Analyse der Varietäten der Sprache die Dialektologie „umgebracht". Nicht zuletzt auch aufgrund der vehementen Reaktionen, die sie hervorgerufen hat, und der auf sie aufbauenden oder reagierenden Überlegungen – z. B. knüpft die Soziolinguistik Labovscher Prägung, so Löffler ([3]2005: 167), in gewisser Weise an ihre Ansätze an –, war die Generative Grammatik trotz aller Kritik zugleich unzweifelhaft befruchtend für die Linguistik.

Die Betrachtung der (Nicht-)Berücksichtigung sprachlicher Varietäten in den zur Generativen Grammatik zählenden Grammatikmodellen bzw. der eher formalisierenden Linguistik allgemein stellt zwar keine Auseinandersetzung mit varietätenlinguistischen Fragestellungen dar. Da der generativistische Ansatz sich aber wesentlich auf die linguistische Forschung der letzten Jahrzehnte ausgewirkt hat, soll hier dennoch dargestellt werden, welches seine grundlegenden Positionen bezüglich Variation und Varietäten sind. So soll auch nachvollziehbar werden, warum diese zu sehr polemischen Diskussionen geführt haben.

Das oft vertretene Postulat der vermeintlichen Unvereinbarkeit von Interesse für Variation und Varietäten und generativistischen Herangehensweisen ist sicher auf einige in grundlegenden Arbeiten eingenommene radikale Ausgangspositionen zurückzuführen. In der Generativen Grammatik wurde sehr früh deutlich gemacht, dass die Betrachtung empirisch gewonnener Daten verzichtbar sei und stattdesssen auf Sprecherurteil bzw. das eigene Sprachempfinden zu vertrauen sei. Aspekte wie die Häufigkeit bestimmter Strukturen oder Elemente sind für andere Richtungen der Sprachwissenschaft, darunter die Varietätenlinguistik, ein wesentlicher Anhaltspunkt für die Ermittlung deskriptiver Norm, Bestimmung von Abweichungen von der deskriptiven Norm, Differenzierung von Varietäten, Herausarbeitung von stilistischer Variation usw., letzlich auch für die Erforschung der Akzeptabilität und somit möglicherweise auch der Grammatikalität. In der Generativen Grammatik wurden sie explizit nicht beachtet und ihre wissenschaftliche Betrachtung per se von einigen Vertretern auch nicht *ge*achtet. Hierfür hatte der Begründer des Generativismus, Noam Chomsky, mit entsprechenden Aussagen schon früh die Weichen gestellt, so als er darauf hinwies, dass das Kriterium der Frequenz für die Akzeptabilität keine Rolle spielen könne. Dies begründete er (erstaunlicherweise) damit, dass Sätze wie *I live in New York* zwar häufiger seien als Sätze wie z. B. *I live in Dayton, Ohio,* dass aber keineswegs aufgrund des demographischen Übergewichts, also der sehr viel höheren Einwohnerzahl New Yorks gegenüber der kleineren Stadt Dayton der erste der beiden Sätze grammatikalischer sei (Chomsky 1957: 17). Tatsächlich sind die Sätze jedoch syntaktisch identisch, und es kann wohl kaum erwartet werden, dass Grammatikalität (und Akzeptabilität) lediglich aufgrund des außersprachlichen Referenten – hier der Wohnort – variiert. Dennoch war diese für Sprachwissenschaftler eigentlich auf der Hand liegende Fehlinterpretation linguistischer Aspekte eines der frühen Argumente dafür, dass Grammatikalität in keinerlei Relation zur Gebrauchsfrequenz stehe und daher nicht mit statistischen Methoden oder durch Korpusanalysen zu ermitteln sei. Spätere Studien wiesen dagegen deutlich nach, dass genau dies der Fall ist und Akzeptabilität und ggf. auch Grammatikalität sehr wohl ganz eindeutig mit der Gebrauchshäufigkeit zunehmen kann bzw. umgekehrt höhere Akzeptabilität auch höhere Frequenz nach sich ziehen kann (s. Beinke 1990, McEnery/Wilson 1996, Sinner 2004: 98–99). Ein weiteres Gegenargument war die erwähnte Ausrichtung auf den „idealen Sprecher“ und ein idealisiertes und somit variationsfreies Sprachsystem (↗ 1.2.2; zur Homogenität in der Generativen Grammatik, Chomsky 1965: 3). Tatsächlich wurde die fehlende Berücksichtigung der diasystematischen Varietäten sehr früh als Schwachpunkt von Chomskys Ansatz angesehen, denn die generativen Grammatiken von Einzelsprachen differenzieren weder unterschiedliche Niveaus noch berücksichtigen sie Unterschiede im Raum oder Registerunterschiede, die sich im Sprachgebrauch widerspiegeln und zweifellos Konsequenz des sprachlichen Wissens bzw. der sprachlichen Kompetenz sind (Bondzio et al. 1980: 139; Martín 1988: 438).

Bei Überprüfung der Akzeptabilität und Grammatikalität wurden bisher in generativistisch ausgerichteten Studien aus der Gesamtheit der Diasystematik i. d. R. allenfalls diatopische, sehr selten diachrone Varietäten berücksichtigt. Dies beschränkt sich meistens auf Hinweise darauf, dass sich die Aussagen auf bestimmte (diatopische) Varietäten beziehen, also etwa nur auf das Spanische von Argentinien, nur auf das US-amerikanische Englisch usw. Dabei wird die diatopische Untergliederung der nationalen Varietäten i. d. R. ausgeblendet: In Argentinien etwa gibt es nicht etwa *das* argentinische Spanisch, sondern mehrere deutlich divergierende diatopische Varietäten. Zudem hören in bestimmten Ländern gesprochene „nationale“ Varietäten in ihrer Ausdehnung nicht einmal unbedingt an den Landesgrenzen auf. Dies zeigt die in der Literatur häufig vorgenommene Zusammenfassung mancher Varietäten des Spanischen Argentiniens und Uruguays, durch manche Autoren auch Paraguays, zu einem *español del Río de la Plata* ‚Rio-de-la-Plata-Spanisch‘. Dasselbe gilt für das in Nordfrankreich und in Belgien gesprochene Französisch: Das Kontinuum geht über die Landesgrenzen hinweg.

Die Nichtberücksichtigung diastratischer und v. a. diaphasischer Varietäten ist aus Sicht der Varietätenlinguistik bezüglich der Einschätzung der Grammatikalität und Akzeptabilität durch die Sprecher bzw. Informanten schwer nachvollziehbar. So ist es offensichtlich, dass bestimmte Formen in der Standardsprache mancher Sprachen als Fehler gelten, in der Umgangssprache in bestimmten Situationen aber die einzige oder zumindest häufig realisierte Form darstellen. Damit stellt sich jeweils die Frage, wie man die Kennzeichnung von Agrammatikalität (durch ein Sternchen vor der jeweiligen Äußerung) oder die Hinweise auf fehlende Akzeptabilität zu werten hat, wenn nicht deutlich wird, für welche diaphasischen und diastratischen Varietäten diese anzusetzen sind. Der postnominale – nach dem Substantiv stehende – Gebrauch des Adjektivs oder des Possessivpronomens illustriert dieses Problem. Normalerweise würden Deutschmuttersprachler derartige Konstruktionen als ungrammatikalisch ansehen:

*Tisch unser steht im Flur.

*Lektor mein hat trotz Krebserkrankung eine Kündigung bekommen.

In Dichtung, Musiktexten und dergleichen expressiven Texten, die bei manchen Autoren als Poetolekt (König [17]2011: 136) bezeichnet werden, oder in religiösen Textsorten wie Gebeten finden sich jedoch genau solche Konstruktionen, ohne dass die Sprecher sie als zweifelhaft bzw. ungrammatikalisch ansehen würden:

Vater unser der Du bist im Himmel … (christliches Gebet, u. a. im Matthäus- und Lukasevangelium)

Hänschen klein, ging allein … (Kinderlied aus dem 19. Jahrhundert)

Gründe für den Gebrauch von in der Sprache sonst nicht - oder nicht mehr - als grammatikalisch geltenden Strukturen können z. B. bei Übersetzungen die Orientierung an der Syntax der Ausgangssprache oder das Bemühen um Reim oder Rhythmus sein. Letzteres erklärt auch den Erhalt von Strukturen früherer Sprachstände bzw. Rückgriff auf solche Strukturen, z. B. *weinet* statt *weint*.[16]

Tatsächlich wird oft denjenigen Strukturen der Status der Grammatikalität zuerkannt, die durch das Regelwerk eines bestimmten Sprachmodells, einer bestimmten Grammatik erfasst bzw. generiert werden können. Grammatikalität sprachlicher Ausdrücke ist theoriegebunden, Akzeptabilität dagegen reflektiert Sprecherurteile über die Annehmbarkeit von Äußerungen sprachlicher Strukturen. In der Generativen Grammatik ist Grammatikalität Abbild der Kompetenz (also *Sprachfähigkeit*) des idealen Sprechers und Hörers (Metzler 2010: *s. v.*).

Bosque (1978: 88) schreibt in einer Arbeit über generative Methodologie, dass im Falle einer Konstruktion, die von 50 Prozent der Befragten als grammatikalisch und von 50 Prozent der Befragten als ungrammatikalisch angesehen wird, keine Aussage über ihre „Semigrammatikalität" auf individueller Ebene gemacht werden könne (ob also ein einzelner Sprecher möglicherweise unentschieden über ihre Grammatikalität wäre), sondern nur geschlossen werden kann, dass die entsprechende Sequenz in der entsprechenden Sprachgemeinschaft nicht klar im System fixiert ist. Damit wird aber einerseits vorausgesetzt, dass tatsächlich alle Informanten, die um ein Urteil über die Grammatikalität einer Struktur gebeten werden, genauestens über den Kontext, den Ort und die Kommunikationspartner informiert sind, also die diasystematischen Parameter kennen, und sich tatsächlich alle Informanten über eine Konstruktion in *einer bestimmten* Varietät äußern. Dies ist jedoch ein Aspekt, der im Design generativistischer Sprecherbefragungen zur Grammatikalität - die zudem selten auf größere Mengen von Informanten zurückgreifen - normalerweise nicht berücksichtigt wird. Andererseits lässt diese Aussage indirekt den Schluss zu, dass die Häufigkeiten von Antworten bezüglich der Grammatikalitätseinschätzung offenbar sehr wohl eine Rolle spielt oder spielen kann, womit sich die Frage stellt, warum die Häufigkeit des Gebrauchs nicht ebenfalls Rückschlüsse dieser Art zulassen sollte. Wie Klein anmerkt, deklariert die starke Homogenitätsannahme genau wie die Annahme des idealen Sprecher-Hörers wesentliche und z. T. gut erforschte Bereiche des sprachlichen Verhaltens als zweitrangig; Klein (1976: 30) schreibt weiter:

> sie führt auch zu erheblichen Schwierigkeiten in der empirischen Arbeit, wie man sie z. B. symptomatisch an den stark schwankenden Urteilen über Grammatikalität, Synonymie und dergleichen sieht; in der Praxis führt dies dazu, daß jeder Linguist seinen Idiolekt beschreibt, besser gesagt das, was er dafür hält.[17]

---

16 Vgl. Gabriel (2013), der sich im Zusammenhang mit der Textvertonung in der italienischen und französischen Oper auch mit rhythmisch motivierten Rückgriffen auf als veraltet geltende oder nicht standardsprachliche Erscheinungen auseinandersetzt.

17 Die folgende Aussage über die Datengrundlage zu einer Arbeit über Sprachwandel im Norwegischen auf Grundlage angenommener Akzeptabilitätsurteile von genau zwei Sprechern ist diesbezüglich sehr illustrativ: „I admit to not having performed any thorough in-

Der Fall der partiellen Koreferenz illustriert dies gut. In der Sprachwissenschaft gilt sie als kompliziert, und sie ist als Sonderfall der Inklusion auch in generativen Ansätzen als besonderes Problem erkannt worden (vgl. Sinner 2010b). Von partieller Koreferenz spricht man, wenn ein Nominalsyntagma im Plural einen Bestandteil beinhaltet, auf den ein anderes, im Singular stehendes Nominalsyntagma verweist. Koreferenz heißt also „Bezugnahme auf dasselbe". Zwei Ausdrücke, etwa eine Nominalphrase und ein Pronomen in einem Satz, referieren auf dieselbe Entität; es handelt sich also um eine syntaktische Bindung. Im Deutschen ist die partielle Koreferenz zweifellos grammatikalisch:[18]

SINGULAR$_i$ PLURAL$_{i+j(+...)}$ → ich$_i$ habe uns$_{i+j(+...)}$ die Eintrittskarten gekauft
PLURAL$_{i+j(+...)}$ SINGULAR$_i$ → wir$_{i+j(+...)}$ haben mich$_i$ angemeldet

Ebenso in anderen europäischen Sprachen, etwa den slawischen Sprachen:

tschech. [pro$_i$] udelám$_i$ nam$_{i+j(+...)}$ kávu
machen-1. Sg. Präs. wir-DAT Kaffee
‚Ich mache uns Kaffee'

In manchen Sprachen gelten vergleichbare Konstruktionen jedoch als ungrammatikalisch, etwa im Italienischen und Spanischen, wie die Markierung mit Sternchen in den folgenden spanischen Beispielen von Sánchez (1999: 1072–1073, meine Übersetzung) illustriert:

> Es ist offenbar ein allgemeingültiges Prinzip der Grammatik, die Möglichkeit auszuschließen, dass das Prädikat einen mit dem Subjekt partiell koreferenten Ausdruck enthält. Dieses Prinzip wird augenfällig im Fall der Personalpronomen, wie an den folgenden Beispielen zu sehen ist:
>
> (112) a. *Nos compré las entradas para el teatro. [‚Ich habe uns die Theaterkarten gekauft']
> b. *Vosotros siempre te habéis admirado mucho. [‚Ihr habt Dich immer sehr bewundert']

Das Beispiel 112b in diesem Zitat ergibt semantisch gesehen keinen Sinn, weil man zwar eingebildet sein, aber sich selbst nicht bewundern kann. Falls also tatsächlich Informanten befragt wurden, ist es kaum verwunderlich, dass sie den Satz ablehnen. Abgesehen davon ist der Beitrag von Sánchez (1999) ein eindrucks-

vestigations on the matter, but let us assume, for the sake of the argument, that my feeling is basically right. That then means that the contemporary Leikanger dialect exhibits linguistic variation. Moreover, given the correlation between the two varieties and the age of the speakers, it appears reasonable to categorize the variation as a grammatical change, more specifically as a change in progress" (Vangsnes 2000: 5).

18 In den Beispielen ist $_i$ der referentielle Index für eine Person bzw. Subjekt, $_j$ ist Index für eine weitere. Die Pünktchen in Klammern zeigen an, dass es sich um eine Gruppe von mindestens zwei Personen/Subjekten handelt, die Gruppe aber potentiell aus mehr, auch unendlich vielen weiteren Personen/Subjekten bestehen kann. In den Beispielen bedeutet die Indizierung, dass die Person $_i$ in SINGULAR in der Gruppe der Personen $_{i+j}$ in PLURAL enthalten ist. Die Koreferenz wird im Deutschen über die Indizierung an der Nominalgruppe oder am Pronomen gekennzeichnet; in Pro-Drop-Sprachen, also Sprachen, die das Pronomen auch unausgedrückt lassen (können), ist die Koreferenz nachvollziehbar anhand des indizierbaren Verbes oder durch das sogenannte „kleine pro" als Zeichen für ein nicht explizit ausgedrücktes, aber sozusagen subjazentes – also „darunterliegendes, verborgenes", oder, wie es manchmal heißt, phonologisch nicht realisiertes – Pronomen (s. Crystal 2003: 372, *s. v.*). Hier wird das „kleine pro" zum besseren Verständnis in eckige Klammern gesetzt.

volles Beispiel dafür, welche schwerwiegenden Folgen es haben kann, Schlussfolgerungen aus der Perspektive eines bestimmten Grammatikmodells, das zum Beleg einer Aussage Beispiele aus bestimmten Sprachen gibt, auf andere Sprachen zu übertragen: Sánchez beruft sich in ihrer Aussage über die Allgemeingültigkeit des Prinzips auf Lasnik, der sich jedoch lediglich über Vietnamesisch und Thailändisch äußert und das englische *We like me* betrachtet, das er als ungrammatikalisch verwirft. Die Ablehnung von *We love me* scheint wiederum v. a. semantisch begründet zu sein, während Sätze wie *I make us coffee* offenbar kein Problem darstellen und - anders als bei einigen Autoren dargelegt wird, die damit die Frequenz als Kriterium heranziehen - auch keine Seltenheit sind. Im Internet und in elektronischen Korpora findet man heute schnell Hunderte oder Tausende Belege für Sätze wie *I'll make us some coffee, I'll fix us a nice cup of tea* usw., die deutlich machen, dass mit den Urteilen *möglich/unmöglich* und *grammatikalisch/ungrammatikalisch* vorsichtig umzugehen ist. Offenbar verallgemeinert Sánchez Informationen aus wenigen Einzelsprachen zu einer universellen Grammatikregel. Hervorzuheben wäre auch, dass die Lage auch im Spanischen selbst nicht so klar ist: In einigen Kontexten - mit Verben der Wahrnehmung, der Beurteilung, der Schaffung eines imaginären Raums oder Bildes (*imaginar* ‚vorstellen', *retratar* ‚porträtieren') und in faktitiven bzw. kausativen Strukturen (*hacer perder* ‚machen, dass jmd. verliert') - ist die Struktur offenbar auch im Spanischen üblicher, und je nach Konstruktion findet man sowohl unterschiedliche Gebrauchsfrequenz als auch unterschiedliche Sprecherurteile über Grammatikalität und Akzeptabilität. Die präskriptive Norm - also die der *Real Academia Española* - lehnt die partielle Koreferenz jedoch seit wenigen Jahren explizit ab, womit der Gebrauch in distanzsprachlichen (↗ 6.1.2) Kontexten zunehmend reguliert werden und infolgedessen zunehmend mit dem Bildungsstand korrelieren dürfte. Die generativistische Überzeugung, dass Sprache keine kulturelle Errungenschaft darstelle, die sozialem Sprachwandel unterläge, sondern vielmehr eine natürliche, genetisch weitergegebene Begabung darstelle (Joseph 1987: 11), schließt, so Schmidlin (2011: 16), die Sprachstandardisierung als Studienobjekt aus (und somit auch ihre Folgen). Weiterhin ist zu erwähnen, dass in einigen spanischsprachigen Regionen, etwa in Argentinien, der Gebrauch der hier betrachteten Konstruktionen insgesamt gesehen offenbar ebenfalls häufiger und ungleich grammatikalischer ist. Zweifellos ist also die Berücksichtigung der Diasystematik unabdingbar, wenn man dem Problem gerecht werden möchte. Besonderer Stellenwert kommt offenbar auch der Frage des Sprachkontakts zu, da z. B. die Präsenz der Konstruktionen in der Sprache von Mehrsprachigen (wie Italienern in Luxemburg) höher ist, ebenso wie in durch historischen Sprachkontakt geprägten Varietäten wie dem Spanischen Argentiniens, wo es in der Vergangenheit wesentliche Zuwanderung von Sprechern von slawischen und germanischen Sprachen, Französisch und Englisch gab, in denen die Koreferenz möglich ist (vgl. Sinner 2005; ↗ 7).

Wie Löffler (2003: 4) aufzeigt, hängt die in der Generativen Grammatik vertretene Auffassung, dass Dialekte einer Sprache sich wahrscheinlich in niedrigstufigen Regeln voneinander unterscheiden und die Unterschiede auf der Oberfläche größer sein dürften als diejenigen die, wenn überhaupt, in den Tiefenstrukturen festzustellen seien, wohl eng mit der in der US-amerikanischen Linguistik vertretenen Auffassung von *dialect* als synchrone Form der „Hauptsprache" Englisch zusammen. „Den Dialektverhältnissen in Deutschland dürfte man mit der oberflächen-strukturellen Varianz bei gleicher Tiefenstruktur mit der Hochsprache wohl nicht gerecht werden" (Löffler 2003: 4). In der deutschen Linguistik ist als frühe Reaktion auf Chomskys Homogenitätsannahme schon Kanngießer (1972) zu sehen, dessen Konzeption vorsieht, die Sprachgemeinschaft in einzelne Sprechergruppen zu unterteilen, die aus Sprechern gleicher Kompetenz bestehen, und deren Kompetenz jeweils als eigene Grammatik zu beschreiben. Damit läge eine Gesamtheit von Grammatiken einer Sprache vor, auf die zum Aufzeigen des Zusammenhangs dann Mengenoperationen angewandt werden könnten (Klein 1976: 31). Dies wirft aber unweigerlich die Frage nach der Position der Idiolekte oder nach der Abgrenzung von *Gruppen* auf (↗ 5.3).

Die Varietätenproblematik ist auch unter Generativisten nicht unbenannt geblieben; v. a. die Veränderlichkeit über die Zeit hat z. B. schon in den 1960er Jahren bei einigen Autoren zur Annahme von innovatorischen Regeln und intergenerationaler Neustrukturierung in ihren Grammatikmodellen geführt (Klein 1976: 31 unter Verweis auf Kiparsky 1968). Mayerthaler ([2]1998) stellt fest, dass die Generative Grammatik, solange sie nicht bereit ist, einige mehr oder minder drastische Theoriemodifikationen vorzunehmen, am Phänomen des Sprachwandels scheitern muss. Die hierfür erforderliche Plastizität hat sie aus Sicht mancher Autoren bis heute nicht gezeigt. Die Frage des Sprachwandels (↗ 6.2) ist allerdings heute in generativistischen Ansätzen häufiger Forschungsobjekt,[19] was v. a. darauf zurückzuführen ist, dass aus Perspektive der Generativen Grammatik Sprachwandel nicht von Spracherwerb zu trennen ist (s. Tracy/Lattey 1994, in deren Sammelband interindividuelle und intraindividuelle Variation und Spracherwerbstypen behandelt werden): In generativistischen Arbeiten werden häufig Rückschlüsse aus dem ontogenetischen (die Entwicklung des Individuums betreffenden) Spracherwerb des Kindes auf die phylogenetischen (die Gesamtheit einer Population betreffenden) Probleme des Sprachwandels gezogen. In der Chomsky folgenden generativistischen Sicht auf Spracherwerb ist Sprachfähigkeit sozusagen in zwei Prinzipien unterteilt: einerseits feste Prinzipien der Grammatik, andererseits offene Prinzipien - sogenannte *Parameter* -, die durch den *Input* aus dem sprachlichen Umfeld des Kindes spezifiziert werden. Das Kind durchläuft von der Geburt bis zum flüssigen Sprechen einer bestimmten Sprache einen als *parameter setting* bezeichneten Prozess. Chomsky unterscheidet in diesem Zusammenhang zwischen *E-language* und *I-language*; *E-language* steht für *externalized language*, verstanden als „a collection (or system) of actions or behaviors of some sort" (Chomsky 1986: 20), und *I-language* für *internalized language* als „some element of the mind of the person who knows the language, acquired by the learner, and used by the speaker-hearer" (Chomsky 1986: 22). Die Entwicklung der *I language* ist also das Ergebnis der Interaktion zwischen *nature* - den genetisch angelegten universellen Prinzipien der Grammatik - und *nurture* - der Beeinflussung

19 Ein jüngeres Beispiel dafür ist die offenbar von generativistischen Positionen ausgehend geschriebene Arbeit von Wiese (2012), *Kiezdeutsch: ein neuer Dialekt entsteht*; sie behandelt die Entstehung einer neuen Varietät, die aus varietätenlinguistischer Sicht aber nicht als diatopisch - Dialekt -, sondern v. a. als diastratisch - Soziolekt - anzusehen ist; ↗ 5.4.2.

durch den Kontakt mit den *E-languages* (Vangsnes 2000: 9). Grammatische Veränderungen sind somit nur möglich durch den Erwerb einer *I-language* durch das Individuum, die ausgelöst durch den Kontakt zu anderen Sprechern Unterschiede zu deren *I-languages* aufweist; die Unterschiede in den *I-languages* manifestieren sich in den dann zu beobachtenden Unterschieden in den *E-languages* (Vangsnes 2000: 17, Lightfoot [5]1987: 147ff.). Lightfood, Urheber einer der bei der Auseinandersetzung mit Variation und Sprachwandel aus generativistischer Perspektive am häufigsten thematisierten Ansätze, spricht im Zusammenhang mit der Parametersetzung beim Erstsprachenerwerb von *triggering experience* ‚auslösende Erfahrung' (Lightfood 1991): Nach der *triggering experience* entsteht auf der Basis des Genotyps – im Sinne der Universalgrammatik – ein Phänotyp der Sprache, dessen „Eigenschaft" eine Grammatik ist. Wenn die Grammatik nun von einer Generation zur nächsten zum Ausdruck desselben unterschiedliche Strukturen gebraucht, dann müssten zumindest manche der Veränderungen abrupt sein. Dennoch sei gradueller Wandel durch neue Parametersetzungen, die sich allmählich innerhalb einer Sprachgemeinschaft verbreiten, möglich. Es ergäbe sich nämlich eine Art Kettenreaktionssystem, in dem die sprachliche Umgebung (bzw. *E-language*) eine neue Parametersetzung auslöst, die sich wiederum in einer sprachlichen Umgebung verbreitet. Lightfoot führt diesen Ansatz weiter und erklärt Sprachwandel als Ausbreitung individueller Gammatikveränderungen in der Gemeinschaft:

> […] when traditional historical linguists speak of a language changing, somebody with a biological view of grammars takes a reductionist stance and thinks of individual grammars changing and the changes spreading through a population. (Lightfoot 1999: 78)

Lightfoot spricht von *cue-based language acquisistion*, also einem durch Reize ausgelösten Spracherwerb. Dabei sei es für den Grammatikerwerb nicht wichtig, was genau die Kinder hören, wesentlich sei nur, welche Reize die Herausbildung von Grammatik auslöse; die sprachliche Umgebung werde auf grammatikalische Strukturen hin „gescannt", und wenn sie auf ausreichend robuste Reize träfen, würden sie sich einer ihnen entsprechenden Grammatik annähern (Lightfood 1999: 206). Nach Croft (2000: 44) ist der generativistische Erklärungsansatz von Sprachwandel eine „child-based theory of language change".[20] Von Kritikern wird entgegengehalten, dass einschlägige Ergebnisse der modernen Soziolinguistik den Schluss nahelägen, dass Kleinkindern für die Anfänge von Sprachwandel keine besondere Bedeutung zukomme (s. Auer 2003: 254).

Auch mit der Optimalitätstheorie (OT) und der Verteilten (auch: Distribuierten) Morphologie sind einige Ansätze zur Erklärung von Sprachwandel vorgestellt worden. Die Weiterentwicklung der OT biete sich, so Spiekermann (2008: 259), für die Beschreibung und Erklärung sprachlicher Variation an, da man es ja mit konkurrierenden Varianten zu tun habe, die in den OT-Evaluationen miteinander in

---

20 Eng verknüpft mit den Überlegungen zum Sprachwandel durch Spracherwerb sind die generativistischen Überlegungen zur Herausbildung von Pidgins und Kreolsprachen. S. hierzu Fanselow/Felix (1993: 220) oder Philippi (2008: 16). Die Häufigkeit der generativistischen Untersuchungen von Pidgins und Kreolsprachen lässt darauf schließen, dass man auf die Untersuchbarkeit und Messbarkeit unter „Laboratoriumsbedingungen" bedacht ist.

Wettbewerb träten, wenngleich die OT Nübling et al. (³2010: 206) zufolge keinen substanziellen Beitrag zur Erklärung von Sprachwandel geleistet habe.[21] Nach wie vor wird Sprachwandel als Prozess nicht der Grammatik sondern im Verhältnis zwischen Sprechern und Grammatik bzw. Lexik angesehen, indem bzw. wodurch es z. B. zu Erweiterung, Verlust oder Umstrukturierung von Regeln komme.

In den letzten Jahren scheint sich auch in generativistischen Arbeiten zunehmend die Überzeugung durchzusetzen, dass Grammatikalität eine skalare bzw. graduelle Angelegenheit ist oder sein kann, und es ist üblich geworden, bei der Erwähnung von entsprechenden Sprecherurteilen zumindest anzugeben, Sprecher welcher Varietät Grundlage der Aussagen über die Grammatikalität sind. Das ist gewissermaßen eine nur logische Konsequenz von Fragestellungen wie etwa der nach der Unterscheidung in Grammatikalität und Akzeptabilität. Es ist nämlich zu überlegen, inwiefern die Unterscheidung in Grammatikalität und Akzeptabilität aus Sicht der Varietätenlinguistik auch dahingehend zu interpretieren ist, dass eine bestimmte Struktur *in einer der Standardnorm nahestehenden Varietät* als ungrammatikalisch gewertet würde, in einer *bestimmten, z. B. diastratischen oder diaphasischen Varietät* dagegen als grammatikalisch gelten würde. Damit würde die Abgrenzung von Akzeptabilität und Grammatikalität (also Grammatikalität innerhalb einer bestimmten Varietät) gewissermaßen verwischt. So hat man schon bei der Untersuchung sogenannter „restringierter Codes" (↗ 1.2) auf Grundlage von Interviews mit Bergleuten in der Ruhrgebietsstadt Bottrop aufzeigen können, dass trotz Fehlens der in der Norm zu erwartenden Konjunktionen oder Präpositionen alle logischen Beziehungen verbalisiert wurden. Hatte nun in den entsprechenden Untersuchungen, wie Löffler (³2005: 167) hervorhebt, der Gedanke der Generativen Grammatik, wonach verschiedene Oberflächenstrukturen mittels Transformationsschritten auf dieselbe Tiefenstruktur zurückgeführt werden können, „neue Einsichten in die Zusammenhänge von gedanklicher Durchdringung (Tiefenstruktur) und sprachlicher Formulierung (Oberflächenstruktur)" erlaubt, so könnte man auch argumentieren, dass in der von den Informanten der Bottroper Protokolle (Runge 1968) gesprochenen Varietät eben nicht dieselben Grammatikalitätsparameter anzusetzen sind wie für die Standardsprache. Anzumerken ist auch, dass der vermeintliche Sprecher des Standards einer bestimmten Sprache, der von vielen Autoren mit dieser Sprache per se gleichgesetzt wird, wie Martins (2005) anmerkt, irrtümlicherweise immer wieder mit dem idealen Sprecher-Hörer gleichgesetzt wird.

Wenn in der Generativen Grammatik bzw. formalisierenden Grammatiken allgemein diatopische Varietäten berücksichtigt werden, so geht es noch immer häufig nur um die *Erwähnung* der nicht vorrangig zu berücksichtigenden diatopischen Variation, die aber die grundsätzliche Möglichkeit der Existenz bestimmter Konstruktionen in einer Sprache nicht in Frage stelle. Méndez (2012: 122) etwa,

---

21 Ein Beispiel für die Auseinandersetzung mit dem Problem der Sprachvariation aus Perspektive der OT findet sich bei Gabriel/Müller (2008: 120), die die Modellierung von informationsstrukturell bedingter Wortstellungsvariation anhand des fokussierten Subjekts im Spanischen betrachten. Da im Sprachgebrauch von Muttersprachlern die Gebrauchsverhältnisse – SVO vs. VOS – nicht eindeutig sind, versuchen die Autoren, die Tendenzen verschiedener Sprecher, das Subjekt präverbal oder postverbal zu gebrauchen, mittels der OT darzustellen.

die aus der Perspektive der Phrasenstrukturgrammatik die syntaktischen Eigenschaften von Konstruktionen wie *Adelaida tiene es una casa en Real de Minas* ‚[Was] Aidelaida hat ist ein Haus in Real de Minas' im Spanischen der kolumbianischen Stadt Bucaramanga untersucht, schreibt über einen ihrer Beispielsätze, der eine u. a. im peruanischen Spanisch auftretende Struktur aufweise:

> Sentences such as (88) are acceptable among some Peruvians and Colombian speakers that I have consulted. However, a few Mexican speakers have reported to me that they do not find this sentence acceptable. A more comprehensive test should be designed to pinpoint exactly which speakers (i.e. speakers of which particular dialects) accept these sentences, and in which particular discourse contexts.

Nicht nur sind Angaben wie *some* oder *a few* kein greifbarer Anhaltspunkt und sind derartige Quantifizierungen per se in linguistischen Studien wenig aussagekräftig. Ganz deutlich weist die Autorin hier auch der möglichen Bedeutung des diatopischen Kriteriums für die Urteile in ihrer eigenen Studie pauschal eine zu vernachlässigende Bedeutung zu.

Auch die Beschreibung einzelner Varietäten (auch z. B. italienische Dialekte oder auch Varietäten „kleiner" – etwa romanischer – Sprachen) findet von generativistischem Standpunkt aus zunehmend Beachtung.[22] Besonders das Parametermodell (s. o.) möchte auch in von wenigen Sprechern gesprochenen Varietäten Parameter erkennen und darstellen. Allerdings erfolgt dies rein statisch und mit Blick auf ein geschlossenes System der Varietät.

Zum Weiterlesen:
Zur Umgangssprache überaus lesenswert ist noch immer Holtus/Radtke (1984). Dachsprache behandelt ausführlich Muljačić (1989). Zur Verschriftlichung, Norm(ativ)ierung und Normalisierung s. die Beiträge in Kremnitz (1979) und Sinner (2005). Einen guten Überblick zu Sprachplanung und Statusveränderung von Varietäten gibt Coulmas (1985). Basisliteratur zur Frage der Plansprachen ist Blanke (1985), s. auch Blanke (2006). Zum Esperanto s. Janton (1993a und, bearbeitet und aktualisiert, 1993b), Fiedler (2002), Blanke (2009, 2010). Zu primärem, sekundärem und tertiärem Dialekt s. ausführlich Sinner (2001). Eine Einführung in die generativen Ansätze bietet Philippi (2008); Müller/Riemer (1998) und Gabriel/Müller (2008) geben Einblicke in die generative Syntax romanischer Sprachen. Zu Chomskys Dichotomie von *I-language* und *E-language* und ihrer Auswirkung auf die Untersuchung von Sprachwandel sowie einer ausführlichen Auseinandersetzung mit seinen Theorien (und Auslassung der Theorie der *unsichtbaren Hand* im Sprachwandel) s. Cook (1988), dazu Keller (2003).

22 Dies entspricht dem von Veith (1982: 277) beschriebenen Verfahren einer generativen Dialektologie, anstelle der Beschreibung einer Sprache L_x eines kompetenten Sprechers eine Beschreibung eines Dialektes D_x eines kompetenten Sprechers vorzunehmen und die etwa für das Englische angewandten linguistischen Verfahren auf ein Dialektsystem anzuwenden. Der Interesseschwerpunkt ist also nicht varietätenlinguistisch, sondern auf die Anwendung eines Grammatikmodells zum Nachweis seiner Umsetzbarkeit bezogen.

Aufgaben

1. Lassen sich die verschiedenen vorgestellten Modelle auf alle der Ihnen bekannten Sprachen anwenden? Wie stellt sich dies insbesondere im Fall der Anwendung auf das Deutsche oder auf die von Ihnen studierte(n) Sprache(n) dar?
2. Analysieren Sie den Umgang mit stilistischer Variation in unterschiedlichen varietätenlinguistischen Modellen, etwa auf der Grundlage von Wunderli (2005).
3. Wie in 3.4 dargestellt urteilen Lüdtke/Mattheier (2005), dass das fünfstufige Modell von Quirk et al. (1972, 1985) nicht gänzlich anders ist als die Modellierung des Varietätenraumes durch Coseriu und die ihm nachfolgenden Vertreter des Modells der Architektur der Sprache wie Koch/Oesterreicher (1985, 1990/[2]2011). Analysieren und vergleichen Sie die Darstellungen im Detail und bestimmen Sie, wo die wesentlichen Unterschiede liegen, wo sich die Modelle überlappen und erläutern Sie, inwiefern Lüdtke/Mattheier recht zu geben ist.
4. (a) Informieren Sie sich über die von Kloss als Beispiele für Abstand- und Ausbausprachen oder als dachlose Außenmundarten genannten Varietäten. (b) Welche der von Lüdtke (2001) genannten Kriterien erfüllen die als Sprachen klassifizierten Varietäten, um als solche klassifiziert zu werden? (c) Suchen Sie – unter Verwendung von Literatur wie Gröschel (2001), Greenberg (2004), Kordić (2008) oder Bunčić (2008) – nach Argumenten, die für oder gegen die Einordnung des Serbischen, Kroatischen, Bosnischen und Montenegrinischen als unterschiedliche Sprachen angeführt werden. (d) Vergleichen Sie diese Ergebnisse mit den Kriterien, die als Argumente für die Klassifizierung des Slowakischen und Tschechischen bzw. des Dänischen, Norwegischen und Schwedischen als Sprache angeführt werden.
5. Die Kategorie der Ausbaudialekte von Kloss wird häufig mit den nordfriesischen und den rätoromanischen Dialekten illustriert. (a) Erarbeiten Sie, etwa auf der Grundlage von Kellner (1997) und Wilts (2001) sowie den diesbezüglichen Artikeln in Munske et al. (2001) bzw. mit Kattenbusch (1989, 1994), Darms (1989), Caviezel (1993), Liver (1999) und den entsprechenden Artikeln in Dahmen (1991), die historischen Umstände, die zu den divergierenden Verschriftungen der nordfriesischen bzw. der rätoromanischen Varietäten geführt haben; stellen Sie dar, worin sich die Normen bzw. Graphien jeweils unterscheiden.
6. Uriel Weinreich (1953) gibt wie Stewart (1962/1967) vier Kriterien an, um bestimmen zu können, ob ein Pidgin oder ein Kreol eine „Sprache" ist; dabei verwendet er Kloss' Terminus des *Ausbaus* etwas breiter als der deutsche Sprachwissenschaftler:

   1) Abstand: a form palpably different from either stock language;
   2) Functions other than those of a workaday vernacular (e.g. use in the family, in formalized communication, etc.);
   3) A rating among the speakers themselves as a separate language;
   4) A certain stability of form after initial fluctuations.

   Vergleichen Sie diese Kriterien mit den von den anderen behandelten Autoren gegebenen und arbeiten Sie die Überlappungen und Unterschiede der Ansätze – etwa von Stewart, Kloss, Weinreich und Lüdtke – heraus.
7. Konsultieren Sie unterschiedliche und aus verschiedenen Jahrzehnten stammende Übersichten über bzw. Einführungen in (a) die romanischen Sprachen – z. B. Diez (1836), Gröber (1888), Zauner (1900), Meyer-Lübke (1901), von Wartburg (1936), Lausberg (1956), Rohr (1964), Renzi (1980), Holtus/Metzeltin/Schmitt (1988–2005), Blasco (1996), Metzeltin ([2]2006), Pöckl/Rainer/Pöll ([4]2007), Gabriel/Meisenburg (2007), Bossong (2008) – oder (b) die slawischen Sprachen – z. B. Trautmann (1947), Rehder ([1]1986, [6]2009), Trunte (2012) – oder (c) die baltischen Sprachen – z. B. Fraenkel (1950), Stang (1966), Eckert/Bukevičiūtė/Hinze (1994) – oder (d) die germanischen – z. B. Hutterer (1975, [4]2008), König/van der Auwera (1994), Peter/Fischer (2001) – bzw. skandinavischen Sprachen – z. B. Haugen (1984), Braunmüller ([3]2007). Vergleichen Sie die Anzahl der je-

weils als *Sprache* angesehenen Varietäten und die ggf. jeweils angegebenen Kriterien für die Klassifizierung als Sprache.

8. Konsultieren Sie Definitionen von *Ortsmundart, Mundart, Dialekt* in Wörterbüchern und sprachwissenschaftlichen Lexika und befragen Sie Laien zu ihrem Verständnis dieser Ausdrücke; formulieren Sie auf Grundlage dieser exemplarischen Analysen Hypothesen über das Verständnis der Rolle von Nichtstandardvarietäten und ihrer Beziehung zum Standard bzw. der als Standardsprache angesehenen Varietät.
9. Vergleichen Sie die Darstellung der Varietäten bei Flydal (1952) mit der Modellierung Coserius.
10. Ist Coserius Modell der primären, sekundären und tertiären Dialekte auf andere von Ihnen studierte Sprachen übertragbar? Diskutieren und vergleichen Sie die Übertragbarkeit etwa auf Arabisch, Chinesisch (Mandarin), Deutsch, Englisch, Französisch, Portugiesisch, Russisch und Suahili.
11. Ordnen Sie die Differenzierungskriterien der bei Berruto (1987: 13–19) vorgestellten Modelle zur Darstellung des italienischen Varietätenraums.
12. Vergleichen Sie das Modell der Frankophonie-Situationen von Chaudenson et al. (1993) mit dem Varietätenmodell von Stewart (1962/1968).
13. Diskutieren Sie die Möglichkeit der Berücksichtigung von Gebärdensprache in den vorgestellten Modellen.

4. Variation im Raum: diatopische Varietäten

4.1 *Hochsprache, Umgangssprache, Dialekt* ...: Terminologie

Die Auseinandersetzung mit der Diatopie soll mit einer Betrachtung terminologischer Fragestellungen beginnen, die im Hinblick auf die Traditionen im deutschsprachigen Raum angebracht erscheint. Im Zusammenhang mit geographischer Variation bzw. diatopischen Varietäten ist vielfach von lokalen Varietäten, von *Mundart, Dialekt, Regiolekt, überregionaler Umgangssprache* u. Ä. die Rede. Die Unterschiede und genaue Abgrenzung zwischen manchen dieser Ausdrücke sind allerdings selbst Muttersprachlern des Deutschen häufig nicht klar, was bei der Frage nach den Kriterien für die Klassifizierung von Varietäten als Sprache oder Dialekt bzw. nach einer begrifflichen Klärung schnell deutlich wird.

Tab. 4.1. Ausdrücke für *Hochsprache, Umgangssprache, Dialekt* (nach Radtke 1973: 82)

Hoch-sprache	Hochsprache, Standardsprache, Einheitssprache, Gemeinsprache, Bühnensprache, Vortragssprache, Literatursprache, Dichtersprache, Gebildetensprache, Nationalsprache, Kultursprache, Schriftsprache	mündliche Literatursprache Unterrichtssprache Gegenwartssprache Gemeinsprache
		hochdeutsche Umgangssprache, literarische Umgangssprache, gebildete landschaftliche Umgangssprache gemeinsame Verkehrssprache, gemeinschaftliche Umgangssprache, Geschäftssprache Durchschnittssprache
Umgangs-sprache	Umgangssprache, Alltagssprache, Gemeinsprache, Gegenwartssprache, Gemeindeutsch, Schriftdialekt, Alltagsrede, Gegendsprache, Sondersprache	Gebrauchssprache (groß)landschaftliche Umgangssprache
		Stadtsprache, Stadtdialekt Halbmundart Arbeitssprache
Dialekt	Dialekt, Mundart, regionale Mundart, Volkssprache, sprachliche Grundschicht, Ortsmundart, Ortsdialekt, mundartliche Gebietssprache	Familiensprache kleinlandschaftliche Umgangssprache mundartliche Gebietssprache

Dazu kommt, dass – auch in der wissenschaftlichen Diskussion – eine lange Reihe vielfach nicht genau abgegrenzter oder abgrenzbarer Ausdrücke nebeneinander verwendet wird, etwa für die v. a. in der Germanistik vielfach angesetzte Trias ‹*Hochsprache–Umgangssprache–Dialekt*› (s. Tab. 4.1). Diese terminologische Vielfalt (oder Chaos), der hier nicht genauer nachgegangen werden kann, ist immer wieder als Problem angesehen und diskutiert worden. Meist wird im Deutschen *Mundart* und *Dialekt* unterschiedslos gebraucht (Löffler [2]1980: 453); neben dem synonymen Gebrauch findet sich allerdings gelegentlich auch eine differenzierte

Verwendung, so von *Mundart* im Sinne von ‚unterhalb des *Dialektes* liegende Einheiten' (s. ausführlich Löffler [2]1980, 2003: 1-3). Die Abgrenzung von Dialekt zu Sprache und Umgangssprache ist problematischer. Nicht selten findet sich - wie bei König ([17]2011: 135) - die Erklärung, dass sich Hochsprache und Dialekt als die beiden Pole der Sprache, anders als Umgangssprache, relativ leicht fassen ließen. Die Auseinandersetzung mit der Frage nach dem Wesen oder der Position der Umgangssprache im Varietätengefüge zwischen Sprache und Dialekt zeigt jedoch deutlich die Schwierigkeit der klaren Differenzierung von diatopischer und diastratischer Ebene, wenn es um die Klassifizierung der Varietäten einer Sprache und ihre Beschreibung geht. *Umgangssprache* ist, wie im Laufe der Diskussionen hierüber immer wieder hervorgehoben wurde, ein v. a. in der Germanistik gebrauchter Ausdruck, der sich nur mit Einschränkungen oder Präzisionen auf andere Philologien übertragen lässt. Holtus/Radtke (1984: 12) schlagen für die Übertragung auf die Romanistik sehr pragmatisch vor, den Gesamtbereich der gesprochenen Sprache zwischen der Hochsprache und den Dialekten als Äquivalent des germanistischen Terminus anzunehmen. Tut man dies, so lassen sich tatsächlich auch unter den in der romanischsprachigen Sprachwissenschaft entstandenen Arbeiten problemlos Studien zur ‚Umgangssprache' identifizieren, bei denen dann jedoch jeweils bestimmte Teilkomponenten der in der deutschsprachigen Tradition weit gefassten Umgangssprache im Vordergrund stehen. Auch die Forschungstraditionen anderer Philologien, etwa in der Slawistik und der Anglistik, lassen sich auf diese Art und Weise mit der germanistischen Herangehensweise abgleichen.

Arbeitet man nun mit der Vorstellung der Existenz der Umgangssprache, so stellt sich, wie im Zusammenhang mit dem Varietätenmodell Mosers (1960, ↗ 3.1) gesehen, zwangsläufig die Frage nach ihrem Wesen oder ihrer Situierung. V. a. die Frage nach der Inbezugsetzung von Umgangssprache zu (Hoch)Sprache und Volkssprache bzw. Dialekt[1] ist - trotz der Schwierigkeit der Erfassung des Gegenstands Umgangssprache, die sich ja bereits bei Mosers Modell in den Vordergrund drängt - eine in der Germanistik jahrzehntelang ausführlich diskutierte Frage. Sie stellt sozusagen ein klassisches Problem dar, das angesichts der Vielzahl von einschlägigen Arbeiten und unterschiedlichen Ansichten nachfolgend lediglich exemplarisch nachvollzogen werden soll. „Zwischen Volks- und Hochsprache", so Moser (1960: 219), „liegt die sprachliche, wie die Volkssprache vorwiegend gesprochene Schicht der ‚Umgangssprache'". *Umgangssprache* erscheint ihm dabei als unscharfer, nicht eindeutiger Ausdruck, der zwischen den Polen der Hoch- und der Volkssprache liegend schwer greifbar sei und eigentlich unterschiedliche Sprachformen bezeichne. Die Umgangssprache ist für ihn die in

---

1 *Volkssprache* wird in der einschlägigen Literatur für unterschiedliche Realitäten gebraucht, u. a. für (a) in der Regel nicht verschriftlichte Varietäten, die von einer als Schriftsprache gebrauchten (Hoch)Sprache überdacht werden (Dialekte) und (b) nicht standardisierte Sprachen, also die von einer offiziellen oder als Schriftsprache gebrauchten Sprache nicht überdachten, von der Bevölkerung aber normalerweise gesprochenen Varietäten, wie z.B. in der historischen Betrachtung der Romania die romanischen Sprachen, die das Lateinische als Schriftsprache ablösten (und damit im Sinne des als *Volkssprache* übersetzten *vernacular* bei Stewart 1962/1968, ↗ 3.3).

Richtung der Hochsprache lautlich und in den Flektionen „erhöhte" Volkssprache, die stilistische Graduierung aufweise - etwa Formen der gehobenen oder der Alltagssprache - und sowohl in gesprochener wie in geschriebener Form auftrete. Zwischen dem Alltagsdialekt - Moser spricht von Mundart - und der Durchschnittssprache läge die Alltagssprache, die er versteht als

> eine wesentlich von der Satzgestalt her geprägte Sprachform [...], die sich [...] in umgangs- wie in hochsprachlicher, partiell auch in mundartlicher Lautform verwirklichen kann und nicht mit bestimmten sozialen Gruppen verknüpft ist; wohl aber ist sie an die sozialen Schichten gebunden, nämlich an die mittleren und die oberen, und weist in sich eine Schichtung auf, je nach Redeinhalt oder Redesituation sowie Herkunft, Bildung, Stellung usw. von Sprecher oder Partner. [...] Sie zeigt nicht nur individuelle, sondern auch landschaftliche Verschiedenheiten. (Moser 1960: 223)

Moser vertritt also die Ansicht, dass Umgangssprache als „erhöhte Volkssprache" zur räumlich-sozialen Gliederung gehöre; der Hinweis auf die stilistische Graduierung zeigt, dass die Diaphasie ebenfalls eine Rolle spielt.

Radtke konstatiert schon 1973, dass man sich in der wissenschaftlichen Auseinandersetzung darüber einig sei, dass Umgangssprache eine auf den regional differenzierten Mundarten aufbauende Sprachform sei und sich in einem Spannungsfeld ‹*Mundart–Umgangssprache–Hochsprache*› bewege, nicht jedoch darüber, ob sie der Hochsprache oder den Mundarten näher stehe. Umgangssprache definiert er als

> die gesprochene deutsche Sprache eines jeweiligen synchronen Zeitabschnitts (darin ist also auch die sprachhistorische Komponente enthalten), die überregional gesprochen und verstanden wird, nicht fachgebunden (Fachsprache) und verhüllend (Sondersprache) ist, aber durchaus landschaftliche Züge (etwa in den Intonationsverhältnissen) aufweisen kann (1973: 170).

Die Sicht, wonach Umgangssprache ein über die regional begrenzten Mundarten hinausgehendes Kommunikationsmittel von überregionaler Bedeutung sei, konkretisiert er später dahingehend, dass von einer latent vorhandenen ‚empirischen Norm' (im Sinne von ‚Gebrauchsnorm') auszugehen sei, die mit einem hohen Grad an Wahrscheinlichkeit die ‚Umgangssprache' als eine allgemein verständliche und gebräuchliche Sprachvarietät überregionaler Kommunikation sein dürfte (Radtke 1976: 47–48).

Kröll ist der Auffassung, dass der im Deutschen eigentlich transparente, aber dennoch nicht immer klar zuzuordnende Terminus erst einmal „weiter nichts als diejenige Sprachform [bezeichnet], welche die Menschen im Umgang miteinander verwenden" (1968: 3). Auch Bichel (1973) stellt fest, dass *Umgangssprache* eher einen Sammelbegriff für ‚alle gesprochene Rede', ‚sorglose Alltagsrede' usw. darstelle. Der Hinweis auf die Sorglosigkeit der Realisierung zeigt, dass die Situation - und somit die diaphasische Ebene - eine wesentliche Rolle spielt.

Einige Autoren sprechen von Umgangssprache als großräumige oder über den kleinräumigen Dialekten liegende Regionaldialekte oder Regiolekte. Viel zitiert wird die Feststellung Dittmars (1997: 195), der verschiedene Ansätze synthetisiert: „Der Grundidee des Raumes folgend, können wir Umgangssprache diatopisch den mittleren Bereich zwischen kleinräumigen (lokalen) Dialekten und dem großräumigen Standard zuweisen". Der Autor unterteilt die räumliche Dimension aufgrund einer Raumskala:

> Gemäß der Raumskala 'kleinräumig – mittelräumig – großräumig' unterscheiden wir lokale, Stadt- und regionale Dialekte/Umgangssprache. Mit den lokalen, regionalen und überregionalen Varianten [=Varietäten] einer Einzelsprache (z.B. Deutsch, Französisch [...] etc.) assoziieren die Sprecher in der der Regel raumbezogene, regionale, überregionale und kulturelle Identät. (Dittmar 1997: 183)

Der Umstand, dass trotz der häufig unscharfen Definitionen die Abgrenzung von Dialekt und Umgangssprache in dialektologischen Arbeiten als Grundlegung wiederholt zu finden ist, ist nach allgemeiner Auffassung wissenschaftsgeschichtlich bedingt. Die für die Kontrastierung von Mundart und Umgangssprache immer wieder herangezogenen Gegensätze *mündliche* vs. *schriftliche Sprache, ländliche* vs. *städtische Sprache, Sprache des Volkes* vs. *Sprache der Gebildeten, niedere* vs. *hohe Sprache* usw. seien nicht geeignet für die wissenschaftliche Erfassung der sprachlichen Realität und die Trias ‹*Mundart–Umgangssprache–Hochsprache*› sei durch ein schematisches Denken bestimmt, dass „alle Sprachformen, die weder durch Ursprünglichkeit (wie die Mundarten) noch durch literarischen Rang (wie die Schriftsprache) geadelt scheinen", nicht von Interesse seien (Bichel 1973: 260). Die Überwindung der in der Sprachwissenschaft lange vorherrschenden Praxis, ausschließlich Literatursprache und die Sprache des Volkes, von Bauern, Fischern usw. als Relikte der ‚ursprünglichen', ‚unverfälschten' Sprache zu studieren (↗ 4.3), durch die Hinwendung zur Gesprochene-Sprache-Forschung seit den 1960er Jahren war für die Ablösung dieser Dreiteilung durch andere Sichtweisen wesentlich. Schon Bichel weist deutlich darauf hin, dass im persönlichen Gespräch mit *Umgangssprache* fast immer ‚gebräuchliche' Sprache gemeint sei und dass davon fast immer die Rede sei, wenn Verschiebungen im Sprachgebrauch auftreten, „sei es, daß eine grammatische Norm sich wandelt, sei es, daß neue stilistische Elemente in die Literatur eindringen, sei es, daß echte Mundarttradition verfälscht wird" (Bichel 1973: 379). Die Erfassung der Umgangssprache bedeute, so der Autor, die Gesamtsprache zu umreißen,

> wobei nur die zwei Bereiche ausgesondert werden, in denen insofern besondere Bedingungen herrschen, als dort die außersprachlichen Bedingungen der Sprachverwendung bei der Beschreibung der Spracherscheinungen vernachlässigt werden können, weil es eine von der Gebrauchssituation unabhängige Norm dieser Sprachformen gibt, nämlich Mundarten und Schriftsprache. (Bichel 1973: 398)

Bichel zufolge stellt Umgangssprache in einer ihrer beiden zentralen Lesarten eine *Varietät einer Sprache* dar. So fasst der Autor 1980 seine Überlegungen zur Umgangssprache dahingehend zusammen, dass *Umgangssprache* einerseits primär „eine Art der Sprachverwendung, nämlich *mündliche* Sprachverwendung im Wechsel mit dem gegenwärtig anderen [bezeichnet]; d.h. Umgangssprache bezeichnet die sprachliche Funktion des Gesprächs" (Bichel ²1980: 380), und dass in zweiter Linie damit „eine Varietät einer Sprache bezeichnet [wird], die schwerpunktmäßig im Umgange, d.h. im Gespräch, in mündlicher Kommunikation, üblich ist" (Bichel ²1980: 380). Dies wäre ein Argument dafür, die Umgangssprache unter den diaphasischen Varietäten einzuordnen (↗ 5). Manche Autoren charakterisieren Umgangssprache dagegen als eine aus dem Kontakt von Hochsprache und Dialekt bzw. als Resultat des strukturellen Ausgleichs zwischen Dialekt und Hochsprache entstandene, diatopisch und diastratisch variierende Form gesprochener Sprache bzw. als Zwischenschicht zwischen Volkssprache und Hochsprache und damit als sozial-vertikale (diastratische) Schichtung (vgl. die Übersicht bei Dittmar 1997: 196–197). In den Ausgleichsprozessen und der Anpassung der Dialekte durch die Orientierung am Standard sieht Dittmar (1997: 196) den Grund dafür, dass der „Zwischenbereich" zwischen Dialekt und Hochsprache vielfach als *Substandard* bezeichnet wird, ein Terminus, der sich v. a. in der Soziolinguistik gegen *Umgangssprache* durchgesetzt hat. Die Aussage von Lenz (2003: 15) hierzu bringt die Forschungslage auf den Punkt:

> Zu den in der Forschungsliteratur immer wieder kontrovers diskutierten Fragen gehört insbesondere die nach der Struktur des Substandards, der entweder als ein Kontinuum von Varianten oder aber als Komplex klar abgrenzbarer Varietäten dargestellt wird, wobei die Anzahl der angegebenen Varietäten - auch innerhalb ein und derselben Untersuchungsregion - mitunter deutlich differiert.

In der Romanistik wird Umgangssprache als „der Alltagssprache nahestehende Umgangssprache als Prototyp der gesprochenen Sprache" (Dittmar 1997: 197) angesehen und somit meist als diaphasisches Phänomen erachtet. Die deutschen Romanisten Günter Holtus und Edgar Radtke setzten sich in den 1980er Jahren ausführlich mit den Perspektiven der Forschung zur Umgangssprache in der Romanistik auseinander. Als relevante Kriterien nennen sie u. a.:

a. Umgangssprache sei primär gesprochene Sprache; Umgangssprachenforschung sei von der seit den 1960er Jahren aufkommenden Gesprochene-Sprache-Forschung nicht zu trennen.
b. Die Umgangssprache räume der Diastratie gegenüber der Diatopie Priorität ein; als areal und sozial gebundene Sprachform, die aber im Wesentlichen die soziale Rolle des Sprechers betone, sei bei ihr mehr als in der Germanistik der diatopische Aspekt dem diastratischen untergeordnet.
c. Die Umgangssprache sei eine Domäne der deskriptiven Norm; die häufige Zuweisung der Umgangssprache als Substandard, als normabweichend, als „schlechte" Sprache usw. sei nicht haltbar; da sich die Umgangssprache im Gegensatz zur Vulgärsprache eher im Rahmen der statistischen Norm bewege und nicht an Maßstäben der Schriftsprache gemessen werde, sei die Normauffassung im Gesprochenen zu analysieren.
d. Die Umgangssprache sei eine der tragenden Komponenten für die Beschreibung der Gegenwartssprache und deren zu erwartende Tendenzen; die dynamischsten Sprachprozesse liefen gewöhnlich in der Gegenwartssprache ab, welche bestimmte Erscheinungen konventionalisieren oder sanktionieren könne, die nur durch Kenntnisse des umgangssprachlichen Aufbaus erkennbar würden. (Holtus/Radtke 1984: 18–19)

Die von den beiden Autoren formulierten Perspektiven und anstehenden Aufgaben lesen sich in der Rückschau wie eine programmatische Erklärung; ihre Ansätze und Forderungen wurden in den vergangenen 25 Jahren in der angewandten romanistischen Sprachwissenschaft und in anderen Philologien zunehmend umgesetzt bzw. entwickelten sich zum Kanon und wissenschaftlichen Konsens.

Vereinfacht gesagt „umranden" nach Aussage vieler Autoren Dialekte und deutsche Hoch- oder Standardsprache als Pole die deutsche Umgangssprache als etwas, das aus der Auflösung der alten Dialekte hervorgegangen sei. Lenz drückt es sehr treffend aus:

> Wenn – laut Aussage der Befragten – in einem Großteil Deutschlands kein bzw. nur eingeschränkt Dialekt beherrscht bzw. nie oder selten gesprochen wird, was tritt dann zunehmend an die Stelle der ‚alten' Dialekte? Welche Varietäten und Sprechlagen füllen den sprachlichen Möglichkeitsraum eines Sprechers des Deutschen von heute aus, wenn er gerade nicht oder sogar nie Dialekt spricht? (2008: 4)

Wie die Autorin selbst feststellt, liefert Bellmann eine häufig zitierte Antwort auf diese Fragestellungen; Bellmann (1983: 117) schreibt:

> Die Basisdialekte bauen ihre kontrastierenden Regeln und Inventarbestandteile ab, indem sie sie umbauen, und gelangen über ihre Regionaldialekte in einen mittleren Bereich nahe der Standardsprechsprache [...]. Die Standardsprechsprache auf der anderen Seite senkt ihre Gebrauchsnorm und strebt damit demselben Zwischenbereich zu. [...] Die praktische Kommunikation der überwiegenden Mehrheit der Individuen findet heute inventarmäßig in dem breiten Spektrum des mittleren Bereiches statt, meidet womöglich überhaupt den Dialekt und erreicht nicht völlig, intendiert oder nicht, die kodifizierte Norm der Standardsprechsprache.

Wie angemerkt (↗ 3.1) gilt *Umgangssprache* zwar als vielschichtiger, ungenauer Ausdruck, jedoch ist auch die Zuordnung von Dialekt und Sprache nicht in allen sprachlichen Kontexten so klar, wie dies Muttersprachlern des Deutschen hinsichtlich ihrer Sprache aufgrund der Konventionen und Traditionen des Sprachgebrauchs und der historischen Herausbildung des deutschen Varietätengefüges erscheinen mag. Auch stellt sich die Differenzierung der Varitäten in manchen anderen Sprachräumen als ungleich komplizierter und unschärfer dar, z. B. weil Aspekte wie Verschriftlichung oder institutioneller Gebrauch (↗ 4.2.1) als vermeintlich ausschlaggebende Kriterien in vielen Varietätenräumen keine dem Varietätengefüge der deutschen Sprache vergleichbaren, ähnlich ‚klaren' Zuordnungen erlauben bzw. eine Übertragung der deutschen Bezüge von *Sprache* und *Dialekt* auf andere Sprachräume unmöglich machen. Die Unterscheidungskriterien sollen nun genauer betrachtet werden.

4.2 Sprache und Dialekt

4.2.1 Kriterien der Abgrenzung

Wie schon mehrfach angeklungen ist, hängt die Einordnung einer Varietät als Dialekt oder Sprache durch Sprecher wie durch Sprachwissenschaftler von einer Vielzahl von Kriterien ab und lässt sich nicht nur durch rein linguistische Betrachtung klären. Zum linguistischen Kriterium schreibt Löffler (2003: 5):

> Die Einzelforschung hat nachgewiesen, dass sich Dialekt und Hochsprache nach ihren prinzipiellen Möglichkeiten nicht unterscheiden. Der auffallende Unter-

> schied liegt vielmehr in der Besetzung und der Häufigkeit der Verwendung (Frequenz) bestimmter grammatischer Möglichkeiten. Die Unterschiede, z.B. die häufigere Parataxe im Dialekt (beigeordnete Sätze) oder die konkrete Ausdrucksweise gegenüber der Hypotaxe und der abstrakteren Ausdrucksweise in der Hochsprache, sind keine Systemunterschiede, sondern lassen sich durch die verschiedenen Verwendungsbereiche von Dialekt und Hochsprache erklären. Die grammatischen und kommunikativen Möglichkeiten sind grundsätzlich gleich angelegt.

Der Autor nennt zehn (Löffler 1982) bzw. sechs (2003: 3–8) Kriterien, die in der einschlägigen Literatur bei der Definition von Dialekt – und somit vielfach für die Unterscheidung von Dialekt und Sprache – eine Rolle spielten: (a) das linguistische Kriterium;[2] (b) das Kriterium des Verwendungsbereiches – Dialekt im „[f]amiliär-intimen Bereich und Arbeitsplatz, mündliches Sprechen", Hochsprache im „[ö]ffentlichen Bereich, überörtlichen Bereich, mündliche und schriftliche Rede, Literatur, Kunst, Wissenschaft, öffentliche Rede, feierliche Anlässe, Gottesdienst, Schule" (2003: 5);[3] (c) das Kriterium der Sprachbenutzer mit Gebrauch des Dialekts durch „Unterschicht: Arbeiter, Bauern, Handwerker, kleine Angestellte, geringe Schulbildung" und der Hochsprache durch „Mittel- und Oberschicht. Höhere Beamte, Unternehmer, akademische Berufe des öffentlichen und kulturellen Lebens, höhere Schulbildung" (2003: 6); (d) das Kriterium der sprachgeschichtlichen Entstehung in dem Sinne, dass beim „Werdegang einer Kultursprache, d.h. als Einheits-oder Kompromissform unter mehreren Teilsprachen" (2003: 6) von Dialekten gesprochen werde, wie im Falle der griechischen Dialekte Attisch, Jonisch, Dorisch, Aeolisch usw., welche die Vorstufen der hellenistischen Koiné (Verkehrs- und Kultursprache) (↗ 7.2.2) waren (2003: 6); (e) das Kriterium der räumlichen Erstreckung, wobei dieses Kriterium der räumlichen Geltung – Dialekt orts- und raumgebunden, landschaftsspezifisch, Sprache überörtlich, räumlich nicht begrenzt und nicht landschaftsspezifisch – das am weitesten verbreitete (am häufigsten angewandte) sei (2003: 7); (f) das eng mit dem Kriterium der räumlichen Erstreckung zusammenhängende Kriterium der kommunikativen Reichweite, wobei der Dialekt begrenzte und daher minimale kommunikative Reichweite und geringsten Verständigungsradius habe, während die Hochsprache unbegrenzte, optimale kommunikative Reichweite und größten Verständigungsradius aufweise (2003: 7). Dazu wären drei von Löffler nur 1982 erwähnte Aspekte zu nennen: *Einstellungen* bzw. *Bewertung* (Prestige vs. Stigma), *Standard* vs. *Nonstandard* (Dialekt vs. Hochsprache, wobei Dialekt das ist, was die Sprecher dafür halten) und die *metasprachliche Ebene* im Sinne der Divergenz zwischen Sprachwirklichkeit und theoretischem Konstrukt. Bemerkenswert erscheint Löffler, dass allen Einteilungsprinzipien gemeinsam sei, dass Dialekt nie aus sich selbst heraus definiert werde sondern stets nur als Abgrenzung zu Nicht-Dialekt (2003: 8).

Viele dieser Kriterien findet man in Aussagen über die Differenzierung von Sprache und Dialekt wieder. Für die Sprecher geht es im Wesentlichen um die

---

2 Dies unterscheidet er 2003 in (i) typologische Hierarchie (Beziehung von Hyperonym *Sprache* als übergeordnetes System und Hyponym *Dialekt* als untergeordnetes System) und (ii) linguistischen Status (Dialekt als Übergang zwischen Sprache und anderen untergeordneten (Sub)Systemen und mit besonderer Relevanz der Ähnlichkeiten zwischen den Systemen).

3 Vgl. hierzu die Überlegungen von Kloss zu Ausbauphasen und Ausbaukriterien (↗ 3.5.2).

diatopische Opposition ‹Dialekt/Mundart = lokal, Standard/Hochsprache = nicht lokal› und die Frage nach Norm oder Nicht-Norm (Standard vs. Substandard). Betrachtet man aber die Kriterien, die gemeinhin für die Entscheidung darüber herangezogen werden, ob eine Varietät als *Sprache* oder *Dialekt* klassifiziert wird, trifft man auf eine Vielzahl von Kriterien, die weit über diese Fragen hinausgehen. Wenngleich nur ein Teil dieser Aspekte tatsächlich der Frage der Variation im Raum zugehörig ist, erscheint angesichts der von den Sprechern als „natürlich" angesehenen *räumlichen* Opposition die Berücksichtigung an dieser Stelle angebracht.[4] In der einschlägigen Literatur – und auch in einigen der bereits vorgestellten varietätenlinguistischen Modelle (↗ 3) – wird bei der Einordnung einer Varietät als Dialekt oder als Sprache eine lange Reihe von mehr oder weniger unterdifferenzierten und mehr oder weniger relevanten Kriterien erwähnt, unter denen auch das Sprecherurteil aufgeführt wird, das sich selbst wiederum aus manchen dieser Kriterien speist:

- *„Genealogische" Verwandtschaft* bzw. *typologische Hierarchie* (wie ‚Varietät B′ und Varietät B″ sind beide aus Varietät B hervorgegangen' oder ‚Varietät A ist in Varietät B und Varietät C untergliedert')
- *Historizität* bzw. *Geschichtstiefe*
- *Autonomie* bzw. *sprachlicher Abstand* vs. *sprachliche Nähe*
- *Gegenseitige Verständlichkeit*
- *Räumliche Ausbreitung* bzw. *geographische Beschränkung*
- *Sprecherzahl*
- *Gebrauch in bestimmten Territorien*
- *Verwendungsbereich* bzw. *soziolinguistische* und *-kulturelle Domänen*
- *Status als Amtssprache* bzw. *offizielle Sprache*
- *Status als Nationalsprache* bzw. *Sprache eines Nationalstaates*
- *Wahrnehmung* bzw. *Anerkennung durch die Sprecher als Sprache*
- *Attitüden der Sprecher*
- *Verschriftlichung*
- *Standardisierung* bzw. *Existenz präskriptiver Normen*
- *Existenz von Grammatiken und Wörterbüchern*
- *Gebrauch als Unterrichtssprache*
- *institutionalisierter Unterricht der Sprache*
- *etabliertes Schrifttum, literarische Traditionen (Dichtung, Literatur, Prosa, Sachprosa usw.)*
- *Gebrauch in den Medien*

  ⋮

Diese Faktoren, die z. T. in engem Zusammenhang stehen oder sich gegenseitig bedingen, kommen in unterschiedlichen Kombinationen und Hierarchisierungen

---

[4] Da sich die wenigsten Sprecher des Deutschen der Präsenz von Minderheitensprachen auch im deutschen Sprachraum bewusst sind, wird die Gleichsetzung von Deutsch als Standard mit Hochsprache (in Opposition zu Dialekten) immer wieder auch auf andere Sprachen übertragen, so z. B., wenn Spanisch im Zusammenhang mit anderen in Spanien gesprochenen Sprachen wie Katalanisch als *Hochspanisch* und Italienisch im Zusammenhang mit anderen in Italien gesprochenen Sprachen wie Sardisch als *Hochitalienisch* bezeichnet wird, obwohl Katalanisch und Sardisch keine Dialekte sind.

zur Anwendung. Räumliche Ausbreitung ist oft direkt verknüpft mit dem Kriterium der Sprecherzahl und mit der Präsenz in bestimmten Domänen; der Gebrauch einer Sprache als Unterrichtssprache geht für gewöhnlich einher mit dem Unterricht der Sprache selbst; ohne Verschriftung gibt es keine Sachprosa usw. Je nach Fall können andere Kriterien relevant oder Faktoren, die in anderen Situationen entscheidend sind, ohne Bedeutung sein. Einige Konstellationen bzw. Positionen sollen hier zur Illustration kommentiert werden.

Wie bereits erwähnt, wurde das Okzitanische v. a. aufgrund des Gebrauchs der Sprache in der Troubadourlyrik von vielen Autoren als Sprache angesehen, während viele andere normalerweise berücksichtigte Faktoren eher gegen diese Klassifizierung gesprochen hätten (↗ 3.5.2).

Manche Autoren priorisieren den juristischen Maßstab, um über den Status einer Sprache zu befinden. In dem folgenreichen UNESCO-Bericht *The Use of Vernacular Languages in Education* von 1953 wurden all jene Sprachen als *vernacular* – im Sinne von *Dialekt*, bzw. *Volkssprache* in der deutschen Übersetzung von Stewart (↗ 3.3) – bezeichnet, die in keinem Land Amtssprache waren, und auch André Martinet hat 1960 den Status als Amtssprache für sein Urteil über den Status als Sprache herangezogen, was Kloss (1969: 299–300, 1977: 232) scharf rügt. Gut illustriert dies der Fall der Varietäten des Russinischen bzw. Ruthenischen. Die in der Ukraine, der Slowakei, Polen und Nordungarn gebrauchten Varietäten besitzen keinen amtlichen Status, der – so dieser das einzige Kriterium wäre – ihre Klassifizierung als Sprache erlauben würde; in der Ukraine wird die dort gebrauchte Varietät i. d. R. als ukrainischer Dialekt angesehen. Das durch geplante Ansiedlung von Ruthenen im 18. Jahrhundert in das Gebiet des heutigen Serbiens und Kroatiens gelangte und dort in einer Sprachinselsituation (↗ 7.1) bis heute gebrauchte Ruthenische bzw. Jugoslavo-Russinische (s. Duličenko 2003) dagegen hat in der zu Serbien gehörenden Vojvodina den Status einer Amtssprache. Es hat seit dem 20. Jahrhundert eine eigene Schriftsprache, wird an Schulen und an der Universität gelehrt und besitzt eine eigene Sprachakademie. Bei den Sprechern selbst, wie auch bei den mit ihnen zusammenlebenden Sprechern anderer Sprachen, ist der Status des Russenischen hier als Sprache unbezweifelt.

Die Problematik des Kriteriums Status wird durch die Situation in Mexiko sehr eindrucksvoll illustriert. Die mexikanische Gesetzgebung gesteht allen Sprachen Mexikos grundsätzlich besonderen Schutz zu. Problematisch ist nun die Entscheidung, welche Varietäten als Sprachen anzusehen und daher – etwa durch Verschriftlichung, Ausbau, Berücksichtigung im Schulwesen usw. – zu schützen sind. 2008 veröffentlichte das *Instituto Nacional de Lenguas Indígenas* ,Nationales Institut für indigene Sprachen' eine Übersicht der indigenen Sprachen Mexikos, den *Catálogo de lenguas indígenas de México* (INALI 2008). Darin wird nicht zwischen Sprachen und Dialekten unterschieden sondern lediglich von *variantes* ,Varianten' (im Sinne von ,Varietäten', ↗ 1.3) gesprochen. Explizit heißt es in diesem Katalog, dass das INALI davon ausgeht, dass alle *variantes lingüísticas* ,sprachliche Varianten' wie Sprachen zu behandeln sind, zumindest im Bereich der Bildung, in der Justiz, im Gesundheitswesen sowie im Hinblick auf alle amtlichen, behördlichen bzw. öffentlichen Belange und Instanzen, was voll umfänglichen Zugang zu öffentlicher Verwaltung sowie behördlichen Dienstleistungen und Informationen in diesen Varietäten impliziert. Angesichts der Tatsache, dass der Katalog 364 sprachliche Varianten [=Varietäten], 68 Sprachgruppen und 11 Sprachfamilien aufführt, hieße das, dass in Mexiko 364 Sprachen existieren, was für Linguisten ein Absurdum darstellt, da der Katalog für viele Sprachen eine lange Reihe von regionalen Varietäten namentlich aufführt, die als *variantes* deklariert sind. Die fatalen Folgen derartiger Positionen für den tatsächlichen Schutz der sprachlichen Diversität und der Rechte der Sprecher liegen auf der Hand.

Auch das Kriterium der Verschriftlichung ist sehr relativ. Einerseits ist sie Voraussetzung einer ganzen Reihe anderer entscheidender Faktoren, andererseits ist die Existenz einer Kodifizierung ohne die Kenntnisnahme oder Anerkennung durch die Sprecher möglicherweise unbedeutend. Zudem ist die schriftliche Wiedergabe von diatopischen Varietäten bzw. die Berücksichtigung regionaler Besonderheiten in der Schrift grundsätzlich ebenfalls möglich.[5] Die Existenz mehrerer alternativer Graphien bzw. Schriftsprachen - häufig Resultat unterschiedlicher Traditionen, nicht selten aber Ausdruck ideologischer Positionen oder von Entscheidungen wie denen des INALI - kann die Einheit von Sprachgebieten bzw. Sprachgemeinschaften in Frage stellen, die sprachliche Normalisierung (↗ 3.5.2, 3.5.3) behindern und damit Faktoren wie Sprecherzahl und Domänenbesetzung negativ beeinflussen. Die Gleichsetzung von Schrift und Sprache durch Laien - wobei aus der Existenz einer distinktiven Graphie die Existenz einer distinktiven Sprache abgeleitet wird - trägt zur Überhöhung von Differenzen bei, die Linguisten nicht als Argumente für unterschiedliche Sprachen ansehen würden. Die Debatten um die Zugehörigkeit des Valencianischen zur katalanischen Sprache zeigen dies eindrücklich: I. d. R. ideologisch motivierte Kritiker der sprachlichen Einheit können auf eine eigene valencianische Standardsprache (im Sinne einer eigenen Schriftsprache) verweisen, während Sprachwissenschaftler mittlerweile fast hilflos die Einheit beteuern (s. Doppelbauer 2008). Im Fall der in Chile und Argentinien gesprochenen Sprache Mapudungun, für die es mindestens ein Dutzend verschiedene Graphien, aber keine von den Sprechern selbst als Standard anerkannte Schriftsprache gibt, wird von Laien aus dem Vorliegen verschiedener Graphien für regionale Varietäten auch auf die Existenz unterschiedlicher Sprachen geschlossen. Mitunter weisen die unterschiedlichen Graphien nur minimale Unterschiede auf, die aufgrund des Symbolwertes mancher Grapheme dennoch dazu geführt haben, dass divergierende Ansichten über den Status zu unvereinbaren Gegenpositionen verhärtet sind.[6] Auch das Rätoromanische illustriert die Problematik gut:

---

[5] S. dazu auch die Ausführungen zu fingierter Oralität (↗ 6.1.3).

[6] Die Relevanz des Symbolwerts und die identitätsstiftende Wirkung von Graphemen und Schriften ist gut bekannt: Sie können der Abgrenzung gegenüber anderen Gruppen dienen und daher überhöhte Bedeutung bekommen. Beispiele für derartige Relevanz von Graphemen sind die Unterscheidung der Schreibung mit <c> für /k/ im Holländischen zur Abgrenzung vom Deutschen in den Niederlanden und mit <k> im Flämischen zur Abgrenzung vom Französischen im belgischen Flandern und die Debatten um die Schreibung <ß> oder <ss> im Deutschen, wobei Letzteres schon vor der Rechtschreibreform für die Identifizierung von Schweizerischen Texten besondere Relevanz hatte (↗ 4.2.2). Die identitätsstiftende und abgrenzende Funktion von bestimmten Schriften wird deutlich anhand der Geschichte des Gebrauchs der kyrillischen und der lateinischen Schrift für die Schreibung der zeitweise

> Das Bündnerromanische im schweizerischen Graubünden […] hat fünf Schriftsprachen; daneben hat es noch eine allen Gebieten gemeinsame kodifizierte Standardsprache herausgebildet. Aus sprachwissenschaftlicher Sicht werden von manchen Forschern das Ladinische in Südtirol und das Friaulische nördlich von Venedig zum «Rätoromanischen» gezählt, ohne daß jedoch die Sprecher aller dieser Gebiete das Bewußtsein einer sprachlichen Gemeinsamkeit hätten. Hier treten der Gesichtspunkt der Sprecher und der Gesichtspunkt vieler Sprachwissenschaftler miteinander in Konflikt. (Lüdtke 2001: o. S.)

Die Standardisierung ist dabei auch Ausdruck einer Identität, deren Grundlage, so Lüdtke (2001: o. S.), in der Geschichte einer Sprachgemeinschaft zu suchen ist.

Auf das Problem der Messbarkeit sprachlichen Abstands ist bereits hingewiesen worden (↗ 1.3 und 3.5.1). Der von den Sprechern „verspürte" Abstand muss dabei nicht wesentlich sein, denn obwohl für Laien gerade Aspekte wie „eigene" Lexik oder „eigene" Grammatik als Unterscheidungskriterien von besonderer Relevanz sind, so orientieren sie sich doch oft an besonders auffälligen Aspekten, wie Unterschieden in der Lexik, deren Bedeutung z. B. aus Identitätsgründen zu Distinktivmerkmalen überhöht werden kann. Solche prototypische Lexik kann dann nicht nur als sozialer oder regionaler, sondern auch als nationaler Identifikator fungieren; man spricht in diesem Zusammenhang auch von *tratti bandiera* (etwa: ‚hervorstechende, Identifikation erlaubende Wesenszüge').[7] Bernhard (1998) geht von der Existenz eines dialektalen Bewusstseins der Dialektsprecher aus, in dem diese *tratti bandiera* verankert seien. Lüdtke (2001: o. S.) erwähnt die Überhöhung von Charakteristika nationaler Varietäten des Spanischen:

> Sie [die hispanoamerikanischen Staaten] brauchen für ihre Identität mehr als nur die spanische Sprache. Sie müssen sich auch vom Mutterland [Spanien] abgrenzen, in dem die Sprache in der Außendarstellung ganz selbstverständlich zur Identität gehört […]. Ihre Identität als Nationalstaaten müssen diese Staaten daher auch noch auf anderem Wege finden. Sie scheuen nicht davor zurück, dafür sprachliche Unterschiede zu instrumentalisieren, zum Beispiel die heute verhältnismäßig unbedeutenden Entlehnungen aus Indianersprachen («indigenismos»).

Aus ideologischer, religiöser usw. Überzeugung können derartige „Charakteristika" einer Varietät als Argument für das Vorhandensein unterschiedlicher Sprachen dienen. Dadurch wird möglicherweise auch das sonst von Laien gerne angebrachte Kriterium der gegenseitigen Verständlichkeit außer Kraft gesetzt, wenn etwa aufgrund ideologisch motivierter Bestrebungen eine Varietät nicht als Dialekt einer anderen Varietät oder nicht als Teil eines Dialektkontinuums (↗ 4.4)

(bzw. in Transnistrien noch immer) als eigene Sprache deklarierten moldauischen Varietäten des Rumänischen oder bei Betrachtung ihrer Funktion als Unterscheidungsmerkmal zwischen Kroatisch und Serbisch. Über das Rumänische in der Republik Moldau, s. Heitmann (1989) und Bojoga (2005).

7 Eine Variante, die als charakteristisch für eine bestimmte Varietät angesehen wird und die Identifikation einer Person als Mitglied einer bestimmten Sprechergruppe erlaubt, bezeichnet man aufgrund der Schibboleth-Episode (Richter, 12,6) auch als *Schibboleth*. In dieser Episode des Alten Testaments erkennen sich die Gileaditer gegenseitig an der Aussprache dieses Wortes und enttarnen die Ephraimer, die es *Sibboleth* aussprechen, also [s] statt [ʃ] realisieren (s. Bauske 1997 und Löffler 2010: 33).

angesehen wird, dem eine bestimmte andere Varietät angehört, von deren Sprechern man sich absetzen will. Clyne (1989: 360) hebt umgekehrt nachdrücklich hervor, dass eine Gleichsetzung nationaler Varietäten – z. B. amerikanisches und britisches Englisch – mit Dialekten nicht statthaft sei, da ihr Status ein klares Kriterium gegen die Dialektzuordnung sei. Der Umstand, dass es sich auch trotz unterschiedlicher Graphien nicht um verschiedene Sprachen handelt, verdeutlicht, dass die nationalen Varietäten sogenannter plurizentrischer Sprachen gesondert zu behandeln sind (s. o.; ↗ 4.2.2).

Im Zusammenhang mit der Überhöhung von Charakteristika kann neben den erwähnten Debatten um die Eigenständigkeit des Valencianischen als angeblich nicht zum Katalanischen gehörende Varietät die Auflösung des Serbokroatischen in mehrere „Nachfolgevarietäten", darunter Kroatisch, Serbisch, Bosnisch und Montenegrinisch erwähnt werden (s. dazu die Literaturangaben in den Aufgaben zu Kapitel 3). Für das Beispiel des Serbokroatischen gelten die Worte Lüdtkes (2001: o. S.) zur Rolle der Sprachplanung uneingeschränkt:

> Weil der sprachliche Abstand besonders gerne als Argument für die Existenz einer historischen Sprache angeführt wird, schafft man ihn in der Sprachplanung intentional, indem man die sprachlichen Unterschiede einführt, die man eigentlich schon vorfinden möchte.

Sowohl für das Problem der von verschiedenen Kräften gewünschten Abgrenzung von Valencianisch und Katalanisch als auch für den Fall der einst als Serbokroatisch bezeichneten Varietäten ist eines der häufigsten Argumente gegen eine Differenzierung die gegenseitige Verständlichkeit. Die Relativität des Kriteriums der gegenseitigen Verständlichkeit ist aber von Sprachwissenschaftlern im Kontext anderer Varietäten sehr oft unterstrichen worden, etwa mit Hinweisen auf die gegenseitige Verständlichkeit von Varietäten, an deren Status als unterschiedliche Sprachen niemand zweifelt, auf die Abhängigkeit der Verständlichkeit von den Textsorten oder Domänen (↗ 3.5.1) oder auf die umgekehrt häufig fehlende gegenseitige Verständlichkeit von Dialekten einer als solche auch von den Sprechern selbst unbestritten anerkannten Sprache an den Extremen ihres Dialektkontinuums (↗ 4.4). Mit der Wahrnehmung der Sprecher selbst bezüglich der Charakteristika der eigenen Varietät oder der Varietäten anderer setzt sich u. a. die perzeptive Dialektologie auseinander (↗ 4.6).

4.2.2 Exkurs: Norm, Status und Plurizentrik

Die Bedeutung der Normen für die Konstituierung von Sprachen und die Relevanz des Status einer Varietät als ein in vielerlei Hinsicht wesentlicher Faktor ist in den vorangehenden Kapiteln verschiedentlich zur Sprache gekommen; eng mit diesen Aspekten verknüpft ist die Debatte um Existenz und Wesen sogenannter plurizentrischer Sprachen (↗ 3.5, 4.2.1).

Wie Pohl (1997: 67) darlegt, ergeben sich für das Deutsche drei Einteilungskriterien, da die politischen Grenzen zwischen den einzelnen deutschsprachigen Ländern nicht mit den Arealen der Großdialekte übereinstimmen: „ein ‚plurinationales' nach den Nationen […], ein ‚pluriareales' nach den Hauptmundarten und ein ‚plurizentrisches' nach den Zentren der einzelnen Staaten (bis hinunter zu den Verwaltungszentren der einzelnen Länder)". Muhr (2003: 191) zufolge stellen plurizentrische Sprachen einen Sprachtyp dar, der im Bewusstsein der Öffentlichkeit kaum verankert ist und auch Linguisten oft Schwierigkeiten bereitet. Als wesentliches Merkmal plurizentrischer Sprachen gilt der Umstand, dass sie in zwei oder mehreren Staaten gebraucht werden. Dazu kommen, je nach Sicht der Autoren, die sich mit dem Problem auseinandergesetzt haben, weitere Aspekte bzw. Kriterien (s. u.). Eng verknüpft mit der Frage der Plurizentrik ist oft auch die Debatte um die Einheit bestimmter Sprachen, um das Auseinanderdriften ihrer diatopischen bzw. nationalen Varietäten bzw. der Normen und die Diskussion darum, ob aus ihnen bereits voneinander unabhängige, als eigenständig anzusehende Sprachen werden. Charakteristisch sind solche Debatten für das Spanische, das in 21 Ländern Amtssprache ist und eine Vielzahl von nationalen Standards besitzt, und für das Portugiesische, wo - nicht nur unter Laien - immer wieder debattiert wird, ob das brasilianische und das europäische Portugiesisch noch als eine Sprache anzusehen seien.

Das Konzept der plurizentrischen Sprachen geht im Wesentlichen auf Kloss (1952/²1978) zurück, der im Zusammenhang mit der Entstehung neuer germanischer Kultursprachen durch Ausbau auf die Existenz von Sprachen eingeht, die mehrere unterschiedliche nationale Standards besitzen.[8] Kloss (²1978: 66) weist ausdrücklich auf die unterschiedliche Bedeutung der Vorsilben *bi-* ‚zwei', *pluri-* ‚mehrere, also mehr als eins' und *poly-* bzw. *multi-* ‚viel, d. h. mindestens drei' hin, dass also bizentrische Sprachen[9] zwar pluri-, aber nicht polyzentrisch seien. Dennoch findet man *poly-*, *pluri-*, *multi-* und *variozentrisch* in der Bedeutung von ‚mit mehreren Zentren', also synonymisch gebraucht. Der Ansatz der Plurizentrik setzte sich sowohl in der Germanistik und Anglistik als auch in der Romanistik schnell durch; wesentliche Dynamik und Verbreitung erhielt er durch die Publikationen von Clyne (v. a. 1984, 1992 (Hrsg.)). Nach Kloss ist das Verständnis von Plurizentrik direkt an die Existenz nationaler Standardnormen geknüpft, an miteinander interagierende Zentren, die eigene nationale Varietäten mit zumindest teilweise eigenständig kodifizierten Normen aufweisen (s. die Zusammenfassung bei Clyne 1992a: 1). Bierbach formuliert daraus folgend Kriterien der Plurizentrik:

> a. Eine Varietät innerhalb einer plurizentrischen Sprache verfügt über zumindest ein (städtisches) Zentrum, dessen Sprecher über eine genügend große mediale oder geographische Mobilität verfügen, um sprachlich modellbildend zu wirken und von denen einige als Vertreter bereit und in der Lage sind, mit Vertretern anderer Zentren sprachpolitisches Handeln zu koordinieren. […]

---

8 Über die Herkunft der Terminologie und des Konzepts herrscht keine Einigkeit. Ammon (1995: 45-46) weist darauf hin, dass Kloss selbst in seinen Veröffentlichungen als Urheber der Terminologie den Soziolinguisten William A. Steward nennt, und tatsächlich schreibt Kloss (1976: 310) explizit, dass Steward „wohl als erster" die polyzentrischen Sprachen als solche bezeichnet hat, als er eine Sprache dieses Typs als „eine *polycentric standard language* genannt hat". Dennoch finden sich immer wieder Hinweise darauf, dass Steward nicht der Schöpfer des Terminus sei (s. Muhr 2003: 191); vgl. die Übersicht bei Lebsanft (1998: 258).

9 Er gibt für bizentrische Sprachen das Beispiel des europäischen und des brasilianischen Portugiesisch, das heute angesichts der Veränderung der Situation in den afrikanischen Ländern mit portugiesischer Amtssprache nicht mehr aufrecht erhalten werden kann.

> b. Um eine eigenständige Varietät im Sinne des Konzepts von Plurizentrik zu repräsentieren, muß diese Varietät zurückzubinden sein an ein selbständiges politisches Gebilde im Sinne einer Nation. [...]
> c. Die in Frage stehende Varietät muß als solche von den Sprechern selbst mit der betreffenden Nationalität in Verbindung gebracht werden, als solche beschrieben und in Wörterbüchern und Grammatiken kodifiziert werden. [...]
> d. Plurizentrik konstituiert sich wesentlich aus dem Bewußtsein der Sprecher. Die Kommunikationsgemeinschaft eines Zentrums innerhalb einer plurizentrischen Sprache bezieht sich im Bewußtsein durchaus auf eine gemeinsame Sprache [wie etwa] Englisch, Spanisch, Französisch, Deutsch. Die Sprecher innerhalb eines Zentrum aber zeichnet zweierlei aus: erstens erkennen sie eine Reihe von Sprachformen als unterscheidend und charakteristisch für die Sprechergruppe innerhalb der eigenen nationalen Grenzen an [...]; zweitens betreibt die Kommunikationsgemeinschaft der entsprechenden nationalen Variante [=Varietät] Lexikographie und Grammatikographie für die nationale Variante [=Varietät] und schafft damit sichtbare und symbolische Repräsentationen. (Bierbach 2000: 144–147)

Dazu kommt bei den meisten Autoren als grundlegendes Kriterium der Umstand, dass plurizentrische Sprachen in mehreren Ländern offiziellen Status besitzen; per se weisen sie i. d. R. aufgrund dieses Status eine gewisse sprachliche und kommunikative Selbstständigkeit auf (s. etwa Muhr 2003: 191). Vorrangig wird die Identifizierung der Eigenständigkeit der nationalen Varietäten an Lexik, Lautung und ihrer graphischen Repräsentation festgemacht und definiert, zweifellos spielt aber die Morphosyntax ebenfalls eine Rolle (s. Bierbach 2000: 146). Uneinigkeit herrscht für die verschiedenen Sprachen über die Anzahl der Zentren und insbesondere die genauen Kriterien für sprachliche und (an die Sprache geknüpfte) kulturelle Ausstrahlungszentren. Als Kriterien finden sich Aspekte wie Medien - Produktionsvolumen und Medienexport -, Anzahl der Sprecher und Alphabetisierungsgrad. Die Situation des Spanischen illustriert die Problematik sehr gut: Sind manche Autoren der Auffassung, dass alle 21 Länder, in denen Spanisch Amtssprache ist, einschließlich aller übrigen Gebiete, wo es gesprochen wird - wie etwa Belize und Gibraltar - als Zentren zu gelten haben, so werden in anderen Auflistungen lediglich Spanien, Argentinien, Mexiko, manchmal auch Kolumbien oder Venezuela - mit Städten wie Madrid, Barcelona, Buenos Aires, Mexiko-Stadt, Bogotá und Caracas - aufgeführt, also Länder, die über ihre Produktion von Massenmedien in der spanischsprachigen Welt rezipiert werden, deren nationale Varietäten durch Produktion eigener Wörterbücher, Grammatiken usw. gefördert werden. Über einige Länder wird diskutiert, ob sie über ihre Landesgrenzen hinaus Ausstrahlungskraft besitzen, eigene Medien in wesentlichem Umfang produzieren und insbesondere, ob von einer wesentlichen Eigenproduktion an kodifizierenden Werken ausgegangen werden kann. Daher werden z. B. die Varietäten des Spanischen in den USA (i. d. R. noch) nicht in die Überlegungen einbezogen. Einige Autoren glauben gar, dass angesichts der panhispanischen Sprachpolitik der königlichen spanischen Akademie und der nationalen Akademien der spanischen Sprache, die inzwischen panhispanische Wörterbücher und Grammatiken publizieren, keine wirklichen Zentren mehr existierten und es nur noch „verschwommene" Normen gäbe, die die bisherigen Ansätze in Frage stellen (s. Bernárdez 2011). Die Meinungen darüber, was plurizentrische Sprachkultur in der spanischsprachigen Welt ist, gehen jedoch ohnehin weit auseinander (s. ausführlich Lebsanft 2004).

Dass neben dem Status als Amtssprache andere Kriterien eine wesentliche Rolle spielen (müssen), zeigt das Beispiel des Spanischen in Äquatorialguinea, wo es zwar Amtssprache ist, ein Großteil der Bevölkerung jedoch eine Bantusprache als Muttersprache hat, praktisch keine eigenen spanischsprachigen Medien produziert geschweige denn exportiert werden und die Beteiligung an der internationalen Kodifizierungsarbeit angesichts einer praktisch inexistenten Auseinandersetzung mit dem nationalen Spanisch derzeit nicht einmal zu erwarten ist.

Als plurizentrische Sprachen gelten heute u. a. Arabisch, Chinesisch, Deutsch, Englisch, Französisch, Hindi bzw. Urdu, Koreanisch, Malaiisch, Niederländisch, Portugiesisch und Spanisch, nach manchen Autoren zudem Armenisch, Schwedisch, Serbokroatisch, Tamilisch und pazifisches Pidgin-Englisch (Clyne 1992, Muhr 2003). Nach den politischen Veränderungen in Europa und dem Zerfall der Sowjetunion wird inzwischen auch für das Russische, das Albanische und das Rumänische der Status der Plurizentrik diskutiert, für die „Nachfolgesprachen" des Serbokroatischen ist der Status ebenso wie für das Ungarische fragwürdig (s. Muhr 2003, der den Status der europäischen Sprachen im Hinblick auf die Plurizentrik nach verschiedenen Kriterien kategorisiert). Für einige Sprachen sind die Bedingungen so speziell, dass ihre Lage hinsichtlich der Plurizentrik mit anderen Sprachen kaum zu vergleichen ist.[10] Als plurizentrische Sprachen werden von manchen Autoren allerdings auch Sprachen mit lediglich unterschiedlichen konkurrierenden Graphien bzw. mit verschiedenen Normen aufgefasst, auch wenn sie nicht Amtssprachen sind oder keine eigenen Ausstrahlungszentren (im Sinne von Medien- und Grammatikproduktion usw.) besitzen. V. a. in den Fällen von erst in jüngerer Zeit verschrifteten bzw. standardisierten Sprachen, die durch konkurrierende Normenvorschläge und noch andauernde gesellschaftliche Debatten um die „richtige" Norm charakterisiert sind, finden sich immer wieder Hinweise darauf, dass sie als plurizentrische Sprachen zu verstehen seien, ob-

---

10 Dies gilt z. B. für das Arabische, wo der Frage der Schriftlichkeit bzw. der Opposition gesprochen/geschrieben besondere Relevanz zukommt. Die in den unterschiedlichen arabischen Ländern gesprochenen einheimischen Varietäten werden nicht geschrieben, Schriftsprache für alle Belange ist die Distanzsprache (↗ 6.1.2) Hocharabisch. Nach wie vor gelten die nationalen Varietäten trotz enormer struktureller Distanz zum Hocharabischen aus Sicht der Sprecher eher als Dialekte, warum sie praktisch nicht ausgebaut sind (vgl. Gabriel/Meisenburg 2007: 64, die Arabisch als Beispiel dafür nennen, dass das Bewusstsein der Sprecher für die Zuordnung von Sprache und Dialekt essentiell ist und eine Varietät wie ein Dialekt funktionieren kann, wenn die Sprecher davon überzeut sind, dass sie einen Dialekt darstellt). Es gibt in den arabischen Ländern heute zwölf Sprachakademien bzw. Einrichtungen „zur Arabisierung von westlichem Wortschatz" (Marokko), die neue Termini im Standard – im Hocharabischen – festlegen; da es aber praktisch keine Abstimmung unter ihnen gibt, lassen sich deutliche Unterschiede der Realisierung der arabischen Hochsprache in den jeweiligen Ländern feststellen. Abdelaty (2013) zufolge, der sich mit der Übersetzung und Terminologie im Bereich der Kraftfahrzeugtechnik auseinandersetzt, wären z. B. eigentlich vier Sprachversionen von Automobilkatalogen erforderlich: 1) Maghreb-Länder, 2) Ägypten, Libyen, Sudan (die historisch eine Region darstellten), 3) Golfstaaten und Jemen und 4) die sogenannten Scham-Länder (die früher vom ehemaligen Scham (Damaskus) aus regierten syrisch-palästinensischen Gebiete Jordanien, Syrien, Palästina und Libanon) und Irak.

wohl die betreffenden Standards nicht in unterschiedlichen Ländern gebraucht werden bzw. ohnehin nicht offiziellen Status in unterschiedlichen Länder besitzen oder nicht von der Existenz verschiedener sprachlicher und kultureller Ausstrahlungszentren auszugehen ist. In Europa betrifft dies etwa das Russinische, das Galicische und das Katalanische, die nach den gängigen Kriterien keinesfalls als plurizentrisch angesehen werden können.

Sofern die Rolle von Ausstrahlungszentren bei der Annäherung an die Plurizentrik nicht berücksichtigt wird, handelt es sich eigentlich nur um die Auseinandersetzung mit der Präsenz einer Sprache in mehreren Ländern, was nach den meisten Definitionen nicht per se mit Plurizentrik - im Sinne der Existenz eigenständiger nationaler Standards - gleichzusetzen ist. Im Hinblick auf die Frage des Status als offizielle Sprache bzw. Amtssprache ist zu präzisieren, was genau darunter zu verstehen ist. Als Amtssprachen bezeichnet man i. d. R. die offiziellen Sprachen eines Staates für Gesetzgebung, Verwaltung usw.; im Falle der EU z. B. gilt dies ebenso für die Sprachen, mit denen sich die Organe nach außen, v. a. gegenüber den Bürgern, äußern (s. Miekel/Bergmann [3]2005: 30). Auch aufgrund mehrsprachiger Sprachregelungen internationaler Organisationen und als Entsprechung zu engl. *official language* ist häufig von *offizieller Sprache* die Rede, dazu manchmal von *Staatssprache* oder *Nationalsprache.* Ammon (1991: 54) schlägt vor, sowohl nationale als auch regionale Amtssprachen zusätzlich zu unterscheiden in (1) offiziell deklarierte - d. h. durch die Verfassung, Gesetze, besondere Rechtsakte o. Ä. mit diesem Status versehene - Amtssprachen und (2) faktische Amtssprachen, deren Status auf dem Gebrauch in den unterschiedlichen Bereichen der Gesellschaft (Politik, Wirtschaft usw.) beruht (vgl. Sinner 2013).

Muhr (2003: 192) ist der Auffassung, dass die Existenz nationaler Normen der eigenständigen sprachlichen Zentren als soziolinguistisches Faktum die nationalen Varietäten untereinander *gleichwertig* mache: „d.h. dass keine Variante ein normatives Vorrecht gegenüber den anderen als 'besser', 'korrekter' beanspruchen kann". Dies wiederum führt aber - v. a. bei sprachwissenschaftlichen Laien - zu Verwirrung und Fehlinterpretationen, weil oft davon ausgegangen wird, dass eine Sprache nur über *eine* einzige „korrekte" Norm verfügen könne (2003a: 192). Die Einsicht in die Notwendigkeit oder grundsätzliche Möglichkeit der Existenz plurizentrischer Normen ist in manchen Sprachgemeinschaften stärker verwurzelt als in anderen. Die plurizentrische Sicht auf Varietäten einer Sprache gestattet es, rein qualitativ deutlich zwischen Dialekten und nationalen Varietäten zu unterscheiden. Sie gibt zugleich auch das notwendige Instrumentarium, um die komplexen Gefüge der einer historischen Sprache angehörigen nationalen Varietäten und die mit der Konstituierung der Norm zusammenhängenden Fragestellungen zu behandeln, ohne hinsichtlich der notwendigen Differenzierung zu eigenständigen Sprachen in methodologische Erklärungsnot zu geraten.

Wie gesehen impliziert Plurizentrik die Existenz verschiedener Normen. Dabei ist zwischen unterschiedlichen Normen bzw. unterschiedlichen Auffassungen von Normen zu differenzieren. Der Begriff der Norm und die Frage nach den Umständen der Entstehung und Entwicklung von Normen spielt in der Sprachwissenschaft seit einiger Zeit eine wichtige Rolle. Verstärkt ist das für die romanistische Sprachwissenschaft zu konstatieren, wo aufgrund der zahlreichen nationalen Varietäten der ‚großen' plurizentrischen Sprachen Französisch, Spanisch und Portugiesisch und der Vielzahl von kleineren romanischen Sprachen, die in den letzten Jahrzehnten Normierungs- und Normalisierungsprozesse erleben, eine besondere Notwendigkeit der Auseinandersetzung mit derartigen Fragestellungen gegeben ist und die Existenz sogenannter plurizentrischer Normen besonders interessiert betrachtet wird (vgl. Burr 2001: 189, Sinner 2005b).

Das Konzept der Norm, sei es nun in der Sprachwissenschaft allgemein oder in Disziplinen wie Soziolinguistik oder Pragmatik, ist jedoch äußerst mehrdeutig (s. dazu z. B. Coseriu 1970, Gloy 1980, Bartsch 1985, 1987). Wie schon Gloy (1995: 73) hervorhebt, gibt es eine recht facettenreiche Sprachnormenforschung; sie verfügt jedoch bis in die Gegenwart über keine ausgearbeitete Methodologie. Wesentlich ist die Erkenntnis von Bartsch (1987: 155), die die (allerdings noch immer) verbreitete Praxis, von Norm im Singular zu sprechen, in Frage stellt, da damit bereits die Existenz einer einzigen Norm impliziert würde. Tatsächlich kann oder muss man z. B. von schriftsprachlichen oder sprechsprachlichen, diatopischen, diastratischen oder diaphasischen Normen (Koch 1988: 331) sprechen. Die Frage nach der Sprachnorm kann Gloy (1995) zufolge intensional („Wie wird der Ausdruck ‚Sprachnorm' begrifflich verwendet?") oder extensional („Auf welche sprachlichen Gegebenheiten wird dieser Ausdruck angewandt?") beantwortet werden. Das vielleicht bedeutendste Kriterium zur Unterscheidung der Vielzahl von Definitionen von Sprachnorm ist einerseits die Aufnahme des Merkmals *Verpflichtung*, andererseits der Verzicht auf dieses Merkmal und die Definition von Norm im statistischen Sinne als Durchschnittswert, als häufigstes Ereignis, also als Durchschnitt der tatsächlichen Verwendungen. Gloy (1995: 75) bezeichnet Letztere als „Normalfälle", die in der Sprachpraxis zu Normen werden können. In diesem Zusammenhang ist jedoch zu berücksichtigen, dass beim Übergang von einer Norm zu einer anderen Norm immer auch ein Zeitraum existiert, in dem die Norm unscharf bzw. nicht genau zu bestimmen ist (Coseriu 1970). Diese Erkenntnis ist für viele Sprachsituationen unbedingt zu berücksichtigen, z. B. im Zusammenhang mit der Normierung von Sprachen, da gerade bei der Herausbildung bzw. Schaffung präskriptiver Normen unbedingt damit zu rechnen ist, dass sich die zugehörigen Gebrauchsnormen anpassen bzw. verändern (↗ 3.5.3, 6.1.1).

In der Sprachwissenschaft wird i. d. R. mindestens zwischen präskriptiven und deskriptiven Normen (usuellen Normen, Gebrauchsnormen) unterschieden. Koch (1988: 328–329) z. B. differenziert neben einer auf der Ebene der Sprache als System angesiedelten, also systembezogenen Norm$_S$, die alle – auch die nichtfunktionellen – Aspekte der normalen Realisierung sprachlicher Einheiten umfasst, auch zwischen einer deskriptiven Norm (Norm$_D$) und einer – mit der Standardsprache identischen – präskriptiven Norm (Norm$_P$). Die Norm$_P$ als Standard erhielte Status und Prestige dadurch, dass sie zu einem bestimmten Zeitpunkt der Sprachgeschichte mit den Sprachregeln der Distanz verknüpft (↗ 6.1.2) und dadurch zur Schriftsprache wurde; alle anderen Normen$_D$ bleiben dagegen auf den Varietätenbereich der Nähe beschränkt (Koch 1988: 341).

Die deskriptive Norm ist als empirisch feststellbarer durchschnittlicher Sprachgebrauch von sozial und geographisch abgegrenzten Gruppen zu verstehen, also als der sozial dominierende Gebrauch. Die präskriptive Norm wird von sprachpflegerischen Instanzen wie Akademien, Schulgrammatik bzw. -lexikographie aufgestellt. Sie vertritt im Wesentlichen eine bestimmte Auswahl unter konkurrierenden Elementen des Diasystems (Eberenz 1995: 50). Gebrauchsnormen sind also diejenigen Realisierungen, die durch Tradition zu den normalen[11] und üblichen Realisierungen eines Systems geworden sind; sie existieren stets parallel zu weiteren Gebrauchsnormen (Coseriu 1970). Präskriptive Normen dagegen schaffen eine explizite Grundlage für die Feststellung und Ahndung von Normverstößen, „Fehlern" und für eine Unterscheidung von ,richtig' und ,falsch', sofern sie als bindend empfunden werden und nicht schon internalisiert wurden (Bernhard 1998: 3). Die Internalisierung von präskriptiven Normen impliziert das Verblassen der Konturen der Normen, so dass präskriptive Norm und Normverständnis in Abhängigkeit von den individuellen sozialen, geographischen usw. Bedingungen in unterschiedlichen Graden auseinanderklaffen können. *Norm* kann sich damit letztendlich auch auf das beziehen, was Sprecher lediglich für angebracht halten oder gar auf das, wovon sie lediglich glauben, dass man es von ihnen erwartet (vgl. Mackey 1970: 200). Dies kann z. B. mit dem zusammenhängen, was in der Schule über die Sprache gelernt wurde, und dieses Wissen verblasst ggf. mit der Zeit. Manche Autoren unterscheiden angesichts der Differenz von Präskription und ihrer individuellen ,Verarbeitung' durch das Individuum neben der deskriptiven und der präskriptiven Norm noch eine Idealnorm. Die Idealnorm im Sinne der ,guten', ,richtigen' Sprache, die sich die Sprecher selbst aufgrund ihrer Schulbildung und sozialen Erfahrung und Praxis machen und die sie vielfach mit ,Standardsprache' gleichsetzen, reflektiert nur zum Teil die präskriptive Norm und ist vielmehr ein im gesellschaftlichen Umgang verinnerlichter Regelkomplex mit geographischen und sozialen Geltungsbeschränkungen (Eberenz 1995: 51). Die Berücksichtigung der Idealnorm ist hinsichtlich der Konflikte, die bei Anwendung der präskriptiven Norm durch Sprecher unterschiedlicher Varietäten entstehen können, von besonderer Bedeutung.

Die Beschäftigung mit der Frage der Norm zeigt, dass es schwer ist, das Thema aus allen erforderlichen Perspektiven heraus und wirklich erschöpfend erfassen zu wollen, zumal sich die Lage der Literatur zu den unterschiedlichen Sprachen bzw. Varietäten sehr unausgewogen darstellt. Aus politischen bzw. ideologischen Gründen ist zu manchen Sprachen und Varietäten sehr wenig geschrieben worden, während zu anderen, die zwar z. B. eine weitaus geringere Sprecherzahl oder geringeres demographisches Gewicht, eine weniger bedeutende schriftsprachliche Tradition usw. aufweisen, weitaus mehr wissenschaftliches Material existiert. So sind z. B. zum Spanischen sehr viele Arbeiten erschienen, die sich sehr kritisch, aber auch relativ unbefangen mit der Frage der *unidad de la lengua* ,sprachliche Einheit' und der *variedad de la lengua* ,Sprachvarietät' oder der Frage nach der Norm und dem Status des Spanischen als plurizentrische Sprache auseinandersetzen. Derartige Studien sind dagegen für das Französische aufgrund völlig anderer Rahmenbedingungen und eines bedeutend schwächer ausgeprägten Selbstverständnisses der Sprecher nichtfranzösischer Varietäten des Französi-

---

11 *Normal* bedeutet dabei lediglich, dass ein Element von der Mehrzahl der Sprecher als normal aufgefasst wird.

schen in dieser Eindeutigkeit eher eine Ausnahme.[12] Erfurt (2003: 9) spricht daher gar von einer „oft mythisch verklärten sprachlichen Einheit" des Französischen.[13]

Während im Zusammenhang mit dem 1964 erstmals vorgestellten *habla-culta*-Projekt - zur ‚Sprache der Gebildeten' - (vgl. Lope Blanch 1999) z. B. in der hispanistischen Sprachwissenschaft das Konzept der Norm in all seinen Facetten immer wieder behandelt wurde, hat eine terminologische Auseinandersetzung in anderen Sprachen, oft situationsgegeben, kaum stattgefunden. Dies ist der Fall in Ländern, in denen selbst die Beschreibung von Minderheitensprachen, geschweige denn eine Präskription in Form von normativer Grammatik, Lexik usw. lange Zeit verwehrt wurde, z. B. durch sprachnationalistische Bestrebungen zum Vorteil einer einzigen Nationalsprache. Im Zusammenhang mit der Herausbildung und Etablierung der Soziolinguistik und dem wachsenden Interesse an Minderheitensprachen seit den späten 1960er Jahren, zunehmend seit den 1980ern und 1990er Jahren ist der Kodifizierung von Sprachen und der Normalisierung, Implementierung und Verbreitung von Normen v. a. im Kontext minorisierter Sprachen wachsende Aufmerksamkeit zugekommen. Zweifellos haben Sprachplanung bzw. Ausbau von Sprachen (↗ 3.5.3) das Interesse an der Frage der Norm verstärkt und die theoretische Auseinandersetzung mit Normen befruchtet. Der Zusammenhang von Sprache und Identität, die Identifizierung mit bestimmten sprachlichen Normen, die Anerkennung und das Konkurrieren von Normen innerhalb sprachlich heterogener Kommunikationsgemeinschaften sind in den letz-

---

12 S. zum Span. z. B. Thompson (1992), Lebsanft (1998), Bierbach (2000), Oesterreicher (2000), zum Frz. z. B. Lüdi (1992), Stein (2000; v. a. Baggioni), Erfurt (2003), Pöll (1998, 2001); übergreifend s. Muhr (2003). Im Falle des Französischen herrschen Arbeiten zur Geschichte der Norm und zu den Sprachpflegeinstitutionen vor; vgl. Settekorn (1988) oder Frey (2000).

13 Der sehr unterschiedliche Umgang mit den nationalen Varietäten im Falle der verschiedenen plurizentrischen Sprachen zeigt deutlich, wie sehr die Bewertung sprachlicher Varietäten und ihrer Normen auch vom Prestige der Sprecher und der Regionen oder Nationen abhängt und welche bedeutende Rolle kulturelle und politische Eigenständigkeit auch für die Herausbildung nationaler Standards und ihre Bewertung durch die Sprecher selbst spielt. So ist die Bewertung der nationalen Varietäten des Französischen - des *français hors de France*, also belgisches, kanadisches, senegalesisches usw. Französisch - in der Geschichte der französischen Sprache ungleich negativer verlaufen als die Bewertung der US-amerikanischen Varietät des Englischen durch Sprecher der Varietät selbst wie auch durch Sprecher anderer Varietäten in der Geschichte der englischen Sprache. Die sprachlichen Vorurteile gegenüber den nationalen Varietäten manifestieren sich in den Selbsturteilen der Sprecher dieser Varietäten, in Veröffentlichungen über ihre „schlechte" Sprache, die Ausklammerung der nationalen Besonderheiten aus dem schulischen Sprachunterricht usw. Illustrierend ist in dieser Hinsicht z. B. der bemerkenswerte Umstand, dass die für Argentinien typische und von allen Argentiniern ungeachtet des Alters, des Status und der Herkunft gebrauchte vertraute Anredeform *vos* ‚du' erst seit den 1980er Jahren in die Sprachlehre an argentinischen Schulen Einzug gehalten hat (und an die Stelle des bis dahin in der Sprachlehre ausschließlich gelehrten, für Spanien typischen *tú* getreten ist) (s. García/Ramírez 2010). Paradebeispiele der erst in jüngerer Zeit durch eine zunehmende Verbesserung des Status des endogenen Standards allmählich abgelösten Infragestellung der eigenen Varietät sind die in Belgien über Jahrzehnte in vielen Auflagen erschienenen Werke *Chasse aux belgicismes* ‚Jagd auf Belgizismen' und *Nouvelle chasse aux belgiscismes* ‚Neue Jagd auf Belgizismen' (Hanse et al. 1971, 1974) oder die Debatten in Québec um die Berücksichtigen des kanadischen Französisch in Schulbüchern, Wörterbüchern usw. V. a. auf Sprachkontakt zurückgehende Besonderheiten nationaler Varietäten werden oft als besonders ablehnenswert angesehen (↗ 4.8, 7).

ten Jahren geradezu zu sprachwissenschaftlichen Modethemen geworden. Unter dem Einfluss von Soziolinguistik und Dialektologie wurde deutlich, dass Sprachen mit großer geographischer Ausbreitung und sozialer Schichtung weitaus komplexere Gebilde sind, als das bis dahin den meisten Sprachwissenschaftlern bewusst (und vielen Personen lieb) war (s. Eberenz 1995: 54). Durch die Betrachtung der Normenfrage rücken auch Sprach- und Normwandel und damit wiederum Sprachpflege und -purismus ins Zentrum der Aufmerksamkeit.

Wie erwähnt setzen manche Sprecher – und auch manche Sprachwissenschaftler –, die präskriptive Norm oder die Idealnorm im Sinne der ‚guten' Sprache mit *Standardsprache* gleich. Die Sicht auf die Stellung der Standardsprache (bzw. -varietät) in der Sprachwissenschaft ist allerdings sehr differenziert und die Einordnung bzw. Definition von *Standard* wird – gelegentlich nicht ohne Polemik – diskutiert. Der Ausdruck *Standardsprache* wird heute mehr und mehr Termini wie *Hochsprache*, *Literatursprache* oder *Schriftsprache* vorgezogen, sei es, weil die anderen Termini zu kurz greifen, sei es, um implizite Wertungen zu vermeiden (s. Lüdtke/Mattheier 2005: 15; Christen et al. 2010: 17), wenngleich wie gesehen manche Autoren der Auffassung sind, dass man besser von *Standardvarietäten* und nicht von *Standardsprachen* sprechen sollte. Standardvarietät ist für Ammon (1989, 1995) eine Varietät unter vielen, deren Existenz aber Voraussetzung dafür ist, eine Sprache als Standardsprache anzusehen (↗ 1.2). Standardsprache wird von Lüdtke/Mattheier (2005: 15) als diejenige Leitvarietät angesehen, die eine institutionalisierte Verbindlichkeit in Normfragen aufweise. Standardsprache oder -varietät als normativ-präskriptive Dimension (s. Dittmar 1997: 201ff.) wird i. d. R. verstanden als „a codified form of language, accepted by and serving as a model to a larger speech community" (Garvin/Mathiot 1972: 365), und immer wieder finden sich Hinweise darauf, dass die Sprache der Gebildeten bzw. die unabhängig von diatopischen Varietäten im ganzen Sprachgebiet verwendeten Soziolekte der kodifizierten Standardnorm weitgehend identisch seien (Steinig 1976: 17). Damit stellt sich wiederum die Frage, inwiefern es eine Standardvarietät per se überhaupt gibt oder es nur Varietäten gibt, die sich der idealisierten oder präskriptiven Standard*norm* mit mehr oder weniger Erfolg annähern. Norm als Standard(sprache, -varietät) anzusehen, halten einige Autoren für nicht zulässig. Für Bagno (2007, ↗ 3.2) etwa ist die Norm einer Sprache keine ihrer Varietäten, da die Norm – gemeint ist die Norm in ihrer Gesamtheit – von niemand gesprochen oder geschrieben werden könne. Tatsächlich stellt sich die Frage, inwiefern die präskriptive Norm eine besondere Stellung einnimmt. Die Norm ist Bezugspunkt bei der Bestimmung des Grades der Standardnähe einer Äußerung und Referenzpunkt bei Untersuchung von Dialekten, Soziolekten usw., indem die Übereinstimmung einer bestimmten Realisierung mit der präskriptiven Norm bewertet wird. Berücksichtigt man, dass Messbarkeit als wesentliches Problem der Differenzierung von Varietäten angesehen wird, so kann konstatiert werden, dass einzig für die Nähe zur präskriptiven Norm Messbarkeit in dem Sinne möglich ist, dass die Abweichungen gegenüber der präskriptiven Norm als idealisierte Gesamtheit bestimmt werden können. Für die Ansicht, die Existenz einer Standardvarietät als eine Varietät unter weiteren innerhalb einer Sprache in Zweifel zu ziehen, spricht auch der Umstand, dass präskriptive Normen für bestimmte

Variablen mehrere mögliche Varianten vorsehen bzw. „zulassen“ können, in der Rede jedoch immer nur eine der Varianten realisiert werden kann.

4.3 Dialektologie, Sprachgeographie und Areallinguistik

Die schon in der vorwissenschaftlichen Beobachtung angemerkten diatopischen Unterschiede in der Sprache (↗ 2), die häufig im Zusammenhang mit der Suche nach der „Norm“, der „reinen Sprache“ usw. thematisiert wurden, sind zuerst in der diachronen Linguistik und der Dialektologie wissenschaftlich betrachtet worden. Dialektologie wurde lange als in völliger Opposition zur strukturalistischen Sprachwissenschaft stehend angesehen (die sie disziplingeschichtlich sozusagen ablöste). Die Auseinandersetzung mit Dialekten war in der Wissenschaft anfangs eher indirekt, denn es wurde ihr sozusagen aus dem Wege gegangen, indem man die Variation als peripheren Bereich der sprachtheoretischen Auseinandersetzung betrachtete oder durch die Definition als Abweichung, Ausnahme oder gar „Fehler“ – etwa in Bezug auf die zugrundegelegte Norm – ganz aus der Betrachtung ausschloss (s. Lüdtke/Mattheier 2005: 16).

Zweifellos spielt die Frage nach der Variation schon seit den Anfängen der modernen Sprachwissenschaft eine wichtige Rolle, wurde aber zu Beginn v. a. in Hinblick auf historische Stufen bzw. Zustände einer Sprache betrachtet. So ist die Untersuchung der Herausbildung von Sprachen aus einer bestimmten Ursprungssprache charakteristischer Ansatz der historisch-vergleichenden Sprachwissenschaft im Allgemeinen und der frühen Romanistik im Besonderen. In der Romanistik ist die Lage mit dem Latein als gut bekannter Ausgangssprache im Vergleich zu anderen Sprachfamilien privilegiert. Entsprechend hat man sich schon früh mit der Frage der Herausgliederung der romanischen Sprachen aus dem Latein auseinandergesetzt und zu diesem Zweck auch die Unterschiede im Raum (und in der Zeit) mit besonderer Aufmerksamkeit betrachtet. Bei dem Romanisten Meyer-Lübke finden sich schon Anfang des 20. Jahrhunderts erste Ansätze dafür, dass historische Sprachen und die unterschiedlichen Entwicklungsstufen historischer Sprachen heterogen sein können, also interne Variation aufweisen können (s. Wunderli 1997). In allen Arbeiten dieser Epoche werden sowohl die Einzelsprachen als auch ihre historischen Sprachstände – also die jeweiligen Entwicklungsstufen – und ihre Varietäten als sauber voneinander abgrenzbare Einheiten angesehen. Dasselbe ist auch über die Anfänge der Dialektologie bzw. der Sprach- bzw. Dialektgeographie zu sagen, die sich lange Zeit fast ausschließlich mit dem Nebeneinander weitestmöglich homogener Ortsdialekte beschäftigte und alle Bereiche, in denen diese Homogenität nicht mehr gegeben war, etwa die städtischen Ballungsräume, aus der Betrachtung herausnahm (Lüdtke/Mattheier 2005: 16) (↗ 7.1). Allerdings sind immer wieder sehr deutliche Hinweise darauf zu finden, dass man sich in der Beschäftigung mit Dialekten sozusagen gezwungenermaßen schon früh auch mit anderen diasystematischen Ebenen neben der Diatopie auseinandersetzte, wie die bevorzugte Informantenauswahl für dialektologische Untersuchungen zeigt. Um sicher zu gehen, dass man es wirklich mit den für einen bestimmten Ort typischen sprachlichen Daten zu tun hatte, sollten Beeinflussungen durch andere Varietäten möglichst ausgeschlossen werden; in vielen Fällen konzentrierte man sich daher bei Befragungen auf ältere männliche Informanten mit möglichst wenig Bildung. Dadurch hoffte man, noch nicht durch die zunehmende Mobilität, den Einfluss der Medien und den wachsenden Einfluss der Norm beeinflusste „authentischere" Daten zu erhalten. Man spricht heute von einer Tradition der Berücksichtigung der sogenannten NORM-Sprecher: „non-mobile old rural male speakers with little education" (Chambers/Trudgill [2]1998: 29). Wie Postlep (2010: 13) anhand von Aussagen verschiedener Autoren geolinguistischer Studien eindrucksvoll aufzeigt, wurde durch eine restriktive Informantenauswahl die Monodimensionalität der diatopisch ausgelegten Studien konsequent umgesetzt oder zumindest angestrebt, obwohl sich die Feldforscher oft sehr wohl darüber im Klaren waren, dass eine Berücksichtigung z. B. der Generations- und Geschlechtsunterschiede (↗ 5.4, 5.6) durchaus von wissenschaftlichem Wert und Interesse ist.

Heute wird Dialektologie vielfach als Teil der Soziolinguistik angesehen, was einerseits mit der im Laufe der Zeit deutlicher ins Augenmerk rückenden Berücksichtigung diastratischer Aspekte zusammenhängt, aber auch mit dem Umstand zu tun hat, dass in der angloamerikanischen Tradition *dialectology* das Studium von *dialects* und somit aller Formen von Varietäten ist (↗ 1.1.; 1.3, Anm. 2). Löffler (2003: xi) versteht die Dialektologie als Hilfswissenschaft der Varietätenlinguistik und der Soziolinguistik. Meist wird Sprachgeographie oder Geolinguistik als Methode innerhalb der Dialektologie angesehen (s. schon Coseriu 1955/1975), wenngleich auch die Meinung vertreten wird, es handle sich um eine eigene Unterdisziplin der Dialektologie.

Löffler (1982) hat in der Geschichte der dialektologischen Forschung acht Traditionslinien unterschieden, wobei Dialektforschung jeweils angesehen wird

1. als Teil der Landesbeschreibung, sozusagen im Sinne von „Landeskunde", wobei Dialekt einen landschaftskonstituierenden Faktor darstellt;
2. als (Teil der) Sprachgeschichte, wobei Dialekt als die Kontinuität früherer Sprachstände angesehen wird;
3. als Teil der Phonetik, wobei Dialekt als nicht durch Störungen von außen beeinflusste Sprache als besonders wertvoll für die Untersuchung der Lautgesetze angesehen wurde;[14]
4. als Sprachgeographie, wobei Dialekte Grundlage der Aufteilung des Sprachraumes sind;
5. als historische Hilfswissenschaft, wobei Dialekt als Symptom bzw. Bestandteil einer kulturräumlichen, geographischen und poltischen Raumbildung angesehen wird;
6. als empirische Linguistik, wobei der Dialekt das klassische Objekt der Auseinandersetzung mit natürlichen Sprachen darstellt;
7. als Sozialforschung, in der Dialekte als Soziolekte und pragmatische Variante in einem aus vielen Registern bestehenden Sprachkontinuum verstanden werden;
8. als Hilfsdisziplin der Didaktik im Sprachunterricht, indem Dialekt als Substrat für den muttersprachlichen Unterricht herangezogen wird. (Löffler 1982: 445–452)

[14] Das Argument der *Störungsfreiheit* findet sich auch heute wieder, wenn in typologischen Arbeiten oder Studien zum Sprachwandel diatopische Varietäten untersucht werden, weil diese nicht durch präskriptive Normen beeinflusst seien (obwohl sie es durch Kontakt mit dem Standard wohl doch meist sein dürften) (vgl. De Vogelaer/Seiler 2012); ↗ 5.2.

Haupttendenzen der Dialektologie sind nach Sammeln von Dialektdaten als Vorstufe ihre Bereitstellung über Wörterbücher, Grammatiken und monographische Darstellungen im Sinne einer Beschreibung von Einzeldialekten und die (in der Geschichte der Disziplin in unterschiedlichen Momenten verschieden starke) sprachgeographische Auseinandersetzung mit Varietäten im Sinne der Erstellung und Auswertung von Sprachkarten und Sprachatlanten. Am Anfang der im Zusammenhang der historischen Linguistik entstandenden ‚klassischen Dialektologie' stehen Dialektglossare und Wörterbücher sowie vergleichende Grammatiken – wie die vergleichende Grammatik von Schmeller (1821), eines der Werke, mit denen die wissenschaftliche Dialektologie sozusagen einsetzte.[15] Es folgten Ortsgrammatiken – Aufzeichnungen bzw. Darstellungen einer diatopischen Varietät – und Arbeiten, die mit Sprachkarten operierten. Sprachkarten erlauben es u. a., Bezüge zwischen Sprachdaten und Sprachgeschichte sowie geographischen oder politischen Faktoren herzustellen und auch die Zentren von historischen Neuerungen zu ermitteln, die möglicherweise durch politische oder geographische Grenzen (wie Flüsse, Berge), Verwaltungsgrenzen, Grenzen von kirchlichen Einzugs- bzw. Hoheitsgebieten usw. in ihrer Ausbreitung beeinflusst wurden. Isolierte Gebiete und Peripherien z. B. sind häufig durch Erhalt älterer Sprachformen gekennzeichnet, was umgekehrt zur Herleitung von Rückschlüssen von der Verteilung im Raum auf die Art und Weise ihrer Ausbreitung über die Zeit geführt hat (Coseriu 1955: 37). Diese Ausrichtung, die wesentlichen Anschub durch die Arbeit des italienische Linguisten Matteo Bartoli mit der Etablierung sogenannter Arealnormen[16] erfahren hat, hieß im Italienischen zuerst *neolinguistica* ‚neue Linguistik', dann *geolinguistica* und schließlich *linguistica spaziale* ‚Raumlinguistik' bzw. *areale* ‚Areallinguistik' und ist als Areallinguistik im engeren Sinne Teil der Sprachgeographie. Mehr als auf die Geschichte der Formen ist dieser Ansatz auf die Geschichte der Sprachen fokussiert (s. dazu Coseriu 1955/1975). Die damit vorliegende Doppeldeutigkeit des Ausdrucks *Areallinguistik* – als Sprachgeographie im weiteren und Areallinguistik im engeren Sinne – veranlasst manche Autoren, die synonyme Verwendung von Areal- und Geolinguistik abzulehnen. Sie ziehen es vor, unter Areallinguistik weiter nur die spezifische Auseinandersetzung mit der sprachlichen Auswirkung räumlicher Bedingungen, z. B. der

---

15 Vielfach wird unterschieden zwischen einer *klassischen Dialektologie* als Verknüpfung der sprachgeographischen Fragestellung mit außersprachlichen raumbildenden Kräften und einer *strukturalistischen Dialektologie*, die rein sprachliche Aspekte in den Vordergrund stellt (s. Jongen 1982 und Putschke 1982).

16 Der Norm der isolierten Gebiete zufolge sind z. B. Inseln sprachlich konservativer als Kontinente, Gebirge konservativer als Flachland, offenes Land konservativer als Städte; der Norm der Lateralgebiete zufolge erhalten sich in den Randgebieten Aspekte, für die sich in den zentralen Gebieten Neuerungen finden; die Norm der größeren Gebiete besagt, dass größere Gebiete frühere Stadien erhalten, denen in kleineren Gebieten – die nicht Randgebiete sind – neuere Sprachstände entsprechen. Nach der Norm der neueren Areale bleiben in später dazugekommenen Sprachgebieten dorthin gebrachte frühere Sprachstände erhalten, und nach der Norm der untergegangenen Sprachstände bleiben jüngere Formen oder Konstruktionen erhalten, während die ältere Entwicklungsphase ausstirbt. Die Normen beschreiben nur Tendenzen und müssen u. a. um die Berücksichtigung der Präsenz verschiedener paralleler Formen in unterschiedlichen Varietäten einer Sprache oder eines Dialekts erweitert werden (s. Bartoli 1939 und die Präzisierungen zu Bartolis Normen bei Coseriu 1955/1975).

Isolierung an geographisch abgelegenen Orten oder auch in Sprachinseln (↗ 7.1) oder der Sprachkontakte in bestimmten Regionen - z. B. in sogenannten Sprachbünden[17] - und die Frage nach der Art der Ausbreitung sprachlicher Neuerungen im Raum zu fassen. Die Termini *Areallinguistik*, *Sprachgeographie* und *Geolinguistik* werden ansonsten heute i. d. R. als synonym angesehen (s. Goossens ²1980), wobei es je nach Autor unterschiedliche Präferenzen gibt.[18] Wie Thun (2002) darlegt, lassen sich wissenschaftsgeschichtlich drei Phasen der Entwicklung der Geolinguistik ausmachen: eine eindimensionale diatopische Geolinguistik, eine weitere diasystematische Dimensionen berücksichtigende, pluridimensionale Geolinguistik und schließlich eine Geolinguistik der Kommunikationsnetze. Die Berücksichtigung der Kommunikationsnetze ist im Zusammenhang mit der Ablösung bisher vorherrschender, eher statischer Raumkonzepte zu verstehen; sie geht zurück auf das mit der sogenannten raumkritischen Wende - *spatial turn* - in den Geistes- und Sozialwissenschaften verknüpfte ‚neue' Verständnis des Raumes als Ergebnis sozialer Beziehungen.

„Wenn man die Vorläufer nicht berücksichtigt" (Goossens ²1980: 451), beginnt die Geschichte der Sprachgeographie bzw. Geolinguistik nach praktisch einhelliger Aussage mit den Unternehmungen von Georg Wenker und Jules Gilliéron. Wenker arbeitete ab 1876 auf Grundlage von Fragebögen zuerst zu Ortsdialekten des Rheinlandes und dann zu den deutschen Dialekten und (unter)suchte aufgrund von über 40.000 Erhebungsorten Dialektgrenzen zwischen Hoch- und Niederdeutsch; aus seinem Material entstand später der Deutsche Sprachatlas, der heute digitalisiert zur Verfügung steht (Schmidt/Herrgen 2001ff.). Der Schweizer Jules Gilliéron veröffentlichte bereits 1880 den *Petit Atlas phonétique du Valais roman (sud du Rhône)* und ab 1902 zusammen mit Edmond Edmont den *Atlas linguistique de la France* (s. Coseriu 1955/1975, Goossens ²1980, Chauveau 2003: 72). Zu den ersten großen sprachgeographischen Arbeiten im englischsprachigen Raum zählt der *Linguistic Atlas of the United States* aus den 1930er Jahren; er berücksichtigt bereits soziolinguistische Faktoren und ist daher nicht mehr als eindimensional (im Sinne von Thun 2002) anzusehen.[19]

---

17 Unter einem Sprachbund versteht man in der Regel heute eine Gruppe benachbarter bzw. in einem Gebiet gesprochener, genealogisch aber nicht verwandter Sprachen, die dank ständigen Kontakts und gegenseitiger Beeinflussung gemeinsame sprachliche Merkmale v. a. auch in Syntax und Morphologie aufweisen (zur Geschichte des auf Trubetzkoy zurückgehenden Sprachbundbegriffs s. Van Pottelberge 2001). Der bekannteste Sprachbund ist der sogenannte Balkansprachbund (s. z. B. Hinrichs 1994, Sawicka 1997, Kahl et al. 2012).

18 Manche Autoren verstehen unter *Geolinguistik* ausschließlich die mehrdimensionalen, also nicht nur das diatopische Kriterium berücksichtigenden Ansätze. Mitunter wird *Areallinguistik* auch im Sinne einer eindimensionalen Sprachgeographie gebraucht. Thun (2002: 25) spricht von „la geolinguistica diatopica o areale", also einer ‚diatopischen oder arealen Geolinguistik', bei Postlep (2010: 11) wird diese angesehen als erster Schritt auf dem Weg der „Weiterenwicklung von der Areallinguistik zur Geolinguistik", womit bei ihm *Areallinguistik* klar im Sinne dialektologischer Studien verstanden wird.

19 Die spezifische Verknüpfung mit linguistisch-ethnographischen Methoden durch die schon sehr früh eingesetzte sogenannte Wörter-und-Sachen-Methode, bei der zusammen mit dem sprachlichen Bestand die durch sie bezeichneten Objekte untersucht bzw. betrachtet werden, hat sich für onomasiologische Studien als sehr wertvoll erwiesen; zu *Wörter und Sachen* s. Schmitt (2001). In den letzten Jahren durchgeführte Studien zur terminologischen Variation

Zur Materialsammlung werden i. d. R. drei Methoden unterschieden: (1) Sammlung/Aufnahme frei gesprochener Texte, (2) mündliche Erhebungen mittels Fragebogen (direkte Enquête), ggf. mit Aufzeichnung der Antworten, und (3) schriftliche Erhebungen mit Fragebögen (indirekte Enquête); die Methoden haben unterschiedliche Vor- und Nachteile; so ist die indirekte Enquête ungenau, weil bei den Informanten i. d. R. keine phonetische Schulung vorausgesetzt werden kann, dafür kann mit dieser Methode eine große Zahl von Antworten mit vielen Belegorten erzielt werden (Goossens ²1980: 447). Durch die Möglichkeiten der neuen Medien mit Onlinebefragungen, Video-Interviews über Internetverbindungen usw. verändert sich dies jedoch in den letzten Jahren rasant. Je nach Präsentation des Materials können die Daten auf unterschiedliche Arten aufbereitet werden. Im Wesentlichen werden zwei Haupttypen der Kartierung unterschieden, die Punkt- und die Flächenmethode, die mit Farben, Schraffuren usw., Symbolen oder Text arbeiten und entweder nachvollziehbar machen, welche Formen an welchem Ort verwendet werden, oder zeigen, wo die Grenzen zwischen den Gebieten des Gebrauchs der einzelnen Formen liegen. Die Systeme können wiederum verknüpft werden. Mit den neuen Medien sind in den letzten Jahren neue Wege der Darstellung, etwa der multimedialen Präsentation der Daten dazugekommen, die zu breit gefächerten Möglichkeiten der Umsetzung hinsichtlich Darbietung, Lesbarkeit und Zugänglichkeit der Daten geführt haben.

Abb. 4.1. Schematische Darstellung eines Vorbruchs (Keil) entlang eines Verkehrsweges (König ¹⁷2011: 140)

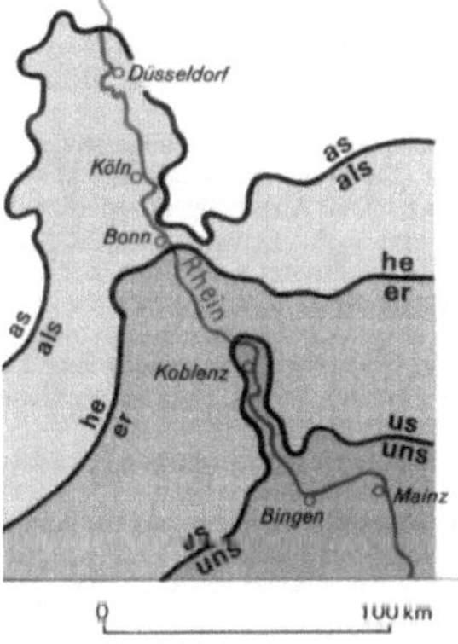

Als Hauptaspekte der Interpretation von Sprachkarten gelten z. B. die Feststellung von Dialekt- und Verkehrsgrenzen, die Untersuchung von Mischgebieten zur Ermittlung der Richtung sprachgeographischer Verschiebungen, die Existenz von Enklaven und die Form von Arealen (z. B. Keile) als Hinweise auf Veränderungen von Sprachgebieten bzw. die Ausbreitung von Formen und die Verschiebungen von Grenzen (s. Goossens ²1980: 448–449). Derartige Karten erlauben es nachzuvollziehen, wo es Veränderungen gegeben hat und wo nicht, und das Wissen um die historischen, politischen und geographischen Umstände ermöglicht

in plurizentrischen Sprachen wie die von Torrent-Lenzen/Uría (2003) zur spanischen Fachlexik im Bereich der Bürogeräte sind im Prinzip moderne Formen dieser Methode.

ihre Interpretation, etwa dass Flüsse natürliche Grenzen sein können, die Varietäten trennen, während befahrbare Flüsse – wie der Rhein – die Ausbreitung sprachlicher Erscheinungen erleichtern können (s. Abb. 4.1).[20]

4.4 Diskrete Einheiten, Isoglossen und Kontinua

Hielt man zu Beginn der wissenschaftlichen Auseinandersetzung mit der Frage nach der diatopischen Gliederung von Sprachen Dialekte ebenso wie die Einzelsprachen selbst tatsächlich für *diskrete Einheiten*, so wurde mit der Zunahme von empirischen Daten aus Dialektbeschreibungen und aus der sich nach und nach etablierenden Dialektgeographie immer deutlicher, dass die Grenzen zwischen Dialekten und Sprachen offenbar nicht so eindeutig sind, wie man dies angenommen hatte. Bahnbrechend war in dieser Hinsicht der berühmt gewordene Streit zwischen dem Italiener Graziadio Isaia Ascoli und den Franzosen Gaston Paris und Paul Meyer. Ascoli verteidigte die traditionelle Sicht der Existenz der anhand weniger Merkmale, mitunter gar nur aufgrund eines einzigen Merkmals definierten *diskreten Einheiten*; Paris und Meyer dagegen bestritten die Existenz von eindeutigen Dialekt- bzw. Sprachgrenzen. Wie Haas (2011: 10) schreibt, würde die Existenz klarer Grenzen zwischen Dialekten „auch bedeuten, dass die Grenzen unterschiedlicher Merkmale *alle* den gleichen geographischen Verlauf zeigen müssten". Dass dies nicht so ist, zeigte sich in den Studien bald. Einen aus Sicht vieler Autoren die Debatte abschließenden Beitrag leistete Horning 1893 mit einem Artikel, in dem er die Existenz von Sprach- oder Dialektgrenzen im traditionellen Sinne leugnete und hervorhob, dass sich nur für bestimmte Merkmale Grenzen konstatieren ließen: *Isoglossen* als Linien zwischen den verschiedenen Ausprägungen eines Merkmales. In der Terminologie der Varietätenlinguistik handelt es sich also um Grenzen zwischen den Gebieten, wo Varianten bestimmter linguistischer Variablen gebraucht werden. Verschiedene Isoglossen könnten nun zusammenfallen, und die Bündelung von Isoglossen an bestimmten Orten bzw. zwischen bestimmten Gebieten ließe es dann doch wieder zu, Differenzierungen auszumachen, die es erlaubten, etwas wie Grenzen zwischen Varietäten auszumachen (Wunderli 2005, 2001). Lexikalische Isoglossen werden als weniger relevant angesehen als Isoglossen, die auf tiefergehende Divergenzen hindeuten, z. B. morphologische und syntaktische.[21] Die Bündelung der Einzelkarten im

[20] Auch die Wellentheorie von Schmidt (1872) war ein Versuch, die Ausbreitung der sprachlichen Neuerungen im Raum abzubilden. Er ging davon aus, dass sich diese wie Wellen ausbreiten, die um so schwächer würden, je weiter sie sich vom Ausgangszentrum entfernen. Ein wichtiges Kriterium ist in seinem Modell das Prestige der Sprachen, das gewissermaßen zur Stärkung eines Ausstrahlungszentrums führt (dieses soziokulturelle Kriterium spielt auch bei der Unterscheidung von Dialekt und Sprache eine Rolle; ↗ 4.2.1).

[21] Die unterschiedliche Gewichtung der zu beobachtenden Divergenzen zwischen Varietäten spielt auch bei der Unterscheidung von Dialekten und Subdialekten – auch als Makro- und Mikrodialekte bezeichnet – eine Rolle. So unterteilt Montes (1982) Kolumbien in zwei Zonen von *superdialectos* ‚Überdialekte, Makrodialekte' – das Gebiet des *Costeño* (der Name macht deutlich, dass es sich um die Dialekte der Küstengebiete handelt) und das Gebiet des *Andino* oder *Cachaco* (so benannt nach dem Namen der Küstenbewohner für die Bewohner des Landesinneren einschließlich des Hochlands) (Orozco/File-Muriel 2012: 12) –, die dann wieder-

Sinne der Übereinanderlegung der Einzeldaten erlaubt es, Kombinationskarten zu erstellen, in denen eingezeichnet wird, welche oder wie viele Unterschiede zwischen welchen lokalen Varietäten es gibt (s. Abb. 4.2 und Abb. 4.3).

Abb. 4.2. Kombinationskarte zur Darstellung von Dialektgrenzen anhand sprachlicher Unterschiede (am Lech, südlich von Augsburg) (König [17]2011: 140)

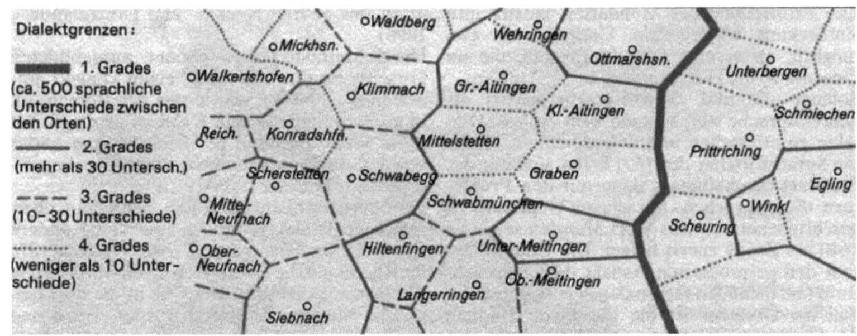

Wie Wunderli (2005: 62) hervorhebt, wurde damit in einem ersten Teilbereich der Linguistik ein wesentlicher Schritt vollzogen: „der Übergang von der Klassifikation der sprachlichen Phänomene als diskrete Einheiten, nach taxonomischen Kategorien, zu einer Sicht als Kontinuum von skalar zu begreifenden Differenzen"; allerdings sei diese in der Tat revolutionäre Schlussfolgerung lange weder in der Dialektologie selbst noch über die Grenzen der Disziplin hinausgehend wahrgenommen oder gar umgesetzt worden, so dass die traditionelle, taxonomische Sicht noch lange dominierend blieb. Wie gesehen diskutiert man noch immer über die Menge von Varianten, die divergieren müssen, um zwei unterschiedliche Varietäten zu bestimmen, und auch die spezifische Kombination von Varianten wird als Differenzierungskriterium angegeben (↗ 1.3). Berücksichtigt man den oben genannten Einwand von Haas (2011) und betrachtet man den genauen Verlauf der Isoglossen in Isoglossenbündeln, so wird sehr deutlich, dass nicht nur an jeder Isoglosse sondern an jeder Überlagerung von zwei Isoglossen die Existenz distinktiver Varietäten festgemacht werden könnte (oder müsste). Schon Coseriu (1955/1975) weist darauf hin, dass in bestimmten Gebieten nicht übereinstimmende Isoglossen Interferenzen zwischen den Varietäten darstellen können

---

um in Mikrodialekte unterteilt werden. Die Beschreibung dieser *superdialectos* zeigt, dass die Unterteilung an wenigen linguistischen Variablen festgemacht wird: Das Auftreten von auslautendem /s/ im *Andino* und seine Schwächung, Aspiration oder gänzlicher Ausfall im *Costeño* ist eines der Hauptunterscheidungsmerkmale, dazu kommen die Realisierung bzw. Art der Realisierung von/d/, /n/ oder /l/ im Silbenauslaut sowie die Präferenz für das Pronomen *Usted* oder *tú* bzw. *vos* für die 2. Person Singular. Lexikalische Differenzen werden nur für die Unterteilung auf Mikroebene herangezogen. Unterhalb der *superdialectos* seien nach Montes weiter zu unterscheiden: 1) *dialectos* ‚Dialekte': Gruppe von unter den *superdialectos* angesiedelten Varietäten, die sich durch mindestens eine funktionelle Norm von den übrigen Dialekten unterscheidet; 2) *subdialecto* ‚Unterdialekte': Untergliederung eines Dialektes auf Grundlage formeller (phonetischer oder morphosyntaktischer) Normen oder lexikalischer Varianten; 3) *habla* ‚Sprechweise': Untergliederung eines Dialektes oder eines Unterdialektes, der innerhalb derselben formellen Normen im Hinblick auf eine Anzahl formeller (phonetischer, morphologischer) Normen oder lexikalischer Varianten divergiert.

(als Folge des Sprachkontakts zwischen Varietäten) und dass sowohl Übereinstimmungen wie Nichtübereinstimmungen von Isoglossen zu erklären sind; die Erklärung ist i. d. R. in geopolitischen oder historischen Gegebenheiten zu finden.

Eine genau beschriebene Isoglosse des kontinentalen westgermanischen Dialektkontinuums ist die an der sogenannten *Benrather Linie* verlaufende Grenze zwischen der nördlich der Linie gebrauchten Verbform *maken* und der südlich davon verwendeten Form *machen*, die den nördlichen Rand der 2. Lautverschiebung markiert. Diese Isoglosse fällt nun mit anderen Isoglossen zusammen, d. h., sie stimmt in ihrem Verlauf im Wesentlichen mit den Isoglossen *heben-haben, ik-ich, dat-das, Dorp-Dorf* u. a. zusammen, die als Isoglossenbündel die Grenze zwischen dem Niederdeutschen und dem Hochdeutschen markiert.

Abb. 4.3. La-Spezia-Rimini-Linie und Roma-Ancona-Linie (Grassi et al. 1997: 76)[22]

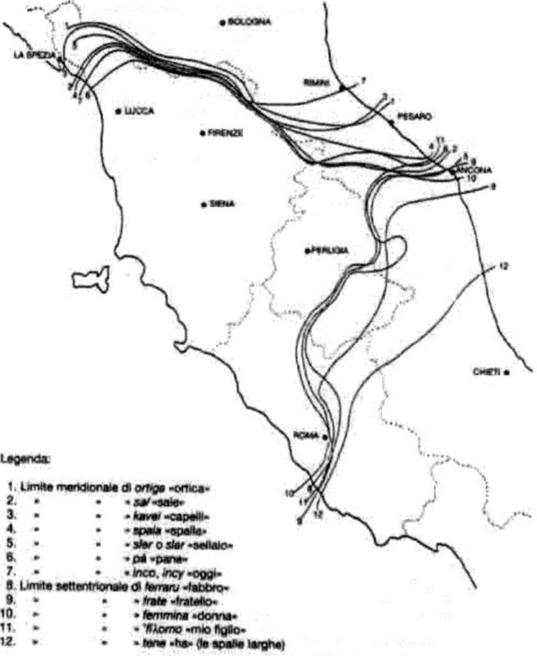

Das bedeutet, dass die Differenzen zwischen den Varietäten auf dem Kontinuum zwischen zwei Extremen an diesem Isoglossenbündel besonders deutlich sichtbar werden, dass es aber auch Varianten gibt, die auf beiden Seiten dieser gedachten Linie verwendet werden und an anderer Stelle durch eine Isoglosse getrennt sind. Die sogenannte Linie von La Spezia–Rimini in Italien (Abb. 4.3) stellt einen in der Romanistik eher als Ausnahme angesehenen Fall eines sehr deutlich ausgeprägten Isoglossenbündels dar. Von Wartburg (1936) teilte – ähnlich wie Diez (1936–1844) – aufgrund dieses Isoglossenbündels die Romania in *Ostromania* mit Dalma-

[22] In der Karte sind die südlichen Grenzen des Gebrauchs von *ortiga* ‚Brennessel', *sal* ‚Salz', *kavei* ‚Haare', *spala* ‚Schulter', *sler, slar* ‚Sattler', *pà* ‚Brot', *inco, incy* ‚heute' sowie die nördlichen Grenzen des Gebrauchs von *ferraru* ‚Schlosser', *frate* ‚Bruder', *femmina* ‚Frau', *figliomo* ‚mein Sohn', *tène (le spalle larghe)* ‚hat (breite Schultern)' verzeichnet.

tisch, Rumänisch und den italienischen Dialekten südlich dieser Linie und *Westromania* mit den restlichen romanischen Sprachen außer dem Sardischen, das aus dieser Klassifizierung herausfiel.[23]

Tab. 4.2. Beispiele der Gliederung der Romania in West- und Ostromania

	Westromania	Ostromania
lat. *octo* ,acht'	span. *ocho*	ital. *otto*
lat. *multu* ,viel'	span. *mucho*	ital. *molto*, rum. *mult*
lat. *sapere* ,wissen'	span., port., kat. *saber*	ital. *sapere*
lat. Nom. Pl. *lupī* ,Wölfe', lat. Akk. Pl. *lupōs*	span., port. *lobo, lobos* frz. *loup, loups*	it. *lupo, lupi* rum. *lup, lupi*

Zu den Isoglossen gehört die Verschiebung der lateinischen Verbindungen KT und ULT im Wortinneren in Richtung des Gaumens in der Westromania, während in der Ostromania die Lautverbindungen ohne diese Verschiebung erhalten sind.

Abb. 4.4. Europäische Dialektkontinua (Chambers/Trudgill [2]1998: 6)

Nördlich und westlich der Linie wird lateinisch P und T zwischen Vokalen zu /b/ und /d/ und lat. K außer vor /e/ und /i/ zu /g/, südlich davon bleiben sie erhalten; der Erhalt von lat. auslautendem S als Pluralmarkierung von Substantiven aus dem lat. Akkusativ im Norden und Westen steht dem Ausfall dieses Konsonanten und der Änderung der auslautenden Vokale zur Pluralbildung nach dem lat. Nominativ im Süden gegenüber (s. Tab. 4.2). Die Ermittlung von Isoglossen setzt die Kartographierung konstatierter sprachlicher Erscheinungen voraus. Dies erklärt, warum im Laufe der Zeit Dialektologie immer mehr mit Sprach- bzw.

[23] Wie Dietrich/Geckeler ([4]2004: 16) anmerken, gilt die Einteilung in West- und Ostromania nur für die mittelalterlichen Entwicklungsphasen der romanischen Sprachen, nicht jedoch für die neuzeitlichen romanischen Sprachen.

Dialektgeographie als einer der Hauptarbeitsweisen der Disziplin gleichgesetzt wurde. Die Kartographie macht auch die Existenz von Dialektkontinua sichtbar. Unter Dialektkontinuum versteht man das Phänomen, dass man in manchen Regionen der Welt bei der Reise von Ort zu Ort allmähliche, geringfügige Veränderungen der Sprache feststellt, ohne dass man irgendwo einen wirklichen Bruch feststellen könnte, einen Punkt, an dem sich Sprecher benachbarter Orte nicht mehr verstehen würden, dass sich aber die Unterschiede allmählich zu großen Divergenzen zwischen dem Ausgangspunkt und dem Endpunkt der Reise summieren. Sprecher nahe liegender Dörfer auf dem Kontinuum verstehen sich besser als Sprecher weit auseinander liegender Dörfer, die sich weniger gut oder möglicherweise gar nicht mehr verstehen. Für Europa hat man mehrere solcher Dialektkontinua aufgezeigt (s. Abb. 4.4). An die Stelle oder an die Seite von phonetischen Umschriften treten zunehmend die Tonaufnahmen selbst, so etwa im Akustischen Sprachatlas der Dialekte und Minderheitensprachen Italiens (VIVALDI) oder dem *Atlas linguistique audiovisuel du francoprovençal valaisan* (ALAVAL).

4.5 Dialektometrie

Die sogenannte Dialektometrie stellt gewissermaßen einen alternativen Ansatz zur Betrachtung der Isoglossen dar und entfernt sich noch mehr von der Vorstellung diskreter Einheiten. Sie versucht, die diatopische Variation auf Grundlage mathematisch berechenbarer Daten darzustellen. Mit der Verfeinerung der quantitativen Methoden ab den 1970er Jahren hat sie zunehmend an Bedeutung gewonnen. Ihr Forschungsinteresse ist die Analyse der Ordnungsstrukturen in sprachgeographischen Netzen: regionale Verteilung von Ähnlichkeiten zwischen Dialekten und die Ermittlung von Kerngebieten und Übergangszonen. Nach wie vor dienen dabei Sprachatlanten als empirische Datenbasis. Auch die Ergebnisse dialektometrischer Analysen können visualisiert werden, wie auf der Choroplethenkarte in Abb. 4.5 zu sehen ist: Die Abstufungen zwischen höchster (91,57 %) und niedrigster (42,251–44,874 %) Ähnlichkeit werden angezeigt, indem man die Verteilungsdichte von Varianten durch Farben, Straffuren usw. einzeichnet.[24] In Abb. 4.6 findet sich eine Darstellung derselben Daten in digitaler Aufbereitung.

Dialektologische bzw. auf Vergleich diatopischer Varietäten ausgerichtete Arbeiten haben sich bis in die Gegenwart weitgehend auf die „klassischen" Bereiche der Sprachwissenschaft - Lexik, Phonetik, Syntax, Morphologie - beschränkt. Aspekte wie Pragmatik oder Phraseologie wurden nur vereinzelt im Hinblick auf die diatopische Variation betrachtet; allerdings gibt es hierzu inzwischen auch Arbeiten aus areallinguistischer Sicht (s. z. B. Piirainen 2008). Bezüglich spezifischerer linguistischer Details wie dem Ausdruck von Bewegung sind bisher aufgrund fehlender Daten oft nur sehr beschränkte Möglichkeiten der Kontrastierung diatopischer Varietäten gegeben. Die wenigen Arbeiten, die es zu den Lexikalisierungsmustern zum Ausdruck von Bewegung in Varietäten des Deutschen in der Schweiz, im Italienischen und Französischen gibt, zeigen aber, dass es in-

[24] Ähnlich funktioniert die Kombinationskarte in Abb. 4.2, wo Dialektgrenzen in Abhängigkeit von den festgestellten Unterschieden unterschiedlich stark eingezeichnet sind.

nerhalb einer Sprache bedeutende diasystematische Unterschiede geben kann (s. Berthele 2004a, 2004b, 2006, Iacobini 2009; vgl. hierzu Ibarretxe/Hijazo 2012: 145).

Abb. 4.5. Dialektometrische Darstellung (Choroplethenkarte) auf Grundlage des *Sprach- und Sachatlas Italiens und der Südschweiz* (AIS) (Goebl 1982: Fig. 8)

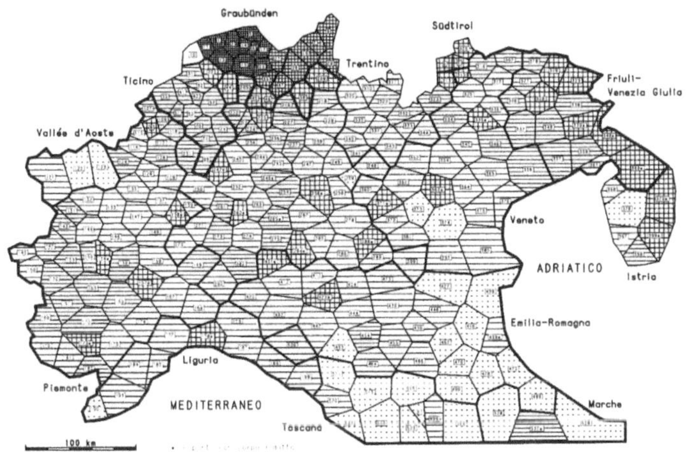

Abb. 4.6. Digital aufbereitete Darstellung auf Grundlage der Abb. 4.5 zugrundeliegenden Daten (Goebl 1982: Fig. 9)

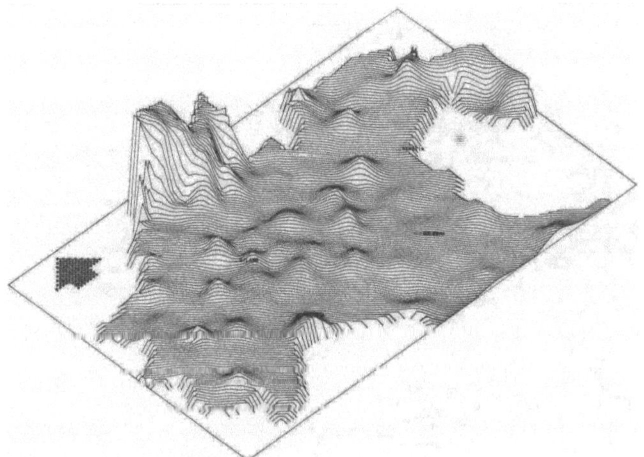

4.6 Perzeptive Dialektologie

Die in den 1920er und 1930er Jahren in den Niederlanden und Japan erarbeitete und seit den 1980er Jahren von Preston weiterentwickelte perzeptive Dialektologie (auch *Folk Dialectology*) nähert sich dem Verständnis der Gliederung der Sprachen und Einschätzungen über Varietäten auf Grundlage der Aussagen von Laien. Informanten zeichnen z. B. Varietäten auf Karten ein, geben an, wo sie selbst

Dialektgrenzen ansetzen, zwischen welchen Varietäten sie kleinere oder größere Unterschiede sehen usw. Erweiterte Herangehensweisen fragen auch danach, ob bestimmte Varietäten als korrekt oder nicht korrekt eingeschätzt werden oder lassen Informanten Tonaufnahmen von Varietäten hinsichtlich ihrer Herkunft zuordnen. Diese Karten, die den *mental maps* bzw. *kognitiven Raumbildern* der Informanten mehr oder weniger entsprechen, können dann mit der geographischen Lokalisierung von Varietäten und Dialektgrenzen auf Grundlage sprachwissenschaftlicher Studien verglichen werden. In Abb. 4.7 ist die Sicht von Informanten aus Hawaii über die Dialektgebiete der USA im Vergleich mit einer Übersicht über die Dialektregionen auf Grundlage sprachwissenschaftlicher Studien zu sehen.

Abb. 4.7. Dialektregionen der USA aus Sicht von Informanten aus Hawaii (links) und aus Sicht von Dialektologen (rechts) (Preston 1982: 26 und 27)

Abb. 4.8. Dialekte in Deutschland aus Schülersicht (links) und nach Wiesinger (1983) (rechts) (Lameli 2010: 389 und 393)

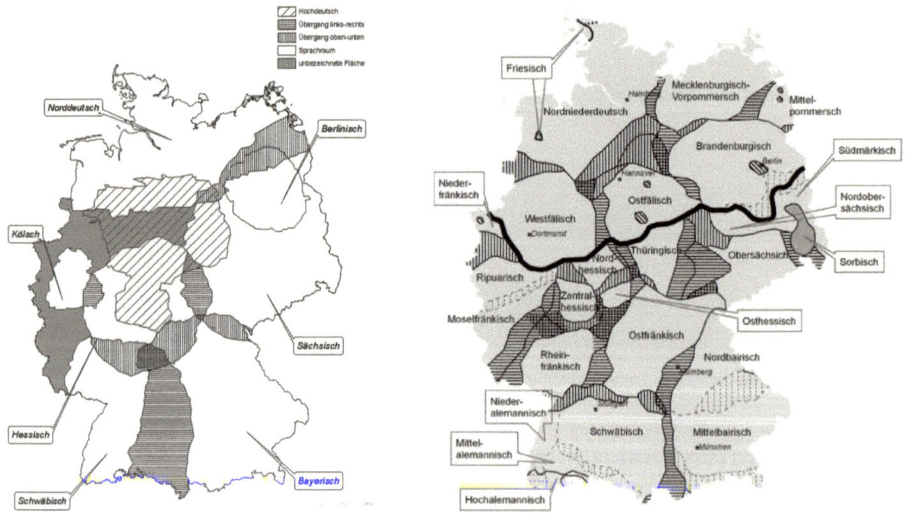

Im deutschsprachigen Raum wird der Ansatz ebenfalls angewandt, so z. B. von Lameli (2009, 2010) und, v. a. für die Schweiz, von Hofer (2004).[25] In Abb. 4.8 ist

[25] Besondere Bedeutung hat die Dialektologie aufgrund der speziellen sprachlichen Bedingungen in der Deutschschweiz, wo die Soziolinguistik in weiten Teilen als Weiterführung der

die deutsche Sprachlandschaft aus Sicht von 163 Marburger Schülern und aus sprachwissenschaftlicher Sicht zu sehen. Zu Stimuli und Kognition[26] im Zusammenhang mit der Aktivierung mentaler Raumbilder s. Lameli et al. (2008). Die perzeptive Dialektologie v. a. amerikanischer Prägung ist durch eine der Auffassung des englischen Terminus *dialect* (↗ 1.3) entsprechende Berücksichtigung auch der soziolinguistischen Perspektive gekennzeichnet und untersucht u. a. auch die Einstellung der Sprecher (↗ 2.1, 4.8) zu bestimmten Varietäten; in dieser Hinsicht ist sie innerhalb der Soziolinguistik anzusiedeln. Derartige Befragungen geben neben wertvollen Informationen über die Wertung auch einen Überblick über die Bezeichnungen der Informanten für die von ihnen eingezeichneten oder identifizierten Varietäten. In den letzten Jahren wurde seit Krefeld (2005) auch in der Varietätenlinguistik ein perzeptiver Ansatz ausgearbeitet, der sich jedoch von der perzeptiven Dialektologie derzeit noch klar distanziert (↗ 4.8).

4.7 Diatopie vs. Diastratie und Diaphasie

Es ist bereits darauf hingewiesen worden, dass die meisten Autoren explizit oder implizit die Auffassung vertreten, dass Diatopie in der Varietätenkette hierarchisch „über" den anderen Varietäten angeordnet ist (oder, je nach Sicht, „unter" ihnen liegt und ihr Fundament bildet), dass also diatopische Varietäten im Varietätengefüge eine Sonderrolle einnehmen (↗ 1.3). Diatopische Varietäten werden i. d. R. als vollständige Systeme angesehen, die in sich noch einmal in diastratische und diaphasische Varietäten, möglicherweise sogar noch untergeordnete diatopische Varietäten gegliedert sind. Ihnen gegenüber sind die anderen Varietäten als Soziolekte, Stile, Register usw. nur als Ausschnitt aus dem System anzusehen und stellen keine losgelösten, in sich vollständigen Varietäten dar. Eine diatopische Varietät könnte durch Ausbau zur Sprache werden (↗ 3.5), während dies für diastratische und diaphasische Varietäten nicht angenommen werden kann.

Nach Coseriu (1980a) können diatopische Varietäten sowohl diastratisch als auch diaphasisch funktionieren, Dialekt könne also als Sprachniveau (als Soziolekt bzw. diastratische Varietät) und ein Sprachniveau wiederum als Sprachstil (diaphasische Varietät) (↗ 3.6.2) fungieren. In manchen Gesellschaften ist der Gebrauch diatopischer Varietäten praktisch gleichgesetzt mit sozial niedrigerem Status in dem Sinne, dass z. B. vorausgesetzt wird, dass gebildete Personen nicht

schon sehr früh auch unter Berücksichtigung soziolinguistischer Aspekte betriebenen Dialektologie angesehen wird (Siebenhaar 2004: o. S.). Siebenhaar erklärt dies wie folgt: „Dialektologie ist in der deutschsprachigen Schweiz die wissenschaftliche Auseinandersetzung mit der aktuellen Sprache der Mehrheit der SchweizerInnen, denn in der diglossischen Situation der deutschsprachigen Schweiz nimmt die Mundart die Stellung der Alltagssprache ein. Eine Schichtung von Substandardvarietäten zwischen der Hochsprache und den Dialekten, wie sie in Deutschland und in Österreich vorkommt, existiert in der Schweiz kaum" (2004: o. S.). Dem besonderen Interesse an Varietäten entsprechend ist auch im Bereich der perzeptiven Dialektologie zu Schweizer Dialekten und der Pragmatik des Varietätengebrauchs viel gearbeitet worden. S. ausführlich Hofer (2004) und die dort gegebene Literatur.

26 Mitunter findet sich für perzeptive Dialektologie auch die Bezeichnung *kognitive Dialektologie*, z. T. bereits auch *kognitive Varietätenlinguistik*, womit aber i. d. R. nicht der Ansatz von Krefeld/Pustka (2010, ↗ 4.8) gemeint ist.

Dialekt sprechen und sich Stereotypen wie „Arbeiter, Bauern und Fischer sprechen Dialekt" konstatieren lassen. Besonders deutlich wird dies im Zusammenhang mit der Klassengesellschaft in England, in der der Gebrauch der *Received Pronunciation* (RP), der britischen Standardaussprache, die es unmöglich machte, die geographische Herkunft einer Person herzuleiten, sehr lange dem Gebrauch diatopischer Varietäten derart gegenüberstand, dass der Dialekt zugleich als Soziolekt fungierte. Dieses Verhältnis ist mit der Veränderung - bzw. Auflösung - der Klassengesellschaft seit Ende des 1. Weltkriegs und v. a. seit den 1960er Jahren in Bewegung geraten, so dass der Gebrauch diatopischer Varietäten zunehmend auch in den Domänen, die zuvor der RP vorbehalten waren, insbesondere den Medien, Einzug gehalten hat (s. Trudgill 2001 zur Soziolinguistik der RP und Roach 2004 zu ihrer Beschreibung). Im Fall des Deutschen können deutliche regionale Unterschiede hinsichtlich der Assoziation von Dialekt mit niedriger sozialer Herkunft festgestellt werden, wobei Süden und Osten vielfach als „dialektfreundlicher" charakterisiert werden. In vielen Teilen Westdeutschlands war der Gebrauch von Dialekt als sozial niedrig stigmatisiert, während in der DDR diese soziale Markierung diatopischer Varietäten lange nicht bestand. Zu Beginn der 1990er Jahre registrierte man gravierende Unterschiede zwischen Westberlin, wo Berlinerisch als Sprachvarietät der Unterschicht galt und daher vorwiegend in privater Kommunikation berlinert wurde, und Ostberlin, wo der Dialekt als Verständigungsmedium auch in halböffentlichen und öffentlichen Situationen seinen Platz hatte. Der Wertewandel seit der Wende hat durch die zunehmende Stigmatisierung zu einem Rückgang der Präsenz des Dialektes auch im Ostteil der Stadt geführt (Reiher 2002, s. Schönfeld et al. 2001).[27] Die Gleichsetzung des Gebrauchs einer diatopischen Varietät mit einer bestimmten sozialen Herkunft führt hier also dazu, dass Dialekt zunehmend wie Soziolekt fungiert und dann von den Sprechern zunehmend auch situationsbedingt eingesetzt werden kann. Weniger gebildete Personen werden in der umgekehrten Perspektive eher zum Gebrauch von diatopischen Varietäten tendieren, weil sie zu einem Wechsel zwischen ihrem Dialekt und dem Standard möglicherweise aufgrund ihrer geringen Bildung nicht oder nur beschränkt in der Lage sind. In vielen Gesellschaften ist der Zugang zu Bildung - und damit auch zum Wissen um sprachliche Standards - an sozialen Status, Macht und gutes Einkommen gebunden. Ebenso kann allerdings der Zugang zur Bildung auch an die Variable Geschlecht gebunden sein: In vielen Gesellschaften wird Frauen bis heute der Zugang zu Bildung verwehrt, so dass neben der gesellschaftlichen Herkunft auch das Geschlecht in direktem Zusammenhang mit dem Erwerb sprachlicher Repertoires stehen kann (↗ 5.6.1).

Eine Person, die aufgrund ihrer Bildung in der Lage ist, neben dem Dialekt auch Standard zu sprechen, wird in bestimmten Situationen möglicherweise weiterhin Dialekt gebrauchen, etwa im familiären Umfeld und in nicht formellen Kontexten (s. hierzu auch die Ausführungen zur Diglossie, ↗ 7.1). Eine Schwäbin z. B., die in Leipzig studiert, spricht in ihrem Alltag in der Universitätsstadt eher

---

27 Die Untersuchung von Stadtsprachen wird heute i. d. R. in der Sozio- und Migrationslinguistik angesiedelt, da hier in besonderer Form diatopische und diastratische Aspekte ineinanderspielen und in urbanen Räumen anzutreffende Varietäten zudem v. a. auch mit Migration in Zusammenhang zu bringen sind (↗ 7.2).

nicht Dialekt, wird ihn aber in bestimmten Situationen, etwa in Telefonaten mit ebenfalls Schwäbisch sprechenden Familienangehörigen oder Freunden, verwenden und somit die diatopische Varietät diaphasisch „einsetzen".

Ein Beispiel für die Überlappung der diatopischen, diaphasischen und diastratischen Dimension ist der slowenische Dual, der zugleich illustriert, dass es bei der Betrachtung von Varietäten um den Blick auf die Verflechtung der unterschiedlichen Varianten und nicht um einzelne Varianten gehen muss, weil Varianten in unterschiedlichen Varietäten unterschiedlich markiert sein können. Dual ist wie Singular und Plural eine grammatikalische Kategorie des Numerus und beschreibt durch eigene nominale, pronominale, adjektivische oder verbale Formen die Zweizahl, etwa: slow. *mesto* Stadt – *mesti* ‚(zwei) Städte' – *mesta* ‚(mehr als zwei) Städte'. Im Slowenischen ist v. a. der nominale Dual in manchen Varietäten z. T. deutlich reduziert. Die einzige Form, die im gesamten Sprachgebiet für alle Fälle in gleicher Weise im Dual gebraucht wird, ist das Zahlwort *dva/dve* ‚zwei' im Nominativ/Akkusativ (s. ausführlich Jakop 2008: 107–108). Betrachtet man den nominalen Dual, ist der maskuline nominale Dual nur im äußersten Nordwesten und Osten Sloweniens so erhalten, wie ihn die Norm des modernen Standardslowenischen vorsieht, während alle anderen westlichen und zentralen Dialekte ihn nur für Nominativ/Akkusativ erhalten haben und im Dativ/Instrumental stattdessen die Pluralformen verwenden. In einigen Orten an der Grenze zu Kroatien und Italien ist maskuliner nominaler Dual komplett verschwunden. Auch der weibliche nominale Dual ist nur im äußersten Nordwesten und Osten Sloweniens so erhalten, wie ihn der Standard vorsieht, während einige Varietäten in Kärnten und an der Küste nominalen Dual in Nominativ/Akkusativ erhalten, für Dativ/Instrumental dagegen bereits durch Pluralformen ersetzt haben. In den zentralen Dialekten ist femininer nominaler Dual völlig verschwunden. Der nominale Dual für Neutrum weist weitere Besonderheiten auf. Tatsächlich bedeutet dies, dass diese im Standardslowenischen vorgesehenen nominalen Formen sich nur in einigen diatopischen Varietäten erhalten haben, sonst aber in der informellen Sprache nicht oder wie aufgezeigt reduziert gebraucht werden, womit im Slowenischen nominale Dualformen durchgängig nur (a) in nähesprachlichen Kontexten in den genannten Dialekten im Nordwesten und Osten sowie (b) in der äußerst distanzsprachlichen Kommmunikation im Standardslowenischen – und vorwiegend dem gebildeter Personen – erhalten sind; für den verbalen Dual z. B. ist die Lage allerdings wieder vollkommen anders. Die durchgängige Präsenz der nominalen Dualformen allein sagt nichts über die Zugehörigkeit zu einer diatopischen Varietät oder zu dem in distanzsprachlichen Kontexten gebrauchten Standardslowenischen aus; es müssten dafür weitere Variablen betrachtet werden.

Angesichts der Verquickung von Diatopie, Diastratie und Diaphasie wird nachvollziehbar, warum sich Dialektologen schon früh für die soziale Dimension des Dialektgebrauchs interessierten und warum manche Autoren Dialekt als diatopische *und* diastratische Einheit ansehen (vgl. Hutterer 1984) oder eine Unterschiedung von Diastratie und Diaphasie für kompliziert halten. Die Debatte um die genaue Zuordnung und die Abgrenzung der Varietäten voneinander begleitet die Varietätenlinguistik seit ihren Anfängen. Wie erwähnt wird immer wieder darauf hingewiesen, dass es sich bei den Modellierungen des Varietätenraumes um Idealisierungen handle, dass Varietäten per se nicht existieren, nicht messbar seien usw. Zu bedenken ist, dass Modelle i. d. R. grundsätzlich vereinfachend und idealisierend erstellt werden, um Ausnahmen und Grenzfälle nicht zu problematisieren, weil sie sonst unübersichtlich und kompliziert würden. Meist wird daher auch in den Varietätenmodellen eine klare, eindeutige und trennscharfe Unterscheidung von Diatopie, Diastratie und Diaphase angenommen oder vorausgesetzt, idealerweise mit dem Hinweis, dass man sich in der Realität das Miteinander der Varietäten eigentlich als Kontinuum vozustellen habe (↗ 3.6.2).

Angesichts der Bedeutung seines Modells ist v. a. Coserius Sicht auf das Verhältnis von Dialekt, Sprachniveau und Sprachstil wiederholt kritisiert und verändert worden (↗ 3.6.4), so bezüglich des Bezugsrahmens der Varietäten und hinsichtlich der Relation von Diatopie und Diastratie. Krefeld/Pustka (2010: 16–17) z. B. kritisieren an dem Modell Coserius und der Erweiterung um das Nähe-Distanz-Kontinuum durch Koch/Oesterreicher (↗ 3.6.2, 6.1.2), dass in ihrem theoretischen Rahmen unklar bliebe, worauf genau sich die Dimensionen beziehen. Sie illustrieren dies mit der, wie sie sagen „Gleichsetzung von *markiert*, *bewertet* und *verwendet*" im folgenden Auszug aus Koch/Oesterreicher (1990: 14):

> So kann eine stark dialektal markierte Äußerung eines Sprechers als diastratisch niedrig bewertet werden; des weiteren kann ein an sich als diastratisch niedrig markierter Ausdruck von Sprechern ganz unterschiedlicher sozialer Herkunft in locker-informeller Situation (= diaphasisch niedrig) verwendet werden.

Krefeld/Pustka (2010: 17) glauben, dass damit Markiertheit zugleich der Kovariation von sprachlichen und außersprachlichen Variablen – geographische und soziale Herkunft der Sprecher und Sprechsituation – (durch „verwendet") und den Repräsentationen der Sprecher (durch „kategorisiert") entspräche. Markiertheit entspräche, so die Autoren, aber nur den Repräsentationen der Sprecher („kategorisiert"), und die Kategorien der Varietätenlinguistik seien ausdrücklich *nicht* kovariationell definiert. Sie untermauern dies mit einer Aussage von Gadet:

> Sie [Die Bezeichnungen *Diatopie*, *Diastratie* und *Diaphasie*] bieten Vorteile gegenüber den verbreiteteren Termini *regional*, *sozial* und *stilistisch*: [Sie erlauben es] zu unterscheiden zwischen den sozialen Auswirkungen in der Sprache und dem Sozialen, zwischen einer sprachlichen Realisierung und dem Außersprachlichen (Gadet 2003: 15, meine Übersetzung).

Zu diskutieren wäre an dieser Stelle allerdings die Frage, wie *Markiertheit* aufzufassen ist. In der Linguistik geht man eigentlich davon aus, dass Markiertheit bedeutet, dass etwas tendenziell weniger typisch ist, gegenüber einem unmarkierten Phänomen also hervorsticht. „Stark dialektal markiert" heißt also nicht unbedingt, dass die Markierung auf Wertung durch Sprecher zurückgeht bzw. zurückgehen *muss*. Es kann grundsätzlich auch gemeint sein, dass aufgrund der linguistischen Fakten eine Äußerung als markiert angesehen bzw. identifiziert werden kann, wenn sie z. B. Strukturen enthält, die weniger typisch als eine (unmarkierte) Äußerung einer regional nicht eingegrenzten Varietät, des Standards, eine überregional verwendete Formulierung usw. sind, oder umgekehrt gesagt, wenn es eine für eine diatopische Varietät charakteristische Äußerung ist. Das kann man durch eine linguistische Analyse bestimmen, d. h., es ist nichts, was der Sprecher selbst als solches wahrnehmen oder kategorisieren muss. *Bewertet* und *verwendet* wären bei dieser Lesart von Markiertheit hier nicht austauschbar, und ebenso wenig „entspräche" *markiert* hier *bewertet* oder *verwendet*, wie das Krefeld/Pustka darlegen.

Krefeld/Pustka (2010: 17) schließen sich der seit Beginn des 20. Jahrhunderts von Autoren immer wieder vertretenen Position an, dass Varietäten „in den Köpfen der Sprecher" zu finden sind und ausschließlich durch die Sprecherrepräsentationen bestimmt werden. Wiederum beziehen sie sich hier auf Gadet (2003: 14), die der Auffassung ist, dass die Sprecher Variation registrieren und sie Varietäten zuordnen, die sie zwar nicht als solche bezeichnen, denen sie aber Namen wie *familiäres Französisch, Sprache der Kanadier, Sprache der jungen Leute* usw. geben. Dabei werden gewöhnliche Klassifikationen mit dem Vorliegen von Varietäten verknüpft, die als Evidenz angenommen werden, obwohl es sich um Idealisierungen handelt. Mit diesen Idealisierungen wird angenommen, dass die variablen Merkmale in einer kohärenten Gesamtheit konvergieren und sich folglich als benennbare Objekte konstituieren. Varietäten werden somit als soziale Konstrukte aufgefasst. Krefeld/Pustka (2010: 17) unterstreichen unter Verweis auf das Modell von Hambye/Simon (2004, ↗ 3.11), dass das Gegenstück zu den sprachwissenschaftlichen Varietäten in den Repräsentationen der Sprecher zu suchen sei. Tatsächlich zeigt das oben gegebene Beispiel des Berlinerischen, dass der Rückgang der Varietät mit ihrer Stigmatisierung zu tun hat, die Ursache des Wandels des Berlinerischen von Dialekt zu Soziolekt - als entsprechende Assoziation der Sprecher - also in den Köpfen der Berliner zu suchen ist.[28] Die Debatte darüber, ob Varietäten aus den Sprachdaten selbst hervorgehen oder nur durch die Assoziation bestimmter Varianten mit Werten durch die Sprecher konstituiert werden, wird bis in die Gegenwart polemisch geführt. Krefeld/Pustka (2010) stellen in diesem Zusammenhang das Prinzip der kommunikativen Relevanz der markierten Merkmale und der Varietäten auf. Danach sei die Markierung sprachlicher Variation als diatopisch, diastratisch und diaphasisch nur dann kommunikativ relevant, wenn sie durch Sprecher bzw. Sprechergruppen bewusst oder unbewusst als solche wahrgenommen werde, also als auffälliger Hinweis auf die regionale bzw. soziale Herkunft bzw. die situative Angemessenheit (oder Nichtangemessenheit) wahrgenommen werde. Die Autoren schränken jedoch ein:

> Das gilt für die Ebene der einzelnen Merkmale und ist unentbehrlich für deren Hierarchisierung, speziell für die Feststellung sogenannter *Schibboleths*. Es gilt aber nicht weniger für die holistische Identifikation ganzer Varietäten. (Krefeld/Pustka 2010: 20; vgl. zu *Schibboleth* Anm. 7)

Der Debatte um die Möglichkeit oder Unmöglichkeit der Bestimmung von Varietäten auf rein linguistischer Grundlage kann hier nicht nachgegangen werden. Es wird aber deutlich, warum neben den linguistischen Kriterien die Klassifizierungskriterien aus Sicht der Sprecher eine derart wesentliche Rolle für die Unterscheidung von Sprache und Dialekt spielen (↗ 4.2). Es ist auch zu bedenken, dass trotz

---

28 Die Auffassung, dass die von Sprachwissenschaftlern *Dialekt* genannte Erscheinung nicht auf eine entsprechende Einteilung aufgrund der sprachlichen Erscheinungen selbst zurückzuführen sondern in der Sicht der Sprecher begründet sei, ist keineswegs neu und findet sich z. B. bereits bei Gauchat (1903).

anderslautender Ansichten in der Sprachwissenschaft Sprecher wohl i. d. R. *nicht* wissen, was sie selbst - in sprachlicher Hinsicht - tun oder nicht tun, und normalerweise nicht einmal in der Lage sind, von ihnen selbst Gesagtes im genauen Wortlaut zu wiederholen (Sinner 2004: 113–114, Sinner/Neuhaus i. D.). Ebenso sind Sprecher offenbar auch nicht unbedingt in der Lage einzuschätzen, ob die Realisierungen einer anderen Person eine bestimmte diasystematische Varietät oder lediglich ein Idiolekt ist, sondern lediglich, ob sie selbst so sprechen würden. Wenn brasilianische Akademiker einen Muttersprachler des Portugiesischen aus einem anderen portugiesischsprachigen Land oder L2-Sprecher einer anderen Varietät des Portugiesischen korrigieren, wenn er statt dem in Brasilien üblichen *doutorado* ‚Doktorat, Promotion' eine in dessen Varietät übliche Form, *doutoramento*, verwendet, so liegt das offensichtlich daran, dass sie, weil oder obwohl diese Form nicht „in ihrem Kopf" ist, eher an einen Fehler als an das Vorliegen einer anderen - diatopischen - Varietät ihrer Sprache denken. Korpora haben gezeigt, wie viel von dem, was man in der Sprache zu tun glaubte, in Wahrheit in der gesprochenen Sprache kaum aufzufinden ist. Eindrucksvoll illustriert dies der Umstand, dass selbst deutsche Linguisten davon überzeugt waren, dass die gesprochene Sprache keine der Analyse werten Besonderheiten aufweise, bis sie durch Aufzeichnungen ihrer eigenen sprachlichen Realisierungen vom Gegenteil überzeugt werden konnten:

> Heinz Rupp hat als Anekdote erzählt, wie es ihm bei einer Konferenz gelungen sei, das Thema „gesprochene Sprache" (GS) als Forschungsgebiet des 1964 gegründeten Instituts für deutsche Sprache zu etablieren: Nachdem er zunächst auf die Skepsis einiger seiner Kollegen gestoßen war, notierte er sich in der weiteren Debatte die sprachlichen Abweichungen von der Schriftnorm. Am Ende der Diskussion meldete er sich dann noch einmal zu Wort und las die Liste vor. Aus dem Staunen über das eigene, damals noch als „fehlerhaft" aufgefaßte Sprechen sei die Bereitschaft entstanden, Strukturen der GS zu erforschen. (Schwitalla 2001: 896)

Die Messbarkeit von linguistischen Unterschieden zwischen Übersetzungen und Originalen und die Möglichkeit des Nachweises, dass es wesentliche Unterschiede gibt, die dem „normalen" Sprecher bzw. Leser und auch geschulten Übersetzern nicht auf Anhieb auffallen würden, zeigt deutlich, dass es Varietäten gibt, die nicht nur „in den Köpfen" der Sprecher sind (↗ 4.8, 7.3, 8). Ebenso beweist die Notwendigkeit, durch Experten in forensischer Sprachwissenschaft Gutachten über Texte erstellen zu lassen, um herauszubekomen, ob eine bestimmte Person Urheber eines bestimmten Textes gewesen sein kann oder ob eine Person zu einer bestimmten Sprachgemeinschaft gehören kann, dass es im Zusammenhang mit Varietäten Aspekte gibt, die die Sprecher normalerweise *nicht* „in den Köpfen" haben. Der Umstand, dass es neben den linguistischen Aspekten noch weitere Kriterien dafür gibt, Varietäten als Sprachen oder als Dialekte einzuordnen, bedeutet nicht, dass man durch Vergleichsverfahren die linguistische Differenz von Varietäten nicht ermitteln könnte. Das Problem, dass eine Festlegung von Grenzwerten extralinguistisch ist und daher als willkürlich angesehen werden kann, ändert nichts daran, dass es prinzipiell möglich ist, Varietätendifferenzierungen auf der Grundlage von Kontrastierungen vorzunehmen oder durch Messungen sichtbar zu machen, warum Sprecher bestimmte Varietäten besser verstehen als andere.

4.8 Perzeptive Varietätenlinguistik

Als Reaktion auf die methodologischen Defizite der varietätenlinguistischen Herangehensweisen wurde seit Krefeld (2005) in der deutschen Romanistik ein perzeptiver varietätenlinguistischer Ansatz erarbeitet. Der Ansatz setzt sich mit dem Problem der Klassifizierungen aller Varietäten des Varietätenraumes auseinander, geht über die diatopische Perspektive also klar hinaus. Er soll aus pragmatischen Gründen dennoch im direkten Anschluss an die vorhergehenden Ausführungen zu der Annahme betrachtet werden, Varietäten seien „in den Köpfen der Sprecher" zu finden. In ihrem programmatischen Beitrag legen Krefeld/Pustka (2010) dar, dass man in der Varietätenlinguistik die Wahrnehmung der Varietäten durch die Sprecher selbst lange sträflich vernachlässigt habe. Daran ändere ihrer Ansicht nach auch die Tradition der perzeptiven Dialektologie (↗ 4.6) nichts, „da sie sich bei genauerem Hinsehen als weniger perzeptionsbasiert herausstellt als es ihr Name andeutet" (2010: 9). In den Arbeiten aus dieser Perspektive[29] – in denen sie eine theoretische Grundlegung vermissen – werde meist nur die diatopische Perspektive behandelt, die übrigen Dimensionen der sprachlichen Variation und die Beziehungen unter ihnen würden jedoch vernachlässigt (Krefeld/Pustka 2010: 10).[30] Zum Sprachwissen gehört neben der eigentlichen Sprachkompetenz im Sinne der Fähigkeit, eine Sprache sprechen und verstehen zu können, auch das Wissen über Sprache(n) und Varietäten. Oft werde, so klagen die Autoren, von Sprachbewusstsein und metasprachlichem Wissen (also Wissen über Sprache und die interne Struktur) gesprochen, obwohl viele Aspekte den Sprechern nun gerade *nicht* bewusst sind. Darum, so Krefeld/Pustka (2010: 11), sei es besser, von *Repräsentationen* zu sprechen; analog zu phonologischen, syntaktischen und semantischen Repräsentationen, die sprachliche Realisierungen (Produktion) und ihr Verständnis ermöglichen, könne man auch die Existenz von sprach(en)- und varietätenbezogenen Repräsentationen postulieren (s. Abb. 4.9).

---

29 Krefeld/Pustka nennen Preston (1982, 1999), Long/Preston (2002) (u. a. für das Englische); für das Deutsche Lameli (2009), für das Italienische Canobbio/Iannàccaro (2000), Cini/Regis (2002), D'Agostino (2002), für das Französische Armstrong/Boughton (1998), Kuiper (1999), Woehrling/Boula de Mareüil (2006), Achard-Bayle/Paveau (2008) und für das Spanische Boomershine (2006) und Díaz-Campos/Navarro-Galisteo (2009). Für das Ladinische s. bereits Goebl (1997), für das Dialektkontinuum in Nordostspanien Postlep (2010).

30 Überlegungen zur theoretischen Modellierung und Fundierung einer perzeptiven Dialektologie für das Deutsche stellt Anders (2010) vor. Die Kritik an dem Umstand, dass die perzeptive Dialektologie auch dann von *perception* spreche, wenn die Informanten nicht mit Sprachproduktionsdaten konfrontiert werden, und somit nicht die Wahrnehmung untersucht würde (Krefeld/Pustka 2010: 13–14), geht offenbar auf ein Verständnisproblem zurück: Engl. *perception* bedeutet sowohl ‚Wahrnehmung' als auch ‚Sichtweise, Vorstellung, Auffassung, Empfindung'. Wenn Preston (1982) – den Krefeld/Pustka erwähnen – zu seinem Untersuchungsinteresse schreibt, „what is the picture of the distribution of American dialects held by non-linguists?" (1982: 7), wird deutlich, dass nicht die *Wahrnehmung* eines sprachlichen Stimulus, sondern die *Vorstellung* von der Dialektverteilung bzw. Sichtweise der Dialektlandschaft untersucht wird; s. die Unterscheidung der Techniken in *production* und *regard* in Preston (2010: 24). Entsprechend fragwürdig ist auch die mitunter zu findende Übersetzung von *perceptive dialectology* als *Wahrnehmungsdialektologie* (s. z. B. Anders 2010).

Abb. 4.9. Sprecherwissen und Sprechhandlung (Krefeld/Pustka 2010: 12; die Pfeile stehen für Beeinflussungen)

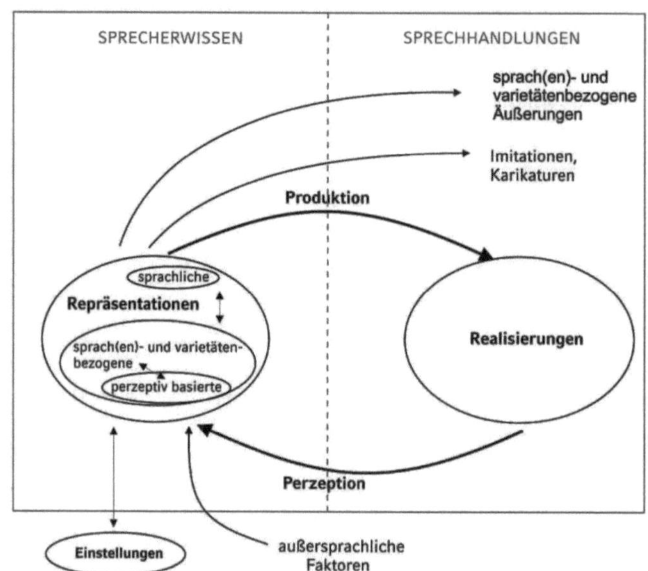

Diese flössen in die sprachlichen Realisierungen ebenfalls ein und ermöglichten die Wahrnehmung der diasystematischen Markierung von Äußerungen. Für die Forschung ist dies sehr wesentlich:

> Über sie [die Repräsentationen] kann grundsätzlich auch gesprochen werden ('sprach[en]- und varietätenbezogene Äußerungen'), was für ihre Erforschung äußerst hilfreich ist. In Fällen, in denen die Sprecher die diasystematische Markierung nicht explizit verbalisieren können (oder wollen), ermöglichen es Imitationen und Karikaturen, auf die Repräsentationen zu schließen. (Krefeld/Pustka 2010: 12)

Obwohl sie sich gegenseitig beeinflussen können, seien Perzeption und Repräsentation scharf voneinander abzugrenzen, da Perzeption dem Bereich des Sprechens in einer realen kommunikativen Situation (*parole*) angehöre und Repräsentationen Teil des Sprachwissens (*langue*) seien und auch außersprachlich (z. B. ideologisch) motiviert sein können. Daher muss man berücksichtigen, dass auch ‚sprachliches Pseudowissen' existiert. So glauben Pariser Sprecher, im französischen Zentralmassiv (im Zentrum von Südfrankreich), der Auvergne und den weiter südlich gelegenen Regionen Gascogne, Languedoc und Provence würden unterschiedliche Varietäten gesprochen, obwohl sie bei der Klassifizierung von realen Sprachdaten keine Unterschiede feststellen (Pustka 2010). Ebenso ist es möglich, dass sich die Repräsentationen auf frühere Sprachstände beziehen: Pariser halten die Realisierung des /r/ als apikalen Trill [r] für ein typisches Merkmal des Südfranzösischen und Madrilenen halten eine stark velarisierte Realisierung von /l/ für typisch für das katalanische Spanisch, obwohl beide Phänomene nur noch bei älteren Sprechern zu finden sind (Pustka 2007, Sinner 2004) (↗ 5.4.3, 6.2).

Die gegenseitige Beeinflussung von Repräsentationen und Perzeption – in Abb. 4.9 durch Pfeile angedeutet – leuchtet ein, wenn man berücksichtigt, dass

Repräsentationen auf Perzeption basieren und durch sie ständig modifiziert werden (können) und dass gleichzeitig die aktuelle Perzeption durch schon vorhandene Repräsentationen gesteuert und gefiltert wird (Krefeld/Pustka 2010: 14):

> So wird in Nordfrankreich etwa eine als von der Norm abweichend wahrgenommene Aussprache gern als diatopisch kategorisiert, auch wenn sie gar nicht mit einer bestimmten geographischen Herkunft der Sprecher, sondern mit einer niedrigen sozialen Schicht korreliert. (Krefeld/Pustka 2010: 15; zum Zusammenhang zwischen Diatopie und Diastratie, ↗ 4.9)

Als methodologisches Problem der perzeptiven Varietätenlinguistik ergibt sich der Umstand, dass man nur die tatsächlichen Realisierungen erfassen kann, Gegenstand der Forschung aber das virtuelle Sprachwissen von Gemeinschaften ist, was sich bei der Analyse des Sprecherwissens über Sprache(n) und Varietäten ebenso auswirkt wie bei der Untersuchung des sprachlichen Wissens im engeren Sinne (Krefeld/Pustka 2010: 15). Für Rückschlüsse auf die Repräsentationen können Methoden kombiniert werden: Befragung, Beobachtung, Analyse von Imitationen und Karikaturen von Varietäten (↗ 6.1.4), Wahrnehmungsexperimente usw. Die Ermittlung, welche sprachlichen Phänomene in welchen Kontexten verwendet oder nicht verwendet bzw. vermieden werden, ist ein wichtiger Beitrag zur Ermittlung von (Vor)Urteilen oder Wertungen bestimmter Varietäten; dasselbe gilt für die Einschätzung einer Situation als formell, informell usw.

Tatsächlich sind metasprachliche Debatten oder Äußerungen in manchen Gesellschaften üblicher als in anderen; dies betrifft sowohl Debatten über sprachliche Korrektheit - etwa Purismusdebatten (↗ 2.1) oder laienlinguistische[31] Auseinandersetzungen z. B. in den Medien - als auch Debatten über den Gebrauch von Varietäten oder die Unterschiede zwischen ihnen:

> In many societies, there are also a number of well established and much discussed topics where speakers engage in metalinguistic discussions regarding the differences between different varieties (in village X they say "da" but we say "de"; young people cannot pronounce our peculiar /kl/-sound correctly anymore, etc.). (Himmelmann 2006: 8)

Dabei wird auch deutlich, dass es wesentliche Unterschiede zwischen Gesellschaften geben kann. Einerseits ist dies hinsichtlich der Kenntnis metasprachlicher Terminologie und des Wissens über die Existenz oder Beschaffenheit von Varietäten festzustellen. Andererseits gilt dies aber auch im Hinblick auf die Zuordnung von den Sprechern sehr wohl bekannten Divergenzen zu tatsächlich auch als solchen angesehenen bzw. identifizierten Varietäten. Das hat vielfach mit Traditionen der Vermittlung von entsprechenden Kenntnissen zu tun. So sehen Sprecher aus Italien, wo i. d. R. von Laien alles, was nicht Standarditalienisch ist, als *dialetto* bezeichnet wird, das Thema aus einer ganz anderen Perspektive als

31 Der Terminus *Laienlinguistik* zur Bezeichnung der Auseinandersetzung mit sprachwissenschaftlichen Themen *durch* Laien oder der Präsentation von sprachwissenschaftlichen Auseinandersetzungen *für* Laien geht auf Antos (1996) zurück. Der Ansatz wurde v. a. in der deutschsprachigen Romanistik interessiert aufgenommen und hat zu einer Vielzahl von Arbeiten zur Laienlinguistik in der romanischsprachigen Welt geführt (s. z. B. Demel 2006, Jaeckel/Kailuweit 2006, Osthus 2006, Techtmeier 2006).

Deutsche, US-Amerikaner oder Kubaner, die mit jeweils eigenen terminologischen und zum Teil auch ideologischen Traditionen aufwachsen. Kubaner geben in Befragungen manchmal an, dass es auf ihrer Insel keine Dialekte gibt, obwohl die Unterschiede etwa zwischen dem Osten und Westen der Insel bemerkenswert sind und in der Hauptstadt Havanna im Westen Kubas Personen aus Santiago, im Osten der Insel, aufgrund ihrer Sprache meist sofort als *orientales* ,aus dem Osten kommende Personen' identifiziert werden. Die Erklärung für die Behauptung, es gäbe in Kuba keine Dialekte, ist in der Tradition der kubanischen Schulgrammatiken zu sehen, die seit Jahrzehnten erklären, dass Dialekt eine „primitive, unvollständige und rudimentäre" Sprache sei, die in einer Region gesprochen wird. Dialekt wird damit also als abwertender Ausdruck angesehen, der - verglichen mit dem Standard - schlechtes Sprechen meint. Tatsächlich sind Kubaner i. d. R. sehr wohl in der Lage, Besonderheiten der diatopischen Varietäten des kubanischen Spanisch aufzuzählen, schließen daraus aber eben nicht auf die Existenz von Dialekten. Derartige Aspekte spielen auch bei der Unterscheidung von Varietäten in Sprache und Dialekt eine Rolle (↗ 4.2.1).

Es stellt sich bei kritischer Betrachtung die Frage, ob mit der perzeptiven Varietätenlinguistik lediglich ohnehin schon existierende Verfahren und Herangehensweisen - Ansätze und Methoden der perzeptive Dialektologie, der Soziolinguistik, insbesondere zur Erforschung von Spracheinstellungen (Attitüdenforschung) - unter einem neuen Namen zusammengefasst werden.

4.9 Diatopie und Diachronie

Die Einteilung von Varietäten anhand geographischer Gegebenheiten bzw. Grenzen aufgrund der linguistischen Distribution bzw. des Vorkommens oder Nichtvorkommens bestimmter Varianten an bestimmten Orten war das wichtigste Ordnungsprinzip von Sprachen auf Grundlage eines diasystematischen Kriteriums. Ein weiteres wesentliches Ordnungskriterium diasystematischer Reichweite stellt die Zuordnung der Sprache in der Zeit dar, indem bestimmte sprachliche Erscheinungen erklärend an bestimmte Perioden in der Geschichte einer Sprache geknüpft werden oder gar historische Abfolgen unterschiedlicher Stufen einer Sprache in der Zeit bestimmt werden, die auch eigene Namen erhalten - wie etwa *Alt-*, *Mittel-* und *Neuhochdeutsch*. Die Mischung diatopischer und diachroner Kriterien zur Klassifizierung von Varietäten findet sich in Werken zur dialektalen Gliederung von Sprachen immer wieder. Damit wird das diatopische Kriterium des Vorkommens an bestimmten geographischen Punkten mit Aspekten verknüpft, die v. a. an die externe Geschichte einer Sprache gebunden sind. Die Einteilung der Varietäten des Spanischen von Lapesa (1982: 29ff.) mag dies illustrieren. Der Autor schlägt eine Klassifizierung des Spanischen vor, die von fünf Varietäten ausgeht: 1) die ursprünglichen ,Stammvarietäten' aus den Ursprungsgebieten v. a. in Altkastilien, im ehemaligen Königreich Leon und den nördlichen Teilen Neukastiliens; 2) die ,Ausbreitungsvarietäten' in den Gebieten, in die das Kastilische ab Ende des 11. Jahrhunderts durch Wiederbesiedlung und Kolonisierung getragen wurde (v. a. in Toledo, La Mancha, Extremadura, Andalusien, Murcia und den Kanarischen Inseln, schließlich auch in Amerika); eine wichtige

Rolle spielten hier Bevölkerungsmischung, Dialektausgleich (Nivellierung) und Einfluss der vorromanischen Substrate (↗ 7.2.1) sowie die Wirkung sprachinterner Entwicklungstendenzen, die in den Ursprungsdialekten wenig oder kaum zum Tragen gekommen sind; 3) die ‚auf Substrat beruhenden Varietäten', also diejenigen Varietäten, die in den Gebieten gesprochen werden, in denen zuvor andere Sprachen bzw. Dialekte gesprochen wurden, die zwar untergegangen sind, aber Spuren im Spanischen hinterlassen haben; hier denkt Lapesa z. B. an baskisches Substrat im Spanischen einiger Regionen im Norden Spaniens sowie an die mozarabischen Einflüsse in den spanischen Varietäten im Süden der Iberischen Halbinsel; 4) die ‚Adstratvarietäten' u. a. in Katalonien, Valencia, den Balearen, Galicien, im Baskenland, Asturien, dem Westrand Leons und den Pyrenäentälern in Nordaragon, die auf die Koexistenz des Spanischen mit anderen Sprachen zurückgehen; 5) die ‚Diasporavarietäten', worunter Lapesa u. a. das Judenspanische (also das von den Ende des 15. Jahrhunderts von der Iberischen Halbinsel vertriebenen Juden in der Diaspora gesprochene Spanisch) und z. B. das Spanische in der europäischen Emigration rechnet. Ganz deutlich werden in dieser - wie andere Kategorisierungen auch kontrovers diskutierten - Einteilung der Varietäten des Spanischen geographische Kriterien ebenso wie soziolinguistische, extralinguistische, historische und insbesondere siedlungshistorische Kriterien zur Klassifizierung herangezogen (vgl. Sinner 2011a; ↗ 7.2 zu Ad-, Sub- und Superstrat und zur Bedeutung des Sprachkontakts für die Varietätenlinguistik).

Einen Sonderfall der Überlagerung von Diatopie und Diachronie stellt der Gebrauch diatopischer Varietäten zur Charakterisierung historischer Sprachstände in Film oder Fernsehen dar (↗ 6.1.4).

Zum Weiterlesen:
Zur Umgangssprache sehr lesenswert ist Holtus/Radtke (1984). Eine breite, leserfreundliche, mit Sprachkarten eindrücklich präsentierte Auswahl von Ergebnissen sprachwissenschaftlicher, dialektologischer bzw. sprachgeographischer Forschung zum Dt. gibt König ([17]2011). Einführungen in die Dialektologie bieten Löffler (2003) mit einer Übersicht über die Disziplingeschichte, Dittmar (1997) mit einer konzisen Darstellung der Untersuchung räumlicher Variation und Chambers/Trudgill ([2]1998). Noch immer mit Gewinn zu lesen ist die *Romanische Sprachgeographie* von Rohlfs (1971). Zu Dialektologen des 19. Jh. und zum Methodenwandel in der frz. Dialektologie s. Storost (1990/1991, 1993, 2008), zu Gilliéron s. Samain (2004), zu Paris Bähler (2004). Sehr zugängliche Darstellungen zu Dialekt und Areallinguistik sind die Beiträge von Löffler ([2]1980), Goossens ([2]1980), Hildebrand ([2]1998); eine gute Auswahlbibliographie bietet auch der - leider nur auf Ital. verfügbare - Beitrag von Grassi (2001). Zu Areallinguistik und Typologie s. Cristofaro (2000); eine arealtypologische Analyse des deutschen Dialektraums mithilfe informatischer und geostatistischer Methoden bietet Lameli (2013). Zu *linguistica spaziale* bzw. *neolinguistica* s. auf Dt. Bartoli (1939), auf Ital. Bartoli (1943), Bartoli/Bertoni (1928), Bartoli/Vidossi (1945). Zu Bartoli s. Bochmann (1994). Interessante Beiträge finden sich in der Zeitschrift *Dialectologia et Geolinguistica*, die von der in den 1990er Jahren gegründeten *International Society for Dialectology and Geolinguistics* herausgegeben

wird. Einblicke in das Studium sprachlicher Realitäten unter Berücksichtigung der Kommunikationsnetze der Sprecher gibt Milroy ([2]1987a, 1987b). Zur raumkritischen Wende s. Bachmann-Medick ([3]2009) und ihre Literaturangaben. Zur Dialektometrie s. Goebl (1982, 1984 und 2002) sowie die Webseite des Salzburger Dialektometrie-Projekts (Goebl o. J., dort v. a. Haimerl o. J.). Zur perzeptiven Dialektologie s. Preston (1989, 2010), Niedzielski/Preston (2000), Anders et al. (2010), sowie die Angaben in Anm. 29. Einblicke in die perzeptive Varietätenlinguistik gibt der von Krefeld/Pustka (2010) herausgegebene Band. Fobbe (2011) und Olsson ([2]2008) führen in die forensische Linguistik ein; zu Theorie und Praxis der Tatschreibenanalyse s. Dern (2009). Zur Plurizentrik allgemein Clyne (1992), Muhr et al (2013); zum Span. Bierbach (2000), Oesterreicher (2000), Lebsanft (1998, 2004); Pöll (2001a) zum Frz. und Port.; Muhr (2003) zum Dt. Bereits ein Klassiker hinsichtlich der Darstellung der Plurizentrik des Deutschen ist Ammon (1995). Zur Frage der Norm s. Coseriu (1970), Bartsch (1987), Laferl/Pöll (2007).

Aufgaben

1. Befragen Sie sprachwissenschaftliche Laien zu ihrem Verständnis von Sprache und Dialekt und nach den Kriterien ihrer Unterscheidung, ihren Funktionsbereichen bzw. ihrer Bedeutung für den Alltag. Klassifizieren Sie die Kriterien und Argumente und vergleichen Sie a) die Antworten deutscher Muttersprachler mit denen von Sprechern der von Ihnen studierten Sprache(n) und b) Ihre Ergebnisse mit den unter 4.2.1 genannten Kriterien.
2. Welche Einstellungen zu diatopischen Varietäten finden sich in Deutschland – z. B. zu Sächsisch, Bairisch, Berlinerisch, Schwäbisch –, in Österreich – z. B. zu Wienerisch, Vorarlbergerisch, Heanzisch/Burgenländisch –, in der Schweiz – z. B. zu den Varietäten von Aarau oder Zug, Baseldeutsch, Berndeutsch, Zürichdeutsch – oder ggf. bezüglich Ihres eigenen dt. Dialektes oder einer entsprechend dialektal gefärbten Standardsprache? Berücksichtigen Sie neben Internetquellen Texte wie Hundt (1992), Hofer et al. (2002), Siebenhaar (2002a, b), Eichinger et al. (2009), Plewnia/Rothe (2011).
3. Analysieren Sie dialektologische Darstellungen der von Ihnen studierten Sprache(n). Welche diatopischen Varietäten werden unterschieden und aufgrund welcher Kriterien geschieht dies?
4. Debattieren Sie, inwiefern das Ruthenische bzw. Russinische (↗ 4.2) als plurizentrische Sprache gelten kann, wie dies von manchen Autoren vertreten wird.
5. Welches sind die sprachlichen und kulturellen Ausstrahlungszentren der von ihnen studierten Sprache(n)?
6. Kommentieren Sie die Praxis mancher Verlage, Übersetzungen von Romanen als „Übersetzung aus dem Brasilianischen", Übersetzung aus dem Kubanischen", „Übersetzung aus dem Amerikanischen" usw. zu verkaufen.
7. Erstellen Sie eine Übersicht über die nationalen Varietäten des Englischen – etwa auf Grundlage von Quirk et al. (1972, 1985), Clyne (1992) und Hickey (2012) und (a) vergleichen Sie die Aussagen zur Wertigkeit der Unterschiede in den verschiedenen sprachlichen Bereichen bzw. (b) vergleichen Sie die aufgeführten Klassifizerungskriterien mit den Einschätzungen von Schmidlin (2011) zum Deutschen.
8. Ermitteln Sie, welche unterschiedlichen Klassifizierungen (a) der Varietäten des in mehreren südamerikanischen Ländern gesprochenen Quechua (auch Kichwa, Ketschua und Runa Simi genannt) bzw. (b) des in Westafrika gesprochenen Manding (auch Mandingo, Mandekan) es gibt. Mit welchen Kriterien werden die jeweiligen Positionen begründet?
9. Diskutieren Sie den von Max Weinreich stammenden (im Original auf jiddisch geschriebenen) Satz „Eine Sprache ist ein Dialekt mit einer Armee und einer Flotte".

10. Welche Sprachatlanten der von Ihnen studierten Sprache(n) gibt es und welche Methoden der Datensammlung und Kartierung wurden angewandt?
11. Beschreiben Sie die von Bartoli aufgestellten *Arealnormen*. Welche Kritik an seinem Ansatz gibt es? Berücksichtigen Sie neben Bartoli (Dt. 1939) Texte wie Coseriu (1955/1975), Vidos (1968), Bonfante (1971) oder Gsell (1996).
12. Suchen Sie Beispiele für das als Sprachbund (engl. auch *area of linguistic convergence, diffusion area*) bekannte Phänomen und erläutern Sie die betroffenen sprachlichen Erscheinungen.
13. Stellen Sie dar, welche Varietäten der jugoslawischen Nachfolgestaaten als štokavisch, kajkavisch oder čakavisch und welche als ekavisch, ijekavisch, ikavisch oder ekavisch-ikavisch gelten und wo die jeweiligen Isoglossen verlaufen. Vergleichen Sie die Isoglossen und ggf. Isoglossenbündel und betrachten Sie a) die Abgrenzung von Slowenisch und kajkavischem Kroatisch und b) von Kroatisch und Serbisch.
14. Diskutieren Sie die Position von Krefeld/Pustka (2010), wonach Varietäten nicht auf sprachlichen Erscheinungen sondern auf Sprechersicht beruhen.
15. Stellen Sie die Vorgehensweise und Ergebnisse der Arbeit von Sassenberg (2013) zum rumänisch-ungarischen Sprachkontakt dar.
16. Welches ist der derzeitige Stand der sprachgeographischen Erfassung der von Ihnen studierten Sprache(n)? Welche Dialektatlanten und Internetressourcen gibt es?
17. Besuchen Sie die Seite des *Atlas zur deutschen Alltagssprache*. (a) Wie ist der Atlas entstanden? (b) Nehmen Sie ggf. an der aktuellen Umfrage teil und reflektieren Sie darüber, inwiefern Ihnen die Existenz anderer Varianten als der Ihren jeweils bewusst war.
20. Wie ist der *Slawische Sprachatlas* entstanden?

5. Diastratische und diaphasische Varietäten

5.1 Diastratie und Diaphasie

Wie gesehen können diatopische Varietäten diastratisch „funktionieren" und Diastratie und Diaphasie ebenfalls in gerichteter Weise miteinander verbunden sein. Es ist offensichtlich, dass die Ebenen gerichtet ineinandergreifen, wie dies Coseriu mit der Varietätenkette bereits anlegt, dass zugleich aber bestimmte Erscheinungen in mehreren Ebenen verankert sind bzw. eingeordnet werden können. Konsequenz dieser Tatsache ist der Versuch, einzelne Dimensionen zusammenzufassen oder Hierarchien aufzustellen, in denen die Diatopie i. d. R. die anderen einschließt oder die „natürliche" Reihenfolge ihrer Berücksichtigung bei der Analyse festgelegt wird (↗ 3.6.4, 4.7). Über die Bedeutung des Diaphasischen schreiben z. B. Lüdtke/Mattheier (2005: 29):

> Die Dimensionen des Diatopischen, Diastratischen und Diaphasischen wurden und werden in variationslinguistischen Projekten in unterschiedlicher Weise gewichtet. Raum und Gesellschaft sind im Allgemeinen unverzichtbare Parameter. Das Diaphasische ist auf jeden Fall, wenn es denn nicht sonst Gegenstand der Untersuchung ist, in der Dokumentation enthalten, da die Daten - als Daten der Rede oder des Schreibens Einzelner - diaphasisch interpretiert werden müssen, bevor sie (dia)topisch und (dia)stratisch ausgewertet werden können.

Dies ist nachvollziehbar, wenn man berücksichtigt, dass jedes sprachliche Handeln, sei es mündlich, schriftlich oder in Gesten, in einer bestimmten Situation geschieht und an bestimmte Kommunikationspartner gerichtet ist.[1] Diastratie und Diaphasie gelten als besonders schwer zu trennen. Ausdrücklich „[o]hne den bedeutsamen Unterschied zwischen der diastratischen und der diaphasischen Varietätendimension unterlaufen zu wollen" illustrieren Koch/Oesterreicher die beiden Dimensionen „aus darstellungspraktischen Gründen" zusammen (1990: 147). Dies veranlasst Wesch angesichts der problematischen Zuordnung von Substandardphänomenen zu einer der beiden Dimensionen zu der Annahme, dass diese gemeinsame Exemplifizierung der beiden Dimensionen „sicher nicht von ungefähr" (1998: 42) kommt, und er erklärt:

> Man k a n n die beiden Dimensionen im Grunde nur zusammen exemplifizieren, und zwar gerade weil sie zu einem großen Teil aus denselben Varietäten bestehen, die manchmal als Gruppensprachen fungieren, und manchmal situationsspezifisch zum Einsatz kommen. Im Grunde sind Diatopik und Diaphasik nur zwei verschiedene Aspekte, unter denen dieselben Varianten vorkommen. (1998: 42)

---

[1] Es sei hier daran erinnert, dass in der Sprachwissenschaft auch Sonderfälle wie Selbstgespräche hinsichtlich des Adressaten der sprachlichen Handlung als eindeutig interpretierbar angesehen werden, da jegliche Kommunikation empfängerorientiert ist und dann Sender und Empfänger der Nachricht eben identisch sind.

HallidayMcIntosh/Strevens bzw. ihnen folgend Gregory versuchen dieses Problem mit ihrer Unterscheidung von *variation according to user* und *variation according to use* zu lösen (↗ 3.4.1 und 3.4.2). Aus diesem Grund wird diese Lösung wie dargelegt von manchen Autoren als dem Ansatz Coserius deutlich überlegen angesehen (s. Wunderli 1992, 2005). Auch wenn Hallidays Grundlegung die Verwischung bzw. Vermengung von Diaphasie und Diastratie gewissermaßen vermeidet, so weist das Modell andererseits eine gewisse Verschwommenheit bei der Abgrenzung von Dialekten (im traditionellen Sinne des Terminus) und Soziolekten auf und ist auch im Hinblick auf Übergänge zwischen *register* und *dialect* recht flexibel (Wunderli 1992: 66). Wie bereits Gauger (1976) stellt Wesch (1998: 42) fest, dass in der Praxis die Bestimmung der diasystematischen Markierung mancher Varianten und die Einordnung mancher Varietäten zu (nur) einer bestimmten Varietätendimension kaum lösbar sind. Zudem konstituierten sich, anders als diatopische Varietäten, viele der Soziolekte und Register immer nur teilweise aus Elementen, die wirklich für die jeweiligen Varietäten charakteristisch seien; tatsächlich enthalten sie stets auch Elemente, die dem Standard oder der jeweiligen diatopischen Varietät zugehören. Daher schlägt er eine gemeinsame, *diatonische* Dimension vor, die Diaphasie und Diastratie vereint (↗ 4.2):[2]

> wegen der Schwierigkeiten der eindeutigen Zuordnung und der Konstitution beider Dimensionen aus denselben Varietäten sowie wegen der Unvollständigkeit der Systeme […] halte ich es zum Zweck der Beschreibung für besser, die beiden Dimensionen Diastratik und Diaphasik gemeinsam als 'querliegenden' Aspekt anzusehen und sie im Modell nicht übereinander, sondern nebeneinander über der Diatopik abzubilden. (Wesch 1998: 42)

Der Autor unterstreicht, dass er dabei statt von einer scharfen Unterscheidung von einem fließenden Übergang zwischen den beiden Dimensionen ausgeht; in diesem Zusammenhang ist allerdings darauf hinzuweisen, dass sich die Annahme eines Kontinuums zwischen den einzelnen Ebenen bereits bei Coseriu findet (↗ 3.6.2). Durch den fließenden Übergang zwischen Diastratie und Diaphasie in der diatonischen Ebene wird Wesch (1998: 42) zufolge erklärbar, dass, wie es Koch/Oesterreicher (1990: 147) ausdrücken, „Phänomene von der diastratischen in die diaphasische Dimension - und darüber hinaus - 'weitergereicht werden'". Diese Sichtweise erleichtert in der Tat die Darstellung und Illustrierung der Dimensionen, die in den Varietätendarstellungen v. a. auf Grundlage des Modells von Coseriu bis dahin nur bedingt nachvollziehbar klassifiziert wurden. In Arbeiten zu Varietäten von Sprachen finden sich daher divergierende Hinweise dazu, wo genau eine bestimmte Varietät - eine bestimmte Gruppensprache, ein bestimmtes Register usw. - in der Hierarchie der sich überlagernden oder ineinandergreifenden Varietätendimensionen einzuordnen ist. Ebenso finden sich bei Betrachtung der Literatur zu einer bestimmten Varietät stets divergierende Aussagen z. B. hinsichtlich einer diastratischen oder diaphasischen Markierung einzelner sprachlicher Erscheinungen. Die Konsequenz der unterschiedlichen Sicht-

---

2 Tatsächlich findet man auch in anderen Arbeiten Hinweise auf eine Zusammenfassung der beiden Ebenen, etwa wenn bei Bosque/Gutiérrez-Reixach (2009: 40) die Rede von der sozialen Variation ist, die sich aus diaphasischer und diastratischer Variation zusammensetze.

weisen auf die beiden Varietätendimensionen ist, dass dasselbe Phänomen bei einem Autor als diastratisch, bei einem anderen als diaphasisch und in einem dritten Ansatz möglicherweise als in beiden verankert angesehen wird. *Fachsprache* ist ein gutes Beispiel hierfür: Die Gruppe der Augenärzte stelle gewissermaßen eine soziale Gruppe dar, wie die Gruppe der Fischer oder der Sprachwissenschaftler. Ihre Fachsprache sei daher diastratisch; zugleich ist jedoch zu berücksichtigen, dass Fischer, Augenärzte und Sprachwissenschaftler nur unter ihresgleichen bestimmte Termini verwenden können, wenn sie verstanden werden wollen. Ein Augenarzt benutzt also in einer *bestimmten Situation* mit einem anderen Augenarzt die Fachsprache, sicherlich aber nicht, wenn er mit Vertretern anderer Berufe beim Skatspielen zusammensitzt; somit wäre die Fachsprache als diaphasisch zu verstehen. Da i. d. R. nur Augenärzte mit Augenärzten die Fachsprache der Augenärzte gebrauchen, könnte man nun sagen, dass die diastratische Zugehörigkeit Vorbedingung für die diaphasische Zuordnung ist: Nur wer der Gruppe der Augenärzte angehört, wird in bestimmten Kontexten die Fachsprache der Augenärzte sprechen. Somit könnte man mit Wesch von diatonischer Varietät sprechen oder aber die diastratische Einordnung als der diaphasischen Klassifizierung vorrangig ansehen.

Endruschat/Schmidt-Radefeldt (2006) zählen in einem Kapitel zur Varietätenlinguistik des Portugiesischen zu den diastratischen Varietäten auch „die Studentensprache", „die Jugendsprache(n)", „die Sprache der Fischer", die Sprache der Randgruppen", „der Drogenszene (also auch "Szenensprachen" [...])" (2006: 213). Zudem weisen sie darauf hin, dass zwei diasystematische Varietäten, diasexuelle Varietät und diagenerationelle Varietät, „sowohl auf der sozialen wie auch der biologisch-biographischen Ebene anzusiedeln" (2006: 214) seien. Der Umstand, dass die Sprache der Fischer zu den diastratischen Varietäten – bzw. nur hierzu – gerechnet wird, ist diskutabel und soll hier das Problem der Überschneidung der Ebenen illustrieren. Sieht man Fischer als soziale Gruppe an und die ‚Varietät der Fischer' als die, die die Mitglieder dieser Gruppe in der Kommunikation untereinander gebrauchen, so wäre zu fragen, ob es sich dabei nicht eigentlich um eine fachsprachliche – diaphasische – Varietät handelt. Endruschat/Schmidt-Radefeldt definieren nämlich die diatechnische Varietät wie folgt:

> ihre Verwendung findet vor allem in berufsspezifischen Tätigkeitsfeldern und Sachbereichen statt; sie beruht auf der Gemeinsprache und macht davon einen besonderen Gebrauch, indem sie fach- und sachrelevant kodifiziert und gerade auch terminologische Präzisierungen des Wortschatzes einführt. (2006: 219)

Selbstverständlich ist davon auszugehen, dass die Fischer als soziale Gruppe nicht isoliert leben. Sie werden möglicherweise verheiratet sein, z. B. mit Frauen, die nicht als Fischerinnen, sondern vielleicht als Kindergärtnerin, Verkäuferin, Apothekerin, Laborantin, Lehrerin, Universitätsprofessorin arbeiten, vielleicht Kinder haben, die noch zur Schule gehen, auch als Fischer arbeiten oder einen anderen Beruf ausüben, studieren oder am Bildungsministerium arbeiten, und sie leben sicherlich in Orten, in denen es außer Fischern auch Bäcker, Elektrikerinnen, Priester und Lehrer gibt. Inwiefern ist also „die Sprache der Fischer" nicht eher die von den an einem bestimmten Ort lebenden Fischern *bei der Arbeit* oder *im Gespräch über die Spezifika ihrer Arbeit* gesprochene Varietät, also eine Varietät, die durch spezifische Termini für bestimmte Netze, Fische, meteorologische Phänomene und derartige für die Arbeit der Fischer relevante Aspekte charakterisiert wird und somit als diaphasische Varietät zu klassifizieren wäre? Damit ergäbe sich in dieser Klassifizierung das Problem, dass Fischersprache mit Berufssprache und diastratischer Varietät gleichgesetzt wird, ohne dass die diaphasische Ebene Berücksichtigung findet.

Auch Dittmar (1997: 215) stellt bezüglich der Differenzierung von diaphasischer und diastratischer Dimension fest, dass Register gleichzeitig zu *diaphasisch* und *diastratisch* gehören. Er verweist auf Berruto (1995), der die Dimensionen als hierarchisch miteinander verknüpft sieht (diaphasisch nach diastratisch nach diatopisch), und auf Wunderli (1992), der die diasystematische Variation in zwei Ordungsebenen organisiert darstellt und damit die Modelle von Halliday, Coseriu und Berruto verschmilzt (↗ 3.4, 3.6.2, 3.7; s. Abb. 5.1).

Abb. 5.1. Verschmelzung der Modelle von Halliday, Coseriu, Berruto (Wunderli 1992: 70)

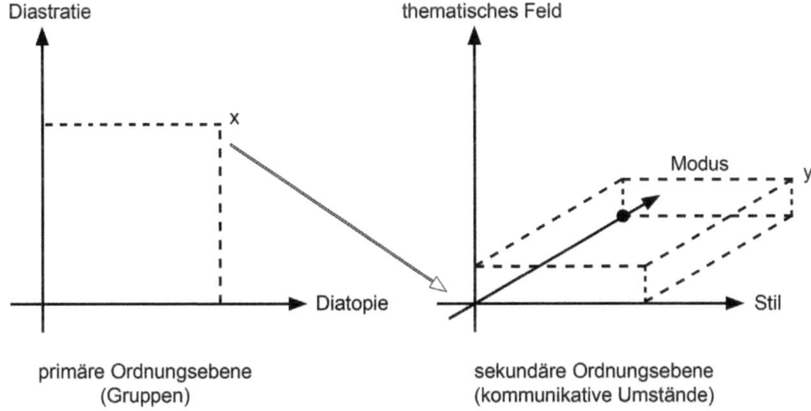

Eine primäre, den Sprecher fokussierende Ordnungsebene, auf der sich Variation manifestiert, besteht aus einer horizontalen diatopischen und einer vertikalen diastratischen Achse; diese erste Ebene wird durch die kommunikative Situation, also die diaphasische Dimension als sekundäre Ordnungsebene der Manifestation von Variation bestimmt bzw. differenziert. Diese kommunikative Situation wiederum folgt mehr oder weniger den Hallidayschen Parametern *field, mode* und *style/tenor*[3] (Wunderli 1992: 70). Auf diese Weise, so Wunderli, werde das Fehlen der Unterscheidung von Dialekten (im traditionellen Sinn) und Soziolekten (wie bei Halliday), die Willkurlichkeit der Zuordnung oder Doppelung der Zuordnung von Strukturen zu bestimmten Varietäten (wie bei Berruto) und die willkürliche Klassifizierung von Phänomenen als diastratisch oder diaphasisch (wie bei Coseriu) vermieden.

Resümierend: Bei der Auseinandersetzung mit der diatopischen und der diastratischen Perspektive können immer wieder Überschneidungen mit der Situationsbedingtheit der Sprache konstatiert werden, und diatopische Varietäten kön-

3 In der Übersetzung von Dittmar (1997: 208–209): *diskursives Sprachgebrauchsfeld, Diskursmodus* und *Diskursstil* ((↗ 3.4.2).

nen nicht immer ohne eine Berücksichtigung der diastratischen Perspektive betrachtet werden. So bereitet die Differenzierung von diatopischer, diastratischer und diaphasischer Ebene bei der Klassifizierung der Varietäten einer Sprache und bei ihrer Beschreibung vielfach aufgrund der zugrundegelegten theoretischen Modelle oder Terminologie Schwierigkeiten. Deutlich wird dies im Zusammenhang mit der Differenzierung von Dialekt, Hochsprache und Umgangssprache (↗ 4.1). Da sich nun die Differenzierung diastratischer und diaphasischer Varietäten als problematisch bzw. nach Aussagen mancher Autoren als nicht realisierbar darstellt, soll diesem Problem hier nur in dem Sinne nachgegangen werden, dass zur Illustration unterschiedliche Beispiele von Varietäten betrachtet werden sollen, die besonders häufig diskutiert werden bzw. deren Status besonders umstritten ist, die als prototypische Beispiele gelten können oder die Schwierigkeit der Abgrenzung und Zuordnung in besonderer Weise illustrieren. Es soll exemplarisch eine Reihe von Aspekten bzw. Varietäten vorgestellt werden, die i. d. R. in Diaphasie, Diatopie oder beiden verortet werden oder verortet werden können, und bei Halliday et al. und Gregory im Zusammenhang mit der *variation according to user* und der *variation according to use* betrachtet werden bzw. würden. In der einschlägigen Literatur erscheinen sie unter den verschiedensten Bezeichnungen. Dazu gehören einerseits Klassifikatoren wie *soziale* und *situative Varietäten*, *diastratische* und *diaphasische Varietäten*, *Soziolekte* und *Situolekte*, *Sondersprachen* und *funktionale Varietäten*, *Stil* und *Register*, andererseits eine lange Liste weiterer ihnen zugeordneter Bezeichnungen wie *diagenerationelle* oder *diasexuelle Varietäten*. Die Unterscheidung zwischen Sozio- und Funktiolekten bzw. funktionalen Varietäten z. B. ist nicht durchgängig machbar. Löffler ([3]2005: 116–117) differenziert drei Hauptsichtweisen auf Soziolekt in der Forschung: Typ A, bei dem der Geltungsbereich von Soziolekt auf sprachliche Einheiten begrenzt sei, die das Ansehen der sie verwendenden sozialen Gruppen betreffe; Typ B, bei dem Soziolekt das Sprachverhalten einer begrenzbaren sozialen Gruppe darstelle: alle Berufs-, Fach-, Standes- und Sondersprachen; Typ C, der die funktionalen Sprachvarietäten (Berufs- und Fachsprachen) nicht berücksichtige sondern nur die (sozialen) Sondersprachen einschließe. Zudem gibt Löffler ([3]2005: 117) eine für die Beschreibung mitunter nützliche, wenn auch wiederum nicht immer trennscharfe Differenzierung der in den Bereich der Sondersprachen – und somit in die Diaphasie und Diastratie – fallenden Varietäten. Er unterscheidet temporäre, transitorische und habituelle Varietäten. Temporäre Varietäten seien die nur zeitweise im normalen Tages- oder Jahresablauf verwendeten Varietäten, z. B. die „Jargons von Freizeitgruppen, Hobbygemeinschaften, anderen Tages- oder Nachtvergnügungen". Als transitorische Varietäten „mit Durchgangs-Status" werden von ihm Altersstufen- und Alterssprachen klassifiziert. Zu den transitorischen Varietäten zählt er Schüler-, Jugend- und Studentensprache, Militär-bzw. Soldatensprache, wobei es hier eine Überschneidung zum Berufsjargon gibt. Habituelle Soziolekte seien die Varietäten, deren Träger andauernde gesellschaftliche Gruppierungen bilden. Dazu zählt er „die Nichtsesshaften, die ‚Fahrenden' (in der Schweiz [aber nicht nur dort!] auch ‚Jenische' genannt) oder die Zigeuner" ([3]2005: 117) (↗ 5.7.2). Zu den habituellen Varitäten könne man auch Sondersprachen rechnen, zu denen manche Autoren auch die Varietäten zählen, die von Sprechern aufgrund ihres gesellschaftlichen Status gesprochen würden: Fach-, Berufs- und Standessprachen (vgl. [3]2005: 125 unter Verweis auf Möhn [2]1980: 384 und Nabrings 1981: 119).

Nachfolgend werden zuerst grundlegende Begrifflichkeiten genauer betrachtet - *Register* und *Stil* (↗ 5.2) sowie *Gruppe* und *Schicht, Idiolekt* und *Soziolekt* (↗ 5.3) -, bevor einige Varietäten ausführlicher behandelt werden.

5.2 Register und Stil

Im Hinblick auf die Ausdrücke *Register* und *Stil* gibt es eine breite Palette von Ansichten und Definitionen, die in recht unterschiedlichen, z. T. sprachenspezifischen Traditionen verankert bzw. begründet sind; eine ausführliche oder gar erschöpfende Auseinandersetzung mit der Vielschichtigkeit der Begrifflichkeiten kann daher hier nicht geleistet werden. Der Terminus *register* soll 1956 in die Linguistik eingeführt worden sein (Ure/Ellis 1977). Wie dargestellt findet sich bei Catford *Register* als mit der sozialen Rolle des Senders im weiteren Sinne in der Äußerungssituation zusammenhängende Varietät (wie *scientific register* oder *religious register*; ↗ 3.2); in der Tradition von Halliday et al. ist Register die mit dem Gebrauch der Sprache durch den Sprecher in konkreten Situationen verknüpfte Dimension (*user related variation*) und eine Anordnung der Ausdrucksmittel, die von den Mitgliedern einer Kultur mit einer bestimmten Situation assoziiert wird (↗ 3.4.1). Daneben umfasst *Register* nach Ansicht mancher Autoren auch die vom *subject matter* bestimmten Varietäten (↗ 3.4.3); für Coserius *Sprachstil* als diaphasische Varietät findet man ebenfalls den Ausdruck *Register* (↗ 3.6.2), in den Varietätendimensionen Dittmars erscheint *Register* wie *Stil* unter der Ordnungsdimension Situation (↗ 3.10), und für Ferguson sind *Foreigner Talk* und *Baby Talk* bzw. *Motherese* aufgrund ihrer situativen und rollenspezifischen Relevanz Register (↗ 5.8.2). Eine eigene Sicht findet sich z. B. in der frankophonen Forschung, wo seit den 1970er Jahren unter *registre* nach dem Grad der Formalität sogenannte *niveaux de la langue* ‚Sprachniveaus' wie *populaire, familier, courant, soutenu, académique/littéraire* unterschieden werden, wobei der Formalitätsgrad wiederum mit den sozialen und kommunikativen Rollen der Gesprächsteilnehmer korreliert (Dittmar 1997: 210 und die dort gegebene Übersicht).[4] Dittmar selbst gibt zur Systematisierung eine Definition von Register, in die offensichtlich u. a. die Definition von Halliday (1975: 26, ↗ 3.4.2) einging:

> eine semantische Konfiguration in einer gegebenen sozialen Situation in Abhängigkeit von einer spezifischen kommunikativen Aufgabe (thematischer Gegenstand, Zweck, Skript), der Beziehungsqualität [...] und der Diskursmodalitäten (Gattungen, Austauschstruktur und kulturelles Wissen). (Dittmar 1997: 210)

---

4 *Niveau populaire* kann nach Dittmar (1997: 210) als ‹vulgäres Französisch› aufgefasst werden, *niveau familier* als ‹Alltagssprache zwischen vertrauten Gesprächspartnern›, *niveau courant* als ‹Alltagsstil›, *niveau soutenu* als ‹anspruchsvoller, prätentiöser Sprachstil›, *niveau académique/littéraire* als ‹akademischer oder literarischer Sprachgebrauch›. Der Gebrauch von dt. *Stil* für Untertypen von frz. *registre* zeigt die Problematik der zwischensprachlichen Vergleichbarkeit der einschlägigen Terminologien sehr gut auf.

In seiner Registerkonzeption (s. Abb. 5.2) sind Register über Normen mit Sprach- und Kommunikationsgemeinschaften verbunden; Wissen, Zweck und Perspektiven der sprachlichen Tätigkeit, Beziehungsqualität und affektive Zustände wirken sich auf die lautliche Realisierung von Äußerungen aus. Auf der Diskursebene ist die ‚Austauschstruktur' zusammen mit dem durch die Handelnden evozierten Wissen in der Gestaltung von Genres organisiert, die wiederum bestimmten pragmatischen und semantischen Restriktionen unterworfen sind.

Abb. 5.2. Modellierung der Registerkonzeption (Dittmar 1997: 211)

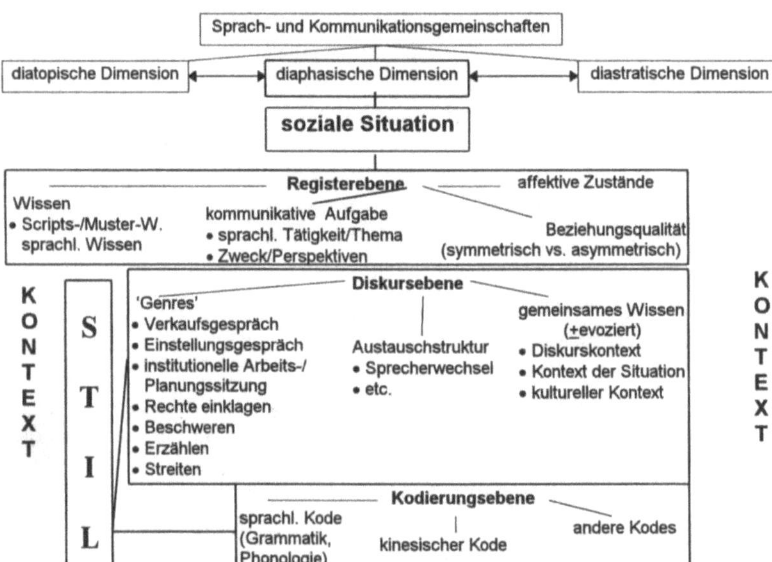

Die Äußerungen werden entsprechend der spezifischen Anforderungen an Register- und Diskursebene und deren Ausprägungen in Form von Texten grammatisch kodiert (Dittmar 1997: 211). Im Gegensatz zu Dialekten, die kleinräumig, nicht kodifiziert und (i. d. R.) nur gesprochen sind und eine „Habitusvarietät" – gewohnheitsmäßig gebrauchte Varietät – darstellen, verstehe man unter Register den „tätigkeitsbezogenen Prozeß der individuellen Handlungen gemäß sozialer Arbeitsteilung" (Dittmar 1997: 212). Register seien dabei im Wesentlichen geprägt durch die Merkmale „+/- wissensbezogen (kommunikative Muster), + situations- und rollengebunden, schwach normiert (mündliche Register), stark normiert (schriftliche Register)" (Dittmar 1997: 212).[5] Sie unterliegen dabei stets Traditionen des Sprechens (Schlieben-Lange 1983; ↗ 3.6.1, 6.2), wobei es durch das Aufeinandertreffen unterschiedlicher Traditionen Registerkonfusionen, „Kontaminationen" und Stilbrüche geben könne (Dittmar 1997: 213).

Die Auseinandersetzung mit Stil geht weit zurück. Die Anfänge der modernen wissenschaftlichen Stilistik werden meist zu Beginn des 20. Jahrhunderts, etwa

[5] Die Kennzeichnung des Vorliegens eines Wertes durch + und des Nichtvorliegens eines Wertes durch – ist eine konventionalisierte Darstellung in der Sprachwissenschaft; ± bedeutet, dass eine Eigenschaft vorliegen oder nicht vorliegen kann bzw. irrelevant ist.

mit den Arbeiten von Charles Bally, angesetzt, wobei sich aber die Auffassungen von Stil, ebenso wie die von Variation, mit der die Stilistik immer wieder in Zusammenhang gebracht wird, seither wesentlich verändert haben (s. Wunderli 2005). Zwar wird darüber debattiert und besteht v. a. kein Konsens darüber, was Stil nun genau zu sein hat. Dennoch geht man i. d. R. davon aus, dass „Stil etwas mit der Linearisierung sprachlicher Variationen zu tun hat“ (Wunderli 2005: 61) und dass Stil die Markierung eines Textes durch die Persönlichkeit des Sprechers oder Schreibers ist, als natürlich gegeben oder als Ergebnis einer bewussten Auswahl angesehen werden kann und von der Haltung des sprachlich Handelnden gegenüber dem Text und seiner Einschätzung des Kontextes abhängt (Siouffi/ Van Raemdonck 1999: 70). Betrachtet man die Aussagen zu Stil und die einschlägigen Definitionen, so stellt man eine noch breitere Variation als im Fall von Register fest, wenn auch bestimmte Kernaspekte der Sichtweisen meist übereinstimmen. Viele Autoren gehen davon aus, dass die spezifische Auswahl von Varianten als sprachliche Stile mit Identität verknüpft ist und umgekehrt die Auswahl aus sprachlichen Variablen zur Konstituierung sprachlicher Stile beiträgt (↗ 2.1). Im Zusammenhang mit der Perspektive von Hambye/Simon (2004) auf die Beziehungen zwischen *varieties* und *styles* ist ihre Sichtweise deutlich geworden, wonach die Repräsentationen der Sprecher wesentlichen Anteil an der Elaborierung des *speech styles* und der Einschätzung anderer Sprecher haben (↗ 3.11). Stil bzw. *style* wird in der Tat vielfach im Sinne der *Varieties according to attitude* nach Quirk et al. erklärt, also als Wahl des Sprachmaterials aufgrund der Einstellung einer Person zu Hörern oder Lesern, aufgrund des Themas oder der Kommunikationsabsicht (↗ 3.4.3). I. d. R. ist der Stilbegriff eng mit dem des Registers verknüpft, wie gesehen auch überlappend; dabei ist Stil jedoch trotz der Verschränkung dem Register nachgeordnet. Nach der Auffassung von Dittmar (1997: 212) können Register je nach Geschlecht, Alter, sozioregionaler Herkunft usw. durch unterschiedliche Stile umgesetzt werden, wobei Stile jedoch prototypisch mit der personen- oder gruppenspezifischen Expressivität der jeweils realisierten kommunikativen Handlung verbunden sind. Aus sozio-kognitiver Perspektive wäre umgekehrt davon auszugehen, dass Stile Informationen über Geschlecht, Alter, sozioregionale Herkunft usw. der Sprecher vermitteln.

5.3 Gruppe, Schicht, Idiolekt und Soziolekt

Grundbeschreibungskategorie der diastratischen Dimension ist die Gruppe, also eine Menge von Individuen, die sich durch ein (oder mehrere) gemeinsame(s) Merkmal(e) von anderen unterscheiden; unter den Merkmalen wiederum spielt der Schichtbegriff eine zentrale Rolle. Es stellt sich allerdings die Frage, inwiefern es sich dabei um klare Deskriptoren bzw. eindeutige Variablen handelt.

Es wird i. d. R. zwischen einer Reihe von mehr oder weniger klar abgrenzbaren „sozialen Gruppen“ unterschieden, wobei zu ihrer Bestimmung bzw. Klassifizierung meist Merkmale wie Beruf bzw. ausgeübte Tätigkeit, Alter, Geschlecht, Status oder die Zugehörigkeit von Individuuen zu bestimmten Schichten herangezogen werden. Oft werden Soziolekte in der Literatur als Varietäten von „sozialen Schichten“ unterschieden von sachgebundenen Sondersprachen als Sprachen von Gruppen mit v. a. ähnlichen Berufs-, Tätigkeits- oder Interessenmerkmalen. Es wird noch immer als offene Frage angesehen, inwiefern „natürliche" Merkmale wie Alter und Geschlecht dabei tatsächlich eine Zuordnung zur Diastratie erlauben. Dittmar betrachtet das Problem des Umgangs mit solchen Merkmalen im Rahmen der diastratischen Dimension:

> 'Geborenes Merkmal' der diastratischen Dimension - und insofern der Begriffsbestimmung inhärent - ist 'Wertekonflikt'. Das Typische an diastratischen Varietäten ist ihre Symptomfunktion auf der vertikalen Ebene der Werte mit den Extremen gut vs. schlecht, prestigebesetzt vs. stigmatisiert etc. Schichtspezifische Varietäten stehen potentiell in einem gewissen Wertekonflikt zueinander. In der Tat läßt sich dies auch empirisch erhärten: Unterschichtvarietäten werden - verglichen mit der Oberschicht - oft mit negativen Vorurteilen verbunden. Akzeptieren wir das geborene Merkmal, so fragt sich natürlich, ob es sozial unmarkierte diastratische Varietäten gibt. Meine Hypothese ist, daß der unmarkierte Fall der Wertekonflikt ist, während der markierte das Fehlen eines solchen inhärenten Merkmals wäre. Fazit: Diastratische Varietäten sind der sprachliche Niederschlag manifester sozialer Ordnung und der aus ihr resultierende Wertekonflikt. (Dittmar 1997: 190)

Dittmar (1997: 190–191) weist in diesem Zusammenhang explizit darauf hin, dass sich die Frage stellt, ob nach dem Kriterium ‚natürliche Merkmale' alters- und geschlechtsspezifische Varietäten überhaupt als diastratisch zu erfassen wären; er selbst fasst die Faktoren Geschlecht und Alter unter „Stile", da sie „*quer* zur vertikalen und horizontalen Dimension liegen"; Wertekonflikte gingen dabei mit Schichtdifferenzierungen einher.

In soziolinguistischen Arbeiten wird soziale Klasse oder Schicht meist neben Alter und Geschlecht als unabhängige Variable angesehen, die möglicherweise auf sprachliche Aspekte Auswirkungen haben kann; es wird also davon ausgegangen, dass zwischen sozialen Hintergründen und sprachlichen Aspekten ein Zusammenhang bestehen kann (s. z. B. Labov 1972b, Trudgill ^{4}2000: 25).[6] Es gibt allerdings unterschiedliche Ansichten darüber, was unter Schicht oder Klasse zu verstehen ist oder wie sich diese in einer Gesellschaft darstellen, zumal die „klassischen" soziologischen Parameter der extrem dynamischen Strukturierung der Gesellschaft offenbar nicht gerecht werden (s. hierzu etwa Milroy 1987b: 98–99, Downes 1998: 196, Bernhard 1998: 24, Albrecht 2005: 236).[7] Die klassische dreiteilige Schichtung der Gesellschaft in Unterschicht, Mittelschicht und Oberschicht (oder stärker differenzierende Einteilungen mit Zwischengliederungen wie untere Oberschicht, obere Unterschicht usw.) erscheint vielen Autoren als zu rigide. Aitchinson (1993: 49) kritisiert die Dreiteilung, da sie offenbar von einer wie eine

---

6 *Klasse* wird oft im Zusammenhang mit Machtverhältnissen gebraucht, v. a. aufgrund von Besitz und über die Familie „angeborenem" Status, und im Zusammenhang mit einem entsprechenden Klassenbewusstsein verstanden. Im Deutschen wird der polemisch diskutierte Ausdruck *Klasse* anders als etwa im Englischen heute kaum noch verwendet. In der Soziologie werden *Klasse, Milieu* und *Schicht* bei einigen Autoren bis heute synonym gebraucht. Zu einer ausführlichen Darstellung der Begrifflichkeiten s. Groß (2008).

7 Eine nach wie vor wertvolle Übersicht über verschiedene Studien und Kritikpunkte zum Thema Schicht gibt Macaulay (1976: 184–187). Wolf (1995) und Rössel (2009: 126–141) stellen verschiedene Schichtkonzepte vor; lesenswert ist noch immer die Beschreibung objektiver und subjektiver Schichtungssysteme bei Baumert (1965).

dreischichtige Torte gestalteten Gesellschaft ausgehe, ohne die unbedingt zu berücksichtigenden Beziehungen innerhalb der sozialen Netze einer Gesellschaft zu beachten. Schichteinteilungen werden vielfach auf der Grundlage von Kriterien wie Beruf, Bildung oder Einkommen, Art und Ort der Wohnung vorgenommen, etwa indem Personen ungefähr gleich hohen Einkommens gruppiert werden oder indem diese Untervariablen kombiniert (s. schon Labov 1966a: 212) oder mit weiteren Variablen wie Herkunft der Eltern, Freizeitverhalten, soziale Beziehungen oder vagen Kategorien wie „Kultur" verknüpft werden. Oft wird soziale Schicht z. B. aus den drei Variablen Beruf, Bildung und Einkommen berechnet (s. Ahrens et al. 1998, Winkler 1998), so von Labov (1966b: 87).[8] Dies ist nach Auffassung vieler Autoren besser und ausgeglichener als die Zugrundelegung einzelner Kriterien. Die Variable Einkommen zeigt dieses Problem. Höheres Einkommen ermöglicht zwar in vielen Gesellschaften den Zugang zu Bildung oder ist dafür sogar zwingend erforderlich, dennoch kann hohes Einkommen nicht mit Erwerb von Bildung gleichgesetzt werden, da nicht alle das Bildungsangebot für ihre Nachkommen wahrnehmen oder weil unter bestimmten Umständen auch ohne gute Bildung hohes Einkommen erzielt werden kann. Ein eindrucksvolles Beispiel ist die finanziell privilegierte Lage von Mitgliedern von Drogenkartellen in einigen lateinamerikanischen Ländern, die zu den mächtigsten und wohlhabendsten Personen ihrer jeweiligen Länder gehören, aber gleichzeitig als bildungsfern und kulturlos gelten (s. Bürki i. D.).

Bildung gilt als das für die Vorhersage von linguistischen Merkmalen am besten geeignete Kriterium (Silva-Corvalán 1989: 78–79). Aber auch Angaben zu Bildung sind relativ, da auf Grundlage von Parametern wie „erreichter Abschluss" nicht abzusehen ist, ob sich jemand nach dem letzten „institutionellen" Abschluss weitergebildet hat, weiterbildende Lesegewohnheiten hat, Kontakte zu gebildeten Personen pflegt usw. Die vielfach sehr unterschiedlichen Bildungssysteme und sehr stark divergierende Bildungsgrade von Bevölkerungen (der Anteil der Universitätsabsolventen oder von Personen, die nie eine Schule besucht haben usw.) erschweren z. B. die eindeutige Zuordnung zu Gruppen mit „niedriger" oder „hoher" Bildung und die Vergleichbarkeit zwischen Gesellschaften. Zudem sind unterschiedliche Gesellschaften hinsichtlich des durchschnittlich erreichten Bildungsstands oder der erreichbaren Abschlüsse nicht identisch, so dass die mit

---

8 Nach dem Winkler-Index wird z. B. zur Bestimmung der sozialen Schicht ein Sozialschichtindex verwendet, der mit den Variablen Bildung, Einkommen und berufliche Stellung arbeitet (Winkler 1998:70–72). Dabei sind insgesamt mindestens drei und höchstens 21 Punkte zu vergeben, jeweils ein bis sieben Punkte für die Bereiche Beruf, Bildung und Einkommen. Die vergebenen Punkte werden addiert und in drei Schichten unterteilt. Dabei ergeben drei bis acht Punkte eine Zugehörigkeit zur unteren sozialen Schicht, neun bis 14 Punkte zur mittleren sozialen Schicht und 15 bis 21 Punkte zur oberen sozialen Schicht. Die Variable *Beruf* etwa kann nach der Einteilung der International Standard Classification of Occupations 2008 (ISCO-08) der Internationalen Arbeitsorganisation (ILO 2012: 65) mit den sieben Stufen des Winkler-Indexes wie folgt dargestellt werden: *Elementary Occupations* – 1, *Plant and Machine Operators and Assemblers* – 2, *Craft and Related Trades Workers* – 3, *Skilled Agricultural, Forestry and Fishery Workers* – 3, *Service and Sales Workers* – 4, *Clerical Support Workers* – 4, *Technicians and Associate Professionals* – 5, *Professionals* – 6, *Managers* – 7, *Armed Forces Occupations* – 0. Für eine weitere Beschreibung und Unterteilung der einzelnen Gruppen s. ILO (2012: 66–360).

einem bestimmten Abschluss verknüpften sozialen Umstände nicht übertragbar sind. Je nach Autor wird Bildung als eigene Variable oder Untervariable von Schicht angesehen, und es finden sich bis zu achtstufige Klassifizierungsvorschläge des Bildungsniveaus von Personen.

Auch der Beruf bzw. die Berufstätigkeit kann eine Rolle bei der Schichtzugehörigkeit und den sozialen Kontakten einer Person spielen. Als problematisch stellt sich jedoch auch hier die Messbarkeit des Anteils der Auswirkung auf die Schichtzugehörigkeit dar. Verkäufer oder Handelsvertreter können mit Personen bestimmter oder sehr unterschiedlicher sozialer Profile Kontakt haben, während Bauarbeiter sich i. d. R. meist durchgehend im selben sozialen Umfeld bewegen. Der Beruf (oder die beruflich ausgeübte Tätigkeit) kann Aufschluss über die Rolle einer Person in ihrem sozialen Netzwerk und über mögliche Auswirkungen ihrer sprachlichen Gewohnheiten auf die Gesellschaft geben und wird daher in sprachwissenschaftlichen, insbesondere soziolinguistischen Arbeiten oft besonders aufmerksam betrachtet. Obwohl der Berufsstand keine soziale Schicht per se repräsentiert, ist ihm hinsichtlich der Sprache doch grundlegende Bedeutung beizumessen (Besch 1981: 248).

Die Stratifizierung der Gesellschaft in soziale Schichten oder Klassen ist kein universelles Phänomen, ist als solches also nicht in allen Gesellschaften bzw. überall in der gleichen Form gegeben. So heißt es, Deutschland und die USA seien klassenlose (aber nicht schichtenlose!) Gesellschaften, und die Klassengesellschaft, wie man sie v. a. im historischen England oder manchen englischsprachigen Ländern ansetzt, gilt wiederum als sehr viel flexibler und durchlässiger als das rigide Kastensystem Indiens, wo die sprachliche Situation auch aufgrund der sozialen Unterteilung der Gesellschaft sehr viel komplexer ist (Trudgill 1983, Fawcett 1997: 120).[9]

Es ist im Zusammenhang mit der Debatte um das Verständnis von Varietät bereits darauf hingewiesen worden, dass aus Sicht mancher Autoren von ihrer Existenz nur auszugehen ist, wenn die Sprecher sie als solche auch wahrnehmen (↗ 1.3, 4.8). Debattiert wird dabei immer wieder die Frage, ob dies eine Selbstwahrnehmung oder lediglich die Wahrnehmung durch andere Sprecher voraussetzt. Steinig (1976: 14ff.) ist der Auffassung, dass die Abgrenzung eines Soziolektes nicht voraussetze, dass die Sprecher selbst sich zu der entsprechenden Gruppe von Sprechern zählen, also sich der Existenz des Soziolektes bewusst seien; ausschlaggebend sei vielmehr, dass Sprecher anderer Varietäten sie in die entsprechende Sprechergruppe einordneten. Die Einstellung zu den Soziolekten erfolge durch Wertung der sprachlichen Realisierungen anderer Personen – und das geschehe unter Rückbezug auf die eigene Varietät. Während die Unterscheidung von diatopischen Varietäten durch die Empfindung einer Varietät als „anders" erfolge, komme es zur Einschätzung von Soziolekten durch eine Wertung im Sinne einer negativen oder positiven Einstellung. Diese Ansicht hat in der Literatur viel Zuspruch bekommen (s. hierzu Dittmar 1997: 192), wenngleich sie Sozio-

---

9 Soziolekte bestimmter aufgrund ihrer Religion distinktiver Gruppen in der indischen Gesellschaft werden von Gamliel (2013), die sich mit der von Juden aus dem indischen Kerala gesprochenen Varietät der Sprache Malayalam auseinandersetzt, als engl. *castolects* ‚Kastolekte' bezeichnet; zu Sprache und Religion ↗ 7.2.

lekt auf die sprachlichen Eigenheiten einschränkt, die das Ansehen der sozialen Gruppierung betreffen (s. Löffler [3]2005: 116). Die in vielen Gesellschaften i. d. R. konstatierbare Assoziation von Dialektgebrauch mit Zugehörigkeit zu „niedrigeren" sozialen Schichten (↗ 4.7) kann allerdings auch dazu führen, dass die Einschätzung von diatopischer und diastratischer Variation in der wertenden Ebene zwischen den Polen „negativ" vs. „positiv" und nicht lediglich auf der Beschreibungsebene der Andersartigkeit zusammenkommen kann.

Das Problem der Außensicht ist eng an das Problem der Definition von *Gruppe* gebunden, da die Wahrnehmung als Gruppe in der Außensicht oder in der Eigensicht erfolgen kann. Sprache kann von Sprechern eingesetzt werden, um Identität zu konstruieren, um Gruppen zu konstituieren, Gruppenzugehörigkeit zu manifestieren. Genau so, wie die eigene Identität durch den diskursiven Einsatz sprachlicher Mittel konstruiert und zur Erreichung der gewünschten sozialen Position – etwa als Mitglied einer Gruppe – eingesetzt werden kann (Baumann 2000), wird die Sprache anderer im Hinblick auf ihre Passfähigkeit mit den für eine Gruppe konstitutiven bzw. charakteristischen sprachlichen Mustern bewertet. Der Gebrauch der Sprache und Diskursstrategien können also Bestandteil des Prozesses der Definition von Gruppen, der Herausbildung von Gruppensolidarität ebenso wie des Ausschlusses aus Gruppen sein. Wie Kremnitz (1995: 37) aufzeigt, sind Kommunikationsgemeinschaften i. d. R. recht stabil und haben meist einen großen Einfluss auf die Konstituierung von Gruppen; davon gibt es jedoch auch Ausnahmen, und Sprache spielt nicht zwangsläufig eine wichtige Rolle für die Gruppenbildung. Dennoch gilt der Sprachgebrauch, und insbesondere der symbolische Gebrauch von Sprache bzw. bestimmten sprachlichen Erscheinungen, als wichtiger Ansatzpunkt zur Ermittlung von Gruppenzugehörigkeit. Der symbolische Sprachgebrauch – sei es der Einsatz einer bestimmten Sprache in bestimmten Kontexten, sei es der Gebrauch spezieller sprachlicher Mittel einer Sprache – ist für die Demonstration der eigenen Gruppenzugehörigkeit und den Ausschluss anderer aus einer Gruppe (*in-group-* vs. *out-group*-Markierung) wesentlich, kann also eine emblematische Funktion haben und Zugehörigkeit zu einer sozialen Gruppe oder einer sozialen Identität ausdrücken (Guy 1988: 37, Sinner 2002c). Möhn (1998: 169) nennt als Merkmale einer Gruppe spezifische Gruppenziele, ein entwickeltes Normensystem im Sinne gruppeneigener sozialer und kommunikativer Standards und ein daraus herrührendes Wir-Gefühl.

Damit wird deutlich, dass die Frage der Außensicht zwar wichtig ist, aber zumindest in bestimmten Kontexten auch mit der Frage nach der Innensicht verknüpft werden muss. Aus der Außensicht kann die Sprache einer anderen Person möglicherweise als „nicht der eigenen Varietät zugehörig", „der Sprache der eigenen Gruppe nicht zugehörig" usw. identifiziert werden. Es ist dabei aber nicht unbedingt zugleich auch möglich, die Varietät der anderen Person zu identifizieren bzw. einer Gruppe zuzuordnen. Insbesondere ist es ohne Kenntnisse über Varietäten eventuell nicht einmal möglich, zwischen Idiolekt und Soziolekt als Varietät einer Gruppe zu differenzieren, also zu erkennen, ob bestimmte sprachliche Varianten oder eine Kombination von Varianten als idiolekt zu erklären sind oder mit der Zugehörigkeit des Sprechers zu einer bestimmten sozialen Gruppe.

White ([2]2010: 168) berichtet von einem Gespräch mit der New Yorker Kunstsammlerin Peggy Guggenheim, die er danach gefragt hatte, wo sie ihren merkwürdigen Akzent mit den schrillen Vokalen und der gelangweilten fallenden Intonation her habe, der so sehr mit dem veralteten Teenagervokabular kontrastierte, das sie verwendete, wenn sie aufgeregt war:

> I once asked her where she'd picked up her strange accent with its hooty vowels, and its bored falling intonations so in contrast to her antiquated adolescent vocabulary of excitement: "How positively thrilling," she trilled as a dismissive aside. In reply to my impertinent question she explained, "I went to a girls' school, the Jacoby school, on West Seventy-second Street, which was for rich Jewish girls. We weren't admitted to any gentile private schools and there weren't very many of us. But we were very close and we invented this way of talking and so we all spoke this way. (White [2]2010: 168)

Peggy Guggenheim war sich über die Besonderheit ihrer Art zu sprechen und die Zugehörigkeit zu einer - sehr kleinen - Gruppe von Schulkameradinnen, die diese sprachlichen Charakteristika mit ihr teilten, bewusst; für einen Außenstehenden wie Edmund White stellte sich ihre Art zu sprechen als Idiolekt dar. Problematisch ist somit also die Frage, wer als Individuum wahrgenommen wird, wer als Teil einer Gruppe. Guggenheims Varietät wurde von anderen als Idiolekt wahrgenommen, weil sie alleine „auftrat" und „ihre" soziale Gruppe so klein war, dass es nur ihr und den Freundinnen bewusst war, dass sie eine distinktive *Gruppen*sprache hatten, während jede der Frauen für sich als Sprecherin mit skurillem Idiolekt identifiziert wurde. Das relativiert die Sicht auf die „Außensicht" als Kriterium für Gruppeneinteilungen. Wird die Abgrenzung von Gruppen in der Literatur immer wieder als Problem erkannt, so wird bemerkenswerterweise kaum auf die grundsätzliche Frage eingegangen, ob der Sprachgebrauch von zwei, drei Personen bereits als kollektiver Sprachgebrauch anzusehen ist, ob zwei Personen mit distinktiven Merkmalen bereits als Gruppe gerechnet werden können und somit z. B. auch die sich zwischen zwei Personen in einer Beziehung herausbildenden sprachlichen Eigenheiten bereits als Soziolekte anzusehen wären. Selbst Gumperz setzt sich in dem diesbezüglich eigentlich sehr einschlägigen Artikel „Sociolinguistics and Communication in Small Groups" ([2]1972 [[1]1970]) nicht mit der Frage nach der Definition von Gruppe und der Bestimmung von Gruppen*größen* auseinander. Mit *small group* ist bei ihm offensichtlich sowohl die gesamte Bevölkerung eines norwegischen Dorfes, eine Gruppe schwarzer Teenager, die im Rahmen einer Studie befragt wurden, eine Familie („a family group") und möglicherweise auch ein einzelnes Ehepaar auf einer Urlaubsreise, dessen Gespräche mit anderen Urlaubern aufgezeichnet wurden, gemeint. Ebenso wie die Größe bzw. Bevölkerungszahl unerwähnt bleibt, wird auch bei der Familie nicht angegeben, um wie viele Familienmitglieder es geht.[10]

---

[10] Es wird nicht einmal darauf eingegangen, ob mit *Familie* hier der engste Familienkreis - Vater, Mutter, Kind(er) - gemeint ist oder Familie im weiteren Sinne wie z. B. in der Studie von Báez de Aguilar (1997), der für eine linguistische Untersuchung seine Großeltern mütterlicherseits und alle ihre Nachkommen befragt und damit auf über 100 Personen kommt.

Auch Kubczak fragt nach der Größe, die eine Gruppe haben muss, um als soziale Gruppe gelten zu können, und ob die Bezugsvarietät vollständige Sprachsysteme mit ausreichender Kapazität zur Bezeichnung aller Sachverhalte sein müssten oder es vielmehr ausreiche, dass diese Gruppe mehr oder weniger umfangreiche Mengen von sprachlichen Spezifika verwendeten, die damit typisch für eine bestimmte Sprechergruppe seien. Er illustriert dies mit der Gruppe der Reiter als Sprecher der Reitersprache im Sinne von Äußerungen, die durch eine Menge spezifischer Reiterterminologie charakterisiert sind. Kubczak selbst ist der Auffassung, ein Subsystem bzw. eine Varietät könnten nur dann als Soziolekt gelten, wenn die betreffende Sprechergruppe mit einer oder mehreren soziologisch ermittelten Sozialschicht(en) identisch sei (Kubczak 1987: 269, vgl. ausführlich Kubczak 1979). Auch das löst allerdings nicht das Problem der Gruppengröße.

Idiolektale Varietäten beinhalten immer Züge anderer Varietätendimensionen wie z. B. bestimmte geographische, soziale, chronolektale Züge. Da die idiolektalen Eigenheiten damit zusammen mit Erscheinungen auftreten, die von Außenstehenden konkreten Varietäten zugeordnet werden können, kann es leicht passieren, dass Idiolektalismen als solche nicht wahrgenommen werden.[11] Wesentlich ist in dieser Hinsicht die Feststellung von Oksaar (2000), wonach jegliche varietätenlinguistische Betrachtung die Untersuchung des Idiolekts grundsätzlich einzuschließen habe, da jede Varietät immer durch den Idiolekt geprägt werde. Idiolekt ist für Oksaar (1987, 2000) individueller Sprachbesitz und -gebrauch, also die individuelle Realisierung des Sprachsystems; Sprache und ihre Varietäten treten aber grundsätzlich nur durch die individuelle Realisierung des Systems in Erscheinung und seien daher essentielle Ausgangsposition für die Ermittlung kollektiver Verhaltensweisen. V. a. seien Idiolekte auch bezüglich der Rezeption sprachlicher Äußerungen von Relevanz. Noch immer gilt die Aussage von Dittmar – der mögliche Ansätze der Untersuchung von Idiolekten betrachtet (1997: 182–183) – wonach man Idiolekte in dieser Hinsicht bisher kaum analysiert habe. Tatsächlich hat mit der sogenannten dritten Welle der Untersuchung soziolinguistischer Variation die Ansicht, dass Sprecher nicht „Träger" gefestigter Varietäten sondern stilistisch handelnde Personen sind (↗ 1.2), inzwischen dazu geführt, dass zunehmend Idiolekte untersucht und beschrieben werden. Man tut dies in der Hoffnung bzw. dem Glauben, dadurch auf die Motive stilistischer Variation schließen zu können. Die mitunter auf der Beobachtung der sprachlichen Realisierungen einer einzigen Person beruhenden Publikationen – es sei hier an die Fallstudie Cutlers (1999) zur Präsenz von *African American Vernacular English* im Englisch eines einzigen weißen Teenagers in den USA erinnert – geben nun aber gerade *keine* Einblicke in das Ausmaß der innerhalb einer Varietät möglichen stilistischen Variationsbreite und erlauben keine Differenzierung der rein idiolektalen Erscheinungen. Erst der Vergleich idiolektaler Realisierungen auf quantitativ signifikanter Datengrundlage erlaubt die Unterscheidung zwischen individueller und kollektiver Variation.

11 Für die Übersetzung ist dies eine besondere Herausforderung hinsichtlich der Entscheidung über zu erhaltende sprachliche Besonderheiten (↗ 8). S. zur Frage der Idiolekte aus der Sicht der Übersetzungswissenschaft Hatim/Mason (1990: 42).

Die von Dittmar erwähnten Forderungen nach einer komparativen Idiolektologie zur Beschreibung individueller Register (Fischer 1958) und die Aussagen über die Anpassung der Idiolekte an die sprachliche Umgebung der Sprecher (Giles/Powesland 1975: 172) greifen noch zu kurz: Erforderlich ist insbesondere eine Ermittlung des möglichen Variationsspielraumes im Idiolekt einer Person zur Ermittlung des idiolektalen Spielraums innerhalb der übergeordneten Varietäten. In einer Studie zur Sprache von Franzosen im höheren Lebensalter stellt Gerstenberg (2011) stilistische Divergenzen in den Äußerungen der Informanten im Gespräch mit unterschiedlichen Interviewern fest:

> Dass sich ein *style-shift* bei Probanden, die von unterschiedlichen Interviewern befragt wurden, ausmachen lässt, wurde nachgewiesen, wenn auch breitere empirische Studien zu der Frage, wie sich die unterschiedlichen Interviewer auf die Registerwahl ausprägen, fehlen. (Gerstenberg 2011: 109)

Es ist davon auszugehen, dass durch Abgleichung der erwähnten stilistischen Verschiebung bestimmt werden kann, welche Reichweite möglicher stilistischer Veränderungen im Repertoire der Sprecher einer sozialen Gruppe verankert sind und welche lediglich individuelle - idiolektale - Abweichungen darstellen.

5.4 Sprache und Alter

Mit dem Alter in Verbindung gebrachte bzw. in Zusammenhang stehende Varietäten werden als „Lebensalter-Sprachen" (Löffler [3]2005), diagenerationelle Varietäten (Endruschat/Schmidt-Radefeld 2006), Sprache der Generationen bzw. Generationensprache (Neuland 2012), Chronolekte (Bagno 2007, 2012) oder schlicht als Varietäten bestimmter Altersgruppen bezeichnet. Manche Autoren ordnen alters- oder generationsspezifische Varietäten unter diachronen Varietäten ein (i. d. R. sind dies die Modelle, die vier Varietätenebenen ansetzen, ↗ 3.6.4, 5.1; vgl. Spiekermann 2010), was auf ein besonderes Verständnis von Diachronie hindeutet (↗ 6.2). Wie gesehen geht Coseriu davon aus, dass die sprachlichen Unterschiede aufgrund der Zugehörigkeit zu bestimmten „biologischen Gruppen", wozu er Kinder und Jugendliche ebenso wie Frauen und Männer zählt, als diaphasisch gelten können, was jedoch nicht ohne Kritik geblieben ist (↗ 3.6.4). Immer wieder findet sich die Einordnung als Stil (vgl. Wieland 2008a und die Beiträge in dem von Neuland 2012 herausgegebenen Band). Nach Löffler ([3]2005) handelt es sich um transitorische Varietäten, d. h. alle im Hinblick auf das (wie auch immer definierte) Alter abgegrenzten Varietäten - die von Kindern gesprochenen Varietäten ebenso wie die der Jugendlichen, der Erwachsenen oder der „alten" Menschen oder alten Generationen - können als transitorische altersspezifische Varietäten klassifiziert werden. Kinder- und Jugendsprache stehen schon länger im Blickpunkt der Sprachwissenschaft, vorrangig der sogenannten Alterslinguistik, die sich mit dem Sprachstand und -gebrauch in verschiedenen Lebensaltern auseinandersetzt; es liegen zumindest vereinzelte Arbeiten zu Sprache und Alter oder Sprache und Generationen in einigen einschlägigen sprachwissenschaftlichen Lexika vor (s. z. B. die Beiträge im *Lexikon der Romanistischen Linguistik* (LRL). Dagegen ist der Sprache alter Menschen und der Generationenproblematik im

Zusammenhang mit der Sprache allgemein erst in den letzten Jahren mehr Aufmerksamkeit zuteil geworden (s. hierzu Thimm 2000, Fiehler/Thimm 2003, Gerstenberg 2011, 2012; Neuland 2012). Auch die Frage nach der Veränderlichkeit der Sprache im Laufe des Lebens ist in den letzten Jahren häufiger und eingehender untersucht worden, wobei auch im Lebenslauf liegende Gründe für bestimmte sprachliche Veränderungen genauer betrachtet wurden, z. B. durch Interviews für die Erstellung von Sprecher- bzw. Sprachbiographien (s. Häcki Buhofer 2003, Adamzik/Roos 2002).[12] Erst in jüngerer Zeit wurde nun auch die Frage nach einer genauen Definition des Generationenbegriffs aufgeworfen, der in Handbüchern und Grundlagenwerken der Sprachwissenschaft bisher selbst in einschlägigen Beiträgen zu Sprache und Alter nicht berücksichtigt wurde (s. hierzu Neuland 2012: 7). Wie Gerstenberg (2011, 2012) aufzeigt, sind in der Linguistik ein soziolinguistischer Generationsbegriff im Sinne von ‚Altersgruppe', ein relationaler Begriff im Sinne der Familiengenerationen und eine historisch und soziologisch verortende, an bestimmte bekannte historische Ereignisse, soziale oder wirtschaftliche Zäsuren usw. gebundene Verwendung zu unterscheiden.[13]

Baltes (2007: 15) versteht Altern gleichzeitig als „körperliches, psychisches, soziales und geistiges Phänomen". Die Vielzahl von Definitionen der Lebensalter, die sich an diese Einzelaspekte anlehnen, spiegelt sich in der Breite und Vagheit der Sichtweisen in vielen Beschreibungen von Sprache bestimmter Lebensalter wider. I. d. R. werden vier, manchmal fünf Altersstufen unterschieden, wobei sich die jeweiligen Differenzierungen z. T. deutlich unterscheiden und manchmal auch etwas willkürlich erscheinen können. Die Unterteilungen der „Sprechalter" folgen manchmal dem numerischen Alter, manchmal biologischen und gesellschaftlichen Kriterien, manchmal machen die Autoren nicht einmal Angaben dazu, wie ihre Alterseinteilungen zu verstehen sind. Löffler ([3]2005: 118) differenziert Kindersprache vom ersten Sprechen bis zum Beginn der Schulzeit, Schüler- und Jugendsprache bis zum Ende der beruflichen Ausbildung; Erwachsenensprache wird von ihm während der Zeit der Ausübung des Berufes bzw. bei Frauen (auch?) der Zeit der Kindererziehung angesetzt, und die Alters- oder Seniorensprache beginne nach dem Ende der Berufsausübung. Damit ist seine Differenzierung ganz klar soziologisch bestimmt. Bei Endruschat/Schmidt-Radefeldt (2006: 214) wird mit „Kindheit, Jugend bzw. Adoleszenz, mittleres Alter bzw. Erwachsene, Alte" und dem Hinweis darauf, dass das soziale Alter mit dem biologischen nicht übereinstimmen muss, keine konkrete Alterseinteilung vorgenommen. Biologisches Alter ist für die meisten Autoren zudem nur eine Aussage über den Gesundheitsstand, die biologisch-medizinische Verfassung einer Person im Vergleich zum Durchschnitt der Gleichaltrigen. Soziologisches Alter setzt sich

---

12 Sehr erfolgreich hat man in den letzten Jahren im Bereich der Mehrsprachigkeitsforschung bzw. der Kontakt- und Migrationslinguistik (↗ 7) mit Sprachbiographien gearbeitet, so zur Sprachwahl von MigrantInnen. S. hierzu etwa Franceschini/Miecznikowski (2004).

13 Der absolut gebrauchte Generationenbegriff im Sinne von Altersgruppen ist oft Grundlage bei der Untersuchung von Sprachwandel; in der Migrationslinguistik ist Sprachveränderung und -verlust in der intergenerationellen Perspektive, also zwischen der ersten Einwanderergeneration und deren Nachkommen, ein wesentlicher Forschungsschwerpunkt (vgl. Gerstenberg 2012: 42–43) (↗ 5.4, 6.2).

wiederum aus Faktoren wie Anzahl und Art bzw. Intensität zwischenmenschlicher Kontakte, Lebensweise, Einkommen usw. zusammen (s. zur Definition von Alter und Generation ausführlich Gerstenberg 2011: 11–26). Die einzelnen Varietäten sollen nachfolgend differenziert betrachtet werden, wobei dann jeweils auf die Frage des Alters eingegangen wird.

5.4.1 Kindersprache

Wie alle alters- bzw. altersgruppenspezifischen Varietäten sind Varietäten von Kindern ungeachtet der von ihnen spezifisch erworbenen Varietäten - eine bestimmte diatopische Varietät einer Sprache, mehrere Sprachen parallel usw. - transitorische Varietäten. Kindheit wird - auf das Kleinkindstadium folgend - vielfach in frühe Kindheit (4 bis 6 Jahre), mittlere Kindheit (bis etwa 10 Jahre) und späte Kindheit (bis 14 Jahre) bestimmt, Adoleszenz meist von der späten Kindheit bis ins Erwachsenenalter gerechnet. Ein Überblick über Studien zur Sprache von Kindern wie der Forschungsstand bei Klann-Delius (2005) zeigt, dass manchmal Personen von bis zu 15 Jahren in diesen Studien berücksichtigt werden. Die Abgrenzung zu Jugendsprache ist wie die Delimitierung von Jugendsprache zur Erwachsenensprache oft schwammig und auch im Zusammenhang mit einer in einigen Gesellschaften zu beobachtenden zunehmenden Infantilisierung zu sehen. Die Begrenzung der Kindersprache vom ersten Sprechen bis zum Beginn der Schulzeit von Löffler ([3]2005: 118) erscheint angesichts der Tatsache, dass der Zeitpunkt der Einschulung in verschiedenen Ländern bzw. Kulturen unterschiedlich ist - die Spanne des Einschulungsalters liegt zwischen vier und sieben Jahren -, und weltweit viele Kinder gar nicht zur Schule gehen, etwas zweifelhaft bzw. willkürlich. Gemeint ist aber, dass ungefähr im Alter der Schulreife eine erste wesentliche Stufe des Spracherwerbs erreicht ist: Die Kinder können Gesprächen folgen und sich verständlich ausdrücken.[14] Die Fähigkeit, eine Sprache wie eine Muttersprache zu erwerben, ist auch nach diesem Zeitpunkt noch vorhanden, so dass z. B. auch mit 8 oder 9 Jahren - etwa aufgrund Umzugs in eine anderssprachige Umgebung - dazukommende Zweitsprachen später mit muttersprachlicher Kompetenz beherrscht werden können. Es wird von einer „kritischen" Grenze des Erstspracherwerbs ausgegangen, die meist zwischen dem 9. und 12. Lebensjahr angesetzt wird, und nach deren Überschreitung die Aneignungsprozesse nicht mehr denen des Erstspracherwerbs entsprechen. Kindersprache ist für viele Sprachen sehr gut untersucht, und so sind für einige Sprachen aus sogenannten pädolinguistischen, kindersprachstatistischen und psycholinguistischen Studien die Erwerbssequenzen recht genau bekannt, das heißt, man weiß, wie und wann bzw. in welcher Reihenfolge welche Erscheinungen des Wortschatzes, der Grammatik und Phonetik erworben werden. So kann durch Sprachstandsuntersuchungen festgestellt werden, wenn ein Kind in seiner kognitiven und sprachlichen Entwicklung nicht dem zu erwartenden Stand entspricht (s. Wagner 1992; Best 2006; Klann-Delius [2]2008, [3]Dittmann 2010). Erstspracherwerb ebenso wie der Sprach-

[14] Wie auch bei der Feststellung, Gegenstand der Kindersprachforschung sei die Spanne vom Kleinkindalter bis zum Vorschulalter (Neuland 2012: 8), ist hier wohl eine starke Orientierung auf die Lage in den deutschsprachigen Ländern als Grund der Einteilung zu sehen.

erwerb in Kontexten von Zwei- und Mehrsprachigkeit ist u. a. auch wegen der Bedeutung der Spracherwerbsforschung für die generativistischen Ansätze (↗ 3.13) und insbesondere aufgrund des besonderen Interesses an den Zusammenhängen zwischen Spracherwerb und Sprachwandel ein breit entwickeltes Forschungsfeld. Schon seit Paul (1881) misst die Sprachwandelforschung dem frühkindlichen Spracherwerb besondere Bedeutung zu (vgl. Auer 2003: 255).

In Varietätenmodellen wird Kindersprache i. d. R. nicht gesondert aufgeführt, umgekehrt wird in der Spracherwerbsforschung auch keine varietätenlinguistische Zuordnung bzw. varietätenlinguistische Spracherwerbsforschung vorgenommen. Tatsächlich wird in der Erstspracherwerbsforschung v. a. der Erwerb im Hinblick auf die diaphasische Dimension durch die Kinder bisher noch weniger berücksichtigt, wogegen die Auswirkungen durch den Kontrast einer diatopischen Varietät als Muttersprache des Kindes und den in der Schule i.d.R. angestrebten Standard besser untersucht ist. Aus der Sicht der Genderforschung hat man sich besonders für Geschlechterunterschiede im Erstspracherwerb interessiert. Klann-Delius (2005: 7) stellt fest, dass die weit verbreitete Annahme, dass Mädchen Sprache schneller und leichter erwerben, von empirischen Studien nicht bestätigt worden sei. Die Autorin (2005: 107–109) legt aber selbst dar, dass sich die Laut- und Wortschatzentwicklung bei Mädchen schneller als bei Jungen vollzieht, wogegen aber für die Syntaxentwicklung keine signifikanten Differenzen belegt werden konnten. Die inhaltliche Gliederung des Wortschatzes ist in den Bereichen, die mit traditionellen weiblichen oder männlichen Rollen verbunden sind, jeweils ähnlich differenziert. Hinsichtlich der Sprechakttypen kommt die Autorin zu dem Schluss, dass Jungen anscheinend häufiger direkte Befehle, Fragen oder Aufforderungen gebrauchen, während Mädchen häufiger indirekte Ausdrucksformen verwenden (2005: 110–111). Menge und Länge von Redebeiträgen lassen dagegen angesichts der inkonsistenten Befunde keine eindeutigen Geschlechterunterschiede erkennen, und Befunde zum Verhalten beim Sprecherwechsel (*turn-taking*-Verhalten im Sinne der Regulierung des Rederechts und der Aufteilung der Gespräche auf die Gesprächsteilnehmer) lassen genau wie entsprechende Studien mit Erwachsenen keine Schlüsse auf Geschlechterdifferenzen zu (2005: 111–112). Bezüglich der Gesprächsarbeit kommt Klann-Delius (2005: 112–113) zu dem Schluss, dass Mädchen offenbar länger als Jungen bei einem Thema verweilen können und unterstützend agieren, Jungen dagegen eher initiativ; somit liegt kein klarer Beleg für mehr Gesprächsarbeit der Mädchen vor (↗ 5.6.1).

Die Einteilung von Kindersprache als diastratisch ist bei Annahme von Kindern als klar abgegrenze soziale Gruppe unumstritten; fragwürdig erscheint eine Zuordnung zur Diaphasie, da Kinder ja durchweg und nicht in Abhängigkeit von der Situation bzw. von den Gesprächspartnern Kindersprache sprechen. Da Kindersprache nach Entwicklung gestaffelt unterschiedlich ist, wäre allenfalls das Zurückfallen in frühere sprachliche Stufen im Sinne einer „Selbstverniedlichung" etwa bei Kindern, die in Konkurrenz zu jüngeren Geschwistern stehen, als diaphasisch zu betrachten.

5.4.2 Jugendsprache

Die Abgrenzung der sogenannten Jugendsprache zur Kindersprache ist, wie bereits gesehen, oft ungenau. Je nach Gesellschaft gibt es auch große Divergenzen, was den Eintritt in das Erwachsenenalter angeht, so dass in manchen Studien nach biologischen Kriterien Adoleszenz als die sich an die Kindheit anschließende Zeit über Geschlechtsreife bis hin zur emotionalen Unabhängigkeit von den Eltern angesehen wird. Einige Autoren weisen allerdings explizit darauf hin, dass Jugend nicht lediglich als Übergangsphase zwischen Kindheit und Erwachsenenalter angesehen werden kann. Charakteristisch für Jugend ist die Existenz innerer Konflikte, die Suche nach eigener Identität und der damit verbundenen Abgrenzung von anderen (v. a. Erwachsenen); ihr Ende wird i. d. R. mit dem Erreichen emotionaler Reife gesehen. Je nach Quelle findet sich eine Alterszeitspanne von ca. 13 bis ca. 19 (daher engl. *teenager*), bis 20, 21 (etwa im deutschen Jugendrecht), 24 oder mehr Jahre. Manche Autoren setzen das Alter für Jugend bis zu 30 Jahre an. Die Klassifizierung von Jugend als eigene Lebensperiode ist erst seit Anfang des 20. Jahrhunderts entstanden, während zuvor v. a. die frühe Integration ins Arbeitsleben die Herausbildung eines Phänomens „Jugend" verhinderte (Wieland 2008a: 102). Die Abgrenzung zur Erwachsenensprache wird angesichts der häufig nach hinten „verlängerten" Jugend aufgrund eines v. a. in westlichen Gesellschaften zu beobachtenden Jugendwahns (vgl. Neuland 2012: 7) zunehmend komplizierter und ungenauer, da Kriterien wie Volljährigkeit gesellschaftsspezifisch fixiert sind, Ausbildungszeiten zunehmend länger werden und der Berufseintritt später erfolgt und das durchschnittliche Alter bei Verlassen des Elternhauses bzw. Verselbstständigung von den Eltern, Heirat, Geburt der Kinder usw. in vielen Gesellschaften ansteigt. Somit setzen insgesamt auch die Eigenverantwortung und die gesellschaftliche Verantwortung des Einzelnen, die oft mit Ende der Jugend in Zusammenhang gebracht werden, wesentlich später ein als früher.

Jugendsprache ist aufgrund der Zugehörigkeit ihrer Sprecher zur sozialen Gruppe der Jugendlichen erstrangig als diastratisch anzusehen; nachrangig ist sie diaphasisch, da die Sprecher in Abhängigkeit von den Gesprächspartnern bzw. der Situation Jugendsprache gebrauchen. Ist im Deutschen die Klassifizierung als *Varietät* inzwischen häufig, so sind in manchen Sprachen Ausdrücke wie *Register*, *Stil*, *Argot* und *Slang* häufiger (vgl. hierzu Wieland 2005).

Die Betrachtung der Jugendsprache als Mittel der Kommunikation von Jugendlichen mit Jugendlichen setzt erst in den 1980er Jahren und somit relativ spät ein. War die Auseinandersetzung zuerst eher eine Ausnahme, da man Jugendsprache als Sondersprache ansah (s. noch Braun [4]1998: 9), als minderwertigen und schnell veränderlichen Jargon, so ist gerade die schnelle Veränderlichkeit heute einer der Gründe für die wissenschaftliche Auseinandersetzung mit Jugendsprache (Wieland 2008a: 95). Chambers (1995: 177–184) konstatiert, dass die persönlichen Vorlieben, darunter die sprachlichen Präferenzen, sich erst nach der Adoleszenz festigen, und dass die idiolektalen Charakteristika erst im Erwachsenenalter fixiert und stabilisiert werden. Jugendsprache ist heute ein häufig, für einige Sprachen sehr intensiv betrachtetes Thema und wird auch unter Laien polemisch und emotional debattiert. Sie wird vielfach mit Veränderungen der Sprache in

Zusammenhang gebracht und gerne als Symptom oder Auslöser von Sprachverfall angesehen. Zur Auseinandersetzung mit Jugendsprache schreibt Bedijs:

> Außerhalb der akademischen Sprachwissenschaft werden emotionale Debatten um Sprachverfall, Spracherneuerung, Anglizismen, Sprachspiele und grammatische Abweichungen geführt, während Linguisten noch nicht einmal eine einheitlich anwendbare Definition dieses Forschungsbereichs gefunden haben. Und auch sie sind nicht immer frei von Vorurteilen und Stereotypen, wenn sie das untersuchen, was sie „Jugendsprache" nennen. (Bedijs 2012: 11)

Wie uneinheitlich die Auffassung über die Abgrenzung der Sprache der Jugendlichen ist, zeigen Forschungsüberblicke wie bei Androutsopoulos (1998), Wieland (2005, 2008a) und Bedijs (2012), wobei Letztere in ihren Arbeiten einen klaren Unterschied machen zwischen Jugendsprache als Sprache der Jugendlichen und fingierter Jugendsprache als Sprache, die – aus verschiedenen Gründen – Jugendsprache nachahmt, etwa in Spielfilmen, Kommunikationsmedien, in der Werbung usw. (↗ 6.1.4, 7.2.3). Dass die Herangehensweise an Jugendsprache auch abwegige Formen annimmt, zeigt der Umstand, dass einige Autoren Jugendsprache z. B. lediglich anhand der fingierten Jugendsprache der Medien oder der Werbung untersuchen wollen oder wie Braun ([4]1998: 9) gar die *an Jugendliche gerichtete*, pseudojugendsprachliche, also Jugendsprache ebenfalls nur nachahmende Sprache der Jugendzeitschrift *Bravo* mit der Sprache der Jugendlichen gleichsetzen. Androutsopoulos (1998: 1) zeigt auf, dass man zwei Pole soziolinguistischer Forschung bestimmen könne. Jugendsprache sei entweder die Umgangssprache Jugendlicher und somit eine altersspezifische Varietät der informellen Kommunikation, deren Besonderheiten v. a. auf der lexikalisch-semantischen Ebene ausgeprägt seien; oder aber genau dies sei ein Mythos, eine Fiktion, da jugendsprachliche Kommunikation sich nicht an einer spezifischen Lexik oder Ausdrucksweise festmachen lasse, sondern einfach nur v. a. umgangssprachliche Sprechstile darstelle, die einige Besonderheiten aufwiesen. In der Literatur wird Jugendsprache vielfach als *Slang* oder *Argot* dargestellt (Androutsopoulos 1998: 19–21). Wie Wieland (2008a: 95) erklärt, geht man heute mehr davon aus, dass Jugendliche sich durch ihre Sprache weniger von anderen Jugendlichen oder Erwachsenen abgrenzen wollen, als dass sie sprachliche und diskursive Kompetenzen erproben und mit Themen und Regeln eher spielerisch experimentieren; seit den 1990er Jahren wird jugendliche Ausdrucksweise zunehmend als Sprach- oder Sprechstil bezeichnet und weniger als Ausdruck subkultureller Gegenentwürfe, sondern vielmehr als Ausdruck „gesampelter Teilkulturen" angesehen.

Ein Charakteristikum der Jugendsprache ist ihre geringe Stabilität, oder umgekehrt gesagt, ihre große Flexibilität und Schnelllebigkeit. Der Wunsch nach Abgrenzung von bestimmten Gruppen – kryptische Funktion – oder Zugehörigkeit zu bestimmten Gruppen (mehr oder weniger) Gleichaltriger, engl. *peer groups*, – identitäre Funktion – führt zur Annahme von sprachlichen Erscheinungen von anderen Jugendlichen, von Sprechern der Gruppe der Gleichaltrigen oder Sprechern, die als ebenbürtig oder ähnlich angesehen werden oder mit denen sich die Jugendlichen identifizieren. Jugendliche gehören nicht unbedingt zu einer festen Gruppe und können mehr oder weniger lockere Bindungen zu verschiedenen Gruppen haben, die sich durch Rituale, Gesprächsthemen und Sprechstile definieren können (Bedijs 2012: 28). Dies alles führt dazu, dass Jugendliche in ihrem Sprachgebrauch äußerst flexibel sind, sich die Jugendsprache kontinuierlich verändert und durch einen großen Grad an Kreativität und Innovation auszeichnet. Die vielfach beklagten Abweichungen der Jugendsprache gegenüber der Norm sind somit eigentlich häufig Ausdruck von Kreativität, Sprachgefühl und auch ein Zeichen für die Vitalität einer Sprache (Bernal/Sinner 2009). An dem spielerischen Umgang mit der Sprache hat man die sogenannte ludische (spielerische) Funktion der Jugendsprache festgemacht. Zu den verschiedenen Funktionen der Jugendsprache s. Zimmermann (1990, [2]2008), Androutsopoulos (1998), resümierend Lindorfer (2012); v. a. zur Frage der Kreativität Zimmermann (2012).

Es gibt in Zeit und Raum eine große Variation, ständige Innovationen und andauernde Veränderung dessen, was als (sprachlich) „passend“ empfunden wird. Diese Instabilität führt dazu, dass bestimmte Wörter, Wendungen, morphologische, syntaktische oder phonetische Besonderheiten schnell aus der Mode kommen können. Der Gebrauch von jugendsprachlichen Elementen durch Außenstehende oder als solche empfundene Personen - ältere oder jüngere Jugendliche, Erwachsene oder in den Medien - stößt auf Ablehnung und führt ebenfalls zu ständigen Modifikationen. Was als „richtig“ und „passend“ empfunden wird, hängt von der Position in der jeweiligen Gruppe und der Bindung an sie ab. Somit geht mit dem „Herauswachsen“ aus der Jugend auch das Gefühl bzw. Einfühlungsvermögen für die ständig fließende Jugendsprache ebenso wie die Anpassungsnotwendigkeit an Neuerungen und die Teilhabe daran verloren. Kontinuität der Jugendsprache ohne Brüche zwischen den Altersgruppen und kontinuierliche Erneuerung der Jugendsprachen stellen keinen Widerspruch dar, da es eine Überlappung der Altersgruppen gibt, die die als Jugendsprache identifizierbaren Varietäten nutzen. Jugendliche kommen zu Gruppen dazu, in denen Jugendsprache gebraucht wird und verlassen diese Gruppen mit dem Älterwerden; dies erlaubt die Verstetigung der Jugendsprachen trotz der graduellen Erneuerungen. Diese Kontinuität der Jugendsprache ohne Kontinuität der Ausdrucksformen aufgrund der graduellen Erneuerung und Veränderung ist in Abb. 5.3 schematisch dargestellt.

Abb. 5.3. Kontinuität und Erneuerung von Jugendsprache (nach Bernal/Sinner 2009: 9)

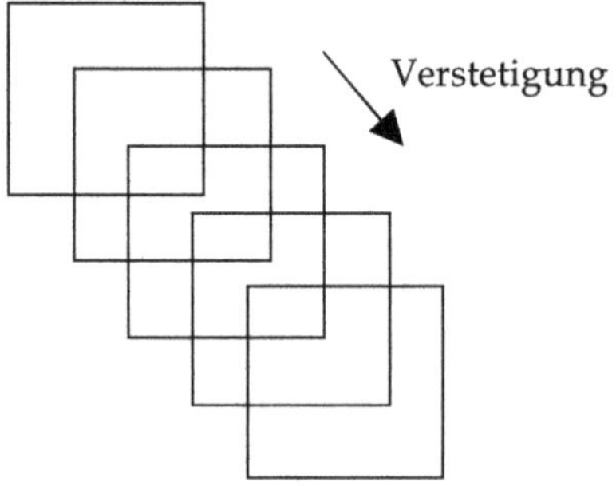

In konfliktiven Sprachkontaktsituationen, in denen die Kontinuität einer Sprache durch die Präsenz einer anderen Sprache bedroht ist, die sie z. B. aus den öffentlichen Domänen verdrängt und sie des Prestiges beraubt (↗ 7.1), kann es zu einem

Abbruch der Kontinuität der Jugendsprache kommen. Entsprechend ist es in Kontexten sprachlicher Normalisierungsbestrebungen (↗ 3.5.3) eine besondere Herausforderung, eine unterdrückte Sprache auch in jugendsprachlichen Domänen wieder zu installieren. In vielen Sprachkontaktsituationen zeigt sich bei einer Analyse der jugendsprachlichen Varietäten ihre besondere Durchlässigkeit für Material aus der jeweils in Kontakt befindlichen Sprache. Dies führt aufgrund der Gleichsetzung von jugendsprachlichen Erscheinungen mit Sprachwandel durch sprachwissenschaftliche Laien in den jeweiligen Kommunikationsgemeinschaften zu besonderer Sorge um die Zukunft der Sprache (s. Wieland 2006a, 2008b).

Die besondere integrative Fähigkeit und Kreativität der Jugendsprache, die Bereitschaft zur Schaffung von Neologismen, Gebrauch von Lehnwörtern, Wechsel zwischen verschiedenen Sprachen usw. führen zu sprachlichen „Grenzüberschreitungen" (s. Wieland 2008a). Diese Grenzüberschreitungen, v. a. die notorische Präsenz von Elementen aus anderen Sprachen, in vielen Fällen Anglizismen, haben Jugendsprache traditionell zum Ziel von puristischer Sprachkritik werden lassen (s. Azorín Fernández 2000: 228). Wie bereits dargelegt wurde, sehen viele Personen in der Jugendsprache ein Symptom oder gar einen Auslöser von Sprachverfall bzw. -wandel. Für viele Sprecher – und auch manche Sprachwissenschaftler – ist die Sprache der jungen Menschen die Sprache der zukünftigen Generationen, ein Spiegel der Zukunft der Gesellschaft und der Sprache. Mehrfach konnte jedoch aufgezeigt werden, dass Veränderungen gegenüber der Sprache der Erwachsenen in der Sprache von Kindern und Jugendlichen nicht per se als Sprachwandel missverstanden werden dürfen, da es sich auch um vorübergehende Erscheinungen handeln kann. Somit sei nicht gerechtfertigt, Jugendsprache als Embrio der Sprache der Zukunft zu sehen: Die soziale und identifikatorische Funktion dieser diaphasischen Varietät darf nicht vergessen werden. Die jugendlichen Sprecher *kennen* ihre Sprache und sind i. d. R. in der Lage, sie auch ohne die jugendsprachlichen Charakteristika zu gebrauchen, wenn sie nicht unter sich im Gespräch mit anderen Jugendlichen sind. Zugleich ist aber auch bekannt, dass Jugendliche wesentliche Motoren lautlicher Veränderungen und der Durchsetzung von Elementen in der Umgangssprache sein können. Dies hat in jüngerer Zeit auch die Frage nach der Rolle der Schichtzugehörigkeit bei jugendsprachlicher Variation aufgeworfen (Eckert 2012: 92), also die Frage danach, ob jugendsprachliche Erscheinungen bestimmter – höherer oder niedriger – sozialer Schichten sich eher durchsetzen oder größere Auswirkungen auf die Allgemeinsprache haben als die anderer jugendsprachlicher Varietäten. Endruschat/Schmidt-Radefeld (2006: 215) illustrieren dies gewissermaßen mit der Annahme einer von Jugendlichen verwendeten „diaskolare[n] (schulische oder andere Bildung betreffende[n]) Varietät", die zusammen mit der diasexuellen Varietät quer zur diasystematischen Varietät des altersspezifischen Sprechens stehe. Sie sehen es als Beispiel dafür, dass man gerade bei den diastratischen Varietäten – dazu zählen sie die „diagenerationelle Varietät" – oft mit ‚hybriden' Verwendungsweisen rechnen müsse.[15] Wie Neuland (2012: 10) hervorhebt, hat die Jugendsprachefor-

---

[15] *Diaskolar* als angestrengter Versuch einer Bildung mit dem in der Varietätenlinguistik einschlägig eingeführten Präfix *dia-* und der lateinischen Form für *schulisch, bildungsbezogen* ist als Terminus nicht eindeutig. Grundsätzlich könnte mit *diaskolar* sowohl (a) die Sprache der

schung schnell festgestellt, dass die mit dem Terminus *Jugendsprache* verbundene Homogenitätsannahme (die Annahme eines einheitlichen Sprachgebrauchs aller Jugendlichen) einer Heterogenitätsannahme im Sinne einer „Mehrstimmigkeit vieler verschiedener Jugendgruppen" weichen müsse. Die Aufzählung sprachübergreifender Charakteristika von Jugendsprache ist entsprechend problematisch; die Sprachwissenschaft ist sich lediglich relativ einig darüber, dass Jugendliche speziellen - „alterspräferenziellen" - Gebrauch der möglichen und üblichen Stilmittel ihrer jeweiligen Sprachen machen, dabei oft aus anderen Sprachen entlehnen und mit den kreativen Möglichkeiten ihrer Sprache(n), etwa den Wortbildungsmechanismen, sehr schöpferisch umgehen (s. o.; vgl. Zimmermann 2012). Nach der Methode des *age gradings* werden bestimmte Sprachgebrauchserscheinungen einem bestimmten Alter zugeordnet, wobei nach ausschließlich in der Jugendsprache vorkommenden jugendexklusiven und jugendpräferentiellen Mustern, qualitativ bedeutsamen jugendspezifischen sowie quantitativ bedeutsamen jugendtypischen Phänomenen unterschieden wird (Androutsopoulos 1998: 3, s. Bedijs 2012: 38–39). Viele Phänomene sind lediglich aufgrund ihrer Frequenz als jugendsprachlich anzusehen. Als Charakteristika gelten u. a.:

- in der Phonetik z. B. Apokopen, Synkopen, Kontraktionen, Interjektionen und Onomatopoetika;
- Quasi-Zitate und Spiel mit fremden Stimmen;
- in der Lexik neben Neubildungen durch Präfigierung und Suffigierung, Kurzformen, Kompositionen usw. viele Entlehnungen (in vielen Sprachen vorwiegend aus dem Englischen);
- Tendenz zum Gebrauch von Elementen aus lokalen Dialekten;
- Metaphern und Metonymien
- Intensivierung und Übertreibung, umgekehrt Abschwächungen und Untertreibungen;
- geheimsprachliche Phänomene wie Silbentausch, Silbenreduplikation (wie im frz. *Verlan* oder dem arg. *Vesre*)[16];
- verbale Wettbewerbe, rituelle Beschimpfung (Neuland 2007: 12–13; Androutsopoulos 1998: 18–19, Schwitalla 1994: 472ff.; Jørgensen/Martínez 2010).

Vermittlung wie (b) die in der Schule gebrauchte(n) Varietät(en) im Sinne von ‚jegliche während des Aufenthalts in der Schule gebrauchte Varietäten' gemeint sein. Im gegebenen Fall fällt aufgund der Inbezugsetzung zur Jugendsprache (a) aus und (b) trifft nur für die von Jugendlichen in der Schule oder im Zusammenhang mit der Schule verwendeten Varietäten zu. Es könnte in diesem Fall (i) die *im Unterricht* verwendete Sprache - an Lehrpersonal oder Mitschüler in Anwesenheit der Lehrer gerichtete Sprache –, (ii) die *am Ort Schule* mit allen Personen gebrauchte Varietät, oder gar (iii) jegliche Äußerung, deren Thema Bildung per se ist („meine Schule ist toll", „Mathe macht Spaß", „vielleicht kommt das im mündlichen Abi dran"). Ein Gespräch eines 15-jährigen Schülers mit dem besten Freund auf dem Pausenhof kann genauso „schulische Bildung betreffen" wie eine Antwort auf eine Frage des Lehrers im Unterricht oder ein Gespräch mit einer Lehrerin oder mit dem Hausmeister während der Pause, solange es thematisch „die Bildung betreffend" ist.

16 Die Namen *Verlan* und *Vesre* selbst gehen auch auf Silbenumstellung von frz. *à l'envers* bzw. span. *(al) revés* ‚umgekehrt' zurück; zu solchen Verfahren in anderen Varietäten, ↗ 5.7.3.

Es handelt sich um generationelle - und diaphasisch eingesetzte - Unterschiede, die v. a. aufgrund ihrer Intensität und ihrer spezifischen Kombination hervorstehen und die an eine relativ kurze Phase im Leben der Sprecher gebunden sind. Da die meisten der zum habituellen Sprachverhalten Jugendlicher gehörender Formen und Strukturen auch in anderen Varietäten wie kolloquialem Standard, anderen Soziolekten, Regiolekten erscheinen, kann Jugendsprache nicht scharf abgegrenzt werden (Androutsopoulos 1998: 590).

Der Gebrauch oder die Gebrauchsfrequenz bestimmter lexikalischer, morphologischer, syntaktischer und phonetischer Erscheinungen in der Jugendsprache wird dennoch immer wieder pauschal als Beweis oder Anzeichen von Sprachwandel missverstanden. Schon in den 1970er Jahren warnt Lavandera (1978: 172), dass in den meisten quantitativen Studien generationelle Frequenzunterschiede nicht lediglich als generationeller Zusammenhang, sondern als Indikatoren von Sprachwandelprozessen interpretiert würden. Chambers (1995: 188–190) etwa berichtet, dass gemäß einer 1979 in Toronto durchgeführten Erhebung zwei Drittel der 12-Jährigen den eigentlich in den USA gebräuchlichen Namen *zee* [zi:] für den letzten Buchstaben des Alphabets anstelle des in anderen englischsprachigen Ländern üblichen *zed* [zed] gebrauchten, was man auf den Einfluss der US-amerikanischen Fernsehsendung *Sesamstraße* zurückführte. Diese Veränderung hinsichtlich eines als *tratto bandiera* (↗ 4.2.1) fungierenden Lexems war für die kanadische Öffentlichkeit schockierend, glaubte man doch hierin eine sprachliche Amerikanisierung Kanadas - in Form von durch das Fernsehen induziertem Sprachwandel - zu erkennen. Tatsächlich aber konstatierte man in einer Folgestudie im Jahr 1991, als die Personen der ersten Studie 25 Jahre alt waren, dass nur noch 39 % der 20 bis 25 Jahre alten Informanten den US-amerikanischen Namen des Graphems gebrauchten, dessen Stigmatisierung in Kanada also seine allmähliche Aufgabe nach sich zieht, und dass die als Sprachwandel proklamierte Erscheinung in Wahrheit keine darstellte.

Ein anderes Beispiel für Missverständnisse oder zumindest missverständliche Darstellung im Bereich der Auseinandersetzung mit Jugendsprache ist die Arbeit von Wiese (2012), *Kiezdeutsch. Ein neuer Dialekt entsteht*. Einerseits stellt die Arbeit den löblichen Versuch dar, den oben erwähnten Vorurteilen gegenüber der Sprache von Jugendlichen als Herd unreiner Sprache und Motor des Sprachverfalls entgegenzutreten. Zudem betrachtet die Arbeit, wie die Autorin im Zusammenhang mit den Aussagen zum Aufbau ihres Korpus explizit sagt, „den Sprachgebrauch von Jugendlichen […], wie er tatsächlich auftritt, nicht, wie er stilisiert in Comedy-Sendungen oder in manchen Zeitungsartikeln dargestellt wird" (2012: 22). Sie operiert also mit echten Sprachdaten und nicht, wie so oft, mit fingierter Mündlichkeit (↗ 6.1.4). Andererseits ist die Arbeit ein Beispiel dafür, dass Auseinandersetzung mit varietätenlinguistischer Tradition und Terminologie in vielen Bereichen der Sprachwissenschaft, die sich mit Varietäten der Sprache beschäftigen, noch nicht zur Selbstverständlichkeit gehört. Der Gebrauch von *Dialekt* im Titel und im Text ihrer Arbeit wird bei sprachwissenschaftlich ungeschulten Lesern - sicher die Mehrzahl der Leser des populärwissenschaftlich aufgemachten Bandes - v. a. die Assoziation mit einer diatopischen Varietät des Deutschen hervorrufen, die, wie die Lektüre zeigt, jedoch nicht gemeint sein kann. Wiese erklärt: „Kiezdeutsch spricht man mit seinen Freunden, wenn man in einem multiethnischen Viertel groß wird“ (2012: 14). Sie spricht von „Kiezdeutsch, das unter Jugendlichen in multiethnischen Wohnvierteln gesprochen wird“ (2012: 21), erklärt, ihr „KiezDeutsch-Korpus“ [sic] bestehe aus einer „Sammlung von Texten, die spontansprachliche Gespräche Kreuzberger Jugendlicher enthält“ (2012: 22), und die „Informant/inn/en [...] waren zum Erhebungszeitraum 14 bis 17 Jahre alt“ (2012: 24). Kiezdeutsch sei „eine neue Art von Jugendsprache, wie wir sie auch in anderen europäischen Ländern finden“ (2012: 28). Sie erläutert, dass Sprachen dynamische Systeme seien und es Veränderungen in der Sprache gebe: „Diese Veränderungen führen unter anderem zur Entstehung neuer Stile, Register und auch neuer Dialekte, und Kiezdeutsch ist ein solcher neuer Dialekt, eine neue sprachliche Variante [sic] mit typischen, regelhaften Eigenheiten“ (2012: 29). Dann erklärt Wiese allerdings, Kiezdeutsch habe sich in relativ kurzer Zeit zu einer *Varietät* des Deutschen entwickelt (2012: 36), um später zu sagen, „neben anderen Mutter- und Zweitsprachen wie Türkisch und Arabisch etc. gibt es noch zwei besondere Varianten des Deutschen, die einen Einfluss auf Kiezdeutsch haben“ (2012: 44). *Variante* und *Varietät* werden von ihr also offensichtlich alternativ gebraucht. Und sie erklärt, bei Kiezdeutsch habe die Entwicklung einen anderen Weg genommen als bei vergleichbaren durch Ethnolekte (↗ 7.2.3) beeinflussten Varietäten in den USA:

> Hier haben Ethnolekte nicht zu einem generellen neuen urbanen Dialekt beigetragen, sondern zu einer multiethnischen Jugendsprache. Diese Jugendsprache bildet ebenfalls einen eigenen Dialekt, mit systematischen grammatischen Eigenheiten [...], und sie ist wie der urbane Dialekt in New York State unter allen Sprecher/inne/n verbreitet und wird unabhängig von der Herkunft gesprochen. Anders als der Dialekt von New York State ist Kiezdeutsch aber typischerweise auf Gespräche unter Jugendlichen begrenzt. (Wiese 2012: 45)

Ihre Aussagen weisen darauf hin, dass es um die Varietät einer bestimmten Altersgruppe geht, die die Jugendlichen *im Gespräch untereinander* gebrauchen, dennoch spricht sie von der Entstehung eines neuen *Dia*lekts. Möglicherweise wird hier US-amerikanische Terminologie (↗ 1.3) unreflektiert übernommen, denn *Dialekt* steht im Deutschen für die diatopischen Varietäten. Wiese erklärt nun:

> Ich bin zum ersten Mal Ende der 1990er auf Kiezdeutsch aufmerksam geworden, als ich im Bus durch Kreuzberg fuhr und Jugendliche hörte, die sich unterhielten und dabei einige neue Wendungen benutzten, die grammatisch interessant klangen und die ich näher untersuchen wollte. (2012: 17)

Tatsächlich waren die von ihr beschriebenen Erscheinungen – wie etwa „ey, wir sollen Fahrstuhl gehen“ (2012: 57) oder „ich frag mein Schwester“ (2012: 59) – schon Ende der 1980er Jahre in Kreuzberg zu hören, wie der Verfasser dieser Zeilen während seiner eigenen Schulzeit in Berlin feststellen konnte, und viele der von Wiese beschriebenen Stukturen sind lange vor ihr von anderen Autoren für andere deutsche Städte beschrieben worden (vgl. Auer 2003 und die dort verzeichnete Literatur). Zum Zeitpunkt der Publikation von Wieses Studie (2012) war die Beobachtung im Bus rund fünfzehn Jahre her, so dass sich die Frage stellt, was aus den Jugendlichen von damals bzw. aus ihrer Art zu sprechen geworden ist. Entweder die Jugendlichen von damals sprechen heute *nicht* mehr so, was ein klarer Hinweis darauf wäre, dass Jugendsprache nicht zu einem kompletten Sprachwandel führt und zugleich Beweis dafür, dass es sich in der Tat auf keinen Fall um einen Dialekt handelt, sondern um eine altersgebundene, vorübergehende – transitorische – diastratische und diaphasische Varietät. Wenn sie dagegen heute noch immer so sprechen, wäre es nicht gerechtfertigt, von Kiezdeutsch als *Jugend*sprache zu sprechen. In der Annahme, dass Wiese tatsächlich Jugendsprache meint, wenn sie den Ausdruck verwendet, und die Sprache von Erwachsenen nicht mit einschließt, was sie ja explizit nicht tut, wäre dieser zweite Fall auszuschließen. An anderer Stelle benutzt sie den Aussdruck *Jugendsprache* als Beispiel für Stile und Register:

> Neben lautlichen Veränderungen und Veränderungen in Flexion, Wortstellung und der Kombination von Wörtern verändert sich in Sprachen auch die Bedeutung von Wörtern, zum Beispiel im Bereich bestimmter Register und Stile. So hat im Bereich der Jugendsprache das Wort *geil* seine ursprüngliche sexuelle Bedeutung verloren und wird nun im Sinne von *gut* verwendet […]. (2012: 34).

Tatsächlich ist *geil* in dieser Bedeutung wohl kaum auf Jugendsprache beschränkt. Laut Duden, der das Wort bereits in den 1990er Jahren aufgenommen hat, handelt es sich beim Gebrauch mit der Bedeutung ‚in begeisternder Weise schön, gut; großartig, toll' um einen saloppen, aber nur „vor allem" jugendsprachlichen Ausdruck; auch Erwachsene benutzen das Wort in der von Wiese als jugendsprachlich präsentierten Bedeutung.

Auch im Bereich der Jugendsprache hat man bisher der Frage nach der geschlechtsspezifischen Divergenz wenig Aufmerksamkeit gewidmet, die sich v. a. für die nicht auf soziale Determinierung zurückgehende, rein linguistisch bzw. typologisch motivierte Variation stellt (↗ 5.6.1). Im Hinblick auf Aspekte wie das Diskursverhalten wäre zu betrachten, inwiefern sich bestimmte Divergenzen, die bei Kindern und Jugendlichen, die in gemischten Klassen unterrichtet werden, nachweisbar sind, auch bei nach Geschlechtern getrennter Beschulung ergeben.

5.4.3 Erwachsenensprache und Sprache im höheren Lebensalter

Erwachsenensprache wurde in alterslinguistischen Arbeiten bisher kaum als solche betrachtet, da sie sozusagen den Prototyp von Sprache darstellt. Wenn etwa von „Englisch" die Rede ist, ist i. d. R. entweder das ganze System gemeint oder die Varietät von Menschen, die weder Kinder- oder Jugendsprache noch Varietäten alter Menschen sprechen. Erwachsenensprache ist so gesehen unmarkiert, während die anderen altersbezogenen Varietäten als solche markiert sind (Zimmermann 1990: 238). Dies spiegelt sich in der lexikographischen Praxis wider, als generationelle Spezifika nur die als diagenerationell markierten Varietäten, etwa „jugendsprachlich", als solche auszuweisen, oder in dem Umstand, dass die wissenschaftliche Auseinandersetzung mit Jugendsprache den Vergleich zur Erwachsenensprache impliziert (s. Neuland 2012: 9). Die Sprache der Erwachsenen, der „mittleren" Generationen, wird als stabil und gefestigt angesehen; die Ausprägung sprachlicher Merkmal des Idiolekts verfestigt sich im Alter bis etwa zum 25. Lebensjahr, um sich dann nur noch marginal zu verändern (Chambers 1995:

161–184). Aus diesem Grund wird in sprachwissenschaftlichen Studien i. d. R. von der Berücksichtigung von Informanten im Kinder- oder Jugendalter abgesehen, sofern es sich nicht um einschlägige Studien zu Kinder- und Jugendsprache handelt. Die Ansicht von Autoren wie Chambers (1995), wonach sich die Sprache Erwachsener nach der Fixierung des Idiolekts kaum noch verändere, impliziert eine Sicht auf die Erwachsenensprache, die die Sprache alter Menschen nicht gesondert betrachtet bzw. nicht als spezifische Altersvarietät ansieht. Lange hatte man sich für die Sprache alter Menschen fast ausschließlich in der Dialektologie interessiert, nämlich für die Sprache der bereits erwähnten NORM-Sprecher, also die Sprache alter, nicht mobiler, auf dem Land lebender Männer mit geringer Bildung (↗ 4.3), weil man davon ausging, dass sich in ihrer Sprache die Sprache ursprünglicher erhalten habe. Abgesehen davon hat sich die Auseinandersetzung mit der Sprache alter Menschen bzw. von Menschen „im höheren Lebensalter" (Gerstenberg 2011: 4, Neuland 2012: 11) erst in den letzten Jahren, etwa seit der Jahrtausendwende, als eigener Arbeitsbereich etabliert, und sie ist abgesehen von kognitionswissenschaftlichen Arbeiten in der Linguistik noch weitgehend unerforschtes Gebiet (Lindorfer 2012: 78). Das Schwanken in den Bezeichnungen – Gerontolekt, Sprache der alten Menschen, Sprache der Alten, Sprache im Alter, Sprache der Menschen im höheren Lebensalter usw. – ist symptomatisch für eine wissenschaftliche (Unter-)Disziplin, die sich wie die Alterslinguistik neu herauskristallisiert und ihre genauen Arbeitsfelder, Katagorien und Grundlagen noch bestimmt.[17] Sicherlich steht die Zuwendung zur Sprache der höheren Lebensalter auch damit in Zusammenhang, dass die westlichen Gesellschaften zusehends altern; in einigen Ländern liegt der Bevölkerungsanteil der über 60 Jahre alten Personen bereits über 20 % (z. B. in Deutschland zum 31.12.2010 bei 21,49 %). Die steigende Lebenserwartung bei gleichzeitig stetig sinkender Geburtenrate in den Industrienationen wird diese Tendenz in den nächsten Jahren noch verstärken. Die Abgrenzung von Erwachsenen zu Alten wird je nach Studie unterschiedlich gehandhabt und vielfach von gesellschaftlichen Kriterien, v. a. der Berufstätigkeit, oder von physiologischen Aspekten (s. u.) abhängig gemacht. Es liegt auf der Hand, dass damit für unterschiedliche Gesellschaften – in Europa z. B. mit unterschiedlichen etablierten Rentenaltern – unterschiedliche Maßstäbe gelten.

Lange hat man divergente Sprechweise bei alten Menschen v. a. als Abbau von Sprachfähigkeit aufgrund physiologischer Alterungsprozesse betrachtet. Tatsächlich spielen für die Charakterisierung der Sprache alter Menschen neben den biologischen Ursachen weitere Aspekte eine wesentliche Rolle. Einerseits ist die Sozialisierung offenbar wesentlich in dem Sinne, dass Menschen bestimmter Generationen aufgrund paralleler bzw. ähnlicher Sozialisierung auch ähnliche Profile im Hinsicht auf vermittelte Bildungsinhalte, Werte, Weltbilder, Sprachmodelle usw. erworben bzw. aufgebaut haben. Gerstenberg (2011) weist nach, dass die in unterschiedlichen historischen Momenten in der schulischen Spracherziehung in

[17] Es findet sich in der Geschichte der Sprachwissenschaft eine große Breite von Ausdrücken für die Alterssprache, dt. *Altersdialekt* oder *Altersmundart* ebenso wie frz. *le parler des vieux* ‚die Redeweise der Alten' (Flydal 1952: 242); es handelt sich praktisch durchweg um beschreibenden Ausdrücke, die angesichts fehlender vertiefender Aueinandersetzung mit der Sprache der Alten um ihrer selbst willen nicht terminologisiert wurden.

Frankreich vorherrschenden sprachpädagogischen Prinzipien eine z. T. sehr klare Abgrenzung von Sprachgenerationen erlauben, dass also die sprachliche Erziehung dieser Personen ähnlich verlief. Die sprachliche Variation zeigte bei Gerstenberg (2011) jedoch eine breite Streuung der für einzelne sprachliche Variablen gebracuhten Varianten; die Autorin argumentiert, dass aus bisherigen Arbeiten und aus der Beobachtung als Sprachteilnehmer die Annahme eines alterssprachlichen Subsystems im Sinne eines Gerontolekts nicht begründbar ist (2011: 49). Wie Baltes (2007: 16) darlegt, sind alte Menschen - wie Jugendliche, ↗ 5.4.2 - nicht als Mitglieder einer homogenen Kategorie anzusehen, sondern durch eine große Variabilität zwischen Funktionen und Personen und ein hohes Maß biographischer Individualität gekennzeichnet. Erst pathologische Gründe wie Altersdemenz „vereinheitlichen" die sprachlichen Entwicklungstendenzen.[18]

Soziologische bzw. soziale Aspekte spielen eine wichtige Rolle: Menschen, die aktiv altern, ein lebendiges Umfeld haben, mit vielen Personen unterschiedlicher Altersgruppen Kontakt pflegen usw. halten sich auch mental bzw. biologisch jung, was sich auf die physiologischen Vorgänge - auch im Gehirn - auswirkt und direkte Konsequenzen für das aktive Sprachvermögen hat. Regelmäßige Gespräche mit jungen Menschen über aktuelle Belange erlauben es älteren Menschen, ihre Sprache, insbesondere ihre Lexik zu aktualisieren. Soziale Vereinsamung im Alter verstärkt dagegen den Einfluss der physiologischen Auswirkungen des Alters. In den deutschsprachigen Ländern gibt es heute Millionen alter Menschen, die fast jede wache Minute allein verbringen, die abgesehen von Pflegepersonal und fremden Menschen, die sie z. B. beim Einkaufen treffen, niemanden mehr haben, der mit ihnen spricht, der sie noch beim Vornamen anredet. Entsprechend gering sind die Möglichkeiten des sozialen und sprachlichen Austauschs und somit der sprachlichen Aktualisierung. Gerstenberg (2011: 258) kann in ihrem Korpus von Aufnahmen mit französischen alten Sprechern feststellen, „dass besonders seit den 1970er Jahren verbreitete sprachliche Moden [...] eher präsent sind als jüngere Modewörter". Auch die Lebensgewohnheiten wirken sich auf die Sprachfähigkeit aus, und Sozialisierung und Lebensweise stehen in engem Zusammenhang mit den Auswirkungen des Alterns auf Gedächnisleistung, Denkfähigkeit usw. Personen mit weniger Bildung z. B. haben oft auch weniger Lesepraxis bzw. -gewohnheit, was physiologischen Verfall begünstigt.

Zu den oft als Charakteristika der Sprache alter Menschen gezählten Erscheinungen, die in unterschiedlichem Maße den genannten Faktoren geschuldet sind, gehören u. a.:

- Wortfindungsprobleme und altersspezifische Lexik;
- alterspezifische Gesprächsthemen;

---

[18] Baltes (20007: 16) betrachtet die Möglichkeit und Sinnhaftigkeit der Unterteilung der älteren Lebensalter in *drittes Lebensalter* für die jungen Alten (60 bis 80 Jahre) und *viertes Lebensalter* für die älteren Alten (80 bis 100 Jahre). Es geht ihm dabei um einen Ausweg für den schwierigen praktischen Umgang mit dem Problem der relativen Heterogenität der Altersgruppe(n), die im Hinblick auf die Sprache der höheren Lebensalter betrachtet werden. Ausführlich setzt sich damit Gerstenberg (2011: 12–13) auseinander; dort finden sich auch Hinweise auf die Terminologie im Französischen (u. a. *troisième, quatrième âge* ‚drittes, viertes Alter' usw.). Vgl. ähnliche Terminologie in anderen Sprachen, wo sie, wie im Spanischen etwa *tercera edad* ‚drittes Alter', auch in der Umgangssprache verbreitet sein können.

- überindividuelle Muster, wie z. B. das Verfahren der diskursiven Inszenierung des „Altseins", wie es Gerstenberg (2011: 128) für das Französische in ihrem Korpus *LangAge* feststellt: „Um mit dem Alterungsprozess verbundene Phänomene zu beschreiben, wird häufig das unpersönliche *on* [ähnlich dem dt. *man*] in generalisierender Bedeutung verwendet";
- alterspezifische Aussprache; in manchen Sprachen altersspezifische Aussprache bestimmter Lexeme, ↗ 5.5);
- kürzere Intonationseinheiten (dies wird auch mit einer nachlassenden Lungenkapazität in Verbindung gebracht);
- größere Pausenlängen (was offenbar z. T. auch mit der Länge der Intonationseinheiten korreliert, vgl. Gerstenberg 2011: 173);
- Veränderung der Grundfrequenz, wohl aufgrund von altersbedingten Veränderungen des Kehlkopfes; dabei Annäherung von Frauen- und Männerstimmen durch Zunahme der Stimmhöhe bei Männern und Konstanz oder Abnahme der Stimmhöhe bei Frauen (Gerstenberg 2011: 174–175 und die dort verzeichnete Literatur).[19]

Dazu kommen weitere sprachlichen Erscheinungen, die für bestimmte Generationen aufgrund der gemeinsamen Sozialisierungserfahrungen ähnlich sind, wie typische Formulierungsmuster (deren Andauern in der Sprache alter Menschen sicher auch eng mit der Frage der Aktualisierung der Sprache verbunden ist).

Wortfindungsprobleme können damit zu tun haben, dass über bestimmte Dinge schon lange nicht mehr gesprochen worden ist (möglicherweise weil jemand allgemein kaum die Möglichkeit zum Gespräch hat) und darum der disponible Wortschatz eingeschränkt ist; solche themenspezifischen Lexikprobleme aufgrund fehlender Praxis sind zu unterscheiden von fehlender Lexik in allen Domänen aufgrund neuronalen Abbaus. Die besondere Frequenz bestimmter Themen - die somit als altersspezifische Themen identifiziert werden - ist nicht nur damit zu erklären, dass das Kurzzeitgedächnis alter Menschen nachlässt und sie immer wieder über die im Langzeitgedächnis verankerten Erinnerungen aus früheren Tagen sprechen. Möglicherweise ist die Konstatierung dieser Themenfixierung auch mit den Erwartungen zu erklären, die jüngere Menschen an das Kommunikationsverhalten Älterer knüpfen,[20] und wie bei der Aussprache können auch sprachideologische Positionen eine Rolle spielen.

---

[19] Die Stimme ist ein Merkmal, das es Zuhörern erlaubt, mit erstaunlicher Genauigkeit auf das Alter (wie auch das Geschlecht) der Sprecher zu schließen. Altersbedingte Stimmveränderungen führen dazu, dass junge und alte Stimmen durch eine Reihe klar beschreibbarer Merkmale deutlich zu unterscheiden sind. Dies erlaubt es Zuhörern, neben Informationen über das Geschlecht oder die emotionale Verfassung auch Information über das Alter oder die regionale Herkunft zu erhalten (s. Winkler 2009, Brückl 2011). In einigen Andenregionen z. B. ist die sogenannte *voz ronca* ‚heisere Stimme' typisch für Frauen. Sprecher aus anderen Gegenden können Personen mit *voz ronca* i. d. R. nicht nur unmittelbar als weiblich, sondern auch aus diesen Regionen stammend identifizieren. Meist sind sich die SprecherInnen nicht dessen bewusst, dass ein Teil der Stimme nicht biologisch sondern kulturell bestimmt und eindeutig erworben ist. Zu geschlechtsabhängigen Stimmenunterschieden, vgl. Anm. 30.

[20] Die sprachliche „Anpassung" an die (vermutete oder tatsächliche) eingeschränkte Kommunikationsfähigkeit alter, schwerhöriger, seniler oder geistig behinderter Personen ist im Zu-

5.5 Schicht, Alter, Bildung und Sprache: Beispiele

Hier sollen nun die vorhergehend problematisierten Kategorien illustriert werden, ohne auf die aufgezeigten Unzulänglichkeiten etwa des Schichtbegriffes und die Problematik des Zusammenhangs von Sprache und sozialer Schicht im Sinne der Zugehörigkeit zu Gruppen mit mehr oder weniger wirtschaftlicher Macht, mehr oder weniger Bildung usw. (↗ 5.3) oder auf die Problematik der Generationen- bzw. Alterseinteilung erneut genauer einzugehen. Es geht hier lediglich um die Vorstellung einiger Beispiele für das Zusammenspiel und Ineinandergreifen der einzelnen Ebenen und die Verwobenheit der diaphasischen und diastratischen Dimensionen. Hervorzuheben ist der Umstand, dass soziale Variation als die am stärksten ideologisch behaftete aller Nichtstandardzüge einer Sprache gilt, da sie zu Einschätzungen oder expliziten Äußerungen hinsichtlich sozialer Position, Wohlstand und Macht einer Person durch die Gesellschaft beiträgt (Alsina 2012: 139). Dittmar (1997: 192) weist darauf hin, dass Soziolekte schichtenspezifische Merkmale aufweisen, wobei die subjektiven Einschätzungen von bestimmten Varianten durch die Sprecher soziolinguistische Indikatoren seien: „Danach werden schichtenspezifische Varietäten in Richtung ‚Bodensatz' der Gesellschaft zunehmend stigmatisiert, während die Varianten der oberen Schichten (obere Mittelschicht, Oberschicht) prestigebesetzt sind" (Dittmar 1997: 192). Die Soziolekte der oberen Schichten würden gebietsübergreifend positiver bewertet, und ein Soziolekt, der in relativer Unabhängigkeit (also auch weitgehend unbeeinflusst) von den diatopischen Varietäten im ganzen Sprachgebiet Verwendung finde, stünde in den meisten Fällen der kodifizierten Standardnorm einer Sprachgemeinschaft ziemlich nahe. Somit ist zu berücksichtigen, dass Unterschiede zwischen den Varietäten - einzelner Generationen, nach Einkommen oder Bildung unterscheidbarer Gruppen usw. - immer auch mit Wertungen hinsichtlich ihrer Standardnähe, ihrer Adäquatheit in spezifischen Kontexten usw. verknüpft sind. Diese Wertungen stehen zugleich mit dem Grad der Verankerung von Varianten in den Varietäten und dessen potenzieller Veränderlichkeit in Zusammenhang.

Lüdtke/Mattheier (2005: 28) weisen auf kulturell bedingte bzw. auf enzyklopädisches Wissen zurückgehende Variation in der Sprache hin. Eindrücklich illustrieren dies die Unterschiede in der Aussprache und Schreibung bestimmter aus dem Französischen entlehnter Lexeme im Spanischen Argentiniens und Uruguays bei Mitgliedern verschiedener Generationen. Sie sind offenbar der veränderten Bildungsausrichtung bzw. der über die Generationen wandelnden Schwerpunkte in der Schulbildung geschuldet. Die aus dem Französischen entlehnten Lexeme *placard* (bzw. in der hispanisierten Schreibung *placar*) ‚Einbauschrank' und *chalet* ‚Chalet' (bzw. in der hispanisierten Schreibung *chalé*) werden nur von älteren Uruguayern mit einer dem Französischen folgenden Aussprache [ʃaˈlɛ] oder [ʃaˈle] realisiert; es sind auch v. a. die Sprecher der höheren Lebensalter, die die Originalschreibung mit <d> bzw. <t> bevorzugen. Offenbar ist dies auf den

---

sammenhang mit der Untersuchung sogenannter *reduzierter* oder *vereinfachter Varietäten* betrachtet worden (↗ 5.8); s. zur Kommunikation von Pflegepersonal bzw. jüngeren Menschen allgemein mit Senioren die Übersicht bei Thimm (2000: 118–127) sowie Backhaus (2013) speziell zur Kommunikation in der Altenpflege.

Umstand zurückzuführen, dass ältere Uruguayer durch eine Schulbildung geprägt sind, in der das Französische als prestigereiche Fremdsprache noch sehr präsent war, während jüngere Uruguayer bereits eine vom Englischen dominierte sprachliche Schulbildung erhielten. Zusammen mit dem Alter kann der Bildungsgrad eine Rolle spielen, so wie im argentinischen Spanisch im Fall der Aussprache des Gallizismus *entrecôte* (bzw. in hispanisierter Schreibung *entrecot*) ‚Zwischenrippenstück', der von über 50 Jahre alten Sprechern mit besserer Bildung eher als [ãtrəˈkot], bei Sprechern mit weniger Bildung und jüngeren Sprechern generell eher als [entreˈkot] realisiert wird. Der Zusammenhang von Bildung und Alter kann sich auch im Gebrauch bestimmter Lexeme oder der Syntax äußern, und auch die Frage der Mündlichkeit oder Schriftlichkeit sowie die Formalität des Kontextes kann eine Rolle spielen (↗ 6.1).

Als Ergebnis von tiefgreifenden sozialen Veränderungen im letzten Jahrhundert ist es im Schwedischen heute normal, sich mit der – sozusagen dem Deutschen Duzen entsprechenden – informellen Anrede anzusprechen, also z. B. auch Angestellte in einem Geschäft, Lehrer oder Kindergärtner; ältere Schweden dagegen benutzen nach wie vor die – gewissermaßen dem deutschen Siezen entsprechende – formellere Anrede (was auch für die Übersetzung besondere Probleme darstellen kann; s. hier speziell Koller [8]2011, Sinner 2011b: 226; ↗ 8). Sowohl im Falle der phonetischen Phänomene des Spanischen als auch im Fall des pragmatischen Aspektes der Anrede im Schwedischen handelt es sich erst einmal um einzelne Varianten, die im Hinblick auf ihre Verankerung in der Sprache unterschiedlicher – hier: nach Alter und Bildung unterscheidbarer – sozialer Gruppen klassifizierbar sind. Aus rein variationslinguistischer Perspektive korreliert also eine bestimmte sprachliche Variable mit bestimmten außersprachlichen Variablen. Aus varietätenlinguistischer Perspektive ist nun die Sprache bestimmter Altersgruppen durch bestimmte Kombinationen sprachlicher Varianten charakterisiert, so dass zusätzlich zu den genannten Erscheinungen noch weitere Varianten von linguistischen Variablen zu betrachten sind. Das Zusammenfallen von zwei Varianten – einer grammatikalischen und einer phonetischen – in einer Varietät wird anhand des Hebräischen dargestellt, das Zusammenfallen von drei Varianten – einer lexikalischen, einer phonetischen und einer pragmatischen – wird anhand des Spanischen der Oberschicht von Buenos Aires illustriert.

Im Hebräischen ist der Imperativ in der gesprochenen Sprache im Laufe des 20. Jahrhunderts zunehmend durch Futur verdrängt worden. Da er im Gebrauch v. a. in der Mündlichkeit in informellen Kontexten und bei weniger gebildeten Personen in allen bis auf die beiden häufigsten der sieben Konjugationen praktisch verschwunden ist, hat die Jerusalemer Akademie der hebräischen Sprache diesen Gebrauch schließlich in der Norm zugelassen. Der Gebrauch des Imperativs außerhab dieser beiden häufigeren Konjugationen ist heute charakteristisch für über 45 Jahre alte Personen aus bildunsgnahen Schichten bzw. gilt als für diese Sprechergruppen markierter Gebrauch. In der Schriftsprache wird der Imperativ z. B. in Gebrauchsanweisungen von Haushaltsgeräten, Medikamentenbeipackzetteln und Schulbüchern nach wie vor in allen Konjugationen gebraucht, so dass alle Hebräischsprecher diese Imperativformen passiv beherrschen (s. Academy of the Hebrew Language o. D.). Die seit Wiederbelebung des Hebräischen

Ende des 19. Jahrhunderts als Standardaussprache vorgesehene Aussprache des Konsonants <ר> *resch* war alveolares bzw. gerolltes [ɾ/r]. Da die meisten der Einwanderer aber aufgrund des Einflusses ihrer muttersprachlichen Artikulation eher uvulares [ʁ/ʀ] realisierten, setzte sich diese Aussprache in der gesprochenen Sprache allmählich durch. Als Standardaussprache des Neuhebräischen galt jedoch weiterhin [ɾ/r], das entsprechend in formellen Kontexten und speziell in den Medien – anfangs im Radio, später auch im Fernsehen – verwendet wurde. In den ersten Jahren nach der Staatsgründung 1948 gab es sogar spezielle Kurse, in denen zukünftige Radiosprecher diese Aussprache erlernen. Sie wurde auch in den im Radio zu hörenden Liedern gebraucht, mit /ʁ/ gesungene Lieder wurde im staatlichen Radio normalerweise nicht gespielt, obwohl sich im normalen Sprachgebrauch immer mehr die uvulare Variante durchsetzte. Erst ab den 1980er Jahren war zunehmend die „normale" Aussprache des Volkes auch in der Musik präsent und zog dann auch in den audiovisuellen Medien ein. Letzte Bastion der gerollten Realisierung waren die Nachrichtensendungen, aber im Laufe der Zeit hat sich der Gebrauch auch in dieser Domäne auf die älteren Sprecher reduziert. Junge Israelis verwenden nur noch [ʁ/ʀ], während die nun als „alt" markierte Aussprache [ɾ/r] mit älterer Musik, alten Filmen, Dokumentarfilmen usw. assoziiert wird und sich nur noch bei älteren Sprechern in formellen Kontexten – etwa bei Interviews im Fernsehen – findet. Die spezifische Kombination der Varianten für <ר> und Imperativausdruck und die Kontextverteilung (formell vs. informell) ist, natürlich wiederum gemeinsam mit weiteren Varianten, charakteristisch für bestimmte Sprechergenerationen.

Das von der Oberschicht im argentinischen Buenos Aires gesprochene Spanisch ist durch eine ganze Reihe von Phänomenen auf allen sprachlichen Ebenen von der Sprache der restlichen Bevölkerung differenzierbar. Die Veränderung der Sprache der sozial als niedriger angesehenen Schichten im Sinne einer Anpassung an die Sprache der Oberschicht führt wiederum zu einer Reorientierung der Oberschicht, die neue sprachliche Wege der Abgrenzung findet. Die Überlappung von diaphasischer und diastratischer Dimension wird dabei offensichtlich. Drei Aspekte, die in ihrer Kookkurrenz das Spanische der Oberschicht von Buenos Aires charakterisieren, sollen dies illustrieren. In der Lexik finden sich bestimmte Elemente, die eine deutliche Schichtenzuordnung erlauben. Pauschalisierend dargestellt sagt die Oberschicht *traje de baño* ‚Badanzug, Badehose', die Unterschicht verwendet dafür eher *malla*. Sprecher der Mittelschicht aber, die sich an der Oberschicht orientieren oder anstreben, auf der sozialen Leiter aufzusteigen oder hinsichtlich ihrer gesellschaftlichen Position höher eingeschätzt zu werden – die also zur Oberschicht „dazugehören" wollen oder sich von anderen Unter- und Mittelschichtsprechern abgrenzen wollen – gebrauchen zumindest in bestimmten Kontexten und im Gespräch mit bestimmten Personen zunehmend ebenfalls *traje de baño*. Ein Sprecher der Oberschicht sagt also *traje de baño*, es sei denn, er möchte sich in bestimmten Kontexten an die Unterschicht anpassen (wenn sich etwa ein Politiker als besondes volksnah zeigen will). Jemand aus der Unterschicht sagt *malla*, es sei denn, er will sich abgrenzen von anderen Sprechern seiner Schicht, um zu zeigen, dass er etwas Besseres ist, oder wenn er „außerhalb seiner Schicht" arbeitet, also z. B. in einem Bekleidungsgeschäft, in dem die Oberschicht einkauft (vgl. hierzu die erwähnte Beschreibung der Anpassung der Verkäuferinnen an die Kunden bei Labov 1966a, ↗ 1.2.2). Diese Person könnte dann zu Hause *malla* und am Arbeitsplatz *traje de baño* sagen.

Seit Guitarte (1955) vertrat man die Auffassung, dass nach dem für das argentinische Spanisch - bzw. das Gebiet des Río de la Plata - als charakteristisch geltenden Zusammenfall von [ʎ] und [j] in einem einzigen Palatallaut [ʒ] zunehmend ein Verlust der Stimmhaftigkeit, also ein Übergang zu [ʃ] zu beobachten ist, der sich von Frauen der urbanen Mittel- und Oberschicht ausgehend ausgebreitet haben soll; Chang (2008) spricht davon, dass dieser Wechsel von [ʒ] zu [ʃ] bereits vollendet sein soll. Würth (2009 und i. D.) widerspricht dem, konnte jedoch ausgerechnet bei in besonders prestigeträchtigen Vierteln von Buenos Aires lebenden Mitgliedern der Oberschicht und wiederum v. a. bei Frauen die stimmhafte Realisierung dokumentieren, die heute in klarer Opposition zur verallgemeinerten stimmlosen Realisierung steht. Dies kann als bewusster Akt der Abgrenzung zu dem nun in der Unterschicht angekommenen Verlust der Stimmhaftigkeit gesehen werden. Angesichts der Konzentration der Sprecher auf bestimmte urbane Viertel ist die diatopische Dimension hier ebenso betroffen wie die diastratische.

Als charakteristisch für das Spanische Argentiniens gilt der Gebrauch des Personalpronomens der zweiten Person Singular *vos*. Während dieses aus dem Altspanischen stammende Pronomen im europäischen Spanisch durch *tú* verdrängt wurde, hat es sich in Argentinien erhalten und ist in allen Gesellschaftsschichten die einzige in der normalen Kommunikation gebrauchte Form. Carricaburo (2010) konnte nun feststellen, dass in den alteingesessenen Familien der Oberschicht von Buenos Aires in der Intimität statt *vos* das sonst der höflichen Anrede dienende Pronomen der dritten Person Singular *Usted* gebraucht wird, z. B. zwischen Eheleuten in einem privaten Gespräch. Diese die diaphasische Dimension berührende Abweichung stellt einen diastratischen Marker dar, der die Zugehörigkeit zur höchten Gesellschaftsschicht kennzeichnet. Nachdem die Massen von europäischen - vielfach spanischen - Einwanderern sich an den argentinischen *voseo* gewöhnt und aufgehört hatten, ihre Eltern respektvoll mit *Usted* anzusprechen, müssen die Patrizierfamilien von Buenos Aires offenbar genau das Gegenteil gemacht haben und den *voseo* in der innerfamiliären Kommunikation aufgegeben haben. Diese Gewohnheit scheint bis in die Gegenwart insbesondere im intimen Gespräch zwischen den Geschlechtern anzudauern; Carricaburo (2010) bringt dies damit in Verbindung, dass die Mitglieder dieser Patrizierfamilien oft untereinander heiraten.

Ganz offensichtlich fungieren die drei präsentierten Erscheinungen als soziale Indikatoren und ihr Gebrauch wird zum symbolhaften Ausdruck sozialer Zugehörigkeit (s. Le Page/Tabouret-Keller 1985: 1–5), in diesem Fall der Zugehörigkeit zur Oberschicht. Die Überlappung von diastratischer und diaphasischer Ebene wird bei ihnen sehr deutlich, und natürlich treten diese mit weiteren Varianten auf, die im Gesamtbild das Spanische der Oberschicht ausmachen, das aber natürlich im Hinblick auf Geschlecht, Alter usw. wiederum in sich differenziert ist.

5.6 Sprache, Geschlecht, Gender

5.6.1 Männersprache vs. Frauensprache?

Der Zusammenhang zwischen Sprache und Geschlecht bzw. Gender und gender- bzw. geschlechtsspezifische Sprache wurden in den letzten Jahren in Varietätenübersichten besonders häufig berücksichtigt. Hinsichtlich ihres Status herrscht keine Einigkeit; entweder werden sie – z. B. unter dem Namen *Genderlekt* oder *Sexolekt* – aufgrund der Zurückführung auf Männer und Frauen als soziale Gruppen in der diastratischen Dimension angeordnet, oder sie werden, i. d. R. als Stil kategorisiert, in der diaphasischen Dimension verortet. Bei Löffler (1985: 88) findet sich (wie bei Nabrings 1981) noch *Sexolekt*, in der Auflage von 2005 dann „Sex(o)lekte, Genderlekte" ([3]2005: 80). Dittmar (1997: 179) erwähnt „Sexolekt oder MW-Lekt", und andere Autoren sprechen von diasexueller Dimension bzw. Varietät (Krefeld 2010: 59, Endruschat/Schmidt-Radefeldt 2006: 214) (↗ 3.9, 3.10, 3.12, 5.1). Für Coseriu (1973b: 39) sind Männer- und Frauensprache ausschließlich der diaphasischen Dimension zugeordnet (↗ 3.6.2).

Im Zusammenhang mit anderen Varietäten wurde bereits auf die Relevanz der Verwendung bestimmter charakteristischer Varianten durch Frauen und auf den Umstand hingewiesen, dass Frauen als Ausgangspunkt von bestimmten Verwendungen angesehen werden (↗ 5.5). In soziolinguistischen Studien wird die Variable Geschlecht sehr häufig explizit einbezogen; allerdings gibt es Debatten darüber, welches Gewicht geschlechterspezifische Unterschiede im Sprachsystem haben und ob es gerechtfertig sei, auf dieser Grundlage von der Existenz divergierender geschlechtsbezogener Varietäten auszugehen. Manche dieser Debatten haben ihren Ursprung offenbar darin, dass die Forschung sich sehr stark mit Sprachen wie dem Englischen auseinandergesetzt hat, in denen das Geschlecht in der Grammatik wenig relevant ist und als wesentliche Fragestellung die Unterscheidung von formalem und semantischem Gender gesehen wird (gemeint ist damit etwa die Entscheidung für das Pronomen *he* oder *she* für engl. *professor* aufgrund der Zuweisung des semantischen Genders der Lehrkraft) (s. z. B. Livia 2001). Dies hatte eine starke Ausrichtung auf die Untersuchung des Sprach- bzw. Diskursverhaltens zur Folge. Ganz deutlich wird dies an Aussagen wie der folgenden der häufig zitierten US-amerikanischen Autorin Eckert (1989: 245):

> The correlations of sex with linguistic variables are only a reflection of the effects on linguistic behavior of gender – the complex social construction of sex – and it is in this construction that one must seek explanations for such correlations.

Die Möglichkeit der im System vorgesehenen morphologischen Markierung von Geschlechtszugehörigkeit der sprechenden Person scheint Eckert hier nicht einmal in Betracht zu ziehen.

Wie erwähnt war es bis in die Moderne in vielen Gesellschaften gang und gäbe davon auszugehen, dass Frauen minderwertige Wesen seien, deren Sprache aufgrund ihrer geringeren geistigen Fähigkeiten mit der der Männer nicht zu vergleichen sei (↗ 2.1). Aufgrund ihrer angeblich geringeren intellektuellen Fähigkeiten – Martin Luther etwa hielt die Frau für ein „tolles Tier" – erachtete man die Sprache der Frau lange als der des Mannes nicht ebenbürtig und wertete sie als törichtes, inkohärentes und lasterhaftes Geschwätz. Unterschiede in der Sprache von Männern und Frauen wurden schon in vorwissenschaftlichen Arbeiten angeführt, und Divergenzen im Sprachverhalten von Männern und Frauen wurden von Sprachwissenschaftlern bereits sehr früh zumindest erwähnt, als man nämlich bei der Auseinandersetzung mit Dialekten bemerkte, dass sich diatopische Charakteristika eher bei Männern dokumentieren ließen (↗ 4.3). Dies wurde dann mit sprachlichen Attitüden erklärt, wonach Frauen eher zum Gebrauch einer dem Standard nahen Sprache tendierten. Lange wurde Frauensprache als dem System der Männersprache unterlegene, ärmere Form des Sprechens angesehen, so bei Jespersen (1925), der von Spezifika der Frauensprache in Lexik, Syntax und Stil ausging und - aus männlicher Sicht - Frauensprache als defizitäre Form der Männersprache beschrieb (s. Nagl-Pietris 2008).

In der Soziolinguistik geht man schon seit langem davon aus, dass eine Beziehung zwischen biologischem Geschlecht bzw. *Gender* als sozialem Konstrukt und dem Sprachverhalten existiert. Insbesondere wurde mehrfach dargelegt, dass sich die Sprechweise von Frauen in vielen Sprachen oft - und v. a. in formellen Kontexten - mehr als die der Männer der Standardvarietät bzw. der prestigebesetzten Varietät annähere (s. z. B. Milroy ^{2}1987a: 112, Trudgill ^{4}2000: 70–73). Gal (1978: 2) stellt fest: „In many cases women, as compared to men of the same social class, use more of the new non-prestigious forms in casual speech, while moving further towards prestige models in formal speech". In diesem Sinne formuliert Labov (1990: 205) bezüglich der Rolle von Geschlecht und Schichtzugehörigkeit im Sprachwandel das folgende Prinzip: „In stable sociolinguistic stratification, men use a higher frequency of nonstandard forms than women". López-Morales (1993) schränkt aufgrund eigener empirischer Untersuchungen aber ein, dass dies offenbar nur für die Fälle gilt, in denen die Sprecher (i) sich über die Existenz der Variation im Klaren sind (linguistisches Bewusstsein) oder (ii) wissen, dass bestimmte Formen prestigeträchtiger oder stigmatisiert sind (soziolinguistisches Bewusstsein): „if neither type of consciousness exists, female speakers do not show any particular linguistic behaviour" (López-Morales 1993: 51). Er ergänzt daher das von Labov formulierte Prinzip um den Zusatz „if linguistic variation takes place at a level of consciousness of the speech community" (1993: 52).[21] Der Umstand, dass sich Frauen normkonformer verhalten, zugleich bei fehlender Präskription aber Motoren des Wandels sind, wird von Labov selbst als Genderparadoxon bezeichnet (Labov 1990).

Es wird bis heute in vielen Studien nicht klar zwischen biologischem Geschlecht (engl. *sex*) und sozialem Geschlecht (engl. *gender*) des Individuums unterschieden. Der erkannten Notwendigkeit einer solchen Differenzierung wird nach wie vor eher hilflos begegnet, da es noch immer kein Modell gibt, das biologische Faktoren und Faktoren der Sozialisation einschließt und die genauen Bezugspunkte deutlich macht. Dies wiederum führt dazu, dass in modernen linguistischen Studien noch immer meist die ‚einfachste' Unterscheidung gewählt wird,

---

[21] Beispiele wie die genannten Fälle der weiblichen Mitglieder der Oberschicht von Buenos Aires, die als Auslöser sprachlicher Innovationen ausgemacht wurden, zeigen, dass Frauen die Stigmatisierung bestimmter Erscheinungen durch ihren Ersatz in ihrer eigenen Sprache auch ermöglichen können (↗ 5.5).

die rein statistisch sicher den größten Anteil der Mitglieder einer Sprachgemeinschaft umfasst: Männer vs. Frauen (s. Klann-Delius 2005, Paasch-Kaiser 2013).

V. a. die oft als Teil der Soziolinguistik angesehene feministische Sprachwissenschaft hat sich sehr intensiv mit dem Zusammenhang zwischen Sprache und Geschlecht auseinandergesetzt. Dabei ging es u. a. darum, ob in männlich geprägten Sprachen weibliche Belange ausdrückbar sein könnten, ob Sprache oder nur Sprachgebrauch sexistisch sei, ob sexistische Sprache sexistische Gesellschaften determiniere und ob durch Veränderung der Sprache auch die Gesellschaft und somit auch die Situation der Frauen verändert werden könne (s. Samel 2000).[22] Zu den Aufgaben der feministischen Sprachwissenschaft zählt Samel u. a.:

- Analyse und ggf. Kritik des Sprachgebrauchs und des Sprachsystems bzw. kontrastive Analyse verschiedener Sprachsysteme;
- Analyse des Sprachverhaltens der Geschlechter und Beschreibung der sie charakterisierenden Redestrategien;
- Dokumentation von Sprachwandel als Folge feministischer Kritik;
- Förderung feministischer Sprachpolitik zur Veränderung des Sprachgebrauchs;
- Untersuchung des Einflusses des Geschlechts auf die Sprachentwicklung.

Mit der auf die Sprache der Frauen bezogenen Defizit- oder Dominanzhypothese – etwa nach Lakoff (1975) – wurde Jespersens Ansatz von 1925 gewissermaßen weitergeführt. Danach wäre die Sprache der Frauen als Ergebnis ihrer Machtlosigkeit zu sehen. Diese manifestiere sich in der als typisch geltenden Form weiblicher Sprache und weiblichen Sprachverhaltens – ergo der Frauensprache – z. B. durch folgende Aspekte, die Lakoff als *women's features* bezeichnet:

- der Wortschatz sei v. a. für typisch weibliche Domänen und triviale Interessensbereiche – z. B. Gebrauch sehr differenzierter Farbbezeichnungen – ausgeprägt;
- hohe Frequenz von Frageintonation, Zustimmungsfragen wie *stimmt's?* und Abschwächungen wie *meine ich zumindest*;[23]
- Orientierung am Standard zur eigenen Statusaufwertung;
- übertriebene Höflichkeit, Fragen statt Aufforderungen und Fehlen von Kraftausdrücken.

Diese Sprache sei die Reaktion auf die Erwartungen an Frauen durch die Gesellschaft und als Versuch der Frauen zu sehen, den sozialen Vorschriften zu entsprechen (Lakoff 1977). Trömel-Plötz (1982) präzisiert diese Sicht auf Frauenspra-

[22] Der Gedanke der Bestimmtheit durch die Sprache entspricht dem linguistischen Relativitätsprinzip, wonach Sprache Einfluss auf das Denken hat; es handelt sich dabei um eine abgeschwächte Form der sehr kontrovers diskutierten Sapir-Whorf-Hypothese, der zufolge Sprache das Weltbild und das Denken bestimme.

[23] Die unterschiedliche Frageintonation von Männern und Frauen stellt Eckert (1989) am Beispiel des in dieser Hinsicht sehr gut untersuchten US-Englisch eindrücklich dar. Für andere Sprachen liegen sehr viel weniger oder keine einschlägigen Untersuchungen vor. Im europäischen Portugiesisch ist die Intonation in Aussagesätzen bei Frauen und Männern, offenbar auch schichtenspezifisch, deutlich wahrnehmbar klar unterschiedlich, was aber bisher praktisch nicht untersucht wurde (möglicherweise, weil es niemand erforderlich erscheint, eine selbst Laien unmittelbar auffallende Erscheinung wissenschaftlich zu belegen).

che, versteht sie aber als Register, das gelegentlich auch von Männern verwendet würde (s. auf Deutsch den Überblick von Nagl-Pietris 2008: 16–18).

Die in der amerikanischen Linguistik dargelegte Vorstellung von Männer- und Frauensprachen als *genderlect*, im sozialen Sinn geschlechtsspezifische Sprachvarietät, wurde häufig kritisiert.[24] Man sah darin einen Versuch, kategorische strukturelle Unterschiede zu identifizieren, wodurch die Annahme einer durch unterschiedliche Frequenz lediglich graduell unterschiedenen gemeinsamen Sprache ausgeschlossen würde. Die Darstellungen „typischer" Verhaltensmuster übersähen, dass es sehr weitgehende individuelle Abweichungen geben kann und keineswegs von stabilen Genderlekten auszugehen ist. Männlichkeit und Weiblichkeit sind nicht als diskrete Kategorien anzusehen, und wenngleich sich statistisch gesehen sprachliche Spezifika für Männer und Frauen aufzeigen lassen, können die Standardabweichungen extrem sein und kann es Überlappungen geben. Außerdem suggeriere der Terminus, die Zusammenhänge von Gender und Sprache seien situationsübergreifend, also in allen Kontexten zu erwarten, was keineswegs der Fall sei (s. Günthner 1992, Samel 2000, Kunsmann 2000).

Als Gegenreaktion bzw. Weiterentwicklung ist die wesentlich auf anthropologischen Arbeiten beruhende Differenzhypothese zu sehen, wonach unterschiedliches Sprechen von Männern und Frauen mit kulturellen Unterschieden zwischen ihnen zu erklären sei (s. Maltz/Borker 1982/²1998). Darauf würden auch Missverständnisse zurückgehen:

> Imagine a male speaker who is receiving repeated nods or "mm hmm"s from the woman he is speaking to. She is merely indicating that she is listening, but he thinks she is agreeing with everything he says. Now imagine a female speaker who is receiving only occasional nods and "mm hmm"s from the man she is speaking to. He is indicating that he doesn't always agree; she thinks he isn't always listening. (Maltz/Borker ²1998: 422)

Der anthropologische Ansatz wird von Holmes (1993/²1998) zu soziolinguistischen Universalien erweitert; zu den wesentlichen zählt Kunsmann (2000):

- Männer und Frauen entwickeln verschiedene Sprachgebrauchsmuster;
- Frauen messen affektiven Funktionen der Interaktion häufiger als Männer Bedeutung bei;
- Frauen tendieren mehr als Männer zum Gebrauch sprachlicher Mittel, die Solidarität in den Vordergrund stellen, und tendieren zu sprachlichem Verhalten, das zu Erhalt oder Erweiterung der Solidarität beiträgt;
- Frauen sind stilistisch flexibler als Männer. (Holmes 1998: 462–475)

Chambers (1992) stellt die biologischen Aspekte in den Vordergrund und argumentiert auf Grundlage von Untersuchungen in Detroit, Belfast, Japan und dem Mittleren Osten, dass die Unterschiede auf das Geschlecht zurückzuführen seien. Er vermutet, dass hier die im Kindesalter feststellbare schnellere sprachliche Entwicklung der Mädchen eine wesentliche Rolle spiele, da sie dadurch früher in der Lage seien, ihre sprachlichen Fähigkeiten einzusetzen (Kunsmann 2000; s. aber die relativierenden Aussagen von Klann-Delius ²2008 zum Spracherwerb, ↗ 4.2.1).

---

[24] Kritisch setzt sich Motschenbacher (2007) mit dem Terminus *genderlect* auseinander.

Bemerkenswert ist, dass die meisten der Debatten über Genderlekt sich auf das Sprach*verhalten* beziehen und die Frage der Unterschiede grammatikalischer Art oft nicht berücksichtigen. Dies könnte wiederum mit der starken Ausrichtung auf das Englische und auf westliche bzw. angloamerikanische Gesellschaften zusammenhängen. Da man eine wichtige Rolle der Sprache für das Selbstbild und die Darstellung des Ich gegenüber anderen annimmt, wird es als naheliegend angesehen, auch von Unterschieden im Sprachverhalten bzw. der Sprache von Männern und Frauen auszugehen. Tatsächlich wurden in einigen Studien deutliche Unterschiede im Sprachverhalten ausgemacht, die sich entsprechend auf das jeweils verwendete sprachliche Material auswirken können. Umstritten ist jedoch, ob es abgesehen vom Sprachverhalten Universalien von Männer- und Frauensprache gibt, ob es also in allen Sprachen Aspekte gibt, die Frauen- und Männersprache unterscheiden, und wie grammatikalische Aspekte und Aspekte wie Frequenz und Präferenzen bei der Frage nach der Existenz und Ausformung von Varietäten zu gewichten sind. So ist offenbar zwischen den durch externe Faktoren – Sozialisaton, Attitüden, Lebensweise, sozial bedingte Themenwahl usw. – beeinflussten Kategorien einerseits und den durch die Grammatik sozusagen vorgegebenen Kategorien andererseits zu unterscheiden. Im Wesentlichen werden in Studien zu Gender und Sprache die folgenden Aspekte differenziert:

a. unterschiedliches Gesprächsverhalten bzw. Verhalten in der kommunikativen Interaktion;
b. unterschiedliche Frequenz sprachlicher Phänomene; diese kann einerseits durch das Gesprächsverhalten bestimmt sein oder, etwa in der Lexik, auch durch die bevorzugte Themenwahl bzw. die durch soziale Rollen in der Gesellschaft auferlegte Themenwahl;
c. Gebrauch unterschiedlicher Varianten für bestimmte Variablen; dies kann auch grammatikalisch bedingt sein;
d. Vorliegen unterschiedlicher Variablen, d. h. Auftreten von bestimmten Erscheinungen z. B. in der Sprache der Frauen, die nicht etwa Varianten von Variablen sind, die von Männern durch andere Varianten ausgefüllt werden, sondern in der Varietät der Männer kein Pendant haben.

Oft genannte Beispiele für unterschiedliches Gesprächsverhalten der Geschlechter sind häufigeres Unterbrechen der Gesprächspartner durch Männer, Zurücknahme der eigenen Aussagen bei Frauen, im Deutschen etwa durch Beenden von Aussagen mit Anfügungen wie *meine ich zumindest* oder *vielleicht*, Satzabbruch usw. Dagegen wurde Fluchen bei Männern häufiger als bei Frauen nachgewiesen.[25] Allerdings fluchen nicht alle Männer, und es gibt auch häufig und deftig fluchende Frauen. Offensichtlich handelt es sich um sozialisationsbedingte Frequenzerscheinungen, die anders gelagert sind als etwa die auf der Ebene der Grammatik liegenden Phänomene. Umstritten ist, inwiefern manches lange als charakteristisch angesehene Gesprächsverhalten von Männern und Frauen in der zwischengeschlechtlichen Kommunikation – „Männer reden mehr als Frauen“, „Frauen

---

[25] Der Umstand, dass Fluchen und Schimpfwortgebrauch in Frequenz und Intensität zwischen verschiedenen Sprachen differiert (vgl. hierzu bereits Techtmeier 1968), ist ebenfalls ein Hinweis darauf, dass die Sozialisierung hier eine wesentliche Rolle spielt.

nehmen sich zurück", „Männer unterbrechen mehr als Frauen", usw. – evolutionsbedingt ist; tatsächlich hat man im Zusammenhang von Studien zur Höflichkeit festgestellt, dass Frauen und Männer jeweils unter sich anders kommunizieren als in Gegenwart von Mitgliedern des anderen Geschlechts. Unterbrechen, ein übrigens ganz eindeutig kulturell bedingtes Phänomen,[26] ist bei Frauen unter sich offenbar nicht seltener als bei Männern unter sich. Diese Einsichten haben auch dazu geführt, dass man einige Aussagen zur vermeintlich größeren sprachlichen Höflichkeit von Frauen (z. B. bei Brown 1980) inzwischen sehr viel differenzierter betrachtet (s. hierzu Mills 2003).

Häufige Frequenz bestimmter Lexeme aufgrund von bestimmten vorwiegend weiblichen oder vorwiegend männlichen Domänen ist zu einem nicht unwesentlichen Anteil durch Sozialisierung bedingt. Lediglich bei Gesprächsbereichen wie Körper und Körperfunktionen könnte man von biologisch bedingten Domänen sprechen, die aus naheliegenden Gründen eher oder fast ausschließlich von einem der Geschlechter besetzt werden. Frauen sprechen sicherlich öfter über Schwangerschaft, Geburt und Stillen als Männer, und ganz zweifellos betrachten oder beurteilen sie diese Aspekte des Lebens häufiger aus der eigenen Perspektive als Männer. Manche Konstruktionen oder Kookkurenzen wie etwa die Verben *gebären* und *stillen* in der ersten Person Singular oder *während* + *meiner* + *ersten* + *Schwangerschaft* dürften in der Sprache von Männern außerhalb von zitierter direkter Rede – „... und dann sagte meine Mutter: ‚Während meiner ersten Schwangerschaft ...'" – kaum auftreten. Auch der Gebrauch des sogenannten *baby talk* (↗ 5.8.2) wäre eher als „typisch weiblich" anzusehen, da Kindererziehung und Pflege von Kleinkindern noch immer eine überwiegend weibliche Domäne ist.

Meist ist die geschlechterspezifische Domänenverteilung auf Sozialisierung zurückzuführen, auf Rollenverteilungen und rollengerechtes Verhalten, die den Personen durch die Gesellschaft bewusst oder unbewusst vermittelt werden oder in die sie unter dem Eindruck (oder Druck) ihrer Umwelt hineinwachsen. Es liegt auf der Hand, dass gesellschaftliche Diskriminierung auch sprachliche Diskriminierung mit sich bringt, etwa wenn Frauen aus bestimmten Lebensbereichen ausgeschlossen sind, in bestimmten Kontexten und in der Öffentlichkeit nicht reden dürfen usw. Bis heute gibt es Gesellschaften, in denen Frauen gesellschaftlich und somit de facto auch in Hinsicht auf die Möglichkeiten der Sprachbenutzung diskriminiert werden. Es geht dabei in sprachlicher Hinsicht z. B. um die Frage, wer mit wem über welche Dinge reden kann bzw. darf, ob Frauen mit fremden Männern oder grundsätzlich ungefragt sprechen dürfen usw. In manchen Gesellschaften sind bestimmte Gesellschaftsbereiche und Themen für Frauen tabu. Durch Sozialisierung bedingtes Gesprächsverhalten bestimmt neben den Themen immer auch die Art und Weise, wie über etwas geredet wird, wie sich Frauen in der Öffentlichkeit, in Gegenwart von Männern (und umgekehrt Männer in Gegenwart von Frauen) verhalten (oder verhalten müssen) usw. (s. Kluge 2005). In Gesellschaften, in denen Frauen keinen Zugang zu Bildung haben, sind Gespräche über den Beruf, über Technik, Wissenschaft oder Politik eher eine Domäne der Männer. Es stellt sich dann die Frage, ob der Gebrauch von Lexemen aus diesen

[26] Spanier z. B., Männer wie Frauen, unterbrechen häufiger und mit anderen kommunikativen Funktionen als Deutsche.

Bereichen als männersprachlich gelten kann, nur weil sie *rein statistisch* von Männern häufiger verwendet werden. Der Zusammenhang von Geschlecht und Bildung ist in der Forschung wiederholt aufgezeigt worden; es muss berücksichtigt werden, dass bestimmte Erscheinungen möglicherweise weniger geschlechtsspezifisch denn bildungsspezifisch interpretiert werden müssen. Ein Beispiel stellt der Ersatz des Subjunktivs durch Konditional in dem von Pato (2004) untersuchten Spanisch im Norden der Iberischen Halbinsel dar. Der Autor kann nachweisen, dass die für diese Substitution wesentlichen Variablen Mobilität und Bildung der Informanten waren, was sich aber v. a. auf den Gebrauch durch die Frauen auswirkte, die durchschnittlich weniger mobil und weniger gebildet waren und daher den – zunehmend stigmatisierten – Austausch der Formen häufiger vornahmen – also beibehielten! – als die in der Studie berücksichtigten Männer. Diese Gruppe ist auch ein Gegenbeispiel für die „Regel" Labovs, wonach Frauen zum Gebrauch der prestigeträchtigeren Varianten tendieren.

Unterschiede im Variantenbestand können z. B. in Form von morphologischen Divergenzen auftreten (s. u.). Sprachen mit unterschiedlichen Variablen oder sogar jeweils vollständigen Systemen sind in der Literatur verschiedentlich dokumentiert worden, wenngleich für einige anschließend genauer untersuchte Sprachen aufgezeigt wurde, dass es sich offenbar nur um Variantenunterschiede handelt. Bradley ([2]2011 [[1]1988]) beschreibt das Vorliegen von zwei verschiedenen Varietäten im australischen Yanyuwa:

> As a result the roles of men and women in Yanyuwa society are not only contrasted by their social roles, such as ritual life, hunting and nurturing, such as can be found in other Aboriginal communities, but also explicitly by the use of different dialects by male and female speakers. The sex of the hearer has no relevance to the way the language is spoken: men speak their dialect to women and women speak their dialect to men. (Bradley [2]2011: 13)

Eine genaue Analyse zeigt allerdings, dass es sich um grammatikalische Unterschiede handelt und Vokabular, Verbstämme usw. ansonsten nicht divergieren. Bradley erwähnt die Schwierigkeiten Jugendlicher, nach Aufwachsen mit den Müttern den *dialect* der Männer zu sprechen, und dass der Übergang bis zu zehn Jahre dauern kann. Und er erklärt: „To the Yanyuwa the two dialects are socially very important and after maturity it is considered only proper to speak the dialect of the sex to which one belongs" (Bradley [2]2011: 16). Einmal mehr ist hier zu berücksichtigen, dass engl. *dialect* auch ‚Soziolekt' bedeutet. Das Beispiel zeigt zudem, dass bei der Unterscheidung von Kinder- und Jugendsprache die Frage nach Gender- bzw. Sexolekt eigentlich auch zu berücksichtigen wäre – was in den einschlägigen Arbeiten aber i. d. R. nicht passiert –, da bei Sprachen, in denen Genderdifferenz im System vorgesehen ist, ggf. schon Kinder je nach ihrem (bzw. dem ihnen ‚zugedachten') Geschlecht spezifische Varianten verwenden (müssen).

Im Hinblick auf Ausdruck von Geschlecht bzw. Gender in der Grammatik, Lexik und Phonetik ist offenbar von einem Kontinuum auszugehen. In der Morphologie etwa sind die Pole einerseits Sprachen, in denen die Geschlechtszugehörigkeit der sprechenden Person abgesehen vom Sprachverhalten weitestgehend grammatikalisiert bzw. über eine Vielzahl obligatorischer Kategorien auszudrücken ist, womit ihr Ausdruck praktisch unvermeidbar ist, und andererseits Sprachen, in denen der Ausdruck der Geschlechtszugehörigkeit in der Grammatik selbst kaum oder gar nicht ausgedrückt werden muss oder allenfalls durch die auf extralinguistische Referenten verweisenden Elemente explizit gemacht werden kann. So gibt es Sprachen, in denen die Markierung des Geschlechts in sehr vielen Bereichen der Grammatik verankert ist, Geschlechtsdeterminierung also vielfältig - und auch redundant - grammatikalisiert ist. Dies ist der Fall des Hebräischen, für das morphologische Gendermarkierung als charakteristisch gelten kann, da nahezu alle Elemente der Sprache - darunter Substantive, Verben, Adjektive, Demonstrativa, Numerale, Pronomen, Klitika, Präpositionen und Quantifizierer - immer oder sehr oft explizit als männlich oder weiblich markiert werden (s. Levon 2012).[27] Andere Sprachen weisen dagegen wenige oder keine Gender-Determinierung in der Grammatik auf. Dazu kommen Sprachen, die z. B. genderspezifische Lexik oder Phonetik besitzen. Key (²1996: 61–70) listet eine ganze Reihe von phonologischen und morphologischen Unterschieden zwischen von Männern und Frauen verwendeten Varietäten in vielen verschiedenen Sprachen auf und zeigt damit Fälle, in denen Geschlechterdifferenzen ganz eindeutig nicht auf Sprach*verhalten* begrenzt sind. Im Falle vieler Sprachen, die nach der (v. a. englischsprachigen) Literatur unterschiedliche Geschlechtervarietäten aufweisen, handelt es sich offensichtlich um Sprachen mit ausgeprägter Gendermarkierung in der Morphologie.

Einige Beispiele sollen im System verankerte Geschlechtsunterschiede illustrieren. Im Sorbischen werden auf männliche und weibliche Sprecher bezogene Verben in manchen Zeiten unterschiedlich konjugiert (i); im Spanischen können die auf grammatische und insbesondere biologische Geschlechter bezogenen Adjektive unterschiedliche Formen aufweisen (ii); im Mapudungun existiert eine obligatorische lexikalisierte Unterscheidung im Bereich des Ausdrucks der Verwandtschaftsverhältnisse, so dass Väter und Mütter unterschiedliche Wörter für den Bezug auf die Kinder verwenden müssen, um das eigene Geschlecht, im Fall der Mutter nicht aber das des Nachwuchses zu markieren (iii):

i) osrb. [pro] sym činił/činiła
sein-1.Sg.Präs. machen-l-Form-1.Sg.mask/machen-l-Form-1.Sg.fem[28]
‚ich habe gemacht'

ii) span. [pro] estoy cansada/cansado
sein-1.Sg.Präs. müde-fem./müde-mask.
‚Ich bin müde'

iii) map. fötum, ñawe vs. püñeñ
Sohn^{M}, Tochter^{M} Sohn^{F}, Tochter^{F}
‚Sohn, Tochter'[29]

---

27 Wie in vielen anderen Sprachen ist im Hebräischen der Unterschied zwischen dem, was die normative Grammatik bezüglich der Markierung von Geschlecht bzw. Gender vorsieht, und den Realisierungen der Muttersprachler sehr groß (s. Levon 2012: 36 und die dort verzeichneten Quellen).

28 Die sogenannte l-Form, also die um ein -ł ergänzte Form, ergibt zusammen mit der Kombination mit *sein* im Präsens Perfekt.

29 Hochgestelltes ^{M} und ^{F} zeigen an, dass der jeweilige Terminus nur vom Mann – dem Vater – oder nur von der Frau – der Mutter – verwendet wird. Die Mutter gebraucht nicht nur einen

In keinem der Fälle in (i) bis (iii), in denen die Kategorie ‹mask-fem› jeweils obligatorisch auszudrücken ist, ist im Deutschen entsprechender Ausdruck oder eine entsprechende Markierung vorgesehen. Im Deutschen ist der grammatikalisierte Ausdruck des biologischen Geschlechts auf wenige Kategorien beschränkt, im Wesentlichen auf die pronominale Ebene bei Bezug auf die dritte Person - *er* vs. *sie, sein, ihr* usw. - und die nominale Ebene und den zugehörigen Artikel, vorangestellte Adjektive usw. Zieht man das Englische zum Vergleich heran, sieht man, dass in dieser Sprache der Ausdruck des biologischen Geschlechts noch geringere Präsenz hat als im Deutschen:

iv)	dt. *der gute Mann, ein guter Mann*	engl. *the good man, a good man*
	die gute Frau, eine gute Frau	*the good woman, a good woman*
	ein neuer Koch, eine neue Köchin	*a new cook*

Viele Debatten mit Bezug auf das Englische konzentrieren sich auf quantitativ eher unbedeutendere gendermarkierende Endungen wie *-ess* (*mistress* usw).

Lässt man außersprachliche Faktoren wie Stimme und Aussehen beiseite, die i. d. R. eine eindeutige Klassifizierung von Sprechern nach Geschlecht ermöglichen, und untersucht nur die sprachlichen Realisierungen, gibt es bei verschiedenen Sprachen unterschiedlich starke Markierungen von Sprache als „männlich" oder „weiblich".[30] Grammatikalische und lexikalische Aspekte können in mündlichen wie schriftlichen Texten präsent sein, wogegen Intonation und Tonhöhe (↗ 5.4.3), die in einigen Sprachen bei Frauen deutlich anders sind als bei Männern, in schriftlichen (oder transkribiert vorliegenden mündlichen) Texten als Unterscheidungskriterium ausfallen. Zudem stellt sich die Frage, ob grammatikalische Markierungen in allen Textsorten zum Tragen kommen. Ein *Abstract* eines wissenschaftlichen Artikels über Chemie ist im Deutschen und Englischen hinsichtlich der Grammatik nicht per se genderspezifisch, im Hebräischen wäre dagegen bereits ein Satz wie *wir analysieren* geschlechtsspezifisch auszudrücken - *anu menachim* ‚wir analysieren[+mask]' vs. *anu menachot* ‚wir analysieren[+fem.]' –, sofern nicht direkt eine bezüglich des Geschlechts neutrale Formulierung wie *es*

---

anderen Ausdruck als der Vater, sie unterscheidet zudem lexikalisch nicht zwischen einem Sohn und einer Tochter (vgl. Harmelink 1996: 37).

30 Unterschiedliche Stimmqualitäten bei Frauen und Männern sind einerseits eindeutig biologisch determiniert, da praktisch alle Variablen der Stimmqualität eindeutig mit biologischem Geschlecht korrelieren (Biemans 2000: 167). Bis zu einem gewissen Grad ist die genaue Stimmlage aber kulturell determiniert und individuell ausformbar. Britinnen sprechen im Durchschnitt und v. a. in formellen Kontexten mehrere Tonhöhen höher, Spanierinnen tiefer als deutsche Frauen, womit die Divergenz zwischen männlichen und weiblichen Stimmlagen in Spanien niedriger, in Großbritannien höher als in Deutschland ist. Der Tonumfang der Stimmen von Sprecherinnen des *Southern Standard British English* ist wesentlich breiter als der von Sprecherinnen des norddeutschen Standards (Mennen et al. 2007). Stimmqualität folgt Traditionen, ist veränderlich und sogar Moden unterworfen. In Australien hat sich zwischen 1945 und 1993 die (für die Wahrnehmung der Tonhöhe wesentliche) durchschnittliche Grundfrequenz der Stimme von Frauen verändert und ist um 23 Hertz gesunken, was auf soziale Einflüsse - die Emanzipation der Frauen in der Gesellschaft - und den Rückgang der Bedeutung des britischen kulturellen Einflusses zurückgeführt wird (Pemberton et al. 1998).

wurde analysiert gewählt wird.[31] Während eine deutschsprachige Parlamentsrede grammatikalisch gesehen geschlechtsneutral formuliert ist und man allenfalls aufgrund biographischer Bezüge das Geschlecht der Person ermitteln könnte, wenn man nur eine Abschrift des Textes vorgelegt bekommt, wäre bei einer Parlamentsrede in hebräischer Sprache spätestens bei Gebrauch eines Verbs in der ersten Person Singular oder bei einem auf die Person des Sprechers bezogenen Adjektiv das Geschlecht offensichtlich, wie die folgenden Beispiele illustrieren: heb. *ani moda lanassie* 'Ich danke[+fem] dem Präsident' vs. *ani mode lanassie* 'Ich danke[+mask] dem Präsident'.[32]

Das Problem der Genderlekte zeigt, dass die Attestierung des Vorliegens von distinktiven Gendervarietäten in engem Zusammenhang damit zu sehen ist, wie viele „eigene" Varianten bzw. Variantenkombinationen als Bedingung dafür angesetzt werden (vgl. das Beispiel aus dem Arabischen von Damaskus, ↗ 1.3). Ein wesentlicher Gesichtspunkt bei der Frage nach dem Vorliegen von Genderlekten ist wohl die Frage, ob man aufgrund der sprachlichen Realisierungen einer Person ihr Geschlecht bestimmen könnte. Diese Sicht dürfte die Vehemenz, mit der manche Autoren das Vorliegen von Genderlekten proklamieren, abschwächen.

Angesichts der verschiedenen Grade obligatorischer Explizitmachung des Geschlechts des Sprechers in unterschiedlichen Sprachen wird deutlich, dass aufgrund der möglichen Kombinationen des obligatorischen und des fakultativen Ausdrucks von Geschlecht und der sozialisierungs- und gesellschaftsbedingten Frequenzunterschiede von einem Kontinuum von Ausprägungen der Genderspezifik ausgegangen werden muss. Der Ausdruck von Geschlecht bzw. Gender in der Sprache und die entsprechende Spezifik von Varietäten bewegen sich in den verschiedenen Sprachen in einem Koordinatensystem zwischen einer diastratischen und einer diaphasischen Achse. Wo genau eine als geschlechts- bzw. genderspezifisch angesehene Varietät zu verorten ist, hängt von den Koordinaten ab: Grammatikalisierte und lexikalisierte Geschlechts- bzw. Genderspezifik ist im Bereich der diastratischen Dimension anzusiedeln, wenn der Ausdruck des Geschlechts in der Sprache etwa rein grammatikalisch gesehen stets erforderlich ist; ist die Differenz im Ausdruck fakultativ, nur frequenzbedingt bzw. auf das sozialisationsbedingte Sprachverhalten zurückzuführen, so ist sie als stilistisch anzusehen und läge somit im Bereich der Diaphasie. Im System verankerte und im Sprachverhalten liegende Geschlechtsmarkierung können einhergehen, was die Zuordnung entsprechend komplizierter macht.

Unzweifelhaft kann die primär diastratische Dimension zumindest im Hinblick auf Sprach- bzw. Diskursverhalten sekundär auch in der diaphasischen Dimension eingeordnet werden, da Voraussetzung für den situationsbedingten Gebrauch von Varietäten i. d. R. die Zugehörigkeit zum korrespondierenden Ge-

---

31 Zur Frage der Präsenz des Autors in Wissenschaftstexten s. Harwood (2005) zum Englischen sowie Livnat (2012) zum Hebräischen und anderen Sprachen.

32 Auch im Hinblick auf die angesprochenen Personen werden in vielen Sprachen, die eigentlich Gendermarkierungen verlangen, in bestimmten Textsorten eher oder ausschließlich die maskulinen Formen gebraucht. Im Arabischen etwa, das morphologische Geschlechtsmarkierung verlangt, werden sämtliche behördliche Vorschriften, Anleitungen in Handbüchern, Gebrauchsanweisungen usw. stets nur im Imperativ maskulin Singular formuliert.

schlecht ist. Die Einschränkung, die hier gemacht wird, hängt mit dem Verständnis der Dichotomie ‹männlich-weiblich› als Vereinfachung zusammen (s. u.). In den Kategorien von Löffler ([3]2005) wäre eine Zuordnung von geschlechtsspezifischem Ausdruck zu habituellen Soziolekten der SprecherInnen, die ja jeweils andauernde gesellschaftliche Gruppierungen bilden, möglich. Allerdings wäre zu diskutieren die Frage, ob es angemessen ist, bei den im System verankerten Divergenzen zwischen den Geschlechtern von Gewohnheit zu sprechen.

5.6.2 Gendertransgressionen, Sexualität und Sprache

In den letzten Jahren hat es zumindest für einige Sprachen eine zunehmende wissenschaftliche Auseinandersetzung mit der Sprache von Personen gegeben, die durch ihre Identitäts- und Genderkonstruktion die traditionellen Geschlechts- bzw. Genderzuordnungen in Frage stellen. Personen, die zuvor allenfalls als zu sozialen Randgruppen gehörend angesehen und oftmals diskriminiert oder gar kriminalisiert wurden, sind im Zuge der Debatten um Gleichstellung und Diskriminierung zunehmend stärker wahrgenommen und auch in der Politik berücksichtigt worden und damit vermehrt auch ins Blickfeld der wissenschaftlichen Betrachtung von Varietäten geraten. Die Sprache von Transgender-Personen[33] oder von Menschen, die jegliche Geschlechtszuordnung zurückweisen oder in Frage stellen, von Personen, die ihrer Genderidentität oder ihrer sexuellen Ausrichtung auch sprachlich Ausdruck verleihen, ist somit zum Forschungsobjekt geworden, nachdem sie zuvor allenfalls im Zusammenhang mit den sogenannten Sondersprachen (↗ 5.7) als *Argot* oder *Slang* Erwähnung fand, welche wiederum vielfach nicht vorurteilsfrei betrachtet wurden. Die Auseinandersetzung mit Personen, die die eigene geschlechtliche Identität in Frage stellen, ablehnen oder modifizieren, dieser Haltung sprachlich Ausdruck verleihen, durch Sprache eine neue Gender-Identität konstruieren oder mit Hilfe der Sprache die Grenzen zwischen Geschlechtern (oder Geschlechterrollen) aufheben, zeigt, dass die vereinfachenden dichotomischen Geschlechter- bzw. Genderzuordnungen ‹männlich-weiblich› und die bisher gebrauchten Analysemodelle unzureichend sind. Im Vordergrund stehen vielfach (noch) immer Fragen danach, wie etwa auf Transgender-Personen Bezug zu nehmen ist (*er, sie*?) und wie sie in den existie-

33 Auf die Frage nach der Aktualität oder Adäquatheit bestimmter Bezeichnungen wie *transgender, transsexuell, gay, queer* oder Abkürzungen wie MTfTG (,*male to female transgender*'), LGBT (,*Lesbian, Gay, Bisexual, Transgendered*'), MSM oder WSW/FSF (,Männer, die gleichgeschlechtliche sexuelle Kontakte mit Männern haben' bzw. ,Frauen, die gleichgeschlechtliche sexuelle Kontakte mit Frauen haben') usw. kann in diesem Rahmen nicht eingegangen werden. Die Debatten darum sind auch Ausdruck der zunehmenden gesellschaftlichen Wahrnehmung, der Diskussionen um Minderheitenschutz und Gleichberechtigung sowie der Auseinandersetzungen innerhalb der betroffenen Gruppen selbst. Dabei geht es z. B. um die Adäquatheit der Verwendung der Selbstbezeichnungen durch die Mehrheitsgesellschaft, ein Aspekt, der sich in vielen Gesellschaften und Sprachen konstatieren lässt; vgl. Wong (2005) zur Verwendung von chin. *tongzhi* ,schwul' als Eigenbezeichnung und den tendenziösen und voreingenommenen Gebrauch durch Journalisten in Hong Kong. S. in diesem Zusammenhang den ironischen Kommentar von Kulick (2000: 243–244) zum Gebrauch von LGBT&F (,*Lesbian, Gay, Bisexual, Transgendered, and Friends*') und LGBTTSQ (,*Lesbian, Gay, Bisexual, Transgendered, Two-Spirit, Queer, or Questioning*').

renden Geschlechterkategorien einzuordnen sind (vgl. Winter 2006). Bisher wurde kaum untersucht, wie Sprache von Transgender-Personen eingesetzt wird, um Genderidentität zu konstruieren und wie in Sprachen ohne morphologische Gendermarkierung ggf. eine Annäherung an die angestrebte Gendervarietät umgesetzt wird; v. a. zur Problematik der Anpassung der Stimmen an die gewünschte Identität liegen dagegen schon mehr Studien vor (s. Günzburger 1995 zu Stimmtherapien nach der Geschlechtsumwandlung).

Die Untersuchung der Sprache im Zuge der von Eckert (2012 und o. J.) erwähnten dritten Welle der Analyse soziolinguistischer Variation eröffnet hier neue Perspektiven; zwar konzentriert sie sich auf die soziale Bedeutung einzelner Variablen, ist aber aufgrund der Ausrichtung auf die Untersuchung der Rolle bestimmter Stile für die Identitätskonstituierung sicher ein geeigneter Ausgangspunkt für die Auswertung bezüglich der Kombination der Varianten (↗ 1.2).

Sehr viel ausführlicher hat sich die Forschung mit der Sprache von homosexuellen Männern und Frauen und der Art und Weise beschäftigt, wie Homosexuelle durch Sprache Identität konstruieren oder ihre sexuelle Orientierung markieren. In den letzten Jahrzehnten gab es, wie es bereits Kulick (2000: 243) ausdrückt, eine „minor explosion in publications dealing with the ways in which gay men and lesbians use language". Die Meinungen über die Existenz von eigenen Varietäten homosexueller Menschen sind allerdings geteilt. Kulick kritisiert, dass viele Autoren davon ausgehen, dass die Sprache der Homosexuellen in der homosexuellen Identität begründet sei und in der Sprache von Menschen, die sich mit ihrer Homosexualität identifizieren, in Erscheinung träte. Damit würde man Sexualität auf sexuelle Identität reduzieren, anstatt zu überprüfen, inwiefern die als typisch für Homosexuelle angesehenen sprachlichen Erscheinungen grundsätzlich jedem Sprecher zur Verfügung stehen. Kulick (2000: 247) distanziert sich von der Vorstellung, es gäbe *gay or lesbian language*: „to say that some self-identified gay men and lesbians may sometimes use language in certain ways in certain contexts is not the same thing as saying that there is a gay or lesbian language". Er weist die Existenz von charakteristischer Lexik, Intonation oder der schlicht spezifischen Frequenz bestimmter sprachlicher Erscheinungen als Argument für das Vorliegen von eigenen *gay and lesbian languages* zurück. Richtungsweisend für die Forschung zu Sprache und Gender im 21. Jahrhundert ist der Hinweis des Autors, dass die Kategorisierung durch Genderidentifikation und die Zugrundelegung der Sexualität der Sprecher als Kriterium zweifelhaft sei, weshalb er das Konzept *language and desire* für die linguistische Untersuchung vorschlägt (Kulick 2000: 271ff.), das die Orientierung auf des Geschlecht einer Person aufgibt und in einer Reihe von Studien umgesetzt wurde (s. den Überblick bei Motschenbacher 2012: 2–3). Leap/Motschenbacher (2012) proklamieren angesichts der Veränderungen in der Herangehensweise an Gender und Sexualität bereits eine neue Phase der diesbezüglichen Studien.

Im Hinblick auf Verortung im Diasystem ist die Sprache von Personen, die eine bezüglich der angestrebten Identität modifizierte Sprache in allen Domänen bzw. Situationen verwenden, sicherlich anders zu beurteilen als eine lediglich situationsabhängig verwendete Varietät. Tatsächlich ist eine z. B. von manchen homosexuellen Männern in bestimmten Momenten gebrauchte Varietät sicher als stilistisches Ausdrucksmittel anzusehen. Erstere wäre diastratisch zuordenbar, aber möglicherweise diaphasisch weniger divergent, während letztere als Ausdruck sexueller Orientierung und eines Lebensgefühls diaphasisch einzustufen ist (allerdings wiederum primär durch die Zugehörigkeit zu einer bestimmten Gruppe der Gesellschaft bedingt ist). Wiederum ist darauf hinzuweisen, dass noch weniger als für andere soziale Gruppen von homogenen Gruppen auszugehen ist, für die in gleichem Maße dieselben Aussagen getroffen werden können.

Hinsichtlich der Varietätenzuordnung durch die Sprechergemeinschaften ist darauf hinzuweisen, dass insbesondere die Sprache homosexueller Männer in vielen Ländern durch die fingierte, „sekundäre"[34] Mündlichkeit in den Medien, insbesondere Film und Fernsehen, als effeminiertes Sprechen stereotypisiert ist. Dieses rekurriert wiederum auf die Sprache derjenigen homosexuellen Männer, die aufgrund ihrer Art zu sprechen als solche wahrgenommen werden und sozusagen als Prototyp homosexueller Männer gelten. Gewöhnlich wird diese Art des Sprechens dann in der medialen Umsetzung auch von einer affektierten, gestenreichen Parasprache begleitet (s. zur Parasprache Homosexueller den Forschungsüberblick bei Jacobs 1996). Gaudio (1994) etwa kann in einer Studie auf Grundlage von Einschätzungen der Aufnahmen von vier hetero- und vier homosexuellen Männern durch zwölf Informanten nachweisen, dass die Hörer lediglich diejenigen Männer als homosexuell identifizieren, die in höheren Tonlagen sprechen. Inwiefern die Evaluierungen damit Stereotypen der Sprache homosexueller Männer widerspiegeln, ist genauer zu untersuchen. Studien zu lesbischen Frauen zeigen eine - statistisch allerdings noch zu validierende - Tendenz, die erreichbaren Tonhöhen nicht auszuschöpfen, also wahrnehmbar tiefer zu sprechen als heterosexuelle Frauen (vgl. die Darstellung bei Jacobs 1996). Podesva (2004, nach Eckert 2012: 96) konstatiert die auffällig lange Aspiration von intervokalischem /t/ im Englischen eines US-amerikanischen Medizinstudenten während eines Grillfests mit Freunden, bei dem er sich als Diva in Szene setzt. Wie Eckert (2012: 96) aufzeigt, handelt es sich um ein vielseitiges Stilmittel, das z. B. auch im Englischen von sich selbst als *geeks* ansehenden Teenagern und von orthodoxen Juden nachgewiesen wurde. Die übertriebene Aspiration interpretiert Podesva als Parodie eines im Englischen mit Grundschullehrerinnen assoziierten Sprechstils, der mit der überdeutlichen, etepetete wirkenden Aussprache zu der Inszenierung der Divarolle beitrage. In einer anderen Fallstudie zur Vokalvariation bei einem homosexuellen Mann aus Kalifornien belegt Podesva (2011) eine signifikante Zunahme der regional markierten sogenannten kalifornischen Vokalverschiebung in Situationen, in denen der Informant mit Freunden spricht und geht davon aus, dass die betroffenen linguistischen Variablen am Aufbau einer Identität als „Party-Person" Anteil haben. Derartige eingeschränkte variationslinguistische Studien auf Grundlage einer oder weniger Personen können Identitätskonstruktion(en) allenfalls illustrieren; problematisch ist aus varietätenlinguistischer Sicht, dass die aus solchen Idiolekt-Analysen hervorgegangenen Daten anschließend als Belege für das Funktionieren von Identitätskonstruktionen herangezogen werden, obwohl sie nicht notwendigerweise übertragbare oder verallgemeinerbare Erschei-

---

34 Vgl. hierzu die Aussagen von Auer (2003: 255–256) zu den von ihm beschriebenen fingierten - „sekundären" - Ethnolekten (↗ 7.2.3).

nungen darstellen (↗ 5.3). Aus varietätenlinguistischer Perspektive könnte eine komplette Beschreibung einer Vielzahl von Idiolekten und ein intragruppaler Vergleich zum Beleg von Regelmäßigkeiten in der Identitätenkonstruktion und der Varietät(en) homosexueller Menschen beitragen.[35]

Im Hinblick auf die Lexik US-amerikanischer Homosexueller weist Jacobs (1996) auf den Umstand hin, dass der feststellbare distinktive Wortschatz mit der auf lange Diskriminierung zurückzuführenden Kommunikation innerhalb recht geschlossener Gruppen abseits des *Mainstreams* zu erklären ist:

> Gay men and lesbians in North America often participate in a network that is apart from the mainstream. To some extent, their oppression has forced them to socialize among themselves, and even to claim distinct geographical areas as their own (at least in some larger cities). A glance through lesbian and gay periodicals reveals the distinct culture that has arisen out of the separation from the mainstream. (Jacobs 1996: 55)

Der Umstand, dass Homosexuelle eigene soziale Realitäten und Lebenswelten haben, mit denen Heterosexuelle nicht vertraut sind, ist auch daran zu erkennen, dass Heterosexuelle den Ergebnissen einiger Studien zufolge nicht in der Lage sind, *common gay jargon* zu verstehen (Jacobs 1996: 56). Stanley stellte in einer Arbeit zum *homosexual slang* bereits 1970 fest: „there exists a larger group of terms that are constantly changing within the homosexual community and are generally unknown to heterosexuals" (1970: 51). Dies ist wohl vom US-Englisch auf andere Sprachen übertragbar. So wird außer Homosexuellen kaum ein Deutschsprachiger wissen, worum es sich bei einem *kessen Vater* – bzw. abgekürzt *k. V.* – oder einer *Femme* handelt (eine betont maskulin bzw. eine betont weiblich auftretende lesbische Frau) oder dass *die Hete* sowohl für einen heterosexuellen Mann als auch für eine heterosexuelle Frau gebraucht wird und es keine maskuline Form des Kurzwortes gibt. Auf die hier erwähnten Termini *jargon* und *slang* ist noch genauer einzugehen (↗ 5.7.1); neben Ausdrücken wie *homosexual* oder *gay slang* und *jargon* finden sich im Englischen auch *gay argot, gayspeak, queens' English* (s. Cameron/Kulick 2006).

In der Grammatik US-amerikanischer Homosexueller wurden keine Besonderheiten registriert (s. hierzu bereits Jacobs 1996: 53), was allerdings mehrere Gründe haben könnte. Einerseits wurden bis heute praktisch keine einschlägigen linguistischen Studien durchgeführt, die auf repräsentativem Material beruhen würden und signifikante Ergebnisse liefern könnten. Andererseits reduzieren sich etwa die Gendermarkierungen in der Grammatik des Englischen auf sehr wenige Merkmale (s. o.), was auch in der Sprache sehr effeminierter homosexueller Männer eine Widerspiegelung der Annäherung z. B. an weibliche Morphologie, wie dies für andere Sprachen beobachtet wurde, schlicht erschwert bzw. auf wenige Erscheinungen (wie die bereits erwähnten Pronomen) reduziert. Für das Spanische stellt Sánchez Leidl (1999) auf Grundlage schriftlicher Quellen eine Ausweitung des femininen Genus auf männliche Referenten v. a. in der Sprache effemi-

---

35 Interessant ist an Podesvas Beispiel die Überlappung der diatopischen Dimension – der als kalifornisch markierten Vokalverschiebung – mit dem auf der Stilebene anzusiedelnden Gebrauch durch den Informanten.

niert auftretender homosexueller Männer fest. Dies wird als charakteristisch für die im Spanischen u. a. *hablar con pluma* ‚mit Federn [=tuntig] sprechen' genannte Art zu sprechen angesehen. Die Autorin erwähnt z. B. den Gebrauch der femininen anstelle der maskulinen Formen der Adjektive und die morphologische Feminisierung der auf *-e* endenden Adjektive durch Änderung der Endung in *-a*, wie *impertinenta* ‚aufdringlich, dreist' und *torpa* ‚ungeschickt' statt der bezüglich des Genus unmarkierten Formen *impertinente* und *torpe* (Sánchez Leidl 1999: 61). Trotz des Gebrauchs femininer Formen ist man sich in der Forschung heute allerdings einig darüber, dass das beschriebene Sprachverhalten mancher homosexueller Männer abgesehen von satirischem Gebrauch nicht als Versuch der Nachahmung von Frauensprache angesehen werden kann.

Vielfach handelt es sich bei den untersuchten Aspekten um Erscheinungen, die von *manchen* Homosexuellen innerhalb *bestimmter* Gruppen und in *bestimmten* Situationen gebraucht werden, also ein auf die sogenannte *in-group* beschränktes Verhalten darstellen. Somit erscheint die genannte diaphasische Zuordnung der „Homolekte" als unzweifelhaft. Allerdings gibt es praktisch keine über Einzelfallstudien und Betrachtung einzelner linguistischer Variablen hinausgehenden Studien, in denen die Sprache homosexueller Personen in der Kommunikation innerhalb einer geschlossenen Gruppe homosexueller Menschen mit der Sprache der selben Personen in anderen, alltäglichen Situationen verglichen worden wäre. Auch fehlen Langzeitstudien oder Vergleiche über mehrere Jahrzehnte hinaus, um zu bestimmen, welche Erscheinungen nur in einer bestimmten Lebensphase häufiger oder überhaupt verwendet werden. Je nach Fall ist denkbar, dass charakteristische Varietäten homosexueller Menschen in den Kategorien Löfflers ([3]2005) temporäre – nur zeitweise im Tages- und Jahresablauf gebrauchte –, transitorische – umfeld- und altersbedingte Durchgangsvarietäten – oder habituelle Soziolekte – deren Sprecher andauernde gesellschaftliche Gruppierungen bilden – darstellen.

Die Wahrnehmbarkeit außerhalb der geschlossenen Gruppen ist auch durch die grundsätzliche Situation homosexueller Menschen in einer Gesellschaft bedingt; gerade in Kontexten der Diskriminierung und Verfolgung spielt es eine mitunter überlebenswichtige Rolle, aufgrund der Sprache nicht als homosexuell identifiziert zu werden. Wie sehr sprachliche Stereotype an auf den ersten Blick alltägliches Vokabular geknüpft sein können, zeigt das Beispiel der Bezeichnungen für *schön* im Spanischen. Aus der langen Reihe möglicher Lexeme – *bonito, bello, lindo* usw. – sind einige in manchen spanischsprachigen Gebiete häufiger als in anderen, und dann wiederum in einigen Sprachgebieten auch in der Sprache der Frauen häufiger als in der der Männer. So ist in Mexiko-Stadt der Gebrauch von *lindo* ‚schön' eher als frauensprachlich markiert. Das Lexem wird in der Sprache von Männern eher als unmännlich angesehen oder gar als Hinweis auf die Homosexualität des Sprechers interpretiert. Der folgende Ausschnitt aus einem Interview mit einem 42 Jahre alten homosexuellen mexikanischen Drehbuchautor aus dem Jahr 2012 soll dies illustrieren:

> Son más las mujeres que dicen *lindo* que los hombres. Los hombres, los machos dicen *compa, brother, amigo.* Y decir *un día muy lindo*... si lo dice un hombre, que seguro va al yoga y es vegano. Y será homosexual. (Interview, Mexiko, April 2012)

'*Lindo* sagen eher Frauen als Männer. Die Männer, die Kerle sagen *compa* ‹Kumpel›, *brother, amigo* ‹Freund›. Und *un día muy lindo* ‹ein schöner Tag› … wenn das ein Mann sagt, dann macht er ganz sicher Yoga und ist Veganer. Und ist bestimmt homosexuell.'

Derartige stereotype Urteile sind in einer Sprachgemeinschaft verankert; gerade in homophoben Gesellschaften ist damit zu rechnen, dass die betroffenen Personen Stategien der Vermeidung von derartig markierten Elementen entwickeln. Untersuchungen der Sprache von Homosexuellen müssten also auch die Tendenz der Vermeidung bestimmter sprachlicher Elemente berücksichtigen.

5.7 Sondersprachen

5.7.1 *Sondersprachen, Argot, Slang, Jargon, Milieusprache ...*

Schon mehrfach – zuletzt im Abschnitt zur Sprache von Homosexuellen – ist angemerkt worden, dass manche Varietäten, die von eingegrenzten, oftmals sozial eher marginalisierten Gruppen oder von aufgrund bestimmter soziolinguistischer Besonderheiten klar abgrenzbaren Bevölkerungsgruppen verwendet werden, als *Slang, Argot,* manchmal auch als *Jargon* bezeichnet werden. Dazu kommt in den jeweiligen Sprachen noch eine Vielzahl anderer Bezeichnungen wie dt. *Milieusprache, Szenesprache* und *Rotwelsch,* engl. *cant,* it. *furbesco* oder *gergo,* span. *jerga, germanía* oder *lenguage del hampa,* port. *gíria* und *calão,* deren Darstellung (sowie die Auseinandersetzung mit der wiederum großen Breite an Definitionen) jeweils Bände füllen könnte. Sie alle werden meist den *Sondersprachen* zugeordnet.

Gut nachvollziehbar ist die grundlegende Unterscheidung zwischen sachgebundenen und sozialgebundenen Sondersprachen, die sich von der Standardsprache v. a. – aber nicht ausschließlich – in Sonderwortschätzen aufgrund der gruppenspezifischen Interessen und Notwendigkeiten unterscheiden. Unter sachgebundenen Sondersprachen werden Fachsprachen bzw. Fachstile verstanden, unter sozialgebundenen Sondersprachen eher Gruppen-, Standes- und Berufssprachen (Dittmar 1997: 218). Möhn (1998) entwickelt eine Differenzierung von Gruppensprachen (mit gruppenstabilisierender Funktion) in Opposition zu Sondersprachen als gemeinschaftsorientierter Varietät und der Fachsprache als sachorientierter Varietät. Aufgrund der häufigen Überlappung z. B. von Berufen und sozialer Schicht gelten die Übergänge zwischen beiden als fließend. Als Charakteristikum der Sondersprachen gilt die Lexik, also ein Sonderwortschatz für die sozialgebundenen und ein Fachwortschatz für die fachgebundenen Sondersprachen (vgl. Möhn [2]1980: 387). Neben der Lexik sind in beiden Sondersprachtypen aber in weiteren sprachlichen Ebenen Besonderheiten auszumachen. In den Fachsprachen (↗ 5.7.4) ist dies besser untersucht als für die sozialgebundenen Sondersprachen. Für rumänische Sondersprachen z. B. weist bereits Steinke (1989: 227) auf „Verstümmelungen und Apokopen" hin, die durch generell nachlässige Artikulation begünstigt würden, auf Bevorzugung bestimmter Wortbildungsmuster und auf einige Auffälligkeiten im Gebrauch der Präpositionen, unterstreicht aber das Fehlen von entsprechenden Untersuchungen.

Betrachtet man die in einschlägigen Arbeiten i. d. R. berücksichtigten Termini *Argot* und *Jargon*, so stellt man fest, dass die Definitionen und Ansichten über die Klassifizierung wiederum sehr vielfältig und teilweise widersprüchlich sind. Dies kann zumindest z. T. auch damit erklärt werden, dass in unterschiedlichen Sprachen unterschiedliche Termini verwendet werden, was dann bei Vergleichen nicht immer nachvollzogen wird. Der *Argot* der Romanistik etwa entspricht i. d. R dem, was Anglisten als *Slang* bezeichnen; bei manchen Autoren wie Radtke (1984) dagegen wird das, was im Französischen *Argot* genannt wird, als *Jargon* bezeichnet; insbesondere die Abgrenzung von *Jargon* und *Argot* wird als schwierig angesehen (s. Dittmar 1997: 219–221). In der französischen Sprachwissenschaft wird unter *Argot* mitunter lediglich Jugendsprache, die Sprache der Studierenden oder eine auf Gruppen beschränkte Umgangssprache - was wiederum oft dem deutschen *Szenesprache* entspricht - verstanden. Der Zusammenhang zwischen einem bestimmten Lebenskreis oder der damit verknüpften besonderen Lebensart wird, so Dittmar (1997: 219), in der Literatur mitunter in widersprüchlicher Weise als *Jargon* oder *Slang* bezeichnet. Es wird offensichtlich, dass die Abgrenzung der eigentlich jeweils gemeinten Varietäten bzw. die den Beschreibungen zugrundeliegenden Gruppenzuordnungen nicht immer transparent werden (können). Eine wesentliche Haupttendenz im Gebrauch lässt sich aber ausmachen, die Unterscheidung von *Argot* und *Jargon*. Dittmar (1997) folgend kann man sie wie folgt abgrenzen:

> [...] Argot [lässt sich] von Jargon dadurch abgrenzen, dass ersterer mehr oder weniger manifest intendiert, Nicht-Gruppenmitglieder auszuschließen, indem gleichzeitig die interne Gruppenidentität erhalten und verstärkt wird. Argot ist außerdem - gerade verglichen mit Jargon - kreativ, indem zum konventionellen Wortschatz unkonventionelle Alternativen erfunden werden [...]. Aus dieser Feststellung ergibt sich auch der Hauptunterschied zwischen Argot (Rotwelsch) und Jargon: Während Jargons zur interprofessionellen Verständigung zwischen Kollegen innerhalb gleicher Arbeitsfelder oder zur Entwicklung von technologischer und wissenschaftlicher Forschung unentbehrlich sind, ist Argot durch ein Merkmal 'entbehrlich' in der Kommunikation gekennzeichnet. (Dittmar 1997: 219)

Die Funktion der Abgrenzung führt auch dazu, dass Argot bzw. Rotwelsch oft auch als Geheimsprache angesehen wird. Die Ausdrücke, die am Arbeitsplatz oder in bestimmten Betätigungsfeldern zur Bezugnahme auf routinemäßige Handlungen oder Aktivitäten, zur Bezeichnung von Personen der *in group* (in einer Klinik etwa die Ärzte oder das Pflegepersonal) und der *out-group* (in einer Klinik etwa die Patienten) verwendet werden, werden auch als Slang bezeichnet; im Beispiel der Klinik also wäre die zwischen den Pflegern verwendete Varietät der *Klinikslang* (s. die Übersicht bei Dittmar 1997: 220–221). Sowohl die in den Argots vielfach anklingende gruppenspezifische Milieusprache als auch die im Slang konnotierte gruppenspezifische Routinesprache mit der Funktion, den Fachkräften Distanz zu ihren Rollen und zu ihrer Tätigkeit zu schaffen, gehören Dittmar zufolge zur diastratischen Dimension der Gruppensprachen, wobei die Nähe zu Umgangssprache/Soziolekt und zu Registern (diaphasische Variation) manifest werde und der Bezug zur Situation besonders relevant sein dürfte (Dittmar 1997: 221). Problematisch an dieser Sicht ist der Umstand, dass die Diastratie wohl i. d. R. Vorbedingung für Diaphasie ist: Eine Person, die als Pflegerin in einer Klinik arbeitet, gehört zwar zu einer „sozialen“ Gruppe ‚Pflegepersonal‘, wird aber den Klinikslang nur mit anderen Personen der eigenen Gruppe nutzen, somit also nur an bestimmte Personen gerichtet und in bestimmten Kontexten – diaphasisch. Jemand, der nicht Pflegepersonal ist, wird gar nicht in die Situation kommen, sich mit anderen Pflegekräften über die Patienten auszutauschen, so dass die diastratische Ebene hier klar bedingend vor bzw. über der diaphasischen Ebene anzusetzen ist.

5.7.2 Sozialgebundene Sondersprachen. „Gaunersprachen“?

Die Varietäten marginalisierter Gruppen wie die der in vielen Gesellschaften diskriminierten Homosexuellen werden, wie gesehen, als Sonder- und Gruppensprachen und als diastratisch angesehen, obwohl die „Ausübung“ der gruppenspezifischen Varietät an bestimmte Kontexte und somit unbedingt auch oder v. a. an die diaphasische Ebene gebunden ist. Dasselbe gilt sicherlich für die meisten der immer wieder aufgeführten Beispiele von sozialgebundenen Sondersprachen, wie die Varietäten der „Fahrenden und Reisenden“, Händler, Rotwelsch usw., Varietäten aus dem Prostitutionsmilieu usw. Traditionell werden außer diesen Varietäten von marginalisierten Gruppen der Bevölkerung auch Schüler-, Studenten- und Rekruten- bzw. Soldatensprache zu den Sondersprachen gezählt (vgl. Steinke 1989). Lehrlinge und Studenten gehörten in Mittelalter und der frühen Neuzeit zu den Vaganten, was ihre Berücksichtigung in diesem Rahmen v. a. diachron nachvollziehbar erscheinen lässt. Viele dieser Varietäten sind wie oben bereits angedeutet abgesehen von mehr oder weniger umfangreichen Auflistungen von Lexemen aber kaum beschrieben. Bußmanns Einschätzung, wonach sich der Sonderwortschatz von Sondersprachen besonders auffällig in der Sprache von „Jägern, Fischern, Bergleuten, Weinbauern, Druckern, Studenten, Bettlern und Gaunern (→Rotwelsch)“ ([2]1990: 690) nachweisen ließe, zeigt die Einschließung einerseits der Sprache von Berufsgruppen und andererseits von weiteren Gruppen, die man in älteren Ansätzen häufig als eine (a)soziale Gruppe zusammenfasste und denen man ein besonderes Maß an sozialer Organisation und Gesellschaftsfeindlichkeit zusprach: Bettlern, Prostituierten und Gaunern. Tatsächlich ist diesen Varietäten in einigen Sprachen schon sehr früh besondere Aufmerksamkeit zugekommen, etwa in Form von z. T. sehr umfangreichen, von Nichtlinguisten bereits in der vorwissenschaftlichen Zeit zusammengestellten Glossaren (s. etwa Steinke 1989: 225), die aber überwiegend aufgrund von Zeugnissen Außenstehender – wie Polizeibeamten und Gefängnismitarbeitern – gesammelt wurden. Die in Publikationen in deutscher Sprache als solche bezeichnete „Gaunersprache“ soll hier genauer betrachtet werden.

Das Misstrauen, das die sesshafte Mehrheitsgesellschaft v. a. den bereits erwähnten „Nichtsesshaften“, den fahrenden und reisenden Berufsgruppen wie Schaustellern, Hausierern, Korbmachern, Messerschleifern usw. entgegenbrachte, ging so weit, dass man – ausdrücklich auch bei den Behörden – davon ausging, dass die von diesen Menschen angegebenen Berufe lediglich Vorwand und Tarnung von organisiertem Verbrechen seien. Ihre Art zu sprechen identifizierte man als Gaunersprache, da man sie für eine durchweg mit der Absicht der Verhüllung verwendete Geheimsprache hielt, die zur Planung von Verbrechen, zur Kommunikation über die anständigen Bürger gedacht sei, also zur Ausschließung der Sesshaften aus der Kommunikation. Das Streben nach Verhüllung wird in der Fachliteratur für die sozialgebundenen Sondersprachen praktisch immer generalisierend als Charakteristikum ausgemacht.

„Gaunersprache" ist bei den meisten Autoren eine Bezeichung für die Sprache aller Reisenden, Fahrenden, Sinti und Roma, Kriminellen und Prostituierten, die historisch wohl v. a. aufgrund der „unehrlichen", also außerhalb der Stände ausgeübten Berufe und daher per se aufgrund ihrer Art zu leben aus der Gesellschaft ausgestoßen waren, und für alle als asozial angesehenen Personen, die mit Sinti und Roma, Rotwelschsprechern, Reisenden usw. oft in direkter Nachbarschaft lebten und damit für Außenstehende das Bild einer sozial homogenen Gruppe abgaben. Die Gesamtheit der deutschen „Gaunersprachen" fasst man oft unter der Bezeichnung Rotwelsch - von rotw. *Rot* ‚Berufsbettler' und *Welsch* ‚ausländische Sprache, nicht verständliche Redeweise' zusammen. Unter Rotwelsch versteht man seit dem 13. Jahrhundert die Gruppensprache(n) der im Lande herumziehenden Bettler, Handwerksburschen, Walzbrüder, Krämer, Händler und Hausierer, unter denen sich schon früh auch Juden und Zigeuner befanden (Lerch ³1986: 123, ausführlich schon von Train 1833: iii). Umgekehrt wurden dann auch die Gruppenbezeichnungen unterschiedslos verwendet, etwa *Zigeuner, Manische* und *Jenische* für alle Reisenden, ob mit oder ohne zigeunerische Verwandtschaft, oder sogar für alle als asozial verrufenen Personen (vgl. Faber 1982). *Jenisch* ist sowohl (i) der interne Sprachname für Rotwelschdialekte und (ii) interner und externer Name der Fahrenden als auch (iii) Name der Sondersprache der Fahrenden (Siewert 2003: 27). Letztere sei durch einen sehr hohen Anteil an Lexik aus der Sprache der Roma - Romanes - gekennzeichnet, wodurch sie sich vom ortsfesten Rotwelsch unterscheide (Efing 2005: 25). Rotwelsch wiederum definiert Siewert (2003: 20) als

> diejenigen Sprachvarietäten […], die sich auf der geheimsprachlichen Basis des Rotwelschen (das ist die auf der Grundlage der mittelalterlichen Mundarten ab dem 12./13. Jahrhundert entwickelte und durch die Jahrhunderte weiter tradierte Geheimsprache des sogenannten ‚fünften Standes') unter Hereinnahme von Wörtern aus anderen Spendersprachen, hauptsächlich dem Jüdischdeutschen und dem Sintes/Romanes, und unter Zuhilfenahme der jeweiligen Ortsmundart zu Kontrasprachen mit geheimsprachlicher Tendenz entwickelt haben, wobei sich (freiwillige oder unfreiwilige) Ansiedlung vormals Vagierender wie die Zugehörigkeit zur jeweiligen Unterschicht im Kontext der Sozialgeschichte der jeweiligen Sprachgemeinschaft von Rotwelsch-Dialekten[36] als typische historische Rahmenbedingung für die Ausbildung von Rotwelsch-Dialekten herausstellt.

Die Unterschiede zwischen ortsfest gewordenem Rotwelsch und dem Jenischen der Fahrenden (s. o., iii), das überall gesprochen werde, wo sich Jenische aufhalten - Märkte, Volksfeste, Circusunternehmen usw. -, insbesondere die vermeintlich stärkere Einwirkung des Romanes auf das Jenische der Fahrenden bringen

[36] Der Terminus *Rotwelsch-Dialekte* wird seit den 1960er Jahren für ortsfeste Varietäten des Rotwelsch gebraucht, s. dazu Efing (2005: 24).

Franke (1991: 59) zu der varietätenlinguistisch interessanten Forderung, es sei an der Zeit, das Jenische als eine unabhängig neben den Rotwelschdialekten existierende Erscheinung anzusehen. Efing (2005: 27) hält dagegen, dass die von Franke geforderte strikte Trennung aufgrund der gemeinsamen Entstehungsgeschichte von Rotwelsch und Jenisch und der großen Schnittmenge an Varianten zu hinterfragen sei und besonders die Aussagen über den höheren Anteil an Elementen des Romanes bisher empirisch nicht belegt seien.

Aus soziolinguistischer und varietätenlinguistischer Sicht kann es nicht erstaunen, dass z. B. die Reisenden, die unter ähnlichen Umständen lebten und an den Orten, an denen sie lagerten - etwa Kirmes- und Festplätze bei den Schaustellern und Händlern, Märkte bei den Korbflechtern und Kesselflickern usw. - aufeinandertrafen, eigene Spezialwortschätze für den beruflichen, aber eben auch einen eigenen Wortschatz für den alltäglichen Umgang herausbildeten. Über das Lützenhardter Jenische - die „Geheimsprache" der von Lützenhardt aus mit Bürsten hausierenden Bürstenhändler und ihrer Nachfahren (die keine Jenischen sind!) - heißt es, es sei erst durch die Ansiedlung von Vaganten Ende des 18. Jahrhunderts entstanden (Efing 2005: 16–17). Durch den Umgang mit anderen fahrenden Reisenden, darunter die ebenfalls am Rande der Gesellschaft lebenden und reisenden Sinti und Roma, jüdische Händler, usw. war(en) z. B. die von den deutschsprachigen Reisenden gesprochene(n) Varietäte(n) auch durch Lexeme aus den Sprachen der Sinti und Roma und aus dem Jüdischdeutschen (nicht Jiddisch!) beeinflusst. Auch aus diesem Grund wurden fahrende Reisende und Schausteller im Nationalsozialismus verdächtigt, kriminell, asozial und - was besonders lebensgefährlich war - Zigeunermischlinge zu sein, und waren Verfolgungen ausgeliefert. Welches genau die „Bettler und Gauner" sind, von denen Bußmann ([2]1990, s. o.) redet und deren Sonderwortschatz eindrücklich die Unterschiede zur Standardsprache aufzeige, ist nicht nachvollziehbar, aber es geht hier wahrscheinlich um historische Varietäten. Über die Varietäten der Reisenden, etwa der Jenischen bzw. Manischen im Raume Gießen (Hessen), heißt es zudem bereits in den 1970er Jahren, dass es so gut wie keine primären Sprecher mehr gebe, also keine Sprecher mehr, die den Sonderwortschatz der in Gießen damals als *Manische* bezeichneten beruflich reisenden Personen noch aktiv beherrschten (s. Lerch [3]1986), und auch andere Sondersprachen wie das Lützenhardter Jenisch sind vom Untergang bedroht (Efing 2005) oder haben i. d. R. schon seit Jahrzehnten aufgehört, „als lebendige Sprachen [...] zu existieren" (Siewert 2003: 22). Damit ist dieser Sonderwortschatz reisender Berufsgruppen, auf den sich offenbar Bußmann - wie so viele andere Autoren vor und nach ihr - mit der Bezeichnung „Gauner und Bettler" bezieht, immer häufiger nur aus der Überlieferungen und Aufzeichnungen bekannt. Diese gehen aber nur selten auf authentisches mündliches Material zurück, sondern bestehen oft aus Listen, die Außenstehende durch Befragungen oder aus Gerichtsakten, Handreichungen für Zollbeamte usw. zusammengestellt haben (s. etwa die immer wieder zitierte Arbeit von Train 1833). Einige Lexembeispiele mit etymologischen Herleitungen sollen das von Lerch in den 1970er Jahren dokumentierte Gießener Jenische illustrieren:

> bachuni. Kiefer, Kinn. - selten. - rotw. Pahuni: Bart [...]; zig.: pachuni: Kinn [...] ([3]1986: 166)

beschwächen, sich […] sich betrinken. - w[eit]verbr[eitet]. […] Weiterbildung von schwächen.- rotw. sich beschwächen: sich betrinken. […] ([3]1986: 177)

moss […] Mädchen, Fräulein, Frau - w[eit]verbr[eitet]. […] rotw. Moß: Frau […] ([3]1986: 260)

stanchlingero […] Igel. […] - rotw. Stachling, Stachlengro: Igel […]; zig. Stachlingro, stachlino: Igel […] ([3]1986: 288)

täppe […] Schuhe. […] Verm.[utlich] Neubildung aus rotw. dappeln, tapern /tippeln): gehen, wandern, reisen (zu Fuß) […]. Die Werkzeuge, mit denen man dappelt, sind dann die täppe. Evtl. auch transponiert aus zig. pata: Ferse, Fußsohle […] ([3]1986: 187)

tschuckisch […] schön, hübsch. w[eit]verbr[eitet]. […] tschuckisch ist zig. u[nd] h[och]d.[eutsch] Adj.-Suffix -isch. - rotw. Schuckker: schön […]; zig. schuker, tschuker: schön, hübsch […] ([3]1986: 207)

Ein Beispielsatz in der von Lerch gebrauchten phonetischen Umschrift, in der die Zeichen auf den Vokalen jeweils Länge oder Kürze angeben, ist der folgende, der einige der voranstehenden Elemente enthält:

di mŏs hăd‿ə pāər tšŭgĭšə tĕpə an [die Moss hat ein Paar tschuckische Täppe an] ‚das Mädchen trägt hübsche Schuhe' ([3]1986: 207)

Der Satz illustriert zugleich, dass das Jenische (bzw. Rotwelsch) keine eigene Grammatik ausgebildet hatte. Efing (2005: 22) erklärt dazu: „Grundlage für die übernommenen Wörter aus Spendersprachen war […] immer der jeweilige Dialekt des Sprechers, der die sprachliche Ummantelung für das sprachliche Lexemmaterial bildete". *Moss* und das unter *täppe* erwähnte *tapern* sind übrigens in Hessen in der Umgangssprache verbreitet. Im Duden ist *Moss* jeedoch nur unter *Möse* - „Herkunft gaunersprachlich Moß, Muß = Frau, Geliebte" - verzeichnet, *tapern* dagegen ist mit der Bedeutung ‚sich unbeholfen, unsicher fortbewegen' zu finden. Dies illustriert wiederum die Überlappung der Zuordnung derselben Varianten zu unterschiedlichen Varietäten und den Eingang in die niedrige Umgangssprache. Efing gibt ein Beispiel für ein schriftliches Zeugnis des Lützenhardter Jenischen, gebraucht im gemeinsprachlichen Kontext in einer Postkarte aus russischer Gefangenschaft 1946 und wohl benutzt, um der Lagerzensur zu entgehen: „Viele Grüße an Schofel und Bock". Mit den als Personennamen getarnten jenischen Wörtern *Schofel* ‚schlecht' und *Bock* ‚Hunger' teilt der Schreiber mit, wie es ihm in der Gefangenschaft wirklich geht (Efing 2005: 295). Für das Lützenhardter Jenische stellt Efing (2005: 296) fest, dass Substantive mit Abstand die wichtigste Wortart zur Verdunklung von Information darstellen; mit sinkendem Stellenwert einer Wortart sinke auch die Produktivität des Wortbildungsverfahrens.

5.7.3 Exkurs: Geheimsprachen als Sondersprachen

Als Geheimsprachen werden manchmal bereits lediglich geschickt verschlüsselte Nachrichten bezeichnet, die für die Empfänger aufgrund der Kenntnis der verwendeten Verschlüsselung dann verständlich sind. Im Prinzip folgen sie aber meist den „Verdunklungstechniken", die im vorhergehenden Abschnitt für das Jenische gezeigt wurden: Austausch von Lexemen bei Beibehaltung der Grammatik. Ein Beispiel für einen solchen Text in „Geheimsprache" ist der folgende Brief des in der Schweiz lebenden Nathan Schwab an den im Berliner Widerstand arbeitenden Gad Beck vom 18. März 1944. Das Schreiben sollte für den Fall, dass die deutsche Polizei oder die Gestapo es abfingen, durch Hebräismen, die z. B. so verwendet wurden, als handle es sich um Personennamen, durch Abkürzungen von Personennamen oder Spitznamen und dergleichen für Außenstehende möglichst unlesbar gemacht werden:

> Bemühet Euch also wie J. (Jizchak) mit Azala (Rettung) zu sprechen. Verbindet sie mit allen Geschwistern laut Reschima [*die Namensliste der Mitglieder der Gruppe Chug, die besagter Jizchak in die Schweiz gebracht hatte*]. Bemühet Euch um alle ohne Unterschiede der Verwandtschaft (unabhängig davon, ob es »Volljuden« oder »Mischlinge«, *also »Halb- und Vierteljuden«* sind) und grüßt alle aufs herzlichste von der lb. Jezia (Rettung). Ihr sollt Euch mit besonderer Liebe auch Herbert, Eva W. (zwei in der Illegalität lebende Freunde der Widerstandsgruppe [...]) und Edith W. [...] auf Grund der beigelegten Durka (Schutzpass) widmen. Sollte Edith noch nicht babait (entlassen) sein, dann sendet ihr die Darka auf dem bestmöglichen Wege. Besser wäre, daß sie dann Bricha besuchen (die Flucht versuchen) soll. Sollte sie aber babait doch sein, dann soll E. wie alle von der Reschima Joachim kwuzothweise demnächst besuchen (in kleinen Gruppen in die Schweiz fliehen). Gwula (Grenze) ist in Ordnung und verständnisvoll. [...] (Beck 1995: 123, in Klammern seine, in eckigen Klammern und kursiv weitere Ergänzungen)

In Auflistungen von Sondersprachen erscheinen immer wieder auch „Geheimsprachen" wie etwa das sogenannte Welschen oder „Frammersbacher Welschen", das auf Versetzen von Silben vom Wortanfang ans Wortende, Austausch von Vokalen - wie Ersatz von [u] durch [ue] - und Einfügung von zusätzlichen Vokalen - [ɛ] - beruht: Aus *Blume* wird dadurch *Uemeblä*, aus Bach *Uechbä*. Eine vergleichbare im deutschsprachigen Raum schon unter Kindern bekannte Form ist die sogenannte B-Sprache, eine auch Spielsprache genannte Geheimsprache, bei der Vokale mit vorangestelltem [b] wiederholt werden (womit *da* zu *daba* wird) und Silben mit Diphthongen [ba] vorangestellt wird (womit *Bau* zu *Babau* wird); je nach Version werden andere oder weitere systematische Veränderungen vorgenommen. Ähnlichen Prinzipien folgende Geheim- bzw. Spielsprachen gibt es in vielen Sprachen, etwa *Pig Latin*, *Latino Maccheronico*, das unter Jugendsprachen bereits erwähnte französische *Verlan* und das argentinische *Vesre* (↗ 5.4.2), die schwedische *Rövarspraket*, die russische *Fufajskij yazyk* usw.

5.7.4 Fachsprachen

Fachsprachen als fachgebundene Sondersprachen, meist als Register, als Jargon (Fachjargon) oder Stil (Fachstil) klassifiziert, werden i. d. R. sowohl in der diastratischen als auch in der diaphasischen Ebene bzw. unter den „situativ-funktionalen Varietäten" (Adamzik 1998: 182) eingeordnet. Es findet sich eine den anderen Varietäten ähnelnde Breite an Termini, die zugleich oft weitere Unterteilungen implizieren. Manche Autoren sprechen von Technolekten, diatechnischen Varietäten oder funktionalen Varietäten (↗ 1.3, 5.1), Berruto (1987: 21) erwähnt technisch-wissenschaftliches Italienisch (↗ 3.7), Moser (1960) differenziert zwischen Berufsfachsprachen und wissenschaftlichen Fachsprachen (↗ 3.1), Löffler

([3]2005: 116–117) zwischen Berufs- und Fachsprachen (↗ 5.1). Wiederum ist, wie u. a. mit dem Beispiel der Augenärzte und der Fachsprache der Augenärzte bereits aufgezeigt wurde, die mehrfache Zuordnung bzw. Überlappung der Diastratie und der Diaphasie damit zu erklären, dass bestimmte Fachleute einerseits als soziale Gruppe identifiziert werden können, andererseits aber die Fachsprache in bestimmten – fachbezogenen – Situationen und in der Kommunikation innerhalb der Gruppe erfolgt (↗ 5.1). In den Ordnungsdimensionen von Dittmar erscheint Fachsprache unter SITUATION (Dittmar 1997: 180), allerdings mit einem Fragezeichen versehen, womit auf die wohl nicht gänzlich zufriedenstellende Zuordnung verwiesen werden soll (↗ 3.10). Fachsprachen gehören zu den ersten vorwissenschaftlich betrachteten Varietäten des Diasystems (↗ 2) und wurden auch in der Wissenschaftsgeschichte besonders früh beachtetet (s. etwa Haßler 1998 zu den Anfängen der europäischen Fachsprachenforschung im 17. und 18. Jahrhundert). In der Fachsprachforschung werden die Ansätze der Varietätenlinguistik nur peripher wahrgenommen, und umgekehrt wird in varietätenlinguistischen Arbeiten mitunter die Auseinandersetzung mit Fachsprachen explizit ausgeklammert. Als Grund, warum er die Fachsprachen nicht systematisch miteinbezieht, nennt z. B. Wesch „[d]ie unendliche Vielfalt von Fachsprachen, die es entsprechend der unendlichen Vielfalt von Metiers in jeder Sprachgemeinschaft gibt" (1998: 41). Er weist hinsichtlich der für die Frage der Diskurstraditionen wesentliche Auseinandersetzung mit Fachsprachen und umgekehrt hinsichtlich der Notwendigkeit einer varietätenlinguistischen Auseinandersetzung in der Fachsprachenforschung auf eine wichtige Aussage von Oesterreicher (1995: 12–13) hin:

> Es ist bedauerlich, daß sich, um nur zwei Beispiele zu nennen, die Fachsprachenforschung oder die Erforschung der *argots*, Gruppen- und Sondersprachen in der Regel um ihre Verankerung im Varietätengefüge nicht sonderlich kümmern. Gerade wenn wir von der Varietätenkette her argumentieren, bedeutet dies aber, daß diese Forschungsrichtungen das in ihrem Material gegebene 'dynamische Potential' nicht fruchtbar machen; wichtige und interessante Fragestellungen werden so einfach ignoriert.

In vielen Sprachen werden die Entsprechungen für die Termini *Fachsprache* und *Wissenschaftssprache* praktisch nicht unterschieden, synonym oder häufig in binären Ausdrücken gebraucht, etwa im Portugiesischen, wo *tecnolecto* ‚Technolekt' bzw. *linguagem técnica* ‚technische Sprache, Fachsprache' neben *linguagem especializada* ‚spezialisierte Sprache' oder *linguagens técnicas e científicas* ‚technische und wissenschaftliche Sprachen' usw. stehen. Oft wurde darauf hingewiesen, dass Fachsprachen keine gesonderten Systeme darstellen sondern lediglich bestimmte Sonderbereiche herausgebildet haben, die sie von der Allgemeinsprache unterscheiden (vgl. die Übersichten bei Fluck [4]1991, Hoffmann 1998 und Kalverkämper 2001). Wesentlich sei v. a. der Wortschatz. Diese häufig zu findende Eingrenzung der Kriterien, die Fachsprache ausmachen, auf die Ebene der Lexik und der Umstand, dass Fachsprachen auch auf nichtverbale Formen wie Symbole oder numerische Formeln zurückgreifen, hat Autoren wie Rey ([2]1992) dazu veranlasst, Fachsprache auf Terminologie zu reduzieren und somit nicht von Fachsprachen oder Technolekten, sondern ausschließlich von Terminologie zu sprechen. Dem wurde entgegengehalten, dass Terminologie auch Sprache sei bzw.

immer im Zusammenhang mit natürlichen Sprachen gebraucht werden müsse. Die Beschreibung von Fachsprachen hat seit den 1980er Jahren jedoch deutlich gezeigt, dass Terminologie zwar ein definitorisches Charakteristikum von Fachsprache ist, dass es jedoch nicht das einzige ist und auch syntaktische Aspekte, die Frequenz oder in manchen Sprachen z. B. ein sich von der Allgemeinsprache abhebender Nominalstil eine Rolle spielen können (Hoffmann 1988, 1995, Göpferich 1995). Schon 1970 schreibt Köhler im Zusammenhang mit dem Gebrauch von Modalverben und Passivfügungen in der deutschen Fachsprache der Technik:

> Die Tatsache, daß sich Fachsprachen nicht nur durch den Gebrauch einer speziellen Lexik auszeichnen, sondern auch in der Verwendung grammatischer Mittel, im Gebrauch bestimmter Satzstrukturen, d. h. auch in der Frequenz gemeinsprachlich üblicher Mittel, eigenen Gesetzmäßigkeiten folgen, wird in letzter Zeit wohl kaum noch bestritten. (Köhler 1970: 781)

Bis heute liest man jedoch immer wieder, dass es bei Fachsprachen im Wesentlichen um divergierende Terminologie ginge (in diesem Sinne z. B. Wesch 1998: 41).

In der Literatur herrscht keine eindeutige Meinung über die Ab- oder Eingrenzung des Forschungsfeldes der Fachsprachen. Stellte Fluck ([3]1985) bereits fest, dass der Terminus Fachsprache nicht gültig definiert sei, so vertreten auch jüngere Arbeiten noch die Auffassung, dass eine allgemein akzeptierte, einheitliche Fachsprachendefinition noch nicht vorliege (Szarvas 2005: 52). Die Literatur weist allein für die Zeit von 1973 bis 1995 neun grundlegend verschiedene Definitionen von Fachsprache auf, deren Wesenszüge Szarvas (2005: 52) folgendermaßen zusammenfasst:

- kognitive Leistung (Fachsprachen als Erkennungsträger und Erkenntnismittel);
- soziale Funktion (Fachsprachen als sozial-kollektive Größe);
- Teil des Sprachsystems; Fachsprachen als ausgegrenzte Subsysteme der *langue;*
- Teil von Kommunikationsakten (Fachsprache ist Mittel kommunikativer Situationsbewältigung).

Die erwähnte Differenzierung Möhns (1998, ↗ 5.7.1) von Gruppensprachen mit gruppenstabilisierender Funktion in Opposition zu Sondersprachen als gemeinschaftsorientierter und Fachsprache als sachorientierter Varietät sieht fließende Grenzen zwischen den Varietäten vor, wodurch auch Mischformen angenommen werden können, z. B. Berufssprache mit fach- und sondersprachlichen Anteilen. Möhn (1998: 178) erklärt dazu:

> Die Binnengliederung von Fächern unterstreicht zugleich, daß „Fachsprache“ als Bezeichnung für Gruppensprache(n) Vielfältiges zusammenfaßt, auf der einen Seite den idealtypisch alle Experten zumindest im Sinne einer passiven Sprachkompetenz einigenden Sprachausschnitt des Faches (hier spielt die Terminologie eine herausragende Rolle), auf der anderen Seite die vielen am konkreten Arbeitsort der Binnengliederung entwickelten usuellen Sprachausschnitte.

Im Berufsjargon, also der gesprochenen Fachsprache einzelner Arbeitsgemeinschaften, gewinnt der gemeinschaftsorientierte Aspekt an Bedeutung. Fachsprachen würden danach zu Sondersprachen, wenn sie in Gegenwart von Nicht-fachleuten gebraucht werden, um sie auszuschließen, und in solchen Situationen könnten dann Fachsprachen als Jargon qualifiziert werden (Möhn 1998: 175).

Die unterschiedlichen Sichtweisen auf Fachsprache lassen sich im Lichte der sich wandelnden Tendenzen in der Forschung nachvollziehen (hier dargestellt nach Roelcke ²2005). Das v. a. in den 1950er und 1970er Jahren dominierende systemlinguistische Inventarmodell fußt auf der Sicht, dass Fachsprache ein sprachliches Zeichensystem ist, das in der fachlichen Kommunikation zur Anwendung kommt. Fachsprache stellt dabei die „Gesamtheit aller sprachlichen Mittel [dar], die in einem fachlich begrenzbaren Kommunikationsbereich verwendet werden, um die Verständigung zwischen den in diesem Bereich tätigen Menschen zu gewährleisten" (Hoffmann ²1985: 53). Es stellt sich aus dieser Sicht die Frage, ob fachsprachliche Systeme einzelsprachliche oder übereinzelsprachliche Systeme darstellen. Aus varietätenlinguistischer Sicht stellt Fachsprache eine Varietät der Einzelsprache dar, die i. d. R. als situativ-funktional aufgefasst wird (s. o.). Die Unterscheidung von Varietäten, die ja der Erfassung der Heterogenität von Einzelsprachen dient, erfolgt dabei auf Grundlage sowohl innersprachlicher als auch außersprachlicher Merkmale. Der varietätenlinguistische Ansatz mit der Opposition fachsprachlicher und nicht fachsprachlicher Varietäten trug entscheidend zum Verständnis der Opposition von Fach- und Gesamt- bzw. Gemeinsprache[37] bei. Fachsprache ist aus dieser Perspektive vielfach als Funktionalstil oder als Register angesehen worden. Das pragmatische Kontextmodell hat ab den 1980er Jahren Fachsprachen als Äußerungen im Rahmen von Fachkommunikation angesehen; das brachte die Berücksichtigung anderer Disziplinen, v. a. der Kommunikationswissenschaft und Soziologie, mit sich. Wie Roelcke (²2005) darlegt, kommt damit den Bedingungen der Fachtextproduktion und -rezeption und Aspekten wie Alter und sozialem Status der Kommunikationsteilnehmer, Symmetrie der Kommunikationsteilnehmer, Fachlichkeitsgrad, Öffentlichkeitsgrad und kultureller Einbettung verstärkte Aufmerksamkeit zu. Bezüglich der Kommunikationsteilnehmer als Faktor der Fachsprachenproduktion treten z. B. Überlegungen zur fachsprachlichen Kompetenz der Beteiligten und ihrer Kommunikationsmotivation in den Vordergrund. Die Fachsprachenforschung betrachtet zudem den situativen Rahmen, etwa das Medium der Kommunikation (schriftlich vs. mündlich), die räumlich-zeitlichen Relationen (gleichzeitig am selben Ort vs. Übermittlung in Zeit und Raum), das Schwanken des Verbindlichkeitsgrades des Themas in der mündlichen Kommunikation usw. Kalverkämper (1990) stellt dagegen die Unterscheidung von Fach- und Gemeinsprache insgesamt in Frage; er vertritt die Auffassung, Gemeinsprache sei so weit verfachlicht, dass eher von Fachlichkeits- und Fachsprachlichkeitsmerkmalen von Texten auszugehen sei.

Mit der Berücksichtigung soziolinguistischer Aspekte im kognitionslinguistischen Modell, das sich ab den 1990er Jahren herausbildete, erfolgt dann eine Neuorientierung der Fachsprachenforschung. Verstärkt wurde nun den Kommunikationsteilnehmern und ihren intellektuellen Fähigkeiten sowie der Interdependenz von Sprache und Denken Bedeutung beigemessen. Dies gab der Frage nach der Verbreitung von Fachwissen – Divulgation oder Popularisierung – weiteren Auf-

[37] Zur Unterscheidung zwischen *Gesamtsprache* und *Gemeinsprache* s. Hoffmann (1985: 50–51).

trieb. Es wird nun nicht mehr von einem Hereindrängen der Fachwörter in die Gemeinsprache ausgegangen, sondern davon, dass ihre Übernahme im konkreten Text und in Abhängigkeit von den beteiligten Kommunikationspartnern und der umfassenden Kommunikationssituation stattfinde (Kalverkämper 1990: 111). Damit wird *Laie* (gegenüber Experte) zu einem relativen Begriff, da nicht von absoluten Laien, sondern lediglich von Laien in Bezug auf bestimmte Fächer oder wissenschaftliche Disziplinen auszugehen sei (Liebert 1996: 791). Als Konsequenz der Erkenntnis, dass Stile sich auf der Ebene der Texte manifestieren, und als Ergebnis der Bemühungen um erkenntnistheoretisch tragfähige Standortbestimmungen der Fachkommunikationsforschung geht man seit Eingang des 21. Jahrhunderts zunehmend der Untersuchung der stilistischen Markiertheit der Fachkommunikation nach (Baumann 2013: 391). Nach der Untersuchung der Stile von Fachtextsorten werden nun Fachstile fokussiert, die als Abstraktion von Fachtextsortenstilen gelten. Zu unterscheiden sind nach Baumann (2013) acht Ebenen des Fachstils: die kulturspezifische, die soziale, die kognitive, die gegenständliche, die funktionale, die textuelle, die syntaktische und die lexikalisch-semantische Ebene (s. ausführlich Baumann 2013 und die dort verzeichnete aktuelle Bibliographie).

In manchen Disziplinen, wie der Literatur- oder Geschichtswissenschaft, kann Spillner (1989: 4) zufolge von einigen der für Fachsprachlichkeit immer wieder genannten Kriterien wie Präzision, Objektivität oder Kürze nicht die Rede sein. Nach der genannten Sicht Hoffmanns (1985: 53), wonach Fachsprache die Gesamtheit aller sprachlichen Mittel ist, die verwendet werden, um die Verständigung zwischen den in einem fachlich begrenzbaren Kommunikationsbereich tätigen Menschen zu gewährleisten, kann der fachliche Diskurs dieser Disziplinen (ebenso wie der vieler anderer Disziplinen) jedoch problemlos in den Gegenstandsbereich der Fachsprachforschung eingeschlossen werden. Allerdings stellt sich damit grundsätzlich immer die Frage danach, wie „in diesem Bereich tätig" aufzufassen ist und somit letztlich immer auch danach, was genau ein Experte ist. Polemisch diskutiert man die Frage, wie die Kommunikation zwischen Fachleuten derselben Disziplin und unter Fachleuten unterschiedlicher Disziplinen sowie die Beschäftigung mit den jeweiligen Fachbereichen mit divulgativen Absichten, etwa in populärwissenschaftlichen Medien, untereinander abzugrenzen sind. Wesentlich ist dabei die Frage der Unterscheidung von Graduierungen der Fachsprachlichkeit. Möglicherweise ist von einem Kontinuum auszugehen zwischen den Polen höchster und niedrigster Fachsprachlichkeit bzw. zwischen Kommunikation unter Experten eines Gebietes und Kommunikation mit Laien (s. u. zur vertikalen Gliederung der Fachsprachen). Eng mit dieser Frage verbunden ist die Auffassung von *Fach*. Allgemein wird Fach im Hinblick auf Handlungsbezogenheit als ein mehr oder weniger spezialisierter menschlicher Tätigkeitsbereich aufgefasst (Roelcke ²2005: 18). Die grundlegenden Begriffe *Fach* und *Fachlichkeit* (im Sinne von ‚nach Art des Faches beschaffen' werden jedoch genau genommen weder von den Wissenschaften, die sich ihrer bedienen – „den einzelnen Sachfächern ebenso nicht wie von der Linguistik" (Kalverkämper 1998: 1) – noch von Handwerk oder Industrie oder Anwendungsorganisationen näher betrachtet, begrifflich geklärt oder definiert (vgl. dazu auch Kalverkämper 1979, 1980). Berschin (1989) ist der Auffassung, dass es zur Erforschung der Fachsprache keiner vorhergehenden und gültigen Definition des Begriffs „Fachsprache" bedürfe. Die wahre Flut von Arbeiten im Bereich der Fachsprachen zeigt ohnehin deutlich, dass Fachsprachenforschung keineswegs als Disziplin auf der Suche nach ihrem Gegenstand anzusehen ist.

Im Rahmen der Architektur der Sprache wird i. d. R. eine Varietät als Fachsprache aufgefasst, wenn sie in einem bestimmten, durch Erfahrung und Wissen strukturierten Sachbereich zur Kommunikation gebraucht wird - womit sie als diaphasisch determiniert anzusehen wäre. Setzt man voraus, dass Personen, die sich mit einem bestimmten Thema aus bestimmten Gründen gut auskennen - aufgrund einer formalen Ausbildung, aufgrund nicht institutionalisierter „Selbstbildung" usw. -, eine Gruppe darstellen, die durch das gemeinsame Wissen und Interesse, übereinstimmende Tätigkeitsbereiche usw. charakterisiert ist, so stellt sich wiederum die Frage, inwiefern die diastratische Ebene der diaphasischen Ebene vorgelagert ist. Diese Fragestellung zeigt erneut sehr eindrücklich das Problem der Gruppendefinition für die Bestimmung sozialer Gruppen als Vorbedingung für die Determinierung von Soziolekten (↗ 5.3).

Die Unterscheidung nach thematischer Variation führt wiederum zur Differenzierung nach Fachgebieten und mehr oder weniger fein aufgegliederten Fächern. In der einschlägigen Literatur (s. Kalverkämper 2001, Roelcke [2]2005) wird Fachsprache in einer *horizontalen Gliederung* nach thematischer Ausrichtung in drei bis sechs Großbereiche fachlich-beruflichen Handelns unterteilt: Fachsprache des Handwerks, der Wirtschaft, des Konsums und Wissenschafts-, Technik- und Institutionensprache. Berschin (1989: 53) erwähnt als Beispiel für die Feingliederung dieser horizontalen Schichtung die Humanmedizin, die *Kürschners Deutscher Gelehrten-Kalender* in 52 Teilbereiche differenzierte. In der 25. Auflage von 2013 zählt der *Gelehrten-Kalender* in seiner Fachgebietssystematik bereits 77 Teilbereiche der Humanmedizin auf (2013: 4960).

Abb. 5.4. Gliederung der Fachsprachen nach Ischreyt (1965)

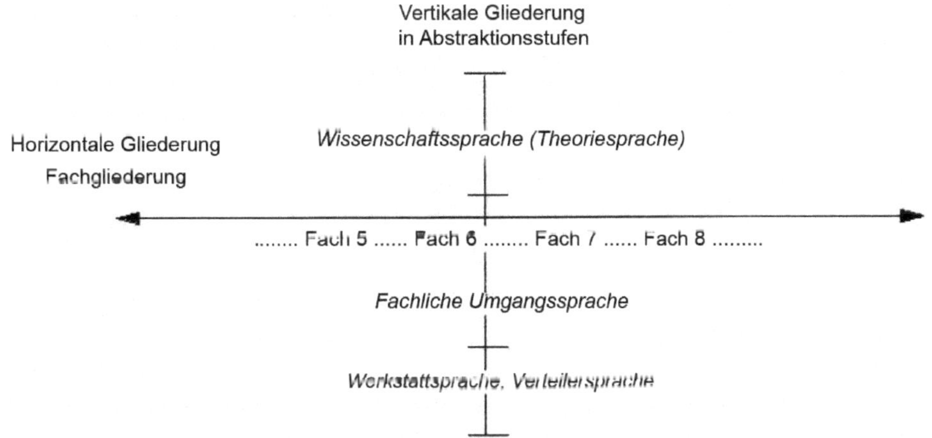

In einer *vertikalen Gliederung* unterscheidet man nach dem Fachwissen der Kommunikationspartner; diese Abstraktionsstufen reichen von der Kommunikation zwischen Fachleuten bis zur Kommunikation von Fachleuten mit Laien (s. o.) und variieren hinsichtlich des Grades der Fachlichkeit (s. Berschin 1989: 53). Die Unterscheidung unterschiedlicher Grade der Fachlichkeit auf diesem Kontinuum ist nicht weniger problematisch als die Definition von Fachsprache. Dies spiegelt sich in den Schwierigkeiten der Abgrenzung unterschiedlicher fachsprachlicher Textsorten und der Abgrenzung zwischen Fach- und Sachtexten, die einige Autoren (s. etwa Koller [8]2011) vornehmen (↗ 8.1, Anm. 13). Mit Hilfe vertikaler Gliederungen, die sowohl stilistische als auch kommunikative Aspekte berücksichtigen, wird in einigen Modellen versucht, die unterschiedlichen Abstraktionsebenen innerhalb der Fächer darzustellen. Ein sehr wichtiger Bezugspunkt ist dabei noch immer die auf Ischreyt (1965) aufbauende Dreiteilung der technischen Fachsprachen nach dem Fachlichkeitsgrad bzw. dem Grad der Abstraktion in Theorie- bzw. Wissenschaftssprache, fachliche Umgangssprache und Werkstatt- oder Verteilersprache (s. Roelcke [2]2005) (s. Abb. 5.4).

Tab. 5.1. Verbindung der vertikalen Fachsprachengliederungen nach Heinz Ischreyt (Bezeichnungen) und Lothar Hoffmann (Bezeichnungen sowie Erläuterungen semiotischer, sprachlicher und kommunikativer Merkmale) (Roelcke [2]2005: 40)

Bezeichnung nach Ischreyt	Bezeichnung nach Hoffmann	semiotische und sprachliche Merkmale	kommunikative Merkmale
Theoriesprache (Wissenschaftssprache)	Sprache der theoretischen Grundlagenwissenschaften	künstliche Symbole für Elemente und Relationen	Wissenschaftler ↔ Wissenschaftler
	Sprache der experimentellen Wissenschaften	künstliche Symbole und Elemente; natürliche Sprache für Relationen (Syntax)	Wissenschaftler (Techniker) ↔ Wissenschaftler (Techniker) ↔ wissenschaftlich-technische Hilfskräfte
Fachliche Umgangssprache	Sprache der angewandten Wissenschaften und der Technik	natürliche Sprache mit einem sehr hohen Anteil an Fachterminologie und einer streng determinierten Syntax	Wissenschaftler (Techniker) ↔ wissenschaftliche und technische Leiter der materiellen Produktion
	Sprache der materiellen Produktion	natürliche Sprache mit einem hohen Anteil an Fachterminologie und einer relativ ungebundenen Syntax	wissenschaftliche und technische Leiter der materiellen Produktion ↔ Meister ↔ Facharbeiter (Angestellte)
Werkstattsprache (Verteilersprache)	Sprache der Konsumtion	natürliche Sprache mit einigen Fachtermini und ungebundener Syntax	Vertreter der materiellen Produktion ↔ Vertreter des Handels ↔ Konsumenten ↔ Konsumenten

Ehlich (1999: 9) regt eine Erweiterung um eine Kategorie der alltäglichen Wissenschaftssprache an. Hoffmann (1985), der den Abstraktionsstufen semiotische und kommunikative Merkmale zuordnet, nimmt eine Unterteilung in theoretische Grundlagenwissenschaften, experimentelle Wissenschaften, angewandte Wissenschaft und Technik, materielle Produktion und schließlich Konsumtion vor. Weitere vertikale Gliederungen der Fachsprachen sind z. B. die Gliederung in Wissenschaft, Technologie, Vermittlung und Nutzen bei von Hahn (1983); die Unterteilung der drei Großbereiche (a) Wissenschaft und Forschung, (b) Technik, Industrie und Berufswelt und (c) Öffentlichkeit und Institutionen mit den handlungs- und kommunikationsleitenden Qualitäten theoretisch, praktisch und gesellschaftlich bei Kalverkämper (2001); Gläsers fächerübergreifende historische Textsortengliederung (Gläser 1990), bei der die Bedeutung, die den einzelnen Fachtextsorten im Rahmen der fachlichen Kommunikation zukommt, im Mittelpunkt steht; schließlich das fachbezogene systematisch-historische Gliederungsmodell von Göpferich (1998), in dem vier Fachtexttypen auf fünf Ebenen nach Funktion, praktischer oder theoretischer Ausrichtung und der Art der Informationspräsentation hierarchisch differenziert werden.

Roelcke (^{2}2005) unternimmt eine viel beachtete vertikale Gliederung der Fachsprachen, in der die Modelle Ischreyts und Hoffmanns (1985) synthetisiert werden (s. Tab. 5.1). Das Modell arbeitet auch die semiotischen und sprachlichen sowie kommunikativen Merkmale heraus, die für die Frage nach dem Grad der Fachsprachlichkeit bzw. der Abstraktion und den Terminologiegehalt von Bedeutung sind. Zusätzlich zu den Fachsprachengliederungen sind die Fachtextsorten zu betrachten. Innerhalb der Fächer gibt es jeweils verschiedene Arten von Textsorten, die sich in Abhängigkeit von funktionalen, situativen, thematischen und funktional-grammatischen Aspekten konstituieren, wobei stets ein Zusammenhang zwischen den textinternen Merkmalen und textexternen Merkmalen (Sender, Empfänger, Medium) existiert (s. Ciapuscio 1993). Die Textkonstitution und -klassifikation ist Untersuchungsbereich der Textlinguistik und Fachtextlinguistik und kann hier nicht betrachtet werden (s. z. B. Heinemann/Viehweger 1991, Adamzik 2004, Kalverkämper/Baumann 1996).

Die Differenzierung der fachsprachlichen Varietäten untereinander und im Verhältnis zur Gemeinsprache, zu der sie gehören, kann in verschiedenen Sprachen sehr unterschiedlich sein. Einerseits können in unterschiedlichen Sprachen die Terminologien mehr oder weniger weit von den gemeinsprachlichen Ausdrücken entfernt sein oder sich mit diesen decken. Dies kann z. B. mit dem Alter der Fachsprachen, der Art ihrer Entstehung oder bestimmten Texttraditionen (↗ 3.6.1, 6.2) zusammenhängen.[38]

Sprachvergleich erlaubt es, divergierende Vertextungstraditionen und Fachtextstile herauszuarbeiten. Der Eindruck des Grades der Fachsprachlichkeit aufgrund der Dichte von rein fachsprachlicher Terminologie kann beim Blick auf das Deutsche und auf das Spanische oder Englische für mit anderen Vertextungstraditionen sozialisierte Personen völlig anders sein: Während z. B. im Deutschen in der Medizin viele Termini aus dem Lateinischen kommen und in der nicht fachsprachlichen Kommunikation normalerweise nicht auftreten, sind im Englischen und Spanischen viele Ausdrücke nicht fachsprachlich markiert und kommen in

[38] In noch nicht lange verschrifteten Sprachen stehen manche Fachsprachen der Allgemeinsprache oft näher als in bereits seit langem verschriftlichten Sprachen mit weit zurückgehenden Fachtexttraditionen. In Sprachen, die erst in jüngerer Zeit normalisiert wurden oder in Diglossiesituationen (↗ 7.1) nicht alle Sprachgebrauchsdomänen besetzen, sind Fachsprachen zudem häufig nicht für alle Bereiche gleich stark ausgebildet. Sprachausbau bzw. der Status als Kultursprache und die Entwicklung fachsprachlicher Repertoires stehen in einem engen Bezug zueinander (↗ 3.5).

allgemein- wie fachsprachlichen Varietäten vor (s. das Beispiel *Appendizitis/ Entzündung des Wurmfortsatzes/ Blinddarmentzündung* vs. engl. *appendicitis* und span. *apendicitis*). Solche Aspekte spielen auch in der Übersetzung eine Rolle (↗ 8.1), etwa wenn ein Text im Deutschen aufgrund der Terminologie eindeutig fachsprachlich markiert ist und diese Markierung in einer englischen oder spanischen Übersetzung zumindest auf der Ebene der Terminologie nicht aufrecht erhalten werden kann, wenn Fachterminus und nicht fachsprachlicher Ausdruck übereinstimmen. Weitere Divergenzen zwischen Fach- und Allgemeinsprache und zwischen Fachsprachen in verschiedenen Sprachen können Aspekte wie Frequenz bestimmter Lexeme, durchschnittliche Satzlänge, Präsenz oder Fehlen von Referenzen auf den Autor eines Textes usw. betreffen. Auch der Gebrauch von Metaphern oder Phraseologismen kann eine Rolle spielen, z. B. wenn es darum geht, ob ein Fachtext textsortenadäquat verfasst ist. Über eine Abhandlung zum Sprachenstreit in València von Doppelbauer (2006) schreibt Brumme:

> Ebenso störend wirken auf mich die vielen umgangssprachlichen Formulierungen, denn ich hatte nicht vor, einen Sportbericht oder Zeitungstext zu lesen: «Der Haken ist nur, dass […] (56)»; «Denn hier macht uns wieder einmal das Prestige einen Strich durch die Rechnung» (58), «600 000 Leute aus anderen Teilen Spaniens» [99], «der schließlich das Handtuch wirft» (120). Das gilt auch für Überschriften wie: «Die Aufwärmphase und der Startschuss» (107). (Brumme 2009: 551)

Hier geht es also um unterschiedliches Empfinden bezüglich der Adäquatheit des Gebrauchs bestimmter Lexeme und Formulierungen in einem wissenschaftlichen Text. Elemente, die von Brumme als normal in der Umgangssprache und als in Sportberichten oder Zeitungstexten offenbar zu erwarten eingeschätzt werden, ihr aber in einem wissenschaftlichen Text nicht adäquat erscheinen, wurden von Doppelbauer offensichtlich als passend angesehen. Ob ein bestimmter Gebrauch mit unterschiedlichen Textsortenkenntnis, mit verschiedenen Textsortentraditionen oder sich möglicherweise in deutschsprachigen Fachtextsorten generell verändernden Konventionen zu tun hat, könnte in einer Studie zum Gebrauch der erwähnten Formulierungen in wissenschaftlicher Sprache ermittelt werden.

5.8 „Vereinfachte" Varietäten

Schon seit den frühen 1970er Jahren hat man vereinfachte, z. B. mit Nichtmuttersprachlern, mit Kleinkindern, senilen oder geistig behinderten Personen, aber auch Blinden, Alten, Schwerhörigen oder gar Haustieren gesprochene Varietäten sowie manchmal auch Lernervarietäten im Zweitspracherwerb unter Bezeichnungen wie *simple codes* ‚einfache Kodes', *simplified registers* ‚vereinfachte Register' u. ä. zusammengefasst (vgl. Ferguson 1971, 1977a, b, Corder 1977, Jakovidou 1993, vgl. auch Berruto 1987: 42–53 zur sprachlichen Vereinfachung als Parameter der Varietätenklassifikation, ↗ 3.7). Corder (1977) etwa nahm an, dass *simple codes* von den Sprechern als Erwerbsstufen des Erstspracherwerbs gespeichert würden und später bei Bedarf abgerufen werden könnten, z. B. um mit Ausländern zu sprechen. Ihre Existenz wurde auch mit der Entstehung von Pidgins und Kreolsprachen in Zusammenhang gebracht. Nachfolgend sollen die wichtigsten Kategorien betrachtet werden. Ihnen allen ist gemeinsam, dass sie bisher kaum im

Hinblick auf die Zuordnung zu einer bestimmten Varietätendimension betrachtet wurden; i. d. R. wurden die „vereinfachten“ Varietäten als diaphasisch klassifiziert, weil sie vorrangig durch die Ausrichtung auf einen bestimmten Kommunikationspartner festgelegt werden. Diastratie spielt offenbar jedoch auch eine gewisse Rolle, wenn es darum geht, welche Sprecher mit Ausländern in welcher Form sprechen, und wenn man betrachtet, dass rein statistisch gesehen Frauen öfter als Männer mit Kleinkindern zu tun haben und somit eher als Nutzerinnen von an Kleinkinder gerichteter Sprache gelten können. Das ist nur statistisch gesehen so und nicht ausschließendes Kriterium; zwar ist das diastratische Kriterium „Mutter sein“ oder „Frau sein“ gewissermaßen dann vor diaphasischem „in der Kommunikation mit Kleinkindern“ anzusetzen, doch zeigt sich hier deutlich, wie relativ das Frequenzkriterium ist. Nachfolgend soll erörtert werden, inwiefern die eine oder andere Zuordnung oder Reihung gerechtfertigt erscheint.

5.8.1 Mit Ausländern gesprochene Varietäten

Eine durch die Identität der Kommunikationspartner und den Kontext, in dem man ihnen begegnet bestimmte Varietät ist die Art und Weise, wie Personen mit Personen sprechen, die sie aufgrund ihrer Art zu sprechen, wegen ihres Aussehens usw. als ‚Ausländer', als ‚Fremde' identifizieren, die ihrer Sprache nicht mächtig sind. Aufgrund der Situationsbedingtheit und der mit ihr verknüpften Vereinfachung von Strukturen zum Ausgleich der (ggf. nur vermuteten) fehlenden Sprachkompetenz wäre von einer diaphasischen Variation auszugehen (vgl. Dittmar 1997: 216); dies ist jedoch im Hinblick auf die fehlende Uniformität der dokumentierten Realisierungen sehr differenziert zu betrachten (s. u.).

Der Umstand, dass Muttersprachler einer Sprache mit Nichtmuttersprachlern oder Personen, die als solche eingeschätzt werden, eine „vereinfachte“ oder „reduzierte“ Sprache sprechen, ist schon länger bekannt, aber erst relativ spät und nur für einige Sprachen – v. a. Englisch, Französisch und Deutsch – genauer untersucht worden. Für manche Sprachen wie etwa Spanisch ist dazu bisher sehr wenig gearbeitet worden. Vergleichende Studien wie die von Hinnenkamp (1982) zu *Foreigner Talk* im Deutschen und Türkischen sind eher selten. Das späte Interesse an den mit Nichtmuttersprachlern gesprochenen Varietäten wird auch bei Betrachtung der verwendeten Terminologie deutlich. Lange Zeit übertrug man einfach Ausdrücke wie *Baby talk* o. ä. (vgl. etwa Meisel 1977: 92) auf das Sprechen mit Ausländern; auch der von Ferguson (1971) in einem Vortrag im Jahre 1968 geprägte Ausdruck *foreigner talk* findet sich bis heute sehr häufig. Offenbar geht das hier untersuchte Konzept bereits auf Hugo Schuchardt (1909) zurück, wobei entsprechende Fragestellungen schon früher, im 19. Jahrhundert, im Zusammenhang mit der Untersuchung der pidginisierten *Lingua Franca* betrachtet wurden (s. Jakovidou 1993: 9 und Dittmar 1997: 216). In der Literatur in deutscher Sprache finden sich die Bezeichnungen *Fremdenregister*, *Ausländerregister*, *Xenolekt* oder der Anglizismus *Foreigner Talk* für die Varietäten, die – in bestimmten Situationen – von Muttersprachlern einer Sprache mit Nichtmuttersprachlern gesprochen werden. Bezogen auf das mit Migranten in der BRD gesprochene Deutsch finden sich v. a. in der älteren Literatur Bezeichnungen wie *Ausländervarietät* und *Gastarbeiterdeutsch*; in jüngeren Texten wird mit dem Ausdruck *Ausländervarietät* meistens auf die *von* Migranten und ihren Nachkommen gesprochenen Varietäten der Sprache der aufnehmenden Gesellschaft Bezug genommen (Stehl 2011a: 51–52); ↗ 7.2.3.

Konzentrierte man sich in der Forschung anfangs auf die Untersuchung des sprachlichen *Input* - also der gebrauchten Formen -, so steht seit den 1980er Jahren auch die Frage der Interaktion - also der Funktion der gebrauchten Formen - im Blickpunkt der Analysen (s. Long 1981, 1983a, b; Gaies 1982, Jakovidou 1993). Es handle sich um v. a. lexikalisch und grammatisch vereinfachte Varietäten, wobei auch Phänomene wie lauteres, langsameres Sprechen, Silbendehnung und Veränderungen in der Intonation eine Rolle spielen können. Als typische Erscheinungen der mit Nichtmuttersprachlern verwendeten Varietäten gelten, bei einigen Aspekten je nach Sprache unterschiedlich ausgeprägt:

- kürzere und syntaktisch weniger komplexe Konstruktionen;
- logische Satzordnung wird nicht verändert;
- Simplifizierung oder Tilgung syntaktischer und morphologischer Komponenten (wie Ausfall von Artikeln, Präpositionen, Suffixen oder Kasus, Reduzierung von Flektionen usw.);
- Vermeidung eher wenig gebräuchlicher Wörter und Idiome, lexikalische Reduktion und ggf. kompensierende semasiologische Erweiterung;
- Vermeidung von Funktionsverben;
- Vermeidung von Ellipsen bzw. Beibehaltung von Elementen, die in der Kommunikaton zwischen Muttersprachlern ausfallen können;
- reduziertes Sprechtempo und sorgfältige Aussprache;
- Vermeidung dialektaler Merkmale;
- starke Betonung der als wichtig erachteten Lexeme oder Satzteile;
- Markierung relevanter Aussagen durch Pausen;
- geschlossene Fragen;
- Verständnisfragen bzw. Rückversicherungsfragen.

Ferguson (1977a: 29, dt. Terminologie nach Jakovidou 1993: 10) klassifiziert die zu beobachtenden Prozesse als (a) vereinfachend, (b) verdeutlichend (z. B. durch Redundanzen), (c) expressiv und identifizierend (durch Gebrauch von Statusmarkierungen wie Anredeformen) sowie (d) einebnend (im Sinne einer stärkeren Orientierung an dem, was als Standard oder als korrekt angesehen wird), womit es sich offensichtlich nicht nur um *vereinfachte* Strukturen handelt. Auch Dittmar (1997: 217) erwähnt als Ergebnis aus einer teilnehmenden Beobachtung unter deutschen und ausländischen Industriearbeitern, dass als herausragende Eigenschaft der Gebrauch hyperkorrekter Formen festgestellt wurde, die weder im Dialekt der Arbeiter noch in der Varietät der Ausländer vorkommen.

Beispiele aus dem Korpus von Roche (1989), der 86 Interaktionen von 29 deutschen Informanten mit dreizehn ausländischen Adressaten untersucht und von Jakovidou (1993), die 25 deutsche Informanten im Gespräch mit fünf griechischen Adressaten analysiert, sollen Realisierungen im Deutschen illustrieren:

maxctn kreedit auf monat monat (Roche 1989: 45)
'Machst du einen Kredit auf Monat Monat [=Ratenkredit]'

limoo niks guut (Roche 1989: 44)
'Limonade [ist] nicht gut [wenn man Magenschmerzen hat]'

diinstaak naxt ++ ain kooleegs + fuftseen ßtick mär gemacht vii akort (Roche 1989: 45)
‚Dienstagnacht [hat] ein Kollege fünfzehn Stück mehr gemacht als [der] Akkord [vorsieht]'

kriik ++ bain kaput (Roche 1989: 93)
‚Im Krieg [hat er ein] Bein verloren'

unt hiir doitßlant urlaaub maxn? (Jakovidou 1993: 60)
‚Und hier in Deutschland macht [sie] Urlaub?'

däß ägal dan, jaa, vii sie känen halt (Jakovidou 1993: 60)
‚Das [ist] dann egal, ja, wie Sie halt können'

Die Beispiele zeigen zudem, dass die an Ausländer gerichtete Sprache nicht unbedingt eine grammatikalisch korrekte Version der Bezugssprache ist (also der Muttersprache der Personen, die in dieser mit fremdsprachigen Personen reden), wie das manche Autoren - trotz ihrer Beispiele auch Jakovidou (1993: 4) - vertreten.

Roche (1989) stellt fest, dass die Art und Weise der Anpassungen offenbar auch sehr viel mit mit Abstraktionsfähigkeit und dem Einfühlungsvermögen des Sprechers und insbesondere mit seinem Wissen über Sprache zu tun hat. So seien im Umgang mit Ausländern Unterschiede zwischen Sprechern ohne und Sprechern mit Fremdsprachenkenntnissen zu beobachten, die unterschiedliche Strategien anwenden, um besser verstanden zu werden oder Missverständnisse zu minimieren. Roche (1989: 179) zufolge präsentiert sich die Realität der von ihm als Xenolekte bezeichneten Varietäten mit einer immensen „Vielfalt an Oberflächenerscheinungen", also vielen unterschiedlichen Realisierungen zum Ausdruck von bestimmten Inhalten. Roche stellt in seiner empirischen Untersuchung anhand von Deutschen in der Interaktion in deutscher Sprache mit Ausländern fest, dass sich im Vergleich zur Bezugssprache vier verschiedene Äußerungsstufen differenzieren lassen: eine bezugssprachliche Äußerungsstufe und drei Veränderungsstufen. Die spezifische Struktur der Veränderungsstufen werde durch eine Reihe von intra- und interpersonal einheitlichen Veränderungsstrategien bestimmt, deren genaue Auswahl aber nach sprecherspezifischen Präferenzen getroffen werde. Diese verschiedenen Präferenzen weisen, so Roche (1989: 177–179), auf der interpersonalen Ebene sowohl qualitative als auch quantitative, intrapersonal dagegen nur quantitative Unterschiede auf. Xenolekte erscheinen somit, anders als dies mitunter auch dargestellt wird, nicht als *fossilisiertes Register*, sondern variieren vielmehr von Person zu Person sowohl hinsichtlich der Art und Weise als auch hinsichtlich der Häufigkeit bestimmter Mittel. Sie seien dabei offenbar bei den einzelnen Sprechern von Situation zu Situation lediglich im Hinblick auf die Frequenz der eingesetzten Mittel veränderlich. Nach dieser Sicht lässt sich die mit Ausländern gesprochene Varietät offenbar abgesehen von der bereits angesprochenen Zuordnung zur Diaphasie spezifisch auf der Ebene der Idiolekte einordnen, die natürlich ebenfalls situationsbedingt variieren. Zu einem ähnlichen Schluss kommt gewissermaßen auch Jakovidou (1993); sie erläutert, dass die Vorstellung von einem *Foreigner Talk* als fester, einheitlicher und von der Bezugssprache klar zu unterscheidender Sprachgebrauch auf frühe Beschreibungen, die dieses suggerierten, und auf die Klassifizierung als Register zurückgehe. Sie vertritt die Auffassung, dass das Ausländerregister *Foreigner Talk* vielmehr äußerst uneinheitlich sei und je nach Sprecher, Angesprochenem und sogar Redegegenstand sehr variiere; unzweifelhaft gäbe es aber *Foreigner Talk* als intrapersonal stark variierendes Register, das ihrer Auffassung nach am besten als Kontinuum zwischen schwach und stark simplifizierten Varietäten zu begreifen sei (s. Jakovidou 1993: 1, 57–58). Diese Variabilität auch aufgrund der Identität bzw. des Profils des Sprechers spricht zugleich auch dafür, die diastratische Dimension bei der Klassifizierung nicht auszulassen.

Wesentlich für die Art der Realisierung durch den Sprecher (also die Anpassung an die Kommunikationssituation) erscheint v. a. der jeweilige Adressat zu sein, und zwar durch die (subjektive) Einschätzung seiner tatsächlichen oder angenommenen Sprachfertigkeiten und seiner äußeren Erscheinung. Die Einschätzung erfolgt dadurch offenbar nicht unbeeinflusst durch bestimmte „stereotype Vorannahmen", also verschiedenen Nationalitäten zugeschriebene und verallgemeinerte Eigenschaften. Während der Kommunikation werde Roche (1993) zufolge dann die Adäquatheit der eingesetzten Strategien der Vereinfachung der Sprache überprüft und nachjustiert, indem in Abhängigkeit von der Einschätzung der Interaktion weitere Vereinfachungen vorgenommen oder die Sprache näher an die mit Muttersprachlern gebrauchten Realisierungen gerückt werde.

Je höher die Relevanz des Inhalts einer Mitteilung für den Adressaten eingeschätzt werde, um so stärker sei i. d. R. der Grad der Veränderungen. Die Sprecher verfolgen dabei eine themenbezogene und adressatengerichtete Strategie der Anpassung der Sprache, bei der Äußerungen oder Teiläußerungen und Äußerungsschritte (Verständnissicherungen, metasprachliche Einschübe, Bestätigungen usw.) nur dann verändert realisiert würden, wenn in ihnen ebenfalls der Mitteilungsaspekt dominiert (Roche 1989: 178). Die Sprecher stellen sich also pragmatisch auf die nicht muttersprachlichen Kommunikationspartner ein, wobei die Realisierung in bestimmten Veränderungsstufen in zwei Richtungen zielt, die *Prävention* von Verständnisschwierigkeiten und die *Reparation* im Sinne einer Aktivierung von bestimmten Niveaus zur Behebung von Schwierigkeiten. Erwartungsgemäß sind häufig mit Nichtmuttersprachlern kommunizierende Sprecher routinierter als Sprecher, die nur selten mit Sprechern anderer Sprachen kommunizieren müssen und „eine größere Variation in der Zuordnung der Änderungsstufe für eine spezifische Funktion zeigen als ‚trainierte' Sprecher, bei denen die Einschätzungsverfahren routinisiert sind" (Roche 1989: 178). Die möglichst rasche Annäherung an die Normalstufe der Realisierung der Muttersprache werde dabei tendenziell angestrebt.

So wird von einer Lehrkraft einer Sprache als L2 im Gespräch mit einem als solchen identifizierbaren Lerner einer Sprache als L2, etwa an einer Sprachschule, die Struktur der Sprache eher vereinfacht, ohne dadurch ungrammatisch zu werden. Dies wird erreicht, indem z. B. Nebensätze vermieden und nur Hauptsatzstrukturen verwendet werden, wenn die Lehrkraft im Gespräch erkennt, dass der Gesprächspartner den Anforderungen komplexerer sprachlicher Strukturen noch nicht gewachsen ist. Aufgrund der Kenntnisse über den Grundwortschatz gebraucht sie Lexeme, die sie als einfacher ansieht. Bei nicht entsprechend erfahrenen Sprechern lassen sich dagegen Wiederholungen offenbar nicht verstandener Stukturen und Gebrauch von Synonymen konstatieren, die nicht unbedingt zum Grundwortschatz gehören. Auch dies zeigt deutlich, dass die Zugehörigkeit des

Sprechers zu einer Gruppe von Personen, die für die Kommunikation mit Nichtmuttersprachlern sensibilisiert oder ausgebildet wurden, hinsichtlich der Ausprägung der hier betrachteten Varietäten durchaus eine Rolle spielen kann, somit die diastratische Dimension wesentlich ist.

Dittmar (1997: 218) gibt hinsichtlich Roches Ergebnissen zu bedenken, dass die Untersuchung nur über einen kurzen Zeitraum durchgeführt wurde, und verweist auf die Notwendigkeit von Langzeitanalysen. Dittmar (1997: 217) selbst glaubt, dass es sich bei den Fremdenregistern um eine *Mischvarietät* handle, die durch eine Annäherung der Sprache der muttersprachlichen an die der nichtmuttersprachlichen Sprecher zu charakterisieren sei. Dies ähnelt dem behaviouristischen Ansatz von Bloomfield (1933), der davon ausging, dass es sich um Ausgleichs- bzw. Anpassungsversionen der Sprachen der beteiligten Sprecher handle, um einen Kompromiss zwischen zwei Extremen, bei dem jeder der beteiligten Sprecher die Sprache des anderen imitiere. Ein anderer Ansatz neben der Simplifizierungshypothese ist die Reaktivierungstheorie, etwa von Corder (1977), der glaubt, dass es sich um gespeicherte Stufen des Erstspracherwerbs handeln könnte, die im Gespräch mit Nichtmuttersprachlern abgerufen würden, ein Ansatz, den die Spracherwerbsforschung und der Vergleich der entsprechenden Varietäten so jedoch nicht bestätigen konnten (s. zu den Thesen Jakovidou 1993: 23ff.). Man geht nach vergleichenden Untersuchungen heute davon aus, dass Muttersprachler inhärentes Wissen darüber besitzen, wie man eine Sprache vereinfacht, um mit Nichtmuttersprachlern zu kommunizieren und entsprechende Modifikationen intuitiv vorgenommen werden. Die sprachliche Modifikation und Vereinfachung der Sprache bzw. Anpassung der Muttersprachler an Nichtmuttersprachler ist auch im Hinblick auf das Entstehen von Pidgins und Kreolsprachen interessant; deshalb werden die Frage der Fossilisierung von Lernervarietäten einerseits und die Auseinandersetzung mit von Nichtmuttersprachlern gebrauchten Varietäten andererseits auch in in der Kreolistik betrachtet (↗ 7.2.4).

Die in literarischen Quellen zu findenden Beispiele für die mit Nichtmuttersprachlern gesprochenen Varietäten (wie die mit Indianern gesprochene Sprache in den Werken von Karl May) sind aus linguistischer Sicht als ebenso ungeeignete Datenquellen anzusehen wie die literarische Nachempfindung der von Nichtmuttersprachlern (wie etwa Freitag in Dafoes *Robinson Crusoe* oder Winnetou bei Karl May) gesprochenen Varietäten. Trotzdem sind Autoren wie Dittmar (1997: 216) noch der Auffassung, Karl May habe diese Varietäten *dokumentiert*. Der Vergleich zwischen den dominanten Aspekten literarischer Pidgins, von Ausländern gesprochenen Varietäten und der mit Nichtmuttersprachlern gesprochenen Varietäten in der Literatur und der Auswertung authentischer Xenolekte zeigt erhebliche Abweichungen (Roche 1989: 179–180). Insbesondere ist davor gewarnt worden, von literarischem Sprechen auf tatsächliche Gegebenheiten zu schließen (Roche 1989: 10–11), wenn man in der Forschung zeitweise auch angenommen hatte, dass sich Sprecher in der Kommunikation mit Nichtmuttersprachlern möglicherweise an diesen literarischen Vorbildern vereinfachter Sprache orientieren könnten. Der Eindruck der literarischen (und audiovisuellen) fingierten Mündlichkeit auf die Sprecher ist groß. Dies zeigt der Umstand, dass man die Vereinfachung der Sprache durch Gebrauch von Infinitiven usw., die sich in den empirischen

Analysen auf Grundlage von Korpora kaum haben belegen lassen, z. B. im Spanischen als *hablar como un indio* ,wie ein Indianer sprechen' bezeichnet, weil dies die Art und Weise ist, wie man die Ureinwohner Amerikas auch im Spanischen in Filmen sprechen ließ. Zur Unzulänglichkeit der fingierten Mündlichkeit als Anhaltspunkt für linguistische Betrachtungen, ↗ 6.1.4.

5.8.2 Mit Kleinkindern bzw. kleinen Kindern gesprochene Varietäten

Die von Erwachsenen - v. a. Eltern und oft Frauen - an Babys oder meist kleinere Kindern gerichtete, oft sehr gefühlsbetonte und auch affektiert wirkende Art zu sprechen wird als *Babysprache, Ammensprache*, engl. *Baby talk, Motherese* oder *Parentese, caretaker talk* oder immer häufiger auch *child-directed speech* bezeichnet (Ferguson 1964, Wills 1977, Berruto 1987: 42–53, Roche 1989: 11, Blackwell 2007, Bernal 2012). Dittmar (1997: 216) schlägt vor, das „Phänomen des 'Mutter-' oder 'Elternregister' [sic] könnte man auch *Bambinolekt* nennen". Diese Varietät wird i. d. R. als Register angesehen; Neuland (2012: 9) spricht allerdings von einem „mütterliche[n] Interaktionsstil". Bernal (2012) ordnet die von Müttern mit den Kindern gesprochene Sprache der diastratischen Dimension zu. Abgesehen von der klaren Zuordnung der Benutzer(innen), die einer bestimmten sozial bestimmbaren Gruppe angehören (Mütter, aber auch Tanten usw.), ist die Varietät aber durch die Adressaten und somit an bestimmte Situationen gebunden und damit wohl vorrangig diaphasisch zu verorten. Hinsichtlich einer diastratischen Klassifizierung wäre eine Einteilung der Personen, die mit einem Kind in der hier betrachteten Art und Weise sprechen, ohne genauere vergleichende Analysen kaum machbar. Zu prüfen wäre, inwiefern die Art und Weise, in der Erwachsene, Jugendliche, Männer, Frauen, Mütter, Väter, Verwandte oder nicht Verwandte mit demselben Kleinkind kommunizieren, differiert, und welche Variablen außer dem Alter des Sprechers - der selbst zumindest kein Kleinkind mehr ist - eine Rolle spielen. Erneut werden die Zugehörigkeit von Registern zu diaphasischer und diastratischer Dimension und das Problem der Differenzierung deutlich.

Die von Chomsky (1965) vertretene These von der angeborenen Sprachfähigkeit hat zunehmend das Interesse dafür geweckt, welche Rolle der sprachliche *Input* insbesondere durch die Eltern im Erstspracherwerb spielt.[39] Dadurch ist immer mehr auch die Art und Weise, in der Eltern bzw. Erwachsene allgemein mit den Kindern sprechen, in das Blickfeld der Wissenschaft geraten. Viele Studien haben gezeigt, dass an Kinder gerichtete Sprache eine geschickte Anpassung

---

[39] Die Ergebnisse dieser Studien haben manche Positionen Chomskys als nicht haltbar erscheinen lassen. Blackwell (2007: o. S.) formuliert es sehr drastisch: „Chomsky (1965) notoriously made "rather extreme and unsubstantiated claims" (Sokolov & Snow 1994:39) that the speech heard by young children was deformed and degenerate, and therefore an inadequate base on which to build language acquisition unless children were endowed with innate knowledge of Universal Grammar. Attempts to refute these claims led to an explosion in research, both on the language produced by young children and on the language directed at them. Early results showed that far from exhibiting complexity, syntactic errors, false starts and hesitations as Chomsky had claimed, "Baby Talk" (BT) - speech to young children - was typically clear, grammatical and semantically and syntactically simpler than speech to adults (Ferguson 1977)".

an die sprachlichen Anforderungen der Kinder zum Verstehen und Erlernen sprachlicher Strukturen darstellt; v. a. im Bereich von Phonologie, Lexik, Syntax und Pragmatik ist eine weitgehende und vielfältige Modifizierung und insbesondere deutliche Vereinfachung der Sprache dokumentiert worden. Ferguson (u. a. 1977b, 1978) stellte nach einem Vergleich existierender Ergebnisse zu unterschiedlichen Sprachen fest, dass es sich wohl um eine universelle Art und Weise handle, Sprache zum Zwecke der Interaktion mit Kindern zu modifizieren.[40] Seither ist insbesondere die Babysprache des Englischen sehr ausführlich untersucht worden, es wurden aber immer wieder deutliche Übereinstimmungen zu entsprechenden Registern in anderen Sprachen festgestellt (s. die Darstellung bei Herat 2010). Die Modifizierungen betreffen z. B. die Prosodie, wobei v. a. deutlich angehobene Tonhöhe und - aus Sicht anderer Sprecher - ‚übertriebene' Intonationskurven konstatiert werden; die Sprechgeschwindigkeit ist deutlich langsamer. In der Phonologie und Grammatik sind etwa Reduplikationen, also expressive, intensivierende usw. Silbenwiederholungen, v. a. verniedlichende Diminutiva sowie deutlich kürzere Äußerungen ohne Nebensätze bemerkenswert. Die Lexik ist charakterisiert durch häufig sehr spezifische Wörter, die in der Sprachgemeinschaft, vielfach nach entsprechender Realisierung der Kleinkinder in der Interaktion familienintern zu konventionalisierten Formen werden. Zudem ist der häufige Gebrauch von Hilfsverben mit sehr allgemeiner Bedeutung attestiert, der auch für die Syntax der frühen Kindersprache charakteristisch ist, wie die folgenden Beispiele mit der erwähnten Silbenwiederholung verdeutlichen: engl. *do poo-poos* ‚a-a machen' frz. *faire dodo* ‚schlafen (gehen)', engl. *go bye-bye* ‚verabschieden'. Alle Sprachgemeinschaften scheinen ein kleines Inventar an Lexemen zu haben, die vorwiegend in der an Kinder gerichteten Sprache gebraucht werden. Dazu kommen diskursive Modifizierungen wie deutlich höhere Frequenz von Fragen. Das Register ist auf einem Kontinuum zwischen normaler Sprache und extremen Abweichungen variabel, wobei der Grad der Abweichungen die Einschätzung der kommunikativen Kompetenz des Kindes durch den Sprecher und die affektive Verbindung zwischen Sprecher und Kind reflektiert (Ferguson 1978). Manche Autoren glauben, man könne von einem Kontinuum zwischen Normalsprache und Pidgin sprechen (vgl. Jakovidou 1993: 19; s. Mühlhäusler 1984; ↗ 7.2.4).

Charakteristika der Babysprache werden zudem auf andere Bereiche bzw. Funktionen ausgeweitet, z. B. zur Wiedergabe von Babysprache in der direkten Rede, in sarkastischen Anmerkungen über kindisches Verhalten oder in Gesprächen zwischen sich liebenden Personen (s. Ferguson 1978). Selbst in der an Hunde oder andere Haustiere gerichteten Sprache werden Charakteristika der Babysprache gebraucht. Tannen (2004) dokumentierte die Kommunikation über nicht

40 Problematisch ist die Herkunft der Daten einerseits aus Informantenangaben und andererseits aus der Darstellung in Romanen, wo mit fingierter Mündlichkeit nur idealisierte Repräsentationen von *baby talk* vorliegen, die möglicherweise von in der echten Mündlichkeit zu findenen Realisierungen abweichen (↗ 6.1.3). Bei Zweisprachigen bzw. Personen, die zweisprachig in den USA aufgewachsen sind, stellt sich zudem die Frage, wie sehr ihr Wissen über *baby talk* durch zwischensprachliche Interferenz auch in diesem Bereich geprägt sein könnte und somit, wie authentisch bzw. übertragbar diese Angaben im Hinblick auf die Situation in der Sprache einsprachiger Personen sind (↗ 7).

sprachfähige „Dritte" - Hunde und Kleinkinder - in Babysprache als besondere Diskursstrategie, etwa zwischen zwei miteinander streitenden Personen, von denen einer den Hund adressierte, um den anderen etwas zu sagen: „Mommy's so mean tonight. You better sit over here and protect me" (Tannen 2004: 399).

Meist liest man, Babysprache und *Foreigner Talk* seien sich bei syntaktischer Analyse ähnlicher, während *Foreigner Talk* und Standard sich hinsichtlich der funktionalen Analyse im Kontext eher entsprächen (s. Jakovidou 1993: 22–23). Wenn auch einige der Charakteristika der Babysprache mit den an Nichtmuttersprachler gerichteten Varietäten übereinstimmen, so ist auch festgestellt worden, dass sie sich i. d. R. doch deutlich voneinander unterscheiden; allerdings ist darauf hingewiesen worden, dass auch Vorurteile und Rassismus eine Rolle spielen, wenn sprachliche Stereotypen mancher Ausländer mit der Babysprache assoziiert werden (s. hierzu Lipski 2005).

Zum Weiterlesen:

Zu Register, s. den Sammelband von Biber/Finegan (1994) sowie Dittmar (2010); zu Stil, Eroms (2008) und Sowinski (²1999). In Fragen des Spracherwerbs führen Klann-Delius (²2008) und ³Dittmann (2010) ein. Einblicke in die Relation von Sprache und Alter geben Thimm (2000), Gerstenberg (2011) und einige Beiträge in Neuland (Hrsg.) (2012). Überblick über Jugendsprache allgemein, in Deutschland und anderen Ländern geben Androutsopoulos (1998), Androutsopoulos/Scholz (1998) und Neuland (2008). Für einen Forschungsüberblick über Jugendsprache und Identität s. Jørgensen (2010). Die Frage der Verwendung von Sprachbiographien in der Angewandten Linguistik betrachtet Pavlenko (2002). Zu Geschlecht und Gender allgemein s. Honneger/Arni (2001), zu Sprache, Geschlecht und Gender, Wodak/Benke (1997), Key (²1996) mit einem guten Überblick zu Forschungslage und Veränderungen zwischen frühen 1970er und 1990er Jahren und einer Überblicksbibliographie, Coates (1998) bzw. Coates/Pichler (²2011), Holmes/Meyerhoff (²2004), darin v. a. die Arbeiten von Mcelhinny und Romaine, sowie Litosseliti (2006). In dt. Sprache s. Klann-Delius (2005) und ihre Ausführungen zu den Perspektiven im 21. Jahrhundert. Die kommentierte interdisziplinäre Bibliographie von Motschenbacher (2012) gibt einen Überblick über die Forschung zu Sprache, Gender und Sexualität von 2000 bis 2011. Neue Beiträge zur Genderlinguistik versammeln Günthner et al. (2012). S. Cheshire (2002) für eine Beschreibung der Entwicklung unterschiedlicher soziolinguistischer Positionen zu Bedeutung und Rolle der Termini *Gender* und *biologisches Geschlecht*. Fragen feministischer Sprachwissenschaft und -kritik behandeln Samel (2000) und Schoenthal (1998). Zur sprachlichen Höflichkeit s. Holmes (1995), Eelen (2001), Mills (2003), Lakoff/Ide (²2005), Lüger (²2002). Sammlungen von Beiträgen zur Sprache Homosexueller präsentieren Livia/Hall (1997) und Cameron/Kulick (2006). Efing (2005) liefert eine detaillierte Studie des Lützenhardter Jenisch mit einer umfassenden Einführung zur Problematik der sozialgebundenen Sondersprachen. Eine umfassende Darstellung wesentlicher Aspekte der Fachkommunikation und der Fachsprachenforschung und einen Einblick in verschiedene Fachsprachen des Deutschen, Englischen und einer langen Reihe weiterer Sprachen bieten Hofmann et al. (1998, 1999).

Zum Diskurs mit Nichtmuttersprachlern s. Jakovidou (1993) mit einem Forschungsüberblick und gut nachvollziehbaren Klassifizierungen der Erscheinungen; sprachvergleichend Hinnenkamp (1982); einen Literaturbericht gibt Neuhaus (i. D.); s. zudem Gaies (1982), Long (1981, 1983a, b) und Meisel (1975, 1977). Ein gut lesbarer Text zur Charakterisierung der Babysprache ist Ferguson ([1]1978/2004) mit einer Übersicht der Charakteristika in 27 Sprachen.

Aufgaben

1. Vergleichen Sie die Definitionen von *Stil* in Einführungen in die Sprachwissenschaft der von Ihnen studierten Sprache(n).
2. Kommentieren Sie die Auffassung Coserius (1973b, 1988a; ↗ 3.6.3), wonach die sprachlichen Unterschiede aufgrund der Zugehörigkeit von „biologischen Gruppen" wie Kinder, Jugendliche, Männer oder Frauen in der Diaphasie anzusiedeln sind.
3. (a) Analysieren Sie den Gebrauch von *Instruktionssprache* in der einschlägigen Literatur und diskutieren Sie seine Transparenz und den Zusammenhang mit dem von Endruschat/Schmidt-Radefeldt (2006: 215) benutzten Terminus *diaskolar* für die von Jugendlichen in der Schule (im Schulunterricht?) gebrauchte Varietät (s. Anm. 14). (b) Welche Begrifflichkeiten erscheinen Ihnen für die Sprache der Vermittlung von Wissen geeignet, welche Kriterien sind bei der Bestimmung eines Terminus zu berücksichtigen.
4. Referieren Sie über die von Biber (2006) in dem Band *University Language* ermittelten gesprochenen und geschriebenen Sprachverwendungen im Umfeld der universitären Bildung und Forschung.
5. Welche Ausdrücke für ‚ältere Menschen' gibt es in den von Ihnen gesprochenen bzw. studierten Sprachen und wie viele Generationen werden unterschieden? Welche Kriterien spielen dabei jeweils eine Rolle (Alter, Aussehen, Familienstand, Ende der Berufstätigkeit …)? Konsultieren Sie Wörterbücher, Enzyklopädien und Muttersprachler.
6. Befragen Sie Freunde und Verwandte nach den aus ihrer Sicht typischen Merkmalen der Sprache von Frauen und Männern, und suchen Sie nach den in Männer- und Frauenmagazinen immer wieder veröffentlichten Listen von Tipps zur besseren Kommunikation mit dem anderen Geschlecht. Vergleichen Sie die Kriterien und Argumente mit den Ausführungen zu Spezifika der Frauensprache bei Lakoff (1975) und Klann-Delius ([2]2008).
7. Welche Erscheinungen gelten in den von Ihnen gesprochenen bzw. studierten Sprachen als typisch für die Sprache von Männern oder Frauen? Suchen Sie nach wissenschaftlichen Quellen, die dies bestätigen oder verwerfen.
8. Informieren Sie sich über das sogenannte Nuschu (auch: Nushu, Nu Shu, Nüshu) und diskutieren Sie, in welchem Sinne es sich nach Aussage der Autoren um eine Frauensprache handelt und inwiefern dies aus varietätenlinguistischer Sicht zutrifft.
9. Kommentieren Sie den folgenden Auszug aus Whites autobiographischem Roman *City Boy. My Life in New York During the 1960s and 1970s*:

   At the time I met him [Simon Karlinsky, a professor of Russian at Berkeley] in the early 1970s Simon had two great arguments with me. He couldn't understand why we young gays would camp and call each other *she*, not realizing that that sort of old-fashioned queeniness had died out and was now so out of fashion that we thought it was funny. For him it was merely a disgusting reminder of the bad old days when gay men hadn't liked themselves, had seen themselves as pathetic stand-ins for women, and had considered their only charm to be their youth. Those of us who were one generation younger thought that we'd put all that safely behind us and that now we were free to joke about it—on the same principle, perhaps, that Richard Pryor used the word *nigger* over and over in his routines during the same period. I'm not sure that we gays were really sure of our new identity (neither, as it turned out, were African-Americans). (White 2010: 107)

9. Analysieren Sie den Brief von Gad Beck (↗ 5.7.3) und klassifizieren Sie die zur Vertuschung jeweils eingesetzten sprachlichen Verfahren. Kennen Sie andere (auf Verschlüsselung beruhende) „Geheimsprachen" und wie funktionieren sie?
10. Worum handelt es sich bei einer *Fresswarze* und in welcher Varietät wird der Ausdruck verwendet?
11. Kommentieren Sie den folgenden Auszug:

    Dans mon village de Sunnmøre, sur la côte ouest de Norvège, tous les jeunes qui connaissent les formes *goro, bokko* (datif pluriel de *gard,* ferme, et de *bakke,* colline [...]) savent qu'il n'y a que les vieux et ceux qui habitent à une certaine distance de l'agglomération principale pour s'en servir sans affectation. S'il arrive à un jeune de dire *Jo uti bokko* (Jean des Collines) au lieu de *Jo utt bakko,* c'est toujours de propos délibéré et avec une teinte d'humour pour imiter le parler des vieux. (Flydal 1952: 242)

12. Stellen Sie die von Biber (1988: 39, 1994: 40–41) gegebenen situationellen Parameter für Variation dar.

6. Zur Betrachtung von Diamesie und Diachronie

Im Hinblick auf die Zuordnung der diachronen und diamesischen Aspekte bzw. auf den Umgang mit der zeitlichen Perspektive und die Auseinandersetzung mit den Unterschieden zwischen Schriftlichkeit und Mündlichkeit in der Sprache finden sich in der Varietätenlinguistik sehr unterschiedliche Auffassungen. Nachfolgend werden diese beiden zweifellos wesentlichen und mitunter polemisch diskutierten Bereiche genauer betrachtet.

6.1 Mündlichkeit und Schriftlichkeit, Nähe und Distanz

6.1.1 Gesprochene und geschriebene Sprache in der Sprachwissenschaft

Die Frage der Eigenschaften und der Qualität von Mündlichkeit und Schriftlichkeit wird schon bei Platon diskutiert. Platon war der Auffassung, dass Schriftlichkeit der Mündlichkeit gegenüber weniger Gehalt, weniger Wahrheit und weniger Wirklichkeit repräsentiere. Er glaubte, dass sie allerdings ein Weg sei, der Flüchtigkeit des Gedächtnisses zu entrinnen und das Ins-Gedächtnis-Zurückrufen zu erleichtern, dachte aber auch, dass manche Inhalte in der schriftlichen Fixierung zu Missverständnissen führen könnten (s. Phaidros-Dialog und den 7. Brief, wo er Schrift scharf kritisiert). In der Philosophie wird seither immer wieder über diese Perspektiven debattiert, so bei Schleiermacher, der der Auffassung war, dass nach Platon Schrift die Erinnerung an das Gespräch sei und die Nachahmung des mündlichen Dialogs in der Schrift dasselbe leisten könne wie der mündliche Dialog, oder in den modernen Arbeiten über die Positionen von Nietzsche, der die platonische Auffassung der Verhältnisse zwischen Schrift und Mündlichkeit interpretierte und bestätigte. Die Tübinger philosophische Schule (Tübinger Platonschule) widerspricht Schleiermacher und sagt, die eigentliche Auffassung der Philosophie Platons sei die Zurückweisung der Schrift gewesen, die nur eine Erinnerung der Rede sei.

In der Sprachwissenschaft hat man sich zwar seit Ferdinand de Saussure am Primat der gesprochenen Sprache (im Sinn der selbstverständlichen Annahme, dass die gesprochene Sprache vor der geschriebenen Sprache da war) orientiert, de facto aber fokussierte man bei der Untersuchung der Sprache, außer bei der Lautung, und v. a. bei der Erstellung von (normativen) Grammatiken, lange Zeit ausschließlich die Schriftsprache. Insbesondere studierte man die Sprache der Literatur der besonders angesehenen Autoren, die bis heute in vielen Sprachen den Kanon darstellen, an dem man misst, was in der Sprache als „gut“ oder „richtig“ zu gelten hat. Saussure selbst ordnet die Schrift der gesprochenen Sprache unter – nach Ansicht mancher Autoren (wie Ortiz 2008: 11) schließt er sie damit aus der Sprache explizit aus –, wenn er schreibt: „Sprache und Schrift sind zwei unterschiedliche Zeichensysteme: die einzige Existenzberechtigung des zweiten ist, das erste darzustellen“ (Saussure 2013: 97).

Schon Charles Bally (1913), der insbesondere die Bedeutung der diachronen Variation betont, weist auf die Unterschiede zwischen gesprochener und geschriebener Sprache hin. Wunderli (2005: 63) erklärt, dass es - angesichts der sehr viel später anzusetzenden „Entdeckung" der diamesischen Dimension, die als Variationsdimension erst ab den 1960er Jahren ins Blickfeld genommen wurde und erst in den 1980er Jahren ihren Durchbruch gehabt habe - sensationell wäre, wenn Bally die diamesische Dimension schon als solche erkannt hätte. Er räumt allerdings ein, dass Bally den Unterschied offenbar zwar wahrnahm, ihn aber nicht primär als Variationsdimension ansah, sondern diese Andersartigkeit auf die historische Achse projiziert habe. Lebendig, spontan und aktuell sei für ihn nur die gesprochene Sprache, während die geschriebene diese Charakteristika nicht für sich in Anspruch nehmen könne, da sie rückwärtsgewandt und durch frühere Sprachzustände in hohem Maße „kontaminiert" sei (Wunderli 2005: 63).

In der Sprachwissenschaft beginnt man erst in den 1960er und 1970er Jahren, sich für die authentische gesprochene Sprache zu interessieren, was dann die Frage nach den Unterschieden zwischen geschriebener und gesprochener Sprache und die Untersuchung des Schreibens per se nach sich zog. Die ersten Forschungsprojekte zur gesprochenen Sprache fokussieren jedoch vielfach Textsorten, die kaum als prototypische Texte der gesprochenen Sprache gelten können, etwa Parlamentsreden oder gar Beispiele fingierter Mündlichkeit (↗ 6.1.4; s. zur Geschichte der Untersuchung des gesprochenen Deutsch Schwitalla 2001). Nur langsam kam man davon ab, Phänomene der gesprochenen Sprache als Fehler oder Defekte bzw. Übertretungen der (schriftsprachlichen) Norm anzusehen. Aber noch in den 1980er Jahren rügt Klein (1985: 13): „In der Grammatikschreibung neigen die Sprachwissenschaftler dazu, die Besonderheiten [...] [der gesprochenen Sprache] als ‚Abweichungen' statt als eigenständige Strukturprinzipien anzusehen". Als Beispiel hierfür nennt Hennig die Ellipse:

> Der Begriff ist in der antiken Rhetorik entstanden (griech. ellipsis = Auslassung) und wurde lange Zeit verwendet für von der Norm abweichende Auslassungen, ist also ein klassisches Beispiel für eine durch Normierung der Schriftsprache geprägte Sichtweise auf die gesprochene Sprache. Die neuere Diskussion um den Begriff [...] zeigt, dass man dem Phänomen mit rein reduktionistischer Sichtweise nicht beikommen kann. Inzwischen gibt es sogar die Forderung, angesichts der Vorbelastetheit des Begriffs (zumindest in Bezug auf die gesprochene Sprache) ganz auf ihn zu verzichten. (Hennig 2006: 22)

Quirk et al. (1972) gehen noch davon aus, dass die wesentlichen Unterschiede zwischen geschriebener und gesprochener Sprache dadurch zustande kommen, dass die primäre gesprochene Sprache an das graphische Medium *angepasst* werden muss. Sie denken an zwei Hauptursachen für diese Unterschiede: (1) Der situationelle Kontext erfordere, weil das Geschriebene i. d. R. für abwesende Adressaten gedacht sei, angesichts fehlender Gesten und Gebärden einen höheren Grad der Ausdrücklichkeit und Eindeutigkeit. Da das Geschriebene wiederholt gelesen werden könne, während das Gesprochene vergänglich und einmalig sei, werde beim Schreiben der kritischen Betrachtung vorausgreifend mehr Wert auf Klarheit, Prägnanz und Gewähltheit des Ausdrucks gelegt. (2) Viele Möglichkeiten des Ausdrucks in der gesprochenen Sprache, wie Intonation, Rhythmus usw., weitgehend auch der Prosodie, seien durch die einfachen Rechtschreibkonventionen nicht wiederzugeben. Darum sei es beim Schreiben auch vielfach erforderlich, durch Um- und Neuformulieren, etwa durch syntaktische Umstellung, die Aussage der gesprochenen Sprache zu erreichen. Es handelt sich um einen sehr limitierten Ansatz, der deutlich zeigt, dass zu diesem Zeitpunkt die kontrastive Analyse von Schriftsprache und gesprochener Sprache noch sehr wenig fortgeschritten war. Dennoch zeigt diese Sicht auch deutlich, dass die britischen Autoren wesentliche Publikationen in anderen Sprachen nicht rezipiert hatten.

Mehr und mehr trat die Frage nach der Beschaffenheit der gesprochenen Sprache selbst in den Vordergrund, was durch die Möglichkeit ihrer Beschreibung und Untersuchung anhand von Korpora wesentlich beflügelt wurde. Einerseits suchte man nun nach den Universalien gesprochener Sprache und nach den einzelsprachlichen Besonderheiten, andererseits fragte man nach den Gründen für die Unterschiede und nach der Art und Weise, wie sich gesprochene und geschriebene Sprache gegenseitig beinflussen. Vom Ausgangspunkt des Primats der gesprochenen Sprache und der schon bei Saussure zu findenden Ansicht, Schrift repräsentiere das Gesprochene, kam man mehr und mehr zu einer Sichtweise, welche die Interaktion von Schriftlichkeit und Mündlichkeit als selbstverständlich voraussetzt. Die wesentlichen Veränderungen im Verständnis des Verhältnisses zeigen sich in Positionen wie der von Schlieben-Lange (1983: 83), wonach sich Sprachen verändern, wenn sie verschriftet werden. Wie Kabatek (1994) feststellt, ergibt sich die Notwendigkeit der Unterscheidung von Mündlichkeit und Schriftlichkeit aus der empirischen Erfahrung, wobei Schriftlichkeit dabei „ein umfassendes, neben der Schrift noch zahlreiche andere Faktoren betreffendes Konzept ist, das sich aus der historischen Erfahrung ergibt, nicht aber aus einer reinen Notwendigkeit durch die Besonderheiten der Schrift" (1994: 175). Mit Mündlichkeit und der Abgrenzung zu Schriftlichkeit setzen sich heute v. a. Diskurs- und Gesprächsanalyse sowie Textlinguistik in ihren unterschiedlichen Ausrichtungen und in den verschiedenen Philologien z. T. sehr stark divergierenden Forschungstraditionen auseinander (vgl. für die Germanistik etwa Adamzik 2004, Löffler [3]2005, Graefen/Liedtke [2]2012); durch die Möglichkeiten der Korpuslinguistik und die gute Zugänglichkeit vieler Korpora hat die Berücksichtigung von gesprochener Sprache allgemein zugenommen.

In der Varietätenlinguistik sind, wie bereits aufgezeigt wurde, in der Debatte um die Einordnung der Dichotomie mündlich-schriftlich verschiedene Positionen auszumachen. Bei Catford (1965) findet sich bereits Modus (*mode*) als die mit dem – schriftlichen oder mündlichen – Medium, in dem der Sender operiert, zusammenhängende Varietät (↗ 3.2). Halliday und Gregory gehen im Zusammenhang mit der Kategorie *Mode of discourse* seit den 1960er Jahren jeweils ausführlich auf die Frage nach Mündlichkeit und Schriftlichkeit ein (↗ 3.4). In ihren Herangehensweisen sind keine Hierarchisierungen sondern ineinandergreifende Dimensionen angelegt, so dass sich die Frage der Verortung von Mündlichkeit und Schriftlichkeit praktisch nicht stellt. Ähnliches kann für Dittmar (1997: 180) gesagt werden, der das Thema mit der 4. Varietäten-Ordnungsdimension KODIFIZIERUNG berücksichtigt, aber kaum weiter ausführt (↗ 3.10), was der germanistischen Interessenlage zu jenem Zeitpunkt recht genau entspricht. Die vertiefende Auseinandersetzung mit der Problematik erfolgte mit besonderem Interesse in der deutschsprachigen Romanistik und wurde dann seit den 1990er Jahren erst in den deutschsprachigen Philologien, in den letzten Jahren zunehmend im romanischsprachigen Raum rezipiert. Tatsächlich ist eine als eigene Dimension interpretierbare Stufe erst mit der erwähnten Erweiterung (↗ 3.6.4) des Coseriuschen Modells um die Ebene von Mündlichkeit und Schriftlichkeit bzw. von Nähe- und Distanzsprachlichkeit durch Koch/Oesterreicher (1985 u. a.) dazugekommen. Diese Erweiterung hat die Varietätenlinguistik wesentlich weitergebracht und die Debatte um die Stellung von Mündlichkeit und Schriftlichkeit deutlich befruchtet (↗ 6.2). Bei Coseriu erscheint der Gegensatz mündlich-schriftlich mit den möglichen Mischformen noch nicht; wie Wunderli (2005) zufolge ist dies aus aktueller Sicht auffällig; in der neueren Literatur werde der Gegensatz „in der Regel als selbständige Varietätendimension aufgeführt" (2005: 66). Auch im Modell der Variation von Krefeld (2010) ist z. B. eine medial-prozessuale Dimension im Sinne einer Opposition mündlich-schriftlich vorgesehen (↗ 3.12), und einige Autoren vertreten explizit die Auffassung, dass die von Koch/Oesterreicher vorgenommene Erweiterung des Ansatzes von Coseriu eine Ergänzung des Varietätenmodells um eine „Dimension der Nähe- und Distanzsprachlichkeit" darstellt (Jacob et al. 2012: 10). Genau diesen Status als selbstständige Varietätendimension leugnen jedoch viele der Autoren, die sich mit der Frage der diamesischen oder diamedialen Varietät(en) auseinandergesetzt haben. Nach Berruto (1993b u. a.) ist, wie gesehen, die Opposition geschrieben-gesprochen nicht als neben den anderen Dimensionen liegend anzusehen, sondern läuft nach Meinung des Autors entlang der anderen Variationsdimensionen und wird von ihnen zugleich gekreuzt (↗ 3.7, s. u.); andere Autoren sehen darin schlicht per se sekundäre, die anderen Ebenen begleitende Ausdruckskriterien oder sehen die Frage schlicht als eine von Registerunterschieden an (Ammon 1986 15).

Der Ansatz der beiden deutschen Romanisten ist nicht der einzige, der die grundsätzlichen Oppositionen zwischen Konzeption und tatsächlicher Realisierung erkennt. Schon Halliday et al. (1964) stellen dar, dass nicht die Realisierung der Kommunikation, sondern die hinter der Kommunikation stehende Intention und die Planung der Kommunikation von Senderseite für die Zuordnung relevant sind (vgl. Wunderli 2005: 68). Das Modell von Chafe (1982) kommt der Sicht von Koch/Oesterreicher und ihrer Unterscheidung von Medium und Konzeption wohl am nächsten, weist allerdings einige Inkonsistenzen und nicht unbedingt einleuchtende Schlussfolgerungen auf (vgl. Ortiz 2008).[1] Das Modell von Koch/Oesterreicher macht die Oppositionen sicher am besten nachvollziehbar und war für die deutschsprachigen Sprachwissenschaften am folgenreichsten. Daher soll es nachfolgend in seiner Entwicklung ausführlich dargestellt werden.

---

1 Chafe (1982) setzt sich mit ritueller Sprache in der nordamerikanischen Sprache Seneca auseinander. Ausgehend von seiner Feststellung, dass rituelle Sprache ähnlich wie orale Literatur Gemeinsamkeiten mit geschriebener Sprache aufweist, entwickelt er ein Erklärungsmodell, in dem er von Aspekten ausgeht, die den Kriterien der Konzeption und der Nähe- und Distanzproblematik bei Koch/Oesterreicher sehr nahe kommen.

6.1.2 Das Modell von Koch/Oesterreicher (1985ff.)

Koch/Oesterreicher entwickeln in den 1980er Jahren einen Ansatz, der auf dem dreigliedrigen Varietätenmodell Coserius (↗ 3.6) aufbaut und in dem sie eine vierte Ebene anfügen, die heute u. a. als diamediale, diamesische, mediale und konzeptuelle (bzw. nur konzeptuelle) oder diakonzeptionelle Dimension bzw. Varietät oder als Nähe-Distanz-Dimension bezeichnet wird (vgl. u. a. Wunderli 2005: 66; Gabriel/Meisenburg 2007: 66, Dürscheid [3]2006: 42, Ágel/Hennig 2006a: x, Endruschat/Schmidt-Radefeld 2006: 218, Platz-Schliebs et al. 2012: 141). Koch/Oesterreicher (1985: 16) verweisen darauf, dass die Ergänzung des Modells erforderlich sei, da der Varietätenraum einer historischen Einzelsprache nur ausgeschöpft werden könne, „wenn man zusätzlich den dazu gewissermaßen ‚querliegenden' Aspekt *gesprochen/geschrieben* einbezieht, der n i c h t auf die diasystematischen Unterschiede reduzierbar ist". Es bestünden jedoch „Affinitäten zwischen gesprochener bzw. geschriebener Sprache und bestimmten Varietäten innerhalb aller drei Dimensionen des Diasystems" (1985: 16), etwa weil diatopisch stärker markierte Varietäten wie Dialekte dem Gesprochenen genauso näher stünden wie diastratisch ‚niedrig' einzustufende Varietäten wie ‚Volkssprache' oder Argots. In diaphasischer Hinsicht sei die Nähe der ‚niedrigeren' Register (‚familiär' usw.) zum Gesprochenen so offensichtlich, dass man sie in der Forschungsgeschichte immer wieder identifiziert habe, was der Umgang mit dem ‚schillernden' Begriff der Umgangssprache zeige (1985: 16). Dennoch könne die Unterscheidung geschrieben-gesprochen nicht der Diaphasie einverleibt werden: „Eigenständige Phänomene einer Varietätendimension 'gesprochen/geschrieben' liegen überall da vor, wo wir es mit sprachlichen Fakten zu tun haben, die weder diatopisch noch diastratisch noch diaphasisch festgelegt sind" (Koch/Oesterreicher 1990: 13).

Die Autoren greifen auf die wesentliche begriffliche Differenzierung von Söll (1974) zurück, der sich mit gesprochenem und geschriebenem Französisch auseinandergesetzt hatte. Im Bereich des *Mediums* kann für die beiden Realisierungsformen sprachlicher Äußerungen zwischen einem phonischen und einem graphischen Kode unterschieden werden. Gebärdensprache als dritte mögliche Realisierungsform bleibt in dem Modell unberücksichtigt. Im Hinblick auf die kommunikativen Strategien, hinsichtlich der *Konzeption* der Äußerung ließe sich die idealtypische Unterscheidung zwischen *gesprochener* und *geschriebener* Konzeption machen. Man kann also ‚wie gesprochen' schreiben oder ‚wie geschrieben' sprechen, wobei *gesprochen* und *geschrieben* immer als prototypische Größen zu sehen sind. Zum Vermeiden von Missverständnissen ersetzen die Autoren in späteren Arbeiten einige Termini oder ändern als Reaktion auf Kritiken Details des Modells. Da in Anwendungen des Modells durch andere Autoren die unterschiedlichen Termini und Teilaspekte bis heute zu finden sind, soll zum besseren Verständnis der Bezüge auf das Modell in seinen unterschiedlichen Ausprägungen die Entwicklung durch Berücksichtigung der älteren Darstellungen nachvollziehbar gemacht werden.

Die Differenzierung illustrieren die Autoren u. a. mit dem französischen Beispiel *il ne faut pas le dire* ‚man darf es nicht sagen'. In Abb. 6.1, in der zum besseren Verständnis ein deutsches Beispiel ergänzt wurde, zeigt die durchgezogene Linie zwischen phonischem und graphischem Medium an, dass es sich um eine Dichotomie handelt, dass also von *entweder phonisch oder graphisch* auszugehen ist. Die gestrichelte Linie dagegen soll ausdrücken, dass das Verhältnis zwischen geschriebener und gesprochener Konzeption im Sinne eines Kontinuums zwischen zwei Extremen anzusehen ist, auf dem zwischen zwei Polen unterschiedliche Ausprägungen möglich sind. Innerhalb der Kommunikationsmöglichkeiten gibt es bevorzugte, wahrscheinlichere Kombinationen, wie zwischen ‚gesprochen' + ‚phonisch' (z. B. vertrautes Gespräch) und zwischen ‚geschrieben' + ‚graphisch' (z. B. Zeitungsartikel), obwohl es auch Kombinationen wie ‚geschrieben' + ‚phonisch' (z. B. Parlamentsrede) und ‚gesprochen' + ‚graphisch' (z. B. Privatbrief) gibt.

Abb. 6.1. Zuordnungsmöglichkeiten von Medium und Konzeption (angelehnt an Koch/Oesterreicher 1990: 5 bzw. 2011: 3)

		Konzeption	
		gesprochen	geschrieben
Medium	graphischer Kode	faut pas le dire könn wir nich	il ne faut pas le dire das können wir nicht
	phonischer Kode	[fopal'di:ʀ] ['kønvaniç]	[ilnəfopalə'di:ʀ] [das'kønənvi:ɐniçt]

Zudem können alle Äußerungsformen aus der für sie typischen medialen Realisierung in das andere Medium transferiert werden, indem etwa ein Zeitungsartikel vorgelesen oder ein Gespräch schriftlich fixiert - transkribiert - wird (weitere Beispiele für Gesprächstranskriptionen sind die unter 5.8.1 gegebenen Auszüge aus Gesprächen mit Ausländern).

Wesentlich für das Verständnis von Mündlichkeit und Schriftlichkeit ist die Berücksichtigung ihrer universalen Charakteristika, also der übereinzelsprachlichen bzw. allen Sprachen gemeinsamen Merkmale, die sich in den Einzelsprachen (wo sie neben einzelsprachlichen Spezifika auftreten können) dann unterschiedlich manifestieren können. Eine Reihe von Faktoren bestimmt die Art und Weise der Kommunikation: In der Kommunikation der Interaktionspartner in ggf. wechselnden Gesprächsrollen (Produzent, Rezipient) entstehen Diskurse/Texte, die sich auf die außersprachliche Realität beziehen; dabei spielen die Linearität der sprachlichen Zeichen, die einzelsprachlichen Mittel und die außersprachlichen Umstände eine Rolle, ebenso die Einbindung der Interaktionspartner in personale, räumliche und zeitliche Felder (auf die durch die Deixis Bezug genommen wird), Kontexte und emotionale und soziale Bezüge (Koch/Oesterreicher ²2011: 6). Für die Charakterisierung der Äußerungsformen im Kontinuum zwischen ‚gesprochen' und ‚geschrieben' nehmen nun die folgenden - neben weiteren, nicht aufgeführten - aus diesen Faktoren herleitbaren Parametern eine wesentliche Rolle ein (Koch/Oesterreicher ²2011: 7):

a. Grad der **Öffentlichkeit**, für den die **Zahl der Rezipienten** (Zweiergespräch–Massenkommunikation) und Existenz bzw. Größe des Publikums relevant ist;
b. Grad der **Vertrautheit der Partner**, der von der vorgängigen gemeinsamen Kommunikationserfahrung, dem gemeinsamen Wissen, dem Ausmaß an Institutionalisierung der Kommunikation etc. abhängt;

c. Grad der **emotionalen Beteiligung**, die sich auf Partner (Affektivität) bzw. Kommunikationsgegenstand (Expressivität) richten kann;
d. Grad der **Situations-** und **Handlungseinbindung** von Kommunikationsakten;
e. **Referenzbezug**; entscheidend ist, wie nahe die bezeichneten Gegenstände und Personen der Sprecherorig a *(ego-hic-nunc)* sind (s. Bühler 1965: 102ff.);
f. **physische Nähe der Kommunikationspartner** *(face-to-face-Kommunikation)* vs. physische Distanz in räumlicher und zeitlicher Hinsicht;
g. Grad der **Kooperation**, der sich nach den direkten Mitwirkungsmöglichkeiten des/der Rezipienten bei der Produktion des Diskurses bemisst;
h. Grad der **Dialogizität**, für den v. a. die Möglichkeit und Häufigkeit einer spontanen Übernahme der Produzentenrolle bestimmend ist; der Dialogizität in einem weiteren Sinne können Phänomene wie 'Partnerzuwendung' etc. subsumiert werden (s. auch c) und e));
i. Grad der **Spontaneität** der Kommunikation;
j. Grad der **Themenfixierung**.

Bis auf e) und f) seien die Parameter graduell (mit dieser Feststellung reagieren die Autoren auf Kritiken an der Fassung von 1985 bzw. 1990, wo dies anders dargestellt war). Verschiedene mögliche Kommunikationsformen seien nun notwendigerweise durch ein Bündel bestimmter Kommunikationsbedingungen charakterisiert, die durch diese Parameter beschrieben werden könnten. Ein idealtypischer Privatbrief etwa sei durch die folgenden Parameter beschreibbar:

> a) Privatheit; b) Vertrautheit der Partner; c) relativ starke emotionale Beteiligung; d) keine Situationseinbindung/eventuell begrenzte Handlungseinbindung; e) Referenzbezug auf die *Sprecherorigo* nicht ohne weiteres möglich; t) physische Distanz; g) keine Kooperationsmöglichkeit bei der Produktion; h) streng geregelte Dialogizität (Briefwechsel!); i) relative Spontaneität; j) freie Themenentwicklung. (Koch/Oesterreicher [2]2011: 8)

Eine Predigt dagegen weise die folgenden Parameter auf:

> a) Öffentlichkeit; b) keine absolute Fremdheit; c) klar emotionale Komponenten; d) kaum Situations- und Handlungseinbindung; e) geringer Referenzbezug auf die *Sprecherorigo;* t) physische Nähe; g) keine Kooperationsmöglichkeit bei der Produktion; h) Monologizität; i) geringere Spontaneität; j) Themenfixierung. ([2]2011: 8)

Die Parameterstruktur kann durch konzeptionelle Reliefs dargestellt werden (s. Abb. 6.2.).

Abb. 6.2. Konzeptionelle Reliefs von Privatbrief (links) und Predigt (rechts) (Koch/Oesterreicher [2]2011: 8 und 9)

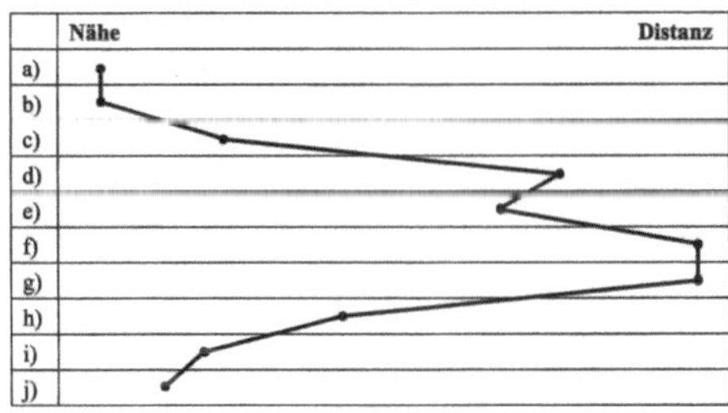

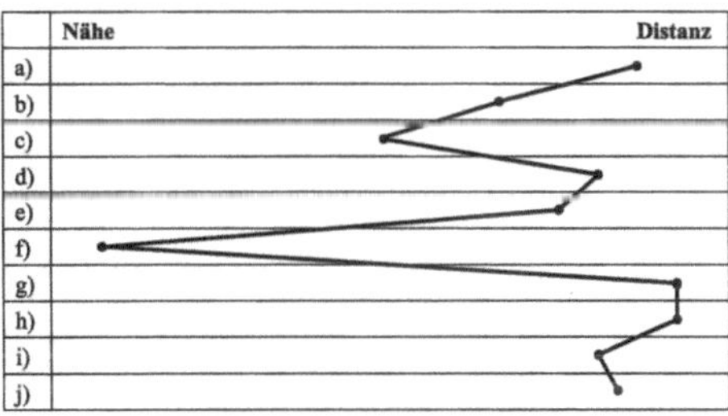

Die physische Distanz (Parameter f) weiten die Autoren metaphorisch aus und sprechen auch von sozialer Nähe bzw. Distanz (Parameter a bis d, g und h) sowie referenzieller Nähe/Distanz (Parameter e). Entsprechend schlagen sie vor, die Kommunikationsbedingungen, die sich aus den Parametern, ihrer Kombination und Gewichtung ergeben, mit den Ausdrücken ***kommunikative Nähe*** und ***kommunikative Distanz*** zu fassen ([2]2011: 10). Die schematische Anordnung der Äußerungsformen im Feld medialer und konzeptioneller Mündlichkeit und Schriftlichkeit in der Fassung von 1985 zeigt Abb. 6.3.

Abb. 6.3. Schema der Äußerungsformen im Feld medialer und konzeptioneller Mündlichkeit und Schriftlichkeit (Koch/Oesterreicher 1985: 18)

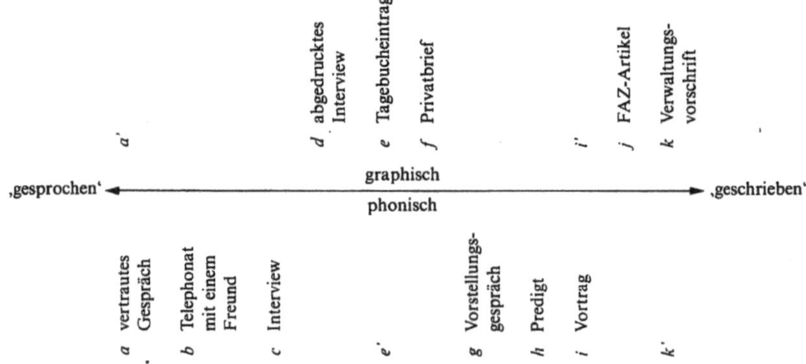

Abb. 6.4. Schema der Äußerungsformen im Feld medialer und konzeptioneller Mündlichkeit und Schriftlichkeit (Koch/Oesterreicher 1994: 588)[2]

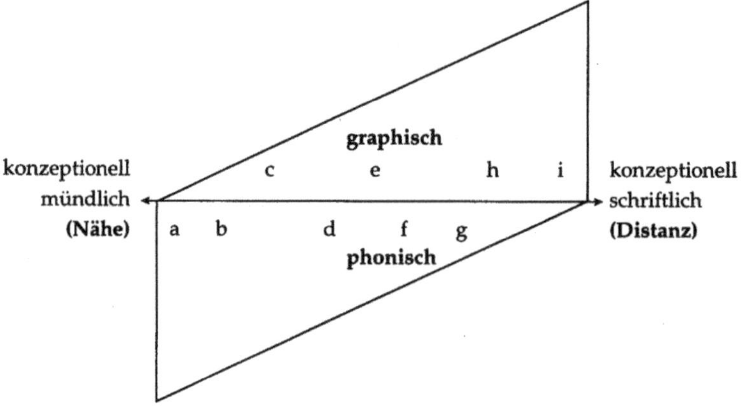

Der Deskriptor *gesprochen* steht hier im Sinne konzeptioneller Mündlichkeit, *geschrieben* im Sinne konzeptioneller Schriftlichkeit. In späteren Arbeiten ändern die Autoren zur besseren Abgrenzung zum graphischen Medium das 1985 eingeführte *gesprochen* in *konzeptionell mündlich* und *geschrieben* in *konzeptionell schriftlich* (s.

2 a = familiäres Gespräch, b = Telefongespräch, c = Privatbrief, d = Vorstellung, e = Zeitungsinterview, f = Predigt, g = wissenschaftlicher Vortrag, h = Leitartikel, i = Gesetzestext (Koch/Oesterreicher 1994: 588).

Abb. 6.4) und später dann jeweils zu *kommunikativer Nähe* und *kommunikativer Distanz* (Abb. 6.6).

Abb. 6.5. Nähe-Distanz-Kontinuum und konzeptionell-mediale Affinitäten (Koch/Oesterreicher 1985: 23)

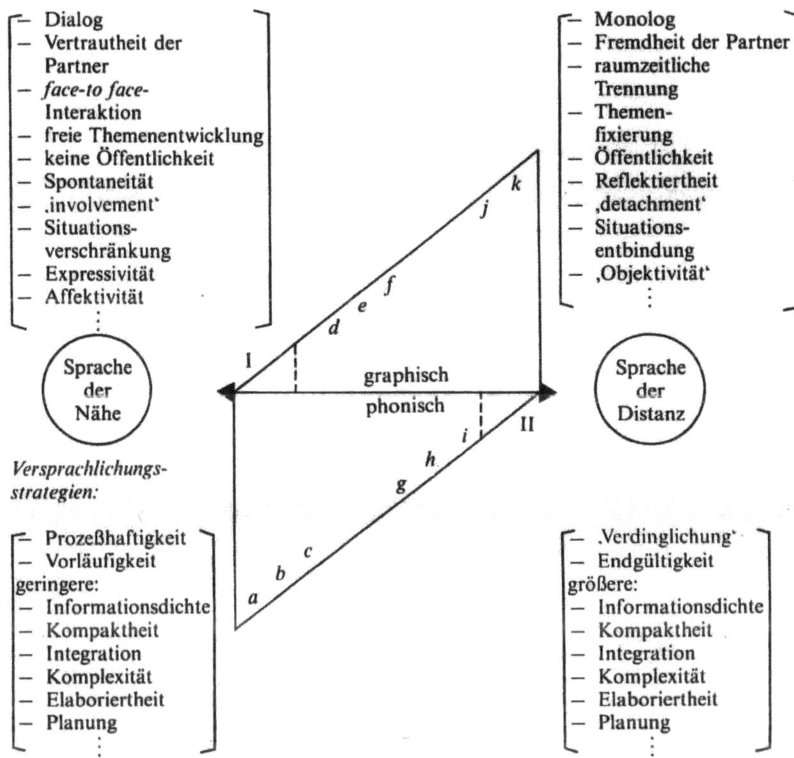

Die durch die Kommunikationsbedingungen beeinflussten Versprachlichungsstrategien der Nähe und der Distanz unterscheiden sich durch das Ausmaß, in dem die sprachlichen Äußerungen auf „Unterstützung" durch die Kontexttypen angewiesen sind. Koch/Oesterreicher (²2011: 11) denken dabei v. a. an:

1. **situativer Kontext**: in der Kommunikationssituation wahrnehmbare Personen, Gegenstände und Sachverhalte.
2. **Wissenskontext**:
   a) einerseits ein individueller Wissenskontext (gemeinsame Erlebnisse der Partner, Wissen übereinander etc.);
   b) andererseits ein allgemeiner Wissenskontext, der soziokulturelle und universal menschliche Wissensbestände umfasst (kulturelle Tatsachen, Werte; logische Relationen, physikalische und biologische Gesetzmäßigkeiten etc.).
3. **sprachlich-kommunikativer Kontext**: vorherige und folgende Äußerungen und Äußerungsteile, auch 'Ko-Text' genannt.
4. andere kommunikative Kontexte:
   a) **parasprachlich-kommunikativer Kontext**: intonatorische Phänomene; Sprechgeschwindigkeit, Lautstärke etc.;

b) **nichtsprachlich-kommunikativer Kontext**: begleitende Gestik, Mimik, Körperhaltung, Proxemik etc.

Während in der Nähesprache im Prinzip alle Kontexte umgesetzt werden könnten, sei in der Distanzssprache tendenziell mit Einschränkungen zu rechnen. Distanzäußerungen wiesen i. d. R. einen höheren Planungsgrad auf und seien daher elaborierter, während nähesprachliche Kommunikationsbedingungen tendenziell eher einen geringen Planungsgrad mit sich brächten. Aus diesem Umstand ergeben sich dann weitere Merkmale des Diskurses.

Abb. 6.6. Nähe-Distanz-Kontinuum und konzeptionell-mediale Affinitäten (Koch/Oesterreicher [2]2011: 13)

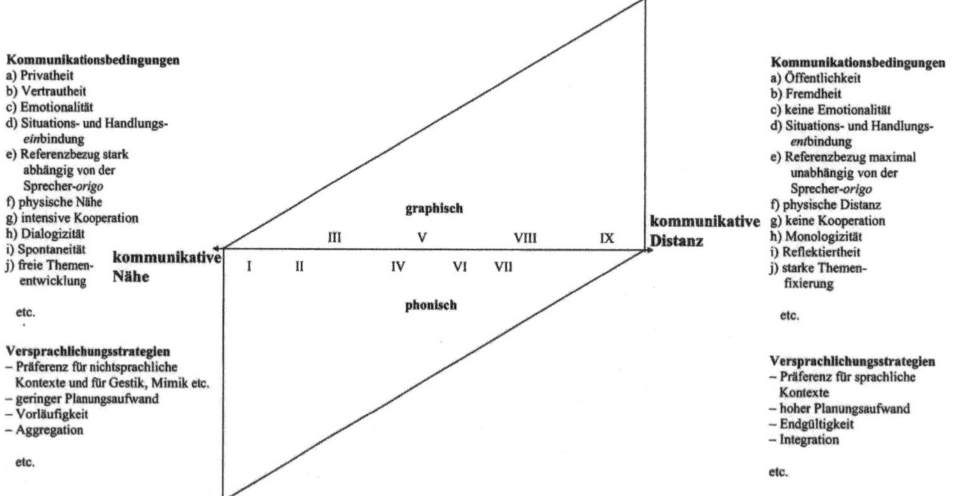

Die Affinitäten zwischen ‚verdinglichtem' graphischem Medium und konzeptioneller Schriftlichkeit (Distanz) einerseits und zwischen materiell ‚flüchtigem' phonischem Medium und konzeptioneller Mündlichkeit illustrieren die Autoren mit einem inzwischen schon klassischen Schema, das im Laufe der Zeit in einigen Punkten modifiziert wurde. In der ersten Fassung des Schemas von 1985 werden Sprache der Nähe und Sprache der Distanz explizit benannt (Abb. 6.5). Die in Abb. 6.5 gegebenen Buchstaben beziehen sich auf die Anordnung der verschiedenen Äußerungsformen in Abb. 6.3. Neben anderen Veränderungen (s. u.) gibt das überarbeitete Schema von 2011 an dieser Stelle kommunikative Nähe und kommunikative Distanz (Abb. 6.6). Weitere Veränderungen des Schemas bzw. der Darstellung betreffen Details wie die unter den Kommunikationsbedingungen aufgeführten Aspekte (s. u.). Die universal-nähesprachlichen Merkmale seien nun unmittelbar an die skizzierten Kommunikationsbedingungen und Versprachlichungsstrategien geknüpft und somit für konzeptionelle Mündlichkeit, „sei es im Lateinischen, im Französischen, Italienischen, Spanischen oder im Deutschen, Finnischen, Suaheli usw." (Koch/Oesterreicher 1990: 50, analog [2]2011) essentiell. In ihrer Aufzählung von Universalien gesprochener Sprache finden sich u. a.:

- im textuell-pragmatischen Bereich (Gesprächswörter und äquivalente Verfahren): Gliederungssignale (zur Markierung des Aufbaus mündlicher Diskurse); *turn-*

taking-Signale (zur Regulierung der Sprecherwechsel), Kontaktsignale (zur Herstellung und Aufrechterhaltung des kommunikativen Kontakts), Überbrückungsphänomene (zur Verzögerung, Erleichterung des Formulierens oder des Verstehens), Korrektursignale (zur Korrektur von sprachlichen ‚Fehlgriffen', gemeint sind also nicht Präzisierungen als sachlich-inhaltliche Klarstellungen), Interjektionen (zum Ausdruck von Emotionen hinsichtlich des Gesprächspartners – Affektivität – oder des Gesprächsgegenstands – Expressivität); Abtönung (zur Andeutung interaktionell relevanter Kontextbedingungen illokutionärer Akte);

- im textuell-pragmatischen Bereich (Makrostrukturen): Brüche, Sprünge, Inkonsequenzen, vermeintliche Widersprüche, Unvollständigkeiten als Ausdruck eines andersartigen, nähesprachlichen Kohärenztyps, der seine Verständlichkeit durch (situativen, kommunikativen, Wissens-) Kontext bekomme;
- im syntaktischen Bereich: Kongruenz-‚Schwächen', Anakoluthe (Brüche in der Konstruktion), Kontaminationen (Überführung einer Konstruktion in eine andere), Nachträge (als Form der Änderung der Aussage in Form einer Anfügung), Engführungen (semantische Präzisierung durch Doppelung einer syntaktischen Konstituente), ‚unvollständige' Sätze (Ellipsen u. ä.), geringe syntaktische Komplexität (Parataxe statt Hypotaxe);
- im semantischen Bereich: geringe Lexemvariation, Wortiteration (Wiederholung), *Passepartout*-Wörter usw.;
- im lautlichen Bereich: ‚nachlässige' Artikulation bei kommunikativer Nähe und ‚exakte' Artikulation in der kommunikativen Distanz.

Die Autoren verweisen ausdrücklich darauf, dass die universalen Erscheinungen der Nähesprache in vielen Studien nicht von den einzelsprachlichen Phänomenen abgegrenzt werden (1990: 124, analog [2]2011). Die von ihnen aufgeführten universalen Merkmale der Nähesprache seien nur dahingehend als universell zu verstehen, dass sie sich von den universalen Kommunikationsbedingungen und Versprachlichungsstrategien her *begründen* ließen. Einzelsprachlich sei der jeweilige Phänomenbereich unterschiedlich realisiert und strukturiert. Für Abtönung habe man im Deutschen etwa die mit Vorliebe gebrauchten Abtönungspartikeln, wogegen z. B. die romanischen Sprachen andere Verfahren zur Abtönung verwenden. Das Vorliegen bestimmter universal begründbarer Phänomene wiederum sei abhängig von der Existenz entsprechender einzelsprachlicher Kategorien: So sei das mündliche Erzählen im Präsens von einem entsprechenden Tempussystem abhängig (1990: 50, analog [2]2011).

Für Koch/Oesterreicher ist die eigenständige Dimension gesprochen/geschrieben als direkter Ausdruck des universalen Nähe-Distanz-Kriteriums eine vierte Varietätendimension; sie sehen diese als

> die eigentlich zentrale Varietät, da sie natürlich auf jeden Fall all jene einzelsprachlichen Fakten enthält, die sich aus den [...] einzelsprachunabhängigen Kommunikationsbedingungen und Versprachlichungsstrategien ergeben (cf. 1a in Abb. 6[.7]): linear-einfacher vs. hierarchisch durchstrukturierter Aufbau der Diskurse, schlichte vs. komplexe Syntax, 'ungenaue' vs. präzise Wortwahl etc. ([2]2011: 16–17)

Neben den universalen Merkmalen gesprochener vs. geschriebener Sprache umfasst die Varietätendimension 1 ihnen zufolge auch einzelsprachliche Fakten, die sich nicht, wie das aber in anderen Arbeiten häufig geschehe, in der Diaphasie erfassen ließen; es seien dies Fakten , die sich eben nicht anders als mit den Termini *gesprochen/geschrieben* bzw. *Nähe/Distanz* bezeichnen ließen (Ebene 1b in Abb.

6.7). Die zentrale Stellung dieser Dimension ergebe sich nun eindeutig daraus, „dass sie, als eigentlicher Endpunkt der Varietätenkette, Elemente aller drei anderen Dimensionen sekundär aufnehmen kann" und „dass demzufolge die drei diasystematischen Dimensionen sich in ihrer inneren Markiertheitsabstufung nach dem Nähe/Distanz-Kontinuum ausrichten" ([2]2011: 17) (s. Abb. 6.7).

Abb. 6.7. Der einzelsprachliche Varietätenraum zwischen Nähe und Distanz (Koch/Oesterreicher [2]2011: 17)

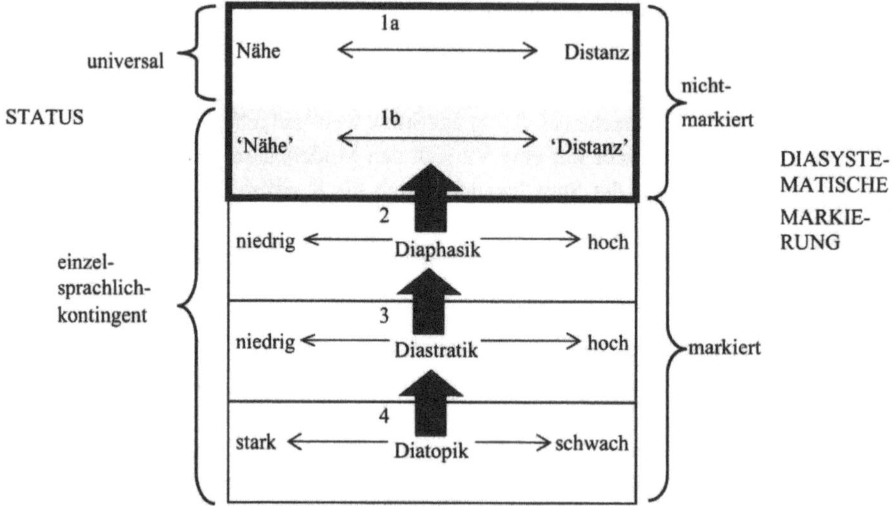

Das Modell von Koch und Oesterreicher ist im Laufe der Jahre verschiedentlich kommentiert und kritisiert worden, und es wurde eine Reihe von Verbesserungsvorschlägen formuliert. Wesentliche Bedenken gab es bezüglich der Parameter, und zwar sowohl im Hinblick auf ihre Beschreibung als auch hinsichtlich des Umgangs mit ihnen (vgl. Ortiz 2008: 48): Die Einteilung der Texte auf der Nähe-Distanz-Skala etwa scheint ohne quantitative Kriterien in der Praxis nicht objektiv umsetzbar; dafür müsste auch dargelegt werden, welche der Parameter überhaupt quantifizierbar seien; es fehlen mathematische Modelle zur Umsetzung von Textanalysen. Manche der Parameter seien nicht eindeutig abgrenzbar, etwa Parameter d) *Situations- und Handlungseinbindung von Kommunikationsakten* und Parameter e) *Referenzbezug*, da ein Text in einem bestimmten Kontext auch die Präsenz der diesem Kontext eigenen Faktoren impliziert. Die Unterscheidung von Parameter a) *Grad der Öffentlichkeit* und Parameter b) *Vertrautheit der Partner* wird ebenfalls als problematisch angesehen, da sich manchen Autoren die Frage stellt, ob der Ausdruck der Vertrautheit nicht auch vom Grad der Öffentlichkeit abhängt. Ebenso sei unklar, welche der Parameter auf Charakteristika der Texte und welche auf ihre Produktion bezogen seien. Parameter f) *Physische Distanz in räumlicher und zeitlicher Hinsicht* und Parameter e) *Referenzbezug* etwa beziehen sich offenbar auf die Umstände der Textproduktion, während Parameter i) *Grad der Spontaneität* und Parameter j) *Grad der Themenfixierung* sich auf textinhärente

Merkmale anwenden lassen (Ortiz 2008: 48). Auch Ágel/Hennig (2006b) halten das Modell aufgrund logisch-heterogener Bezüge für revisionsbedürftig:

> Dialogisch ist die Kommunikation und nicht deren Bedingungen; vertraut sind sich ja die Partner und nicht die Kommunikation; freie Themenentwicklung ist charakteristisch für die Dialoggestaltung; keine Öffentlichkeit ist nicht Bedingung, sondern ein äußerer Umstand der Kommunikation; spontan kann das kommunikative Verhalten der Partner oder eines Partners sein, genauso expressiv und affektiv. Unter Vorläufigkeit als Versprachlichungsstrategie können wir uns ehrlich gesagt gar nichts vorstellen. Geringe Kommunikationsdichte stellt auch keine Strategie dar, sondern ein wahrscheinliches Ergebnis der Nähekommunikation. Prozesshaftigkeit ist ein Merkmal, das ein externer Beobachter konstatieren kann, aber gewiss keine Strategie. (Ágel/Hennig 2006b: 13)

Da das Modell ihrer Ansicht nach zudem eine methodisch kontrollierbare praktische Umsetzung zur Ermittlung des Grades an Nähesprachlichkeit bzw. Distanzsprachlichkeits eines Korpus nicht ermöglicht, entwickeln Ágel/Hennig (2006b) das Modell von Koch/Oesterreicher weiter und unternehmen auf Grundlage eines Punktesystems für die einzelnen Parameter entsprechende Messungen.

Die mitunter geäußerte Kritik, das Modell von Koch/Oesterreicher berücksichtige nicht alle existierenden Parameter, ist angesichts der Hinweise auf Auswahl nur der wichtigsten Parameter und Andeutung der Offenheit der Listen durch drei Pünktchen bzw. „etc." in den Abbildungen absurd. Auf das Problem der Abgrenzung der Parameter reagieren Koch/Oesterreicher ([2]2011) nur sehr begrenzt. *Dialog* und *Monolog* z. B. wurden in der Version von 2011 in der Liste der Parameter in der Tat gestrichen, was als Reaktion auf die erwähnten Kritiken gesehen werden kann; auf die Infragestellung der Kreuzung der Parameter als unbefriedigende *ad-hoc*-Lösung (s. etwa Ortiz 2008) sind sie kaum eingegangen. Zwar haben Koch/Oesterreicher verschiedentlich darauf hingewiesen, dass jede Kommunikation notwendigerweise durch die Kombination der Werte der einzelnen Parameter definiert sei (s. etwa Oesterreicher 1994: 90), insbesondere angesichts des Fehlens von quantitativen Analysemodellen und Angaben zur Wertigkeit der einzelnen Parameter wird aber die Ermittlung eben dieser Werte und ihrer Kombinationsmöglichkeit und somit die praktische Umsetzbarkeit des Modells nach wie vor grundsätzlich in Frage gestellt. Eine über die rein theoretische Grundlegung hinausgehende Nutzung des Modells und die notwendigerweise damit verbundene Überprüfung der Parameter werden die Möglichkeiten ihrer Anwendbarkeit nach und nach offenlegen.

Oesterreicher (2010) weist darauf hin, dass sprachliche Techniken und Regeln nie direkt über die Kompetenz von Sprechern oder durch bestimmte Textbefunde zu identifizieren sind und somit allein mit quantifizierenden Verfahren nicht erfasst werden können. Regel- und Normgefüge müssten immer auch abstrakt, raum-zeitlich lokalisiert werden. Es sei erforderlich, „den Schritt von den Daten des Sprachvorkommens zu den Diskursen bzw. Texten zu Regeln und zu den Varietäten der historischen Ebene zu tun" (2010: 47). Damit reagiert er möglicherweise auf die Kritik an der noch mangelnden Quantifizierbarkeit der Parameter, kritisiert aber zugleich viele der in der Variations- und Korpuslinguistik durchgeführten Forschungsprojekte sowie die formallinguistische Forschung.

Ein weiterer Kritikpunkt betrifft die vermeintlich fehlende Passfähigkeit des Modells für die neuen Medienformate, etwa digital über das Internet bzw. mobile Endgeräte vermittelte Kommunikation wie E-Mail, Chat, SMS usw. Schon Crystal (2001) beschreibt die Sprache des Internets als *Netspeak* (2001: 24ff.), das er ausführlich und separat als unterschiedliche Varietäten (!) charakterisiert: die Sprache in E-Mails (2001: 94ff.), Chats (2001: 129ff.), virtuellen Welten (2001: 171ff.) und dem *worldwide Web* (2001: 195). *Netspeak* sei ein neues Medium, zwischen gesprochener und geschriebener Sprache, das gesprochene, geschriebene und elektronische Eigenschaften vereine (Crystal 2001: 48ff.).[3] *Netspeak* sieht er dabei als eine Sammlung unterschiedlicher Dialekte (s. Crystal 2001: 238) und erklärt:

> It [Netspeak] is, in short, a fourth medium. In language studies, we are used to discussing issues in terms of 'speech vs. writing vs. signing'. From now on we must add a further dimension to comparative enquiry: 'spoken language vs. written language vs. sign language vs. computer-mediated language'. (2001: 238)

Diese Auffassung der Existenz eigener Varietäten wurde in einigen Publikationen zurückgewiesen, aber auch andere Autoren weisen auf die grundsätzliche Problematik der neuen Medien hin. In diesem Zusammenhang wird auch auf ihre vermeintlich fehlende Repräsentation durch das zweiteilige Modell von Koch/ Oesterreicher hingewiesen und neben mündlicher und schriftlicher die digitale Kommunikation als zusätzliche Kategorie vorgeschlagen. Dürscheid (2003, 2004 vgl. 2006: 46–47) kritisiert, dass die Termini Nähe und Distanz als Eckpunkte des Kontinuums eine Korrelation nahelegen würden, die bei näherer Betrachtung nicht existiere, wie man an der Chat-Kommunikation sehen könne. Sie schreibt:

> Die nähesprachlichen Merkmale ›Dialog‹, ›Spontaneität‹ und ›freie Themengestaltung‹ treffen für den Chat zwar zu, die Kommunikationstrategien ›raumzeitliche Nähe‹, ›Vertrautheit‹, ›Privatheit‹, ›Situations- und Handlungseinbindung‹ sind aber nicht anwendbar. (Dürscheid [3]2006: 47)

Aus ihrer Sicht unterscheide das Modell nicht zwischen unterschiedlichen Formen der Kommunikation bzw. Kommunikationsbedingungen, was für die Betrachtung der neuen Medien aber erforderlich sei. Daher erweitert sie es: „Ich schlage vor, auf medial schriftlicher Ebene zwischen asynchroner, quasi-synchroner und synchroner Kommunikation zu unterscheiden" (Dürscheid 2004: 15). Sie differenziert dabei wie folgt:

a. medial schriftlich und synchron: echter Online-Chat;
b. medial schriftlich und quasi-synchron: Chat mit Turn-Verzögerung;
c. medial schriftlich und asynchron: E-Mail;
d. medial mündlich und synchron: Telefongespräch;
e. medial mündlich und asynchron: Anrufbeantworter-Nachricht.

Koch/Oesterreicher antworten in der Neuauflage des Modells Kritikern wie Dürscheid, wenn sie schreiben:

---

[3] Crystal geht zudem davon aus, dass die Sprache im Internet (oder ihre unterschiedlichen Varietäten!) unvermeidlich einen Einfluss auf die Sprache außerhalb des Internets haben kann, erläutert diese Vorstellung allerdings nicht ausführlich: „Language being such a sensitive index of social change, it would be surprising indeed if such a radically innovative phenomenon did not have a corresponding impact on the way we communicate" (2001: 237).

> Man könnte nun auf den Gedanken kommen, dass das Schema [...] [in Abb. 6.6], das allein die Medien Phonie und Graphie berücksichtigt, nicht ausreicht, die Komplexität dieser neuesten medialen Entwicklungen [„*E-mail*, SMS, *chat* etc.", ²2011: 12] zu erfassen. Einer solchen Einschätzung ist jedoch entschieden zu widersprechen. Es muss nämlich klar getrennt werden zwischen 'Medien' als physikalischen Manifestationen, die bestimmte sensorische Modalitäten ansprechen (Phonie → akustisch, Graphie → visuell), und 'technischen' Speicher- und Übertragungsmedien, wie Telephon, Internet etc. (cf. auch Raible 2006, 11–22). Selbst die neuesten Entwicklungen in der Elektronik bei Speicherung und Übertragung bauen im sensorischen Bereich letztlich immer nur auf dem akustischen Prinzip der Phonie oder auf dem visuellen Prinzip der Graphie auf. Es können daher selbstverständlich auch diese neuesten Kommunikationsformen und Diskurstraditionen mit unseren anthropologisch fundierten Kategorien erfasst werden. Der *chat* ist sogar eines der schönsten Beispiele dafür, dass im graphischen Medium eine relative, allerdings auch in diesem Falle noch limitierte Annäherung an dialogische, spontane Nähesprachlichkeit möglich ist. Was die durchaus innovativen, rein graphischen Verfahren, also Abkürzungen und Emoticons, wie etwa (deutsch) *hdl* [hab dich lieb] oder :-) angeht, so sind diese varietätenlinguistisch völlig irrelevant, konzeptionell aber immerhin im Blick auf die spontanitätsfördernde Schreibgeschwindigkeit von Belang. (Koch/Oesterreicher ²2011: 14)

Es geht also lediglich um die Differenzierung von Medium und Kanal![4] Die rasante Geschwindigkeit, mit der sich die Medien verändern bzw. neue Kommunikationsmedien dazukommen, wird manche der aktuell zu diesem Thema erscheinenden Publikationen einschließlich ihrer Aussagen zu den Besonderheiten und den vermeintlich limitierten Möglichkeiten der Annäherung an Nähesprachlichkeit möglicherweise schnell veralten lassen (vgl. in diesem Sinne Bagno 2012: 351). Sicher wird Spracherkennungssoftware neue Wege weisen. Systeme, die Gesprochenes in Schrift umsetzen und umgekehrt geschriebene Texte vorlesen gibt es schon jetzt;[5] darauf aufbauende effiziente Kommunikationssysteme könnten in Zukunft an Relevanz gewinnen und das Gefüge von Schriftlichkeit-Mündlichkeit und Nähe- und Distanzsprachlichkeit weiter dynamisieren.[6]

---

4 Bemerkenswert ist, dass in der Debatte die Gebärdensprache durchweg unberücksichtigt bleibt. Der Frage nach der Beschaffenheit von Kanälen zur Übermittlung von mündlichen, schriftlichen oder „visuell" über Zeichen bzw. Gebärden realisierten Nachrichten und der Unterscheidung zwischen Medium und Kanal kann hier nicht nachgegangen werden. Je nach Autor wird zwischen primären und sekundären Medien bzw. Kanälen, Kanälen und Signalen, materiellen, immateriellen, dauerhaften Kanälen, direkten und indirekten Medien, Werkzeugen oder Produktionsmitteln, Speicherapparaten, Speichermedien, Transportmitteln, Rezeptionsmitteln, materiellen, technischen, symbolischen, organisatorischen und inhaltlichen Aspekten von Medien usw. unterschieden, wobei dann die verschiedensten Positionen etwa zur Zuordnung von *Papier* (Werkzeug, Speichermedium, Kanal usw.) oder *E-Mail* (Werkzeug, Medium, Speichermedium, Kanal usw.) zu finden sind. Vgl. Grimm (2005, v. a. 95–97, und die bei ihm verzeichnete Bibliographie).

5 In der Übersetzungspraxis und im Übersetzungsunterricht wird Spracherkennungssoftware derzeit schon eingesetzt. S. dazu etwa Mees et al. (2013).

6 Diverse Chatsysteme, in denen man die Nachricht sieht, während der Gesprächspartner sie eingibt und schon Geschriebenes möglicherweise sogar wieder löscht, Messengersysteme, bei denen ungelesene Nachrichten unbegrenzt gespeichert bleiben, aber nach der Lektüre nach wenigen Tagen gelöscht werden, oder zum Zeitpunkt der Redaktion dieser Zeilen rela-

Besonders polemisch wurde die Frage nach der Darstellung der Ebene mündlich-schriftlich bzw. Nähe/Distanz als vierte Varietätendimension diskutiert; diese Debatte soll eingehender betrachtet werden.

6.1.3 Die Verortung der Opposition mündlich/schriftlich

Viele Autoren haben sich ausführlich mit der Frage nach der Rolle der Achse Schriftlichkeit/Mündlichkeit auseinandergesetzt; immer wieder wurde das viergliedrige Modell von Koch/Oesterreicher zurückgewiesen und für die Dreiteilung argumentiert oder die Opposition schriftlich/mündlich der Diaphasie zu- bzw. untergeordnet oder anderweitig in die Modelle aufgenommen.

Berruto (1987: 20–27) nimmt eine diamesische Achse mit den (von Nencioni 1976 übernommenen) Polen *scritto scritto* ‚geschriebene Schriftsprache' und *parlato parlato* ‚gesprochene Sprechsprache' in seinem Varietätenmodell als eigene Achse auf (↗ 3.7). Er rechtfertigt dies ausführlich und zwar explizit, da es umstritten sei, ob die diamesische eine eigene Varietätendimension darstelle. Einerseits seien gesprochener und geschriebener Gebrauch der Sprache zwei große Klassen von Situationen des Sprachgebrauchs, was ein gutes Argument für die Zuordnung als Unterkategorie der Diaphasie darstelle; andererseits laufe die Opposition geschrieben/gesprochen quer durch die Diaphasie und die anderen Dimensionen hindurch (s. Abb. 3.3) und sei nicht vollkommen auf die Opposition formell-informell zurückzuführen (1987: 22). Die Einführung als eigene Achse bei Berruto (1987) ist also auf die Intention zurückzuführen, diejenigen Aspekte zu erfassen, die in Abhängigkeit von der Art der Verwendung der Zeichen, geschrieben oder gesprochen, zu sehen ist und nicht vom Grad der Formalität bzw. Formalisierung abhängt (1987: 22). Später ordnet Berruto die diamesische Dimension dagegen eindeutig unter- bzw. innerhalb der diaphasischen Dimension ein (1993a; ↗ 3.7).

Albrecht sieht in der eher schriftlichen Verwendung von (i) und der eher mündlichen Verwendung von (ii), die beide von einem gebildeten Süddeutschen mit derselben Mitteilungsabsicht realisiert worden sein können, ausdrücklich lediglich eine „besondere Form der diaphasischen Variation" (Albrecht 1986: 76):

(i) Katrin behauptet, sie wisse nicht, wozu man einen Theodoliten braucht.

(ii) Die Katrin hat behauptet, dass sie nicht weiß, zu was man einen Theodoliten braucht.

---

tiv neue *mobile Apps* wie *Snapchat*, die verschickte Nachrichten bzw. Fotos wenige Momente nach dem Empfang automatisch löschen zeigen, wie schnell manche der Klassifizierungskriterien wie z. B. die Unvergänglichkeit von Schriftlichkeit (und somit auch manche der jüngeren Modellierungsversuche zur Abbildung der neuen Medien) immer deutlicher untauglich werden. Von manchen Autoren proklamierte neuartige „Medienmischungen" wie *Skypen* - Nutzung einer Software für Videotelefonie mit integrierter Instant-Messaging-Funktion und Dateiübertragung - sind dagegen mitunter nichts anderes als per Internet übertragene parallel oder „verzahnt" mündliche und geschriebene Kommunikation; die „analoge" Form, bei der man sich gegenseitig Notizen, Beispiele usw. auf einen Zettel schreibt, den beide Sprecher sehen können oder den man sich hin und her schiebt, während man sich unterhält, wurde dagegen bisher wohl noch nicht wissenschaftlich untersucht.

1990 wendet sich Albrecht dann mit mehr Vehemenz gegen die seiner Auffassung nach dazumal schon zur allgemeinen Meinung gewordene Auffassung von der Existenz der besagten vierten Dimension und sagt explizit, dass er es „für verfehlt halte, die geschriebene und gesprochene Sprachform für eigenständige Dimensionen der Variation einer historischen Sprache zu betrachten" (1990: 70); verstehe man unter dem Aspekt geschrieben/gesprochen die Teilkomponente Konzeption, „d. h. die angemessene Verwendung der beiden Sprachformen in den für sie ‚vorgesehenen' Situationen", so habe man es nicht mit einem querliegenden, sondern einem untergeordneten Aspekt zu tun (1990: 70). Auch später beharrt er auf dieser Position; aus pragmatischen Gründen verzichtet er in einer Einführung von 2005 darauf, die Frage zu diskutieren, ob die diamesische Variation als eigene Dimension der Variation anzusehen ist, die *quer* zu den drei klassischen Dimensionen läge (2005: 233), behandelt sie aber als Sonderfall der diaphasischen Dimension (↗ 8.1).

Coseriu selbst ordnet 1988 die diamesischen Unterschiede ganz entschieden dem diaphasischen Bereich zu:

> Die diaphasischen Unterschiede können – je nach Sprachgemeinschaft – beträchtlich sein, z.B. die zwischen gesprochener und geschriebener Sprache, zwischen Umgangs- und Literatursprache, zwischen familiärer und 'öffentlicher' (oder evtl. feierlicher) Sprachform, zwischen allgemeiner und Verwaltungs- oder 'Geschäfts'-Sprache. (Coseriu 1988a: 282)

Damit widerspricht er seinen Schülern Koch und Oesterreicher bezüglich der Sicht auf die diamediale als eigenständige Ebene und ihrer Überordnung über die anderen Achsen. V. a. diese Überordnung wird immer wieder angezweifelt, nicht zuletzt von Wunderli (2005: 66, Anm. 2), der unter Verweis auf die Positionen von Halliday und Berruto eine Gleichordnung mit den anderen Achsen sieht.

Koch (1999) zufolge ist die einzige Alternative zu der Auffassung, dass Diaphasie nur im Rahmen des Nähe-Distanz-Kontinuums funktioniere, der Nachweis, dass genau umgekehrt das Kontinuum innerhalb der Diaphasie liege, was, wie Lebsanft (2004: 206–207) darlegt, Schreiber in seiner Varietätenmodellierung gelungen sei. Schreiber (1999: 75) modelliert die Ebene der situativen Variation, die durch Sprachstile repräsentiert werde, wie folgt:

Situative Dimension der Variation (diaphasisch im weiteren Sinn)	Sprachstile, Situationssprachen
a) stilistischer Rang (diaphasisch im engeren Sinn)	Stilebenen, z. B. umgangssprachlicher Stil
b) Kommunikationsbereich/Funktion	Funktionalstile, z. B. Alltagsstil/-sprache
c) Konzeption/Medium	gesprochene vs. geschriebene Sprache

Wie Lebsanft (2004: 208) resümiert, ist die Ausgliederung von Nähe- und Distanzsprache aus dem Bereich der Diaphasie weder die einzige gangbare Lösung, wie dies Koch (1999: 160) vertritt, noch sei es, wie Oesterreicher (2000: 291) beteuert, aus methodologischer Sicht inakzeptabel, das Nähe-Distanz-Kontinuum der Diaphasie unterzuordnen. Kabatek (2000, 2001) wiederum unterstreicht, dass es ihm unnötig erscheine, den traditionellen Begrifflichkeiten zur Beschreibung der sprachlichen Varietäten weitere hinzuzufügen.

Abb. 6.8. Die Prägung der Architektur einer Sprache durch die Opposition zwischen Schriftlichkeit und Mündlichkeit (Kabatek 2001: o. S.)

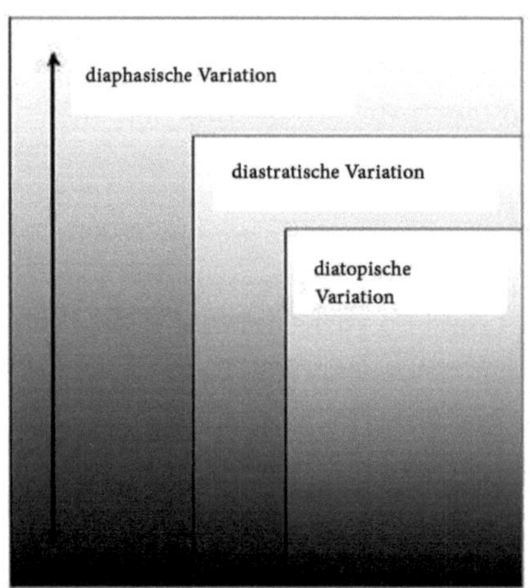

Für ihn liegt auf der Hand, dass die als diamesische Varietät oder als Varietät von Nähe und Distanz angesehenen Fakten wie Anakoluthe oder Korrekturen entweder universell sind und somit nicht der Grammatik einer bestimmten Varietät zugehörig seien, oder sie seien als Elemente der Diaphasie und somit als stilistische Elemente zu klassifizieren. Dazu erklärt Kabatek (2001: o. S.):

> Wenn wir nun in einer Sprache wie dem Französischen Frankreichs Elemente wie das *passé simple* finden, [eine Vergangenheitszeitform] die praktisch nicht in der Mündlichkeit vorkommen, so heißt dies, dass sie einer diaphasischen Varietät angehören, die üblicherweise vor allem geschrieben wird. Man könnte auch von einem "geschriebenen Stil", der diaphasisch hoch einzuordnen ist, sprechen.

Betrachtet man die Geschichte der Einzelsprachen, so wird deutlich, dass manche Varietäten geschrieben, andere nicht oder seltener als andere geschrieben werden, und die geschriebenen Varietäten, so Kabatek (2001: o. S.), seien mehrheitlich Texte aus dem Distanzbereich. Dies führe zu einer Identifikation bestimmter Varietäten mit der geschriebenen Sprache und anderer mit der gesprochenen. In Kultursprachen mit starker Präsenz der Schriftsprache – wie dem Deutschen – könne dies dazu führen, dass die gesamte diaphasische Varietät vom Unterschied zwischen Mündlichkeit und Schriftlichkeit geprägt sei. Damit wäre die gesamte Architektur einer Sprache durch die diaphasische Varietät und die Opposition zwischen Schriftlichkeit und Mündlichkeit geprägt, wie es in Abb. 6.8 dargestellt ist.

6.1.4 Fingierte Mündlichkeit

Eine besondere Form des Diskurses ist die v. a. in schriftlichen Texten wie Erzählungen, Romanen, Theaterstücken, Comics, aber auch audiovisuellen Texten wie Filmen oder Hörspielen gebrauchte sogenannte fingierte Mündlichkeit (Goetsch

1985) als Repräsentation der von den Charakteren gebrauchten Sprache.[7] Das Thema ist auch darum relevant, weil für viele Sprecher die fingierte Mündlichkeit die Hauptinformationsquelle über andere Varietäten ist und viele Stereotype über andere Varietäten über die fingierte Mündlichkeit verbreitet werden (↗ 7.2.3). In den letzten Jahrzehnten hat man sich zunehmend für dieses Phänomen interessiert. Die Forschung in der Sprachwissenschaft wurde dabei wesentlich durch die zunehmende Beachtung der Mündlichkeit in einem größeren Rahmen beflügelt, etwa durch die Untersuchung der historischen Entwicklung oraler und literaler Kulturen, Traditions- und Erzählstrukturen, wie sie Ong (1982) oder der Sonderforschungsbereich „Übergänge und Spannungsfelder zwischen Schriftlichkeit und Mündlichkeit" an der Universität Freiburg thematisierten (Holly 1996: 29). In der Sprachwissenschaft hat man sich verschiedentlich mit dem Thema auseinandergesetzt, und die Literatur ist inzwischen sehr umfangreich. Aus varietätenlinguistischer Perspektive hat sich Gregory (1967, s. Gregory/Carroll 1978) schon sehr früh mit den Unterschieden zwischen spontaner und nicht spontaner Rede und mit der Existenz von Texten beschäftigt, die mit der Absicht verfasst wurden, gesprochen oder gelesen zu werden. Im Rahmen seines bereits vorgestellten Ansatzes (↗ 3.4.2) unterscheidet er entsprechend auch zwischen zwei situationellen Varietäten: „THE SPEAKING OF WHAT IS WRITTEN TO BE SPOKEN AS IF NOT WRITTEN" (1967: 191) sowie „WRITTEN TO BE READ AS IF HEARD" (Gregory 1967: 193) (vgl. Gregory/Carroll 1987: 43). Ersteres trifft etwa auf Theaterstücke oder Drehbücher zu, Letzteres auf Dialoge in Romanen. Die wesentlichen Unterschiede zwischen dem Geschriebenen, das beim Spechen nicht gelesen klingen soll, und normaler gesprochener Sprache liegen für Gregory (1967: 192) darin, das Ersteres geplantes, vorbereitetes Verhalten ist, Letztere dagegen spontan. Ein Film oder Theaterstück kreiere die eigene Situation und die Muster der kontextuellen Beziehungen, habe einen Anfang und ein Ende und sei wesentlich kompakter als die Situationen, in denen Konversationen oder Monologe vorkommen. Im Modell von Koch/Oesterreicher ist fingierte Mündlichkeit über konzeptuelle Mündlichkeit beschreibbar. Wie Brumme/Espunya (2012: 7–8) hervorheben, ist das Forschungsinteresse an der fingierten Mündlichkeit zweierlei: Einerseits interessiert man sich für die Beziehung der fingierten Mündlichkeit zur „echten" gesprochenen Sprache, andererseits für die Art und Weise, in der Autoren, Übersetzer, Dialogbuchautoren für Synchronisationen usw. den Eindruck von Mündlichkeit evozieren bzw. Mündlichkeit ‚nachahmen'.

7 Im Deutschen ist auch der Terminus *fiktive Mündlichkeit* gebräuchlich, dazu finden sich mit Bezug auf dasselbe Phänomen u. a. auch *literarische Mündlichkeit, literalisierte Mündlichkeit, Mimesis der gesprochenen Sprache, Figurenrede* oder *Redewiedergabe*. Im Englischen finden sich u. a. *fictional orality, fake orality, feigned orality* und manchmal auch *fictive dialogue*; im Französischen wird u. a. *oralité écrite, oralité feinte* oder *oralité simulée* gebraucht, im Italienischen *parlato-scritto* oder *simulazione di parlato*, im Spanischen v. a. *oralidad fingida*, im Russischen *сказ* (*skaz*) im Sinne einer spontanen mündlichen Schilderung, während viele Sprachen keinen spezifischen Terminus besitzen (s. u. a. Brumme/Espunya 2012: 7). Anzumerken ist der Umstand, dass *oral* bzw. *orality* im Englischen seit dem Gebrauch von Ong (1982) im anthropologischen Kontext v. a. auf schriftlose Kulturen Bezug nimmt (etwa im Zusammenhang mit der Untersuchung von mündlicher Überlieferung, oraler Literatur usw.).

Fingierte Mündlichkeit stimmt insofern nicht mit der ‚echten' Mündlichkeit überein, als sie nicht einfach ein Abbild von ihr darstellt. Sie bewirkt den Eindruck oder die Vorstellung mündlicher Kontexte durch die Auswahl bestimmter Elemente, die als charakteristisch gelten oder aufgrund von Konventionen oder Normen verwendete Mittel der Repräsentation bzw. der Evokation (Freunek 2007: 28–30) der Mündlichkeit in der Fiktion sind. Es wird tendenziell also einer Tradition der Gestaltung bzw. Darstellung der fingierten Mündlichkeit gefolgt, wobei die Autoren auch ihre eigene Sicht auf die Mündlichkeit einbringen, etwa wenn es darum geht, wer wen in welchen Kontexten duzen oder siezen würde (s. Sinner 2012b). So werden z. B. Inkonsistenzen, Inkongruenzen, Abbrüche, Selbstkorrekturen, Überbrückungssphänomene in der fingierten Realität i. d. R. nicht genutzt, während andere Universalien gesprochener Sprache ausgiebig gebraucht werden. Wichtig sind zudem individuelle Stilmittel der Verfasser:

> Mündlichkeit in geschriebenen Texten ist nie mehr sie selbst, sondern stets fingiert und damit eine Komponente des Schreibstils und oft auch der bewußten Schreibstrategie des jeweiligen Autors. Das heißt aber, die fingierte Mündlichkeit läßt sich nicht alleine nach Kriterien beschreiben und beurteilen, die für mündliche Kommunikationssituationen in einer modernen Gesellschaft gelten oder die auf eine reine *oral culture* zutreffen mögen; vielmehr muß auch ihr Bezug zur Schriftlichkeit gesehen und ihr Stellenwert als Bestandteil des geschriebenen Textes gewürdigt werden. (Goetsch 1985: 203)

Je nach literarischer Tradition oder Schreibstil eines Autors werden in fiktiven Dialogen, Monologen oder jeglichem Diskurs der Charaktere oder des Erzählers z. B. bestimmte phonetische Charakteristika mit unterschiedlichen Funktionen wiedergegeben; diese können der Evokation von Dialekt, Ethnolekt, Soziolekt oder eines bestimmten Akzents dienen, um eine realistische Darstellung eines fiktionalen Schauplatzes einer Erzählung zu erzielen, oder zur Widerspiegelung spontaner oder alltäglicher Umgangssprache dienen, die eine Porträtierung realistischer Dialoge ermöglicht (Cadera 2012: 290).

Die Abweichung von der Standardaussprache z. B. als Ausdruck von dialektalen Variatäten oder idiolektalen Zügen wird in der Schreibung in manchen literarischen Traditionen durch Abweichungen von den orthographischen Konventionen repräsentiert; man spricht hier auch von *Augendialekt* (nach engl. *eye dialect*). Beispiele wären die Schreibungen <sarick> für berlinerisches *sage ich*, <wuz> für engl. *was* ‚war' oder <sed> für engl. *said* ‚sagte' zur Wiedergabe von dialektaler oder diastratisch niedrig markierter Aussprache. Dies ist allerdings v. a. in Sprachen möglich, deren orthographisches System keine engen Phonem-Graphem-Relationen aufweist, und entsprechend schwierig in Sprachen wie Spanisch oder Italienisch, in denen die Schreibung enger an der Lautung orientiert ist (Alsina 2012: 139–140). In den meisten Literaturen wird das dem *eye dialect* inhärente Paradoxon hingenommen, und Abweichungen von der Standardschreibung können geringe Bildung (im Gegensatz zu der durch korrekte Schreibung ausgedrückten ‚Normalität') ausdrücken (Walpole 1974: 193). Dittmar (2009: 66) schreibt – im Kontext der Auseinandersetzung mit unterschiedlichen Möglichkeiten der Transkription gesprochener Sprache –, man könne den Augendialekt auch als eine expressive literarische Umschrift bezeichnen, bei der der Lautklang ‚direkt' und auf unkonventionelle Weise wiedergegeben werde, was dazu führen könnte, dass sie als fremd wahrgenommen werde und dadurch besonders auffalle. Fehlende Standards führen dazu, dass mitunter selbst im Werk eines Autors, etwa in unterschiedlichen Schaffensperioden, unterschiedliche Verfahren zur Umsetzung derselben Ausdrucksbedürfnisse gebraucht werden, wie sich in den Comics von Brösel gut nachvollziehen lässt (s. Abb. 6.9).

Abb. 6.9. Auszug aus *Werner – Na also!* und *Werner – Volle Latte!* (Brösel 1996, 2002)

Lispeln – genauer gesagt der stimmlose Interdentallaut [θ] – wird von Brösel (1996) durch die Graphemkombination <sth> wiedergegeben, über die entsprechenden Stellen im Hand-Lettering eingezeichnete Tröpfchen verdeutlichen zudem, dass es sich um eine „feuchte" Aussprache handelt. In einer späteren Veröffentlichung von 2002 wird dasselbe Phänomen durch <th> und die eingezeichneten Tröpfchen wiedergegeben. Deutschen Lesern erschließt sich, dass es sich um Lispeln handelt, weil sie mit der Relation <th> – [θ] aus dem Englischen vertraut sind, aber entsprechende Konventionen für die schriftliche Repräsentation von Interdentallauten gibt es im Deutschen nicht, da diese nicht zum Phoneminventar der deutschen Sprache gehören.

In Dialogen in einem Roman des kubanischen Autors Guillermo Cabrera Infante dienen zur Kennzeichnung des Spanischen einer der Personen als kubanisch etwa Wiedergabe (i) der Ellision von /r/ oder /d/ zwischen Silben wie in <dale> für *darle*, <dejáme> für *dejarme* oder <me queo vestía> für *me quedo vestida*, (ii) der Wortkontraktionen wie <paluego> für *para luego* oder (iii) der Neutralisierung von /r/ und /l/wie <hablal> für *hablar* (Cadera 2012: 292). Für die Umsetzung solcher Abweichungen von der Rechtschreibung zur Wiedergabe phonetischer Charakteristika gibt es in den meisten Sprachen praktisch keine Regeln, allerdings bewegen sich die Autoren auch dann i. d. R. innerhalb der existierenden Traditionen (vgl. Cadera 2012: 289–290). Wesentlich ist der Umstand, dass in der fingierten Mündlichkeit auch gerade die Varietäten des Diasystems breiter genutzt werden (können), die sonst in der als „typisch" geltenden geschriebenen Sprache, also dem diaphasisch hoch einzuordnenden „geschriebenen Stil", i. d. R. eher nicht vertreten sind (s. die Ausführungen von Kabatek 2001, ↗ 6.1.2): diatopische Varietäten, diastratisch niedrig markierte Varietäten usw. Mit der Frage der fingierten Mündlichkeit hängt also auch die generelle Problematik der graphischen Wiedergabe von dialektalen Zügen oder diatopischen Varietäten eng zusammen. Verschiedene Sprachgemeinschaften haben für die Schreibung von Dialekt sehr unterschiedliche Grade der Toleranz entwickelt (Määta 2004: 321). Umschriften sind so gesehen auch die vielfach versuchten Verschriftlichungen von lokalen Dialekten, für die die Autoren neben „eigenen" Systemen häufig die Grapheme der ihnen bekannten Sprache auf die Dialekte anwenden. Dasselbe Phänomen ist auch für nicht normierte Sprachen bekannt, wo sich die Schreiber eines ihnen vertrauten Schriftsystems einer anderen Sprache bedienen und dieses ggf. an ihre Bedürfnisse anpassen; wie gezeigt ist fehlende Verschriftung eines der häufiger als Argumente für die Klassifizierung von Varietäten als Dialekte angeführten Kriterien (↗ 4.2.1). Ein Beispiel für eine solche „literarische Umschrift" ist der folgende Auszug aus einem schwäbischen Gedicht:

Dr Hausmann
I bin verheiratet und des scho lang,
und ds Sagen hatte nicht der Mann.
Vor kurzem aber, hand mir uns entschieda,
mei Frau isch in d'Arbeitswelt eing'stiega,
für mi sieht's jetz ganz anderst aus,
weil i bin jetz dr Herr im Haus. (Schwehr 2005: 17)

Die Schreibung diatopischer Varietäten wird aus naheliegenden Gründen auch von Laien unmittelbar mit der Verschriftlichung gesprochener Sprache gleichgesetzt; da die Domäne der Dialekte vielfach mit den Domänen der gesprochenen Nähesprache übereinstimmen, verwundert es nicht, dass diatopischen Varietäten verstärkt auch in der nähesprachlichen Kommunikation in den neuen Medien präsent sind (↗ 6.1.2). Da die Traditionen der Repräsentation von Mündlichkeit in verschiedenen Sprachen sehr unterschiedlich sein können, ist die Übersetzung fingierter Mündlichkeit eine besondere Herausforderung (↗ 8.1, 8.3).

In älteren Kultursprachen ist die geschriebene von der gesprochenen Sprache vielfach weiter entfernt, als dies bei in jüngerer Zeit verschrifteten Sprachen der Fall ist. Dies kann sich in einer entsprechend unterschiedlich großen Nähe der fingierten Mündlichkeit zur gesprochenen Sprache äußern. Sprachen, die zuvor nur in nähesprachlichen Kontexten verwendet wurden, müssen für die Repräsentation formeller Rede in einem zu übersetzenden Roman z. B. die entsprechenden Stilmittel möglicherweise erst schaffen. In jungen Literaturen werden literarische Modelle oftmals - etwa über Übersetzungen - aus anderen Sprachen adaptiert; dabei werden neue Genres mit einer neuen literarischen Sprache entwickelt, in denen auch stilistische Unterschiede zur gesprochenen Sprache durch die Autoren oder Übersetzer eingeführt werden. Dabei werden teilweise auch die Verhältnisse bzw. die entsprechenden Stilmittel aus den Sprachen, aus denen die Modelle übernommen werden, nachgeahmt. Die Übernahme von Diskurstraditionen ist in der Geschichte der Sprachen sehr bedeutsam, und das betrifft neben der Mündlichkeit und Schriftlichkeit natürlich auch die fingierte Mündlichkeit. In Untersuchungen der Diachronie stellt die Auseinandersetzung mit Mündlichkeit und Schriftlichkeit insgesamt eine besondere Herausforderung dar. Für die Rekonstruktion historischer mündlicher Sprache wird mitunter versucht, aus geschriebenen Texten über detektierbare Spuren von Mündlichkeit - etwa Schreibungen, die darauf hinweisen, wie der Schreiber etwas ausgesprochen haben könnte – Schlüsse hinsichtlich der Konstitution der Mündlichkeit zu ziehen (s. hierzu Koch/Osterreicher [2]2011, Oesterreicher 2004). Fingierte Mündlichkeit wird mitunter auch in der Erwartung analysiert, dadurch Informationen über die gesprochene Sprache früherer Epochen zu erhalten. So untersuchte man die Dialoge von Dramen, in denen als Dialektsprecher dargestellte Charaktere auftraten, um etwas über die diatopischen Varietäten vergangener Zeiten zu erfahren. Man hat aber durch Vergleich mit später gefundenen Aufnahmen oder durch Analyse moderner Sprachstände dieser Varietäten erkannt, dass die Wiedergabe oftmals nicht sehr akkurat war und dass bestimmte besonders auffallende Erscheinungen zur Charakterisierung gebraucht wurden, die nicht dem tatsächlich möglichen Lautstand entsprochen haben können (s. Thun 2005 zur geringen Authentizität von fingierter Mündlichkeit in Repräsentationen uruguayischer Gauchos in der Literatur und der entsprechend geringen Aussagekraft für linguistische Studien).

Einen besonderen Fall der Überlagerung von Diatopie und Diachronie in der fingierten Mündlichkeit stellt der Rückgriff auf diatopische Varietät(en) zur Charakterisierung historischer Sprachstände in Film oder Fernsehen dar. Als Beispiel kann hier die Praxis im serbischen Fernsehen erwähnt werden, in Historienfilmen, deren Handlung z. B. im 18. Jahrhundert angesiedelt ist, die Akteure die Varietät des Serbischen sprechen zu lassen, die in der im Norden von Serbien liegenden Region Vojvodina verwendet wird. Dies kann dann sogar dazu führen, dass Personen in Belgrad oder in Südserbien, die normalerweise nicht mit Personen aus der Vojvodina zu tun haben und daher mit deren Varietät nicht vertraut sind, das vojvodinische Serbisch im Alltag dann nicht diatopisch zuordnen sondern es als altmodisch klingend, „wie aus der Vergangenheit kommend", „wie aus der Romantik" empfinden: Vojvodinisch wird dann nicht mit der Vojvodina, sondern mit Historienfilmen assoziiert.

Der Gebrauch des – modernen – Schwedischen durch Hunderte oder Tausende Jahre alte Vampire in der US-amerikanischen Fernsehserie *True Blood*, die während der Redaktion dieser Zeilen mit viel Erfolg in verschiedenen Ländern ausgestrahlt wurde, dient dazu, das hohe Alter und die „nordische" Herkunft der Charaktere darzustellen. Für die US-amerikanischen Zuschauer spielt es keine Rolle, dass die Vampire nicht etwa Altnordisch sprechen. Bei einer Synchronisierung in das Schwedische – angesichts der Bevorzugung der Untertitelung im schwedischen Fernsehen unwahrscheinlich – wären die Übersetzer hier gefordert, um eine überzeugende Lösung zu finden (zur Übersetzung von Varietäten, ↗ 8).

6.2 Diachronie

Die diachrone Perspektive wurde in vielen varietätenlinguistischen Arbeiten und Darstellungen von Varietätengefügen lange Zeit nur am Rande erwähnt. Manchmal wird dies damit begründet, dass die historische Perspektive ein zu umfangreiches oder ein zu komplexes Thema darstelle, manchmal wird deutlich gemacht, dass der Grund darin liegt, dass die diachrone Perspektive mit den anderen Varietätendimensionen nicht vergleichbar sei, weil es nicht um Varietäten, sondern ihren Wandel gehe, oder dass man nicht wirklich von historischen Varietäten sprechen könne bzw. diese nicht zu den „Kernvarietäten" gehörten (s.

z. B. Nabrings 1981: 38, Dittmar 1997: 179–180). Da bei einigen Autoren bei der Auseinandersetzung mit der Architektur der Sprache die Existenz von vier Dimensionen - darunter die Diachronie - erwähnt wird, entsteht mitunter der Eindruck, es sei von einem viergliedrigen Varietätensystem auszugehen. Bei manchen Autoren wird ausdrücklich von Chronolekten oder zeitlichen Dialekten gesprochen (↗ 3.2). Nach anderen Positionen nimmt die Diachronie eine Sonderstellung ein und ist getrennt zu behandeln, da es in der diachronen Betrachtung um den Stand einer Sprache zu einem bestimmten Zeitpunkt gehe und jede Sprache zu einem bestimmten Zeitpunkt in bestimmte Varietäten aufgegliedert sei und somit keine diachronen Varitäten, sondern komplette Varietätenräume bzw. Architekturen einer Sprache zu unterschiedlichen Zeitpunkten angenommen werden könnten (↗ 1.3, 3.6; zur Berücksichtigung der historischen Perspektive auch 3.12, 5.4). Nach Albrecht (1986: 81) ist der chronologische Aspekt der Untersuchung von Sprachvariation vorgeordnet, da mittels des Kriteriums Zeit zunächst erst einmal festgelegt werde, welches Stadium einer Sprache zu untersuchen ist. Eine diachrone Dimension der Variation (↗ 1.3), so die verbreitete Sicht, ist als selbstverständlich vorauszusetzen, da von Veränderlichkeit und Kontinuität von Varietäten bzw. ihren Varianten über die Zeit auszugehen ist, Varietäten im Hinblick auf den Faktor Zeit also von der Frage des Sprachwandels nicht zu trennen seien. Dies liegt auf der Hand, wenn man berücksichtigt, dass die Konstituierung von Varietäten im Laufe der Geschichte vor sich geht, die Ausgliederung von Sprachräumen ebenso wie die Differenzierung diastratischer Varietäten, die mit der Entstehung sozialer Unterschiede in einer Gesellschaft zu sehen sind, somit an Zeitverlauf geknüpft sind. Bei der Betrachtung von Diatopie und Diachronie wurde aufgezeigt, dass bei der Klassifizierung von Varietäten und der Darstellung diatopischer Kriterien die diachrone Perspektive häufig eingebracht wird (↗ 4.9).

Sprachgeschichte und Veränderlichkeit über die Zeit spielen bei der Auseinandersetzung mit Varietäten immer wieder eine wichtige Rolle. Der Wandel einer Varietät stelle jedoch Nabrings zufolge lediglich „zeitlich aufeinanderfolgende ‚homogene' sprachliche Systeme" (1981: 38) dar. Diese Perspektive ist zu hinterfragen. Ähnlich wie im Fall der Kritik an der Konzeption der Gesellschaft als geschichtete Torte (↗ 5.3) ist wohl auch die Existenz unterschiedlicher Architekturen nicht als eine durch klare Zäsuren getrennte zeitliche Abfolge von Varietätensystemen zu verstehen. Die Annahme aufeinanderfolgender homogener Systeme impliziert aber solche sauberen Schnitte zwischen ganzen Systemen. Vielmehr ist wohl eher von im zeitlichen Ablauf ineinander verzahnten, sich allmählich verändernden Varietäten auszugehen. Geographisch isolierte Varietäten verändern sich langsamer als Sprachkontakten ausgesetzte urbane Varietäten, so dass in der diachronen Perspektive die einen Varietäten im Zeitverlauf durch eine stärkere Konstanz von Varianten geprägt sind, andere dagegen durch stärkere Veränderung[8]. Die trotz ihrer kontinuierlichen Weitergabe innerhalb der Gruppe der

---

[8] Ellena (2011: 4) zufolge war die historische Grammatik der Dialekte über Jahrzehnte der einzige intensiv betriebene Bereich der internen Varietätengeschichte, was - in einigen Sprachen - zu einem fundierten und breiten Wissen über strukturelle Entwicklungen, v. a. auf der Ebene der Phonologie und Morphologie, geführt hat, wogegen die Vernachlässigung

Gleichaltrigen stetige Veränderung der Jugendsprachen z. B. steht neben anderen Varietäten, die sich ungleich langsamer oder in wesentlich geringerem Ausmaß verändern. Erst ein Blick mit größerem Abstand, etwa der Vergleich des Sprachstands der deutschen Sprache in den Jahren 1920, 1950, 1980, 2010 zeigt deutliche Unterschiede aller Varietäten des ganzen Systems, macht die Diachronie auf der Ebene des Diasystems sichtbar. Man könnte so gesehen also nicht von diachronen Varietäten, wohl aber von der Diachronie der Diasysteme einer historischen Sprache sprechen. Dies wären dann sozusagen die von Nabrings erwähnten zeitlich aufeinanderfolgenden sprachlichen Systeme, wenngleich die Einschnitte, die Momentaufnahmen der Systeme als willkürlich gewählt gelten müssen. Gegen die Annahme von diachronen Varietäten einer Sprache spricht aus Sicht von Nabrings, dass die aufeinanderfolgenden Systeme den Sprechern nicht gleichzeitig zur Verfügung stehen können, nicht Teil ihrer Sprachkompetenz sind. Wenn man ‚eine Sprache sprechen' versteht als „über eine Menge von sprachlichen Varietäten zu verfügen, dann können solche Varietäten, die kein Sprecher (mehr) aktiv verwendet, auch nicht zum System der Varietäten dieser Sprache gerechnet werden" (Nabrings 1981: 38). Wir kennen als Sprecher nur Teile der früheren Sprachstände einer Sprache, nur Ausschnitte aus dem Varietätengefüge. Diese Kenntnis solcher Ausschnitte der nicht mehr aktiv verwendeten Sprachvarietäten erlaubt es uns aber z. B., alte Texte noch zu verstehen, oder, weil man sich mit vergangenen Sprachständen auseinandergesetzt hat, Werke wie Sebastian Brants *Narrenschiff* von 1494 zu lesen, die andere deutschsprachige Personen ohne Hilfe von Wörterbüchern nicht mehr zu verstehen vermögen. Die Kenntnis nicht mehr aktiv verwendeter Sprachvarietäten erlaubt es uns zudem, z. B. ein Theaterstück so zu schreiben, dass den Lesern auffällt, dass es in der Vergangenheit spielt, selbst wenn nur aus *Teilen* eines Diasystems der Vergangenheit „zitiert" wird, die zur Erzielung bestimmter stilistischer Effekte – und somit innerhalb der diaphasischen Dimension – gebraucht werden (vgl. auch Albrecht 1986: 81).

Die diachrone Varietätenlinguistik dient der Erkenntnis über den Aufbau früherer Sprachstände, also der Konstitution historischer Diasysteme, etwa der Beschreibung des Varietätenraumes *x* zu einem Zeitpunkt *y*. Der Vergleich mit früheren oder späteren „Momentaufnahmen" aus der Evolution einer Sprache erlaubt dann ggf. auch Aussagen über Sprachwandel. Somit ist Varietätenlinguistik einerseits immer an die zeitliche Perspektive geknüpft, umgekehrt sind aber historische Sprachwissenschaft bzw. Sprachgeschichte und Sprachwandelforschung immer an Varietätenlinguistik geknüpft (auch wenn viele Autoren genau diesen Aspekt nicht berücksichtigen). Sämtliche Bereiche der Sprachwissenschaft sind also im Prinzip mit der historischen Perspektive und der Frage der Zeit verknüpft. Auch angewandte Bereiche wie Sprachplanung oder Sprachlehre, die eine

---

syntaktischer, textueller und diskurstraditioneller Phänomene schon länger moniert werde. In jüngerer Zeit werden Dialektdaten auch in Arbeiten zur theoretischen historischen Sprachwissenschaft vermehrt berücksichtigt, weil man aufgrund einer angenommenen geringeren Standardisierung der Dialekte – und einem entsprechend geringeren Druck auf bestimmte Varianten – zunehmend davon überzeugt ist, dass sie einen wesentlichen Beitrag zur Beantwortung grundlegender Fragen des Sprachwandels leisten können; vgl. etwa de Vogelaer/Seiler (2012); ↗ 4.3.

Veränderung des Status einer Varietät oder der Sprachkompetenz der Lerner zwischen einem Zeitpunkt *x* und einem späteren Zeitpunkt *y* bewirken sollen, müssen immer mit dem Faktor Zeit operieren. Ihre Leistungen sind stets nur durch den Vergleich der jeweiligen Varietäten (sei es hinsichtlich ihrer Domänenbesetzung und Anwendbarkeit für bestimmte Zwecke, sei es in ihrer Beschaffenheit) zu unterschiedlichen Zeitpunkten bzw. hinsichtlich des Erreichens eines nach einer bestimmten Zeit erwarteten Sprachstands zu bewerten.

Die Sprachgeschichtsschreibung nähert sich der Sprachgeschichte auf diverse unterschiedliche Arten und Weisen; Sprachgeschichte kann als Transformationsprozess der Sprachen mit eigenen universellen Regeln verstanden werden oder als Geschichte einer Sprache, deren Rekonstruktion auf Grundlage regulärer und kognitiver Erklärungen erfolgt; man versucht, Sprachgeschichte ausgehend von den im Spracherwerb und der sprachlichen Variation konstatierten Entwicklungsprinzipien zu erfassen, oder untersucht Sprachgeschichte als Ergebnis bewusster Einwirkung auf die Entwicklung einer Sprache, etwa durch normierende Instanzen und Sprachgesetzgebung; Sprachgeschichte kann schließlich auch als Geschichte der Texte und Diskurse in ihrem kulturellen Kontext oder Umfeld verstanden werden (Brumme 2002: 1107). Sprachgeschichte beschreibt und analysiert, so Brumme (2002: 1108), die Dynamik, die eine bestimmte Sprachgemeinschaft, die mehr als ein sprachliches System benutzt hat, zu einem Prozess der Annäherung bzw. sprachlichen Einigung bewegt hat. Zudem untersucht sie die Art und Weise, wie das verbleibende System dann in bestimmten zeitlich und räumlich begrenzten Bereichen verwendet wird und analysiert die Konsequenzen des Annäherungs- und Vereinigungsprozesses für die interne Vereinheitlichung des Systems. Damit ist Sprachgeschichte immer auch als Varietätenlinguistik zu verstehen. Die Rekonstruktion der Sprachvariation kann z. B. dazu beitragen, Sprachwandel und Koexistenz von Varianten aufgrund der Langsamkeit der sprachlichen Veränderungen nachzuweisen, wie das im Fall des Spanischen gezeigt wurde, wo man auf diese Weise die Herausbildung des Standards auf Grundlage der Variation, die Differenzierung verschiedener sprachlicher Varietäten und die Herausbildung unterschiedlicher nationaler Standards erklären konnte, die in einer polyzentrischen Norm (↗ 4.2.2) „zusammenfließen" (Brumme 2002: 1108–1110).[9] Ein Diasystem ist das Ergebnis einer historischen Entwicklung, die sich in seiner Beschaffenheit widerspiegelt; dieser Zustand ist jedoch selbst wieder vergänglich, vorübergehend, und die in einem Diasystem in der Gegenwart feststellbare Variation kann als mögliche Grundlage zukünftigen Sprachwandels angesehen werden; in diesem Sinne sind Varietätenlinguistik und Sprachgeschichtsschreibung ineinander verzahnt (Brumme 2002: 1110). In den letzten beiden Jahrzehnten hat sich die Sicht auf Sprachgeschichte als Beschreibung der Genese und Veränderung von Varietätengefügen vermehrt durchgesetzt (vgl. Koch 2003: 102).

---

9 Die Darstellung der Variation bzw. von Varietäten in historischer Perspektive wirft automatisch das Problem der Quellen auf (Brumme 2002: 1110). Insbesondere für die Rekonstruktion der gesprochenen Sprache ist vielfach über die Adäquatheit bestimmter Quellen debattiert worden. Zugänge bietet – trotz der Problematik der Authentizität – z. B. die Analyse fingierter Mündlichkeit (↗ 6.1.4).

Es wurde allerdings bereits gezeigt, dass Divergenzen zwischen den Varietäten unterschiedlicher gleichzeitig lebender Generationen - also den Varietäten *eines* historischen Diasystems zu einem bestimmten Zeitpunkt - nicht unbedingt als Sprachwandel missverstanden werden dürfen (↗ 5.4.2). Dass bei manchen Autoren alters- oder generationsspezifische Varietäten dennoch als diachrone Varietäten klassifiziert werden, könnte einem falschen Verständnis der Bedeutung generationenspezifischer Varietäten im Diasystem geschuldet sein oder muss als abweichendes Verständnis von *Diachronie* bzw. *diachron* interpretiert werden (↗ 3.6.4, 5.1, 5.5; vgl. Spiekermann 2010). Dessen ungeachtet steht die Frage beobachtbarer generationeller Unterschiede in der Sprache dennoch in engem Zusammenhang mit Sprachwandel, wenn generationenspezifischer Gebrauch ausgeschlossen wird. In diesem Sinne ist die Frage nach der Rolle der einzelnen Sprechergenerationen - als der in eine sich verändernde Gesellschaft und eine sich wandelnde Umwelt eingebundenen Personen - für die Entwicklung der Sprache doch auch wesentlich. So ist Neuland (2012: 7) beizupflichten, wenn sie, wenn auch sprachlich ungeschickt, so doch sehr programmatisch, fragt: „haben bestimmte Generationen nicht entscheidende Auswirkungen [= Einfluss] auf Sprachgeschichte und Sprachwandel ausgeübt?".

Veränderungen in der Sprache sind vielfach an außersprachliche Veränderungen geknüpft, sei es z. B. aufgrund der Veränderungen des Prestiges bestimmter Sprechergruppen oder des Wunsches, sich von neu entstehenden sozialen Gruppen abgrenzen zu wollen ↗ 5.5), sei es aufgrund des Wandels der sozialen oder materiellen Umstände. In vielen Sprachen lässt sich z. B. eine Veränderung im Bereich der Lexik feststellen, die mit verbesserten Hygienebedingungen in direktem Zusammenhang stehen. Wusch man sich früher (selten) den Kopf, so wäscht man sich heute (oft) die Haare, und dasselbe Phänomen finden wir fast identisch in anderen Sprachen, etwa dem chilenischen Spanisch, wo statt *lavarse la cabeza* ‚sich den Kopf waschen' heute von den meisten Sprechern *lavarse el pelo* ‚sich die Haare waschen' gesagt wird. *Sich den Kopf waschen* klingt für Sprecher der unterschiedlichsten Sprachen antiquiert, und in einigen Sprachen ist es tatsächlich nur noch in der Sprache der älteren Menschen zu dokumentieren, die noch die Zeiten erlebten, in denen es nicht üblich war, sich mehrmals in der Woche *die Haare* zu waschen, sondern man am Ende der Arbeitswoche über einer Waschschüssel *den ganzen Kopf* wusch. Das oben erwähnte Nebeneinander verschiedener Varianten und ihre sich allmählich verschiebende Häufigkeit kann in einer diachron vergleichenden Perspektive also als Sprachwandelerscheinung identifiziert werden. Eine besondere Rolle kommt dem Sprachkontakt zu. Wandel geht zwar von einzelnen Personen aus, in gesellschaftlichen Sprach- oder Varietätenkontaktsituationen kann aber der Umstand, dass die Sprecher einer bestimmten Varietät beim Erwerb einer anderen Varietät ähnliche Spracherwerbsmuster und ähnliche Übertragungen von ihrer Muttersprache auf die erlernte Varietät aufweisen, zu einer Potenzierung bzw. zur Beschleunigung von Sprachwandel und sogar zur Herausbildung neuer Varietäten führen (↗ 7.2).

Länger schon ist man sich darüber einig, dass es keinen Diskurs bzw. „keine Rede ohne Rückführbarkeit auf generelle Muster gibt" (Stempel [2]1975: 175). Zunehmende Bedeutung wird daher in der diachronen Perspektive den sogenannten Diskurstraditionen beigemessen: konventionalisierte, als Normen fungierende Muster bzw. Modelle oder Techniken, die der Produktion und Rezeption von Diskursen zugrundeliegen (s. Coseriu 1980b, Schlieben-Lange 1983, Koch 1997, Oesterreicher 1997, Aschenberg 2003, López Serena 2007). Dies können z. B. Gattungen (Märchen, Rätsel, Volkslied, Sonett, Gesetzestext, Essay, Trauerrede usw.), Gesprächsformen (wie Beichtgespräch, Wegauskunft, Verkaufsgespräch, Vorstellungsgespräch) oder Stile (Manierismus usw.) sein (Koch/ Oesterreicher 2011: 5). Die Überlegungen zu Diskurstraditionen wurden aus dem Sprachkompetenzmodell von Coseriu heraus entwickelt, das von einer kulturell bedingten Sprachkompetenz als Wissen, das der Sprecher bei der Text- bzw. Diskursproduktion anwendet (Coseriu 1988b: 1), ausgeht. Coseriu zufolge ist das Sprechen eine allgemein-universelle Tätigkeit, die von Individuen als Vertreter von Sprachgemeinschaften mit gemeinschaftlichen Traditionen des Sprechenkönnens in bestimmten Situationen individuell realisiert wird. Coseriu unterschied drei Ebenen des Sprechens, denen drei Typen des Wissens entsprechen (s. Tab. 6.1, ↗ 3.6.1).

Tab. 6.1. Ebenen des Sprechens (nach Coseriu 1988b: 89)

universelle Ebene	Sprechen im Allgemeinen	elokutionelles Wissen
historische Ebene	konkrete Einzelsprache	idiomatisches Wissen
individuelle Ebene	Diskurs/Text	expressives Wissen

Auf diesem Ansatz, der die historische Ebene als Ebene der Einzelsprachen mit ihren einzelsprachlichen Normen erfasst, baut der Ansatz der Diskurstraditionen auf, der von der besonderen Bedeutung der Diskurs- bzw. Texttraditionen als Tradition ausgeht, die von der Geschichte der konkreten Einzelsprachen unabhängig zu betrachten sei. Letztere wäre damit als Historizität der Diskurse zu begreifen, die auf der individuellen Ebene in den sprachlichen Handlungen der Individuen umgesetzt wird. In diesen spiegeln sich danach die in einer Sprachgemeinschaft zuvor produzierten Diskurse bzw. Texte sozusagen als Ergebnis des diskursiven bzw. textuellen „Gedächtnisses" der Sprachgemeinschaft wider (s. Tab. 6.2). Über die Zuordnung des expressiven Wissens auf die historische oder auf die individuelle Ebene wird polemisch diskutiert; Lebsanft (2005, 2006) etwa ist der - gut begründeten - Auffassung, dass das expressive Wissen - also auch das Diskurstraditionen-Wissen - der individuellen Ebene zuzuordnen ist, was Koch (2008 : 55) zurückweist.

Tab. 6.2. Ebenen des Sprechens (nach Koch 1997: 45)

universelle Ebene	Sprechen im Allgemeinen	elokutionelles Wissen
historische Ebene	konkrete Einzelsprache	idiomatisches Wissen
	Diskurstradition	expressives Wissen
individuelle Ebene	Diskurs/Text	

Texte kann man also als Resultat der Aufeinanderfolge der vor ihnen produzierten und rezipierten Texte ansehen, und entsprechend ist bei der Untersuchung von Texten in historischer Perspektive die Ermittlung von Textmustern vor dem Hintergrund der sie begründenden Traditionen zu untersuchen (Aschenberg 2003: 2). Wie Aschenberg (2003: 5) darlegt, erzeugen Diskurstraditionen „textuelle

Gleichförmigkeiten, die den Einzeltext als einer – metaphorisch gesprochen – historischen ‚Reihe' zugehörig erkennbar werden lassen".[10] Während manche Autoren Diskurstraditionen nicht nur zur Akzentuierung der Historizität von Texten, sondern in grundlegender Opposition zu Begriffen wie Textsorte und Texttyp verstehen (s. dazu Aschenberg 2003: 4), gehen andere davon aus, dass Textsorten das einzelsprachliche Resultat von Traditionen der Vertextung und zugleich Inspiration oder Teil der ihnen nachfolgenden Textsorten sind. Textsorten seien also einzelsprachliche Phänomene, die jedoch in einzelsprachenübergreifenden Diskurstraditionen verankert sind. Damit folgen sie stets immer auch einzelsprachenübergreifenden Regeln. Aschenberg (2003: 5) erscheint es sinnvoll, *Diskurstradition* „im Sinne von konkret am Text selbst aufgezeigten Formen textueller Generizität" zu fassen, um die Operationalisierbarkeit des Begriffs zu gewährleisten; mit Aspekten wie Textumfang, thematischer Disposition, Diskurseinleitung und -ende, sprachlichen Verfahren der Gestaltung in Mikro- und Makrostruktur usw. seien die konzeptionellen Traditionen zu berücksichtigen.

In jüngerer Zeit wird v. a. von der deutschsprachigen Romanistik ausgehend debattiert, ob es sich bei Diskurstraditionen um eine weitere Varietätendimension handelt.

Zum Weiterlesen:

In der englischsprachigen Sprachwissenschaft viel rezipiert ist Halliday (1989) zu gesprochener und geschriebener Sprache. Zur Perspektive der Schriftlinguistik s. Dürscheid (^{3}2006). Fingierte Mündlichkeit wird ausführlich in dem von Brumme/Espunya (2012) herausgegebenen Band behandelt. Noch immer lesenswert ist die Grundlegung der Studien zu primären oralen Kulturen von Ong (1982, dt. 1987). In Goetsch (1987) wird das Thema des Gebrauchs von Dialekten in der Literatur betrachtet. Zur Umfeldtheorie s. Aschenberg (1999). Zu Diskurstraditionen s. den Sammelband von Schrott/Völker (2005) und darin v. a. den Überblick der Herausgeber. Zu Sprachwandel s. Croft (2000), Keller (^{2}2003) und Wegera/Waldenberger (2012).

Aufgaben

1. Kontrastieren Sie die Ansichten zur Unterscheidung von Mündlichkeit und Schriftlichkeit und zum Vorliegen einer eigenen schriftlich-mündlichen Varietätenachse bzw. der Existenz von Mediolekten bzw. einer diamedialen Dimension bei Koch/Oesterreicher (1985, 1990, 1994, ^{2}2011), Albrecht (1986, 1990), Schreiber (1999), Löffler (^{3}2005: 80–94) und Dürscheid (2006: 23–62) und erstellen Sie eine Übersicht der angeführten Kriterien bzw. Argumente.

---

[10] Texte stehen an einer Schnittstelle zwischen Diskurs und Textserien, und so müssen beide untersucht werden, um die Individualität von Texten zu bemerken oder zu ergründen (Haßler 2000, 2002: 562 und Oesterreicher 1994). Zur Analyse der Beziehungen von Texten zu ihnen vorangehenden Texten hat sich die Untersuchung von methodologischen oder pragmatischen Textserien als Resultat von Texttraditionen auf Textebene etabliert; sie erlaubt die Herausarbeitung von Referenztexten, also hinsichtlich ihrer Wirkung auf nachfolgende Diskurse besonders bedeutenden Texten. S. hierzu die Übersicht bei Sinner (2012a: 44–49).

2. Vergleichen Sie die Haltung zur Rolle von Schriftlichkeit und Mündlichkeit in den in Kap. 3 vorgestellten Modellen und bestimmen Sie, durch Konsultierung der Primärquellen, die Gründe dafür, gesprochene und geschriebene Sprachen als eigenständige Varietäten anzusehen oder ihnen einen anderen Status beizumessen.
3. Analysieren Sie das Modell von Koch/Oesterreicher in der ursprünglichen und der modifizierten Fassung und diskutieren Sie dann die genannten Kritikpunkte von Ágel/Hennig (2006b).
4. Suchen Sie für die von Koch/Oesterreicher (²2011) gegebenen Universalien gesprochener Sprache Beispiele aus dem Deutschen oder einer anderen Sprache.
5. Lesen Sie Koch/Oesterreicher (1990: 5–16 und ²2011: 3–19) und Dürscheid (2003, 2004, ³2006: 42–53) und diskutieren Sie die Berechtigung von Kritik und Entgegnung.
6. Erstellen Sie konzeptionelle Reliefs für a) den Brief eines Anwalts an das Gericht; b) den Nachrichtenüberblick einer Nachrichtensendung im staatlichen Fernsehen; c) die Neujahrsansprache eines Präsidenten; d) ein Telefonat mit einem Kundendienstmitarbeiter einer Fluglinie; e) die Sprache in Comics wie *Mafalda* (↗ Abb. 8.1–8.4) oder *Werner* (↗ Abb. 6.9).
7. Diskutieren Sie das Problem, dass bei der Überarbeitung, beim Korrekturlesen usw. auch Inkohärenzen, Kongruenzfehler usw. in einen Text eingefügt werden können, z. B. bei Änderung eines Verbs ohne Änderung der dazugehörigen Präposition.
8. Diskutieren Sie aus Sicht des Modells von Koch/Oesterreicher einen Text, in den im Überarbeitungsmodus eines Textverarbeitungsprogrammes - möglicherweise von mehreren Bearbeitern und dem Autor selbst - Kommentare und nachvollziehbare Korrekturen eingegeben wurden. Beachten Sie insbesondere Aspekte wie Dialoghaftigkeit und Bezüge auf im Text „anwesende" Aspekte.
9. Analysieren Sie die Sicht von Kailuweit (2009) auf das Modell von Koch/Oesterreicher. Vergleichen Sie die Aussagen zu Aspekten wie Gebrauch der Emoticons mit der Sichtweise von Koch/Oesterreicher (²2011: 14). Diskutieren Sie die Sicht von Kailuweit auf die von ihm als „Regieanweisungen" (2009: 13) bezeichneten Phänomene.
10. Welche Möglichkeiten der Analyse gesprochener Sprache bieten das *Diachronic Electronic Corpus of Tyneside English*, das *Corpus de Referencia del Español Actual*, das *Corpus de Référence du Français Parlé* oder weitere Korpora für diese oder andere von Ihnen gesprochene Sprachen? Welches sind jeweils die Nachteile oder Einschränkungen?
11. Mark Twains *Huckleberry Finn* ist nicht in Standardenglisch, sondern einer Missouri zuordenbaren diatopischen Varietät geschrieben. Analysieren Sie das Werk und bestimmen Sie, wie der Autor die diatopische Varietät darstellt.
12. Was versteht man unter der Methode des *spoglio linguistico*?
13. Diskutieren Sie die Aussage „So implizieren die Medien ‚Papier' oder ‚Brief' einen Autor oder Briefschreiber, die mündlichen Situationen, z. B. ‚Kirche' oder ‚Alltag' den Prediger bzw. den alltäglichen Zeitgenossen" (Löffler ³2005: 81–82).

7. Sprachkontakt und Varietätenlinguistik

Mehrfach ist in den vorhergehenden Kapiteln auf die besondere Bedeutung von Mehrsprachigkeit und Sprach- und Varietätenkontakt hingewiesen worden, etwa, dass Sprachkontakt Sprachwandel bewirken oder zur Herausbildung neuer Varietäten führen kann oder in Sprachkontaktsituationen verschiedene Varietäten unterschiedliche Alltagsdomänen einnehmen. Nachfolgend werden aus varietätenlinguistischer Perspektive wesentliche Aspekte der Sprachkontaktforschung genauer betrachtet.

7.1 Terminologische und konzeptuelle Grundlagen

Zu den zentralen Termini der Sprachkontaktforschung gehören die Termini *Bilinguismus* und *Diglossie*. Seit seiner Einführung in die wissenschaftliche Diskussion durch Ferguson (1959) hat der Terminus *Diglossie* in der Soziolinguistik ungeheuren Aufschwung genommen (Meisenburg 1999: 19), wurde aber nach und nach erweitert und hat dadurch mehrere verschiedene Bedeutungen zugeordnet bekommen. Ferguson führte den Terminus ein, um damit eine sprachliche Situation zu bezeichnen, in der zwei Formen *derselben* Sprache in ihrer Verwendung spezialisiert sind (seine Beispiele waren Griechisch, Arabisch, Schweizerdeutsch, Französisch und Créole auf Haiti). Eine *high variety* (H) wird in der Kirche, in der Politik, an Schulen und Universitäten, in den Radionachrichten, in der Presse sowie in der Dichtung verwendet, also in allen offiziellen Funktions- bzw. Lebensbereichen (Domänen) und insbesondere im schriftlichen Gebrauch. Eine *low variety* (L) dagegen ist die Volkssprache, die in nicht-offiziellen Situationen mündlich verwendet wird und keine schriftliche Form entwickelt hat. Der Terminus wurde v. a. von Gumperz (1962) und Fishman (1967) erweitert auf jede sprachliche Situation, in der eine funktionelle Differenzierung zwischen dem Gebrauch zweier verschiedener Sprachformen (die nicht, wie bei Ferguson, Formen ein- und derselben Sprache zu sein brauchen) vorliegt. Der Terminus hat danach bei manchen Autoren noch weitere Änderungen und Erweiterungen erfahren, die ihn aus kritischer Sicht jedoch unbrauchbar machen (s. Schlieben-Lange 1973; Meisenburg 1999, Sinner 2001). In jüngerer Zeit wird die Tragfähigkeit des Konzepts diskutiert, da der strikt komplementäre Gebrauch von zwei Varietäten in Frage gestellt wird und man zweifelt, ob Diglossie überhaupt als eine Zweisprachigkeit eigenen Rechts betrachtet werden könne; insbesondere die Anwendung auf die Situation des Schweizerdeutsch wird zunehmend kritisiert, da es sich um eine nicht prototypische Zweisprachigkeit handle und das Schweizerdeutsche einen Sonderfall von Sprache darstelle (Christen et al. 2010: 12). Der Prestigeunterschied zwischen L (Schweizerdeutsch) und H (Standarddeutsch) sei in der Schweiz nicht so stark ausgeprägt wie in anderen nationalen Zentren des Deutschen, falls nicht gar umgekehrt, was mit Fergusons Varietätenzuordnung unvereinbar sei (Ammon 1995:

286).[1] Stellt nun Diglossie eine Art von sprachlicher Ordnung auf soziokultureller Ebene dar, so ist Zweisprachigkeit bzw. Bilinguismus als Charakterisierung des individuellen sprachlichen Verhaltens zu verstehen (Fishman 1967: 34). Der Terminus der Zweisprachigkeit bzw. des Bilinguismus (bei einigen deutschsprachigen Autoren, möglicherweise durch den Einfluss des Englischen, *Bilingualismus*) ist noch deutlich stärker erweitert, eingeschränkt oder nach Bedarf verändert worden als der der *Diglossie*. Dies macht ihn zu einer undurchsichtigen und somit häufig leider auch höchstgradig missverständlichen Bezeichnung. Je nach Autor kann Bilinguismus die muttersprachliche oder „perfekte" Beherrschung zweier Sprachen oder aber bereits eine sogar ungenügende Beherrschung mehrerer Sprachen umfassen (womit also bei manchen Autoren bereits die Beherrschung von als Fremdsprachen erlernten Sprachen als Zwei- oder Mehrsprachigkeit aufgefasst wird (Oksaar 1972: 481). Selbst das Verständnis von *Muttersprache* ist nicht unumstritten; der Versuch, sie als (zeitlich) erste Sprache neu zu definieren, hat sich als problematisch erwiesen, da in einer mehrsprachigen Umgebung manche Kinder praktisch gleichzeitig zwei oder mehr Sprachen erwerben können, die erste vom Kind erworbene Sprache eine andere als die der Mutter, des Vaters oder von beiden Eltern bzw. als die von der Gemeinschaft zuerst erworbene Sprache sein kann usw. (Denison 1984: 1). Darstellungen von Sprachkontaktsituationen sind oft aufgrund fehlender Definitionen der grundlegenden Terminologie zur Kennzeichnung der Arten von Zwei- oder Mehrsprachigkeit nicht nachvollziehbar. Eng verküpft mit der Verteilung von Varietäten auf unterschiedliche Domänen sind das Prestige der Varietäten selbst bzw. die erwähnten Einstellungen der Sprecher zu den Varietäten (Attitüden, ↗ 2.1, 4.8).

Von besonderer Relevanz für das Verständnis von Sprachkontakt sind die Termini *Interferenz*, *Integration* und *Code Switching*. Zwar wird auch *Interferenz* in den Arbeiten zum Sprachkontakt nicht einheitlich verwendet, es setzt sich aber zunehmend die Sichtweise durch, dass darunter lediglich diejenigen Erscheinungen zu fassen sind, die auf eine Beeinflussung der Strukturen einer Sprache durch die Strukturen einer anderen Sprache in der Rede, also auf individueller Ebene zu verstehen sind. Die Beeinflussung muss dabei nicht zwangsläufig zu Normverstößen führen, denn bisweilen beschränkt sich das Vorliegen von Interferenz z. B. lediglich auf veränderte Gebrauchsfrequenzen bestimmter sprachlicher Elemente, ohne dass ein unmittelbarer Normverstoß vorläge (s. Sinner 2001). Auf der Ebene des Systems konstatierbare Erscheinungen, die in der diachronen Perspektive auf den Einfluss eines anderen Systems zurückgehen, stellen dagegen keine Interferenzen dar, sondern sind bereits in das System der Sprache integrierte Elemente, also Integrate wie Lehnwörter, Lehnübersetzungen usw. Als *Code Switching* bzw. Kodewechsel schließlich bezeichnet man die Alternanz von Elementen aus zwei oder mehr Sprachen innerhalb von Äußerungen oder zwischen Äußerungen.

---

1 Koch/Oesterreicher ([2]2011) bringen die diglossische Aufteilung der Domänen zwischen den romanischen Volkssprachen und dem Lateinischen in der Geschichte der Herausbildung der romanischen Sprachen mit der Frage der Nähe- und Distanzsprachlichkeit in Zusammenhang; die volkssprachlichen Domänen seien dabei jeweils die nähesprachlichen, die lateinischen Domänen die distanzsprachlichen Bereiche gewesen; ↗ 6.1.2.

Es wird in der Kontaktlinguistik inzwischen kaum noch daran gezweifelt, dass mehrsprachige Personen in Abhängigkeit von der angenommenen Sprachkompetenz ihrer Gesprächspartner, dem Grad der Formalität einer Situation usw. alternieren können zwischen einem „einsprachigen Modus" ihrer Sprache (in dem sie sich so weit wie möglich auf das sprachliche Material einer ihrer Sprachen beschränken) und einem „zweisprachigen Modus" ihrer Sprache (in dem sie auf das sprachliche Material beider Sprachen zurückgreifen); der zweisprachige Modus einer Sprache ist durch den Gebrauch von Elementen aus der jeweils „komplementären" Sprache, insbesondere eine hohe Frequenz von *Code Switching*, gekennzeichnet (Lüdi/Py 1984, Lüdi 1996: 240–241). *Code Switching* gilt damit als Indikator der sprachlichen Fähigkeiten und Kreativität des zweisprachigen Sprechers und wird nicht mehr als Anzeichen von fehlender Sprachkompetenz interpretiert wie dies lange gängig war (s. Poplack 1980, Lüdi 1995). In zweisprachigen Gemeinschaften und in der Kommunikation mit anderen Zweisprachigen können die Sprecher ihre Sprachen aus rhetorischen, stilistischen usw. Gründen abwechseln, genau wie einsprachige Sprecher sich für dieselben Zwecke verschiedener diatopischer, diastratischer und diaphasischer Varietäten bedienen.

Sieht man von den Untersuchungen zur Herausbildung von Sprachräumen (wie bei von Wartburg 1936) und der Auseinandersetzung mit der Frage der Substrate, Superstrate und später auch der Adstrate ab, so rückte erst mit der Hinwendung zu soziolinguistischen Themen auch die Frage der Auswirkung von Migration verstärkt ins Blickfeld der Sprachwissenschaft. Setzte sich die Sprachkontaktforschung mit Sprachkontakten jeglicher Art auseinander, so betrachtet die in jüngerer Zeit stärker in Erscheinung getretene Migrationslinguistik mit der Erforschung und Darstellung der sprachlichen und soziolinguistischen Aspekte von Migration und den daraus resultierenden Sprachkontaktsituationen (Stehl 2011b: 33) einen enger definierten Teilbereich.

Zwar hat es seit der Hinwendung zur Berücksichtigung sozialer Variation in der Sprache seit den 1960er Jahren eine deutliche Zunahme von Arbeiten zu der in Städten gesprochenen Sprache gegeben, dennoch beklagte man noch in den 1980er Jahren, dass Dialektologen und Linguisten die empirische Auseinandersetzung mit städtischen Varietäten noch immer meiden würden. Im Anschluss an die Studien Labovs setzte man sich dann im Rahmen der Stadtsprachenforschung zunehmend mit den in besonderer Weise durch das Zusammenspiel von Diatopie und Diastratie gekennzeichneten Varietäten urbaner Räume auseinander. Dies steht im Einklang mit der zunehmenden Verstädterung bzw. Urbanisierung; seit 2007 lebt mehr als die Hälfte der Weltbevölkerung in urbanen Räumen! Stadtsprachen entwickeln sich verstärkt im Rahmen von Binnenmigration und Einwanderung (vgl. Dittmar 1997: 194) und sind somit stets im Hinblick auf Varietäten und Sprachkontakt zu sehen. Entsprechend vereint die auch urbane Soziolinguistik genannte Stadtsprachenforschung u. a. die Untersuchung von soziolinguistischen und raumlinguistischen Fragestellungen mit Aspekten der historischen Sprachwissenschaft und der Analyse sozialer Netzwerke. Milroy hatte mit ihren Arbeiten zur sozialen Vernetzung von Sprechern bereits aufgezeigt, dass Sprachgebrauch über den Raum hinausgehend mit der Bewegung im Raum und den sozialen Kontakten korreliert (↗ 1.2.2). Eine besondere Herausforderung stellen die sprachlichen Realitäten der Großstädte dar. Als wesentliche Dimensionen werden die Einwohnerzahl, die Dichte ihres physischen und sozialen Zusammenlebens und ihre soziale und kulturelle Heterogenität gesehen; zusammen mit der großen Mobilität und den verschiedenen Kontakten zwischen diastratischen Varietäten innerhalb der sozialen Netze schlagen sie sich auf die sprachlichen Prozesse nieder. Insbesondere die strukturellen sprachlichen Prozesse wie etwa Koineisierung, die durch die massiven Sprach- und Varietätenkontakte ausgelöst werden, wecken in den letzten Jahren zunehmend das Interesse der Sprachwissenschaftler und treten an die Seite nun schon traditioneller kontaktlinguistischer Fragestellungen wie die Analyse von Interferenzen (Ploog/ Reich 2005, 2006). Auf viele der besonderen Anforderungen an die Untersuchung der Sprache in Städten, wie die spezifischen sozialen Bedingungen und Kommunikationsstrukturen und die nur selten gebührend berücksichtigte enge Vernetzung der Städte mit dem Land (s. Würth i. D.) weist bereits Zimmermann (1989: 111–114) hin.

Bemerkenswert ist so gesehen das weit zurückgehende Interesse an Sprachinseln, den von anderen Sprachen oder deutlich unterschiedlichen Varietäten umgebenen Sprachgemeinschaften mit dichten, nach innen gerichteten kommunikativen Netzwerken, deren Sprecher sich der Distinktivität ihrer Varietät bewusst sind und diese häufig auch zu erhalten suchen. Hat man den demographisch relevanten Städten lange den Rücken gekehrt, war die Sprachinselforschung trotz der relativ gesehen geringen Sprecherzahl der Sprachinseln und ihrer i. d. R. geringen Relevanz für die Gemeinschaften, denen sie rein sprachlich „zugehörig" sind, für die Sprachwissenschaft besonders interessant. Dies kann wohl mit der Überschaubarkeit der Sprachinseln erklärt werden, mit den in Sprachinseln oft leichter kontrollierbaren und analysierbaren Faktoren des Sprachwandels und der sprachlichen Konvergenz sowie mit der Möglichkeit, durch Vergleiche der sprachlichen Entwicklungen in Sprachinseln unter verschiedenen Kontaktbedingungen das Verhältnis von Wandel und Konvergenz und das Zusammenspiel interner und externer Sprachwandelphänomene zu erhellen (Rosenberg 2003).

Seit dem letzten Jahrzehnt des letzten Jahrtausends hat sich angesichts der deutlichen Mobilisierung der Bevölkerung, der zunehmenden Verlagerung größerer Bevölkerungsgruppen und der Wandlung vieler westlicher Gesellschaften in „Einwanderungsländer" und der sich ändernden - zunehmend besser qualifizierten - Zuwanderung sowie des sich allmählich ändernden Status der Zuwanderer in den aufnehmenden Ländern der Blick auf die Auswirkungen der Migration erneut erweitert, und es sind beständig neue Forschungsfragen hinzugekommen. So wurden nach den Studien zur Veränderung der Sprachgewohnheiten durch Abbruch „lektaler Ketten", Spracherwerb durch die Zuwanderer der ersten und zweiten Generation, Spracherhalt, Sprachwechsel und Sprachverlust und der Beziehung zwischen Sprache und Identität zunehmend Aspekte wie die Möglichkeit des Ausbaus von Mehrsprachigkeit, Erhalt der Herkunftssprachen der Zuwanderer sowie die Relation von Sprachkompetenzen und sozialer Integration untersucht (vgl. Lüdi 2011). Aus varietätenlinguistischer Perspektive besonderes relevant ist die Frage nach der Zuordnung der von den Zuwanderern gesprochenen Sprachen, das heißt sowohl die Frage danach, inwiefern sich ihre Muttersprache(n) unter dem Einfluss der Migration verändern und neue Varietäten der Herkunftssprachen konstituieren sowie auch nach der Herausbildung neuer, „ethnischer" Varietäten der Landessprachen unter dem Einfluss bzw. als Ergebnis der Einwanderung. Hier wäre etwa das verstärkte Interesse für das Italienische in Argentinien und den USA, das Ukrainische und Portugiesische in Kanada, das Spanische, Italienische oder die *heritage languages* allgemein in den USA oder für die von türkischen und arabischen Migranten und ihren Nachkommen gesprochenen Varietäten des Deutschen zu erwähnen (vgl. Selting/Kern 2006a, 2006b, Selting 2011, Kern 2011). Nachfolgend sollen einige häufiger betrachtete Fragestellungen und v. a. die Auseinandersetzung mit Varietäten aus kontakt- oder migrationslinguistischer Perspektive dargestellt werden.

7.2 Sprachkontakt, Migration und Varietäten

7.2.1 Substrat, Superstrat und Adstrat

In vielen sprachwissenschaftlichen Einführungen ist im Zusammenhang mit den historischen Sprachkontakten davon die Rede, dass benachbarte Völker sich sprachlich beeinflussten und ihre Sprachen Sub-, Super- oder Adstratsprachen darstellten. Die Stratatheorie mit ihren Termini *Substrat*, *Superstrat* und *Adstrat* wurde in die Sprachwissenschaft bzw. die Sprachgeschichtsschreibung v. a. durch die Arbeiten von Wartburgs (1936 usw.) eingeführt. Die Terminologie geht im Wesentlichen auf einen Text von Ascoli von 1864 zurück wo it. *substrato* für eine vor einer anderen Sprache gebrauchte sprachliche „Schicht" gebraucht wird. Strat ist dabei je nach Autor ein bestimmtes Volk oder eine bestimmte Sprache. Wartburg meint mit *Superstrat* die Eroberer, welche die Sprache der Unterworfenen annehmen und sie dadurch beeinflussen; ihre Sprache wäre damit die *Superstratsprache*; in der Literatur findet sich – neben anderen fragwürdigen Interpretationen – auch *Superstrat* im Sinne von ‚Superstratsprache'. Nach der Definition von Wartburgs ist Superstratsprache die Sprache eines in einem Land eingerückten (Eroberer)Volkes, das die Sprache des älteren, im Lande ansässigen und kulturell meist überlegenen Volkes annimmt, ihr dabei aber zugleich neue Tendenzen verleiht (von Wartburg 1936: 48, Anm. 1). Analog ist *Substratsprache* die Sprache des besiegten ansässigen Volkes, die in der Sprache eines Einwanderer- bzw. Erobervolkes aufgeht und dabei gewisse neue Tendenzen einbringt. Diese Tendenzen sind durch die in Sprachkontaktsituationen üblichen Interferenzerscheinungen zu erklären: Wenn viele Individuen gleichzeitig eine neue Varietät bzw. Sprache erlernen, ist zu erwarten, dass bei ihnen aufgrund der gleichen Muttersprache ähnliche Interferenzerscheinungen auftreten. Diese individuellen Interferenzen können sich beim Erwerb einer Varietät durch eine ganze Gruppe mit ähnlichen sprachlichen Realisierungen in der neu erworbenen Sprache generalisieren und werden von ihren Nachkommen im Erstspracherwerb gleich „mitgelernt" und so als Integrate Bestandteil der Sprache. In Ergänzung zu Sub- und Superstrat wurde von Valkhoff (1932) der Terminus *Adstrat* eingeführt. Der Terminus *Adstratsprache* hat sich als Bezeichnung für eine Sprache eingebürgert, die durch direkten Kontakt auf eine andere Sprache Einfluss ausübt. Aus einer Adstratsprache wird im historischen Verlauf dann entweder eine Substrat-

oder eine Superstratsprache, bzw. war jede Super- oder Substratsprache vor ihrem Untergang in dem Sprachkontaktgebiet eine Adstratsprache. *Adstratsprache* ist also der Terminus aus synchroner Perspektive, *Sub-* und *Superstratsprache* sind die Termini für die diachrone Sicht. Zusätzlich findet sich noch der Terminus der Kulturadstratsprachen, wobei i. d. R. Spracheinflüsse durch kulturelle oder wirtschaftliche Beziehungen, durch Fremdsprachenlehre, Werbung, Übersetzungen usw. gemeint sind, wenn also die entsprechenden beteiligten Sprechergruppen nicht räumlich zusammenleben (↗ 7.3). Mitunter wird in Einführungen in die Sprachwissenschaft von Adstrat nur im Zusammenhang von sich gegenseitig beeinflussenden *Nachbar*sprachen gesprochen (s. z. B. Tagliavini [2]1998: 209 oder Geckeler/ Dietrich 1995: 163), was aber nicht zutreffend ist, da es sich meist um ein komplexes Miteinander zweier historischer Sprachen handelt, „deren Varietätengefüge zu einem mehr oder weniger durchlässigen gemeinsamen Kommunikationsraum verschränkt sind und die bei hinreichend geringem Abstand ineinander übergehen können" (Krefeld 2003: 558). Als mehrsprachige Kommunikationsräume, so Krefeld, könnte man auch Sprachräume bezeichnen, „in denen sich aufgrund symbiotischer Effekte, aufgrund von Nischenbildungen usw. ein mehr oder weniger stabiles kommunikatives Gleichgewicht eingependelt hat" (Krefeld 2003: 559); die vielfältigen Ausprägungen dieser sprachlichen Realität ließen sich jedoch mit der grobkörnigen Sub-, Super-, Adstrateinteilung nicht adäquat typisieren.

In Arbeiten zu Sprachkontakt aus synchroner Perspektive findet sich der Terminus *Adstrat* kaum. Viele Autoren sprechen im Zusammenhang von Adstratsituationen von *Interferenz-* oder *Kontaktvarietäten* usw.

7.2.2 „Kontaktvarietäten", kontaktinduzierte Varietäten und Koinés

Sowohl für Varietäten, die (i) aus historischen Sprachkontaktsituationen hervorgegangen sind, als auch für die Varietäten, die (ii) in aktuellen Sprachkontaktsituationen gebraucht werden, findet sich in der Sprachwissenschaft immer wieder der Ausdruck *Kontaktsprache* oder *-varietät*, oft ohne dass unmittelbar ersichtlich würde, auf welche der angesprochenen Realitäten jeweils abgezielt wird. Bei den (ii) zuzuordnenden Fällen wird z. T. nicht zwischen Lernervarietäten – also instabilen Spracherwerbs- oder Interimssprachen – und muttersprachlichen Varietäten (von Zweisprachigen) oder Ethnolekten unterschieden. So heißt es z. B. über die in gälisch- bzw. irischsprachigen Regionen gesprochenen Varietäten i. d. R. pauschal, es handle sich um *Contact English* (s. bereits Bähr 1974: 154) oder *Celtic Englishes* (s. z. B. Tristram 1997), und die in den zweisprachigen Regionen Spaniens gebrauchten Varietäten des Spanischen werden immer wieder als *Kontaktspanisch* klassifiziert, ohne dass dargelegt würde, ob dies die Varietäten der zweisprachigen Sprecher sind (in denen Interferenzen der jeweiligen zweiten Sprache zu erwarten sind), oder ob die aus dem historischen Sprachkontakt hervorgegangenen Varietäten gemeint sind, die (auch) von einsprachigen Sprechern gebraucht werden. Meinen manche Autoren mit *Kontaktdeutsch* das Deutsche z. B. von Ungarndeutschen – also „ethnischen Deutschen" – im mehrsprachigen Umfeld (s. etwa Földes 2005), so verstehen andere darunter auch das nicht muttersprachliche Deutsch von Einwanderern bzw. Ethnolekte (↗ 7.2.3). Lüdtke (1988, 2000) benutzt

Kontaktvarietät für Varietäten, die aus Sprachkontaktsituationen hervorgegangen sind; bei den entsprechenden Kontakten handelt es sich sowohl um Kontakte zwischen primären Dialekten als auch zwischen sekundären Dialekten (↗ 3.6.3). Jene Fälle ausgenommen, in denen sich Sprecher einer Varietät im Zuge der Ausbreitung an einem unbesiedelten Ort niedergelassen haben, treffen sie stets auf Varietäten anderer Sprecher; Varietäten, die Kontakt mit anderen Varietäten haben, verändern sich und werden nach dem Kontakt nicht mehr mit der Varietät vor dem Sprachkontakt identisch sein; daraus sei herzuleiten, dass aus Sprachkontakt stets neue Varietäten entstehen.[2] Problematisch an dieser Konzeption von Kontaktvarietät ist der Umstand, dass somit rein terminologisch nicht zu unterscheiden ist zwischen Varietäten, die aktuell noch in Sprachkontaktsituationen gebraucht werden und Varietäten, die aus historischen Sprachkontakten hervorgegangen sind. Die englische Sprache etwa wäre - da sie sich historisch durch Sprachkontakte konstituierte - ebenso eine Kontaktsprache wie das Deutsche, das im Laufe seiner Geschichte immer wieder Sprachkontakte erlebte (z. B. durch Zuwanderung französischsprachiger Hugenotten, polnischsprachiger Oberschlesier, tschechischsprachiger Böhmen usw.). In Lüdtkes Terminologie wären sowohl das aus dem historischen Sprachgebrauch hervorgegangene Englisch als historische Sprache als auch das in heute noch gälischsprachigen Regionen im kontinuierlichen Sprachkontakt gesprochene Englisch Kontaktvarietäten (s. kritisch Sinner 2004: 53–56). Für diese Differenzierung bietet sich das Ausweichen auf Termini wie *kontaktinduzierte Varietäten* an.

Abb. 7.1. Interlektuale Gradata (nach Wesch 1997: 294)

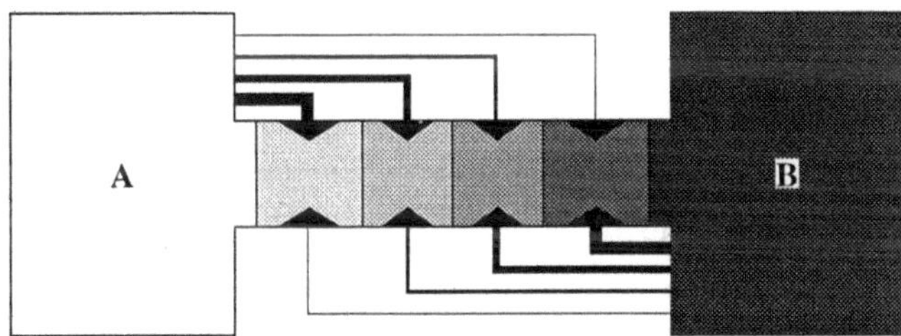

Es hat unterschiedliche Versuche der Modellierung von Varietätenkontakten gegeben. Einige Autoren denken an Übergangsstadien zwischen zwei in Kontakt stehenden Sprachen, etwa Wesch (1997), der interlektale Gradata zwischen zwei Varietäten annimmt, die sich gegenseitig in unterschiedlichem Maße beeinflussen können (s. Abb. 7.1) oder Couderc (1982), der sie als Kontinuum angelegt sieht. Polemisch diskutiert wird die grundsätzliche Möglichkeit der Existenz einer zu gleichen Teilen aus beiden Sprachen zusammengesetzten Varietät in derartigen Modellen, da diese die immer wieder in Zweifel gezogene Existenz von „Mischsprachen" impliziert (s. u.). Sehr vereinfacht, aber gut nachvollziehbar ist das Mo-

2 Mitunter finden sich auch Ausdrücke wie *Interferenzvarietät* hierfür, etwa sprechen Quirk et al. (1985: 27–29) von *Varieties according to interference*. Lüdtke (1998: 29) weist den Ausdruck *Interferenzvarietät* als Ersatz für *Kontaktvarietät* zurück, da Interferenzen stets Konsequenz von Sprachkontakt seien.

dell von Lüdtke (1988, weiterentwickelt 2000, 2005), das den Ablauf des Sprachkontakts zweier Sprachen oder Varietäten (A und B), die im selben Raum gesprochen werden, darstellt. Sprecher von A erlernen möglicherweise Sprache B und Sprecher von B erlernen A (symmetrische Situation), oder nur Sprecher von A lernen auch B, aber nicht Sprecher von B auch A (asymmetrisch). Im Modell nicht berücksichtigt ist die Möglichkeit, dass Teile der Bevölkerung die jeweils andere Sprache lernen. Durch Interferenzen entstünden nun neue Varietäten: Sprecher von A schaffen bei der Erlernung von B eine Varietät B′ und Sprecher von B schaffen bei Erlernen von A die Varietät A′. Resultat dieses Lernprozesses sind beim einzelnen Sprecher Lernervarietäten A′ bzw. B′ als Zweitsprachen, die nicht stabil sein müssen. Diese können nun wiederum von einem Teil der Nachkommen (oder allen Nachkommen) als muttersprachliche Varietät erworben werden, wenn die Sprecher die Lernervarietäten mit ihren Kindern sprechen; A′ und B′ können dann neben A und B existieren. Die vier Varietäten können sich dann weiter gegenseitig beeinflussen, etwa können A, A′ und B weiter auf B′ einwirken (s. Abb. 7.2). Bei weiteren Varietäten wird das Modell entsprechend komplexer.

Abb. 7.2. Varietätenkontakt (nach Lüdtke 2000: 27 und 2005: 180–181)

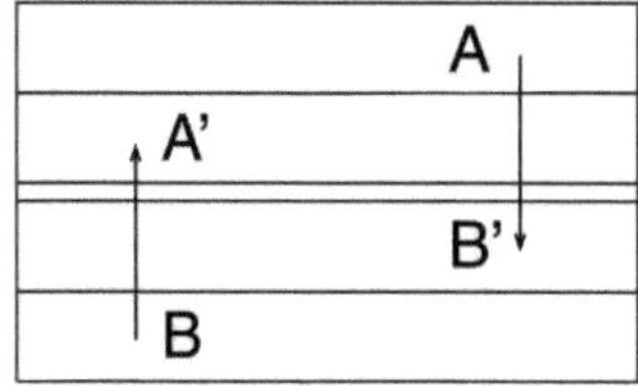

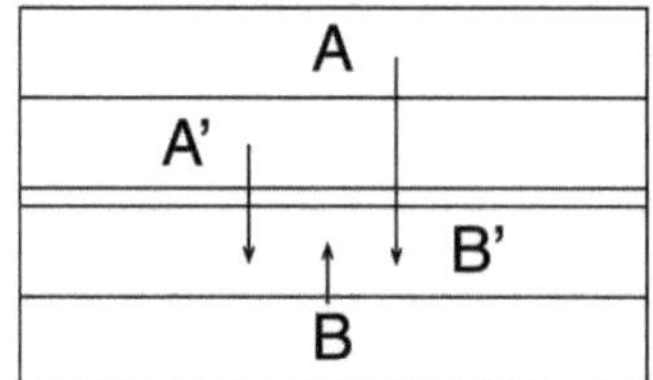

Der erwähnte zweisprachige Modus (nach Lydi/Py 1984) könnte ebenfalls mit diesem Konzept verknüpft werden, wenn man annimmt, dass die Sprecher außer den von ihnen beherrschten Varietäten A bzw. B auch über näher an den jeweils anderen Sprachen liegende Varietäten A′ bzw. B′ verfügen, die sie kontextabhängig und mit anderen mehrsprachigen Personen gebrauchen. Durch Aufgabe einer der beiden in Kontakt stehenden Sprachen etwa aufgrund fehlender intergenerationeller Weitergabe fällt dann der entsprechende Einfluss weg; die Sprecher sprechen dann bei Wegfall von A (und A′) weiter B bzw. B′, wobei im weiteren Verlauf dann auch innerhalb der Sprache B eine der Varietäten aufgegeben werden kann und z. B. nur B′ andauert (s. ausführlich Lüdtke 2005), oder B und B′ wiederum wirken weiter aufeinander ein und führen zu einer Varietät B′′ usw.

Der so dargestellte Varietätenkontakt kann auch für das Verständnis der Koineisierung herangezogen werden. Unter Koiné versteht man i. d. R. eine Ausgleichsvarietät auf der Grundlage mehrerer Varietäten, die sich, vielfach als Verkehrssprache, zwischen Sprechern sich ähnelnder Varietäten herausbildet. Siegel z. B. definiert Koiné als

> the stabilized result of mixing of linguistic subsystems such as regional or literary dialects. It usually serves as a lingua franca among speakers of the different contributing varieties and is characterized by a mixture of features of these varieties and most often by reduction or simplification in comparison. (Siegel 1985: 363)

In gewisser Weise ist damit eine Parallele zur Herausbildung von Pidgins auf Grundlage unterschiedlicher Sprachen zu sehen (↗ 7.2.4). Meist wird heute zwischen regionalen Koinés und Einwandererkoinés unterschieden. Erstere können als Resultat des Aufeinandertreffens unterschiedlicher regionaler Dialekte derselben Sprache in der Region, in der diese gesprochen werden, entstehen. Letztere entstehen aus dem Kontakt verschiedener Dialekte nicht in der Herkunftsregion, sondern an einem Ort, an dem zugewanderte Sprecher verschiedener Varietäten aufeinandertreffen. Oft kommt es durch Herausbildung einer Koiné zur Verdrängung der ursprünglichen Dialekte (vgl. Siegel 1985: 363–364).

Linguistische Beschreibungen kontaktinduzierter Varietäten von Sprachen waren bis vor wenigen Jahrzehnten eine Ausnahme bzw. waren lange charakterisiert durch die Annahme, sie seien im Wesentlichen mit *Fehlern* aufgrund der Zweisprachigkeit ihrer Sprecher zu erklären. Erst in jüngerer Zeit hat man z. B. in mehrsprachigen Gebieten gesprochene Varietäten von Sprachen auch eingehender im Hinblick auf diejenigen Besonderheiten untersucht, die nicht ausschließlich mit der Übertragung aus den mit ihr in Kontakt stehenden Varietäten zu erklären sind; man entwickelte dabei Beschreibungs- oder Untersuchungsmodelle, die auch die unterschiedliche Zusammensetzung der Kommunikationsgemeinschaften, die Frage der Einsprachig- oder Mehrsprachigkeit der jeweiligen Sprecher und die individuellen Kompetenzen stärker ins Blickfeld rücken (s. etwa Sinner 2004 und Sinner/Paasch 2010 zur Ermittlung des minimalen Kerns der im Baskenland und in Katalonien gesprochenen Varietäten des Spanischen).

Eine Modellierung des Übergangs von einer Varietät zu einer anderen Varietät, wie ihn Lüdtke für Sprachgemeinschaften skizziert, unternimmt auch Stehl (1994, 2012: 120–123) im Rahmen einer Untersuchung des vertikalen Sprachkontakts zwischen gallo- und italoromanischen Basisdialekten und der Hochsprache als Extreme auf einem diglossischen Kontinuum, das als Dynamik der Aufgabe des Dialekts und der Annahme der Hochsprache zu verstehen ist (und für Frankreich als weitgehend abgeschlossen anzusehen ist). In den Zwischenphasen zwischen Basisdialekt und Hochsprache ließen sich als „Kompromissvarietäten" zwischen den beiden Polen liegend verschiedene „Interlekte" ausmachen, die in Form von Gradata, also einer abgestuften Folge von funktionellen Varietäten zu sehen seien. Idealtypisch sei dieses Gradatamodell in fünf Stufen organisiert, die sich innerhalb der verschiedenen Generationen einer Familie aufzeigen ließen: (1) *Standard* ++ als virtuelle, exogene, sozusagen ‚überhöhte' Standardsprache; (2) *Standard* + als regional realisierte, endogene Standardsprache mit wenig Interferenzen aus dem Dialekt, Erstsprache der zweiten Sprechergeneration; (3) *Standard* – als defektive Standardsprache mit vielen Interferenzen aus dem Dialekt als Zweitsprache der ersten Sprechergeneration; (4) *Dialekt* – als defektiver Dialekt mit vielen Interferenzen aus dem Standard, Zweitsprache der zweiten Sprechergeneration und (5) *Dialekt* + als Basisdialekt (lokaler Ortsdialekt) mit wenigen standardsprachlichen Interferenzen, Erstsprache der ersten Sprechergeneration. Anwendungen des Modells finden sich bei von Nolcken (1999) für das Französische der Normandie, bei Bröking (2002) für das Spanische in Galicien und bei Prifti (2011) für das Italienische in den USA.

Bemerkenswert ist die fehlende Berücksichtigung kontaktlinguistischer Erkenntnisse in der Beschreibung aussterbender Varietäten. In den letzten Jahren haben Linguisten eine Vielzahl von Projekten zur Dokumentation selten gesprochener bzw. aussterbender Sprachen durchgeführt; von den Medien besonders beachtet wurden Projekte, die den Sprachreichtum von multikulturellen Großstädten wie New York nutzen, um Sprecher von seltenen und z. T. aussterbenden Sprachen aufzuspüren. Den daraus entstehenden Dokumentationen ist praktisch durchweg gemein, dass sie kontaktlinguistische Einschränkungen nicht einmal erwähnen. Ohne eine kritische Auseinandersetzung mit dem Problem der Besonderheiten der von mehrsprachigen Sprechern gesprochenen Varietäten werden auf Grundlage der Realisierungen der letzten Sprecher Grammatiken von Sprachen beschrieben; das mögen bemerkenswerte Arbeiten sein, die jedoch nicht erwähnen, dass sie keine ‚Grammatik der Sprache *x*' sind, sondern eine ‚Grammatik der Sprache *x*, wie sie von Sprecher *y* gesprochen wird'. Genau zu erläutern wäre dann, dass dieser Sprecher *y* ein Sprecher ohne Übung in seiner Muttersprache ist, der möglicherweise seit Jahren in einem anderssprachigen Kontext lebt, seine Muttersprache womöglich schon seit der Kindheit nur noch in reduzierten Domänen erlebt und praktiziert hat, der innerhalb einer aussterbenden Sprachgemeinschaft mit bestimmten an Alter, Geschlecht oder sonstige soziale Gruppen gebundene Varietäten nicht mal mehr in Kontakt gekommen ist und nur einen winzigen Ausschnitt der Sprache *x* repräsentiert. Es handelt sich damit um Grammatiken auf der Grundlage nicht repräsentativer Idiolekte, die man, wie aus den Ergebnissen der Kontaktlinguistik bekannt ist, von den Idiolekten einsprachiger Sprecher einer Sprache (denen die letzten Sprecher vielleicht nicht einmal mehr begegnet sind) wesentlich differenzieren müsste – könnte man sie denn kontrastieren. Wie sehr Sprachkontakt eine Sprache und die Sicht auf Grammatikalität und Akzeptabilität verändern kann, illustriert das genannte Beispiel der partiellen Koreferenz (↗ 3.13). Im Italienischen sind wie in vielen Varietäten des Spanischen Konstruktionen wie *ich mache uns einen Kaffee* ungrammatikalisch: Statt Sätzen wie in (1) würde man Konstruktionen wie in (2) erwarten können:

(1) it. *[pro$_i$] ci$_{i+j(+...)}$ faccio$_i$ cafè
machen-1. Sg. Präs. wir-DAT Kaffee
‚Ich mache uns Kaffee'

(2) it. [pro$_i$] faccio$_i$ cafè per noi$_{i+j(+...)}$
machen-1. Sg. Präs. für wir-AKK Kaffee
‚Ich mache Kaffee für uns'

In dem in Luxemburg von Einwanderern aus Italien und ihren Nachfahren gesprochenen Italienisch dagegen hat die Struktur deutlich höhere Akzeptabilität und unter den mit Französisch, Luxemburgisch und Deutsch mehrsprachig aufgewachsenen Nachfahren wird die Struktur als korrekt angesehen. Im Französischen selbst ist die Struktur, möglicherweise aufgrund des historischen Einflusses des Fränkischen, anders als in anderen romanischen Sprachen ebenfalls grammatikalisch. Cohal (2011) weist diverse strukturelle Veränderungen in der Muttersprache von rumänischen Einwanderern in Italien nach. Strukturelle Veränderungen sind in den Varietäten „der letzten Sprecher"zweifellos unbedingt zu erwarten. Campbell (³2013) gibt eine ganze Liste struktureller Veränderungen, die sich in vom Aussterben bedrohten Sprachen i. d. R. finden lassen. Nur ausnahmsweise werden aber kontakt- und varietätenlinguistische Überlegungen in solchen dokumentierenden Grammatiken[3] überhaupt gemacht. Himmelmann sagt zwar sehr deutlich, dass bei der Dokumentation von Sprachen die Berücksichtigung aller Varietäten anzustreben ist:

> a language documentation should strive to include as many and as varied records as practically feasible, covering all aspects of the set of interrelated phenomena commonly called *a language*. Ideally, then, a language documentation would cover all registers and varieties, social or local; it would contain evidence for language as a social practice as well as a cognitive faculty; it would include specimens of spoken and written language; and so on. (Himmelmann 2006: 2)

Auf das dargelegte Problem der Repräsentation einer Varietät durch die Sprache der letzten Sprecher bzw. mehrsprachige Sprecher geht aber auch er nicht ein.

7.2.3 Lernervarietäten und Ethnolekte

Bei von Nichtmuttersprachlern verwendeter Sprache ist ein ganzes Kontinuum von Lernervarietäten zu unterscheiden, die keine Ethnolekte, sondern L2-Varietäten sind. Lernervarietäten sind auf einem Kontinuum zwischen Idiolekten und Varietäten von Gruppen von Sprechern mit gleicher Muttersprache bzw. gleicher Herkunftssprache anzusetzen; die in der FS erreichte Kompetenz ist individuell, viele typische Realisierungen bestimmter Laute, bestimmte Präferenzen oder Fehler in der Syntax und Morphologie oder bestimmte eher zu erwartende lexikalische Erscheinungen aufgrund von Interferenzen sind dagegen charakteristisch für Sprecher einer L2 mit der gleichen L1.

Lernervarietäten erscheinen nur ausnahmsweise in Varietätenübersichten, etwa bei Quirk et al. (1972) als *varieties according to interference* (↗ 3.4.3) oder bei Krefeld (2010), der L2 von Ausländern in seiner Übersicht der Dimensionen von Variation als „kompetenzbedingt (als L2 erworben)" erwähnt und als sprecherbezogene und außersprachliche Dimension klassifiziert (↗ 3.10). In vielen Sprachräumen und insbesondere in den urbanen Räumen leben aufgrund der massiven Migrationsströme heute viele Nichtmuttersprachler, und v. a. im Englischen als international wichtigster Sprache wird ein nicht zu übersehender Anteil der Texte heute von Nichtmuttersprachlern produziert. Bisher wurden die Besonderheiten der Realisierungen durch Nichtmuttersprachler jedoch v. a. im Zusammenhang mit der Fremdsprachendidaktik betrachtet, wo man etwa durch Fehleranalysen die charakteristischen Fehler der Sprecher bestimmter Muttersprachen ermittelt (und somit didaktisch relevante Vorhersagen über die Schwierigkeiten bestimmter Lerner treffen kann); in jüngerer Zeit hat man sich verstärkt auch mit der Wirkung der von Nichtmuttersprachlern produzierten Texte, insbesondere ihrer Ak-

[3] Himmelmann (2006: 17–20) legt dar, dass die Dokumentation von Sprachen in Form von beschreibenden Grammatiken und Wörterbüchern nicht als Sprachdokumentation im engeren Sinne anzusehen ist, aber zusätzlich zu Primärdaten (wie etwa Aufnahmen von sprachlichen Realisierungen) grundsätzlich eine umfassende Grammatik und ein Wörterbuch zu einer umfassenden Dokumention gehören.

zente, auf Muttersprachler auseinandergesetzt (s. z. B. Beinhoff 2013 zur Reaktion von Englischmuttersprachlern auf deutsche und griechische Akzente im Englischen). Sicher auch aufgrund der großen Spannbreite an möglichen Kombinationen von Mutter- und Zweitsprachen sind L2-Varietäten in der Varietätenlinguistik ansonsten bisher kaum systematisierend betrachtet worden. Im Zusammenhang mit der Herausbildung von Pidginisierung und Kreolisierung hat man sich dagegen intensiver mit Fragen des L2-Erwerbs und der Konstituierung und den Regelmäßigkeiten von L2-Varietäten beschäftigt (↗ 7.2.4)

Lernervarietäten können „nativisieren", also zur Muttersprache der Nachkommen werden. Sie können dann als distinktive Varietäten der jeweiligen Sprache klassifiziert werden, die nun in bestimmten sozialen - hier: aufgrund ihrer ethnischen Herkunft abgrenzbaren - Gruppen bzw. von den Sprechern dieser Varietäten in bestimmten Momenten - etwa auch alternativ zu anderen Varietäten derselben Sprache - gebraucht werden. Sie stellen damit sowohl diastratische als auch diaphasische Varietäten dar - Soziolekte und Register. Ethnolekte, so Wiese (2012: 44), seien „Sprechweisen, die typisch für Sprecher/innen einer bestimmten [ethnischen!] Herkunft sind und meist im Kontext von Migration entstanden sind" (Wiese 2012: 44). Auer versteht als Ethnolekt „eine Sprechweise (Stil), die von den Sprechern selbst und/oder[4] von anderen mit einer oder mehreren nichtdeutschen ethnischen Gruppen assoziiert wird" (2003: 256).

Das von jüdischen Einwanderern und ihren Nachkommen in den USA gesprochene Englisch wird mitunter ebenso als Ethnolekt bezeichnet wie das *African American English*, andere Beispiele sind das von Mapuche-Indianern gesprochene Spanisch in Chile und Argentinien oder das von Deutschstämmigen in Südbrasilien gesprochene Portugiesisch. Der Bestandteil *Ethno-* ist allerdings nicht unumstritten. In manchen Fällen, wie im Falle des jüdischen US-Amerikanisch, geht es weniger um die Frage der Ethnizität als um Religionszugehörigkeit; das *African American English* stellt keinen Ethnolekt dar, da der Gebrauch nicht ausschließlich mit der ethnischen Herkunft der Sprecher zu erklären ist: zudem handelt es sich bei der afroamerikanischen Bevölkerung auch nicht nur um eine Ethnie. In vielen Migrationskontexten haben gerade diejenigen Einwanderergruppen, die eine andere Religion als die Mehrheitsbevölkerung haben, durch religiöse - also soziale - Differenzierung auch sprachliche Differenzierung erlebt. Beispiele sind der (längere) Erhalt der Muttersprache in protestantischen oder christlich-orthodoxen Gemeinschaften (Deutsche, Dänen, Armenier usw.) im mehrheitlich katholischen Argentinien oder die Herausbilung von „katholischen" und „protestantischen" Dialekten von Sprachen aufgrund der Zugehörigkeit zu einem bestimmten Sprengel, wegen der an den Glauben gebundenen sozialen Kontakte usw.; im Obersorbischen z. B. gibt es katholische und evangelische Dialekte (zu Soziolekten von aufgrund ihrer Religion distinktiven Gruppen, ↗ 5.3, Anm. 9).

Definitorische Grenzbereiche stellen Fälle wie die von Stehl (2011a: 52–53) als Beispiele für „Ausländervarietäten" aufgeführten Fälle des „Maghrebiner-Französisch" und *Indian English* dar, da zu unterscheiden wäre zwischen Muttersprach-

---

4 Der Gebrauch von *und/oder* anstelle von *bzw.* wird im Deutschen als Anglizismus angesehen und stellt ein Ergebnis des Sprachkontakts mit dem Englischen als Kulturadstrat bzw. Resultat von Übersetzungen aus dem Englischen (ebenfalls eine Art von Sprachkontakt) dar.

lern des Französischen in den Ländern des Maghreb und Französischsprechern maghrebinischer Herkunft etwa in Frankreich oder Belgien einerseits und zwischen dem Englischen von Muttersprachlern dieser Sprache in Indien (vgl. Sedlatschek 2009) und indischstämmigen Muttersprachlern des Englischen etwa in Großbritannien oder in den USA (↗ 4.2.2).

Auer setzt sich ausführlich mit „Türkenslang", einem jugendsprachlichen Ethnolekt auseinander, der nach seinen Vergleichen von Dokumentationen aus unterschiedlichen Zeitpunkten spätestens in den 1990er Jahren entstanden sei. Der von ihm beschriebene Ethnolekt werde v. a. von türkischstämmigen Jugendlichen im Alter von 12 bis 25 Jahren gesprochen, womit also neben der Herkunft dem Alter eine besondere Rolle zukommt (Auer 2003: 255–256; vgl. die Ausführungen zu Wiese 2012, ↗ 5.4.2); es ist eine Überschneidung der Variablen Alter und soziale Herkunft gegeben, und im Hinblick auf die Gebrauchssituation ist dieser Ethnolekt in der Domäne des Kontakts mit anderen Jugendlichen in einem informellen Kontext angesiedelt. Auer unterscheidet zwischen primärem, sekundärem und tertiärem Ethnolekt. Der von Auer betrachtete türkische primäre Ethnolekt sei in deutschen Großstädten entstanden und werde im Wesentlichen von in Deutschland aufgewachsenen männlichen Jugendlichen v. a. türkischen Familienhintergrunds verwendet. Der primäre Ethnolekt kann sich durch soziale Kontakte zwischen Sprechern anderer Herkunft und den türkischen Jugendlichen auch auf die Sprache anderer Jugendlicher auswirken. Der primäre Ethnolekt sei zudem Bezugspunkt eines sekundären, medial transformierten Ethnolekts, „der von (fast ausschließlich) deutschen Medienmachern in Filmen, Comedies, Zeitungsartikeln u.a. eingesetzt wird, die ihn einer bestimmten Gruppe von (v.a.) männlichen türkischen und anderen nicht-deutschen Jugendlichen und jungen Erwachsenen *zuschreiben*" (Auer 2003: 256). Damit entspricht also der sekundäre Ethnolekt Auers den von Wieland (2008a) und Bedeijs (2012) betrachteten Erscheinungen fingierter Jugendsprache (↗ 6.1.3). Der sekundäre Ethnolekt werde nun jedoch von wiederum v. a. männlichen deutschen Jugendlichen in Versatzstücken gebraucht - sozusagen „zitiert" - und weiterentwickelt, womit ein tertiärer Ethnolekt vorläge, wenn der Bezugspunkt ausschließlich medialer Gebrauch und nicht Kontakt mit Jugendlichen sei, die den primären Ethnolekt verwenden (Auer 2003: 256). Dieser tertiäre Dialekt ist vergleichbar mit dem von Cutler (1999) betrachteten Gebrauch von Elementen des *African American English* bei einem weißen Jugendlichen (↗ 2.1., 5.4). Der primäre Ethnolekt weise, trotz hoher Variabilität zwischen den Sprechern und auch innerhalb der Produktion einzelner Sprecher über die Zeit hinweg in ihrem Kern übereinstimmende Merkmale auf, darunter u. a.

- Koronalisierung - also Annäherung des palatalen Frikativlauts [ç] zu [ɕ] oder [ʃ] - als einziges konstantes phonetisches Merkmal; dazu weitere sporadische Erscheinungen wie reduzierte Realisierung von /ts/ als [s] oder [z] im Silbenanlaut;
- (offenbar *ad hoc* ablaufende) Alternanz der Genera: *son großer Plakat, gutes Gewinn, der ganse Dorf, ein Ohrfeige geben;*
- Weglassung von Präpositionen in lokalen Präpositionalphrasen, oft zusammen mit dem Artikel und oft alternierend mit der Standardkonstrukti-

on mit Präposition und Artikel: *wenn wir überhaupt Hochzeit gehen, ich wohn ja Karl-Preis-Platz, gehmer Tankstelle;*
- v. a. bei präverbalen Adverbialphrasen Gebrauch von Subjekt-Verb-Objekt- statt Verb-Zweit-Stellung: *jetzt ich bin 18;*
- häufige Verwendung von Diskursmarkern wie *verstehsdu, (h)ey Alter;*
- häufiger Gebrauch von Verstärkern und Evaluativa wie *krass* und *korrekt* (Auer 2003: 258–259).

In den sekundären Ethnolekten sind einige dieser Phänomene - Koronalisierung, Diskursmarker und Evaluativa - besondern prägend eingesetzt. Wie Auer aufzeigt, sind alle diese Erscheinungen des primären Ethnolektes auch in den (oft fossilisierten) Lernervarietäten türkischer Einwanderer dokumentiert (2003: 259). Gegen eine lernersprachliche Erklärung dieser „Türkenslang"-Phänomene spräche einerseits, dass die Jugendlichen das Deutsche unter völlig anderen Bedingungen erworben haben als die Einwanderer der ersten Generation, zudem die enorme Variabilität dieser Phänomene selbst bei ein und demselben Sprecher. Letzteres beweise, dass die Sprecher die Regeln des Standards durchaus beherrschen (Auer 2003: 260). In formellen Kontexten, so stellt Auer (2003: 260) aufgrund von Analysen von Radiointerviews fest, werde der Ethnolekt zudem vermieden. Derartige Ausführungen zu jugendsprachlichen Ethnolekten lassen sich auf viele andere Sprachkontaktsituationen übertragen: Zur Situation in den Vororten Stockholm s. etwa Kotsinas (1998). Auer vermutet, dass der türkische Ethnolekt selektiv und situationsspezifisch mit dem Zweck der Selbststilisierung als ethnische Gruppe eingesetzt wird, und zwar z. T. in einer durchaus ironischen „intertextuellen" Bezugnahme auf die Sprache der Eltern und Großeltern. Die Ergebnisse von Autoren wie Auer (2003) zeigen deutlich, dass die von Wiese (2012, ↗ 5.4.2) dargestellten Erscheinungen auf keinen Fall als Dialekte klassifiziert und kaum als Indikatoren für Sprachwandel angesehen werden können. Jugendsprachliche Varietäten und Ethnolekte sind vorwiegend in urbanen Räumen analysiert worden, die eine besondere Herausforderung für die Kontakt- und Varietätenlinguistik darstellen.

7.2.4 Pidgins, Kreols und „Mischsprachen"

Die Übernahme einer Sprache durch Nichtmuttersprachler kann zu Veränderungen des Systems selbst führen, wenn der Anteil der Nichtmuttersprachler in einer Gesellschaft groß genug ist. Umstritten ist allerdings, wie weit die Restrukturierungen jeweils gehen können (s. ausführlich Holm 2004). Besonders intensiv ist diese Frage im Zusammenhang mit der Entstehung neuer Sprachen durch Sprachkontakt debattiert worden, vornehmlich in Studien zu Pidgin- und Kreolsprachen, aber auch in Arbeiten zu sogenannten Mischsprachen, *split languages* usw. Die Betrachtung dieser Sprachen geht angesichts der umfassenden theoretischen Grundlegung, die für ihre Darstellung erforderlich wäre, weit über die Möglichkeiten des vorliegenden Bandes hinaus. Alleine die Darstellung der unterschiedlichen Stadien im Prozess der Kreolisierung und Dekreolisierung sind (nicht nur varietätenlinguistisch gesehen) zu komplex, um hier eingehender betrachtet zu werden. Pidgins sind vereinfachte Systeme, die durch intensiven Kontakt zwischen Personen ohne gemeinsame Sprache aufgrund der Notwendigkeit verbaler Kommunikation - etwa in Handelskontexten - entstehen, wenn aufgrund sozialer Gründe - geringe Tiefe der persönlichen Beziehungen, fehlendes Vertrauen usw. - keine der beteiligten Gruppen die Sprache der anderen Gruppe lernt. Im Allgemeinen passen sich die Personen mit weniger sozialer oder wirtschaftlicher Macht stärker an und verwenden Lexeme der Sprache der dominierenden Gruppe, wobei Bedeutung, Form und Gebrauch dieser Lexeme durch ihre eigene(n) Sprache(n) beeinflusst wird. Die dominierende Gruppe wiederum wird viele dieser Veränderungen in der Kommunikation mit den anderen Gruppen annehmen, um besser verstanden zu werden. Die Gruppen kooperieren miteinander bei der Schaffung einer improvisierten Kommunikationssprache, die ihren Bedürfnissen dient, und unnötig komplizierte Elemente werden vereinfacht (wie Flexionen: *two knife* statt *two knifes*). Pidgins sind per Definition auf sehr begrenzte Domänen wie Handel beschränkt und sind niemands Muttersprache. Über die Zuordnung der Pidgins zu bestimmten historischen Sprachen wird mitunter debattiert (s. die Ausführungen zum *Russenorsk*, ↗ 1.3), die mehr oder weniger klare Zuordnung der Lexik zu einer bestimmten Sprache wird jedoch als unzureichend für eine Zuordnung eines Pidgins zum jeweiligen Diasystem angesehen.

Wenngleich auch einzelne Personen ihre Sprache ad hoc vereinfachen können, etwa ein New Yorker, der in Lissabon eine Sonnenbrille kauft, so gilt dies nicht als Pidgin, das stabiler und mit bestimmten fixierten Normen für bestimmte Lexeme, Aussprache und Grammatik funktioniert, auch wenn Pidgins aufgrund der kontinuierlichen Beeinflussung durch die Muttersprachen der beteiligten Sprecher noch Varianz aufweisen (Holm 1988: 5). Dieser Beschreibung nach sind Pidgins unbedingt von der fehlerhaften Sprache von Nichtmuttersprachlern in anderen sozialen Kontexten zu unterscheiden, in denen Muttersprachler der Zielsprache allenfalls unsystematisch versuchen, durch Anpassung an die Lerner zu kooperieren, und die sich auch nicht als Gruppensprache stabilisieren (↗ 5.8.1). Allerdings finden sich Aussagen wie die von Dittmar (1997: 217), der bei Ausländervarietäten (im Sinne der von Nichtmuttersprachlern gesprochenen L2-Varietäten) von „pidginisierten Sprachformen“ spricht, und wie dargestellt wird in den Debatten um *Foreigner Talk* immer wieder der enge Bezug zur Frage der Pidgins angesprochen (s. z. B. Jakovidou 1993: 23ff.; ↗ 5.8.1). Tatsächlich setzt Jakovidou die deutsche Varietät ihrer (griechischsprachigen) Informanten mit Pidgin gleich (1993: 35), wenn sie schreibt, dass sie nur AdressatInnen über 20 Jahren zur Mitarbeit bringen konnte, „da es fast keine Ausländer mehr in dieser Altersspanne gibt, die authentisches ‚Pidgin‘ sprechen und somit F[oreigner] T[alk] elizitieren können“. Setzt sie hier Pidgin noch in Anführungszeichen, was den Gebrauch des Terminus etwas relativiert, schreibt sie dann an anderer Stelle:

> Alle fünf Adressat/-innen haben die deutsche Sprache ungesteuert erworben. Sie sind ‚Fremdarbeiter/-innen und ihre kommunikative Kompetenz im Deutschen ist restringiert. Sie können als typische Pidgin-Sprecher gelten und repräsentieren unterschiedliche ‚Varietäten‘ dieser Sprachkategorie. (Jakovidou 1993: 36)

Anschließend klassifiziert sie die „Pidgin-Varietäten“ ihrer Informanten, die sie in ein Kontinuum von niedrigem fossilisierten Sprachstand über mittlere Deutschkenntnisse bis zu „der Zielsprache am nächsten“ kommende Sprachkenntnisse einteilt, was deutlich zeigt, dass hier Pidgin mit deutschen L2-Varietäten von Griechischmuttersprachlern gleichgesetzt wird.

Im romanischen Sprachraum finden sich für Pidgin häufig auch die Ausdrücke *lingua franca* und *sabir*; *sabir* wird vereinzelt auch für Pidgin-artige Kommunikationsmittel kleiner sozialer Gruppen ohne gemeinsame Sprache, wie bei multilingualen Bootsbesatzungen, verwendet.

Kreolsprachen wiederum sind aus Pidgins hervorgegangene Muttersprachen von Sprachgemeinschaften. Wie Holm (1988: 6-7) darlegt, handelt es sich bei den heute bekannten Kreolsprachen i. d. R. um Muttersprachen von Gemeinschaften, die Nachfahren von Sklaven sind, etwa der zwischen dem 17. und 19. Jahrhundert nach Amerika verschleppten Afrikaner. Menschen unterschiedlicher ethnischer und sprachlicher Herkunft wurden zur Sklavenarbeit in den europäischen Kolonien gezwungen, und im Falle der ersten Generation von Sklaven entsprachen die sprachlichen Bedingungen häufig den für die Herausbildung von Pidgins typischen Konstellationen: Die Afrikaner hatten vielfach keine gemeinsame Sprache außer dem Wenigen, das sie von der Sprache der Sklavenhalter erlernten, mit denen sie nur begrenzte soziale Kontakte hatten, und sprachen das Pidgin jeweils beeinflusst durch ihre Muttersprache. Für ihre Nachkommen war das Pidgin, anders als die Muttersprachen ihrer Eltern, ein nützliches Kommunikationsmittel. Trotz des offensichtlich höchst variablen *Inputs* - die Muttersprachen der Eltern, die von den jeweiligen Muttersprachen geprägten Ausformungen des von den Eltern gesprochenen Pidgins usw. - waren die Nachfahren in der Lage, das Pidgin zu ihrer kreolischen Muttersprache werden zu lassen. Es scheint sich um eine angeborene Fähigkeit der Menschheit zu handeln, aber der Prozess der Kreolisierung oder Nativisierung, in dem ein Pidgin als Muttersprache erworben wird, ist bisher noch nicht vollständig erforscht. Es wird davon ausgegangen, dass die Kreolisierung umgekehrt zur Pidginisierung abläuft, dass es sich um einen Prozess der Erweiterung und Entfaltung gegenüber der Reduktion des Pidgins handelt. So finden sich in Kreolsprachen phonologische Regeln - etwa Assimilation -, die in frühen Pidgins nicht nachgewiesen wurden. Zudem benötigen Kreolsprecher Vokabular für alle Lebensbereiche, für alle Domänen, so dass ausgehend von dem vorhandenen Material massiv auf die möglichen Wortbildungsverfahren zurückgegriffen werden musste. Für Linguisten besonders interessant ist die Reorganisation der Grammatik (Holm 1988: 6–7). Seit der Etablierung von Pidgin- und Kreolstudien als akademische Disziplin ab den 1950er Jahren hat sich allerdings gezeigt, dass die sprachlichen „Kräfte", die zur Herausbildung von Pidgins und Kreols führen, nur dahingehend außergewöhnlich sind, als sie besonders schnell und besonders stark sind (Holm 1988: 3). Pidginisierung und Kreolisierung sind als Extrembeispiel für kontaktinduzierten Sprachwandel v. a. für die historische Sprachwissenschaft von Bedeutung. Die Analyse von Pidginisierung hat zur Zweitspracherwerbsforschung wesentlich beigetragen, während die Untersuchung von Kreolisierung im Zusammenhang mit der Erforschung des Erstspracherwerbs und den Überlegungen zum Sprachursprung wesentliche Anstöße gegeben hat (Holm 1988: 4; vgl. Campbell [3]2013).

Die oben erwähnte Frage der Mischsprachen als eigene Form von Varietäten aufgrund von Sprachkontakt ist in der Sprachwissenschaft ebenfalls sehr umstritten. Es wird nicht in Frage gestellt, dass es etablierte, stabile Systeme gibt, die das Resultat von Mischung sind, ohne Pidgin- oder Kreolsprachen zu sein. Eines der wenigen immer wieder angegebenen Beispiele für eine Mischsprache im engeren Sinn ist das nordamerikanische Michif. Es unterscheidet sich von Kreolsprachen nicht nur darin, dass es nicht unter den besonderen soziolinguistischen Bedingungen des Kontextes der Sklaverei entstanden ist (sondern durch Mischehen von französischen Pelzhändlern mit Cree-Frauen), sondern weist auch deutliche strukturelle Unterschiede auf. Michif gilt als Mischung aus Französisch und Cree aus der Familie der Algonkin-Sprachgruppe. Die Besonderheit der Sprache ist – ohne hier in Details gehen zu können –, dass die Verben aus dem Cree stammen und der Grammatik dieser Sprache folgen, die Substantive aus dem Französischen, die Sprache zwei deutlich unterschiedene phonologische Systeme besitzt und die Elemente je nach ihrer Herkunft Cree oder Französisch ausgesprochen werden (Sommer 2002). Sommer definiert Mischsprachen wie Michif als

> eine innerhalb kurzer Zeit entstandene Sprache, die sich aus den Elementen von (im Wesentlichen) zwei Sprachen zusammensetzt, wobei diese Elemente ohne große Veränderungen übernommen werden. Sie ist ein linguistischer Sonderfall, der selten auftritt und oft schnell wieder ausstirbt. Deswegen gibt es nicht viel mehr als ein Dutzend Mischsprachen, von denen gesicherte linguistische Daten verfügbar sind. (Sommer 2002: 81)

Ein anderes Beispiel ist die sogenannte *Media Lengua* ‚Halbsprache' in Ekuador mit spanischer Lexik und Morphosyntax des Quetchua. Myers-Scotton (2002: 3) zufolge ist es offensichtlich, dass diese Sprachen systematisch organisiert sind und es sich nicht um zufällige „Mischungen" handelt. Sie zieht es daher vor, von *split languages* ‚geteilte, gespaltene Sprachen' zu sprechen, da sie „typically show a split in their basic organization […] prototypically right along the line between the lexicon and the grammatical system" (Myers-Scotton 2002: 246). Weitere terminologische Vorschläge sind *mixed languages* (Matras 2000) und *syncretic languages* (Dimmendaal 1998: 105).

7.3 Übersetzungen als sprachkontaktbedingte Varietäten

Übersetzung stellt – wie Dolmetschen – einen besonderen Fall von Sprachkontakt dar, der an das übersetzende Individuum und seine Kompetenzen in zwei Sprachen und die mögliche Übernahme von Strukturen der Ausgangs- in die Zielsprache geknüpft ist (vgl. Haßler 2001). Aus übersetzungswissenschaftlicher Perspektive ist zu fragen, ob übersetzte Texte eine eigene Varietät einer Sprache darstellen. Damit wären sie ein eigener Typ von kontaktbedingten Varietäten. Streng genommen wäre zwischen mindestens zwei Arten solcher Übersetzungsvarietäten zu unterscheiden, den von Muttersprachlern der Zielsprache in ihre Sprache übersetzten und den von Muttersprachlern der Ausgangssprache in die Zielsprache übersetzten Texten (eher ausnahmsweise kämen von Nichtmuttersprachlern beider Sprachen angefertigte Übersetzungen als dritter Typ der Übersetzungsvarietät dazu). Es besteht inzwischen weitgehend Einigkeit darüber, dass übersetzte Texte – abgesehen von sprachlichen Fehlern, um die es in dieser Analyse nicht geht – Aspekte aufweisen, die in Originaltexten nicht in dieser Form vorliegen, etwa abweichende Frequenz sprachlicher Mittel. Delaere et al. (2012) sind mit Messungen auf Grundlage eines Korpus von Originaltexten in belgischem Niederländisch und von ins belgische Niederländisch übersetzten Texten der Frage nachgegangen, ob übersetzte Sprache standardnäher ist als nichtübersetzte Sprache:

> The results of our analysis show that (i) in general, there is indeed a standardizing trend among translations and (ii) text types with a lot of editorial control (fiction, non-fiction and journalistic texts) contain more standard language than the less edited text types (administrative texts and external communication) which adds support for the idea that the differences between translated and non-translated texts are text type dependent. (Delaere et al. 2012: 203)

Baker (1993: 243) geht bereits davon aus, dass es eine Reihe von Erscheinungen gibt, die nicht auf die beiden jeweils betroffenen Sprachsysteme zurückgehen sondern mit dem Translationsprozess an sich zu erklären sind: Übersetzte Texten seien expliziter und weniger mehrdeutig und hätten eine Tendenz zum Gebrauch von im Standard als grammatikalisch geltenden Strukturen, zur Vermeidung von Wiederholungen und zum Gebrauch von Strukturen, die charakteristisch für die Zielsprache sind. Angesichts einer Reihe von korpusbasierten Studien wie denen von Kruger (2012) zu edierten und nicht edierten Übersetzungen aus dem Afrikaans ins Englische und Originaltexten in englischer Sprache und von Xiao (2010) zum Vergleich von chinesischen Originaltexten und chinesischen Übersetzungen gilt die Existenz von *translation universals* als Ergebnis des Übersetzungs- und Editionsprozesses inzwischen als gesichert. Der Nachweis derartiger Universalien übersetzter Sprache lässt durchaus den Schluss zu, dass Übersetzungen innerhalb einer Sprache eigene Varietäten darstellen können (zur Frage der Varietäten in der Translation, ↗ 8).

Bemerkenswert ist, dass trotz der offensichtlichen Prägung von übersetzten Texten durch die Ausgangssprachen Übersetzungen immer wieder als Grundlage für sprachwissenschaftliche Untersuchungen, sogar von Sprachwandel, herangezogen werden. Trotz aller Kritik an der Arbeit mit Übersetzungen zur Analyse von Sprachen ist z. B. Kaiser (2005) der Auffassung, dass kein Zweifel daran bestehe, dass Bibelübersetzungen „eine hervorragende Grundlage für empirische Sprachwandeluntersuchungen bilden".

Zum Weiterlesen:

Winford (2003) und Riehl ([2]2009) führen in die Sprachkontaktforschung ein. Breite Einsicht geben die Beiträge in Goebl et al. (1996–1997). Ein Klassiker ist Weinreich (1953). Zu Geschichte und Gebrauch der Termini *Diglossie* und *Bilinguismus* s. Sinner (2001). Überblick über die Geschichte und Forschungsdomänen der Migrationslinguistik geben Lüdi (2011) und Stehl (2011a und b); eine Darstellung der migrationslinguistischen Forschung, ihrer Fragestellungen, Arbeitsbereiche und Methoden gibt auch der eher soziolinguistisch ausgerichtete Band von Gugenberger (i. D.). Zur Geschichte der Termini Sub-, Super- und Adstrat und der Verwässerung der Begrifflichkeiten bei einigen Autoren s. den Überblick bei Sinner (2011c). Zu Pidgins und Kreols empfehlen sich Holm (1988,

1989 und 2004) und Kouwenberg/Singler (2008); zur Theorie der Herausbildung von Pidgins/Kreols als Zweitsprachenerwerb s. Kihm/Rouge (2013). Deppermann (2013) betrachtet das Deutsche von Migranten und die Frage, wie Migranten das Deutsche erwerben, verändern und in Relation zu den Herkunftssprachen benutzen. Zur Stadtsprachenforschung s. den *Reader* von Löffler/Hofer (2010). Zur Sprachinselforschung s. Hutterer (1982) und Mattheier (1996).

Aufgaben

1. 2013 wurde in den US-Medien der Fall von Rachel Jeantel, Zeugin im Mordprozess gegen George Zimmerman, sehr polemisch diskutiert, nachdem der Anwalt des Beklagten behauptete, sie habe seine Fragen nicht verstanden und spreche offenbar nicht richtig Englisch. Suchen Sie Informationen über die von ihr gesprochene Varietät des Englischen. Welche Aussagen finden sich über diese Varietät und welche Kriterien werden ageführt?
2. Informieren Sie sich über deutsche Sprachinseln in Europa und Amerika. Vergleichen Sie sie in soziolinguistischer Hinsicht und bezüglich der in ihnen verwendeten Varietät(en) des Deutschen.
3. Welches sind die Super-, Sub- und Adstratsprachen der von Ihnen studierten Sprache(n)? Vergleichen Sie die Angaben hierzu in unterschiedlichen Einführungen (s. Literaturangaben in Aufgabe 7 zu Kapitel 3).
4. Suchen Sie nach Literatur zu einer Varietät einer von Ihnen studierten Sprache, die durch eine Sprachkontaktsituation geprägt ist. Welche Erscheinungen gelten als charakteristisch für diese Varietät, wie werden sie erklärt und wie werden sie, sofern berücksichtigt, in Grammatiken und Wörterbüchern markiert oder beurteilt?
5. Suchen Sie Beispiele für fingierte Ethnolekte in Medien - Fernsehen, Zeitschriften, Comics usw. - und analysieren Sie das Vorgehenen der Autoren.
6. Lesen Sie eine Übersetzung aus einer der von Ihnen studierten Sprachen ins Deutsche (oder umgekehrt) und markieren Sie die Stellen, die „übersetzt" klingen. Versuchen Sie, diese Einschätzung jeweils zu begründen.

8. Diasystematische Variation und Translation

8.1 Diasystematische Variation in der Translationswissenschaft

Diasystematische Variation stellt eine besondere Herausforderung für die Translation - (schriftliches) Übersetzen und (mündliches) Dolmetschen -[1] dar.[2] In einem der Klassiker der Auseinandersetzung mit den Problemen des Übersetzens in deutscher Sprache, „Über die verschiedenen Methoden des Uebersezens", erklärte Friedrich Schleichermacher bereits 1813 (1813/1838: 207–208):

> Denn nicht nur daß die Mundarten verschiedener Stämme eines Volkes und die verschiedenen Entwicklungen derselben Sprache oder Mundart in verschiedenen Jahrhunderten schon in einem engeren Sinne verschiedene Sprachen sind, und nicht selten einer vollständigen Dolmetschung untereinander bedürfen; selbst Zeitgenossen, nicht durch die Mundart getrennte, nur aus verschiedenen Volksklassen, welche durch den Umgang wenig verbunden in ihrer Bildung weit auseinander gehen, können sich öfters nur durch eine ähnliche Vermittlung verstehen. Ja sind wir nicht häufig genöthiget, uns die Rede eines andern, der ganz unseres gleichen ist aber von anderer Sinnes- und Gemüthsart, erst zu übersezen? wenn wir nämlich fühlen daß dieselben Worte in unserm Munde einen ganz anderen Sinn oder wenigstens hier einen stärkeren dort einen schwächeren Gehalt haben würden als in dem seinigen, und daß, wenn wir dasselbe was er meint ausdrükken wollten, wir nach unserer Art uns ganz anderer Wörter und Wendungen bedienen würden: so scheint, indem wir uns dies Gefühl näher bestimmen, und es uns zum Gedanken wird, daß wir übersezen. Ja unsere eigene Reden müssen wir bisweilen nach einiger Zeit übersezen, wenn wir sie uns recht wieder aneignen wollen.

Schleiermacher gebraucht hier noch nicht, wie in der modernen deutschen Translationswissenschaft üblich, *Dolmetschen* für das mündliche und *Übersetzen* für das schriftliche Übertragen. Er erwähnt die Unterschiede zwischen verschiedenen diatopischen und diastratischen Varietäten einer Sprache, geht auf diaphasische und idiolektale Unterschiede ein und berücksichtigt im Hinblick sowohl auf die Sprache als System als auch auf die Sprache des Einzelnen die diachrone Perspektive. Damit zeigt er, wie ein Blick auf die in der Translationswissenschaft behandelten Themen beweist, ein außerordentlich modernes Verständnis für die diasystematische Gliederung der Sprache.

Diese Dimensionen sind auch in der Varietätentypologie Catfords (1965) enthalten, die explizit im Hinblick auf ihre Bedeutung für die Übersetzung erarbeitet wurde (↗ 3.2). Catford hatte wohl als erster in dieser Deutlichkeit, wenn auch noch ohne empirische Untermauerung, das Problem der Übersetzung von Varie-

---

1 Zur Differenzierung von *Dolmetschen* und *Übersetzen*, der Unterordnung unter *Translation* und zu translatologischen Begrifflichkeiten allgemein s. Prunč ([5]2005) und Sinner/Wieland (i. D.).

2 Die Bedeutung von Übersetzung für die Varietäten wird im Zusammenhang mit der Auseinandersetzung mit der Rolle des Sprachkontakts betrachtet (↗ 7.5).

täten behandelt.[3] Zweifellos hat Catford (1965: 85) recht, wenn er feststellt, dass wohl alle Sprachen mittels einer Anzahl von Varietäten beschrieben werden können, wobei aber Anzahl und Art der Varietäten zwischen den Sprachen divergieren. Diese Unterschiede stellen, so Catford, einen für die Übersetzung relevanten Umstand dar. Catfords Klassifizierung diente anderen Autoren zur Erarbeitung von eigenen Lösungsvorschlägen für die Übersetzung einzelner Varietäten (z. B. Mayoral 1990) oder wurde direkt übernommen, und seine Überlegungen zur Übersetzbarkeit von Varietäten gingen auch in moderne Lehrbücher der Übersetzung (wie Hatim/Munday 2004) ein. Mayoral (1990) stützt sich zwar direkt auf das Modell Catfords, reduziert es allerdings auf die seiner Auffassung nach für die Translation relevanten Varietäten und unterscheidet:

1. mediale Varietäten (gesprochene und geschrieben Sprache) (Catfords *mode*);
2. Varietäten im Hinblick auf die Einstellung (Catfords *style*): formell, neutral, informell, vertraut;
3. Varietäten gemäß geographischer oder ethnischer Herkunft (der geographische Dialekt Catfords): Dialekte;
4. individuelle Varietäten: Idiolekte;
5. geschlechterspezifische Varietäten: Männer[sprache] und Frauen[sprache];
6. Altersvarietäten: Kinder, Jugendliche, Erwachsene;
7. zeitliche Varietäten (*temporal dialects* oder *états de langue* bei Catford): derzeitige (aktuelle) Sprache, Sprache vergangener Zeiten oder, seltener, erfundene zukünftige Sprache;
8. Varietäten gemäß der sozioökonomischen oder kulturellen Position (Catfords *social dialect)*: [Sprache der] Oberschicht, Standard, Substandard, *Argot*;
9. Berufsvarietäten;
10. Varietäten gemäß Thema: Register;
11. Varietäten gemäß Genre oder Textsorte.

Nicht alle der von ihm genannten Varietäten werden von anderen Autoren als solche angesehen, wobei die Meinungen v. a. hinsichtlich der Existenz medialer bzw. chronologischer Varietäten weit auseinandergehen (↗ 6.1.3). Albrecht (2005: 233) sieht z. B. in der diachronen und diamesischen Variation keine eigenständigen Dimensionen der Variation, wenngleich er einräumt, dass die diachrone Variation sekundär als diaphasische Variation erscheinen kann, wenn z. B. aus stilistischen Gründen Archaismen gebraucht werden (zur Verschränkung der Dimensionen, ↗ 5.1). Als Beispiel nennt einen Auszug aus Manzonis *Die Brautleute*, in dem der Erzähler vorgibt, ein altes Manuskript gefunden zu haben, das nun, nur wenig geändert, vorgestellt werde:

> *L'Historia si può veramente deffinire una guerra illustre contro il Tempo, perchè togliendoli di mano gl'anni suoi prigionieri, anzi già fatti cadaveri, li richiama in vita, li passa in rassegna, e li schiera di nuovo in battaglia.* (…)

---

[3] Bemerkenswert ist, dass ein Großteil der Arbeiten zur Übersetzung von Dialekt, in denen über theoretische Auseinandersetzung hinausgehend mit empirischen Daten gearbeitet wird, von Autoren stammt, die wie Orozco (2003) oder García Adánez (2007) ihre Überlegungen auf ihre eigene Erfahrung mit der Übersetzung der Dialektalismen stützen.

> Ma, quando io avrò durata l'eroica fatica di trascriver questa storia da questo dilavato e graffiato autografo, e l'avrò data, come si suol dire, alla luce, si troverà poi chi duri la fatica di leggerla? (Manzoni, *I Promessi Sposi*, apud Albrecht 2005: 218)

In der Übersetzung von Burkhart Kroeber – der nach Auffassung Albrechts (2005: 233: Anm. 9) „das Verfahren im Deutschen sehr schön nachgebildet [hat]" – liest sich dieser Abschnitt wie folgt:

> Die Historie kan man füglich als einen ruhmreichen Krieg gegen die Zeit deffinieren, denn indem sie dieser die Jahre, ihre Gefangenen, ja schon zu Leichen gemachten entreißet, rufft sie dieselben wieder zurück ins Leben, hält Heerschaw über sie und reiht sie von Neuwem zur Schlacht (…).
>
> Aber wenn ich diese heroische Mühe überstanden habe, diese Geschichte aus dieser verblichenen und zerkratzten Handschrift abzuschreiben, um sie, wie man so sagt, herauszubringen, wird sich dann wohl jemand finden, der sich auch die Mühe macht, sie zu lesen? (Manzoni, *Die Brautleute*, apud Albrecht 2005: 218)

Albrecht (2005: 233) betont, dass die gesprochene Sprache, für ihn Sonderfall der diaphasischen Dimension der Variation (↗ 6.1.3), aus der Perspektive der Translation im Wesentlichen für zwei Fälle von Interesse ist: „die Nachahmung gesprochener Sprache durch die geschriebene, z.B. in Roman- oder Theaterdialogen[,] und die asymmetrische Verteilung von geschriebener und gesprochener Sprache beim Konferenzdolmetschen" (Albrecht 2005: 233).

Aussagen, die Teilaspekte der diasystematischen Variation berühren, finden sich in übersetzungswissenschaftlichen Arbeiten natürlich immer wieder; das eigentliche Interesse ist dabei aber meist nicht die varietätenlinguistische Erfassung der Herausforderungen für die Übersetzung. So erwähnt z. B. Koller (^{4}1992) im Kontext der konnotativen Äquivalenz bei der Übersetzung (also der Ermittlung von Entsprechungen zwischen AS-Text und ZS-Text auf Ebene der dem Denotat anhängenden Konnotationen) bei Behandlung von „Konnotationen und Stil" auch diasystematische Dimensionen:

> Konnotative Werte ergeben sich als Folge der *Heterogenität* der Einzelsprachen: Sprachliche Ausdrücke (Wörter, Syntagmen, Sätze) lassen sich verschiedenen Sprachschichten zuordnen; sie unterscheiden sich in der Frequenz, der stilistischen Wirkung, dem Anwendungsbereich; sie können beschränkt sein auf bestimmte Benutzergruppen, etc. (Koller ^{4}1992: 241)

Seine Beispiele zeigen deutlich, um welche Dimensionen es hier geht: *Fleischhauer* habe die zusätzliche Konnotation [+österreichisch], darum sei es zu frz. *boucher* nur eine Eins-zu-Teil-Entsprechung; frz. *tête* sei zwar eine Entsprechung für dt. *Haupt*, ihm fehle aber die Konnotation [+gehobene Sprachschicht]; *Entzündung des Wurmfortsatzes* und *Appendizitis* seien mögliche Entsprechungen zu engl. *appendicitis*, es bestehe jedoch ein Unterschied im Hinblick auf Frequenz und Anwendungsart; ein konnotativer Wert [+gespreizt] oder [+fachsprachlich] sei an einzelnen Wörtern, Syntagmen oder Sätzen festzumachen; geographische Markierung werde auch an der Syntax festgemacht, wie das Beispiel *ich bin gelegen* [+ süddt. Raum] zeige (Koller ^{4}1992: 241–242). Bei der Übersetzung nicht zu erhaltene Werte könnte man durch *kommentierende Verfahren* vermitteln (Koller (^{4}1992: 243).

Die von Koller anschließend vorgenommene Einteilung übersetzungsrelevanter konnotativer Dimensionen stellt genau betrachtet eine Klassifizierung diverser diasystematischer Dimensionen dar (Koller [4]1992: 243–244), wenn auch einige der Kategorien nicht trennscharf zu differenzieren sind und andere aus Sicht der aktuellen Varietätenlinguistik auszuklammern wären: (a) *Konnotationen der Sprachschicht* mit Werten wie [+gehoben], [+dichterisch], [+normalsprachlich], [+umgangssprachlich], [+Slang], [+vulgär] und exemplifiziert mit *sterben* [unmarkiert normalsprachlich], *entschlafen* oder *das Zeitliche segnen* [+gehoben], *abkratzen* [+salopp-umgangssprachlich], *krepieren* [+vulgär]; (b) *Konnotationen sozial (gruppenspezifisch) bedingten Sprachgebrauchs* mit soziolektalen Werten wie [+studentensprachlich], [+soldatensprachlich], [+Sprache der Arbeiterschicht] und [+Sprache des Bildungsbürgertums], illustriert mit der Charakterisierung der Gina in Henrik Ibsens Roman *Die Wildente* als Person, die der unteren Gesellschaftsschicht entstammt und nie Grammatikunterricht hatte; (c) *Konnotationen der geographischen Zuordnung oder Herkunft* mit Werten wie [+überregional], [+schwäbisch], [+österreichisch], exemplifiziert durch den Gebrauch der Standardsprache durch Herrn Gosch und des regional-dialektal und zugleich sozial markierten Plattdeutsch durch Konsul Buddenbrook zur Kennzeichnung der „Revolutionsszene“ in Thomas Manns *Die Buddenbrooks*; (d) *Konnotationen des Mediums* mit den Werten [+geschriebensprachlich] und [+gesprochensprachlich]; (e) *Konnotationen der stilistischen Wirkung* mit Werten wie [+veraltet], [+gespreizt], [+papierdeutsch], [+modisch], [+euphemistisch], [+anschaulich], [+bildhaft], illustriert mit einem Beispiel aus Ibsens *Die Frau am Meer*, wo der Gebrauch des als altertümlich konnotierten, nicht dem ‚guten Sprachgebrauch‘ angehörende norw. *geburtsdag* mit dem Gebrauch des unmarkierten *fødselsdag* kontrastiert; (f) *Konnotationen der Frequenz* mit Werten wie [+gebräuchlich], [+wenig gebräuchlich], untermauert mit der Divergenz der Häufigkeit von dt. *Plastizität* ‚Formbarkeit, körperliche Anschaulichkeit‘ gegenüber norw. *plastisitet* mit denselben Bedeutungen in umgekehrter Häufigkeitsrelation der Bedeutungen, so dass für ‚Formbarkeit‘ *fleksibilitet* angebrachter erscheint; (g) *Konnotationen des Anwendungsbereichs* mit Werten wie [+gemeinsprachlich], [+fachsprachlich], [+medizinische Fachsprache] mit Beispielen wie *Zervizitis* in einer Information für Ärzte und *Entzündungen der Geschlechtsorgane* in der Information für die Patientinnen; (h) *Konnotationen der Bewertung* mit Werten wie [+positive Bewertung eines Sachverhalts], [+negative Bewertung] oder [+ironisierende Bewertung], verbildlicht durch Vergleich der Äußerung dt. *bei dieser Arbeit hast du dir auch nicht gerade ein Bein ausgerissen* mit mehr oder weniger ironisch gemeinter Nutzung der Redewendung *sich ein Bein ausreißen*.

Der Blick auf einige dieser Werte zeigt das grundsätzliche Problem der Klassifizierung: [+papierdeutsch] ist nicht klar von [+geschriebensprachlich] abgegrenzt; Werte wie [+veraltet] oder [+wenig gebräuchlich], die beide Hinweise auf diachrone Variation sein können, sind hier in verschiedene Klassen unterschieden; [+frequent] kann auch vom Anwendungsbereich abhängen und mit [+fach sprachlich] verschränkt sein, wie wiederum das Beispiel von dt. *Appendizitis* zeigt, das in der medizinischen Fachsprache zwar dieselbe Frequenz wie z. B. span. *apendicitis* hat und somit in dieser Fachsprache ähnlich [+üblich] oder [+gebräuchlich] sein dürfte wie das spanische Lexem, aber sicherlich im Deutschen, anders als im Spanischen, wo es keine konkurrierenden Lexeme gibt, nicht als [+häufig] oder [+gebräuchlich] anzusehen ist (↗ 5.7.4). Angesichts der nicht trennscharfen terminologischen Differenzierung sind derartige Denominationen oder Definitionen der diasystematischen Markierungen für eine praktische Anwendung, z. B. in der Analyse von Übersetzungen, kaum geeignet (ähnlich ist die Lage in der Lexikographie).

Die Translation diasystematischer Varietäten ist in der Wissenschaft v. a. hinsichtlich der diatopischen, weniger auch der diastratischen Ebene und im Hinblick auf die literarische Übersetzung behandelt worden. Die Bedeutung diasystematischer Varietäten für die Translation nicht fiktionaler Texte wurde bisher kaum betrachtet. Sie kann sowohl subjektive Schwierigkeiten verursachen, die auf die (fehlende) Kompetenz des Übersetzers oder Dolmetschers zurückgehen, als auch ein objektives Problem darstellen, das mit dem Übersetzungsauftrag bzw. den konkreten Unterschieden eines spezifischen Sprachenpaares zusammenhängt.[4] Symptomatisch ist der Umstand, dass in Einleitungen, Kommentaren oder Anmerkungen von Übersetzern zu den Problemen meist der Umgang mit den diatopischen Varietäten betrachtet (und gerechtfertigt) wird (s. z. B. Fólica/Villalba 2011 über den Gebrauch von Río-de-la-Plata-Spanisch in einer spanischen Übersetzung von Aristophanes' *Lysistrata*).

Brembs (2004: 1) ist der Auffassung, dass dialektale Markierungen in Prosatexten in der literarisch orientierten Übersetzungswissenschaft als Übersetzungsgegenstand ungenügende Beachtung finden. Tatsächlich wird im Hinblick auf diatopische Variation meist pauschal festgestellt, dass sie nicht erhalten werden kann bzw. soll, und es wird mehr oder weniger verallgemeinernd proklamiert, dass die diatopischen Variation einen Sekundärinhalt (Nord 1991: 105–106) darstelle, der in der Übersetzung nicht zu erhalten sei. V. a. die Verschränkung von diatopischer und diastratischer Variation bzw. die konnotierte soziale Zugehörigkeit werden aus translatologischer Sicht als problematisch angesehen.[5] Dies liegt nicht nur daran, dass unterschiedliche Sprachen verschiedene diatopische Differenzierungen aufweisen, sondern ist auch im Zusammenhang mit dem Umstand zu sehen, dass in manchen Sprachgemeinschaften bestimmte Dialekte oder der Gebrauch von diatopisch markierten Varietäten per se negativ – etwa diastratisch niedrig – konnotiert sein können, also z. B. mit geringer Bildung assoziiert werden. Spricht im ausgangssprachlichen (AS) Text eine Person mit Dialekt, so kann man diesen in der Übersetzung möglicherweise nicht einfach durch einen Dialekt der Zielsprache (ZS) ersetzen, sondern muss die Funktion des Gebrauchs der diatopischen Variation im Ausgangstext berücksichtigen (wie z. B. die Charakterisierung einer Person als ungebildet). Ein schon klassisches Beispiel für diese Problematik ist in der Übersetzungswissenschaft[6] das Theaterstück *Pygmali-*

---

4 Zur Unterscheidung von *Problem* und *Schwierigkeit* in der Übersetzung s. Nord (1987).

5 S. hierzu u. a. Levý (1969), Coseriu (1981: 40ff.), Fawcett (1997: 116–122), Schreiber (1993), Albrecht (1998: 99, 2005: 234; 239–249), Brembs (2004), Emsel (2005), Sinner (2009). Für Reiß/Vermeer (1984: 22) sind Lekte und Stile *mögliche* Übersetzungsprobleme.

6 S. z. B. Koller (1992: *passim*), der im Zusammenhang mit der Übersetzung von diatopischer und diastratischer Variation und Übersetzungsstrategien bei Äquivalenzlücken die Übersetzung der sozial niedrig markierten Erscheinungen erwähnt, welche die Sprache Eliza Doo-

on von George Bernard Shaw, in dem das Blumenmädchen Eliza Doolittle durch den Gebrauch des Londoner Cockney als ungebildet charakterisiert wird. In Bühnenversionen in deutscher Sprache wurde die mit niedrigem sozialem Status assoziierte diatopische Varietät z. B. bei Aufführung in Berlin durch Berlinerisch, bei Vorstellungen in München durch Bairisch usw. ersetzt und die Handlung sozusagen nach Deutschland verlegt, während bei der Übersetzung der Filmversion, *My fair Lady*, wo die Handlung deutlich sichtbar in London spielte, für die diatopisch markierte Sprache des Blumenmädchens eine diatopisch unmarkierte, dafür aber diastratisch niedrig markierte Sprache gewählt werden musste.

Nur zu häufig wird aber die Wertigkeit von diasystematischer bzw. die Verschränkung von diatopischer und diastratischer Variation sogar von Übersetzungswissenschaftlern falsch eingeschätzt, wenn z. B. García Adánez (2007: 147) pauschal urteilt, im Deutschen sei, anders als im Spanischen, der Gebrauch von Dialekt Zeichen der Zugehörigkeit zu einer niedrigen sozialen Schicht, vulgär und nicht lediglich regional. Dabei generalisiert sie und übersieht, dass in einigen Regionen Deutschlands auch gebildete Personen bzw. Angehörige der Oberschicht mitunter eine deutlich diatopisch markierte Sprache verwenden, ohne dass dies zwangsläufig negativ konnotatiert wäre.

Eine wichtige Rolle spielt die Unterschiedlichkeit literarischer Traditionen: Nicht in allen Literaturen gibt es für die Repräsentation diatopischer Variation entsprechende Traditionen, bzw. die Konventionen bezüglich der dialektalen Markierung können unterschiedlich sein. Die Verschriftlichung von Dialektmerkmalen (oder von Aspekten der gesprochenen Sprache allgemein) ist möglicherweise mit der Standardorthographie nicht ohne weiteres möglich oder hängt von der subjektiven Rezeption bzw. Lauterfahrung ab, die von Autor zu Autor divergieren kann (s. Ayad 1980: 16). Als Beispiel aus dem Deutschen sei hier die Schwierigkeit genannt, die stimmhafte Realisierung von *s*-Lauten im Hessischen wiederzugeben und so z. B. die identische Realisierung von <ss> und <s> bei *essen* und *Hase* als [z] oder die Opposition von [ʒ] und [ʃ] graphisch darzustellen. Ein eindringliches Beispiel ist auch der folgende Auszug aus dem 1912 erschienenen Briefroman *Mein Herz* von Else Lasker-Schüler mit einem „in Wupperthaler Platt“ verfassten Brief:

> Der Peter Baum ist ein Schaf, er grast immer auf der Wiese bei seiner Mutter und immer kann er nicht loskommen von Hans oder von einem anderen Cousin des Wuppertals. […] Den ganzen Tag hab ich gestern auf ihn gewartet; ich schrieb dreimal denselben Brief an ihn, einen sandte ich an seine erste Wohnung, den zweiten an seine zweite Wohnung und den letzten an seine Mutterwohnung nach Friedenau. Auf Wupperthaler Platt: »Lewer Pitter Boom, dat letzte Mol, dat eck Deck schriewen tu: kömm oder kömm nich, ollet Mensch. Eck han Deck so völl zu verzählen, eck weeß nich, wän eck vön de dree Arbeeter liewe: den Fredereck oder den Willem oder den Ost-Prösen. Du söllst meck helven tu sinnen, dommet Rendveeh. För war böß De denn geborn? On leih meck een Kastemännecken, eck han verdeck keene Kartoffel mähr em Hus, on necks tu freten. Eck gew et Deck weher,

littles charakterisieren, sowie Diller/Kornelius (1978: 117), Hönig/Kußmaul (1991), Herbst (1994), Kußmaul (1998: 71), Ramos Fernández (1999), Brembs (2004), Albrecht (2005: 236–237), Emsel (2005) und Ramos Pinto (2009).

> so wie ming Gelägenheetstrauerspeel, »Die Wupper«, opgeföhrd wörd. Der Derektör Reenhardt hat et meck versprooken optuföhren; wenn meck ens nur der olle Großvatter em erschten Akt vörher nich sterben dut; häleid on die Luft. Det weeßt De jo. On de Grätz vom Dütschen Triater söll emm speelen. Du gönnst et meck wohl nich, fiser Peias? Kömmste nu oder nich? Kömm ens wacker! Ding Amanda!« (Lasker-Schüler 1986: 20–21)

Auffällig ist hier übrigens das Schwanken in der Schreibung des Anlauts bei *tu* und *dut* (in der Bedeutung von *tun*) oder der Wiedergabe von *zu* als *zu* oder *tu*, sicher ein Resultat der fehlenden Regeln für die Schreibung des Dialekts. Die französische Übersetzerin übernimmt den Hinweis auf den Dialekt, der sich bei ihr allerdings nur auf das letzte der drei Schreiben bezieht, und verfasst den Brief selbst in stark umgangssprachlichem Französisch. Die die Aussprache des Wuppertaler Platts nachempfindende Schreibung einiger Namen - *Pitter Boom* und *Reenhardt* - wird beibehalten, was bei *Pitter Boom* für französische Leser vielleicht noch nachzuvollziehen ist, bei *Reenhardt* aber dazu führt, dass die - wenn überhaupt zu erwartende - Assoziation des Namens mit der gemeinten Person - der bekannte Theaterregisseur Max Reinhardt - erschwert wird. *Frédéric* ist eine Anpassung der Schreibung an das Französische, mit *Wilhelm* schließlich opfert die Übersetzerin die dialektal markierte Schreibung *Willem*:

> Peter Baum est un mouton, il broute toujours l'herbage maternel et n'arrive à se séparer ni de Hans ni de ses autres cousins de la vallée de Wuppertal. [...] Hier, je l'ai attendu toute la journée ; je lui ai écrit trois fois la même lettre, une à son premier domicile, une autre à son deuxième domicile et la troisième en parler wuppertalien au domicile de sa mère à Friedenau. Voici à peu près ce que ça donne :
>
> « Cher Pitter Boom, la dernière fois que je t'écris : viens ou reste, mon vieux. J'en ai à te raconter, je ne sais pas lequel des trois ouvriers j'aime : Frédéric, Wilhelm ou le Prussien oriental. Aide-moi à y cogiter, vieil imbécile. A quoi sers-tu dans la vie ? Prête-moi un sou, je n'ai plus de pommes de terre, plus rien à me mettre sous la dent. Je te le rendrai quand on aura donné ma tragédie de circonstance *Die Wupper*. Le directeur Reenhardt m'a promis de la jouer, si le vieux pépé du premier acte ne meurt pas avant ; il ne supporte pas le climat, ça, tu le sais. Et c'est Grätz du Théâtre allemand qui le joue. Ça te ferait bisquer, hein, vieille paillasse ? Alors, tu vas venir ou pas ? Allez, amène-toi. Tong Amanda ! » (Lasker-Schüler 1989: 26–27).

In der Übersetzungspraxis finden sich über die Zeit unterschiedliche Präferenzen hinsichtlich der Übersetzung diatopischer Varietäten, und auch in der wissenschaftlichen Auseinandersetzung mit Übersetzung finden sich unterschiedliche Positionen bzw. haben sich die Ansichten im Laufe der Zeit gewandelt. Albrecht (1998) spricht von einem *dialektalen Dreischritt*: Nachdem man zuerst so wortwörtlich wie nur möglich übersetzte, kam ab dem 17. Jahrhundert mit der Aufklärung die Wende zur *freien, einbürgernden* (zum Beispiel eindeutschenden), also den Text an die Kultur der Zielsprache adaptierenden Übersetzung, die den Text sozusagen zum Leser hinbewegt, später dann ein Wechsel zu dem z. B. von Schleiermacher proklamierten *treuen, verfremdenden*, den Leser sozusagen zum Originaltext hinbewegenden Übersetzen mit einer Rückbesinnung auf das Original und dessen Eigenheiten.[7] Wie z. B. Brembs (2004: 2) darlegt, wurde noch in der ersten Hälfte des 19. Jahrhunderts bei der Übersetzung schöngeistiger Literatur ins Deutsche ein Dialekt der Ausgangssprache regelmäßig durch einen Dialekt in der Zielsprache Deutsch ersetzt bzw. in einen solchen übertragen.

Tab. 8.1. Übersicht der deutschsprachigen theoretischen Diskussion zur Übersetzung dialektaler Elemente (nach Brembs 2004: 13)[8]

Autor/in	Ü. dial. Elemente		Mögliche ZS-Varietäten/Varianten							
	nein	ja	Dialekt	Umgangs-sprache	Standard-sprache	Regiolekt	Soziolekt	Skopos	Kunst-sprache	gebrochenes Deutsch
Güttinger (1963)	x			evtl. möglich						
Levý (1969)[9]	x	x				evtl. möglich				
Reiß (1971, 1976)		x (abweichende Textform)								
Diller/ Kornelius (1978)	x	x	bedingt (metasprachl. Hinweis)							
Koller (1988, [6]2001)		x								
Nord (1991)								x		
Albrecht (1998)	x									
Kolb (1998)			x		x		x	x	x	x

Heute dagegen sieht man dialektale Markierungen als eng mit der ausgangssprachlichen Kultur verknüpft an. Darum wird eine Ersetzung von Dialekt durch Dialekt abgelehnt, da sie das Milieu und die diatopischen Assoziationen verfälschen würde, und eine Neutralisierung vorgezogen (s. in diesem Sinne Reiß/Vermeer 1984: 152, Czennia 1992: 246, Kolb 1998: 278 und - weitere Literatur zusammenfassend - Brembs 2004: 2 und 12). V. a. aufgrund dieser Verände-

7 Wie Albrecht (1998: 75) hervorhebt, ist die Dichotomie *frei* vs. *wörtlich* den sprachlichen Erscheinungen im engeren Sinn vorzubehalten; die Dichotomie *einbürgernd* vs. *verfremdend* dagegen betreffe „sprachliche Erscheinungen im weiteren Sinne wie Textgliederungsverfahren, Textsorten, Gattungen, den 'Stil im übersetzungsrelevanten Sinn' und darüber hinaus den ganzen Bereich, den die moderne Übersetzungswissenschaft der 'Kulturspezifik' zurechnet".

8 Bei Kolb und Nord steht im Original bei *ja/nein* kein Kreuz. Ist sowohl *ja* als auch *nein* angekreuzt, so kann sich der Autor eine Übersetzung von Dialektelementen zumindest unter Vorbehalt vorstellen. *Skopos* steht für ‚Ziel, Zweck' und bezieht sich auf die Ausrichtung der Übersetzung auf den Zweck der zielsprachlichen Übersetzung. Zur Skopostheorie in der Übersetzung s. Reiß/Vermeer (1984).

9 Brembs (2004) berücksichtigt diese Arbeit, obwohl es sich um eine Übersetzung aus dem Tschechischen handelt.

rungen der Konnotationen des AS-Dialekts und ggf. des ZS-Dialekts steht die moderne Übersetzungswissenschaft der Übersetzung von Dialekt durch Dialekt eher ablehnend gegenüber, wenngleich dies in bestimmten Kontexten - z. B. bei Übersetzungen, in denen Bezüge auf die AS-Kultur ohnehin wegfallen können - eine gelungene Wahl sein kann. Brembs (2004: 13) gibt eine Übersicht über die theoretische Diskussion zur Übersetzung dialektaler Elemente in der deutsch- und schwedischsprachigen Übersetzungswissenschaft und wertet alle Arbeiten aus, in denen die Problematik der Übersetzung von Dialekt thematisiert wird. Die Übersicht wird, auf das Deutsche beschränkt, in Tab. 8.1 wiedergegeben.

Bezüglich der Übertragung von diatopischer Variation, die im AS-Text einer regionalen Markierung dienen soll, sind in Theorie und Praxis die folgenden Haupttendenzen zu beobachten: Übersetzung der diatopisch markierten Elemente durch Standard, Übersetzung durch Umgangssprache, Übersetzung durch andere diasystematische - v. a. diastratische - Markierungen oder Entwicklung einer Kunstsprache. In den translatorischen Debatten geht es häufig weiterhin um die beiden wesentlichen Möglichkeiten der Übersetzung: *verfremdende, freie* Übersetzung oder *einbürgernde, treue* Übersetzung (s. Brembs 2004: 59ff. zu einbürgender Übersetzung) als zwei entgegengesetzte Pole. Brembs (2004: 14–16) stellt die wesentlichen Tendenzen in der deutschsprachigen Übersetzungswissenschaft zusammenfassend dar:

1. *Keine Entsprechung der AS-Dialektmarkierung.* Aus geographischen und soziologischen Gründen sei eine AS-Dialektmarkierung nicht durch eine entsprechende ZS-Dialektmarkierung ersetzbar. Extremposition ist die Güttingers (1963: 190), der glaubt, „[d]er Übersetzer, der an der Entbabelung der Welt arbeitet, […] [brauche] sich um die Mundarten nicht allzusehr zu kümmern", wenngleich Dialektelemente durch undefinierte Umgangssprache übersetzt werden könnten, um möglicherweise eine entsprechende Wirkung zu erreichen (1963: 189). Levý (1969: 101–102) empfiehlt, wenn überhaupt, dann regional merkmallose sprachliche Züge zu gebrauchen, sieht aber auch die mögliche Rechtfertigung der Substitution von AS-Dialekt durch ZS-Dialekt in Fällen wie z. B. der Charakterisierung von Personen in Komödien. Weil die Assoziationen in AS und ZS nicht dieselben seien, rät auch Coseriu (1981a: 40–41) von der Übersetzung von Dialekt durch Dialekt ab.
2. *Nur unter Vorbehalt ZS-Entsprechung der AS-Dialektmarkierung;* etwas permissiver als (1), aber von der Argumentation her sehr nahe: Diller/Kornelius (1978: 85) halten eine Substitution von AS-Dialekt durch ZS-Dialekt unter bestimmten Bedingungen für möglich, weisen aber auf die - unter (1) erwähnten - divergierenden Assoziationen hin, welche die Aussage des Zieltextes verfälschen könnten. Als Beispiel erwähnen die Autoren die Übertragung von AS-Dialekt durch ZS-Dialekt in *My Fair Lady* eben aus dem Grund, dass hier die Charakterisierung durch den Dialekt „ein zentrales Thema des Originals" (1978: 117) sei.
3. *Abhängigkeit von Funktionsgerechtigkeit und Skopos.* Diese aus der funktionalistischen Übersetzungswissenschaft kommende Position sieht die Notwendigkeit des Erhalts der dialektalen Markierung in Abhängigkeit von Funktionsge-

rechtheit und Loyalität[10] dem AS-Text und ZS-Text gegenüber (Nord 1991: 31–32). Da der Skopos, also der Zweck, die zu erhaltenden Elemente bestimme, ist Beibehaltung von Dialekt in der ZS dann relevant, wenn dies als Zweck der Übersetzung erkannt bzw. formuliert wurde, wobei Nord hier von *Sekundärinhalten* spricht (1991: 105–106).

4. *Erhaltung stilistischer Merkmale.* Reiß (1971: 43), die später im Rahmen der funktionalistischen Ausrichtung eine andere Position einnehmen wird, vertritt anfangs die Haltung, vom Autor gebrauchte Abweichungen von der Sprachnorm müssten in den ZS-Text eingebracht werden, so dass z. B. „Stilmischung und Stilbruch im Originaltext" (1971: 67) in der Übersetzung ebenfalls gegeben sein müssten, da der ZS-Text sonst gegenüber dem AS-Text den „spezifischen Charakter" (1971: 42) verliere. Wie Brembs (2004: 15) zu Recht anmerkt, erläutert Reiß allerdings nicht, nach welcher Methode dies umzusetzen sei.
5. *ZS-Entsprechung der AS-Dialektmarkierung.* Die von einigen Autoren wie Koller (⁴1992: 243–244) befürwortete Übersetzung von dialektaler Markierung durch dialektale Markierung in der ZS zur Berücksichtigung der „konnotativen Dimensionen" (Koller ⁴1992: 243) kann, wie Brembs (2004: 15) schreibt, „durchaus Probleme aufwerfen". Koller berücksichtigt neben Konnotationen der geographischen Zuordnung oder Herkunft (wie *überregional, schwäbisch* oder *österreichisch*) (1992: 244) auch „Konnotationen der stilistischen Wirkung" (⁴1992: 244) und des „sozial (gruppenspezifisch) bedingten Sprachgebrauchs" (⁴1992: 243). Zu beachten seien neben der Autonomie des Originals auch die Übersetzungstradition und -prinzipien der ZS.
6. *Indifferenz.* Bei einigen Autoren, unter den von Brembs (2004) analysierten deutschsprachigen Arbeiten Kolb (1998), findet sich ganz ohne eigene Positionierung oder zumindest ohne eindeutigen Ausdruck einer Präferenz eine Übersicht unterschiedlicher Positionen zur bzw. Möglichkeiten der Übersetzung von Dialektelementen. Kolb befürwortet etwa den Erhalt von Dialektmarkierung in Poesie und Theaterstücken, wenn der „jeweilige soziokulturelle Hintergrund unspezifisch" sei (1998: 279), steht dem Gebrauch von Kunstsprachen (bzw. -dialekten) dagegen kritisch gegenüber und ist wie die Funktionalisten der Auffassung, es müsse der Funktion des Textes und den ZS-Empfängern Rechnung getragen werden (1998: 280).

Dieselben Haupttendenzen lassen sich in der Übersetzungswissenschaft auch allgemein konstatieren. Wie Brembs (2004: 17) feststellt, sind systematische Untersuchungen der Übersetzung dialektaler Elemente sehr selten. Berezowski (1997: 28 unter Verweis auf Wojtasiewicz 1957: 90) zufolge sei dies auf eine theoretisch propagierte Annahme der strukturellen und konnotativen Nichtübereinstimmung von AS- und ZS-Dialekten zurückzuführen. Auch die generative Forschung mit ihren *per definitionem* übersetzbaren Universalien – auch Dialekte seien Universalien und demnach austauschbar (s. Berezowski 1997: 29) – habe es nicht vermocht, diese Einstellung zu revidieren (Brembs 2004: 17). Ein gutes Beispiel für eine empirische Analyse der Übersetzung dialektaler Elemente und die Wirkung von AS- und ZS-Text ist Liseling (2012). Die Autorin untersucht die Wirkung diatopischer Markierungen in Kinderbüchern von Astrid Lindgren und

[10] Mit *Loyalität* ist in Anlehnung an Nord (1989) i. d. R. die Respektierung des AS-Textes und seines Autors bzw. dessen Absichten gemeint; s. dazu Schreiber (1993: 108).

vergleicht die Originaltexte mit den polnischen Übersetzungen. Zum Ausdruck von Umgangssprachlichkeit nutzt Lindgren eine lange Reihe diatopisch markierter phonologischer, orthographischer, morphologischer, syntaktischer und lexikalischer Elemente, die die Sprache der Charaktere kennzeichnen und dazu dienen, soziale Unterschiede hervorzuheben, Divergenzen zwischen ländlicher und urbaner Kultur darzustellen und die Verwurzelung der handelnden Personen in der ländlichen Umgebung zu verdeutlichen. Wie Liseling feststellt, ist die Art und Weise der Verankerung der kulturellen Kodierungen des Schwedischen in den sprachlichen Konventionen in keiner Weise mit den in der polnischen Kultur vorherrschenden sprachlichen Konventionen kongruent, und so ist die Sprache der Übersetzungen der Werke Lindgrens im Vergleich zu den Originaltexten entschieden normativer und diatopisch unmarkierter. Liseling führt das auf die unterschiedliche Haltung zum Gebrauch umgangssprachlicher und dialektaler Elemente in der Literatur im Polnischen und Schwedischen, und v. a. in der Kinderliteratur, zurück. Es handelt sich also um unterschiedliche Traditionen der Repräsentation fingierter Mündlichkeit. Im Polnischen als Sprache eines über Jahrhunderte unterdrückten Volkes sei das historisch bedingte Streben nach einer „puren", korrekten Sprache für die auch in Übersetzungen zu konstatierende Tendenz zum Gebrauch einer möglichst einheitlichen, unmarkierten Sprache verantwortlich. Dialektale Elemente werden im Polnischen aus historischen Gründen oft in besonderer Weise als minderwertig und als Zeichen fehlender Bildung angesehen. Ihre Vermeidung ist charakteristisch für die von Liseling untersuchten Übersetzungen ins Polnische, in denen nur einige wenige der in den Originalen zu findenden phonologischen, orthographischen und morphologischen Hinweise auf Gebrauch diatopischer Varietäten erhalten sind, womit v. a. die starke ländliche Verbundenheit der Charaktere verloren geht (Liseling 295–296).

García Adánez (2007: 149) erfasst in ihrer Klassifizierung der Verfahren zur Übersetzung der Dialektalismen in der spanischen Übersetzung von Thomas Manns *Buddenbrooks*[11] darüber hinaus eine weitere Vorgehensweise: den Erhalt eines Dialektalismus des AS-Textes, wenn dieser bereits in der AS wie ein Fremdwort oder Teil einer exotische Sprache behandelt wird. Dies ist im folgenden Ausschnitt der Fall, wo das bairische *Gutzeln* in der spanischen Übersetzung erhalten und durch den Zusatz „en bávaro" ‚auf Bairisch' als Dialektalismus identifiziert wird:

> [er gab Erika] eine Tüte mit 'Gutzeln', das heisst: Bonbons. (Mann 2002: 334)
>
> [la pequeña Erika fue obsequiada] con un cucurucho de "Gutzeln", es decir: caramelos en bávaro. (García Adánez 2007: 153) ‚die kleine Erika bekam eine Tüte „Gutzeln", das heißt Bonbons, auf Bairisch'

Die Mehrzahl der Autoren geht, wie z. B. Albrecht (2005), auf die Bedeutung der Varietäten für die Übersetzung praktisch nur anhand von literarischen Beispielen ein. Die Beschränkung auf literarische Belege ist in der Übersetzungswissenschaft bemerkenswerterweise auch in Arbeiten festzustellen, die wie Reiß/Vermeer

---

[11] Der Roman ist für die übersetzungswissenschaftliche Auseinandersetzung mit Dialekt sehr ergiebig, wie auch die Betrachtung von Übersetzungen in anderen Sprachen zeigt; für das Italienische s. z. B. Brandestini (2006).

(1984) den Anspruch haben, *allgemeine* übersetzungswissenschaftliche Theorien darzustellen. Übersehen wird damit, dass es für Übersetzer von essentieller Bedeutung ist, aufgrund von Kenntnissen z. B. der diaphasischen Varietäten bzw. der diatechnischen Merkmale einer Sprache eine Bestimmung der Zugehörigkeit eines Textes zu mehr oder weniger allgemeinsprachlicher oder mehr oder weniger fachsprachlicher Ebene vornehmen zu können und über die Mittel zu entscheiden, die in der ZS zur Erreichung der entsprechenden Zielgruppe angebracht sind. Derartige Kenntnisse, bzw. Kenntnisse des Varietätenspektrums überhaupt, werden in Modellen der translatorischen Kompetenz nicht explizit erwähnt und finden sich damit in den Forderungen nach exzellenten Kenntnissen der Sprache und Kultur des Ausgangs- und Zieltextes allenfalls mitgemeint.[12]

Varietätenlinguistische Kenntnisse sind naheliegenderweise auch für Dolmetscher von großer Relevanz. Eine tiefgründige Auseinandersetzung mit der Varietätenlinguistik aus dolmetschwissenschaftlicher Perspektive steht noch aus, wenn auch hier und da Einzelaspekte behandelt wurden, etwa die Frage unterschiedlicher Redestile in verschiedenen Varietäten des Englischen (s. Rockey 2012). Mehr Aufmerksamkeit als den diatopischen Varietäten wurde v. a. in jüngerer Zeit der zunehmenden Präsenz von nichtmuttersprachlichen Varietäten des Englischen in der internationalen Kommunikation, also „Ausländervarietäten" (↗ 7.2), und ihrer negativen Auswirkung auf Dolmetschprozesse beigemessen (Albl-Mikasa 2010, 2012a und b, Basel 2002; Kurz/Basel 2009; Reithofer 2010, 2011a, b). Es konnte gezeigt werden, dass die Zuhörer auch bei guten Kenntnissen der Thematik in die Muttersprache verdolmetschte Texte immer noch besser verstehen als nichtmuttersprachliches Englisch der Redner (Reithofer 2010).

Eine wesentliche Rolle spielt in der Translation die Differenzierung der Texte hinsichtlich ihres Grades der Fachsprachlichkeit oder - vereinfacht gesagt - ihrer Situierung auf einem Kontinuum zwischen den Polen *fachsprachlich* und *nicht fachsprachlich* bzw. *allgemeinsprachlich*, was i. d. R. als Frage der *diaphasischen Variation* angesehen wird; manche Autoren sprechen auch von *diatechnischer Variation*; ↗ 5.7.4). Diese Pole und die zu ihrer Beschreibung zu berücksichtigenden Kriterien werden, je nach Autor oder zugrundegelegtem Modell, sehr unterschiedlich dargestellt.

Die Berücksichtigung von diatopischen und diastratischen Varietäten dagegen spielt in der Translation bei der Erstellung des ZS Textes praktisch nur dann eine Rolle, wenn über die inhaltliche Ebene hinaus mit ihrem Gebrauch noch weitere Assoziationen und Konnotationen verbunden sind, die zu erhalten sind. Es liegt auf der Hand, dass dies praktisch nur bei fiktionalen Texten bzw. expressiven Texttypen gegeben ist,[13] also in Prosa, Poesie, Theaterstücken, Filmen, Hörspie-

---

12 Erwähnt werden als *translatorische Teilkompetenzen* neben nicht genauer spezifizierter *sprachlicher Kompetenz* auch translatorische Teilkompetenzen wie *stilistische Kompetenz* (so schon in frühen Arbeiten der Leipziger Übersetzungswissenschaftlichen Schule, s. Bernardo 2004) oder *zweisprachige Subkompetenz* – zu der die *soziolinguistische Kompetenz* gezählt wird – (Pacte 2007: 331, Presas 2004) oder *Übersetzungskompetenz als Fähigkeit, Äquivalenz herzustellen* (Koller 2004).

13 Praktisch alle Autoren, die sich aus unterschiedlichen Perspektiven mit Textsorten bzw. -typen auseinandergesetzt haben, unterscheiden mindestens zwischen literarischen oder fiktiven Texten und nichtliterarischen oder Gebrauchs- bzw. Sachtexten; s. ausführlich Sinner

len, Comics usw., und dabei im Wesentlichen in der fingierten Mündlichkeit (↗ 6.1.4). Auch Koller ist dieser Auffassung, wenngleich er die Unterscheidung von gesprochener Sprache und fingierter gesprochener Sprache terminologisch noch nicht vollzieht: „Das Problem der Übersetzung von sprachlichem Material mit gesprochensprachlicher Markierung stellt sich besonders bei literarischen Texten" (Koller [4]1992: 244).

Verallgemeinernd kann man sagen, dass nahezu alle Texte, bei deren Übersetzung die Präsenz oder die Wirkung diatopischer und diastratischer Varietäten zu erhalten ist, der Textsorte der fiktionalen - literarischen usw. - Texte bzw. dem expressiven Texttyp zuzuordnen sind, während die diaphasische Differenzierung auch in der Arbeit mit Sach- und Fachtexten eine wichtige Rolle spielt.

8.2 Diasystematische Variation in nichtfiktionalen Texten

Bei der Behandlung der Übersetzung von diasystematischer Variation wird in translationswissenschaftlichen Texten vielfach nicht oder nur am Rande darauf hingewiesen, dass sich das Problem der Übersetzung von diasystematischer Variation in nichtfiktionalen Texten im Normalfall auf das Detektieren der Anhaltspunkte für ihr Vorliegen und anschließende Auflösung durch Übersetzung in den Standard reduziert.

In der Praxis herrscht nämlich weitgehende Einigkeit darüber, dass bei nichtfiktionalen Texten i. d. R. in die Standardsprache der ZS zu übersetzen oder zu dolmetschen ist und abgesehen von Aspekten der diaphasischen Dimension die Varietäten nur dahingehend eine Rolle spielen, dass der Translator ein Bewusstsein für das mögliche Vorliegen diasystematischer Varietäten haben muss und diese bzw. ihre Merkmale erkennen muss. Ein idiolektal markierter Text z. B. muss als solcher erkannt werden und ist anders als fiktionale Texten zur Vermeidung von ungewünschten und im AS-Text auch nicht beabsichtigten diaphasischen, diastratischen und diatopischen Konnotationen bzw. Assoziationen unmarkiert zu übersetzen. So ist der Hang einer österreichischen Autorin eines sozialwissenschaftlichen Fachtextes zur Verwendung von Passivkonstruktionen oder Worthülsen wie *im Prinzip* oder *theoretisch,* wo es weder um prinzipielle noch theoretische Überlegungen geht, in einer Übersetzung nicht unbedingt durch entsprechende Mittel der ZS nachzuempfinden, und in einer deutschen Übersetzung eines medizinischen Fachtextes in portugiesischer Sprache muss eine Aneinanderreihung von Appositionen und verblosen Halbsätzen nicht zu entsprechenden Strukturen im Deutschen führen. Nicht zuletzt aus diesem

---

(2012: 37–44). Nachhaltige Wirkung hatten in der deutschen Übersetzungswissenschaft v. a. die Unterscheidungen Reiß' (1976) zwischen informativen, operativen und expressiven Texten und Kollers (1992) zwischen Fiktiv- und Sachtexten; Sachtexte differenziert Koller in „Sachtexte, die überwiegend allgemeinsprachlichen Charakter haben und die primär der nicht-fachlichen Kommunikation dienen", in „Sachtexte, die allgemeinsprachlichen und fachsprachlichen Charakter haben und die der fachlichen Kommunikation mit und unter Nicht-Fachleuten, zum Teil aber auch mit und unter Fachleuten dienen" und Fachtexte im engeren Sinn, also „Sachtexte, die spezifisch fachsprachlichen Charakter haben und die der Kommunikation unter Fachleuten und Spezialisten dienen" (Koller 1992: 274); ↗ 5.7.4.

Grund herrscht bei Übersetzungswissenschaftlern Einigkeit darüber, dass übersetzte Texte oftmals nicht nur aufgrund der Korrekur inhaltlicher Fehler qualitativ besser sein können als ihre durch idiolektale sprachliche Defekte markierten Originale (zur Korrektur ausgangssprachlicher Defekte vgl. Sinner 2002b, Schmitt 1999: 59–106; zur Standardnähe, ↗ 7.3). Ein aufgrund diatopisch markierter Lexeme wie *pollera* ‚Rock' oder *placard* ‚Kleiderschrank' eindeutig als argentinisch identifizierbarer AS-Text wiederum ist in einer deutschen Übersetzung nicht diatopisch zu markieren, ebenso wenig wie ein aus Québec stammender Text über Arbeitsrecht, der durch den Gebrauch von *la fin de semaine* (im Kontrast zu hexagonalem frz. *le week-end*) ‚Wochenende' als frankokanadisch markiert ist, in der deutschen Übersetzung eine diatopische Markierung erhalten wird.

Bei plurizentrischen Sprachen als Sonderfall von Varietäten spielt es eine wichtige Rolle, in welche Varietät übersetzt werden muss, wenn mehrere nationale Standards existieren (↗ 4.2.2). Hier stellt sich dann stets auch die Frage, ob ein internationaler, varietätenübergreifender Standard, eine Misch- oder Ausgleichsvarietät gebraucht werden kann. Bei einer Übersetzung in plurizentrische Sprachen ist also vorab zu prüfen, ob der ZS-Text in einem bestimmten Land gebraucht wird bzw. zum Einsatz kommen soll oder ob eine in mehreren Ländern brauchbare und daher möglichst nicht einer bestimmten nationalen Variatät zuordenbare Übersetzung anzustreben ist. Für das Spanische z. B. hat sich neben der Übersetzung in bestimmte nationale Varietäten das Übersetzen in supranationale, mitunter als *neutral*, *global* oder *international* bezeichnete Varietäten etabliert. Meist wird mindestens zwischen einem europäischen und einem amerikanischen Markt unterschieden, der bei einer sprachlichen Ausrichtung der Übersetzungen ins Spanische zu berücksichtigen sei; manche Modelle gehen von einer Dreiteilung – Europa, Amerika, Rio-de-la-Plata-Gebiet – aus, und andere, wie etwa Born (2004), gehen von vier Makrotypen aus: (a) iberisches Spanisch, bestimmt für den europäischen Markt; (b) hispanoamerikanisches Spanisch für die spanischsprachigen Länder Amerikas (außer USA); (c) „neutrales" Spanisch für alle Spanischsprecher ungeachtet ihrer Herkunft, (d) US-Spanisch für den US-Markt (s. dazu Sinner 2010a).

In manchen Texten ist wegen ihrer kulturellen Verankerung eine Berücksichtigung der sprachlichen Variation aufgrund der Verwendung bestimmter diatopischer Varietäten besonders wichtig, möglicherweise auch besonders anspruchsvoll. Ein gutes Beispiel hierfür sind Rechtstexte, die zwangsläufig in einem bestimmten Rechtssystem verankert sind, was sich in einem AS-Text in der spezifischen Terminologie äußert; bei Übersetzung aus dem Englischen, Französischen oder Spanischen z. B. muss die Verankerung der Terminologie im Rechtsystem des Ursprungslands beachtet werden, um Interferenzen durch Übertragung der Terminologie zwischen unterschiedlichen diatopischen – hier: nationalen – Varietäten zu vermeiden. Im internationalen Rechtsverkehr muss so z. B. ein eindeutig als argentinisch identifizierbares Spanisch eines Rechtstextes nicht in irgendeiner Weise als diatopisch markiert ins Deutsche übersetzt werden;[14] das Überset-

14 Anders wäre dies, wenn in einem in spanischer Sprache geschriebenen Roman ein Anwalt aufgrund seiner Sprache als Argentinier erkennbar ist: Eine Übersetzung, die keine Information über die Identifizierbarkeit des Anwalts als Argentinier erlaubt, würde hier gegenüber

zungsproblem beruht weniger in der unterschiedlichen Terminologie zwischen Deutsch und (argentinischem) Spanisch als in den Unterschieden der ihnen zugrundeliegenden Rechtssysteme und der möglichen terminologischen Variation innerhalb der spanischen Sprache (zur diatopischen Variation in juristischen Fachtexten s. z. B. Tabares/Ivanova 2009).

Tab. 8.2. Tod eines Menschen durch Fremdeinwirkung im deutschsprachigen Raum (nach Tabares/Ivanova 2009: 82)

Deutschland	**Österreich**	**Schweiz**
Mord	Mord	Mord
		vorsätzliche Tötung
Totschlag		
minder schwerer Fall des Totschlags	Totschlag	Totschlag
fahrlässige Tötung	fahrlässige Tötung	fahrlässige Tötung

Gut nachvollziehbar wird dies bei einem Blick auf die Terminologie für ‚Tod eines Menschen durch Fremdeinwirkung' im deutschsprachigen Raum (hier nach Tabares/Ivanova 2009). In Deutschland wird unterschieden zwischen *Mord, Totschlag, minder schweren Fällen des Totschlags* und *fahrlässiger Tötung*; in Österreich zwischen *Mord, Totschlag* und *fahrlässiger Tötung*, in der Schweiz zwischen *vorsätzlicher Tötung, Mord, Totschlag* und *fahrlässiger Tötung*. Die Begriffsinhalte von *Mord* stimmen im Rechtssystem Deutschlands und der Schweiz überein.

Tab. 8.3. Tod eines Menschen durch Fremdeinwirkung im spanischsprachigen Raum (nach Tabares/Ivanova 2009: 87)

Spanien	**Argentinien**	**Bolivien**	**Kolumbien**	**Kuba**	**Peru**
homicidio	*homicidio (simple)*	*homicidio*	*homicidio (simple)*	*homicidio (intencional)*	*homicidio (simple)*
asesinato	*homicidio (calificado / agravado)*	*asesinato*	*asesinato (agravado)*	*asesinato*	*homicidio calificado* *asesinato*
	homicidio en estado de emoción violenta	*homicidio por emoción violenta*			*homicidio por emoción violenta*
homicidio imprudente	*homicidio (culposo)*	*homicidio culposo*	*homicidio culposo*	*homicidio (por imprudencia)*	*homicidio culposo*

Mord ist dagegen im österreichischen Recht weiter gefasst und kann dort neben den Fällen, die in der Schweiz und Deutschland als *Mord* angesehen werden, auch Fälle einschließen, die dort als *Totschlag* bzw. *vorsätzliche Tötung* eingestuft werden; dagegen hat *Totschlag* wiederum im österreichischen und schweizerischen Recht eine andere Bedeutung als im deutschen Recht usw. Aus intralinguistischer Sicht wird klar deutlich, dass identische Begrifflichkeiten durch unterschiedliche Termini dargestellt werden (s. Tab. 8.2). Betrachtet man die Lage für

dem AS-Text verlieren; die in der ZS möglicherweise sprachlich nicht realisierbare diatopische Identifizierbarkeit wäre dann bei Übersetzung in unmarkiertes Deutsch zu kompensieren, etwa durch kommentierendes Verfahren.

das Spanische verschiedener spanischsprachiger Länder, stellt man fest, dass ebenfalls für identische Begriffe verschiedene Termini gewählt werden und die Termini nicht deckungsgleich differenziert sind (s. Tab. 8.3).

So unterscheidet das kubanische Recht nur *homicidio* und *asesinato*, das spanische zwischen *homicidio, asesinato* und *homicidio imprudente*, das argentinische *homicidio simple, homicidio calificado/agravado, homicidio en estado de emoción violenta* und *homicidio culposo*, und das peruanische gar zwischen *homicidio simple, homicidio calificado, asesinato, homicidio por emoción violenta* und *homicidio culposo*, ohne dass die internen Abgrenzungen der Termini im intralinguistischen Vergleich übereinstimmen würden. Wie Tabares/Ivanova (2009) deutlich zeigen, müssen die Lösungen bei einer Übersetzung von Rechtstexten entsprechend in Abhängigkeit davon variieren, wo im deutschsprachigen und spanischsprachigen Raum sich Sender von AS-Text und Empfänger des ZS-Textes jeweils befinden.

Für das Dolmetschen ist v. a. die Notwendigkeit zu erwähnen, dass die Dolmetscher mit den verschiedenen Varietäten ihrer Arbeitssprachen so gut wie nur möglich vertraut sein müssen, also im Idealfall die unterschiedlichen Varietäten zumindest passiv beherrschen. Für plurizentrische Sprachen wie das Englische, Französische oder Spanische ist dies angesichts der großen Anzahl nationaler Varietäten, die ihrerseits natürlich selbst diasystematische Variation aufweisen, wenn überhaupt, dann sicherlich nur für einen Teil der Varietäten möglich. Dass die Kenntnis der in der Distanzsprache vorherrschenden normnahen Varietäten nicht ausreicht, zeigt ein Blick in den Berufsalltag von Dolmetschern an Gerichten oder an Kliniken, die es immer wieder auch mit unterschiedlichsten diasystematischen Varietäten, und dabei nicht nur regionalen oder nationalen Varietäten ihrer Arbeitssprachen, sondern auch Substandardvarietäten zu tun haben. Als Beispiele mögen hier an einem Berliner Gericht verhandelte Fälle dienen, bei denen Sprecher unterschiedlicher nationaler Varietäten des Spanischen aussagen mussten. In einem Fall stellten für den Dolmetscher die Angaben der Tatzeit durch verschiedene Zeugen eine besondere Herausforderung dar, da die vermeintlich divergierenden Angaben der Tageszeit beinahe zur Infragestellung der Glaubwürdigkeit eines Zeugen geführt hätte: So bedeutet span. *en la madrugada* je nach Varietät ‚nachts, nach Mitternacht', ‚bei Sonnenaufgang' oder ‚am frühen Morgen'. In einem anderen Fall missinterpretierte eine Dolmetscherin die Bedeutung von *correrse* – in Chile ‚Platz machen, beiseite treten', in Spanien umgangssprachlich ‚den (sexuellen) Höhepunkt erreichen', was erst aufgrund der aus Sicht des Zeugen unpassenden Nachfragen der Richterin bemerkt werden konnte.

8.3 Diasystematische Varietäten in fiktionalen Texten

Anders stellt sich die Situation dar, wenn die Präsenz diasystematischer Varietäten im Ausgangstext beabsichtigt und markiert ist; wie gezeigt wurde, ist dies in nichtfiktionalen Texten nur ausnahmsweise der Fall und betrifft v. a. fiktionale Texte, oft die in diesen enthaltene fingierte Mündlichkeit. Auch bei Fiktion, also vornehmlich literarischen Texten, Bühnenstücken, Comics, Fernsehfilmen usw. wird der Gebrauch diatopischer Varietät in den deskriptiven Abschnitten insofern eher nicht als Problem für die Übersetzung angesehen, als diese Teile wie die meisten in diatopischen Varietäten geschriebenen fiktionalen Texte in unmarkierte Varietäten - den Standard - übersetzt werden. Speziell ist der Fall des Idiolekts, sei es Idiolekt des Autors in den erzählenden Teilen - also sein „individueller Stil" -, sei es der fingierte Idiolekt einer Person in einem fiktionalen Text.

Die Übersetzung von Idiolekten sei, so Catford, nicht immer notwendig, weil die Persönlichkeit des Senders nicht immer ein wichtiges Merkmal der Situation ist; wenn dies aber der Fall ist - Catford denkt hier an Romane -, so könnten die idiolektalen Charakteristika einer Person aus den Dialogen herausgenommen und in die Handlung eingearbeitet werden (1965: 86). Es sei auch möglich, dass andere Charaktere darauf Bezug nehmen und sie zumindest teilweise zur Identifizierung einer Person dienen; in diesem Fall liegt für Catford (1965: 86) die Möglichkeit nahe, dass der Übersetzer die Sprache dieser Person in der Übersetzung mit ähnlichen oder gleichwertigen idiolektalen Merkmalen ausstattet.[15] Für Catford sind auch die als individueller Stil eines Autors angesehenen Aspekte idiolektal, warum in der literarischen Übersetzung Entsprechungen hierfür gefunden werden müssten, und ebenso könnten ungewöhnliche, wenig übliche Kollokationen und Wendungen als idiolektal angesehen werden (1965: 86). Er illustriert dies mit einer in der Übersetzungswissenschaft häufiger genannten englischen Übersetzung eines Satzes aus dem Roman *La Chatte* von Colette: „The sun kindles a crackling of birds in the gardens", die trotz der merkwürdigen Lexemreihung - „certainly strange, or low-probability, collocations" nur deswegen als korrekt anzusehen sei, weil auch das französische Original - „Le soleil allume un crépitement d'oiseaux dans les jardins" - im Hinblick auf die Kollokationen als unüblich oder ungewöhnlich bezeichnet werden könne (1965: 102–103; vgl. Weightman 1947, Wignesan 2000).

Idiolektale Merkmale von Figuren, wie etwa Sprachfehler oder Ticks, stellen in der Übersetzung fingierter Mündlichkeit eine besondere Herausforderung dar. Bei ihnen ist die Wirkung zu erhalten; dabei muss vermieden werden, im ZS-Text potenziell anders wirkende Merkmale oder schwer nachvollziehbare bzw. eine nicht als idiolektal erkennbare Varietät zu erzeugen. Manche Autoren sind der Auffassung, insbesondere phonetische Abweichungen seien in der Übersetzung leicht zu lösen, wie dies z. B. García Adánez am Beispiel des Idiolekts der Direktorin eines Mädchenpensionats für höhere Töchter, Therese Weichbrodt, im Roman *Die Buddenbrooks* und der spanischen Übersetzung aufzeigt. Im AS-Text wird die übertrieben gepflegte und blasiert wirkende Aussprache z. B. durch stärker geöffnete Vokale verdeutlicht:

> „Sei glöcklich, du gutes Kend!" (Mann 2002: 356).
> „Du gutes Kend" (Mann 2002: 400)
>
> –Que seas *moy felez, me buona neña.*
> –¡Ay, *me buon paquaño!*– (García Adánez 2007: 150)

Die Vokalöffnungen - von dt. <ü> zu <ö> oder von <i> zu <e> - werden im Spanischen durch den Wechsel von <u> zu <o> und <e> zu <o> halbwegs nachempfunden; der Wechsel von <que> zu <qua> in *paquaño* für *pequeño* ‚Kleiner' impli-

---

[15] Was genau für Catford als ähnlich oder gleichwertig gelten kann, wird angesichts fehlender Beispiele bei ihm nicht deutlich.

ziert zudem einen konsonantischen Wechsel [k] zu [kw], der für Spanischmuttersprachler nicht als Resultat affektierender Vokalöffnung sondern nur als (nicht unbedingt nachzuvollziehender) Sprachfehler interpretiert wird. Die Übersetzung ist nach Meinung von García Adánez (2007: 150) zwar ein Beispiel für besonders gelungene Übersetzung, die zugleich an anderer Stelle verlorene Markierungen kompensiert, Befragungen von Muttersprachlern zeigen aber, dass der Idiolekt der Lehrerin nicht etwa affektiert wirkt (wie dies im Original konstatiert werden kann), sondern die Leser verwirrt, da sie nicht nachvollziehen können, warum eine offenbar gebildete Person (die ja sonst kaum Direktorin einer Höheren-Töchter-Schule wäre) *fehlerhaft* bzw. *mit Sprachfehlern* spricht (Sinner i. D.).

Abb. 8.1. Auszüge aus *Todo Mafalda* (Quino 1992)

Bei Sprachfehlern als idiolektalen Merkmalen stellt sich das Problem, dass einige Sprachen bestimmte Aussprachefehler aufgrund der Möglichkeiten der Orthographie problemlos nachbilden können, andere Sprachen dagegen dafür keine entsprechenden Möglichkeit haben. Im Spanischen z. B. kann Lispeln durch die Grapheme <c^{e,i}> und <z^{a,o,u}> angezeigt werden, die in einigen europäischen Varietäten des Spanischen als stimmloser frikativer Dentallaut bzw. Interdentallaut [θ] realisiert werden. Aufgrund der Kenntnisse der Sprecher über das System wird dies sogar in denjenigen (v. a. amerikanischen) Varietäten als Lispeln verstanden, die <c^{e,i}> und <z^{a,o,u}> als stimmloses [s] realisieren. Dies ist im argentinischen Comic *Mafalda* gut zu sehen, wo der lispelnde Bruder von Mafalda z. B. *máz* ‚mehr' (statt *más*), *zopita* ‚Süppchen' (statt *sopita*), *miz piez* ‚meine Füße' (statt *mis pies*), *zí* ‚ja' (statt *sí*) und *zol* ‚Sonne' (statt *sol*) sagt (s. Abb. 8.1). Versuche, den Interdentallaut durch ein <f> – für dt. *Suppe* etwa *Fuppe* – anzudeuten, ließen nur bedingt an Lispeln und eher an einen altersbedingten Sprechfehler denken.[16] Vielleicht aus diesem Grund sind gerade die Episoden mit Mafaldas Bruder im Deutschen entweder ohne Berücksichtigung des Lispelns oder gar nicht übersetzt worden. In anderen Sprachen wurde der Sprachfehler entweder weggelassen oder man wählte Lösungen, die eine Graphie mit <z> erhalten, dadurch aber nicht an Lispeln, sondern an einen anderen Sprachfehler denken lassen. In den

[16] Interessant ist in diesem Kontext, dass deutschsprachige Schüler im Englisch-Anfangsunterricht den stimmlosen Interdentallaut des Englischen mitunter als [f] realisieren – also wohl auch so hören –, wenn sie der Lehrkraft beim Hören und Nachsprechen nicht auf den Mund schauen. In dem englischen Comic *Unlucky Wally* von Raymond Briggs wird die Sprache der Hauptfigur dadurch charakterisiert, dass der durch Digraph <th> repräsentierte Interdentallaut durchweg als <f> wiedergegeben wird, um Wallys Ausspracheschwäche zu visualisieren. Auch hier liegt das Übersetzungsproblem auf der Hand.

Übersetzungen in Abb. 8.2 wurde im Französischen die Aussprache [z] statt [s] für *soupe* gewählt, im Englischen der Sprachfehler weggelassen („My feet hurt") oder eine Aussprache [z] statt [s] für sun gewählt; im Italienischen wird mit [ts] statt [s] ebenfalls kein Lispellaut gewählt. Während Muttersprachler die stimmhafte Aussprache eigentlich stimmloser Laute im Französischen und Englischen als glaubhaften Sprachfehler von kleinen Kindern ansahen, wurde [ts] statt [s] für <s> in it. *sì* ‚ja' von italienischen Informanten durchweg als eigenartig bewertet, da man diese Verwechslung bei kleinen Kindern eher nicht erwarten könne. Zudem wird bei der Übersetzung von Idiolekt häufig übersehen, dass die von den ZS-Lesern zwar möglicherweise tatsächlich als *speziell* empfundene Sprechweise nicht zwangsläufig als *Idio*lekt interpretiert wird, sondern auch als Versuch des Übersetzers angesehen werden kann, einen *Dia*lekt nachzuempfinden oder einen Kunstdialekt zu schaffen: Wie soll ein in einem Werk von nur einer Person gesprochener - als Kunstdialekt abgebildeter - Dialekt, von einem Idiolekt unterschieden werden? (↗ 8.1).

Abb. 8.2. Auszüge aus *Mafalda*-Übersetzungen ins Französische, Englische, Italienische

Varietäten von Nichtmuttersprachlern bzw. Lernersprachen als besondere Form der Idiolekte (↗ 7.2.3) stellen insofern eine besondere Herausforderung dar, als z. B. bestimmte Akzente oder typische Grammatikfehler nachzuempfinden sind, was bei in der ZS vertrauten ausländischen Akzenten und Fehlern weniger problematisch ist als bei den Charakteristika von Ausländervarietäten der AS, die in der ZS nicht bekannt sind. Hier muss der Eindruck vermieden werden, der Übersetzer habe möglicherweise Fehler gemacht. Ein besonderes Problem stellt die Wiedergabe der Varietät eines Ausländers bei der Übersetzung in eben jene Sprache dar, die in der Sprache der Figur durchscheint, also z. B. ein französischer Akzent im Deutschen bei einer Übersetzung ins Französische: Wie soll man im Französischen einen französischen Akzent wiedergeben? Die Anforderungen sind mit den erwähnten Problemen bei Vorliegen eines Dialekts der AS im AS-Text vergleichbar. In John Updikes Roman *The Widows of Eastwick* z. B. wird eine aus Deutschland stammende Person, Greta Neff, auch durch ihre Art zu sprechen als Deutsche charakterisiert, wie der folgende Ausschnitt aus einem Gespräch einer der Hauptfiguren des Romans, Jane, mit Greta illustriert:

> "Greta Neff," Jane said in a voice that, after two hours of silent listening, came out as a croak. "Do you remember me?"

> "Haoew," the other woman said, her first language peeping through the twisted diphthong, "coot I forget, Chane? I hurt you were all pack in taown, but I cootn't belief it". [...]
>
> Sukie spoke up: "Greta, we were sorry to hear about Raymond." [...]
>
> "Yes, vell," Greta said impatiently, "it was a mercy in the ent. He had pin suffering a lonk time. It was cancer," she explained, "of the powel." (Updike 2008: 146)

Die deutsche Übersetzung zeigt die Schwierigkeit gut auf, die durch die Interferenz des Deutschen zu erklärenden, „typischen" Realisierungen einiger Vokale oder Konsonanten nachzuempfinden:

> «Greta Neff», sagte Jane; nach zwei Stunden stummen Zuhörens klang ihre Stimme krächzend. «Erinnerst du dich an mich?»
>
> «Wie könnt ich dich vergessen haben, Chane?» Bei jedem Laut schimmerte ihre Muttersprache durch. «Hab schon gehört, ihr wärt alle wieder zurück, aber ich konnt's nicht glauben». [...]
>
> Sukie ergriff das Wort. «Greta, es hat uns sehr leidgetan, als wir gehört haben, dass Raymond nicht mehr ist.» [...]
>
> «Na ja», sagte Greta ungeduldig, «am Ende war es eine Gnade. Er hat lange leiden müssen.» Erklärend setzte sie hinzu: «Er hatte Krebs, Darmkrebs.» (Updike 2010a: 198–199)

Die Übersetzerin reduziert die Sichtbarkeit des im Text explizit erwähnten Durchscheinens der Muttersprache auf die graphische Entstellung des Namens der Gesprächspartnerin, Jane, als *Chane*, eine Schreibung, die im Original die für Deutsche als typisch geltende Realisierung von [tʃ] statt [dʒ] für <j> im Anlaut wiedergibt. Für deutschsprachige Leser ist jedoch auch dieser einzige verbliebenen Hinweis auf den deutschen Akzent von Greta Neff nicht unbedingt nachvollziehbar: <ch> wird im Deutschen nicht als Plosivlaut [tʃ] gesprochen, der das Englische mancher Muttersprachler des Deutschen auszeichnet, sondern als [x] oder [ç], die aber nie (bzw. nur dialektal) im Wortanlaut erscheinen.

Catford (1965: 87) glaubt, unmarkierte Dialekte – im Catfordschen Sinne von Standardsprache – im AS-Text könnten durch unmarkierte Dialekte im ZS-Text übersetzt werden.[17] Bei Fehlen eines unmarkierten Dialektes in der ZS könnte auch ein entsprechender markierter Dialekt – etwa ein diatopisch markierter Dialekt – verwendet oder ein Kunstdialekt erfunden werden; markierte Dialekte könnten durch markierte Dialekte übertragen werden. Die Ansicht Catfords, bei Gebrauch markierten Dialektes in der Übersetzung, z. B. in den Dialogen eines Romans, sei auf die situativen Aspekte zu achten, und ein südlicher geographischer Dialekt sei durch entsprechenden – geographisch ebenfalls südlichen – Dialekt zu übersetzen, erscheint aus moderner Sicht äußerst fragwürdig. Die Über-

[17] Das Fehlen eines unmarkierten Dialektes – im Sinne eines Standards – ist z. B. bei Übersetzungen in zuvor nicht verschriftete oder nicht normierte bzw. standardisierte Sprachen eine besondere Herausforderung. Tatsächlich ist in solchen Fällen vielfach erst durch die Übersetzung eine Literatursprache bzw. ein Standard entstanden, in Catfords Worten ein „literarischer Dialekt" (1965: 87). Bereits Nida (1947) hat sich damit im Zusammenhang mit der Bibelübersetzung in bisher nicht verschriftete Sprachen ausführlich auseinandergesetzt. Ein wichtiger Beitrag zur Rolle der Übersetzung für den Sprachausbau ist Eckkrammer (1996b).

tragung von (diatopischen) Varietäten der AS durch diatopische Varietäten der ZS wird heute generell als ungeeignet angesehen. Es gibt allerdings auch Autoren, die wie Gregory (1980) Catfords „klassische" Ansichten zur Übersetzung von Dialekten relativ unkritisch übernehmen. Albrecht dagegen urteilt über den (hypothetischen) Fall der Übersetzung der Provenzalismen in den Stücken Pagnols durch Bajuwarismen:

> Auf den ersten Blick scheint die Idee plausibel, bei genauerem Hinsehen erweist sich jedoch der damit erzielte Effekt als fatal. [...] Je veristischer ein Übersetzer in solchen Fällen verfährt, desto mehr verstört er seine Leser: ‚Wieso reden die in der Provence plötzlich bairisch?'. (Albrecht 2005: 234)

Bemerkenswert sei aber, wie Albrecht weiter erläutert, dass sich die Leser der deutschen Übersetzungen von Flauberts Roman *Madame Bovary* nicht daran stören, wenn die Protagonistin mit ihrem Liebhaber hochdeutsch (im Sinne Catfords ein unmarkierter Dialekt) spricht, obwohl der Roman in Nordfrankreich spielt.

Aus heutiger Sicht mag die Vorstellung, sich bei der Wahl eines Dialekts der ZS an der geographischen Lage des Dialektes der AS zu orientieren, allenfalls amüsant erscheinen. Catford weist aber bereits darauf hin, dass die „human geography" - im Sinne der sozialen Reichweite - eine größere Rolle bei der Wahl des ZS-Dialekts für die Übersetzung spielen kann als rein geographische Kriterien. Wenn Catford z. B. die Praxis beschreibt, das (im Süden Englands situierte) Londoner *Cockney* aus sozialen und geographischen Kriterien - Hauptstadtdialekt für Haupstadtdialekt - durch das nordfranzösische *Parigot* zu übersetzen (1965: 87–88), dann nähert er sich hier schon der Tendenz zur Berücksichtigung der soziolektalen Ebene an, die in modernen Übersetzungen zu finden ist, wenn diatopische Varietäten aufgrund ihrer zumeist unmittelbar mit ihnen verbundenen soziokulturellen Konnotationen eher durch diastratisch markierte Sprache übertragen werden. Dies steht im Einklang mit der Einsicht, dass der Gebrauch von diatopisch markieren Varianten bzw. einer diatopischen Varietät nicht notwendigerweise der diatopischen Markierung dienen muss. Er kann z. B. auch als Hinweis auf die soziale Position einer Person verstanden werden kann, so dass grundsätzlich unbedingt die Funktion der diasystematisch markierten Elemente und ihr Verhältnis zur Standardsprache zu ermitteln ist, um die Übersetzungsstrategien festzulegen (cf. Brembs 2004: 2 und Hein 1983: 1625).

Kunstdialekte sind in Übersetzungen eher selten und mit mal mehr, mal weniger Erfolg verwendet worden. Albrecht (2005: 235) gibt als Beispiel für die Nutzung von fiktiven Dialektalismen die Übersetzung von Shakespeares *King Lear* von Wolf Graf Baudissins[18]. Tatsächlich sind allerdings vielleicht nicht die Dialektalismen per se fiktiv, sondern ihre Zusammenstellung, da sich einzelne Elemente des Textes unterschiedlichen Dialekten annähern bzw. vielleicht ihnen direkt entnommen sind. Den Lesern wird wohl i. d. R. sofort klar, dass es sich um einen Dialekt handeln muss (den sie dann aber natürlich nicht einwandfrei einer bestimmten Region zuordnen können):

---

18 Ein Teil der von Ludwig Tieck unter seinem Namen veröffentlichten Shakespeare-Übersetzungen stammt von Wolf Heinrich Graf von Baudissin (s. Motekat 1953).

Edg[ar] Lieber Herr, gehn Eures Wegs und loßt arme Leut' in Ruh. Wann ich mich sollt mit eim großen Maul ums Leben bringen lossen, da hätt' ich's schun vor vierzehn Täg los werde künne. Kummt mer dem alte Mann nit nah; macht Euch furt, rath ich, oder ich will emohl versuche, was stärker is, Eu'r Hirnkaste oder mei Knippel. Ich sog's Euch grod' raus.

Haush[ofmeister] Ei du Hund! (Shakespeare 1832: 366, *König Lear*, Akt IV, Szene VI)

Allerdings muss der Umstand, dass die Rezipienten einen Text keiner Varietät klar zuordnen können, noch nicht heißen, dass damit seine Wirkung nicht genauso problematisch wäre wie bei klarer diatopischer Zuordnung. Während sich ein Leser nicht darüber wundert, dass Franzosen in Übersetzungen Deutsch sprechen, so ist bei Gebrauch von Kunstdialekt dennoch die Assoziation möglich, dass es sich um eine, wenn auch nicht klar bestimmbare, so doch regionale bzw. diatopische Varietät *des Deutschen* handelt, die eher als unpassend empfunden wird als vermeintlich diastratische Varietäten. Der obige Auszug z. B. wurde in einer Rezeptionsanalyse mit deutschen Germanisten und Übersetzern fast durchgängig und – mit diversen Einschränkungen – sehr dezidiert bestimmten tatsächlich existierenden lokalen Dialekten zugeordnet, meist unter Hinweis auf eine Mischung oder das Vorliegen merkwürdiger Erscheinungen, die nicht ganz in den jeweiligen Dialekt passen wollen und mit Hinweis darauf, dass es möglicherweise ein älterer Text ist. Genannt wurden u. a. Badisch, Hessisch, Saarländisch, Schlesisch, der Dialekt des Erzgebirges – „der etwas jiddisch beeinflusst ist, und zudem aus dem 19. Jahrhundert" – oder, allgemeiner, ein „im Zentrum gesprochenes Deutsch, von früher" (Sinner i. D.). Vielfach hingen die Antworten mit der Ähnlichkeit bestimmter Elemente mit den jeweils genannten Dialekten zusammen, die Einschränkungen erklärten sich dann mit Elementen, die in ihnen so nicht zu erwarten wären.

Tatsächlich aber waren die Wirkungen des Originaldialekts auf englischsprachige Leser weniger Assoziationen *regionaler* als sozialer Art; diese Assoziationen fehlten, wie eine zweite Testreihe zeigt, bei den deutschen Lesern, die aufgrund der sehr vagen regionalen Zuordnung des Kunstdialekts auch nicht entscheiden konnten, ob es sich um sozial niedrig markierte diatopische Varietät handelt – ob also Diatopie mit Diastratie verschränkt ist. Damit stellt sich die Frage, wie gelungen der von Albrecht gerühmte Kunstdialekt zur Vermeidung regionaler Zuordnung durch die Leser tatsächlich ist. Derartige Rezeptionsanalysen sind in der Übersetzungswissenschaft leider noch die absolute Ausnahme.

Tatsächlich scheint die Adäquatheit von Kunstdialekten vielfach geringer als angenommen. Als sehr erfolgreich wird die Schaffung des Kunstdialektes in der deutschen Synchronisierung des französischen Films *Bienvenue chez les Ch'tis* (2008) angesehen, in dem ein Postbeamter aus der südfranzösischen Provence an die belgische Grenze im Norden des Landes zwangsversetzt wird; Teil der Komik des Filmes besteht im Gebrauch des starken picardischen Dialekts der Bewohner des neuen Wohnortes – der auch mehrfach explizit thematisiert wird –, und diese Wirkung wurde in der Synchronfassung nicht durch einen geographisch zuordenbaren, sondern einen künstlich geschaffenen „deutschen" Dialekt nachempfunden (cf. Brons 2012). Der „südfranzösische" Kunstdialekt in manchen der deutschen Übersetzungen von *Asterix*-Episoden, der aufgrund einzelner phonetischer Charakteristika manche Leser an schwäbische Dialekte erinnert, ist möglicherweise gerade deswegen gelungen, weil Leser ohnehin durchweg mit absichtlichen Anachronismen und Widersprüchlichkeiten konfrontiert werden, die zum besonderen Charme des Comics beitragen (Sinner 2002a: 363).

Zum Weiterlesen:

Leserfreundliche Einführungen in die Übersetzungs- bzw. Translationswissenschaft stellen Koller ([8]2011) und Prunč ([5]2005) dar. Im Hinblick auf Varietätenlinguistik wesentliche Aspekte werden in manchen Beiträgen im *Handbuch Translation* (Snell-Hornby u. a. 1998, [2]1999) und im *Handbuch zur Übersetzungsforschung* (Kittel u. a. 2004, 2007) behandelt. Eine aufgrund der vielen Beispiele sehr nützliche Übersicht über Fragen der Übersetzung aus varietätenlinguistischer Sicht gibt Albrecht (2005: 230–249). Zur Frage der Variation und Kulturspezifika in Fachtexten empfiehlt sich das Standardwerk von Schmitt (1999). Zur Übersetzung der fingierten Mündlichkeit sind Brumme (2012) sowie die von Brumme (2008), Brumme/Resinger (2008) und Brumme/Espunya (2012) herausgegebenen Sammelbände lesenswert. Eine Einführung in die praktische Forschung im Bereich der Translation geben Chesterman/Williams (2002). Zu *español neutro* als übernationale Varietät, Polzin-Haumann (2006), Sinner (2010a).

Aufgaben

1. Debattieren Sie für die von Ihnen studierte(n) Sprache(n) die Notwendigkeit oder Möglichkeit der Übersetzung in eine diatopisch „neutrale", also nicht bestimmten regionalen oder nationalen Sprachräumen zuordenbare Varietät (wie z. B. in ein *español neutro*).
2. Übersetzen Sie den in Kap. 8.1 gegebenen Auszug aus dem Roman von Else Lasker-Schüler in eine Fremdsprache. Welche Probleme ergeben sich?
3. Wie gehen die Übersetzer von Mark Twains Huckleberry Finn in den von Ihnen studierten Sprachen mit dem im Original gebrauchten Missouri-Dialekt um?
4. In dem Tatsachenroman *The Lost* ist die Sprache des Autors, sowohl in den beschreibenden Teilen als auch in den Dialogen, in denen er selbst spricht, mitunter deutlich als jüdisch markiertes amerikanisches Englisch zu erkennen. Analysieren Sie die sich ergebenden Übersetzungsprobleme und vergleichen Sie die Abschnitte im Original und in der deutschen Übersetzung. Wie ist mit dem als jüdisch markierten Original umgegangen worden? Welche Effekte gehen verloren? Konsultieren Sie auch Übersetzungen in andere Sprachen.

   And frankly that story about Frydka being pregnant by someone *else* doesn't fill me with confidence, I have to say. So is this woman really worth schlepping to *Minsk*? (Mendelsohn 2007a: 384).

   Und ehrlich gesagt erfüllt mich die Geschichte über Frydka, dass sie von jemand *anderem* schwanger gewesen sein soll, nicht gerade mit Vertrauen, muss ich sagen. Lohnt es sich also, extra wegen dieser Frau nach *Minsk* zu fliegen? (Mendelsohn 2010: 466)

   [...] a few months after Matt took the picture, Mrs. Begley called to ask me how my Yom Kippur fast had been. It was a nice *yontiff*, I said, we had a good fast and my mother had made a lavish break-fast.

   She sighed heavily. It's nice to hear those terms. They are familiar to me, but they won't be long in this world. (Mendelsohn 2007a: 397)

   Einige Monate später rief Mrs Begley mich an, um sich zu erkundigen, wie mein Jom-Kippur-Fasten gewesen sei. Es war ein hübscher *jomtew*, sagte ich, wir haben gut gefastet, und dann hat meine Mutter ein üppiges Mahl gemacht.

Sie seufzte tief. Es ist schön, diese Worte zu hören, sie sind mir vertraut, aber sie werden nicht mehr lange auf dieser Welt sein. (Mendelsohn 2010: 483)

5. In John Updikes Roman *The Widows of Eastwick* verläuft sich Alexandra beim Spazierengehen auf einem Golfplatz und trifft ein asiatisches Paar, das im selben Hotel wie sie abgestiegen ist. Wie sind in den nachfolgenden Abschnitten die Beispiele fingierter Mündlichkeit übersetzt worden? Um welche Art von Varietät handelt es sich und wodurch wird sie charakterisiert?

At Jasper, bravely embarking to walk by herself around the little lake the hotel faced, Alexandra took a turning that led her onto a golf course [...]; but then she saw the Asian couple, small in the tapering green distance, coming merrily towards her, crying a mysterious word that sounded like "Rost! Rost!"

As they drew close, the Malay woman, who had the better English, explained: "We made same mistake. Very tricky turn back there. We met worker. He told us, not very poritely, this private golf course. He said go back to dirt road to go around rake."

"You rost, too!" her husband summed up, his grin triumphant. (Updike 2008a: 15)

Als Alexandra in Jasper tapfer zu einem Spaziergang um den kleinen See vor dem Hotel aufbrach, geriet sie an einer Gabelung auf einen Weg, der sie zu einem gepflegten Golfplatz führte, [...] dann aber sah sie in der sich verjüngenden grünen Ferne das kleine asiatische Paar, das fröhlich auf sie zukam und ein mysteriöses Wort rief, das so klang wie «Velloln! Velloln!».

Als sie näher kamen, erklärte die malaiische Ehefrau, die besser Englisch sprach als ihr Mann: «Will haben selben Fehlel gemacht. Ziemlich schwielige Biegung dahinten. Will haben einen Albeitel getloffen, del nicht glade höflich wal, el sagte: diesl Golfplatz ist plivat. El sagte, will sollen zum Weg zulückgehen und dann um den See».

«Du auch velloln!» resümierte ihr Mann mit triumphierendem Grinsen. (Updike 2010a: 24–25)

À Jasper, Alexandra, qui avait courageusement entrepris de faire, seule et à pied, le tour du petit lac en face duquel se trouvait l'hôtel, avait à un moment tourné dans un chemin qui débouchait sur un terrain de golf [...] mais elle aperçut alors le couple d'Asiatiques, minuscule sur le parterre vert, qui, tout joyeux, venait à sa rencontre, en piaillant à tue-tête un mot mystérieux que ressemblait à : « Piédu ! Piédu ! ».

Quand ils arrivèrent à sa hauteur, la Malaise qui maîtrisait mieux l'anglais, expliqua : « Nous sommes twompés. Y a mauvais tou'nant là-bas. On a wencont'é un empoyé. Il a dit, pas twès poli, ça tewwain golf pivé hein. Il a dit de wetou'ner su' la p'tite wout' pou' fai' tou' du lac.

— Piédu, vous aussi ! » résuma l'époux, un sourire triomphal aux lèves. (Updike 2010b: 25)

En Jasper, Alexandra se embarcó valientemente en una caminata solitaria en torno al pequeño lago que había enfrente del hotel, y dio una vuelta que la llevó a un campo de golf muy bien cuidado [...] pero entonces vio a lo lejos a la pareja de asiáticos, muy pequeños en medio del césped, aproximándose alegremente hacia ella mientras gritaban una misteriosa palabra que sonaba algo así como «¡Peldel! ¡Peldel!».

Cuando ya estaban cerca, la mujer malaya, que era la que mejor hablaba inglés de los dos, le explicó:

—Nosotlos también peldel. Aquí gilo lalo pala dal vuelta. Encontlamos tlabajadol. Él dice, no muy educado, este campo de golf plivado. Dice vuelvan a caltela de tiela y den vuelta al lago.

«¡Usted también peldel! —resumió su marido, con una sonrisa triunfante. (Updike 2011: 28–29)

6. Vergleichen Sie die folgenden Übersetzungen des Gesprächs zwischen Jane und der aus Deutschland stammenden Greta Neff mit dem oben im Text gegebenen Original und der deutschen Übersetzung. Welche Lösungen wurden gefunden? Beurteilen Sie diese und prüfen Sie, welche Folgen die Entscheidungen der Übersetzer haben. Wie authentisch ist die Darstellung der Sprache Gretas? Konsultieren Sie hierzu auch Muttersprachler.

« Greta Neff, dit Jane, d'une voix qui, au bout de deux heures d'écoute silencieuse, résonna comme un croassement. Tu te souviens de moi ?

« Kôment, dit l'autre femme, sa langue maternelle refaisant surface dans cette première syllabe traîtresse, ch'pourrais oublier, Tchane ? Ch'ai endendu dire que fous êtes de redour toutes les trois, mais ch'arrifais pas à le croire ». [...]

« Greta, dit Sukie, prenant la parole, nous avons été désolées d'apprendre pour Raymond. » [...]

« Oui, dit Greta avec impatience, ça était une télifrance à la fin. Il souffrait debuis longtemps. Cancer de l'indestin, expliqua-t-elle. (Updike 2010b: 196–197)

—Greta Neff —dijo Jane, con una voz que, tras dos horas de silenciosa escucha, surgió como un graznido—. ¿Te acuerdas de mí?

—Clago que sí —dijo la otra mujer, con su lengua materna asomando en su pronunciación—, ¿cómo olvidagte, Jane? Había escuchado que estábais las trrres en el pueblo, pego yo no podía crrreeglo. [...]

Entonces intervino Sukie:

—Greta, sentimos mucho lo de Raymond. [...]

—Bueno, sí —dijo Greta, impaciente, al final fue un acto de miserrricordia. Llevaba mucho tiempo sufrrriendo. Tenía un cáncer —explicó— de intestino. (Updike 2011: 195)

7. Im spanischen Original von *Mafalda* in Abb. 8.3 findet sich Lispeln - *ez* ‚ist' (*statt* es) mit <z> für [θ] - und Substitution von <r> durch <d> in *tener* ‚haben' zur Wiedergabe der Probleme von Kleinkindern, gerolltes *r* /ɾ/ zu realisieren. Analysieren Sie die Übersetzungen in Abb. 8.4. Welchen Lösungen haben die Übersetzer gefunden?

Abb. 8.3. Auszug aus *Todo Mafalda* (Quino 1992)

Abb. 8.4. Übersetzungen ins Englische, Portugiesische und Katalanische

8. Betrachten Sie übersetzte Texte auf Lebensmittelverpackungen und Gebrauchsanweisungen; um welchen Varietäten handelt es sich, welche Aspekte fallen Ihnen auf ?

Literatur

Alle angegebenen URL wurden zuletzt im Juli 2013 geprüft.

Aarts, Jan (1999): „The Description of Language Use". In: Hilde Hasselgård / Signe Oksefjell (Hrsg.): *Out of Corpora. Studies in Honour of Stig Johansson.* Amsterdam/Atlanta: Rodopi, 3–20.

Abdelaty, Ragab Mohammed (2013): *Technisches Übersetzen im Sprachenpaar Deutsch/Arabisch. Eine Untersuchung am Beispiel der Kfz-Technik.* Leipzig: Universität Leipzig [Dissertation].

Abercrombie, David (1955): „English Accents". *The Speech Teacher* 4, 10–18.

Academy of the Hebrew Language (o. D.): „Atid betavkid tsivui" [Futur in der Rolle des Imperativs]. http://hebrew-academy.huji.ac.il/sheelot_teshuvot/SugyotBelvrit/Pages/10011202.aspx

Achard-Bayle, Guy / Mari-Anne Paveau (Hrsg.) (2008): *Linguistique populaire?* Metz: CRESEF.

Adamzik, Kirsten (1998): „Fachsprachen als Varietäten". In: Hoffmann et al. (Hrsg.), Band 1, 181–189.

— (2004): *Textlinguistik. Eine Einführung.* Tübingen: Niemeyer.

Adamzik, Kirsten / Eva Roos (Hrsg.): *Biografie linguistiche – Biographies langagières – Biografias linguisticas – Sprachbiografien. = Bulletin vals-alsa. Bulletin suisse de linguistique appliquée* 76. https://doc.rero.ch/record/11876/files/bulletin_vals_asla_2002_076.pdf

Ágel, Vilmos / Mathilde Hennig (2006a): „Einleitung". In: dies. (Hrsg.), ix–xii.

— (2006b): „Theorie des Nähe- und Distanzsprechens". In: dies. (Hrsg.), 3–31.

Ágel, Vilmos / Mathilde Hennig (2006) (Hrsg.): *Grammatik aus Nähe und Distanz.* Tübingen: Niemeyer.

Ahrens, Wolfgang / B.-M. Bellach / K.-H. Jöckel (Hrsg.) (1998): *Messung soziodemographischer Merkmale in der Epidemiologie.* München: MMV Medizin Verlag.

Aitchinson, Jean (1993): *Words in the Mind. An Introduction to the Mental Lexicon.* Oxford: Blackwell.

ALAVAL *Atlas linguistique audiovisuel du francoprovençal valaisan.* www2.unine.ch/dialectologie/page-8174.html

Albl-Mikasa, Michaela (2010): „Global English and English as a Lingua Franca (ELF): Implications for the Interpreting Profession". *trans-kom* 3, 2, 126–148. http://www.trans-kom.eu/ihv_03_02 _2010.html

— (2012a): „Interpreting Quality in Times of English as a Lingua Franca (ELF): New Variables and Requirements". In: Lew N. Zybatow / Alena Petrova / Michael Ustaszewski (Hrsg.): *Translation Studies: Old and New Types of Translation in Theory and Practice. Proceedings of the 1st International Conference TRANSLATA. Translation & Interpreting Research: Yesterday? Today? Tomorrow?, May 12-14, 2011, Innsbruck.* Frankfurt a. M.: Lang, 267–273.

— (2012b): „Raus aus dem Elfenbeinturm, rein in die globalisierte Welt - Dolmetschqualität unter veränderten Vorzeichen". *DÜV-Bulletin* 1/2012, 4–9 und *MDÜ* 2/2012, 24–27.

Albrecht, Jörn (1986): „‚Substandard' und ‚Subnorm'. Die nicht-exemplarischen Ausprägungen der ‚Historischen Sprache' aus varietätenlinguistischer Sicht [1.]". In: Holtus/Radtke (Hrsg.), 65–88.

— (1990): „‚Substandard' und ‚Subnorm'. Die nicht-exemplarischen Ausprägungen der ‚Historischen Sprache' aus varietätenlinguistischer Sicht [2.]". In: Günter Holtus / Edgar Radtke (Hrsg.): *Sprachlicher Substandard.* Band III: *Standard, Substandard und Varietätenlinguistik.* Tübingen: Niemeyer, 44–127.

— (1998): *Literarische Übersetzung. Geschichte, Theorie, kulturelle Wirkung.* Darmstadt: Wissenschaftliche Buchgesellschaft.

— (2005): *Grundlagen der Übersetzungsforschung. Übersetzung und Linguistik.* Tübingen: Narr.

Albrecht, Jörn / Jens Lüdtke / Harald Thun (Hrsg.) (1988): *Energeia und Ergon. Sprachliche Variation – Sprachgeschichte – Sprachtypologie. Studia in honorem Eugenio Coseriu.* Band. 2. Harald Thun (Hrsg.): *Das sprachwissenschaftliche Denken Eugenio Coserius in der Diskussion* I. Tübingen: Narr.

Alighieri, Dante (1845): *Über die Volkssprache.* In: *Dante Alighieri's prosaische Schriften.* 2. Teil. Übersetzung von Karl Ludwig Kannegießer. Leipzig: F. A. Brockhaus, 93–158; Volltext in *Wikisource*, http://de.wikisource.org/w/index.php?title=Seite:Dante_Prosa_0_005.png&oldid=1778860

— (1990 [1303–1305]): *De vulgari eloquentia.* Milano: Mondadori. Verschiedene Versionen online, u. a.: www.liberliber.it/mediateca/libri/a/alighieri/de_vulgari_eloquentia/pdf/de_vul_p.pdf.

— (2007): *De vulgari eloquentia.* Mit der italienischen Übersetzung von Gian Giorgia Trissano (1529). Deutsche Übersetzung von Michael Frings und Johannes Kramer. Stuttgart: ibidem.

Alsina Keith, Victòria (2012): „Issues in the translation of social variation in narrative dialogue". In: Brumme/Espunya (Hrsg.), 137–154.

Althaus, Hans P. / Helmut Henne / Herbert E. Wiegand (Hrsg.) ([2]1980): *Lexikon der germanistischen Linguistik*. 2., vollständig neu bearbeitete und erweiterte Auflage. 3 Bände. Tübingen: Niemeyer.

Ammon, Ulrich (1986): „Explikation der Begriffe 'Standardvarietät' und 'Standardsprache' auf normtheoretischer Grundlage". In: Holtus/Radtke (Hrsg.), 1–63.

— (1987): „Language – Variety / Standard Variety – Dialect". In: Ammon et al. (Hrsg.), Bd 1, 316–334.

— (1989): „Towards a Descriptive Framework for the Status/Function (Social Position) of a Language within a Country". In: ders. (Hrsg.), 21–106.

— (1991): *Die internationale Stellung der deutschen Sprache*. Berlin/New York: de Gruyter.

— (1995): *Die deutsche Sprache in Deutschland, Österreich und der Schweiz. Das Problem der nationalen Varietäten*. Berlin/New York: de Gruyter.

Ammon, Ulrich (Hrsg.) (1989): *Status and Function of Languages and Language Varieties*. Berlin/New York: de Gruyter.

Ammon, Ulrich / Anna M. Arnuzzo-Lanszweert (2001): „Varietätenlinguistik". In: *LRL* Bd I, 2, 793–823.

Ammon, Ulrich / Norbert Dittmar / Klaus J. Mattheier (Hrsg.) (1987–1988): *Sociolinguistics. Soziolinguistik. An International Handbook of the Science of Language and Society. Ein Internationales Handbuch zur Wissenschaft von Sprache und Gesellschaft*. 2 Bände. Berlin: de Gruyter.

— (Hrsg.) (2004–2005): *Soziolinguistik. Ein internationales Handbuch zur Wissenschaft von Sprache und Gesellschaft*. Vollständig neu bearbeitete und erweiterte Auflage. 3 Bd. Berlin/New York: de Gruyter.

Anders, Christina A. (2010): „Die wahrnehmungsdialektologische Rekodierung von laienlinguistischem Alltagswissen". In: Anders et al. (Hrsg.), 67–87.

Anders, Christina Ada [sic] / Markus Hundt / Alexander Lasch (2010): „Gegenstand und Ergebnisse der Wahrnehmungsdialektologie (Perceptual Dialectology)". In: dies. (Hrsg.), xi–xxi.

Anders, Ada Christina [sic] / Markus Hundt / Alexander Lasch (Hrsg.) (2010): Perceptual Dialectology. *Neue Wege der Dialektologie*. Berlin/New York: de Gruyter.

Androutsopoulos, Jannis (1998): *Deutsche Jugendsprache. Untersuchungen zu ihren Strukturen und Funktionen*. Frankfurt a. M. u. a.: Lang. Auch online: http://jannisandroutsopoulos.wordpress.com/2010/11/26/deutsche-jugendsprache-digitalkopie

Androutsopoulos, Jannis / Arno Scholz (Hrsg.) (1998): *Jugendsprache*. Frankfurt a. M. u. a.: Lang.

Antos, Gerd (1996): *Laienlinguistik. Studien zu Sprach- und Kommunikationsproblemen im Alltag. Am Beispiel von Sprachratgebern und Kommunikationstrainings*. Tübingen: Niemeyer.

Arens, Hans (1974): *Sprachwissenschaft. Der Gang ihrer Entwicklung von der Antike bis zur Gegenwart*. 2. Auflage. 2 Bände. Frankfurt a. M.: Athenäum Fischer.

Argote, Jerónimo Contador de (1725): *Regras da lingua portugueza, espelho da lingua latina, ou disposiçaõ para facilitar o ensino da lingua latina pelas regras da portugueza* […]. Muyto accrescentada, e correcta. Segunda impressaõ. Lisboa Occidental: Na Officina da Musica.

Armstrong, Nigel / Zoë Boughton (1998): „Identification and evaluation responses to a French accent: some results and issues of methodology". *Revue Parole* 5/6, 27–60.

Ascoli [Graziadio Isaia] (1864): „Lingue e nazioni". *Il Politecnico* 21, 77–100.

— (1876): „P. Meyer e il franco-provenzale'". *Archivio Glottologico Italiano* 2, 385–395.

Aschenberg, Heidi (1999): *Kontexte in Texten. Umfeldtheorie und literarischer Situationsaufbau*. Tübingen: Niemeyer.

— (2000): „Mündlichkeit und Schriftlichkeit in Juan Valdés' «Diálogo de la lengua»". *Romanistik in Geschichte und Gegenwart* 6 (2), 179–196.

— (2003): „Diskurstraditionen – Orientierungen und Fragestellungen". In: Heidi Aschenberg / Raymund Wilhelm (Hrsg.): *Romanische Sprachgeschichte und Diskurstraditionen. Akten der gleichnamigen Sektion des XXVII. Deutschen Romanistentags*. Tübingen: Narr: 1–17.

Atlas zur deutschen Umgangssprache. www.atlas-alltagssprache.de

Atteslander, Peter uter Mitarbeit von Jürgen Cromm at al. ([12]2008): *Methoden der empirischen Sozialforschung*. 12., durchgesehene Auflage. Berlin: Schmidt.

Auer, Peter (1989): „Natürlichkeit und Stil". In: Volker Hinnenkamp / Margret Selting (Hrsg.): *Stil und Stilisierung. Arbeiten zur Interpretativen Soziolinguistik*. Tübingen: Niemeyer, 27–59.

— (2003): „‚Türkenslang': Ein jugendsprachlicher Ethnolekt des Deutschen und seine Transformationen". In: Häcki Buhofer (Hrsg.), 255–264.

Auroux, Sylvain / E. F. K. Koerner / Hans-Josef Niederehe (Hrsg.) (2000–2006): *History of the Language Sciences / Geschichte der Sprachwissenschaften […]. Ein internationales Handbuch zur Entwicklung der Sprachforschung von den Anfängen bis zur Gegenwart*. 3 Bd. Berlin/New York: Mouton de Gruyter.

Ayad, Aleya Ezzat (1980): *Sprachschichtung und Sprachmischung in der deutschen Literatur und das Problem ihrer Übersetzung*. Freiburg in Breisgau: Albert-Ludwigs-Universität [Dissertation].

Ayres-Bennett, Wendy (1987): *Vaugelas and the Development of the French Language*. London: Modern Humanities Research Association.

– (2004): *Sociolinguistic variation in seventeenth-century France: methodology and case studies*. Cambridge: Cambridge University Press.
Azorín Fernández, Dolores (2000): „Formas de creación léxica en el lenguaje de los jóvenes a partir de un corpus oral del español contemporáneo". *Lingüística Española Actual* 21, 2, 211–240.
Bachmann-Medick, Doris ([3]2009): „Spatial Turn". In: dies.: *Cultural turns. Neuorientierungen in den Kulturwissenschaften*. 3., neu bearbeitete Auflage. Hamburg: Rowohlt, 284–328.
Backhaus, Peter (Hrsg.) (2013): *Communication in Elderly Care. Cross-Cultural Perspectives*. London/New York: Bloomsbury.
Bähler, Ursula (2004): *Gaston Paris et la philologie romane. Avec une réimpression de la «Bibliographie des travaux de Gaston Paris» publiée par Joseph Bédier et Mario Roques (1904)*. Genève: Droz.
Bähr, Dieter (1974): *'Standard English' und seine geographischen Varianten*. München: Fink.
Báez de Aguilar González, Francisco (1997): *El conflicto lingüístico de los emigrantes castellanohablantes en Barcelona*. Málaga: Universidad de Málaga.
Baggioni, Daniel (2000): „Français nationaux, français régionaux, français international: Norme et polynomie dans la gestion des usages du français en Francophonie". In: Stein (Hrsg.), 43–64.
Bagno, Marcos (2007): *Nada na língua é por acaso. Por uma pedagogia da variação linguística*. São Paulo: Parábola.
– (2012): *Gramática pedagógica do português brasileiro*. São Paulo: Parábola.
Baker, Mona (1993): „Corpus Linguistics and Translation Studies. Implications and Applications". In: Mona Baker / Gill Francis / Elena Tognini-Bonelli (Hrsg.): *Text and Technology. In Honour of John Sinclair*. Amsterdam/Philadelphia: Benjamins, 233–250.
Bally, Charles (1913): *Le langage et la vie*. Genève/Paris: Fischbacher.
Baltes, Paul B. (2007): „Alter(n) als Balanceakt. Im Schnittpunkt von Würde und Fortschritt". In: Peter Gruss (Hrsg.): *Die Zukunft des Alterns. Die Antwort der Wissenschaft. Ein Report der Max-Planck-Gesellschaft*. München: Beck, 15–34.
Bartoli, Matteo (1939): „Der italienische Sprachatlas und die Arealnormen". *Zeitschrift für Volkskunde* 48, 68–89.
– (1945): *Saggi di linguistica spaziale*. Torino: Rosenberg & Sellier.
Bartoli, Matteo G. / Giulio Bertoni (1928): *Breviario di neolinguistica*. Parte I: Giulio Bertoni: *Principi generali*. Parte II: Matteo G. Bartoli: *Criteri tecnici*. Modena: Società Tipografica Modenese.
Bartoli, Matteo / Giuseppe Vidossi [1943]: *Lineamenti de linguistica spaziale*. Milano: Le Lingue Estere.
Bartoll, Eduard (2012): *La subtitulació. Aspectes teòrics i pràctics*. Vic: Eumo u. a.
Bartsch, Renate (1985): „Normtheoretical notions in the analysis of multilingual contacts". In: Peter H. Nelde (Hrsg.): *Methoden der Kontaktlinguistik [...]*. Bonn: Dümmler, 193–205.
– (1987): *Norms of Language. Theoretical and Practical Aspects*. London/New York. Longman.
Basel, Elvira (2002): *English as Lingua Franca. Non-Native Elocution in International Communication. A Case Study of Information Transfer in Simultaneous Interpretation*. Wien: Universität Wien [Dissertation].
Baßler, Harald / Helmut Spiekermann (2001a): „Dialekt und Standardsprache im DaF-Unterricht. Wie Schüler urteilen - wie Lehrer urteilen". *Linguistik online* 9. www.linguistik-online.de/9_01/Bassler Spiekermann.html
– (2001b): „Regionale Varietäten des Deutschen im Unterricht Deutsch als Fremdsprache (I)". *Deutsch als Fremdsprache* 38, 205–213.
– (2002): „Regionale Varietäten des Deutschen im Unterricht Deutsch als Fremdsprache (II)". *Deutsch als Fremdsprache* 39, 31–35.
Batteux, Martina (1999): *Die französische Synonymie im Spannungsfeld zwischen Paradigmatik und Syntagmatik*. Berlin: Humboldt-Universität [Dissertation] http://edoc.hu-berlin.de/dissertationen/philologie/batteux-martina/HTML/batteux.html
Bauman, Richard (2000): „Language, identity, performance". *Pragmatics* 10, 1, 1–5.
Baumann, Klaus-Dieter (2013): „Fachstil. Ein interdisziplinäres Konzept der Fachkommunikationsanalysen". In: Ende et al. (Hrsg.), 391–406.
Baumert, Gerhard (1965): „Kritische Bemerkungen über empirische Ansätze zur Bestimmung der sozialen Schichtung". In: David V. Glass / René König (Hrsg.): *Soziale Schichtung und soziale Mobilität*. Köln/Opladen: Westdeutscher Verlag, 316–328.
Bauske, Bernd (1997): *¡(S[{c)}h]ibboleth! Eine Untersuchung zur Wiedergabe der Schibboleth-Episode (Richter 12,6) in der spanischen Bibeltradition*. [...]. Stuttgart: Württembergische Landesbibliothek.
Beck, Gad (1995): *Und Gad ging zu David. Die Erinnerungen des Gad Beck. 1923 bis 1945*. Berlin: diá.
Becker, Martin (2013): *Einführung in die spanische Sprachwissenschaft*. Stuttgart/Weimar: Metzler.
Bedijs, Kristina (2012): *Die inszenierte Jugendsprache. Von «Ciao, amigo!» bis «Wesh, tranquille!»: Entwicklungen der französischen Jugendsprache in Spielfilmen (1958-2005)*. München: Meidenbauer.

Beinhoff, Bettina (2013): *Perceiving Identity through Accent. Attitudes towards Non-Native Speakers and their Accents in English*. Frankfurt a. M. u. a.: Lang.
Beinke, Christiane (1990): *Der Mythos* franglais. *Zur Frage der Akzeptanz von Angloamerikanismen im zeitgenössischen Französisch – mit einem kurzen Ausblick auf die Anglizismen-Diskussion in Dänemark*. Frankfurt a. M. u. a.: Lang.
Bellmann, Karl-Heinz (1983): „Probleme des Substandards im Deutschen". In: Klaus J. Mattheier (Hrsg.): *Aspekte der Dialekttheorie*. Tübingen: Niemeyer, 105–130.
Bembo, Pietro (2001 [1525]): *Prose della volgar lingua. L'editio princeps del 1525 riscontrata con l'autografo Vaticano latino 3210*. A cura di Claudio Vela. Bologna: CLUEB.
Berezowski, Leszek (1997): *Dialect in Translation*. Wrocław: Wydawnictwo Uniwersytetu Wrocławskiego.
Bergen, Benjamin K. (2001): „Nativization processes in L1 Esperanto". *Journal of Child Language* 28, 575–595.
Bernal, Elisenda (2012): „The translation of fictive orality and diastratic variation: appreciative derivation". In: Brumme/Espunya (Hrsg.), 155–164.
Bernal, Elisenda / Carsten Sinner (2009): „*Al seu rotllo*: aproximació al llenguatge juvenil català". *Zeitschrift für Katalanistik* 22, 7–36.
Bernardo, Ana Maria (2004): „Translatorische Kompetenz – Entwicklung des Begriffes in der Leipziger Übersetzungswissenschaftlichen Schule". In: Fleischmann et al. (Hrsg.), 43–49.
Bernárdez, Enrique (2011): „Spanish: a pluricentric language – or one with no centre?". In: Soares da Silva et al. (Hrsg.), 29-44.
Bernhard, Gerald (1998): *Das Romanesco des ausgehenden 20. Jahrhunderts. Variationslinguistische Untersuchungen*. Tübingen: Niemeyer.
Bernstein, Basil (1971a): *Class, codes and control. Theoretical studies towards a sociology of language*. London: Routledge.
— (1971b): *Soziale Struktur. Sozialisation und Sprachverhalten. Aufsätze 1958–1970*. Amsterdam: Contact.
— (1971c): „Elaborierte und restringierte Codes. Ihre soziale Herkunft und einige Auswirkungen". In: ders. (1971b), 99–116.
— (1972): *Studien zur sprachlichen Sozialisation*. Deutsche Übersetzung von Gerd Habelitz. Düsseldorf: Pädagogischer Verlag Schwann.
Berruto, Gaetano (1980): *La variabilità sociale della lingua*. Torino: Loescher Università.
— (1987): *Sociolinguistica dell'italiano contemporaneo*. Roma: La Nuova Italia Scientifica.
Berruto, Gaetano (1993a): „Le varietà del repertorio". In: Sobrero (Hrsg.), 3–36.
— (1993b): „Varietà diamesiche, diastratiche, diafasiche". In: Sobrero (Hrsg.), 37–92.
— (²2004): „Sprachvarietät – Sprache (Gesamtsprache, historische Sprache)". In: Ammon et al. (Hrsg.), Band 3.1, 188–195.
Berschin, Helmut (1989): „Wie beschreibt man eine Fachsprache? Am Beispiel des Wirtschaftsfranzösischen". In: Dahmen et al. (Hrsg.), 52–64.
Berthele, Raphael (2004a): "The typology of motion and posture verbs: A variationist account". In: Bernd Kortmann (Hrsg.): *Dialectology meets typology. Dialect grammar from a crosslinguistic perspective*. Berlin: Mouton de Gruyter, 93–126.
— (2004b): „Wenn viele Wege aus dem Fenster führen – Konzeptuelle Variation im Bereich von Bewegungsereignissen". *Linguistik online* 20. www.linguistik-online.de/20_04/berthele.html
— (2006): *Ort und Weg. Die sprachliche Raumreferenz in Varietäten des Deutschen, Rätoromanischen und Französischen*. Berlin: de Gruyter.
Besch, Werner (1981): „Einige Probleme empirischer Sprachforschung. Dargestellt am Beispiel des Erp-Projektes". In: ders. (Hrsg.): *Sprachverhalten in ländlichen Gemeinden. Ansätze zur Theorie und Methode. Forschungsbericht Erp-Projekt*. Band 1. Berlin: Schmidt, 238–260.
Besch, Werner et al. (Hrsg.) (1982–1983): *Dialektologie. Ein Handbuch zur deutschen und allgemeinen Dialektforschung*. 2 Bände. Berlin/New York: de Gruyter.
Besch, Werner et al. (Hrsg.) (²1998): *Sprachgeschichte. Ein Handbuch zur Geschichte der deutschen Sprache und ihrer Erforschung*. Bd. 2.1. 2., vollständig neu bearbeitete Auflage. Berlin/New York: de Gruyter.
Best, Karl-Heinz: (2006): „Gesetzmäßigkeiten im Erstspracherwerb". *Glottometrics* 12, 39–54.
Bettermann, Rainer (2010): „D-A-CH-Prinzip, das". In: Hans Barkowski / Hans Jürgen Krumm (Hrsg.): *Fachlexikon Deutsch als Fremd- und Zweitsprache*. Tübingen: Francke, 41.
Biber, Douglas (1994): „An Analytical Framework for Register Studies". In: Biber/Finnegan, 31–56.
— (1988): *Variation across speech and writing*. Cambridge: Cambridge University Press.
— (2006): *University Language. A corpus-based study of spoken and written registers*. Amsterdam/Philadelphia: Benjamins.

Biber, Douglas / Edward J. Finegan (Hrsg.) (1994): *Sociolinguistic Perspectives on Register*. Oxford: Oxford University Press.

Bichel, Ulf (1973): *Problem und Begriff der Umgangssprache in der germanistischen Forschung*. Tübingen: Niemeyer.

— ([2]1980): „Umgangssprache". In: Althaus et al. (Hrsg.), Band 2, 379–383.

Biemans, Monique Adriana Johanna (2000): *Gender variation in voice quality*. Utrecht: LOT.

Bierbach, Mechtild (2000): „Spanisch – eine plurizentrische Sprache? Zum Problem von *norma culta* und Varietät in der hispanophonen Welt". *Vox Romanica* 59, 143–170.

Bieswanger, Markus (2008): „Varieties of English in current English language teaching". *Stellenbosch Papers in Linguistics* 38, 27–47. Auch online: http://sun025.sun.ac.za/portal/page/portal/Arts/Departments/linguistics/documents/SPIL38-Bieswanger.pdf

Blackwell, Susan (2007): „Variations in "motherese" pronoun usage". *Studies in Variation, Contacts and Change in English* 2. www.helsinki.fi/varieng/journal/volumes/02/blackwell/

Blanke, Detlev (1985): *Internationale Plansprachen. Eine Einführung*. Berlin: Akademie-Verlag.

— (2006): *Interlinguistische Beiträge. Zum Wesen und zur Funktion internationaler Plansprachen*. Hrsg. von Sabine Fiedler. Frankfurt a. M. u. a.: Lang.

— (2009): „Causes of the relative success of Esperanto". *Language Problems and Language Planning* 33, 3, 251–266.

— (2010): „Sprachwandel im Esperanto – gezeigt an Beispielen aus der Lexik". In: Kristin Reinke / Carsten Sinner (Hrsg.): *Sprache als Spiegel der Gesellschaft. Festschrift für Johannes Klare zum 80. Geburtstag*. München: Peniope, 51–77.

Blasco Ferrer, Eduardo (1996): *Linguistik für Romanisten: Grundbegriffe im Zusammenhang*. Berlin: Schmidt.

Bloomfield, Leonard (1933): *Language*. London: Allen & Unwin.

Bondzio, Wilhelm et al. (1980): *Einführung in die Grundfragen der Sprachwissenschaft*. Leipzig: Bibliographisches Institut.

Bochmann, Klaus (1994): „Matteo Bartoli in der Geschichte der romanischen Sprachwissenschaft". In: Richard Baum et al. (Hrsg.): *Lingua et Traditio. Geschichte der Sprachwissenschaft und der neueren Philologien. Festschrift für Hans Helmut Christmann zum 65. Geburtstag*. Tübingen: Narr, 359–366.

Bochmann, Klaus et al. (1993): *Sprachpolitik in der Romania. Zur Geschichte sprachpolitischen Denkens und Handelns von der französischen Revolution bis zur Gegenwart*. Berlin/New York: de Gruyter.

Bojoga, Eugenia (2005): „L'évolution des normes linguistiques du roumain dans la République de Moldavie". In: Sinner (Hrsg.), 212–243.

Bonfante, Giuliano (1971): „Le norme della linguistica areale". In: Eugenio Coseriu / Wolf-Dieter Stempel (Hrsg.): *Sprache und Geschichte. Festschrift für Harri Meyer zum 65. Geburtstag*. München: Fink, 51–76.

Boomershine, Amanda (2006): „Perceiving and processing dialectal variation in Spanish: An exemplar theory approach". In: Timothy L. Face / Carol A. Klee (Hrsg.): *Selected Proceedings of the 8th Hispanic Linguistics Symposium*. Somerville: Cascadilla Proceedings Project, 58–72. Auch online: www.lingref.com/cpp/hls/8/paper1255.pdf

Born, Joachim (2004): „«No hace sentido» – Ein Sprachkonflikt neuer Art: opake Anglizismen und español neutro erobern das Internet". In: Martin Döring / Dietmar Osthus / Claudia Polzin-Haumann (Hrsg.): *Medienwandel und romanistische Linguistik. Akten der gleichnamigen Sektion des XXVIII. Deutschen Romanistentages (Kiel, 28.9.-3.10.2003)*. Bonn: Romanistischer Verlag, 75-89.

Bosque, Ignacio (1978): „Perspectivas de una lingüística no discreta". In: Francisco Abad et al. (Hrsg.): *Metodología y gramática generativa*. Madrid: Sociedad General Española de Librería, 81–111.

Bosque, Ignacio / Javier Gutiérrez-Rexach (2009). *Fundamentos de sintaxis formal*. Móstoles: Akal.

Bossong, Georg (2008): *Die romanischen Sprachen. Eine vergleichende Einführung*. Hamburg: Buske.

Bourdieu, Pierre (1982): „The Production and Reproduction of Legitimate Language". In: Lucy Burke et al. (Hrsg.): *The Routledge Language and Cultural Theory Reader*. London/New York: Routledge, 467–477.

Bradley, John (1988 [[2]2011]): „Yanyuwa: "Men speak one way, women speak another"". *Aboriginal Linguistics* 1, 126–134. Hier aus: Coates/Pichler (Hrsg.), 13–19.

Brandestini, Julika (2006): *Das Problem der Übersetzung von Dialektpassagen. Italienische Übersetzungen der Buddenbrooks von Thomas Mann*. Frankfurt an der Oder: Europa-Universität Viadrina [Diplomarbeit].

Brant, Sebastian (1964 [1494]): *Das Narrenschiff*. Übertragen von H. A. Junghans; durchgesehen und mit Anmerkungen sowie einem Nachwort neu herausgegeben von Hans-Joachim Mähl. Stuttgart: Philipp Reclam jun. Auch online: http://gutenberg.spiegel.de/buch/2985/1

Braun, Peter ([4]1998 [[1]1979]): *Tendenzen in der deutschen Gegenwartssprache. Sprachvarietäten*. 4., erweiterte Auflage. Stuttgart u. a.: Kohlhammer.

Braunmüller, Kurt ([3]2007): *Die skandinavischen Sprachen im Überblick*. 3., aktualisierte und erweiterte Auflage. Tübingen: Francke.

Brembs, Gunhild (2004): *Dialektelemente in deutscher und schwedischer Literatur und ihre Übersetzung: von* Schelch *zu* eka, *von* ilsnedu *zu* bösartig. Stockholm: Almqvist & Wiksell International.

Bröking, Adrian (2002): *Sprachdynamik in Galicien. Untersuchungen zur sprachlichen Variation in Spaniens Nordwesten*. Tübingen: Narr.

Brösel (1996): *Werner – Na also!* Kiel: Achterbahn.

– (2002): *Werner – Volle Latte!* Kiel: Achterbahn.

Brons, Kathleen (2012): „Dialekt als Synchronisationsproblem am Beispiel des französischen Spielfilms *Bienvenue chez les Ch'tis*". In: Anne Panier et al.: *Filmübersetzung. Probleme bei Synchronisation, Untertitelung, Audiodeskription*. Frankfurt a. M. u.a.: Lang, 159–268.

Brons-Albert, Ruth / Nicole Marx (2010): *Empirisches Arbeiten in Linguistik und Sprachlehrforschung. Anleitung zu quantitativen Studien von der Planungsphase bis zum Forschungsbericht*. Tübingen: Narr.

Brown, Penelope (1980): „How and why are women more polite: some evidence from a Mayan community": In: Sally McConnell-Ginet et al. (Hrsg.): *Women and language in literature and society*. New York: Praeger, 111–136.

Brückl, Markus (2011): *Altersbedingte Veränderungen der Stimme und Sprechweise von Frauen*. Berlin: Logos.

Brumme, Jenny (1993): „6. Demokratische Alternativen in der Gegenwart. 6.1. Spanien". In: Bochmann et al., 408–425.

– (2002): „Lingüística variacional e historia de la lengua moderna. Una aportación metodológica". In: María Teresa Echenique / Juan Sánchez Sánchez (Hrsg.): *Actas del V Congreso Internacional de Historia de la Lengua Española. Valencia, 31 de enero-4 de febrero de 2000*. Madrid: Gredos, 1107–1121.

– (2009): Rezension von Doppelbauer (2006). *Zeitschrift für romanische Philologie* 125, 3, 550–553.

– (2012): *Traducir la voz ficticia*. Berlin/Boston: de Gruyter.

Brumme, Jenny (Hrsg.) (2008): *La oralidad fingida: descripción y traducción. Teatro, cómic y medios audiovisuales*. Madrid/Frankfurt a. M.: Iberoamericana/Vervuert.

Brumme, Jenny / Anna Espunya (2012): „Background and justification: research into fictional orality and its translation". In: dies. (Hrsg.), 7–31.

Brumme, Jenny / Anna Espunya (Hrsg.) (2012): *The Translation of Fictive Dialogue*. Amsterdam/New York: Rodopi.

Brumme, Jenny / Hildegard Resinger (Hrsg.) (2008): *La oralidad fingida: descripción y traducción. Obras literarias*. Madrid/Frankfurt a. M.: Iberoamericana/Vervuert.

Bubenhofer, Noah (2006-2011): *Einführung in die Korpuslinguistik: Praktische Grundlagen und Werkzeuge. Elektronische Ressource*. www.bubenhofer.com/korpuslinguistik/

Bucholtz, Mary (1999): „You da man: narrating the racial other in the production of white masculinity". *Journal of Sociolinguistics* 3, 4, 443–460.

Bühler, Karl (²1965): *Sprachtheorie. Die Darstellungsfunktion der Sprache*. Stuttgart: Fischer.

Bürki, Yvette (i. D.): „Prácticas discursivas y estereotipos: la figura del naco en la sociedad mexicana actual". In: Marco Kunz / Cristina Mondragón (Hrsg.): *Nuevas narrativas mexicanas II*. Barcelona: Linkgua.

Buescu, Maria Leonor de Carvalhão (2000): „Les premières descriptions grammaticales du Portugais". In: Auroux et al. (Hrsg.), Band 1, 756–764.

Bunčić, Daniel (2008): „Die (Re-)Nationalisierung der serbokroatischen Standards". In: Sebastian Kempgen et al. (Hrsg.): *Deutsche Beiträge zum 14. Internationalen Slavistenkongress, Ohrid 2008*. München: Sagner, 89–102.

Burr, Elisabeth (2001): „Grammatikalisierung und Normierung in frühen Grammatiken des Französischen, Italienischen, Portugiesischen und Spanischen. Genus und Kongruenz". *Zeitschrift für romanische Philologie* 117, 2, 198–221.

Bußmann, Hadumod (²1990): *Lexikon der Sprachwissenschaft*. 2., völlig neu bearbeitete Auflage. Stuttgart: Kroener.

Cadera, Susanne M. (2012): „Representing phonetic features". In: Brumme/Espunya (Hrsg.), 289–304.

Cameron, Deborah / Don Kulick (2006): *The language and sexuality reader*. London: Routledge.

Campbell, Lyle (³2013): *Historical linguistics*. Third edition. Cambridge: MIT Press.

Canobbio, Sabina / Gabriele Iannàccaro (Hrsg.) (2000): *Contributo per una bibliografia sulla dialettologia percettiva*. Alessandria: Dell'Orso.

Carricaburo, Norma (2010): „El ustedeo, un fenómeno que avanza en la Argentina". In: Hummel et al. (Hrsg.), 887–900.

Castiglione, Baldassare (1999): *Der Hofmann. Lebensart in der Renaissance*. Aus dem Italienischen von Albert Wesselski. Mit einem Vorwort von Andreas Beyer. Berlin: Wagenbach.

Catford, J[ohn] C. (1965a): *A Linguistic Theory of Translation. An Essay in Applied Linguistics*. London: Oxford University Press.

– (1965b): „Language Varieties in Translation". In: ders.: *A Linguistic Theory of Translation. An Essay in Applied Linguistics.* London: Oxford University Press, 83–92.

– (⁵1978): *A Linguistic Theory of Translation. An Essay in Applied Linguistics.* 5th impression. London: Oxford University Press.

Caviezel, Eva (1993): *Geschichte von Verschriftung, Normierung und Standardisierung des Surselvischen.* Bern: Società Retorumantscha.

Cedergren, Henrietta C. J. / David Sankoff (1974): „Variable Rules". *Language* 50, 333–355.

Chafe, Wallace L (²1993 [1982]): „Integration and Involvement in Speaking, Writing, and Oral Literature". In: Deborah Tannen (Hrsg.): *Spoken and Written Language: Exploring Orality and Literacy.* Norwood: Ablex, 35–53.

Chambers, J. K. (1992): „Linguistic correlates of gender and sex". *English World-Wide. A Journal of Varieties of English* 13, 173–218.

– (1995): *Sociolinguistic Theory. Linguistic Variation and its Social Significance.* Oxford: Blackwell.

Chambers, J. K. / Peter Trudgill (1980): *Dialectology.* Cambridge u. a.: Cambridge University Press.

– (²1998): *Dialectology.* Cambridge u. a.: Cambridge University Press.

Chang, Charles B. (2008): „Variation in Palatal Production in Buenos Aires Spanish". In: Maurice Westmoreland / Juan Antonio Thomas (Hrsg.): *Selected Proceedings of the 4th Workshop on Spanish Sociolinguistics.* Somerville, MA: Cascadilla Proceedings Project, 54–63. Auch online: www.lingref.com/cpp/wss/4/paper1755.pdf

Chaudenson, Robert (1984): „Français avançé, français zéro, créoles". *Actes du XVIème Congrès International de Linguistique et Philologie Romanes. Aix-en-Provence, 29 août–3 setembre 1983.* Vol. 5: *Sociolinguistique des langues romanes.* Aix-en-Provence: Publications de l'Université de Provence, 165–180.

– (1989): *Créoles et enseignement du français.* Paris: L'Harmattan.

Chaudenson, Robert / Raymond Mougeon / Édouard Beniak (1993): *Vers un approche panlectale de la variation du français.* [Paris]: Institut d'Études Créoles et Francophones/Didier Érudition.

Chauveau, Jean-Paul (2003): „Histoire des langues romanes et géographie linguistique". In: Ernst et al. (Hrsg.), Band 1, 72–89.

Cheshire, Jenny (2002): „Sex and Gender in Variationist Research". In: Jack K. Chambers et al. (Hrsg.): *The Handbook of Variation and Change.* Malden u. a.: Blackwell, 423–443.

Chesterman, Andrew / Jenny Williams (2002): *The map: a beginner's guide to doing research in translation studies.* Manchester: St. Jerome.

Chomsky, Noam (1957): *Syntactic Structures.* London u. a.: Mouton.

– (1965): *Aspects of the Theory of Syntax.* Cambridge, MA: MIT.

– (1986): *Knowledge of Language: Its Nature, Origin, and Use.* New York: Praeger.

Christen, Helen et al. (2010): *Hochdeutsch in aller Munde. Eine empirische Untersuchung zur gesprochenen Standardsprache in der Deutschschweiz.* Stuttgart: Steiner.

Ciapuscio, Guiomar Elena (1993): *Wissenschaft für Laien: Untersuchungen zu populärwissenschaftlichen Nachrichten aus Argentinien.* Aus dem Spanischen von Bettina Scholz. Bonn: Romanistischer Verlag.

Cini, Monica / Riccardo Regis (Hrsg.) (2002): *Che cosa ne pensa oggi Chiaffredo Roux? Percorsi della dialettologia percezionale all'alba del nuovo millennio. Atti del convegno internazionale, Bardonecchia, 25, 26, 27 maggio 2000.* Alessandria: Dell'Orso.

Clyne, Michael (1984): *Language and Society in the German-speaking Countries.* Cambridge: Cambridge University Press.

– (1992a): „Pluricentric Languages – Introduction". In: ders. (Hrsg.), 1–9.

– (1992b): „German as a pluricentric language". In: ders. (Hrsg.), 117–147.

Clyne, Michael (1992) (Hrsg.): *Pluricentric Languages. Differing Norms in Different Nations.* Berlin/New York: de Gruyter.

Coates, Jennifer (Hrsg.) (1998): *Language and Gender. A Reader.* Oxford: Blackwell.

Coates, Jennifer / Pia Pichler (Hrsg.) (²2011): *Language and Gender: A Reader.* Second edition. Oxford: Blackwell.

Cohal, Alexandru Laurentiu (2011): *Mutamenti nel romeno di immigrati in Italia.* Padua: Università [Dissertation]

Colette [= Colette, Sidonie-Gabrielle] (1933): *La chatte.* Paris: Grasset.

(1936): *Die Katze.* Berechtigte Übertragung von Elisabeth Seeger. Leipzig/Wien: Zeitbild.

Cook, Vivian James (1988): *Chomsky's Universal Grammar. An Introduction.* Oxford: Blackwell.

Cooper, Robert L. (1989): *Language planning and social change.* Cambridge: Cambridge University Press.

Corder, Stephen P. (1977): „'Simple codes' and the source of the learner's initial heuristic hypothesis". *Studies in Second Language Acquisition* 1, 1–10.

Corpus de Référence du Français Parlé. http://sites.univ-provence.fr/delic/corpus/index.html

Corpus de Referencia del Español Actual. Real Academia Española. http://corpus.rae.es/creanet.html

Corsetti, Renato (1996): „A mother tongue mainly spoken by fathers". *Language Problems and Language Planning* 20, 263–273.

Coseriu, Eugenio (1955): „La geografía lingüística". *Revista de la Facultad de Humanidades y Ciencias* (Universidad de la República, Montevideo) 14, 29–69.

– (1970): „System, Norm und Rede". In: ders.: *Sprache. Strukturen und Funktionen*. Tübingen: Narr, 45–59.

– (1973a [[1]1957]): *Sincronía, diacronía e historia. El problema del cambio lingüístico.* 2a ed., rev. y corr. Madrid: Gredos. [[1]1957: *Revista de la Facultad de Humanidades y Ciencias* (Universidad de la República, Montevideo) 15, 201–355.]

– (1973b): *Probleme der strukturellen Semantik*. Tübingen: Narr.

– (1975): *Die Sprachgeographie.* [Dt. Fassung von Coseriu 1955] Übersetzt und herausgegeben von Uwe Petersen. Tübingen: Narr.

– (1980a): „‚Historische Sprache' und ‚Dialekt'". In: Joachim Göschel / Pavle Ivić / Kurt Kehr (Hrsg.): *Dialekt und Dialektologie. Ergebnisse des Internationalen Symposions ‚Zur Theorie des Dialekts', Marburg/Lahn, 5.-10. September 1977.* Wiesbaden: Steiner, 106–122.

– (1980b): *Textlinguistik. Eine Einführung.* Hrsg. und bearbeitet von Jörn Albrecht. Tübingen: Narr.

– (1981a): „Falsche und richtige Fragestellungen in der Übersetzungstheorie". In: Wolfram Wilss (Hrsg.): *Übersetzungswissenschaft.* Darmstadt: Wissenschaftliche Buchgesellschaft, 27–47.

– (1981b): „Los conceptos de «dialecto», «nivel» y «estilo de lengua» y el sentido propio de la dialectología". *Lengua Española Actual* 3, 1–32.

– (1988a): *Einführung in die Allgemeine Sprachwissenschaft*. Tübingen: Francke.

– (1988b): *Sprachkompetenz. Grundzüge der Theorie des Sprechens*. Bearbeitet und herausgegeben von Heinrich Weber. Tübingen: Francke.

– (2003): *Geschichte der Sprachphilosophie von der Antike bis zur Gegenwart.* Neu bearbeitet und erweitert von Jörn Albrecht; mit einer Vorbemerkung von Jürgen Trabant. Tübingen/Basel: Francke.

Couderc, Yves (1982): „Über das Franzitanische". Deutsche Übersetzung von Waltraud Rogge. In: Georg Kremnitz (Hrsg.): *Entfremdung, Selbstbefreiung und Norm. Texte aus der okzitanischen Soziolinguistik*. Tübingen: Narr, 109–122.

Coulmas, Florian (1985): *Sprache und Staat: Studien zur Sprachplanung und Sprachpolitik*. Berlin/New York: de Gruyter.

Cristofaro, Sonia (2000): „Linguistic areas, typology and historical linguistics: An overview with particular respect to Mediterranean languages". In: Sonia Cristofaro / Ignazio Putzu (Hrsg.): *Languages in der Mediterranean Area. Typology and Convergence. Il progretto MEDTYP: studio dell'area linguistica mediterranea*. Milano: FrancoAngeli, 65–81.

Croft, William (2000): *Explaining Language Change. An Evolutionary Approach*. London: Longman.

Crystal, David (2001): *Language and the Internet*. Cambridge: Cambridge University Press.

– ([5]2003): *A Dictionary of Linguistics & Phonetics*. Fifth edition. Malden, MA etc.: Blackwell.

Cummins, George (1994): „Intercodal collision in narrative: Spoken and writte language in literary narrative". In: Čmejrková et al. (Hrsg.), 361–366.

Cutler, Cecilia A. (1999): „Yorkville crossing: White teens, hip hop and African American English". *Journal of Sociolinguistics* 3, 4, 428–442.

Czennia, Bärbel (1992): *Figurenrede als Übersetzungsproblem. Untersucht am Romanwerk von Charles Dickens und ausgewählten deutschen Übersetzungen*. Frankfurt a. M. u. a.: Lang.

Čmejrková, Světla / František Daneš / Eva Havlová (Hrsg.) (1994): *Writing vs Speaking. Language, Text, Discourse, Communication*. Tübingen: Narr.

D'Agostino, Mari (2007): *Sociolinguistica dell'Italia contemporanea*. Bologna: Il mulino.

– (Hrsg.) (2002): *Percezione dello spazio e spazio della percezione. La Variazione Linguistica fra Nuovi e Vecchi Strumenti di Analisi*. Palermo: Centro di Studi Filologici e Linguistici Siciliani.

Daelli, G. (Hrsg.) (1864): *Il Castellano di Giangiorgio Trissino ed Il Cesano di Claudio Tolomei. Dialoghi intorno alla lingua volgare ora ristampati con l'epistola dello stesso Trissino intorno alle lettere nuovamente aggiunte all'alfabeto italiano*. Milano: G. Daelli e C. Editore. http://books.google.de/books/about/Il_castellano_di_Giangiorgio_Trissino_ed.html?id=wl09AAAAYAAJ&redir_esc=y

Daher, Jamil (1998): „Gender in linguistic variation. The variable (q) in Damascus Arabic". In: Elabbas Benmamoun et al. (Hrsg.): *Perspectives on Arabic Linguistics XI*. Amsterdam/Philadelphia: Benjamins, 183–206.

Dahmen, Wolfgang (Hrsg.) (1991): *Zum Stand der Kodifizierung romanischer Kleinsprachen*. Tübingen: Narr.

Dahmen, Wolfgang et al. (Hrsg.) (1989): *Technische Sprache und Technolekte in der Romania. Romanistisches Kolloquium II*. Tübingen: Narr.

Darms, Georges (1989): „Bündnerromanisch: Sprachnormierung und Standardsprache". In: *LRL* Bd. 3, 827–853.

de Barros, João (1771 [1540]): *Gramática da língua portuguesa. Cartinha, Gramática, Diálogo em Louvor da nossa linguagem e Diálogo da viciosa vergonha.* [Olyssipone: apud Lodouicum Rotorigiu Typographum]. Reprodução facsimilada, leitura, introdução e anotações por Maria Leonor Carvalhão Buesco. Lisboa: Universidade de Lisboa.

de Valdés, Juan (1986 [1535]): *Diálogo de la lengua.* Edición, introducción y notas de Francisco Marsá. Barcelona: Planeta.

– (2004 [1535]): *Diálogo de la lengua.* www.cervantesvirtual.com/obra-visor/dialogo-de-la-lengua--0/html/fede437e-82b1-11df-acc7-002185ce6064_2.html#I_0_

De Vogelaer, Gunther / Guido Seiler (Hrsg.) (2012): *The Dialect Laboratory. Dialects as a testing ground for theories of language change.* Amsterdam: Benjamins.

Delaere, Isabelle / Gert De Sutter / Koen Plevoets (2012): „Is translated language more standardized than non-translated language? Using profile-based correspondence analysis for measuring linguistic distances between language varieties". *Target* 24, 2, 203–224.

Demel, Daniela (2006): „Laienlinguistik und Sprachchroniken: Italienisch / Linguistique populaire et chroniques de langage: [sic] italien". In: Ernst et al. (Hrsg.), Band 2, 1523–1533.

Denison, Norman (1984): „Spracherwerb in mehrsprachiger Umgebung". In: Els Oksaar (Hrsg.): *Spracherwerb – Sprachkontakt – Sprachkonflikt.* Berlin/New York: de Gruyter, 1–29.

Deppermann, Arnulf (Hrsg.) (2013): *Das Deutsch der Migranten.* Berlin/New York: de Gruyter.

Dern, Christa (2009): *Autorenerkennung. Theorie und Praxis der linguistischen Tatschreibenanalyse.* Stuttgart: Boorberg.

Diachronic Electronic Corpus of Tyneside English. http://research.ncl.ac.uk/decte/

Dialectologia et Geolinguistica. S. dazu: www.geo-linguistics.org/Journal.html

Díaz-Campos, Manuel / Inmaculada Navarro-Galisteo (2009): „Perceptual Categorization of Dialect Variation in Spanish". In: Joseph Collentine et al. (Hrsg.): *Selected Proceedings of the 11th Hispanic Linguistics Symposium.* Somerville, MA: Cascadilla Proceedings Project, 179–195. Auch online: www.lingref.com/cpp/hls/11/paper2212.pdf

Diekmann, Andreas ([6]2012): *Empirische Sozialforschung. Grundlagen, Methoden, Anwendungen.* Vollständig überarbeitete und erweiterte Neuausgabe, 6. Auflage. Reinbek bei Hamburg: Rowohlt.

Dietrich, Wolf / Horst Geckeler ([4]2004): *Einführung in die spanische Sprachwissenschaft.* 4., durchgesehene und aktualisierte Auflage. Berlin: Schmidt.

Diez, Friedrich (1836–1844): *Grammatik der romanischen Sprachen.* 3 Bände. Bonn: Eduard Weber.

Diller, Hans-Jürgen / Joachim Kornelius (1978): *Linguistische Probleme der Übersetzung.* Tübingen: Niemeyer.

Dimmendaal, Gerrit (1998): „Language Contraction versus Other Types of Contact Induced Change". In: Matthias Brenzinger (Hrsg.): *Endangered Languages in Africa.* Köln: Köppe, 71–117.

Dittmann, Jürgen ([3]2010): *Spracherwerb des Kindes: Verlauf und Störungen.* 3., völlig überarbeitete Auflage. München: Beck.

Dittmar, Norbert (1997): *Grundlagen der Soziolinguistik. Ein Arbeitsbuch mit Aufgaben.* Tübingen: Niemeyer.

– ([3]2009): *Transkription. Ein Leitfaden mit Aufgaben für Studenten, Forscher und Laien.* 3. Auflage. Wiesbaden: Verlag für Sozialwissenschaften.

– (2010): „Register". In: Mirjam Fried / Jan-Ola Östman / Jef Verschueren (Hrsg.): *Variation and Change: Pragmatic Perspectives.* Amsterdam/Philadelphia: Benjamins, 221–233.

Dittmar, Norbert / Brigitte Schlieben-Lange (1982): „Stadtsprache. Forschungsrichtung und Perspektiven einer vernachlässigten Disziplin". In: Karl-Heinz Bausch (Hrsg.): *Mehrsprachigkeit in der Stadtregion. Jahrbuch 1981 des Instituts für deutsche Sprache.* Düsseldorf: Schwann, 9–86.

Dittmar, Norbert / Irena Schmidt-Regener (2001): „Soziale Varianten und Normen". In: Gerhard Helbig et al. (Hrsg.): *Deutsch als Fremdsprache. Ein internationales Handbuch.* Erster Teilband. Berlin/New York: de Gruyter, 520–532.

Doppelbauer, Max (2006): *València im Sprachstreit. Sprachlicher Sezessionismus als sozialpsychologisches Phänomen.* Wien: Braumüller.

– (2008): „Wie aus dem *valencià* eine eigene Sprache wurde. Kritische Analyse des *Dictamen* und des *Nou statut*". *Zeitschrift für Katalanistik* 21, 281–296.

Downes, William ([2]1998): *Language and Society.* 2nd, thoroughly revised edition. Cambridge: Cambridge University.

Du Bellay, Joachim (2003 [1549]): *La Deffence, et illustration de la langue françoyse.* Éd. Francis Goyet et Olivier Millet. Paris: Champion.

Dürscheid, Christa (2003): „Medienkommunikation im Kontinuum von Mündlichkeit und Schriftlichkeit. Theoretische und empirische Probleme". *Zeitschrift für Angewandte Linguistik* 38, 37–56.

– (2004): „Netzsprache – ein neuer Mythos". *Osnabrücker Beiträge zur Sprachtheorie* 68, 141–157.

– ([3]2006): *Einführung in die Schriftlinguistik*. 3., überarbeitete und ergänzte Auflage. Göttingen: Vandenhoek & Ruprecht.

Dufter, Andreas / Elisabeth Stark (2002 [erschienen 2003]): „La variété des variétés : combien des dimensions pour la description? Quelques réflexions à partir du français". *Romanistisches Jahrbuch* 53, 81–108.

Duličenko, Aleksandr D. ([6]2009): „Das Russinische". In: Rehder (Hrsg.), 126–140.

Eberenz, Rolf (1995): „Norm und regionale Standards des Spanischen in Europa und Amerika". In: Oskar Müller / Dieter Nerius / Jürgen Schmidt-Radefeldt (Hrsg.): *Sprachnormen und Sprachnormenwandel in gegenwärtigen europäischen Sprachen*. Rostock: Universität Rostock, 47–58.

Eckert, Penelope (1989): „The whole woman: Sex and gender differences in variation". *Language Variation and Change* 1, 245-267.

– (2012): „Three Waves of Variation Study: The emergence of meaning in the study of variation". *Annual Review of Anthropology* 41, 87–100. Auch online: www.stanford.edu/~eckert/PDF/ThreeWavesof Variation.pdf

– (o. J.): „Third Wave Variation Studies". www.stanford.edu/~eckert/thirdwave.html

Eckert, Rainer / Elvira-Julia Bukevičiūtė / Friedhelm Hinze (1994): *Die baltischen Sprachen. Eine Einführung*. Leipzig: Langenscheidt.

Eckkrammer, Eva Martha (1996a): „Zu Sprachpolitik und „Fachsprachenmanagement" einer Kleinsprache: Papiamentu auf dem Weg zur Vollsprache". In: Gerhard Budin (Hrsg.): *Multilingualism in Specialist Communication. [...]*. Band 2. Wien: Termnet, 1179-1198.

Eckkrammer, Eva Martha (1996b): *Literarische Übersetzung als Werkzeug des Sprachausbaus: am Beispiel Papiamentu*. Bonn: Romanistischer Verlag.

Eelen, Gino (2001): *A critique of politeness theories*. Manchester: St. Jerome.

Ehlich, Konrad (1999): „Alltägliche Wissenschaftssprache". *Info DaF* 26, 1, 3–25.

Eichinger, Ludwig M. / Werner Kallmeyer (Hrsg.) (2005): *Standardvariation. Wie viel Variation verträgt die deutsche Sprache?* Berlin/New York: de Gruyter.

Eichinger, Ludwig M. et al. (2009): *Aktuelle Spracheinstellungen in Deutschland. Erste Ergebnisse einer Repräsentativumfrage*. Mannheim: Institut für Deutsche Sprache.

Efing, Christian (2005): *Das Lützenhardter Jenisch. Studien zu einer deutschen Sondersprache. Mit einem Wörterbuch und Sprachproben auf CD-ROM*. Wiesbaden: Harrassowitz. Auch online: www.ph-heidelberg./fileadmin/user_upload/wp/efing/Efing_LuetzenhardterJenisch.pdf

Ellena, Sandra (2011): *Die Rolle der norditalienischen Varietäten in der «Questione della lingua». Eine diachrone Untersuchung zu Sprachbewusstsein, Sprachwissen und Sprachbewertung*. Berlin/Boston: de Gruyter.

Emsel, Martina (2005): „Regionale und soziale Varianz im Translationsprozess – Funktionen und Lösungsstrategien (am Beispiel des Sprachenpaares Spanisch/Deutsch)". In: Rudolf Muhr (Hrsg.): *Standardvariationen und Sprachideologien in verschiedenen Sprachkulturen der Welt*. Frankfurt a. M. u. a.: Lang, 339–358.

Ende, Anne-Kathrin / Susann Herold / Annette Weilandt (Hrsg.) (2013): *Alles hängt mit allem zusammen. Translatologische Interdependenzen. Festschrift für Peter A. Schmitt*. Berlin: Frank & Timme.

Endruschat, Annette / Jürgen Schmidt-Radefeldt (2006): *Einführung in die portugiesische Sprachwissenschaft*. Tübingen: Narr.

Erfurt, Jürgen (2003): „Plurizentrischer Sprachausbau und die Herausbildung von Standardvarietäten in Moldova und Québec". *Quo Vadis Romania* 22, 8–21.

Ernst, Gerhard et al. (Hrsg.) (2003–2009): *Romanische Sprachgeschichte. Ein internationales Handbuch zur Geschichte der romanischen Sprachen*. 3 Bände. Berlin/New York: de Gruyter.

Ernst, Peter / Gottfried Fischer (2001): *Die germanischen Sprachen im Kreis des Indogermanischen*. Wien: Praesens.

Eroms, Hans-Werner (2008): *Stil und Stilistik. Eine Einführung*. Berlin: Schmidt.

Faber, Michael (1982): *Schausteller. Volkskundliche Untersuchung einer reisenden Berufsgruppe im Köln-Bonner Raum*. Bonn: Ludwig Röhrscheid.

Fanselow, Gisbert / Sascha W. Felix ([3]1993): *Sprachtheorie. Eine Einführung in die Generative Grammatik*. Band 1: *Grundlagen und Zielsetzungen*. 3. Auflage. Tübingen/Basel: Francke.

Fawcett, Peter (1997): *Translation and Language. Linguistic Theories Explained*. Manchester/Northampton, MA: St. Jerome.

Fedders, Wolfgang (1993): *Die Schreibsprache Lemgos. Variablenlinguistische Untersuchung zum spätmittelalterlichen Ostwestfälischen*. Köln u. a.: Böhlau. Online: www.lwl.org/komuna/pdf/Bd_37.pdf

Ferguson, Charles A. (1959): „Diglossia". *Word* 15, 325–340.

– (1962): „Problems of teaching languages with diglossia". *Georgetown University Monograph Series on Language and Linguistics* 15, 165–177. Hier aus Anwar S. Dil (1971): *Language Structure and Language Use. Essays by Charles A. Ferguson*. Stanford, California: Stanford University Press, 1–26.

– (1964): „Baby Talk in Six Languages". *American Anthropologist* 66, 6, 103–114.

– (1971). „Absence of copula and the notion of simplicity: a study of normal speech, baby talk, foreigner talk and pidgins". In: Dell Hymes (Hrsg.): *Pidginization and Creolization of Languages*. Cambridge: Cambridge University Press, 141-150.

– (1977a): „Simplified registers, broken language and Gastarbeiterdeutsch". In: Carol Molony / Helmut Zobl / Wilfried Stölting (Hrsg.): *Deutsch im Kontakt mit anderen Sprachen*. Kronberg: Scriptor, 25–39.

– (1977b): „Baby talk as a simplified register". In: Snow/Ferguson (Hrsg.), 209–235.

– (1978): „Talking to children: a search for universals". In: Joseph H. Greenberg et al. (Hrsg.): *Universals of human language*. Vol. 1: *Method and Theory*. Stanford, California: Stanford University Press, 203–224; wieder erschienen in: Barbara C. Lust / Claire Foley (Hrsg.) (2004): *First Language Acquisition. The Essential Readings*. Oxford: Blackwell, 176–189.

– (1981): „'Foreigner Talk' as the Name of a Simplified Register". *International Journal of the Sociology of Language* 28, 9–18.

Fiedler, Sabine (2002): „On the main characteristics of Esperanto communication". In: Karlfried Knapp / Christiane Meierkord (Hrsg.): *Lingua Franca Communication*. Frankfurt a. M. u. a.: Lang, 53–86.

Fiehler, Reinhard / Caja Thimm (Hrsg.) (2003): *Sprache und Kommunikation im Alter*. Radolfzell: Verlag für Gesprächsforschung.

File-Muriel, Richard J. (2012): „A laboratory approach to s-lenition in the Spanish of Barranquilla, Colombia". In: File-Muriel/Orozco (Hrsg.), 127–140.

File-Muriel, Richard J. / Rafael Orozco (Hrsg.) (2012): *Colombian Varieties of Spanish*. Madrid/Frankfurt a. M.: Iberoamericana/Vervuert.

Fischer, John L. (1958): „Social influences on the choice of a linguistic variant". *Word* 14, 47–56.

Fishman, Joshua A. (1964): „Language maintenance and language shift as a field of inquiry. A definition of the field and suggestion for its further development". *Linguistics* 19, 32–70.

– (1967): „Bilingualism with and without diglossia; diglossia with and without bilingualism". In: John Macnamara (Hrsg.): *Problems of bilingualism*. Ann Arbor, Mich.: SPSSI, 29–38.

– (1971): *Sociolinguistics. A brief introduction*. Rowley, Mass.: Newbury.

– (1975): *Soziologie der Sprache. Eine interdisziplinäre sozialwissenschaftliche Betrachtung der Sprache in der Gesellschaft*. Übersetzung und Bearbeitung Hannelore Hirsch und Kurt Wächtler. München: Hueber.

Fishman, Joshua A. (Hrsg.) (1968): *Readings in the Sociology of Language*. The Hague/Paris: Mouton.

Fleischmann, Eberhard / Peter A. Schmitt / Gerd Wotjak (Hrsg.) (2004): *Translationskompetenz – Tagungsberichte der LICTRA (Leipzig International Conference on Translation Studies) 4.–6. 10. 2001*. Tübingen: Stauffenburg Verlag,

Flick, Uwe et al. (Hrsg.) ([3]2012): *Handbuch Qualitative Sozialforschung. Grundlagen, Konzepte, Methoden und Anwendungen*. 3., neu ausgestattete Auflage, unveränderter Nachdruck der 2. Auflage. Weinheim: Beltz/PVU.

Fluck, Hans-Rüdiger ([4]1991 [[3]1985]): *Fachsprachen. Einführung und Bibliographie*. Tübingen: Francke.

Flydal, Leiv (1952): „Remarques sur certains rapports entre le style et l'état de langue". *Norks Tidsskrift for Sprogvidenskap* 16 (1952), 241–258.

Fobbe, Eilika (2011): *Forensische Linguistik. Eine Einführung*. Tübingen: Narr.

Földes, Csaba (2005): *Kontaktdeutsch. Zur Theorie eines Varietätentyps unter transkulturellen Bedingungen von Mehrsprachigkeit*. Tübingen: Narr.

Fólica, Laura / Gabriela Villalba (2011): „Español rioplatense y representación sobre la traducción en la globalización editorial". In: Andrea Pagni et al. (Hrsg.): *Traductores y traducciones en la historia cultural de América Latina*. México: Universidad Autónoma de México, 251–266.

Fraenkel, Ernst (1950): *Die baltischen Sprachen; ihre Beziehungen zu einander und zu den indogermanischen Schwesteridiomen als Einführung in die baltische Sprachwissenschaft*. Heidelberg: Winter.

Franceschini, Rita / Johanna Miecznikowski (2004): *Leben mit mehreren Sprachen. Sprachbiographien*. Bern u. a.: Lang.

Frank, Barbara / Thomas Haye / Doris Tophinke (Hrsg.) (1997): *Gattungen mittelalterlicher Schriftlichkeit*. Tübingen: Narr.

Franke, Hartwig (1991): „Zur inneren und äußeren Differenzierung deutscher Sondersprachen". *Zeitschrift für Dialektologie und Linguistik* 58, 57–62.

Freunek, Sigrid (2007): *Literarische Mündlichkeit und Übersetzung. Am Beispiel deutscher und russischer Erzähltexte*. Berlin: Frank & Timme.

Frey, Brigitte (2000): *Die Académie Française und ihre Stellung zu anderen Sprachpflegeinstitutionen*. Bonn: Romanistischer Verlag.

Frings, Michael / Frank Schöpp (Hrsg.) (2011): *Varietäten im Französischunterricht. I. Französisch-Fachdidaktiktagung (Gutenberg-Gymnasium, Mainz)*. Stuttgart: ibidem.

Fuertes-Olivera, Pedro A. / Henning Bergenholtz (2013): *e-Lexicography. The Internet, Digital Initiatives and Lexicography*. London u. a.: Bloomsbury.

Gabriel, Christoph (2013): „*Guglielmo Tell* und *Les noces du Figaro*: Einzelsprachliche Prosodie und Textvertonung in der italienischen und französischen Oper". In: Matthias Heinz / Anja Overbeck (Hrsg.): *Sprache(n) und Musik*. München: Lincom, 59–73.

Gabriel, Christoph / Trudel Meisenburg (2007): *Romanische Sprachwissenschaft*. Paderborn: Fink.

Gabriel, Christoph / Natascha Müller (2008): *Grundlagen der generativen Syntax. Französisch, Italienisch, Spanisch*. Tübingen: Niemeyer.

Gadet, Françoise (2003): *La variation sociale en français*. Paris: Ophrys.

Gaies, Stephen J. (1982): „Native Speaker-Nonnative Speaker Interaction Among Academic Peers". *Studies in Second Language Acquisition* 5, 1, 74–81.

Gal, Susan (1978): „Peasant men can't get wives: Language change and sex roles in a bilingual community". *Language in Society* 7, 1, 1-16.

Gamliel, Ophira (2013): „Voices Yet to Be Heard: On Listening to the Last Speakers of Jewish Malayalam". *Journal of Jewish Languages* 1, 135–167.

García Adánez, Isabel (2007): „Problemas y propuestas para la traducción de giros dialectales y peculiaridades del habla en «Buddenbrooks» de Thomas Mann". In: Belén Santana et al. (Hrsg.): *Puente entre dos mundos. Últimas tendencias en la investigación traductológica alemán-español. III Stial. Simposio sobre la Traducción/Interpretación del/al alemán*. Salamanca: Universidad de Salamanca, 147–158.

García Negroni, María Marta / Ramírez Gelbes, Silvia (2010): „Acerca del voseo en los manuales escolares argentinos (1970-2004)". In: Hummel et al. (Hrsg.), 1013–1032.

Garvin, Paul L. / Madeleine Mathiot (1968): „The Urbanization of the Guarani Language: a Problem in Language and Culture". In: Fishman (Hrsg.), 365–374.

Gauchat, Louis (1903): „Gibt es Mundartgrenzen?". *Archiv für das Studium der Neueren Sprachen und Literaturen* 111, 345–403.

Gaudio, Rudolf P. (1994): „Sounding Gay: Pitch Properties in the Speech of Gay and Straight Men". *American Speech* 79, 303–318.

Gauger, Hans-Martin (1976): *Sprachbewußtsein und Sprachwissenschaft*. München: Piper.

Geckeler, Horst / Wolf Dietrich (1995). *Einführung in die französische Sprachwissenschaft. Ein Lehr- und Arbeitsbuch*. Berlin: Schmidt.

Geeslin, Kimberly L. / Stephen Fafulas / Matthew Kanwit (2013): „Acquiring Geographically-Variable Norms of Use: The Case of the Present Perfect in Mexico and Spain". In: Chad Howe / Sarah E. Blackwell / Margaret Lubbers Quesada (Hrsg.): *Selected Proceedings of the 15th Hispanic Linguistics Symposium*, University of Georgia, October 6-9, 2011. Somerville, MA: Cascadilla Proceedings Project, 205–220. Auch online: www.lingref.com/cpp/hls/15/paper2886.pdf

Gerstenberg, Annette (2011): *Generation und Sprachprofile im höheren Lebensalter*. Frankfurt a. M.: Klostermann.

– (2012): „Absolute, relationale und historische Generationsbegriffe in der Sprachwissenschaft: Perspektiven ihrer Verwendung". In: Neuland (Hrsg.), 41–55.

Giles, Howard / Peter Powesland (1975): *Speech style and social evaluation*. New York/London: Academic Press.

Gilliéron, Jules (1880): *Petit atlas phonétique du Valais roman (sud du Rhône)*. Paris: Champion.

Gläser, Rosemarie (1990): *Fachtextsorten im Englischen*. Tübingen: Narr.

Gleßgen, Martin-Dietrich / André Thibault (Hrsg.) (2005): La *lexicographie différentielle du français et le Dictionnaire des régionalismes de France. Actes du colloque en l'honneur de Pierre Rézeau pour son soixante-cinquième anniversaire*. Strasbourg: Presses Universitaires de Strasbourg.

Gloy, Klaus (²1980): „Sprachnorm". In: Althaus et al. (Hrsg.), Band 2, 363–368.

Goebl, Hans (1982): *Dialektometrie. Prinzipien und Methoden des Einsatzes der numerischen Taxonomie im Bereich der Dialektgeographie*. Wien: Verlag der Österreichischen Akademie der Wissenschaften.

Goebl, Hans (Mitarbeit Siegfried Selberherr et al.) (1984): *Dialektometrische Studien. Anhand italoromanischer, rätoromanischer und galloromanischer Sprachmaterialien aus AIS und ALF*. Tübingen: Niemeyer.

Goebl, Hans (1989): „Quelques remarques relatives aux concepts *Abstand* et *Ausbau* de Heinz Kloss". In: Ammon (Hrsg.), 278–290.

– (1997): „Die dialektale Gliederung Ladiniens aus der Sicht der Ladiner. Eine Pilotstudie zum Problem der geolinguistischen ‚Mental Maps'". *Ladinia* 17, 59–95.

– (2002): „Dialektometrie". In: Gabriel Altmann et al. (Hrsg.): *Einführung in die quantitative Lexikologie*. Göttingen: Peust & Gutschmidt, 179–219.

– (o. J.): „Dialektometrie". www.dialectometry.com

Goebl, Hans et al. (Hrsg.) (1996–1997): *Kontaktlinguistik […]. Ein internationales Handbuch zeitgenössischer Forschung. […]*. 2 Bände. Berlin/New York: de Gruyter.

Göpferich, Susanne (1995): *Textsorten in Naturwissenschaften und Technik. Pragmatische Typologie – Kontrastierung – Translation*. Tübingen: Narr.

– (1998): „Fachtextsorten der Naturwissenschaften und der Technik. Ein Überblick“. In: Hoffmann et al. (Hrsg.), Band 1, 545–556.

Goetsch, Paul (1985): „Fingierte Mündlichkeit in der Erzählkultur entwickelter Schriftkulturen“. *Poetica* 17, 202–218.

Goetsch, Paul (Hrsg.) (1987): *Dialekte und Fremdsprachen in der Literatur*. Tübingen: Narr.

Gómez Martínez, Marta / José Ramón Carriazo Ruiz (Hrsg.) (2010): *La marcación en lexicografía histórica*. San Millán de la Cogolla: Cilengua.

Goossens, Jan ([2]1980): „Areallinguistik“. In: Althaus et al. (Hrsg.), Band 3, 445–453.

Graefen, Gabriele / Martina Liedke ([2]2012): *Germanistische Sprachwissenschaft. Deutsch als Erst-, Zweit- oder Fremdsprache*. 2., überarbeitete Auflage. Tübingen: Francke.

Grassi, Corrado (2001): „La geografia linguistica“. In: LRL Band 1, 1, 207–235.

Grassi, Corrado / Alberto A. Sobrero / Tullio Telmon (1997): *Fondamenti di dialettologia italiana*. Roma/Bari: Laterza.

Greenberg, Robert D. (2004): *Language and Identity in the Balkans. Serbo-Croatian and its Disintegration*. Oxford: Oxford University Press.

Gregory, Michael (1967): „Aspects of varieties differentiation“. *Journal of Linguistics* 3, 2, 177–198.

– (1980): „Perspectives on translation from the Firthian tradition“. *Meta* 25, 4, 455–466.

Gregory, Michael / Susanne Carroll (1978): *Language and Situation. Language Varieties and their Social Contexts*. London: Routledge & Kegan Paul.

Grimm, Rüdiger (2005): *Digitale Kommunikation*. München: Oldenbourg.

Gröber, Gustav (1888): *Grundriß der romanischen Philologie*. 1. Band. Straßburg: Trübner.

Gröschel, Bernhard (2001): „*Bosnisch oder Bosniakisch?* Zur glottonymischen, sprachpolitischen und sprachenrechtlichen Fragmentierung des Serbokroatischen“. In: Ulrich H. Waßner (Hrsg.): *Lingua et linguae. Festschrift für Clemens-Peter Herbermann zum 60. Geburtstag*. Shaker: Aachen, 159–188.

Groß, Martin (2008): *Klassen, Schichten, Mobilität. Eine Einführung*. Wiesbaden: VS Verlag für Sozialwissenschaften.

Grünewald, Andreas / Lutz Küster (Hrsg.) (2009): *Fachdidaktik Spanisch. Tradition, Innovation, Praxis*. Stuttgart: Klett Sprachen.

Gsell, Otto (1996): „Chronologie frühromanischer Sprachwandel“. In: LRL Band 2, 1, 557–583.

Günthner, Susanne (1992): „Sprache und Geschlecht: Ist Kommunikation zwischen Männern und Frauen interkulturelle Kommunikation?“. *Linguistische Berichte* 138, 123–143.

Günthner, Susanne / Dagmar Hüpper / Constanze Spieß (Hrsg.) (2012): *Genderlinguistik. Sprachliche Konstruktionen von Geschlechtsidentität*. Berlin: Walter de Gruyter.

Günzburger, Deborah (1995): „Acoustic and perceptual implications of the transsexual voice“. *Archives of Sexual Behavior* 24, 3, 339–348. Auch online: www.gendersanctuary.com/pdf/TSvoice.pdf

Güttinger, Fritz (1963): *Zielsprache. Theorie und Technik des Übersetzens*. Zürich: Manesse.

Gugenberger, Eva (i. D.): *Migrationslinguistik. Sprachliche Akkulturation und Hybridität am Beispiel galicischer Immigranten und Immigrantinnen in Buenos Aires*. Berlin u. a.: LIT.

Guitarte, Guillermo (1955): „El ensordecimiento del yeísmo porteño“. *Revista de Filología Española* 39, 261–283.

Gumperz, John (1962): „Types of linguistic communities“. *Anthropological Linguistics* 4, 28–40.

– ([2]1972 [[1]1970]): „Sociolinguistics and Communication in Small Groups“. In: J. B. Pride / Janet Holmes (Hrsg.): *Sociolinguistics. Selected Readings*. Harmondsworth u. a.: Penguin, 203–224.

– (1975): *Sprache, lokale Kultur und soziale Identität. Theoretische Beispiele und Fallstudien*. Übersetzung Ursula Christmann und Angelika Kraft; Hrsg. Heinz Göhring. Düsseldorf: Pädagogischer Verlag.

Guy, Gregory R. (1988): „Language and Social Class“. In: Frederick J. Newmeyer (Hrsg.): *Linguistics: The Cambridge Survey*. Vol. 4: *Language: the socio-cultural context*. Cambridge u. a.: Cambridge University Press, 37–63

Haas, Walter (2011): „Ist Dialektologie Linguistik?“. In: Elvira Glaser (Hrsg.): *Dynamik des Dialekts – Wandel und Variation. […]*. Stuttgart: Steiner, 9–22.

Häcki Buhofer, Annelies (Hrsg.) (2003): *Spracherwerb und Lebensalter. Kolloquium anlässlich des 60. Geburtstages von Harald Burger*. Tübingen/Basel: Francke.

Haimerl, E. (o. J.): „Die dialektrometrische Verfahrenskette“. http://ald.sbg.ac.at/dm/germ/Allgemein/Verfahrenskette.htm

Harwood, Nigel (2005): „'Nowhere has anyone attempted … In this article I aim to do just that'. A corpus-based study of self-promotional I and we in academic writing across four disciplines“. *Journal of Pragmatics* 37, 1207–1231.

Halliday, M. A. K. (1975): „Language as a Social Semiotic: Towards a General Sociolinguistic Theory“. In: Adam Makkai / Valerie Becker-Makkai (Hrsg.): *The First LACUS Forum*. Columbia: Hornbeam, 17–46.

– (1978): *Language as social semiotics. The social interpretation of language and meaning.* Baltimore, Maryland: University Park Press.
– (1989): *Spoken and written language.* Hong Kong: Oxford University Press.
Halliday, M. A. K. / Angus MacIntosh / Peter Strevens (1964): *The Linguistic Sciences and Language Teaching.* London: Longmans.
Hambye, Philippe / Anne Catherine Simon (2004): „The Production of Social Meaning Via the Association of Variety and Style: A Case Study of French Vowal Lengthening in Belgian". *Canadian Journal of Linguistics / La revue canadienne de linguistique* 49, 3/4, 397–421.
Hanse, Joseph / Albert Doppagne / Hélène Bourgeois-Gielen (1971): *Chasse aux belgicismes.* Bruxelles: Fondation Charles Plisnier.
– (1974): *Nouvelle chasse aux belgicismes.* Bruxelles: Fondation Charles Plisnier.
Harmelink M., Bryan L. (1996): *Manual de aprendizaje del idioma mapuche. Aspectos morfológicos y sintácticos.* Temuco: Universidad de la Frontera.
Hartmann, Reinhard R. K. / Gregory James (2001): *Dictionary of Lexicography.* London: Routledge.
Haß, Ulrike (Hrsg.) (2005): *Grundfragen der elektronischen Lexikographie. Elexiko – das Online-Informationssystem zum deutschen Wortschatz.* Berlin: de Gruyter.
Haßler, Gerda (1998): „Anfänge der europäischen Fachsprachenforschung im 17. und 18. Jahrhundert". In: Hoffmann et al. (Hrsg.), Band 1, 322–326.
– (2000): „Les séries de textes dans l'histoire de la linguistique". In: Annick Englebert et al. (Hrsg.): *Actes du XXIIe Congrès International de Linguistique et Philologie Romanes. Bruxelles, 23–29 juillet 1998.* Vol. 1: *L'histoire de la linguistique, médiatrice de théories.* Tübingen: Niemeyer, 97–104.
– (2001): „Übersetzung als Sprachkontakt". In: dies. (Hrsg.), 153–171.
– (2002): „Textos de referencia y conceptos en las teorías lingüística de los siglos XVII y XVIII". In: Miguel Ángel Esparza Torres et al. (Hrsg.): *SEHL 2001 Estudios de Historiografía Lingüística. [...].* Hamburg: Buske, 559–586.
Haßler, Gerda (Hrsg.) (2001): *Sprachkontakt und Sprachvergleich.* Münster: Nodus.
Hatim, Basil / Jeremy Munday (2004): *Translation. An advanced resource book.* Abingdon: Routledge.
Hatim, Basil / Ian Mason (1990): *Discourse and the Translator.* London/New York: Longman.
Haugen, Einar (1983): „The implementation of corpus planning: theory and practice". In: Juan Covarrubias / Joshua A. Fishman (Hrsg.): *Progress in language planning: international perspectives.* Berlin/New York: Mouton, 269–290.
– (1984): *Die skandinavischen Sprachen. Eine Einführung in ihre Geschichte.* Autorisierte Übertragung aus dem Englischen von Magnús Pétursson. Hamburg: Buske.
Haugen, Einar (2003 [[1]1964/1966]): „Dialect, Language, Nation". In: Christina Bratt Paulston / G. Richard Tucker (Hrsg.): *Sociolinguistics. The Essential Readings.* Malden: Blackwell, 411–422.
Hausmann, Franz Josef (1989): „Die Markierung im allgemeinen einsprachigen Wörterbuch. Eine Übersicht". In: Hausmann et al. (Hrsg.), 649–657.
Hausmann, Franz Josef et al. (Hrsg.) (1989): *Wörterbücher. Dictionaries. Dictionnaires. Ein internationales Handbuch zur Lexikographie.* Band 1. Berlin/New York.
Heidelberger Forschungsprojekt „Pidgin-Deutsch" (1975): *Sprache und Kommunikation ausländischer Arbeiter. Analysen, Berichte, Materialien.* Kronberg/Ts.: Scriptor.
Hein, Jürgen (1983): „Darstellung des Dialektsprechers in der neueren deutschen Dichtung". In: Besch et al. (Hrsg.), Band 2, 1624–1636.
Heinemann, Wolfgang / Dieter Viehweger (1991): *Textlinguistik. Eine Einführung.* Tübingen: Niemeyer.
Heitmann, Klaus (1989): „Rumänisch: Moldauisch". In: *LRL* Band 3, 508–521.
Hennig, Mathilde (2006): *Grammatik der gesprochenen Sprache in Theorie und Praxis.* Kassel: University Press.
Henschel, Christine (2009): „Die Bedeutung der romanischen Sprachen im Spiegel ihrer Übersetzungen: Übersetzungen aus dem Französischen und Italienischen". In: Ernst et al. (Hrsg.), Band 3, 3370–3390.
Hensel, Sonja, N. (2000): „Welches Deutsch sollen wir lehren? Über den Umgang mit einer plurizentrischen Sprache im DaF-Unterricht". *Zielsprache Deutsch* 31, 1, 31–39.
Herat, Manel (2010): „A study of child-directed speech in a Sinhala-English bilingual household". *Leeds Working Papers in Linguistics and Phonetics* 15, 2010, 74–91.
Herbst, Thomas (1994): *Linguistische Aspekte der Synchronisation von Fernsehserien: Phonetik, Textlinguistik, Übersetzungstheorie.* Tübingen: Niemeyer.
Hickey, Raymond (Hrsg.) (2012): *Areal Features of the Anglophone World.* Berlin/Boston: De Gruyter.
Hildebrandt, Reiner ([2]1998): „Der Beitrag der Sprachgeographie zur Sprachgeschichtsforschung". In: Besch et al. (Hrsg.), 495–519.

Himmelmann, Nikolaus P. (2006): „Language documentation: What is it and what is it good for?". In: Gippert, Jost / Nikolaus P. Himmelmann / Ulrike Mosel (Hrsg.): *Essentials of Language Documentation*. Berlin/New York: de Gruyter, 1–30.

Hinnenkamp, Volker (1982): Foreigner Talk *und* Tarzanisch. *Eine vergleichende Studie über Sprechweise gegenüber Ausländern am Beispiel des Deutschen und des Türkischen*. Hamburg: Buske.

Hinrichs, Uwe (1994): „Balkanische Konvergenz und das Standard/Nonstandard-Problem". In: Norbert Reiter et al. (Hrsg.): *Sprachlicher Standard und Substandard in Südosteuropa und Osteuropa: Beiträge zum Symposion vom 12. - 16. Oktober 1992 in Berlin*. Wiesbaden: Harrassowitz, 96–113.

Hirnsperger, Markus (1999): „‚Pidgin-Russisch' - Am Beispiel von ‚Russenorsk'". www.sub-arctic.ac.at/articles/russ.htm

Hirschfeld, Ursula (1997): „Welche Aussprache lehren wir?". *Jahrbuch Deutsch als Fremdsprache* 23, 175–188.

– (1999): „Phonetische Merkmale des Sächsischen und das Fach Deutsch als Fremdsprache". In: Bernd Skibitzki / Barbara Wotjak (Hrsg.): *Festschrift für Gerhard Helbig zum 70. Geburtstag. Linguistik und Deutsch als Fremdsprache*. Tübingen: Niemeyer, 109–120.

Hönig, Hans G. / Paul Kußmaul (1991): *Strategie der Übersetzung. Ein Lehr- und Arbeitsbuch*. Tübingen: Narr.

Hofer, Lorenz (2004): „Sprachliche und politische Grenzen im (ehemaligen) Dialektkontinuum des Alemannischen am Beispiel der trinationalen Region Basel (Schweiz) in Karten von SprecherInnen". *Linguistik online* 20. www.linguistik-online.de/20_04/hofer.html

Hofer, Lorenz Niklaus / Annelies Häcki Buhofer / Heinrich Löffler (2002): *Zur Dynamik urbanen Sprechens: Studien zu Spracheinstellungen und Dialektvariation im Stadtraum*. Tübingen: Francke.

Hoffmann, Lothar ([2]1985): *Kommunikationsmittel Fachsprache: eine Einführung*. 2., völlig neu bearbeitete Auflage. Tübingen: Narr.

– (1988): *Vom Fachwort zum Fachtext. Beiträge zur angewandten Linguistik*. Tübingen: Narr.

– (1995): „Intraserielle und interserielle Vergleiche von Fachtexten. Ein Beitrag zur Unterscheidung von Textsorten". In: Heidrun Popp (Hrsg.): *Deutsch als Fremdsprache. An den Quellen eines Faches. Festschrift für Gerhard Helbig zum 65. Geburtstag*. München: Iudicium, 563–574.

– (1998): „Fachsprachen und Gemeinsprache". In: Hoffmann et al. (Hrsg.), 169–180.

Hoffmann, Lothar et al. (Hrsg.) (1998): *Fachsprachen. […]. Ein internationales Handbuch zur Fachsprachenforschung und Terminologiewissenschaft. […]*. 2 Bände. Berlin/New York: de Gruyter.

Holly, Werner (1996): „Mündlichkeit im Fernsehen". In: Bernd Ulrich Biere / Rudolf Hoberg (Hrsg.): *Mündlichkeit und Schriftlichkeit im Fernsehen*. Tübingen: Narr, 29–40.

Holm, John (1988): *Pidgins and Creoles. Vol. I: Theory and Structure*. Cambridge: Cambridge University Press.

– (1989): *Pidgins and Creoles. Vol. II: Reference Survey*. Cambridge: Cambridge University Press.

– (2004): *Languages in Contact. The Partial Restructuring of Vernaculars*. Cambridge: Cambridge University Press.

Holmes, Janet (1993): „Women's talk: the question of sociolinguistic universals". *Australian Journal of Communication* 20, 3, 125-149; auch in: Coates (1998), 461–482.

– (1995): *Women, Men and Politeness*. London: Longman.

Holmes, Janet / Miriam Meyerhoff (Hrsg.) ([2]2004 [2003]): *The Handbook of language and gender*. Malden u. a.: Blackwell.

LRL = Holtus, Günter / Michael Metzeltin / Christian Schmitt (1988–2005): *Lexikon der Romanistischen Linguistik*. 12 Bände. Tübingen: Niemeyer.

Holtus, Günter / Edgar Radtke (1984): „Der Begriff 'Umgangssprache' in der Romania und sein Stellenwert für die Iberoromanistik". In: dies. (Hrsg.), 1–22.

Holtus, Günter / Edgar Radtke (Hrsg.) (1983): *Varietätenlinguistik des Italienischen*. Tübingen: Narr.

– (Hrsg.) (1984): *Umgangssprache in der Iberoromania. Festschrift für Heinz Kröll zum 65. Geburtstag*. Tübingen: Narr.

– (Hrsg.) (1986): *Sprachlicher Substandard*. Tübingen: Niemeyer.

Honegger Claudia / Caroline Arni (Hrsg.) (2001): *Gender – die Tücken einer Kategorie:*. Zürich: Chronos.

Horning, Adolf (1893): „Über Dialektgrenzen im Romanischen". *Zeitschrift für Romanische Philologie* 17, 160–187.

Hudson, Richard A. ([2]1996 [[1]1980]): *Sociolinguistics*. 2nd edition. Cambridge: Cambridge University Press

Hummel, Martin / Bettina Kluge / María Eugenia Vázquez Laslop (Hrsg.) (2010): *Formas y fórmulas de tratamiento en el mundo hispánico*. México: El Colegio de México.

Hundt, Markus (1992): *Einstellungen gegenüber dialektal gefärbter Standardsprache. Eine empirische Untersuchung zum Bairischen, Hamburgischen, Pfälzischen und Schwäbischen*. Stuttgart: Steiner.

Hutterer, Claus Jürgen (1975): *Die germanischen Sprachen. Ihre Geschichte in Grundzügen*. Budapest: Akademiai.

– (1982): „Sprachinselforschung als Prüfstand für dialektologische Arbeitsprinzipien". In: Besch (Hrsg.), Band 1, 178–189.

– (1984): „Der Dialekt als diatopische und diastratische Einheit". In: Peter Wiesinger (Hrsg.): *Beiträge zur bairischen und ostfränkischen Dialektologie. […]*. Göppingen: Kümmerle, 1–11.

– ([4]2008 [[1]1975]): *Die germanischen Sprachen. Ihre Geschichte in Grundzügen*. 4. ergänzte Auflage. Wiesbaden: VMA-Verlag.
Iacobini, Claudio (2009): „The role of dialects in the emergence of Italian phrasal verbs". *Morphology* 19, 1, 15–44.
Ibarretxe-Antuñano, Iraide / Alberto Hujazo-Gascón (2012): „Variación intratipológica y diatópica en los eventos de movimiento". In: Sara Gómez Seibane / Carsten Sinner (Hrsg.): *Estudios sobre tiempo y espacio en español norteño*. San Millán de la Cogolla: Cilengua, 135–158.
ILO (2012): „International Standard Classification of Occupations. ISCO-08. Volume I. Structure, group definitions and correspondence tables". www.ilo.org/wcmsp5/groups/public/---dgreports/---dcomm/---publ/documents/publication/wcms_172572.pdf
INALI (2008): „Catálogo de lenguas indígenas de México". *Diario oficial* [del Gobierno de Mexico] del 14 de enero de 2008, primera sección 31–tercera sección 112. Auch online: www.inali.gob.mx/pdf/CLIN_completo.pdf
Ischreyt, Heinz (1965): *Studien zum Verhältnis von Sprache und Technik. Institutionelle Sprachlenkung in der Terminologie der Technik*. Düsseldorf: Schwann.
Iturrioz Leza, José Luis / Stavros Skopeteas (2000): „Variation und Invarianz". In: Geert Booij et al. (Hrsg.): *Morphologie. [...]. Ein internationales Handbuch zur Flexion und Wortbildung. [...]*. Band 1. Berlin/New York: de Gruyter, 234–247.
Jacob, Daniel / Johannes Müller-Lancé / Claudia Maria Riehl (2012): „Vorwort der Herausgeber". In: Wesch (1998), 10–11.
Jaeckel, Volker / Kailuweit, Rolf (2006): „Laienlinguistik und Sprachchroniken: Iberische Halbinsel und Lateinamerika [...]". In: Ernst et al. (Hrsg.), Band 2, 1546–1557.
Jakop, Tjaša (2008): *The Dual in Slovene Dialects*. Bochum: Brockmeyer.
Jakovidou, Anastasia (1993): *Funktion und Variation im 'Foreigner Talk'. Eine empirische Untersuchung zur Sprechweise von Deutschen gegenüber Ausländern*. Tübingen: Narr.
Janton, Pierre (1993a): *Einführung in die Esperantologie*. Aus dem Französischen von Günter Becker und Maria Becker-Meisberger. 2. Auflage. Hildesheim: Olms.
– (1993b): *Esperanto. Language, Literature, and Community*. Ed. Humphrey Tonkin. Translated by Humphrey Tonkin, Jane Edwards, and Karen Johnson-Weiner. Albany: State University of New York.
Jespersen, Otto (1925): *Die Sprache. Ihre Natur, Entwicklung und Entstehung*. Heidelberg: Winter.
Jørgensen, Annette / Juan Antonio Martínez (2010): „Vocatives and Phatic Communion in Spanish Teenage Talk". In: Jørgensen (Hrsg.), 193–209.
Jørgensen, J. Normann (2010): „The Sociolinguistic Study of Youth Language and Youth Identities". In: ders. (Hrsg.), 1–14.
Jørgensen, J. Normann (Hrsg.) (2010): Love Ya Hate Ya: *The Sociolinguistic Study of Youth Language and Youth Identities*. Cambridge: Cambridge Scholar Publishing.
Jongen, René (1982): „Theoriebildung der 'klassischen' Dialektologie". In: Besch et al. (Hrsg.), Bd 1, 232–247.
Joseph, John Earl (1987): *Eloquence and Power. The Rise of Language Standards and Standard Languages*. London: Pinter.
Kabatek, Johannes (1994): „Wenn Einzelsprachen verschriftet werden, ändern sie sich". In: Gabriele Berkenbusch / Christine Bierbach (Hrsg.): *Soziolinguistik und Sprachgeschichte: Querverbindungen*. Tübingen: Narr, 175–187.
– (2001): „Oralität, Prozess und Struktur". *Linguistik online* 13. www.linguistik-online.de/13_01/kabatek.html
Kahl, Thede / Michael Metzeltin / Helmut Schaller (Hrsg.): *Balkanismen heute - Balkanisms Today – БАЛКАНИЗМЫ СЕГОДНЯ*. Münster u. a.: LIT.
Kailuweit, Rolf (2009): „Konzeptionelle Mündlichkeit!? Überlegungen zur Chat-Kommunikation anhand französischer, italienischer und spanischer Materialien". *PhiN. Philologie im Netz* 48. http://web.fu-berlin.de/phin/phin48/p48t1.htm
Kaiser, Georg A. (2005): „Bibelübersetzungen als Grundlage für empirische Sprachwandeluntersuchungen. In: Pusch et al. (Hrsg.), 71–83.
Kalverkämper, Hartwig (1979): „Der Begriff der Fachlichkeit in der Fachsprach-Linguistik. Tradition, Kritik und Methoden-Ausblick". *Fachsprache. Sonderheft* 1, 53–71.
– (1980): „Die Axiomatik der Fachsprachen-Forschung". *Fachsprache* 2, 2–20.
– (1990): „Gemeinsprache und Fachsprachen - Plädoyer für eine integrierte Sichtweise". In: Gerhard Stickel (Hrsg.): *Deutsche Gegenwartssprache. Tendenzen und Perspektiven*. Berlin/New York: de Gruyter, 88–133.
– (2001): „Fachsprachen". In: *LRL* Band 1, 2, 349–408.
Kalverkämper, Hartwig / Klaus-Dieter Baumann (Hrsg.) (1996): *Fachliche Textsorten. Komponenten – Relationen – Strategien*. Tübingen: Narr.
Kanngießer, Siegfried (1972): *Aspekte der synchronen und diachronen Linguistik*. Tübingen: Niemeyer.

Kattenbusch, Dieter (1989): „Ladinisch: Sprachnormierung und Standardsprache". In: *LRL* Bd 3, 704–720.
– (1994): *Die Verschriftung des Sellaladinischen. Von den ersten Schreibversuchen bis zur Einheitsgraphie.* San Martin de Tor: Istitut Ladin "Micurà de Rü".
Keller, Almut (2007): „Ein Plädoyer für die *langage des jeunes*. Ki veu kozer? Tchatcher avec une classe française". *Praxis Fremdsprachenunterricht* 5/2007, 41–45.
Keller, Rudi ([3]2003): *Sprachwandel. Von der unsichtbaren Hand in der Sprache.* 3., durchgesehene Auflage. Tübingen/Basel: Francke.
Kellner, Birgit (1997): „Zur Verschriftung der nordfriesischen Mundarten". *Us Wurk. Tydskrift foar Frisistyk* 46, 118–135.
Kern, Friederike (2011): „Rhythmus im Türkendeutschen". In: Stehl (Hrsg.), 207–229.
Key, Mary Ritchie ([2]1996): *Male/female language: with a comprehensive bibliography.* 2nd edition. Lanham: Scarecrow.
Kihm, Alain / Jean-Louis Rouge (2013): „*Língua de Preto*, the Basic Variety at the root of West African Portuguese Creoles: A contribution to the theory of pidgin/creole formation as second language acquisition". *Journal of Pidgin and Creole Languages* 28, 2, 203–298.
Kiparsky, Paul (1968): „Linguistic Universals and Linguistic Change". In: Emmon Bach / Robert T. Harms (Hrsg.): *Universals in Linguistic Theory.* New York: Holt, Rinehart & Winston, 170–202.
Kittel, Harald et al. (Hrsg.) (2004, 2007): *Übersetzung - Translation - Traduction. Ein internationales Handbuch zur Übersetzungsforschung.* 2 Halbbände. Berlin u. a.: de Gruyter.
Klann-Delius, Gisela (2005): *Sprache und Geschlecht. Eine Einführung.* Stuttgart/Weimar: Metzler.
– ([2]2008): *Spracherwerb.* 2., aktualisierte und erweiterte Auflage. Stuttgart/Weimar: Metzler.
Klein, Wolfgang (1976): „Sprachliche Variation". *Studium Linguistik* 1, 29–46. Auch online: http://pubman.mpdl.mpg.de/pubman/item/escidoc:68411:3/component/escidoc:68412/021 1976 Sprach liche_Variation.pdf
– (1985): „Gesprochene Sprache - geschriebene Sprache". *Zeitschrift für Literaturwissenschaft und Linguistik* 59, 9-35.
– (1988): „Varietätengrammatik". In: Ammon et al. (Hrsg.), Band 2, 997–1006.
– ([2]2005): „The Grammar of Varieties / Varietätengrammatik". In: Ammon et al. (Hrsg.): Bd 2.2, 1163–1171.
Kloss, Heinz (1952): *Die Entwicklung neuer germanischer Kultursprachen von 1800 bis 1950.* München: Pohl.
– (1967): „'Abstand Languages' and 'Ausbau Languages'". *Anthropological Linguistics* 9, 7, 29–41.
– (1969): „How can we describe and measure the incidence and distribution of bilingualism. Commentary". In: Louis Gerard Kelly (Hrsg.): *Description and Measurement of Bilingualism. [...].* Ottawa: Canadian National Commission for Unesco/Toronto: University of Toronto Press, 296–314.
– (1976): „Abstandsprachen und Ausbausprachen". In: Joachim Göschel / Norbert Nail / Gaston van der Elst (Hrsg.): *Zur Theorie des Dialekts. Aufsätze aus 100 Jahren Forschung mit biographischen Angaben zu den Autoren.* Wiesbaden: Steiner, 301–322.
– (1977): „Über einige Terminologie-Probleme der interlingualen Soziolinguistik". *Deutsche Sprache. Zeitschrift für Theorie, Praxis, Dokumentation* 3/1977, 224–237.
– ([2]1978 [1952]): *Die Entwicklung neuer germanischer Kultursprachen seit 1800.* 2., erweiterte Auflage. Düsseldorf: Pädagogischer Verlag Schwann.
– (1987): „Abstandsprache und Ausbausprache". in: Ammon et al. (Hrsg.), Band 1, 302–308.
Kluge, Bettina (2005): *Identitätskonstitution im Gespräch: südchilenische Migrantinnen in Santiago de Chile.* Madrid/Frankfurt a. M.: Iberoamericana/Vervuert.
Kluge, Friedrich (1999): *Etymologisches Wörterbuch der deutschen Sprache.* 23., erweiterte Auflage. Bearbeitet von Elmar Seebold. Berlin/New York: de Gruyter.
Koch, Peter (1988): „Norm und Sprache". In: Albrecht et al. (Hrsg.), Band 2, 327–354.
– (1997): „Diskurstraditionen: zu ihrem sprachtheoretischen Status und ihrer Dynamik". In: Frank et al. (Hrsg.), 43–80.
– (1999): „Gesprochen/geschrieben: eine eigene Varietätendimension?". In: Norbert Greiner et al. (Hrsg.): *Texte und Kontexte in Sprachen und Kulturen. Festschrift für Jörn Albrecht.* Trier: WVT, 141–168.
– (2003): „Romanische Sprachgeschichte und Varietätenlinguistik". In: Ernst et al. (Hrsg.), Bd 1, 102–124.
– (2008): Tradiciones discursivas y cambio lingüístico: el ejemplo del tratamiento *vuestra merced* en español". In: Johannes Kabatek (Hrsg.): *Sintaxis histórica del español y cambio lingüístico: Nuevas perspectivas desde las Tradiciones Discursivas.* Frankfurt a. M./ Madrid: Vervuert/ Iberoamericana, 53–88.
Koch, Peter / Wulf Oesterreicher (1985 [erschienen 1986]): „Sprache der Nähe - Sprache der Distanz. Mündlichkeit und Schriftlichkeit im Spannungsfeld von Sprachtheorie und Sprachgeschichte". *Romanistisches Jahrbuch* 36, 15–43.
– (1990): *Gesprochene Sprache in der Romania: Französisch, Italienisch, Spanisch.* Tübingen: Niemeyer.

– (1994): „Schriftlichkeit und Sprache". In: Hartmut Günther / Otto Ludwig (Hrsg.): *Schrift und Schriftlichkeit. Writing and Its Use. Ein interdisziplinäres Handbuch internationaler Forschung. An Interdisciplinary Handbook of International Research.* 1. Band. Berlin/New York: de Gruyter, 587–604.
– ([2]2011): *Gesprochene Sprache in der Romania: Französisch, Italienisch, Spanisch.* 2. aktualisierte und erweiterte Auflage. Berlin/New York: de Gruyter.
Köhler, Caus (1970): „Zum Gebrauch von Modalverben und Passivfügungen in der deutschen Fachsprache der Technik". *Wissenschaftliche Zeitschrift der Friedrich-Schiller-Universität Jena. Gesellschafts- und Sprachwissenschaftliche Reihe* 19, 781–795. Wieder in von Hahn (Hrsg.) (1981), 239–261.
König, Ekkehard / Johan van der Auwera (Hrsg.) (1994): *The Germanic Languages.* London/New York: Routledge.
König, Werner ([17]2011): *dtv-Atlas deutsche Sprache.* 17., durchgesehene und korrigierte Auflage. München: Deutscher Taschenbuch Verlag.
Kolb, Waltraud (1998): „Sprachvarietäten (Dialekt/Soziolekt)". In: Snell-Hornby u. a. (Hrsg.), 278–280.
Koller, Werner (1978): „Textgattungen und Übersetzungsäquivalenz". In: Wolfgang Kühlwein et al. (Hrsg.): *Kontrastive Linguistik und Übersetzungswissenschaft. […].* München: Fink, 272–279.
– ([4]1992 [[1]1979; [8]2011]): *Einführung in die Übersetzungswissenschaft.* 4., völlig neu bearbeitete Auflage. Wiesbaden: Quelle & Meyer. Tübingen: Francke Narr Attempto.
– ([6]2001): *Einführung in die Übersetzungswissenschaft.* 6., durchgesehene und aktualisierte Auflage. Wiebelsheim: Quelle und Meyer.
– (2004): „Übersetzungskompetenz als Fähigkeit, Äquivalenz herzustellen". In: Fleischmann et al. (Hrsg.), 117–133.
Kordić, Snježana (2008): „Nationale Varietäten der serbokroatischen Sprache". In: Biljana Golubović / Jochen Raecke (Hrsg.): *Bosnisch · Kroatisch · Serbisch als Fremdsprachen an den Universitäten der Welt.* München: Sagner, 93–102.
Kotsinas, Ulla-Brit (1998): „Language contact in Rinkeby, an immigrant suburb". In: Androutsopoulos/Scholz (Hrsg.), 125–148.
Kouwenberg, Silvia / John Victor Singler (Hrsg.) (2008): *The Handbook of Pidgin and Creole Studies.* Chichester u. a.: Wiley-Blackwell.
Krefeld, Thomas (2003): „Methodische Grundfragen der Strataforschung". In: Ernst et al. (Hrsg.), Band 1, 555–567.
Kramer, Johannes (2004): *Die iberoromanische Kreolsprache Papiamento: eine romanistische Darstellung.* Hamburg: Buske.
Krefeld, Thomas (2005): „Sprachbewußtsein, Varietätenlinguistik – und Molière". In: Daniel Jacob et al. (Hrsg.): *Sprache, Bewusstsein, Stil. Theoretische und historische Perspektiven.* Tübingen: Narr, 155–166.
– (2010): „Italienische Varietätenlinguistik". *Zeitschrift für italienische Sprache und Literatur* 63, 56–72.
Krefeld, Thomas / Elissa Pustka (2010): „Für eine perzeptive Varietätenlinguistik". In: dies. (Hrsg.), 9–28.
Krefeld, Thomas / Elissa Pustka (2010) (Hrsg.): *Perzeptive Varietätenlinguistik.* Frankfurt a. M.: Lang.
Kremnitz, Georg (1995): „Dimensionen und Dynamik kollektiver Identitäten (Beispiele aus dem okzitanischen und katalanischen Sprachgebiet)". *Sociolinguistica* 9, 67–87.
Kremnitz, Georg (Hrsg.) (1979): *Sprachen im Konflikt. Theorie und Praxis der katalanischen Soziolinguisten. Eine Textauswahl.* Tübingen: Narr.
Kröll, Heinz (1968): *Die Ortsadverbien im Portugiesischen, unter besonderer Berücksichtigung ihrer Verwendung in der modernen Umgangssprache.* Wiesbaden: Steiner.
Kruger, Haidee (2013): „A corpus-based study of the mediation effect in translated and edited language". *Target* 24, 2, 355–388.
Kubczak, Hartmut (1979): *Was ist ein Soziolekt? Überlegungen zur Symptomfunktion sprachlicher Zeichen unter besonderer Berücksichtigung der diastratischen Funktion.* Heidelberg: Winter.
– (1987): „Soziolekt". In: Ammon et al. (Hrsg.), Band 1, 268–273.
Kürschners Deutscher Gelehrten-Kalender (2013). 25. Auflage. Berlin: de Gruyter. Online: www.degruyter.com/view/db/kdgo
Kuiper, Lawrence (1999): „Variation and the Norm: Parisian Perceptions of Regional French". In: Preston (Hrsg.), 243–262.
Kulick, Don (2000): „Gay and Lesbian Language". *Annual Review of Anthropology* 29, 243–285.
Kunsmann, Peter (2000): „Gender, Status and Power in Discourse Behavior of Men and Women". *Linguistik online* 5. www.linguistik-online.de/1_00/kunsmann.htm
Kurz, Ingrid / Elvira Basel (2009): „The impact of non-native English on Information transfer in S[imultaneous] I[nterpretation]". *Forum* 7, 2, 187–212.
Kußmaul, Paul (1998): „Stilistik". In: Snell-Hornby u. a. (Hrsg.), 70–72.
Laackmann, Saskia (2004): „¡Estoy flipando, tía!: Jugendsprache im Spanischunterricht". *Hispanorama* 105, 58–61.

Labov, William (1963): „The social motivation of a sound change". *Word* 19, 273–309.

– (1966a): *The social stratification of English in New York City*. Washington: Center for Applied Linguistics.

– (1966b): „Hypercorrection by the lower middle class as a factor in linguistic change". In: William Bright (Hrsg.): *Sociolinguistics. [...]*. The Hague/Paris: Mouton & Co., 84–113.

– (1969): „Contraction, deletion and inherent variability of the English copula". *Language* 45, 715–762.

– (1972a): *Language in the Inner City: Studies in Black English Vernacular*. Philadelphia: University of Pennsylvania.

– (1972b): *Sociolinguistic Patterns*. Philadelphia: University of Pennsylvania.

– (1976, 1978): *Sprache im sozialen Kontext. Beschreibung und Erklärung struktureller und sozialer Bedeutung von Sprachvariation*. 2 Bände. Hrsg. v. Norbert Dittmar und Bert-Olaf Rieck. Kronberg: Scriptor.

– (1990): „The intersection of Sex and Social Class in the Course of Linguistic Change". *Language Variation and Change* 3, 205–254.

– (1999): „A Life of Learning: Six People I Have Learned From". *The 2009 Charles Homer Haskins Prize Lecture*. www.acls.org/publications/audio/labov/default.aspx?id=4462

Laferl, Christopher F. / Bernhard Pöll (2007): *Amerika und die Norm. Literatursprache als Modell?* Tübingen: Niemeyer.

Lakoff, Robin (1975): *Language and women's place*. New York: Harper and Row.

– (1977): „Women's Language". *Language and Style* 10, 222–247.

Lakoff, Robin / Sachiko Ide (Hrsg.) ([2]2005): *Broadening the horizon of linguistic politeness*. 2. Auflage. Amsterdam/Philadelphia: Benjamins.

Lameli, Alfred (2009): „Die Konzeptualisierung des Sprachraums als Teil des regionalsprachlichen Wissens". *Zeitschrift für germanistische Linguistik* 37, 1, 125–156.

– (2010): „Deutsch in Deutschland: Standard, regionale und dialektale Variation". In: Hans-Jürgen Krumm et al. (Hrsg.): *Deutsch als Fremd- und Zweitsprache. Ein internationales Handbuch*. Erster Halbband. Berlin/New York: de Gruyter Mouton, 385–398.

– (2013): *Strukturen im Sprachraum. Analysen zur arealtypologischen Komplexität der Dialekte in Deutschland*. Berlin/New York: de Gruyter Mouton.

Lameli, Alfred / Christoph Purschke / Roland Kehrein (2008): „Stimulus und Kognition. Zur Aktivierung mentaler Raumbilder". *Linguistik online* 35, 55–86. www.linguistik-online.de/35_08/lameliEtAl.pdf

Lapesa, Rafael (1982): „Unidad y variedad de la lengua española". *Cuenta y razón* 8, 21–34.

Lasker-Schüler, Else (1986 [[1]1912]): *Mein Herz. Ein Liebesroman mit Bildern und wirklich lebenden Menschen*. [Frankfurt a. M.]: Suhrkamp.

– (1989): *Mon cœur*. Traduit de l'allemand par Annick Yaiche. Paris: Maren Sell.

Lasnik, Howard (1981): „On Two Recent Treatments of Disjoint Reference". *Journal of Linguistic Research* 1, 4, 48–58.

– (1989): „On the Necessity of Binding Conditions". In: ders.: *Essays on Anaphora*. Dordrecht: Kluwer, 149–167.

Lausberg, Heinrich (1956): *Romanische Sprachwissenschaft*. Berlin: de Gruyter.

Lavandera, Beatriz (1978): „Where does the sociolinguistic variable stop?". *Language in Society* 7, 171–182.

Le Page, Robert B. / Andreé Tabouret-Keller (1985): *Acts of identity*. Cambridge: Cambridge University Press.

Leap, William L. / Heiko Motschenbacher (2012): „Launching a new phase in language and sexuality studies". *Journal of Language and Sexuality* 1, 1, 1–14

Lebsanft, Franz (1998): „Spanische Sprachkultur: Monozentrisch oder plurizentrisch?". In: Albrecht Greule / Franz Lebsanft (Hrsg.): *Europäische Sprachkultur und Pflege: monozentrisch oder plurizentrisch? Akten des Regensburger Kolloquiums, Oktober 1996*. Tübingen: Narr, 255–276.

– (2004). „Plurizentrische Sprachkultur in der spanischsprachigen Welt". In: Alberto Gil et al. (Hrsg.): *Romanische Sprachwissenschaft. Zeugnisse für Vielfalt und Profil eines Faches. Festschrift für Christian Schmitt zum 60. Geburtstag*. Band 1. Frankfurt a. M. u. a.: Lang, 205–220.

– (2005): „Kommunikationsprinzipien, Texttraditionen, Geschichte". In: Schrott/Völker (Hrsg.), 25–43.

– (2006): „Sprecher zwischen Tradition und Innovation: Zum Problem von «Diskurstraditionen» und «Diskursgemeinschaften» am Beispiel der Sprache der Politik". *Zeitschrift für romanische Philologie* 122, 3, 531–548.

Lee, Lin-Lee (2002): „Creating a Female Language: Symbolic Transformation Embedded in *Nuohu*". In: Xing Lu / Wenshan Jia / D. Ray Heisey (Hrsg.): *Chinese Communication Studies. Contexts and Comparisons*. Westoport, CT: Ablex, 101–118.

Lemnitzer, Lothar / Heike Zinsmeister ([2]2010): *Korpuslinguistik. Eine Einführung*. 2., durchgesehene und aktualisierte Auflage. Tübingen: Narr.

Lenz, Alexandra N. (2003): *Struktur und Dynamik des Substandards. Eine Studie zum Westmitteldeutschen (Wittlich/Eifel)*. Wiesbaden: Franz Steiner.

– (2008): „Vom Dialekt zur regionalen Umgangssprache - Zur Vielfalt regionaler Sprechweisen". In: Horst Haider Munske (Hrsg.): *Sterben Dialekte aus? [...]*. www.opus.ub.uni-erlangen.de/opus/volltexte/2008/947/pdf/IZD_Lenz_Vielfalt_regionaler_Sprechweisen.pdf

Lenz, Alexandra N. / Klaus J. Mattheier (Hrsg.) (2005): *Varietäten - Theorie und Empirie*. Frankfurt a. M. u. a.: Lang.

Lerch, Hans-Günther (³1986): *,Tschü lowi ...'. Das Manische in Gießen*. Gießen: Anabas.

Leupold, Eynar (⁴2007): *Französisch unterrichten. Grundlagen, Methoden, Anregungen*. Seelze-Velber: Kallmeyer.

Levon, Erez (2012): „Gender, prescriptivism, and language change: Morphological variation in Hebrew animate reference". *Language Variation and Change* 24, 1, 33–58.

Levý, Jiři (1969): *Die literarische Übersetzung*. Frankfurt a. M.: Athenäum.

Liebert, Wolf-Andreas (1996): „Die transdiskursive Vorstellungswelt zum Aids-Virus. Heterogenität und Einheit von Textsorten im Übergang von Fachlichkeit und Nichtfachlichkeit". In: Kalverkämper/Baumann (Hrsg.), 789–811.

Lightfoot, David (⁵1987): *The Language Lottery: Toward a Biology of Grammars*. Cambridge, Mass./London: MIT Press.

– (1991): *How to Set Parameters: Arguments from Language Change*. Cambridge, Mass./London: MIT Press.

– (1999): *The Development of Language. Acquisition, Change, and Evolution*. Oxford: Blackwell.

Lindorfer, Bettina (2012): „Psycholinguistische Erkenntnisse zur Sprache im Alter". In: Neuland (Hrsg.), 78–97.

Lindstedt, Jouko (2006): „Native Esperanto as a Test Case for Natural Language". In: Mickael Suominen et al. (Hrsg.): *A Man of Measure: Festschrift in Honour of Fred Karlsson on his 60th Birthday*. Special supplement to *SKY Journal of Linguistics* 19, 47–55. www.ling.helsinki.fi/sky/julkaisut/SKY2006_1/1FK60.1.5.LINDSTEDT.pdf

Linke, Angelika / Markus Nussbaumer / Paul R. Portmann (⁵2004 [1991]): *Studienbuch Linguistik*. 5. erweiterte Auflage. Ergänzt um ein Kapitel ,Phonetik/Phonologie' von Urs Willi. Tübingen: Niemeyer.

Linn, Andrew (2006): „English grammar writing". In: Bas Aarts / April McMahon (Hrsg.): *Handbook of English Linguistics*. Malden: Wiley-Blackwell, 72–92.

Lipski, John (2005): „'Me want cookie': Foreigner talk as monster talk". www.personal.psu.edu/jml34/monster.pdf

Liseling Nilsson, Sylvia A. (2012): *Kod kulturowy a przekład. Na podstawie wybranych utworów Astrid Lindgren i ich polskich przekładów*. Stockholm: Stockholm universitet.

Litosseliti, Lia (2006): *Gender & Language. Theory and Practice*. London: Hodder Education.

Littlejohn, Stephen W. / Karen A Foss (⁹2008): *Theories of Human Communication*. Belmont/CA: Thomson Wadsworth.

Liver, Ricarda (1999): *Rätoromanisch - Eine Einführung in das Bündnerromanische*. Tübingen: Narr.

Livia, Anna (2001): *Pronoun Envy: Literary Uses of Linguistic Gender*. Oxford: Oxford University Press.

Livia, Anna / Kira Hall (1997): *Queerly Phrased. Language, Gender, and Sexuality*. New York/Oxford: Oxford University Press.

Livnat, Zohar (2012): *Diologue, Science and Academic Writing*. Amsterdam/Philadelphia: Benjamins.

Löffler, Heinrich (²1980): „Dialekt". In: Althaus et al. (Hrsg.), Band 3, 453–458.

– (1982): „Gegenstandskonstitution in der Dialektologie. Sprache und ihre Differenzierungen". In: Besch et al. (Hrsg.), Band 1, 441–462.

– (¹1985): *Germanistische Soziolinguistik*. Berlin: Schmidt.

– (2003): *Dialektologie. Eine Einführung*. Tübingen: Narr.

– (³2005 [¹1985, ²1994]): *Germanistische Soziolinguistik*. 3., überarbeitete Auflage. Berlin: Schmidt.

– (2010): „Zu den Wurzeln der Perceptual Dialectology in der traditionellen Dialektologie. Eine Spurensuche". In: Anders/Hundt/Lasch (Hrsg.), 31–49.

Löffler, Heinrich / Lorenz Hofer (Hrsg.) (2010): *Stadtsprachenforschung - Ein Reader*. 2 Bände. Hildesheim u. a.: Olms.

Long, Daniel / Dennis R. Preston (Hrsg.) (2002): *Handbook of Perceptual Dialectology*. Band 2. Amsterdam/Philadelphia: Benjamins.

Long, Michael H. (1981): „Input, Interaction, and Second-Language Acquisition". *Annals of the New York Academy of Sciences*, 259–278.

– (1983a): „Native speaker/non-native speaker conversation and the negotiation of comprehensible input". *Applied Linguistics* 4, 126–141.

– (1983b): „Linguistic and Conversational Adjustments to Non-Native Speakers". *Studies in Second Language Acquisition* 5, 177–193.

Lope Blanch, Juan M. (1999): „El estudio de la norma lingüística hispánica y su importancia en la vida de la lengua español". In: José H. Matluck / Carlos A. Solé (Hrsg.) (1999): *Simposio internacional de la lengua española: Pasado, presente y futuro. […]*. Austin: University of Texas at Austin, 59–72.

López Serena, Araceli (2007): *Oralidad y escrituralidad en la recreación literaria del español coloquial*. Madrid: Gredos.

López-Morales, Humberto (1993): „Style variation, sex and linguistic consciousness". *LynX* 3 (=Francisco Moreno-Fernández (Hrsg.): *Sociolinguistics and Stylistic Variation*), 43–54.

Lucchesi, Dante (2006): „Parâmetros sociolingüísticos do português brasileiro". *Revista da Abralin* 5, 1/2, 83–112.

Lüdi, Georges (1992): „French as a pluricentric language". In: Clyne (Hrsg.), 149–178.

– (1995); „Parler bilingue et traitements cognitifs". *Intellectica* 20, 1, 139–156.

– (1996): „Mehrsprachigkeit". In: Goebl et al. (Hrsg.), Band 1, 233–245.

– (2011): „Neue Herausforderungen an eine Migrationslinguistik im Zeichen der Globalisierung". In: Stehl (Hrsg.), 15–38.

Lüdi, Georges / Bernard Py (1984): *Zweisprachig durch Migration. Einführung in die Erforschung der Mehrsprachigkeit am Beispiel zweier Zuwanderergruppen in Neuenburg (Schweiz)*. Tübingen: Niemeyer.

Lüger, Heinz-Helmut (Hrsg.) ([2]2002 [2001]): *Höflichkeitsstile*. 2. Auflage. Frankfurt a. M.: Lang.

Lüdtke, Jens (1988): „Situations diglossiques, variétés et conscience linguistique". In: Dieter Kremer (Hrsg.): *Actes du XVIIIe Congrès International de Linguistique et de Philologie Romanes. […]*. Bd 5: *Linguistique pragmatique et linguistique sociolinguistique*. Tübingen: Niemeyer, 121–128.

– (1998): „Español colonial y español pensinsular. El problema de su historia común en los siglos XVI y XVII". In: Wulf Oesterreicher et al. (Hrsg.): *Competencia escrita, tradiciones discursivas y variedades lingüísticas: aspectos del español europeo y americano en los siglos XVI y XVII; […]*. Tübingen: Narr, 13–36.

– (1999): „Spanisch als historische Sprache und spanische Sprachgeschichtsschreibung". In: Sybille Große / Axel Schönberger (Hrsg.): *Dulce et decorum est philologiam colere: Festschrift für Dietrich Briesemeister zu seinem 65. Geburtstag*. Berlin: Domus Editoria Europaea, 439–454.

– (2000): „Las variedades contactuales y el asturiano". *Lletres Asturianes* 72, 23–43.

– (2001): „Die romanischen Sprachen" (Version 1.2 vom 17. Oktober 2001). www.latinistik.de/linguae/linguae.htm

– (2005): „Kontaktvarietäten". In: Lenz/Mattheier (Hrsg.), 177–194.

Lüdtke, Jens / Klaus J. Mattheier (2005): „Variation – Varietäten – Standardsprachen. Wege für die Forschung". In: Lenz/Mattheier (Hrsg.), 13–38.

Luther, Martin (1973 [1530]): „Sendbrief vom Dolmetschen". In: Störig (Hrsg.), 14–32.

Määtä, Simo K. (2004): „Dialect and point of view: The ideology of translation in *The Sound and The Fury* in French". *Target* 16, 2, 319–339.

Macaulay, Ronald K. S. (1976): „Social class and language in Glasgow". *Language in Society* 5, 1, 173–188.

Machiavelli, Niccolò (1957): *Discorso o dialogo intorno alla nostra lingua*. Edizione critica con introduzione, note e appendice. A cura di Bartolo Tommaso Sozzi. Torino: Einaudi.

Mackey, William F. (1970): „Interference, Integration and the Synchronic Fallacy". In: James E. Alatis (Hrsg.): *Bilingualism and Language Contact. Anthropological, Linguistic, Psychological and Sociological Aspects, Report of the 21st Annual Round Table*. Washington D.C.: Georgetown University, 195–227.

Maia, Clarinda (2001). „O tratamento das variedades do português nos gramáticos e ortografistas de Setecentos: especial referência a Monte Carmelo". In: Werner Thielemann (Hrsg.): *Século XVIII: Século das Luzes, Século de Pombal*. Frankfurt a. M.: TFM, 33–50.

Mair, Christian (1992): „A methodological framework for research on the use of nonstandard language in fiction". *Arbeiten aus Anglistik und Amerikanistik* 17, 1, 103–123.

Maltz, Daniel N. / Ruth A. Borker (1982): „A Cultural Approach to Male-Female Miscommunication". In: John J. Gumperz (Hrsg.): *Language and Social Identity*. Cambridge: Cambridge University Press, 196–216; auch in: Coates (1998), 415–434.

Mann, Thomas (2002): *Die Buddenbrooks*. Frankfurt a. M.: Fischer.

– (2007): *Los Buddenbrook*. Traducción de Isabel García Adánez. Barcelona: Edhasa.

Martín Zorraquino, María Antonia (1988): „Norma, gramaticalidad, aceptabilidad… reflexiones sobre la delimitación del objeto lingüístico a propósito de conceptos acuñados por Eugenio Coseriu". In: Albrecht et al. (Hrsg.), Band 2, 431–440.

Martín Zorraquino, María Antonia / Cristina Díez Pelegrín (Hrsg.) (2001): *¿Qué español enseñar? Norma y variación lingüísticas en la enseñanza del español a extranjeros. Actas del XI Congreso Internacional de ASELE. Zaragoza 13-16 de septiembre de 2000*. Zaragoza: ASELE/Universidad de Saragoza. Auch online: http://cvc.cervantes.es/ensenanza/biblioteca_ele/asele/asele_xi.htm

Martinet, André (1960): *Éléments de linguistique générale*. Paris: Armand Colin.

Martins, Cristina (2005): „O processo de normativização do mirandês". In: Sinner (Hrsg.), 39–58.
Matras, Yaron (2000): „Mixed Languages: A Functional-Communicative Approach". *Bilingualism, Language and Cognition* 3, 79–99.
Mattheier, Klaus J. (1980): *Pragmatik und Soziologie der Dialekte. Einführung in die kommunikative Dialektologie des Deutschen.* Heidelberg: Quelle & Meyer.
– (1996): „Methoden der Sprachinselforschung". In: Goebl et al. (Hrsg.), Band 1, 812–819.
Mayerthaler, Willy (²1998): „Sprachgeschichte in der Sicht der Generativen Transformationsgrammatik", in: Besch et al. (Hrsg.), 529–538.
Mayoral Asencio, Roberto (1990): „Comentario a la traducción de algunas variedades de lengua". In: *Sendebar. Boletín de la E.U.T.I. de Granada* 1, 35–46.
– (o. J. [1997]): *La traducción de la variación lingüística.* Granada: Universidad de Granada. www.ugr.es/~rasensio/docs/La_traduccion_variacion_linguistica.pdf
Mcelhinny, Bonnie (²2004 [2003]): „Theorizing Gender in Sociolinguistics and Linguistic Anthropology". In: Holmes/Meyerhoff (Hrsg.), 21–42.
McEnery, Tony / Andrew Wilson (1006): *Corpus Linguistics.* Edinburgh: Edinburgh University.
Mees, Inger M. et al. (2013): „Sound effects in translation". *Target* 25, 1, 140–154.
Meindl, Claudia (2011): *Methodik für Linguisten. Eine Einführung in Statistik und Versuchsplanung.* Tübingen: Narr.
Meisel, Jürgen M. (1975): „Ausländerdeutsch und Deutsch ausländischer Arbeiter". *Zeitschrift für Literaturwissenschaft und Linguistik* 18, 9–53.
– (1975): „Linguistic Simplification: A Study of Immigrant Workers' Speech and Foreigner Talk". In: Stephen P. Corder / Eddy Roulet (Hrsg.): *Actes du 5ème colloque de linguistique appliquée de Neuchâtel. 20–22 Mai 1976. The Notions of Simplification, Interlanguages and Pidgins and Their Relation to Second Language Pedagogy.* Neuchâtel/Genf: Faculté des Lettres/Librairie Droz, 88–113.
Meisenburg, Trudel (1999): „Überlegungen zum Diglossiebegriff". In: Thomas Stehl (Hrsg.): *Dialektgenerationen, Dialektfunktionen, Sprachwandel.* Tübingen: Narr, 19–35.
Meißner, Franz-Joseph (1995): „Sprachliche Varietäten im Französischunterricht". *Der Fremdsprachliche Unterricht. Französisch* 18, 4–8.
Mendelsohn, Daniel (2007a): *The Lost. A Search for Six of Six Million.* New York u. a.: Harper Perennial.
– (2007b): *Les Disparus.* Traduit de l'anglais par Pierre Guglielmina. Paris: Flammarion.
– (2010): *Die Verlorenen. Eine Suche nach sechs von sechs Millionen.* Deutsch von Eike Schönfeld. Köln: Kiepenheuer & Witsch.
Méndez Vallejo, Catalina (2012): „On the syntax of the focalizing *ser* ('to be') structure in the Spanish of Bucaramanga". In: File-Muriel/Orozco (Hrsg.), 107–126.
Mennen, Ineke / Felix Schaeffler / Gerard Docherty (2007): „Pitching it differently: a comparison of the pitch ranges of German and English speakers". In: *Proceedings of the 16th International Congress of Phonetic Sciences: ICPhS XVI, 6 - 10 August 2007, Saarbrücken, Germany*, 1769–1772. Auch online: www.icphs2007.de/conference/Papers/1079/1079.pdf
Metzeltin, Michael (Hrsg.) (²2006.): *Diskurs – Text – Sprache. Eine methodische Einführung in die Sprachwissenschaft für Romanistinnen und Romanisten.* 2., verbesserte und erweiterte Auflage. Wien: Praesens.
Metzler (⁴2010) = Glück, Helmut (Hrsg.): *Metzler-Lexikon Sprache.* 4., aktualisierte und überarbeitete Auflage. Stuttgart/Weimar: Metzler.
Meyer, Paul (1875a): „Rec. *Archivio glottologico italiano* diretto da G. I. Ascoli, T. iii, n° 1 – P. 1-60". *Romania* 4, 293–296 (nach Wunderli 2005).
– (1875b): „Rec. *Archivio glottologico italiano* diretto da G. I. Ascoli, T. ii, 3° liv. 1876". *Romania* 5, 504–506 (nach Wunderli 2005).
Meyer-Lübke, Wilhelm (1901): *Einführung in das Studium der romanischen Sprachwissenschaft.* Heidelberg: Winter.
Meyerhoff, Miriam (²2011): *Introducing sociolinguistics.* 2nd edition. London u. a.: Routledge.
Miekel, Wolfgang W. / Jan M. Bergmann (Hrsg.) (³2005): *Handlexikon der Europäischen Union.* 3., überarbeitete und erweiterte Auflage. Stuttgart: Omnia.
Mills, Sara (2003): *Gender and Politeness.* Cambridge: Cambridge University Press.
Milroy, Lesley (1980): *Language and Social Networks.* Oxford: Blackwell.
– (²1987a): *Language and Social Networks.* Second edition. Oxford: Blackwell.
– (1987b): *Observing and Analysing Natural Language. A Critical Account of Sociolinguistic Method.* Oxford: Blackwell.
Mioni, Alberto M. (²2004): „Classical Language – Dead Language. Klassische Sprache – Tote Sprache". In: Ammon et al. (Hrsg.), Band 1, 314–322.

Mioni, Alberto M. / John Trumper (1977): „Per un'analisi del *continuum* linguistico veneto". In: Raffaele Simone / Giulianella Ruggiero (Hrsg.): *Aspetti sociolinguistici dell'Italia contemporanea. Atti dell'VIII Congresso Internazionale di Studi (Bressanone, 31 maggio-2 giugno 1974)*. Roma: Bulzoni, 329-372.

Möhn, Dieter (²1980): „Sondersprachen". In: Althaus et al. (Hrsg.), 384–390.

— (1998): „Fachsprachen und Gruppensprachen". In: Hoffmann et al. (Hrsg.), 169–180.

Molina-Martos, Isabel (1992): „Style in Sociolinguistics: A Review". *LynX* 3 (=Francisco Moreno-Fernández (Hrsg.): *Sociolinguistics and Stylistic Variation*), 9–42.

Monte Carmelo, Frei Luis do (1767): *Compendio de orthografia [...]*. Lisboa: Antonio Rodrigues Galhardo.

Montes Giraldo, José Joaquín (1982): „El español de Colombia. Propuesta de clasificación dialectal". *Thesavrus. Boletín del Instituto Caro y Cuervo* 37, 23–92.

Moser, Hugo (1960): „,Umgangssprache'. Überlegungen zu ihren Formen und ihrer Stellung im Sprachganzen". *Zeitschrift für Mundartforschung* 27, 215–232.

Motekat, Helmut (1953): „Baudissin, Wolf Heinrich Friedrich Karl Graf von". In: *Neue Deutsche Biographie* 1, 63. Auch online: www.deutsche-biographie.de/sfz39052.html

Motschenbacher, Heiko (2007): „Can the term 'genderlect' be saved? A postmodernist re-definition". *Gender and Language* 1, 2, 255–278.

— (2012): *An interdisciplinary bibliography on language, gender, and sexuality (2000–2011)*. Amsterdam/Philadelphia: Benjamins.

Mühlhäusler, Peter (1984): „Tracing the roots of pidgin German". *Language and Communication* 4, 1, 27–57.

Mühlschlegel, Ulrike (2000): *Enciclopedia, vocabulario, dictionario. Spanische und portugiesische Lexikographie im 17. und 18. Jahrhundert*. Frankfurt a. M./Madrid: Vervuert/Iberoamericana.

Müller, André (2010): „Künstliche Sprachen im Rahmen einer computergestützten lexikostatistischen Untersuchung". In: Sabine Fiedler (Hrsg.): *Die Rolle von Persönlichkeiten in der Geschichte der Plansprachen*. Berlin: Gesellschaft für Interlinguistik, 175–188.

Müller, André et al. (2010): *ASJP World Language Tree of Lexical Similarity*. Version 3 (Juli 2010). Online: http://email.eva.mpg.de/%7Ewichmann/WorldLanguageTree-003.pdf

Müller, Natascha / Beate Riemer (1998): *Generative Syntax der romanischen Sprachen: Französisch, Italienisch, Portugiesisch, Spanisch*. Tübingen: Stauffenburg.

Muhr, Rudolf (1993): „Österreichisch - Bundesdeutsch - Schweizerisch. Zur Didaktik des Deutschen als plurizentrische Sprache". In: Rudolf Muhr (Hrsg.): *Internationale Arbeiten zum österreichischen Deutsch und seinen nachbarsprachlichen Bezügen*. Wien: Hölder u. a., 108–123.

Muhr, Rudolf (2003): „Die plurizentrischen Sprachen Europas - ein Überblick". In: Eva Gugenberger / Mechthild Blumberg (Hrsg.): *Vielsprachiges Europa. Zur Situation der regionalen Sprachen von der Iberischen Halbinsel bis zum Kaukasus*. Frankfurt a. M. u. a.: Lang, 191–232.

Muhr, Rudolf et al. (Hrsg.) (2013): *Exploring Linguistic Standards in Non-Dominant varieties of Pluricentric Languages / Explorando estándares lingüísticos en variedades no dominantes de lenguas pluricéntricas*. Wien u. a.: Lang.

Muljačić, Žarko (1989): „Über den Begriff *Dachsprache*". In: Ammon (Hrsg.), 256–277.

Munske, Horst H. (1983): „Umgangssprache als Sprachenkontakterscheinung". In: Besch et al. (Hrsg.), Band 2, 1002–1018.

Myers-Scotton, Carol (2002): *Contact Linguistics. Bilingual Encounters and Grammatical Outcomes*. Oxford: Oxford University Press.

Nabrings, Kirsten (1981): *Sprachliche Varietäten*. Tübingen: Narr.

Nagl-Pietris, Soi (2008): *Sprache und Geschlecht. Geschlechtergerechte Sprache. Theoretische Entwicklung und praxisrelevante Umsetzung*. Wien: Rosa-Mayreder-College [Diplomarbeit]; www.vhs.at/fileadmin/uploadsrmc/downloads/Service/FGS Diplomarbeiten/DANagl_8.pdf

Nencioni, Giovanni (1976): „Parlato-parlato, parlato-scritto, parlato-recitato". *Strumenti critici* 10, 1–56; wieder in: ders. (1983): *Di scritto e di parlato. Discorsi linguistici*. Bologna: Zanichelli, 126-179.

Neuhaus, Jana (i. D.): „*Foreigner-Directed Speech, Child-Directed Speech* und *Teacher Talk*. Literaturbericht.".

Neuland, Eva (2007): „Mehrsprachig - kontrastiv - interkulturell: Zur Heterogenität und Typizität von Jugendsprachen". In: dies. (Hrsg.): *Jugendsprachen: mehrsprachig - kontrastiv - interkulturell*. Fankfurt a. M. u. a.: Lang, 11–29.

— (2008): *Jugendsprache. Eine Einführung*. Tübingen/Basel: Francke.

— (2012): „Sprache und Generation: eine soziolinguistische Perspektive auf den Sprachgebrauch". In: dies. (Hrsg.), 7–27.

Neuland, Eva (Hrsg.) (2012): *Sprache der Generationen*. Mannheim/Zürich: Duden.

Neumann, Günter (1965): „Russennorwegisch und Pidginenglisch. Beobachtungen zum Bau von Behelfssprachen". *Nachrichten der Gießener Hochschulgesellschaft* 34, 219–232.

Nida, Eugene A. (1947): *Bible translating. An analysis of principles and procedures with special reference to Aboriginal languages*. New York: American Bible Society.

Niedzielski, Nancy A. / Dennis R. Preston (2000): *Folk Linguistics*. Berlin/New York: de Gruyter.

Niehoff, Stephanie (2006): *Das Portugiesische bei italienischen Immigranten in São Paulo*. Köln: Universität zu Köln [Diplomarbeit]. www.uni-koeln.de/phil-fak/pbi/miradouro/niehoff_2006.pdf

Nord, Christiane (1987): „Übersetzungsprobleme - Übersetzungsschwierigkeiten. Was in den Köpfen von Übersetzern vorgehen sollte...". *Mitteilungsblatt für Dolmetscher und Übersetzer* 2/1987, 5-8.

— (1989): „Loyalität statt Treue. Vorschläge zu einer funktionalen Übersetzungstypologie". *Lebende Sprachen* 34, 3, 100-105.

— (1991): *Textanalyse und Übersetzen. Theoretische Grundlagen, Methode und didaktische Anwendung einer übersetzungsrelevanten Textanalyse*. 2., neubearbeitete Auflage. Heidelberg: Groos.

Nübling, Damaris et al. ([3]2010): *Historische Sprachwissenschaft des Deutschen. Eine Einführung in die Prinzipien des Sprachwandels*. 3., überarbeitetete Auflage. Tübingen. Narr.

Oesterreicher, Wulf (1988): „Sprechtätigkeit, Einzelsprache, Diskurs und vier Dimensionen der Sprachvarietät". In: Albrecht et al. (Hrsg.), Band 2, 355-386.

— (1994): „Ideologie und Ideologen-Rezeption um 1800. Bemerkungen zur methodologischen Abschlußdiskussion". In: Brigitte Schlieben-Lange et al. (Hrsg.): *Europäische Sprachwissenschaft um 1800. Methodologische und historiographische Beiträge zum Umkreis der 'idéologie'. Eine Vortragsreihe im Rahmen des DFG-Projekts 'Ideologenrezeption'*. Band 4. Münster: Nodus, 291-301.

— (1995): „Die Architektur romanischer Sprachen im Vergleich". In: Wolfgang Dahmen et al. (Hrsg.): *Konvergenz und Divergenz in den Romanischen Sprachen*. Tübingen: Narr, 3-21.

— (1997): „Zur Fundierung von Diskurstraditionen". In: Frank et al. (Hrsg.), 19-41.

— (2000 [erschienen 2001]): „Plurizentrische Sprachkultur - der Varietätenraum des Spanischen". *Romanistisches Jahrbuch* 51, 287-318.

— (2004): „Textos entre inmediatez y distancia comunicativa. El problema de lo hablado escrito en el siglo de Oro". In: Rafael Cano (Hrsg.): *Historia de la lengua española*. Barcelona: Ariel, 729-769.

— (2006): „La historicidad del lenguaje. Variación, diversidad y cambio lingüístico". In: José Jesús de Bustos Tovar / José Luis Girón Alconchel (Hrsg.): *Actas del VI Congreso Internacional de Historia de la Lengua Española. [...]*. Band 1. Madrid: Arco Libros u. a., 137-158.

— (2010): „Sprachliche Daten und linguistische Fakten - Variation und Varietäten. Bemerkungen zu Status und Konstruktion von Varietäten, Varietätenräumen und Varietätendimensionen". In: Ágel/Hennig (Hrsg.), 22-64.

Oksaar, Els (1987): „Idiolekt". In: Ammon et al. (Hrsg.), Band 1, 293-297.

— (2000): „Idiolekt als Grundlage der variationsorientierten Linguistik". *Sociolinguistica* 14, 37-42.

Oliveira, Fernão de [Fernão Doliueira] (1536): *Grammatica da lingoagem portuguesa*. Em Lixboa: e[m] casa d'Germão Galharde, 27 Ianeyro 1536. http://purl.pt/120/

Olssen, John ([2]2008): *Forensic Linguistics*. Second Edition. New York: continuum.

Ong, Walter J. (1982): *Orality and literacy. The technologizing of the word*. London: Methuen.

— (1987): *Oralität und Literalität. Die Technologisierung des Wortes*. Deutsche Übersetzung von Wolfgang Schömel. Opladen: Westdeutscher Verlag.

Orozco, Rafael / Richard J. File-Muriel (2012): „Colombian Spanish at the turn of the 21st Century". In: File-Muriel/Orozco (Hrsg.), 11-20.

Orozco, Wilson (2003): „Traducir a James Kelman: *slang* como expresión política". *Íkala* 8, 14, 175-190.

Ortiz Gutiérrez, Luis Enrique (2008): *Escrituralidad fallida. Problemas de redacción en textos académicos de estudiantes de licenciatura*. Guadalajara: Universidad de Guadalajara.

Osório, Paulo / Sofia Deus (2008): „Variantes linguísticas do português: das questões teóricas a um estudo de caso". *Estudios Portugueses: Revista de Filología Portuguesa* 8, 59-72

Osterrieder, Markus (1994): „Von der Sakralgemeinschaft zur modernen Nation. Die Entstehung eines Nationalbewußtseins unter Russen, Ukrainern, und Weißruthenen im Lichte der Thesen Benedict Andersons". In: Eva Schmidt-Hermann (Hrsg.): *Formen des nationalen Bewußtseins im Lichte zeitgenössischer Nationalismustheorien*. München: Oldenbourg, 197-232.

Osthus, Dietmar (2006): „Laienlinguistik und Sprachchroniken: Französisch und Okzitanisch [...]". In: Ernst et al. (Hrsg.), Band 2, 1510-1522.

Paasch-Kaiser, Christine (2013): *El castellano de Getxo. Estudio empírico de aspectos morfosintácticos de una variedad del castellano hablado en el País Vasco*. Leipzig: Universität Leipzig [Dissertation].

PACTE (2007): „Zum Wesen der Übersetzungskompetenz - Grundlagen für die experimentelle Validierung eines Ü[bersetzungs]k[ompetenz]-Modells". In: Gerd Wotjak (Hrsg.): *Quo vadis Translatologie?*

Ein halbes Jahrhundert universitäre Ausbildung von Dolmetschern und Übersetzern in Leipzig; Rückschau, Zwischenbilanz und Perspektive aus der Außensicht. Berlin: Frank & Timme, 327–342.
Paris, Gaston (1909 [1888]): „Les parlers en France". In: Gaston Paris: *Mélanges linguistiques. Latin vulgaire, langues romanes, langue française, notes étymologiques, appendice, index*. Publiés par Mario Roques. Paris: [Champion], 432–448.
Pasolini, Pier Paolo (1964): „Nuove questioni linguistiche". *Rinascita*, 26 dic. 1964. Wieder erschienen in *La nuova questione della lingua*, Saggi raccolti da O. Parlangèli, Brescia: Paideia Editrice, 1971.
Pato, Enrique (2004): *La sustitución de cantara/cantase por cantaría y cantaba (en el castellano septentrional peninsular)*. Madrid: ed. del Autor/Universidad Autónoma de Madrid.
Paul, Hermann (1886 [[1]1881]): *Principien der Sprachgeschichte*. 2. Auflage. Halle: Niemeyer.
Pavlenko, Aneta (2007): „Autobiographic Narratives as Data in Applied Linguistics". *Applied Linguistics* 28, 2, 163–188.
Pemberton, Cecilia / Paul McCormack / Alison Russell (1998): „Have Women's Voices Lowered Across Time? A Cross Sectional Study of Australian Women's Voices". *Journal of Voice* 12, 2, 208–213.
Pfeifer, Wolfgang (1995): *Etymologisches Wörterbuch des Deutschen*. Zentralinstitut für Sprachwissenschaft, Berlin unter Leitung von Wolfgang Pfeifer. Durchgesehene Auflage. München: dtv.
Philippi, Jule (2008): *Einführung in die generative Grammatik*. Göttingen. Vandenhoeck & Ruprecht.
Piirainen, Elisabeth (2008): „Phraseologie und Areallinguistik: ein interdisziplinärer Forschungsansatz". In: Csaba Földes (Hrsg.): *Phraseologie disziplinär und interdisziplinär*. Tübingen: Narr, 361-372.
Platz-Schliebs, Anja et al. (2012): *Einführung in die Romanische Sprachwissenschaft. Französisch, Italienisch, Spanisch*. Tübingen: Narr.
Plewnia, Albrecht / Astrid Rothe (2011): „Von gebildeten Deutschen, freundlichen Sachsen und temperamentvollen Bayern. Einstellungen zu Varietäten und ihren Sprechern". In: Helen Christen et al. (Hrsg.): *Struktur, Verwendung und Wahrnehmung von Dialekt*. Wien: Praesens, 179-207.
Ploog, Katja / Uli Reich (2005): „Rasgos socio-indexicales en la dinámica urbana". *Lexis* 29, 1, 47–78.
– (2006): „Urbane Prozesse: Migration und Variation in Lima, São Paulo und Abidjan", In: Thomas Krefeld (Hrsg.): *Modellando lo spazio in linguistica/Modellierung sprachlicher Räume*. Frankfurt a. M. u. a.: Lang, 215–256.
Podesva, Robert J. (2004): „On constructing social meaning with stop release bursts". Präsentation auf *dem Sociolinguistics Symposium* 15, 1-5 April 2004. Newcastle-upon-Tyne; nach Eckert (2012: 96).
– (2011): „The California Vowal Shift and Gay Identity". *American Speech* 86, 1, 32–49.
Pöckl, Wolfgang / Franz Rainer / Bernhard Pöll ([4]2007): *Einführung in die romanische Sprachwissenschaft*. 4., durchgesehene Auflage. Tübingen: Niemeyer.
Pöll, Bernhard (1998): „Le français ou les français? La difficile naissance de la pluricentricité". *Lengas* 43, 163–182.
– (2001a): „Essai de standardologie comparée : quelques éléments pour une comparaison de l'espagnol et du portugais européens et américains". *Revue belge de philologie et d'histoire* 79, 907–930.
– (2001b): *Francophonies périphériques. Histoire, statut et profil des principales variétés du français hors de France*. Préface de François Gadet. Paris: L'Harmattan.
Pohl, Heinz Dieter (1997): „Gedanken zum Österreichischen Deutsch (als Teil der „pluriarealen" deutschen Sprache)". In: Rudolf Muhr / Richard Schrodt (Hrsg.): *Österreichisches Deutsch und andere nationale Varietäten plurizentrischer Sprachen in Europa. Empirische Analysen*. Wien: Hölder u. a., 67–87.
Polzin-Haumann, Claudia (2005 [erschienen 2006]): „Zwischen *unidad* und *diversidad*. Sprachliche Variation und sprachliche Identität im hispanophonen Raum". *Romanistisches Jahrbuch* 56, 271–295.
Poplack, Shana (1980): „Sometimes I'll start a sentence in Spanish Y TERMINO EN ESPAÑOL: toward a typology of code-switching". *Linguistics* 8, 581–618.
Postlep, Sebastian (2010): *Zwischen Huesca und Lérida. Perzeptive Profilierung eines diatopischen Kontinuums*. Frankfurt a. M. u. a.: Lang.
Presas, Marisa (2004): „Translatorische Kompetenz als Expertenwissen: eine Annäherung aus kognitiv-psychologischer Sicht". In: Fleischmann et al. (Hrsg.), 199–207.
Preston, Dennis R. (1989): *Perceptual Dialectology: Nonlinguists' Views of Areal Linguistics*. Dordrecht u. a.: Foris.
– (2010): „Perceptual Dialectology in the 21st Century". In: Anders/Hundt/Lasch (Hrsg.), 1–29.
Preston, Dennis R. (Hrsg.) (1999): *Handbook of Perceptual Dialectology*. Band 1. Amsterdam/Philadelphia: Benjamins.
Prifti, Elton (2011): „*Italese* und *Americaliano*: Sprachvariation bei italienischen Migranten in den USA". In: Stehl (Hrsg.), 71–106.
Prill, Ulrich (1999): *Dante*. Stuttgart: Metzler.
Prunč, Erich ([5]2005): *Einführung in die Translationswissenschaft*. Band 1: *Orientierungsrahmen*. Graz: Universität Graz, Institut für Translationswissenschaft.

Pusch, Claus. D. / Johannes Kabatek / Wolfgang Raible (Hrsg.) (2005): *Romanistische Korpuslinguistik II. [...]. Korpora und diachrone Sprachwissenschaft. [...]*. Tübingen: Narr.

Pustka, Elissa (2007): *Phonologie et variétés en contact. Aveyronnais et Guadeloupéens à Paris*. Tübingen: Narr.

— (2010): „Der südfranzösische Akzent - in den Ohren von *Toulousains* und *Parisiens*". In: Krefeld/Pustka (Hrsg.), 123–150.

Putschke, Wolfgang (1982): „Theoriebildung der strukturellen Dialektologie". In: Besch et al. (Hrsg.), Band 1, 248–277.

Quino (1992): *Todo Mafalda*. Barcelona: Lumen.

Quirk, Randolph et al. (1972): *A Grammar of Contemporary English*. London: Longman.

Quirk, Randolph et al. (1985): *A Comprehensive Grammar of the English Language*. London: Longman.

Quirós García, Mariano (2010): „Conclusiones". In: Gómez/Carriazo (Hrsg.), 317–334.

Radtke, Edgar (1984): „Die Übersetzungsproblematik von Sondersprachen. Am Beispiel der portugiesischen, französischen und italienischen Übertragung von Christiane F., ,Wir Kinder vom Bahnhof Zoo'". In: Holtus/Radtke (Hrsg.), 63–80.

Radtke, Ingulf (1973): „Die Umgangssprache. Ein weiterhin ungeklärtes Problem der Sprachwissenschaft". *Muttersprache* 83, 161–171.

— (1976): „Stadtsprache? Überlegungen zu einem historisch gewachsenen Forschungsdesiderat". In: Wolfgang Viereck (Hrsg.): *Sprachliches Handeln – soziales Verhalten. Ein Reader zur Pragmalinguistik und Soziolinguistik*. München: Fink, 29–48.

Raible, Wolfgang (2006): *Medien-Kulturgeschichte. Mediatisierung als Grundlage unserer kulturellen Entwicklung*. Heidelberg: Winter

Ramos Fernández, María Cinta (1999): „Algunas traducciones intralingüísticas de Pygmalion, de Bernard Shaw". *Quaderns. Revista de traducció* 3, 61–79.

Ramos Pinto, Sara (2009): „How important is the way you say it?". *Target* 21, 2. 289–307.

Rehder, Peter (Hrsg.) (1986): *Einführung in die slavischen Sprachen*. Darmstadt: Wissenschaftliche Buchgesellschaft.

— (Hrsg.) ([6]2009 [[1]1986]): *Einführung in die slavischen Sprachen (mit einer Einführung in die Balkanphilologie)*. 6. Auflage. Darmstadt: Wissenschaftliche Buchgesellschaft.

Reiher, Ruth (2002): „Schrippe, Stulle und Molle". www.hu-berlin.de/pr/medien/publikationen/tsp/ws02_03/dialekt_html

Reiß, Katharina (1971): *Möglichkeiten und Grenzen der Übersetzungskritik. Kategorien und Kriterien für eine sachgerechte Beurteilung von Übersetzungen*. München: Hueber.

— (1976): *Texttyp und Übersetzungsmethode. Der operative Text*. Kronberg/Taunus: Scriptor.

Reiß, Katharina / Hans J. Vermeer (1984): *Grundlegung einer allgemeinen Translationstheorie*. Tübingen: Niemeyer.

Reithofer, Karin (2010): „English as a lingua franca vs. interpreting. Battleground or peaceful co-existence'. *The Interpreters' Newsletter* 15, 143–157. www.openstarts.units.it/dspace/handle/10077/4731

— (2011a): „English as a lingua franca and interpreting'. *Studia Universitatis Babeş-Bolyai. Philologia* 1 (2011), 121–131. http://studia.ubbcluj.ro/download/pdf/574.pdf

— (2011b): *English als Lingua Franca und Dolmetschen. Ein Vergleich zweier Kommunikationsmodi unter dem Aspekt der Wirkungsäquivalenz*. Wien: Universität Wien [Dissertation].

Renzi, Lorenzo (1980): *Einführung in die romanische Sprachwissenschaft*. Hrsg. von Gustav Ineichen. Deutsche Übersetzung von Sabine Goebbels. Tübingen: Niemeyer.

Rey, Alain ([2]1992): *La Terminologie : noms et notions*. 2e éd. corr. Paris: Presses universitaires de France.

Rickford, John R. (1996): „Regional and social variation". In: Sandra Lee McKay / Nancy H. Hornberger (Hrsg.): *Sociolinguistics and Language Teaching*. Cambridge: Cambridge University Press, 151–194.

Riehl, Claudia Maria ([2]2009): *Sprachkontaktforschung. Eine Einführung*. 2., überarbeitete Auflage. Tübingen: Narr.

Roach, Peter (2004): „British English: Received Pronunciation". *Journal of the International Phonetic Association* 34, 2, 239–245. Auch online: www.staff.amu.edu.pl/~kilarski/courses/download/roach.pdf

Roche, Jörg (1989): *Struktur und Variation im Deutsch gegenüber Ausländern*. Berlin/New York: de Gruyter.

Rockey, Matthew (2012): *Cultural influence on communication – Is there a British speaking style?* Leipzig: Universität Leipzig [Masterarbeit].

Roelcke, Thorsten ([2]2005): *Fachsprachen*. 2., durchgesehene Auflage. Berlin: Schmidt.

Rosenberg, Peter (2003): „Vergleichende Sprachwandelforschung: Sprachwandel in deutschen Sprachinseln in Russland und Brasilien". *Linguistik online* 13. www.linguistik-online.de/13_01/rosenberg.html

Rössel, Jörg (2009): *Sozialstrukturanalyse. Eine kompakte Einführung*. Wiesbaden: VS Verlag für Sozialwissenschaften/GWV Fachverlage.

Rohlfs, Gerhard (1971): *Romanische Sprachgeographie. Geschichte und Grundlagen, Aspekte und Probleme mit dem Versuch eines Sprachatlas der romanischen Sprachen*. München: Beck.

Rohr, Rupprecht ([3]1980 [1964]): *Einführung in das Studium der Romanistik.* 3., überarbeitete Auflage. Berlin: Schmidt.
Romaine, Suzanne ([2]2004 [2003]): „Variation in Language and Gender". In: Holmes/Meyerhoff (Hrsg.), 98–118.
Romera, Magdalena (2006): Rezension zu Sinner (2004). *Zeitschrift für Katalanistik* 19, 287–294.
Rost-Roth, Martina / Almut Zwengel ([2]2004): „Semantik [...]". In: Ammon et al. (Hrsg,), Bd 1.1, 546–556.
Runge, Erika (1968): *Bottroper Protokolle.* Vorwort von Martin Walser. Frankfurt a. M.: Suhrkamp.
Samain, Didier (2004): „L'espace linguistique chez Jules Guliéron". In: Gerda Haßler / Gesina Volkmann (Hrsg.): *History of Linguistics in Texts and Concepts. Geschichte der Sprachwissenschaft in Texten und Konzepten.* Band 2. Münster: Nodus, 661–672.
Samel, Ingrid (2000): *Einführung in die feministische Sprachwissenschaft.* Berlin: Schmidt.
Sánchez Leidl, Verónica (1999): *El habla de la comunidad gay en España. Un análisis del argot y su presencia en textos literarios y no literarios.* Berlin: Humboldt-Universit zu Berlin [Diplomarbeit].
Sánchez López, Cristina (1999): „Los cualificadores: clases de cuantificadores y estructuras cuantificativas". In: Ignacio Bosque / Violeta Demonte (Hrsg.): *Gramática descriptiva de la Lengua Española.* Madrid: Espasa Calpe, 1025–1128.
Sankoff, David ([2]2005): „Variable Rules / Variablenregeln". In: Ammon et al. (Hrsg.), Bd 2.2, 1150–1163.
Sankoff, David / William Labov (1979): „On the Uses of Variable Rules". *Language in Society* 8, 2, 189–222.
Sankoff, David / Gillian Sankoff (1973) „Sample Survey Methods and Computer-Assisted Analysis in the Study of Grammatical Variation". In: Regna Darnell (Hrsg.): *Canadian Languages in Their Social Context.* Edmonton/Champaign: Linguistic Research, 7–63.
Sassenberg, Stefan (2013): *Sprechen wie die Ungarn: Sprachkontakt im Varietätenbewusstsein westrumänischer Sprecher.* München: Ludwig-Maximilians-Universität. Online unter http://edoc.ub.uni-muenchen.de/15982/1/Sassenberg_Stefan.pdf
Saussure (2013) = Wunderli, Peter (2013): *Ferdinand de Saussure: Cours de linguistique générale. Zweisprachige Ausgabe französisch-deutsch mit Einleitung, Anmerkungen und Kommentar.* Tübingen: Narr.
Sawicka, Irena (1997): *The Balkan Sprachbund in the Light of Phonetic Features.* Warszawa: Wydawnictwo Energeia.
Schäfer, Barbara (1993): „Portugiesische Grammatikschreibung im 18. Jahrhundert". In: Christoph Strosetzki (Hrsg.): *Akten des Hispanistentages Göttingen 1991.* Frankfurt a. M.: Vervuert, 277–297.
Schleiermacher, Friedrich Daniel Ernst (1996): *Über die Philosophie Platons. Geschichte der Philosophie. Vorlesungen über Sokrates und Platon (zwischen 1819 und 1823). Die Einleitungen zur Übersetzung des Platon (1804–1828).* Herausgegeben und eingeleitet von Peter M. Steiner. Hamburg: Meiner.
— (1813/1838): „Über die verschiedenen Methoden des Uebersezens" [vorgetragen am 24. Juni 1813 in der Königlichen Akademie der Wissenschaften, Berlin]. In: *Friedrich Schleiermacher's sämmtliche Werke, Dritte Abtheilung: Zur Philosophie,* Zweiter Band. Berlin: Reimer, 207–245. Wiedergegeben in: Störig (Hrsg.) (1973), 38–70.
Schlieben-Lange, Brigitte (1973): *Soziolinguistik: Eine Einführung.* Stuttgart u. a.: Kohlhammer.
— (1983): *Traditionen des Sprechens. Elemente einer pragmatischen Sprachgeschichtsschreibung.* Stuttgart u. a.: Kohlhammer.
Schlobinski, Peter (1987): *Stadtsprache Berlin.* Berlin/New York: de Gruyter.
Schmeller, Johann Andreas (1821): *Die Mundarten Bayerns grammatisch dargestellt.* München: Thienemann.
Schmidlin, Regula (2011): *Die Vielfalt des Deutschen: Standard und Variation. Gebrauch, Einschätzung und Kodifizierung einer plurizentrischen Sprache.* Berlin/Boston: de Gruyter.
Schmidt, Johannes (1872): *Die Verwandtschaftsverhältnisse der indogermanischen Sprachen.* Weimar: Böhlau.
Schmidt, Jürgen Erich / Joachim Herrgen (Hrsg.) (2001ff.): *Digitaler Wenker-Atlas (DiWA).* Bearbeitet von Alfred Lameli et al. Erste vollständige Ausgabe von Georg Wenkers „Sprachatlas des Deutschen Reichs". 1888-1923 handgezeichnet von Emil Maurmann, Georg Wenker und Ferdinand Wrede. Marburg: Forschungszentrum Deutscher Sprachatlas. http://www.diwa.info/titel.aspx
Schmitt, Christian (2001): „Wörter und Sachen / Mots et choses". In: *LRL* Band 1, 1, 235–292.
Schmitt, Peter A. (1999): *Translation und Technik.* Tübingen: Stauffenburg.
Schönfeld, Helmut (1985). „Varianten, Varietäten und Sprachvariation" *Zeitschrift für Phonetik, Sprachwissenschaft und Kommunikationsforschung* 38, 3, 206–224.
Schönfeld, Helmut (unter Mitarbeit von Ruth Reiher und Sabine Grünert) (2001): *Berlinisch heute. Kompetenz – Verwendung – Bewertung.* Frankfurt a. M.: Lang.
Schoenthal, Gisela (Hrsg.) (1998): *Feministische Linguistik – Linguistische Geschlechterforschung. Ergebnisse, Konsequenzen, Perspektiven.* Hildesheim: Olms.
Schreiber, Michael (1993): *Übersetzung und Bearbeitung. Zur Differenzierung und Abgrenzung des Übersetzungsbegriffs.* Tübingen: Narr.
— (1999): *Textgrammatik, gesprochene Sprache, Sprachvergleich. Proformen im gesprochenen Französischen und Deutschen,* Frankfurt a. M. u. a.: Lang.

Schrott, Angela / Harald Völker (2005): „Historische Pragmatik und historische Varietätenlinguistik. Traditionen, Methoden und Modelle in der Romanistik". In: dies. (Hrsg.), 1–22.

Schrott, Angela / Harald Völker (2005) (Hrsg.): *Historische Pragmatik und historische Varietätenlinguistik in den romanischen Sprachen*. Göttingen: Universitätsverlag.

Schuchardt, Hugo (1909): „Die Lingua Franca". *Zeitschrift für romanische Philologie* 33, 441–461.

Schwehr, German (2005): *Schwäbisch isch Schwehr. Noch mehr heitere schwäbische Gedichte mit Illustrationen von Traudl Schwarz*. Ettlishofen-Bibertal: Eigenverlag.

Schwitalla, Johannes (1994): „Die Vergegenwärtigung einer Gegenwelt. Sprachliche Formen der sozialen Abgrenzung einer Jugendlichengruppe in Vogelstang". In: Werner Kallmeyer (Hrsg.): *Exemplarische Analysen des Sprachverhaltens in Mannheim*. Berlin/New York: de Gruyter, 467–509.

– (2001): „Gesprochene-Sprache-Forschung und ihre Entwicklung zu einer Gesprächsanalyse". In: Klaus Brinker et al. (Hrsg.): *Text und Gesprächslinguistik. Ein Internationales Handbuch zeitgenössischer Forschung*. 2. Band: *Gesprächslinguistik*. Berlin/New York: de Gruyter, 896–903.

Scotti-Rosin, Michael (2002): „Zum Wert der Volkssprache: Überlegungen zum "Diálogo de la lengua" von Juan de Valdés mit einem Ausblick auf den "Diálogo em louvor da nossa linguagem" von João de Barros". In: Sybille Große et al. (Hrsg.): *Ex oriente lux: Festschrift für Eberhard Gärtner zu seinem 60. Geburtstag*. Frankfurt a. M.: Valentia, 389-407.

Sedlatschek, Andreas (2009): *Contemporary Indian English: variation and change*. Amsterdam/Philadelphia: Benjamins.

Seidl, Christian / Theo Wirth (2008): „Eine Sprache ist kein Monolith". *Bulletin* [des Schweizerischen Altphilologenverbands] 72, 5–18.

Selting, Margret (2011): „Prosodie und Einheitenkonstruktion in einem ethnischen Stil: Verwendung und Funktion von Türkendeutsch in Gesprächen". In: Stehl (Hrsg.), 173–205.

Selting, Margret / Friederike Kern (2006a): „Einheitenkonstruktion im Türkendeutschen". *Zeitschrift für Sprachwissenschaft* 25, 239–272.

– (2006b): „Konstruktionen mit Nachstellung im Türkendeutschen". In: Arnulf Deppermann / Reinhard Fiehler / Thomas Spranz-Fogasy (Hrsg.): *Grammatik und Interaktion*. Radolfzell: Verlag für Gesprächsforschung, 319–347.

Settekorn, Wolfgang (1988): *Sprachnorm und Sprachnormierung in Frankreich*. Tübingen: Niemeyer.

Shakespeare, William (1832): *Shakespeare's dramatische Werke übersetzt von August Wilhelm von Schlegel, ergänzt und erläutert von Ludwig Tieck*. Achter Theil. *Die lustigen Weiber von Windsor. Das Wintermährchen. Othello. König Lear*. Berlin: bey G. Reimer.

Siebenhaar, Beat (2002a): „Sprachliche Varietäten in der Stadt Bern und was die Sprecher davon halten". *Germanistik in der Schweiz. Online-Zeitschrift der Schweizerischen Akademischen Gesellschaft für Germanistik* 1/2002, 5–17. www.germanistik.unibe.ch/SAGG-Zeitschrift/1_02/Siebenhaar.html

– (2002b): „Dialektwandel und Einstellung - Das Beispiel der Aarauer Stadtmundart". In: Jan Berns / Jaap van Marle (Hrsg.): *Present-day Dialectology: Problems and Findings*. Berlin/New York: Mouton de Gruyter, 313–332.

– (2004): „Vorwort des Herausgebers". *Linguistik online* 20. www.linguistik-online.de/20_04/vorwort. html

Siegel, Jeff (1985): „Koines and koineization". *Language in Society, 14*, 357–378.

Siewert, Klaus (2003): *Grundlagen und Methoden der Sondersprachenforschung. Mit einem Wörterbuch der Masematte aus Sprecherbefragungen und den schriftlichen Quellen*. Wiesbaden: Harrassowitz.

Silber, Cathy (1994): „From Daughter to Daughter-in-Law in the Women's Script of Southern Hunan". In: Christina K. Gilmartin et al. (Hrsg.): *Engendering China. Women, Culture and the State*. Cambridge, Mass.: Harvard University Press, 47–68.

Silva-Corvalán, Carmen (1989): *Sociolingüística. Teoría y análisis*. Madrid: Alhambra.

Sinner, Carsten (2001): „Zur Terminologie in der Sprachkontaktforschung: Bilinguismus und Diglossie, Interferenz und Integration sowie tertiärer Dialekt". In: Haßler (Hrsg.), 125–152.

– (2002a): „Análise funcional das traduccións en linguas en proceso de normalización: o caso da tradución do comic en galego". *Cuadernos de Estudios Gallegos* 115, 349–370.

– (2002b): „Zu Theorie und Praxis des Übersetzens in der Übersetzerausbildung". *Lebende Sprachen* 3/2002, 101–110.

– (2002c): „The construction of identity and group boundaries in Catalan Spanish". In: Anna Duszak (Hrsg.): *Us and Others: social identities across languages, discourses and cultures*. Amsterdam/Philadelphia: Benjamins, 159–185.

– (2004): *El castellano de Cataluña. Estudio empírico de aspectos léxicos, morfosintácticos, pragmáticos y metalingüísticos*. Tübingen: Niemeyer.

– (2005a): „Pronombres incompatibles en castellano". In: Juan Cuartero Otal / Gerd Wotjak (Hrsg.): *Algunos problemas específicos de la descripción sintáctico-semántica*. Berlin: Frank & Timme, 273–288.
– (2005b): „Normen und Normkonflikte in der Romania. Zur Einführung". In: Sinner (Hrsg.), 1-20.
– (2009): „La variación lingüística como dificultad y problema en la traducción del castellano y su tratamiento didáctico". In: Gerd Wotjak et al. (Hrsg.) (2009): *Translatione via facienda. Festschrift für Christiane Nord zum 65. Geburtstag. [...]*. Frankfurt a. M. u. a.: Lang, 331–348.
– (2010a): „¿Es neutro el *español neutro*?". In: Maria Iliescu / Heidi Siller-Runggaldier / Paul Danler (Hrsg.): *XXV Congrès International de Linguistique et Philologie Romanes, Innsbruck* [3.–8. 9.] *2007*. Vol. III, Section 9: *Constitution de la norme dans les langues romanes*. Tübingen: Niemeyer, 707-707.
– (2010b): „Partielle Koreferenz im Spanischen als Problem der Grammatik, Lehre und Übersetzung". *Íkala* 15, 25, 103–139.
– (2011a): „Artikel 8: Varietäten des Spanischen: Europa". In: Joachim Born et al. (Hrsg.): *Handbuch Spanisch. Sprache, Literatur, Geschichte in Spanien und Hispanoamerika. Für Studium, Lehre, Praxis*. Berlin: Schmidt, 62–72.
– (2011b): „Relaciones sociales en la traducción de la oralidad fingida: formas y fórmulas de tratamiento como dificultad y problema en la traducción". In: Silvia Roiss et al. (Hrsg.): *En las vertientes de la traducción e interpretación del/al alemán*. Berlin: Frank & Timme, 223–243.
– (2011c): „Missverständliche und widersprüchliche Darstellung von *Substrat*, *Superstrat*, *Adstrat* in deutschsprachigen Einführungen in die romanische Sprachwissenschaft". *Zeitschrift für Romanische Sprachen und ihre Didaktik* 5, 1, 69–118.
– (2012a): *Wissenschaftliches Schreiben in Portugal zum Ende des* Antigo Regime *(1779–1821). Die* Memórias económicas *der* Academia das Ciências de Lisboa. Berlin: Frank & Timme.
– (2012b): „Fictional orality in romance novels: between linguistic reality and editorial requirements". In: Brumme/ Espunya (Hrsg.), 119–136.
– (2013): „Weltsprache Spanisch". In: Sandra Herling / Carolin Patzelt (Hrsg.): *Weltsprache Spanisch. Variation, Soziolinguistik und geographische Verbreitung des Spanischen. Handbuch für das Studium der Hispanistik*. Stuttgart: ibidem, 3–26.
– (i. D.): „Artificial dialects as a solution for translation of diatopically marked language? A classical translation problem revisited".
Sinner, Carsten (Hrsg.) (2005): *Norm und Normkonflikte in der Romania*. München: Peniope.
Sinner, Carsten / Jana Neuhaus (i. D.): „The avertive *hube de* + infinitive in Spanish". In: Mar Garachana / Sandra Montserrat / Claus D. Pusch (Hrsg.): *Verbal constructions in Romance Languages. From composite predicates to verbal periphrases*. Philadelphia/Amsterdam: Benjamins.
Sinner, Carsten / Christine Paasch (2010): „¿Una comunidad de comunicación o varias? Bases y criterios para la selección de informantes en estudios de variación lingüística sobre el castellano del País Vasco". In: Sara Gómez Seibane / José Luis Ramírez Luengo (Hrsg.) (2010): *Maestra en mucho. Estudios filológicos en homenaje a la profesora Carmen Isasi Martínez*. Buenos Aires: Voces del Sur, 207-229.
Sinner, Carsten / Katharina Wieland (i. D.): „Informelles, paraphrasierenden Dolmetschen und paraphrasierende Textzusammenfassung: eine translationswissenschaftliche Sicht auf Sprachmittlung im Fremdsprachenunterricht". In: Daniel Reimann / Andrea Rössler (Hrsg.): *Sprachmittlung zwischen Translationswissenschaften und Fremdsprachendidaktik*. Stuttgart: ibidem.
Siouffi, Gilles / Dan Van Raemdonck (1999): *100 fiches pour comprendre la linguistique*. Rosny: Bréal.
Slawischer Sprachatlas (*Общеславянский лингвистический атлас* – ОЛА). http://www.slavatlas.org
Snell-Hornby, Mary et al. (Hrsg.) ([[2]1999] 1998): *Handbuch Translation*. Tübingen: Stauffenburg
Snow, Catherine E. / Charles A. Ferguson (Hrsg.) (1977): *Talking to Children: Language Input and Acquisition*. Cambridge: Cambridge University Press.
Soares da Silva, Augusto / Amadeu Torres / Miguel Gonçalves (Hrsg.) (2011): *Línguas Pluricêntricas: Variação Linguística e Dimensões Sociocognitivas / Pluricentric Languages: Linguistic Variation and Socio-cognitive Dimensions*. Braga: Editorial da Universidade Católica Portuguesa.
Sobrero, Alberto A. (Hrsg.) (1993): *Introduzione all'italiano contemporaneo. Le variazione e gli usi*. Roma/Bari: Laterza.
Söll, Ludwig ([3]1985 [[1]1974]): *Gesprochenes und geschriebenes Französisch*. 3., überarbeitete Auflage, bearbeitet von Franz Hausmann. Berlin: Schmidt.
Sokol, Monika (2001): *Französische Sprachwissenschaft. Eine Einführung mit thematischem Reader*. Tübingen: Narr.
Sokolov, Jeffrey L. / Catherine E. Snow (Hrsg.) (1994): *Handbook of research in language development using CHILDES*. Hillsdale, N.J.: Erlbaum Associates.
Sommer, Joachim (2002): „Die sprachlichen Spuren der französischen Pelzhändler. Michif, eine frankoindianische Mischsprache in Nordamerika". In: Kerstin Störl / Johannes Klare (Hrsg.): *Romanische Sprachen in Amerika. Festschrift für Hans-Dieter Paufler*. Frankfurt a. M. u. a.: Lang, 73–85.

Sowinski, Bernhard (²1999): *Stilistik. Stiltheorien und Stilanalysen.* 2., überarbeitete und aktualisierte Auflage. Weimar: Metzler.
Speroni, Sperone (1978 [1542]): „Dialogo delle lingue". In: Mario Pozzi (Hrsg.): *Trattadisti del Cinquecento.* Tomo I. Milano/Napoli: Ricciardi, 585–634.
– (1546): „Dialogo delle lingue". In: *Dialogi del sig. Speron Speroni nobile padovano, di nuouo ricorretti; À quali sono aggiunti molti altri non più stampati. [...]* Venetia: Roberto Meietti, 101–129.
Spiekermann, Helmut (2007): „Standardsprache im DaF-Unterricht: Nonstandard - nationale Standardvarietät - regionale Standardvarietät". *Linguistik online* 32. www.linguistik-online.de/32_07/spiekermann.html
– (2008): *Sprache in Baden-Württemberg. Merkmale des regionalen Standards.* Tübingen: Niemeyer.
– (2010): „Variation in der deutschen Sprache". In: Hans-Jürgen Krumm et al. (Hrsg.): *Deutsch als Fremd- und Zweitsprache. Ein internationales Handbuch.* Bd 1. Berlin/New York: de Gruyter Mouton, 343–457.
Spillner, Bernd (1989): „Stilelemente im fachsprachlichen Diskurs". In: Dahmen et al. (Hrsg.), 2–19.
Stang, Christian S. (1966): *Vergleichende Grammatik der baltischen Sprachen.* Oslo u. a.: Universitetsforlaget.
Stanley, Julia P. (1970): „Homosexual Slang". *American Speech* 45, 45–59.
Steger, Hugo (²1980): „Soziolinguistik". In: Althaus et al. (Hrsg.), 349–358.
– (1988): „Erscheinungsformen der deutschen Sprache: ‚Alltagssprache' - ‚Fachsprache' - ‚Standardsprache' - ‚Dialekt' und andere Gliederungstermini". *Deutsche Sprache* 4, 289–319.
Stempel, Wolf-Dietrich (²1975 [1972]): „Gibt es Textsorten?". In Elisabeth Gülich / Wolfgang Raible (Hrsg.): *Textsorten. Differenzierungskriterien aus linguistischer Sicht.* Frankfurt a. M.: Athenäum, 175–179.
Stehl, Thomas (1994): „*Français régional, italiano regionale,* neue Dialekte des Standards: Minderheiten und ihre Identität im *Zeitenwandel und im Sprachenwechsel*". In: Uta Helfrich / Claudia Maria Riehl (Hrsg.): *Mehrsprachigkeit in Europa - Hindernis oder Chance?* Wilhelmsfeld: Egert, 127–147.
– (2011a): „Sprachen und Diskurse als Träger und Mittler mobiler Kulturen. Kommunikative Aspekte der Migrationslinguistik". In: ders. (Hrsg.), 29–55.
– (2011b): „Mobilität, Sprachkontakte und Integration: Aspekte der Migrationslinguistik". In: Franz Borbert / Rüdiger Kunow (Hrsg.): *Mobilisierte Kulturen. Themen, Theorie, Tendenzen.* Potsdam: Universitätsverlag, 33–52.
– (2012): *Funktionale Variationslinguistik. Untersuchung zur Dynamik von Sprachkontakten in der Galloromania und Italoromania.* Fankfurt a. M. u. a.: Lang.
Stehl, Thomas (Hrsg.) (2011): *Sprachen in mobilisierten Kulturen. Aspekte der Migrationslinguistik.* Potsdam: Universitätsverlag. Auch online: http://opus.kobv.de/ubp/volltexte/2011/5194/
Stein, Peter (Hrsg.) (2000): *Frankophone Sprachvarietäten. Variétés linguistiques francophones. Hommage à Daniel Baggioni de la part de ses 'dalons'.* Tübingen: Stauffenburg.
Steinig, Wolfgang (1976): *Soziolekt und soziale Rolle.* Düsseldorf: Schwann.
Steinke, Klaus (1989): „Rumänisch: Sondersprache / Jargons". In: *LRL* Band 3, 225–229.
Stevenson, Patrick (2002): „Germany and the *Questione della lingua*". In: ders.: *Language and German disunity. A sociolinguistic history of east and west in Germany.* Oxford: Oxford University Press, 15–44.
Stewart, William A. (1962): „Outline of Linguistic Typology for Describing Multilingualism". In: Frank A. Rice (Hrsg.): *Role of Second Languages in Asia, Africa and Latin America.* Washington: Center for Applied Linguistics of the Modern Language Association of America, 15–25.
– (1968): „Sociolinguistic Typology of Multilingualism". In: Joshua A. Fishman (Hrsg.), 530–545.
Storost, Jürgen (1990/1991): „Aspekte des Methodenwandels in der französischen Dialektologie des 19. Jahrhunderts". *Vox Romanica* 49/50, 342–365.
– (1993): „Die Société des Parlers de France". *Romanistisches Jahrbuch* 44, 86–97.
– (2008): *In memoriam Vladimiro Macchi. Aspekte der Wissenschaftsgeschichte. Ausgewählte Sujets.* Bonn: Romanistischer Verlag.
Stocker, Frank (1996): *Wer spricht Esperanto? Kiu parolas Esperanton?* München/Newcastle: Lincom.
Störig, Hans Joachim (Hrsg.) (1973): *Das Problem des Übersetzens.* Darmstadt: Wiss. Buchgesellschaft.
Suppes, Patrick (1972): „Probabilistic Grammars for Natural Languages". In: Donald Davidson / Gilbert Harman (Hrsg.): *Semantics of Natural Language.* Dordrecht: Reidel, 741–762.
Szarvas, Katalin (2005): *Zwei- und mehrsprachige, in Ungarn zwischen 1945 und 1998 erschienene Fachwörterbücher der Technik mit Deutsch und Ungarisch. Eine metalexikographische Analyse.* Siegen: Universität. Online: www.ub.uni-siegen.de/epub/diss/szarvas.htm
Szlezák, Thomas Alexander (1997): „Schleiermachers ‚Einleitung' zur Platon-Übersetzung von 1804". *Antike und Abendland* 43, 46–62.
– (2002): „Friedrich Schleiermacher und das Platonbild des 19. und 20. Jahrhunderts". *Plato* 2. http://gramata.univ-paris1.fr/Plato/spip.php?article32&lang=de

Tabares Plasencia, Encarnación / Vessela Ivanova (2009): „La variación topolectal en Terminología. Implicaciones para la traducción jurídica español↔alemán". In: María-José Varela Salinas (Hrsg.): *Panorama actual del estudio y la enseñanza de discursos especializados*. Bern u. a.: Lang, 67–93.

Tagliavini, Carlo ([2]1998): *Einführung in die romanische Philologie*. 2., verbesserte Auflage. Aus dem Italienischen übertragen von Reinhard Meisterfeld und Uwe Petersen. Tübingen/Basel: Francke.

Tannen, Deborah (2004): „Talking the Dog: Framing Pets as Interactional Resources in Family Discourse". *Research on Language and Social Interaction* 37, 4, 399–420.

Techtmeier, Bärbel (1968): *Die Pejoration in der rumänischen Gegenwartssprache*. Berlin: Deutsche Akademie der Wissenschaften.

– (2006): „Laienlinguistik und Sprachchroniken: Rumänisch / Linguistique populaire et chroniques de langage: [sic] roumain". In: Ernst et al. (Hrsg.), Band 2, 1510–1522.

Thimm, Caja (2000): *Alter – Sprache – Geschlecht. Sprach- und kommunikationswissenschaftliche Perspektiven auf das höhere Lebensalter*. Frankfurt a. M.: Campus.

Thompson, R. W. (1992): „Spanish as a pluricentric language". In: Clyne (Hrsg.), 45–71.

Thun, Harald (2002): „Geografia linguistica e reti di comunicazione". In: Krefeld (Hrsg.): *Spazio vissuto e dinamica linguistica*. Frankfurt a. M. u. a.: Lang, 25–46.

– (2005): „Literarisierte Mündlichkeit und Sprachwandel". In: Pusch et al. (Hrsg.), 85–108.

Thun, Harald / Adolfo Elizaincín (Hrsg.) (2000): *Atlas lingüístico diatópico y diastrático del Uruguay – Norte* [ADDU – Norte]. Band 1. Fasc. A.1. Parte cartográfica bajo la dirección de Harald Thun con la colabaracón de Fred Boller. Kiel: Westensee.

Tolomei, Claudio (1864 [1529]): *Il Cesano. Dialogo di Messer ~ della lingua toscana*. In: G. Daelli (Hrsg.).

Torrent-Lenzen, Aina / Lucía Uría Fernández (2003): „La diferenciación léxica en los países hispanohablantes y la muy debatida cuestión de la unidad de la lengua: Estudio analítico de los tecnicismos de oficina". *Romanistik in Geschichte und Gegenwart* 9, 2, 173–191.

Tracy, Rosemarie / Elsa Lattey (1994): „Introduction". In: Rosemarie Tracy / Elsa Lattey (Hrsg.): *How Tolerant Is Universal Grammar? Essays on Language Learnability and Language Variation*. Tübingen: Niemeyer, viii-xiv.

Trautmann, Felix Kurt Reinhold (1947): *Die slavischen Völker und Sprachen: eine Einführung in die Slavistik*. Göttingen: Vandenhoeck & Ruprecht.

Trissino, Giangiorgio (1864 [1529]): *Il Castellano. Dialogo di ~ nel quale si tratta della lingua italiana*. In: Daelli (Hrsg.).

Tristram, Hildegard L. C. (Hrsg.) (1997): *The Celtic Englishes*. Heidelberg: Winter.

Trömel-Plötz, Senta (1982): *Frauensprache – Sprache der Veränderung*. Frankfurt a. M.: Fischer.

Trudgill, Peter (1983): *On Dialect: Social and Geographic Factors*. Oxford: Blackwell.

– ([4]2000 [1974]): *Sociolinguistics. An introduction to language and society*. London: Penguin Books.

– (2001): *Sociolinguistic Variation and Change*. Edinburgh: Edinburgh University Press.

Trunte, Nikolaos [Nicole] H. (2012): *Slavia latina. Eine Einführung in die Geschichte der slavischen Sprachen und Kulturen Ostmitteleuropas*. München: Sagner.

UNESCO (1953): *The Use of Vernacular Languages in Education*. Paris: UNESCO.

Updike, John (2008): *The Widows of Eastwick*. London: Hamish Hamilton.

– (2010a): *Die Witwen von Eastwick*. Deutsche Übersetzung von Angela Praesent. Reinbek: Rowohlt.

– (2010b): *Les veuves d'Eastwick*. Traduit de l'anglais par Claude et Jean Demanuelli. Paris: Seuil.

– (2011): *Las viudas de Eastwick*. Traducción de Ana Herrera. Barcelona: Tusquets.

Ure, Jean / Jeffrey Ellis (1977): „Register in Descriptive Linguistics and Linguistic Sociology". In: Oscar Uribe-Villegas (Hrsg.): *Issues in Sociolinguistics*. Den Haag: Mouton, 197–243.

Vallverdú, Francesc (1979): „Kontaktsituationen: Bilinguismus und Diglossie". In: Kremnitz (Hrsg.), 44–57.

Valkhoff, Marius (1932): *Latijn, Romaans, Roemeens. Openbare les gegeven bij de opening van zijn colleges als privaat-docent in de roemeense taal en letterkunde aan de Universiteit van Amsterdam op 1 November 1932*. Amersfoort: Valkhoff & Co.

Van Pottelberge, Jeroen (2001): „Sprachbünde: Beschreiben sie Sprachen oder Linguisten?". *Linguistik online* 8. www.linguistik-online.de/1_01/VanPottelberge.html

Vandermeeren, Sonja (1996): „Sprachattitüde". In: Goebl et al. (Hrsg.), Band 1, 692–702.

Vangsnes, Øystein Alexander (2000). „Grammatical change and generative theory. Trial lecture for the degree Doctor Artium. Friday 28 January 2000". www.hum.uit.no/a/Vangsnes/PF.0AV.pdf

Vaugelas, Claude Favre de (1647): *Remarques sur la langue françoise. Facsimile de l'édition originale, introduction, bibliographie, index*. Hrsg. Jeanne Streicher. Genève: Slatkine Reprints 1970 [[1]1934].

Veith, Werner Heinrich (1982): „Theorieansätze einer generativen Dialektologie". In: Besch et al. (Hrsg.), Band 1, 277–295.

– (2005): *Soziolinguistik. Ein Arbeitsbuch*. 2. Auflage. Tübingen: Narr.

Vidos, B. E. (1968): *Handbuch der romanischen Sprachwissenschaft.* Übersetzung von Georg Roellenbleck. München: Hueber.

Vila Pujol, M. Rosa (1993): „Dialectos, niveles, estilos y registros en la enseñanza del español como lengua extranjera". In: Rosario Alonso Alonso (Hrsg.): *Didácticas del español como lengua extranjera* 1. Madrid: Fundación Actilibre, 205–216.

VIVALDI. *Vivaio Acustico delle Lingue e dei Dialetti d'Italia. / Akustischer Sprachatlas der Dialekte und Minderheitensprachen Italiens.* www2.hu-berlin.de/vivaldi/

Völker, Harald (2009): „La linguistique variationnelle et la perspective intralinguistique". *Revue de Linguistique Romane* 73, 27–76.

von Hahn, Walther (1983): *Fachkommunikation. Entwicklung, linguistische Konzepte, betriebliche Beispiele.* Berlin/New York: de Gruyter.

— (Hrsg.) (1981): *Fachsprachen.* Darmstadt: Wissenschaftliche Buchgesellschaft.

von Nolcken, Alexandra (1999): *Einsprachige Mehrsprachigkeit. Sprachwissen und Sprachvariation in der Normandie.* Wilhelmsfeld: Egert.

von Train, J. K. (1833): *Chochemer Loschen. Wörterbuch der Gauner- und Diebs- vulgo Jenischen Sprache, nach Criminalacten und den verzüglichen Hülfsquellen für Justiz-, Polizei- und Mauthbeamte, Candidaten der Rechte, Gendarmerie, Landgerichtsdiener und Gemeindevorsteher.* Meissen: Goetsche. Faksimildruck: (2011). Leipzig: Reprint-Verlag.

von Wartburg, Walther (1936): „Die Ausgliederung der Romanischen Sprachräume". *Zeitschrift für Romanische Philologie* 56, 1–48.

Vulpius, Ricarda (2005): *Nationalisierung der Religion, Russifizierungspolitik und ukrainische Nationsbildung 1860–1920.* Wiesbaden. Harrassowitz.

Wagner, Klaus Rudolf (Hrsg.) (1992): *Kindersprachstatistik.* Essen: Blaue Eule.

Walpole, Jane Raymond (1974): „Eye dialect in fictional dialogue". *College composition and communication* 25, 2, 191–196.

Wegera, Klaus-Peter / Sandra Waldenberger (2012): *Deutsch diachron. Eine Einführung in den Sprachwandel des Deutschen.* Berlin: Schmidt.

Weightman, J. G. (1947): *On Language and Writing.* London: Sylvan Press.

Weinreich, Max (1945): „דער ייִוואָ און די פּראָבלעמען פֿון אונדזער צײַט" [=Der YIVO un di problemen fun undzer tsayt]. YIVO *Bleter* 25, 1, 3–18. http://download.hebrewbooks.org/downloadhandler/ashx?req=43629

Weinreich, Uriel (1953): *Languages in Contact. Findings and Problems.* New York: Linguistic Circle of New York.

— (1954): „Is a structural dialectology possible?". *Word* 10, 388–400.

Wesch, Andreas (1997): „El castellano hablado de Barcelona y el influjo del catalán. Esbozo de un programa de investigación". *Verba* 24, 287–312.

— (1998): *Zum französischen Varietätenraum in Europa – ein Querschnitt durch sein spezifisches Profil im Vergleich zum Spanischen.* Freiburg im Breisgau: Albert-Ludwigs-Universität; http://zsm.phil-fak.uni-koeln.de/fileadmin/zsm/Habil_Welsch.pdf [sic].

White, Edmund (²2010 [¹2009]): *City Boy. My Life in New York During the 1960s and 1970s.* London u. a.: Bloomsbury.

Wieland, Katharina (2005): „Die Sprache der Jugend in Katalonien: eine Varietät des Katalanischen – Überblick über den bisherigen Forschungsstand". In: Bàrbara Roviró / Aina Torrent-Lentzen / Andreas Wesch (Hrsg.): *Normes i identitats. Sprachwissenschaftliche Beiträge des 19. Deutschen Katalanistentags Köln 2003.* Titz: Axel Lenzen, 237–254.

— (2006a): „Bidirektionale Grenzüberschreitungen – Jugendsprache in modernen Kommunikationsmedien zwischen Katalanisch und Spanisch". In: Thorsten König et al. (Hrsg.): *Rand-Betrachtungen. Beiträge zum 21. Forum Junge Romanistik Dresden 2005.* Bonn: Romanistischer Verlag, 133–147.

— (2006b): „Le langage des jeunes = le langage des cités = le verlan!? Jugendsprache als Lerngegenstand des Französischunterrichts". In: Michael Frings (Hrsg.): *Sprachwissenschaftliche Projekte für den Französisch- und Spanischunterricht.* Stuttgart: ibidem, 47–61.

— (2008a): *Jugendsprache in Barcelona. Der Sprechstil katalanischer Jugendlicher und seine Darstellung in den Kommunikationsmedien.* Tübingen: Niemeyer.

— (2008b): „Transgresiones lingüísticas bidireccionales: el lenguaje juvenil entre el castellano y el catalán". In: Carsten Sinner / Wesch, Andreas (Hrsg.): *El castellano en las tierras de habla catalana*, Frankfurt a. M./Madrid: Vervuert/Iberoamericana, 155–179.

Wiese, Heike (2012): *Kiezdeutsch. Ein neuer Dialekt entsteht.* München: Beck.

Wiesinger, Peter (1983): „Die Einteilung der deutschen Dialekte". In: Besch et al. (Hrsg.), Bd 2, 807–900.

Wignesan, T. (2000): „The Exotic in Aesthetics: A Case Study of *Poïetics* as the « Science and Philosophy of Creation »". In: ders (Hrsg.): *The Asianists' ASIA.* Band I. Paris: Centre de Recherche sur les Études Asiatiques. Online unter http://stateless.freehosting.net/92wignesan.htm

Wills, Dorothy D. (1977): „Participant deixis in English and baby talk". In: Snow/Ferguson (Hrsg.), 271–298.

Wilts, Ommo (2001): „Die Verschriftung des Nordfriesischen". In: Horst H. Munske et al. (Hrsg.): *Handbuch des Friesischen*. Tübingen: Niemeyer, 305–313.

Winford, Donald (2003): *An introduction to contact linguistics*. Malden, Mass.: Blackwell.

Winkler, Joachim (1998): „Die Messung des sozialen Status mit Hilfe eines Index in den Gesundheitssurveys der DHP. Scaling social status in the German national health surveys". In: Ahrens et al. (Hrsg.), 69–74.

Winkler, Ralf (2009): *Merkmale junger und alter Stimmen: Analyse ausgewählter Parameter im Kontext von Wahrnehmung und Klassifikation*. Berlin: Logos.

Winter, Sam (2008): „Language and identity in transgender: Gender wars and the Thai kathoey". In: Angel Lin (Hrsg.): *Everyday struggles in language, culture, and education: Problematizing identity*. Mahwah, NJ: Lawrence Erlbaum, 119–135.

Wittlin, Curt (2003): „Übersetzen und Sprachgeschichte: Übersetzungen ins Katalanische / Traduction et histoire des langues: traductions en catalan". In: Ernst et al. (Hrsg.), Band 1, 1410–1416.

Wodak, Ruth / Gertraud Benke (1997): „Gender as a sociolinguistic variable: New perspectives on variation studies". In: Florian Coulmas (Hrsg.): *The Handbook of Sociolinguistics*. Oxford: Blackwell, 127–150.

Woehrling, Cécile / Philippe Boula de Mareüil (2006): „Identification d'accents régionaux en français: perception et catégorisation". *Bulletin PFC* 5, 89–102. Auch online: http://perso.limsi.fr/Individu/mareuil/publi/pfc5.pdf

Wojtasiewicz, Olgierd (1957): *Wstęp do teorii tłumaczenia*. Wrocław/Warzsawa: Zakład Im. Ossolińskich – Wydawnictwo.

Wolf, Christof (1995): „Sozio-ökonomischer Status und berufliches Prestige. Ein kleines Kompendium sozialwissenschaftlicher Skalen auf Basis der beruflichen Stellung und Tätigkeit". *ZUMA-Nachrichten* 37, Jahrgang 19, 102–136.

Wong, Amdrew D. (2005): „The re-appropriation of Tonghzi". *Language in Society* 34, 5, 763–793.

Wood, Richard E. (1979): „A voluntary non-ethnic, non-territorial speech community". In: William Francis Mackey / Jacob Ornstein (Hrsg.): *Sociolinguistic Studies in Language Contact. Methods and Cases*. The Hague u. a.: Mouton, 433–450.

Würth, Melanie (2009): *La Ciudad como área lingüística. Variación y actitudes lingüísticas en la Región Metropolitana de Buenos Aires*. Basel: Universität Basel [Lizenziatsarbeit].

– (i. D.): „«Me convertí en una freak del [fotoʒop]». Percepción y actitudes acerca de las realizaciones sordas y sonoras de la palatal rehilada en el español porteño". In: *Variante und Varietät. Akten – Actes – Atti – Actas, VI Dies Romanicus Turicensis (Zürich, 24.-25. Juni 2011)*.

Wunderli, Peter (1992): „Le problème des entités diastratiques". In: Rika van Deyck (Hrsg.): *Diatopie, diachronie, diastratie. Approches des variations linguistiques*. Gent: Communication & Cognition, 59–77.

– (1997): „Wilhelm-Meyer-Lübke et la variation linguistique (1861-1936)". In: Jakob Wuest (Hrsg.): *Les linguistes suisses et la variation linguistique. Actes d'un colloque organisé à l'occasion du centenaire du Séminaire des langues romanes de l'Université de Zurich*. Basel/Tübingen: Francke, 57–82.

– (2001): „Die Romanische Philologie von Diez bis zu den Junggrammatikern. In: LRL Bd 1, 1, 121–175.

– (2005): „Stilistische Implikationen variationslinguistischer Modelle". In: Daniel Jacob / Thomas Krefeld / Wulf Oesterreicher (Hrsg.): *Sprache, Bewußtsein, Stil*. Tübingen: Narr, 61–86.

Xiao, Richard (2010): „How different is translated Chinese from native Chinese? A corpus-based study of translation universals". *International Journal of Corpus Linguistics* 15, 1, 5-35.

Zauner, Adolf (1900): *Romanische Sprachwissenschaft*. 2 Bände. Leipzig: Göschen.

Zimmermann, Klaus (1989): „Perspektiven einer Soziolinguistik der Stadt Mexiko". *Iberoromania* 30, 101–127.

– (1990): „Französisch: Sprache und Generationen". In: LRL Band 5, 1, 238–247.

– (1994): „Diccionarios diastráticos en Hispanoamérica: entre la descripción científica y el diletantismo". In: Gerd Wotjak / Klaus Zimmermann (Hrsg.): *Unidad y variación en el español de América*. Frankfurt a. M.: Vervuert, 105–132.

– ([2]2008 [[1]2002]): „Argot, Verlan, Jugendsprache und Verwandtes". In: Ingo Kolboom et al. (Hrsg.): *Handbuch Französisch*. 2., neu bearbeitete und erweiterte Auflage. Berlin: Schmidt 204–211.

– (2012): „Jugendsprache und Sprachwandel. Sprachkreativität, Varietätengenese, Varietätentransition und Generationenidentität". In: Neuland (Hrsg.), 232–253.

Glossar

Adstratsprache	Sprache einer Gemeinschaft, die in Kontakt zu einer anderen Sprache steht; ↗ *Substrat, Superstrat*
Allomorph	Variante eines Morphems mit derselben bzw. sehr ähnlicher Funktion
Allophon	Lautvariante eines Phonems; einem Phonem zuzuordnendes Phon
diachron	historisch, die geschichtliche Entwicklung einer Sprache betreffend
diskret	klar (voneinander) abgrenzbar
Elokution	Ausdrucksweise, Sprechweise, Art und Weise der Auswahl und des Gebrauchs der sprachlichen Mittel zur Reaslisierung einer Aussage
endogen	aus dem Inneren heraus, auf inneren Ursachen beruhend
epilinguistisch	unbewusste metasprachliche Haltungen und Äußerungen; ↗ *metalinguistisch*
exogen	von außerhalb wirkend, auf äußeren Ursachen beruhend
extralinguistisch	außersprachlich, nicht sprachlich; soziolinguistische Faktoren wie Alter oder regionale Herkunft, der situationelle Kontext, in dem eine bestimmte Äußerung realisiert wird, sind extralinguistischer Natur
faktitiv	eine Wirkung auslösend; ein faktitives Verb bezeichnet die unmittelbare Auslösung einer Handlung oder eines Vorgangs; ↗ *kausativ*
Fossilisierung	in der Sprachlehrforschung die Verfestigung als Fehler angesehener sprachlicher Gewohnheiten in der L2 der Lerner, die sozusagen auf einer bestimmten Stufe des Spracherwebs stehenbleiben; in der Grammatikalisierungstheorie bezeichnet es einen morphosyntaktischen Grammatikalisierungsprozess, bei dem optionale oder variable Formen obligatorisch werden und Morpheme nur noch in bestimmten Strukturen auftreten, aber nicht mehr produktiv sind
Genotyp	Erbbild, genetische Ausstattung, die den ↗ *Phänotyp* bestimmt
idiosynkratisch	bezeichnet ein Element, das in einer bestimmten Bedeutung oder in einer bestimmten Art und Weise oder Häufigkeit nur von einer Einzelperson gebraucht wird oder dessen semantische Eigenschaften sich aus allgemeinen Regeln nicht ableiten lassen
illokutionärer Akt	in der Sprechakttheorie diejenige Teilhandlung eines Sprechakts, bei dem das Gesagte in einer Art und Weise verwendet wird, die eine Handlung darstellt, also als Frage, als Aufforderung, Befehl usw.
kausativ	eine Handlung auslösend, die eine Wirkung hat; ein kausatives Verb bezeichnet die Auslösung einer Handlung durch ein anderes Agens, *tränken* = ‚machen, dass getrunken wird'
Kode	in der Linguistik ein System von Organisationsprinzipien, i. d. R. eine Varietät, eine Sprache
Koiné	Ausgleichs- oder Annäherungvarietät, die im Varietätenkontakt aus verschiedenen Varietäten einer Sprache hervorgeht
Kookkurrenz	statistisch signifikantes gemeinsames Auftreten bzw. Miteinandervorkommen von sprachlichen Phänomenen
metalinguistisch, metasprachlich	auf die Sprache selbst bezogen: „Das Wort *metasprachlich* hat vier Silben" illustriert eine metasprachliche Äußerung

Oberflächenstruktur in der Generativen Grammatik die feststellbare Form, die konkrete Realisierung, die in der Rede aus den in der ↗ *Tiefenstruktur* enthaltenen syntaktischen Komponenten und semantischen Regeln geformt wird

onomasiologisch von der Bedeutung einer Form ausgehend nach der Bezeichnung fragend

Passepartout-Wörter Allerweltswörter, deren Signifikat nur einige semantische Merkmale des Referenten aufweist

Phänotyp Erscheinungsbild, Menge der tatsächlichen Eigenschaften bzw. aller Merkmale auf Grundlage der Anlage des ↗ *Genotyps*

polysem mehrdeutig; eine sprachliche Form (bzw. ein sprachliches Zeichen) ist polysem, wenn sie mehrere Bedeutungsinhalte hat

semasiologisch von der Form ausgehend nach der Bedeutung fragend

Signifikanz, statistische liegt vor, wenn ein Ergebnis mit sehr hoher Wahrscheinlichkeit nicht zufällig ist, sondern in einer größeren Testgruppe ebenfalls zu erwarten ist

Sprachbund Gruppe typologisch nicht verwandter Sprachen, die aufgund lang anhaltenden Sprachkontakts Ähnlichkeiten in ihren Strukturen aufweisen

Sprecherorigo *Origo* ist der Nullpunkt innerhalb eines Systems, von dem aus gezeigt wird; *Sprecherorigo* ist also der Punkt, von dem ausgehend der Sprecher sich auf die Welt bezieht

Substratsprache Sprache einer Gemeinschaft, die von einer dazukommenden Sprache (z. B. von Eroberern) verdrängt wurde und in ihr Spuren hinterlassen hat; ↗ *Adstrat, Superstrat*

Superstratsprache Sprache, die z. B. von Eroberern gesprochen und im Laufe der Zeit aufgegeben wurde, aber in der Sprache der eroberten Gemeinschaft Spuren hinterlassen hat; ↗ *Adstrat, Substrat*

synchron gleichzeitig; als sprachliche Gegebenheit zu einem bestimmten Zeitpunkt oder Zeitraum in der geschichtlichen Entwicklung einer Sprache geltend

Tiefenstruktur in der Generativen Grammatik die abstrakte Grundlage einer Äußerung, aus der durch Transformationen die ↗ *Oberflächenstruktur* generiert wird.

Abkürzungen und Symbole

↗ siehe Unterpunkt, siehe Abschnitt, siehe Kapitel
[] in Zitaten: Ergänzungen oder Kürzungen des Verfassers
Abb. Abbildung
Akk. Akkusativ
Anm. Anmerkung
arg. Argentinisch
AS Ausgangssprache (einer Übersetzung oder Verdolmetschung)
Bd Band, Bände
chin. Chinesisch (Mandarin)
DaF Deutsch als Fremdsprache
DAT Dativ
ders. derselbe
d. h. das heißt
dial. dialektal
dies. dieselbe(n)
dt. Deutsch
ed. edition, edición, edited, editor
engl. Englisch
f., ff. folgende Seite(n)
fem. Femininum, weiblich
frz. Französisch
FS Fremdsprache(n)
ggf. gegebenenfalls
gr. Griechisch
GS gesprochene Sprache
GSCHS geschriebene Sprache
hd. Hochdeutsch
hebr. Hebräisch
hist. historisch
Hrsg. Herausgeber
i. D. im Druck
i. d. R. in der Regel
it., ital. Italienisch
jmd. jemand
Kap. Kapitel
kat. Katalanisch
L1 Muttersprache, Erstsprache
L2 Fremdsprache, Zweitsprache
lat. Lateinisch
map. Mapudungun
mask. Maskulinum, männlich
Nom. Nominativ
norw. Norwegisch
o. J. ohne Jahr, ohne Jahresangabe
o. S. ohne Seite, ohne Seitenangabe
öst. Österreichisch, österreichisches Deutsch
osrb. Obersorbisch
OT Optimalitätstheorie
Pl. Plural
port. Portugiesisch
Präs. Präsens
[pro] „kleines pro“ als Zeichen für ein nicht explizit ausgedrücktes Pronomen
rotw. Rotwelsch
RP *Received Pronunciation*
rum. Rumänisch
s. siehe
Sg. Singular
sic lat. *sic erat scriptum* ‚tatsächlich so geschrieben‘
slow. Slowenisch
span. Spanisch
s. v. lat. *sub voce* ‚unter dem Ausdruck‘
SVO Satzstellung Subjekt-Verb-Objekt
Tab. Tabelle
tschech. Tschechisch
u. a. unter anderem, und andere
Ü. Übersetzung
vgl. vergleiche
vs. lat. *versus* ‚gegenüber, im Gegensatz zu‘
VOS Satzstellung Verb-Objekt-Subjekt
z. T. zum Teil
zig. Zigeunerisch
ZS Zielsprache (einer Übersetzung oder Verdolmetschung)